westermann

Dipl.-Hdl. Hans Jecht, Dipl.-Hdl. Marcel Kunze, Dipl.-Hdl. Peter Limpke,
Dipl.-Hdl. Rainer Tegeler, M. Ed. Tobias Fieber

Handeln im Handel

Ausbildung im Einzelhandel
2. Ausbildungsjahr: Lernfelder 6–10

11. Auflage

Bestellnummer 222269

Die in diesem Produkt gemachten Angaben zu Unternehmen (Namen, Internet- und E-Mail-Adressen, Handelsregistereintragungen, Bankverbindungen, Steuer-, Telefon- und Faxnummern und alle weiteren Angaben) sind i. d. R. fiktiv, d. h., sie stehen in keinem Zusammenhang mit einem real existierenden Unternehmen in der dargestellten oder einer ähnlichen Form. Dies gilt auch für alle Kunden, Lieferanten und sonstigen Geschäftspartner der Unternehmen wie z. B. Kreditinstitute, Versicherungsunternehmen und andere Dienstleistungsunternehmen. Ausschließlich zum Zwecke der Authentizität werden die Namen real existierender Unternehmen und z. B. im Fall von Kreditinstituten auch deren IBANs und BICs verwendet.

Zusatzmaterialien zu Handeln im Handel, 2. Ausbildungsjahr

Für Lehrerinnen und Lehrer

Lösungen zum Schulbuch: 978-3-14-222285-1
Lösungen zum Schulbuch Download: 978-3-14-104969-5
Lösungen zum Arbeitsheft Download: 978-3-14-222293-6

BiBox Einzellizenz für Lehrer/-innen (Dauerlizenz)
BiBox Klassenlizenz Premium für Lehrer/-innen und
bis zu 35 Schüler/-innen (1 Schuljahr)
BiBox Kollegiumslizenz für Lehrer/-innen (Dauerlizenz)
BiBox Kollegiumslizenz für Lehrer/-innen (1 Schuljahr)

Für Schülerinnen und Schüler

Arbeitsheft: 978-3-14-222277-6

BiBox Einzellizenz für Schüler/-innen (1 Schuljahr)
BiBox Einzellizenz für Schüler/-innen (4 Schuljahre)
BiBox Klassensatz PrintPlus (1 Schuljahr)

Zu diesem Produkt sind digitale Zusatzmaterialien – wie z. B. ein Warenwirtschaftssystem – kostenlos online für Sie erhältlich. Sie können diese ganz einfach über die Eingabe des nachfolgenden Codes im Suchfeld unter www.westermann.de abrufen.

WBB-222269-011

Sollten Sie zu diesem Produkt bereits eine BiBox mit Material erworben haben, so sind die Zusatzmaterialien selbstverständlich dort bereits integriert.

© 2025 Westermann Berufliche Bildung GmbH, Ettore-Bugatti-Straße 6–14, 51149 Köln
www.westermann.de

Das Werk und seine Teile sind urheberrechtlich geschützt. Jede Nutzung in anderen als den gesetzlich zugelassenen bzw. vertraglich zugestandenen Fällen bedarf der vorherigen schriftlichen Einwilligung des Verlages. Wir behalten uns die Nutzung unserer Inhalte für Text und Data Mining im Sinne des UrhG ausdrücklich vor. Nähere Informationen zur vertraglich gestatteten Anzahl von Kopien finden Sie auf www.schulbuchkopie.de.

Für Verweise (Links) auf Internet-Adressen gilt folgender Haftungshinweis: Trotz sorgfältiger inhaltlicher Kontrolle wird die Haftung für die Inhalte der externen Seiten ausgeschlossen. Für den Inhalt dieser externen Seiten sind ausschließlich deren Betreiber verantwortlich. Sollten Sie daher auf kostenpflichtige, illegale oder anstößige Inhalte treffen, so bedauern wir dies ausdrücklich und bitten Sie, uns umgehend per E-Mail davon in Kenntnis zu setzen, damit beim Nachdruck der Verweis gelöscht wird.

Druck und Bindung: Westermann Druck GmbH, Georg-Westermann-Allee 66, 38104 Braunschweig

ISBN 978-3-14-222269-1

VORWORT

„Handeln im Handel – 2. Ausbildungsjahr": Der Titel dieser Schulbuchreihe weist auf das dahinterstehende Unterrichtskonzept hin.

Das 2. Ausbildungsjahr umfasst die Lernfelder 6 bis 10 des novellierten Rahmenlehrplans 2017 für den Ausbildungsberuf „Kaufmann im Einzelhandel und Kauffrau im Einzelhandel" sowie „Verkäufer und Verkäuferin". Der Band ist nach dem Lernfeldkonzept strukturiert. Das heißt, die Lernfelder wurden so konzipiert, dass sie konkrete berufliche Lernsituationen umfassen, in denen, durch die und für die fachliche, methodische, personale und soziale Kompetenzen erworben werden können.

Auch dieser zweite Band der Reihe „Handeln im Handel" möchte vor diesem Hintergrund die Handlungskompetenz der Lernenden explizit und nachhaltig fördern. Als Handlungskompetenz verstehen wir „die Fähigkeit des Einzelnen, sich in beruflichen, gesellschaftlichen und privaten Situationen sachgerecht, durchdacht sowie individuell und sozial verantwortlich zu verhalten" (KMK). Die Schülerinnen und Schüler sollen auf die selbstständige Bewältigung der zunehmend komplizierteren und komplexeren Praxis in den Einzelhandelsunternehmen vorbereitet werden.

In einem von dem neuen Rahmenlehrplan geforderten Unterricht muss ein Schulbuch
- den von den Lernsituationen ausgelösten Lernprozess strukturieren,
- die zur Erreichung der geforderten Kompetenzen notwendigen Inhalte und Methoden darstellen,
- zum Lesen und zum Lernen bewegen und motivieren.

Die einzelnen Kapitel dieses umfassenden und verständlichen Schulbuches sind einheitlich gegliedert:

1. **Einstieg:** Jedes Kapitel beginnt mit einer anschaulichen Fallschilderung oder Darstellung, die auf eine Problemstellung des Kapitels hinweist.
2. **Information:** Es schließt sich ein ausführlicher Informationsteil mit einer großen Anzahl von Beispielen und weiteren Veranschaulichungen an.
3. **Aufgaben:** Die im Aufbau folgenden Lernaufgaben, die der Erschließung des Textes dienen, sollen von den Schülerinnen und Schülern mithilfe des Informationsteils selbstständig gelöst werden.
4. **Aktionen:** Durch Anwendung wichtiger Lern-, Arbeits- oder Präsentationstechniken im Zusammenhang mit dem behandelten Thema werden Grundlagen zum Erwerb der beruflich geforderten Handlungskompetenz gelegt.
5. **Zusammenfassung:** Am Kapitelende werden die wesentlichen Lerninhalte in Form einer farblich hervorgehobenen Übersicht als Post-Organizer zusammengefasst. Die Übersicht eignet sich sehr gut zur Wiederholung des Gelernten.

Die übersichtliche Gestaltung der Kapitel, die ausführlichen Erläuterungen der Fachbegriffe, die leicht verständliche Textformulierung und die vielen Beispiele und Abbildungen veranschaulichen die Inhalte ganz besonders, sodass das Lernen wesentlich erleichtert wird.

Der zweispaltige Satz und das breitere Buchformat wurden gewählt, um die Erfassbarkeit des Textes zu verbessern.

Das umfangreiche Sachwortverzeichnis am Schluss des Buches soll dem schnellen und gezielten Auffinden wichtiger Inhalte dienen.

Die Autoren bedanken sich für wertvolle Anregungen bei Sabine Sgonina.

Vorwort zur 11. Auflage

Seit der letzten Auflage hat es verschiedene rechtliche, ökonomische und technische Neuerungen von hoher Relevanz gegeben. Diese wurden eingearbeitet. Zur besseren Verständlichkeit wurden zudem auch einige Kapitel ausgetauscht. Zudem haben wir die Anregungen und Vorschläge sehr vieler Kolleginnen und Kollegen eingearbeitet. Bei diesen bedanken wir uns explizit.

Wir weisen darauf hin, dass viele weitere multimediale Zusatzmaterialien sowie Aktualisierungen in der BiBox zu diesem Buch enthalten sind.

Frühjahr 2025 *Die Verfasser*

INHALTSVERZEICHNIS

LERNFELD 6

6	**Waren beschaffen**	**7**
6 | 1	Wir führen eine Beschaffungsplanung durch	9
6 | 2	Wir finden Bezugsquellen	14
6 | 3	Wir erstellen Anfragen und lernen ihre Bedeutung kennen	21
6 | 4	Wir führen einen Angebotsvergleich durch	23
6 | 5	Wir bestellen Waren	37
6 | 6	Wir nutzen Warenwirtschaftssysteme im Einkauf	41
6 | 7	Wir nutzen Kooperationen im Einzelhandel für die Warenbeschaffung	47

LERNFELD 7

7	**Waren annehmen, lagern und pflegen**	**53**
7 | 1	Wir nehmen Waren an	54
7 | 2	Wir reagieren auf Schlechtleistungen	59
7 | 3	Wir informieren uns über die Nicht-rechtzeitig-Lieferung	80
7 | 4	Wir erfüllen im Lager verschiedene Aufgaben	87
7 | 5	Wir beachten allgemeingültige Grundsätze bei der Arbeit im Lager	90
7 | 6	Wir versuchen, uns im Lager immer dem optimalen Lagerbestand zu nähern	98
7 | 7	Wir kontrollieren die Bestände im Lager	101
7 | 8	Wir überprüfen mithilfe von Lagerkennzahlen die Wirtschaftlichkeit des Lagers	105
7 | 9	Wir verwenden EDV-gestützte Warenwirtschaftssysteme im Lager	116

LERNFELD 8

8	**Geschäftsprozesse erfassen und kontrollieren**	**123**
8 | 1	Wir informieren uns über die Grundlagen des Rechnungswesens und der Buchführung	124
8 | 2	Wir erschließen die Notwendigkeit von Belegen und die Geld- und Güterströme im Unternehmen	130
8 | 3	Wir erstellen ein Inventar	136
8 | 4	Wir lernen Inventurvereinfachungsverfahren kennen	142
8 | 5	Wir erkennen die Bilanz als Grundlage der Buchführung	145
8 | 6	Wir erkennen Bilanzveränderungen durch Geschäftsfälle	151
8 | 7	Wir informieren uns über die Arbeitsabläufe in der Buchführung	154
8 | 8	Wir lösen die Bilanz in Bestandskonten auf	157
8 | 9	Wir erfassen laufende Buchungen im Hauptbuch	163
8 | 10	Wir erfassen Geschäftsfälle im Grundbuch (Buchungssatz)	168
8 | 11	Wir schließen Konten im Hauptbuch (mit SBK) ab	176
8 | 12	Wir erfassen Geschäftsfälle auf Erfolgskonten im Grund- und Hauptbuch	186
8 | 13	Wir berechnen Waren- und Umsatzkennziffern	197
8 | 14	Wir planen die Belegbearbeitung (inkl. Belegprüfung)	203
8 | 15	Wir bereiten Daten statistisch und grafisch auf	209

LERNFELD 9

9 Preispolitische Maßnahmen vorbereiten und durchführen 215
9 | 1 Wir beachten Einflussgrößen auf die Preisgestaltung 216
9 | 2 Wir kalkulieren Verkaufspreise und wenden unterschiedliche Preisstrategien an 224
9 | 3 Wir beachten die rechtlichen Vorschriften für die Preisgestaltung 234
9 | 4 Wir nutzen das Warenwirtschaftssystem für preispolitische Maßnahmen 239

LERNFELD 10

10 Besondere Verkaufssituationen bewältigen 244
10 | 1 Wir erkennen unterschiedliche Kundentypen 245
10 | 2 Wir beachten spezielle Kundengruppen 253
10 | 3 Wir beachten interkulturelle Besonderheiten 262
10 | 4 Wir führen Verkaufsgespräche in besonderen Verkaufssituationen 275
10 | 5 Wir nutzen digitale Technik in Verkaufsgesprächen mit unterschiedlichen Kundentypen ... 283
10 | 6 Wir bieten Kundinnen und Kunden die Möglichkeit des Finanzierungskaufs 287
10 | 7 Wir versuchen Ladendiebstähle zu verhindern 294
10 | 8 Wir handeln situations- und fachgerecht beim Umtausch und bei der Reklamation
von Waren 304
10 | 9 Wir informieren uns über die Produkthaftung 317

Sachwortverzeichnis 323

Bildquellenverzeichnis 326

Anhang
Einzelhandelskontenrahmen (EKR)
Gliederung der Gewinn- und Verlustrechnung in Staffelform
Gliederung der Jahresbilanz

WAREN BESCHAFFEN 6

LERNFELD 6

Waren beschaffen

Lernsituation

Die Auszubildenden Britta Krombach, Robin Labitzke, Anja Maibaum und Lars Panning sollen während ihrer Ausbildung in der Filiale Schönstadt der Ambiente Warenhaus AG auch Kenntnisse und Fähigkeiten im Einkauf erwerben. Deshalb werden sie zu Beginn ihres zweiten Ausbildungsjahres zwei Monate im Funktionsbereich Beschaffung der Filiale Schönstadt eingesetzt.

Nachdem ihnen der Leiter des Funktionsbereichs Beschaffung, Herr Otte, einen Überblick über die Tätigkeiten im Beschaffungsbereich gegeben hat, beauftragt er Britta Krombach, Robin Labitzke, Anja Maibaum und Lars Panning, auf der Grundlage der folgenden Daten aus dem Warenwirtschaftssystem der Ambiente Warenhaus AG die notwendigen Nachbestellungen von Waren vorzunehmen.

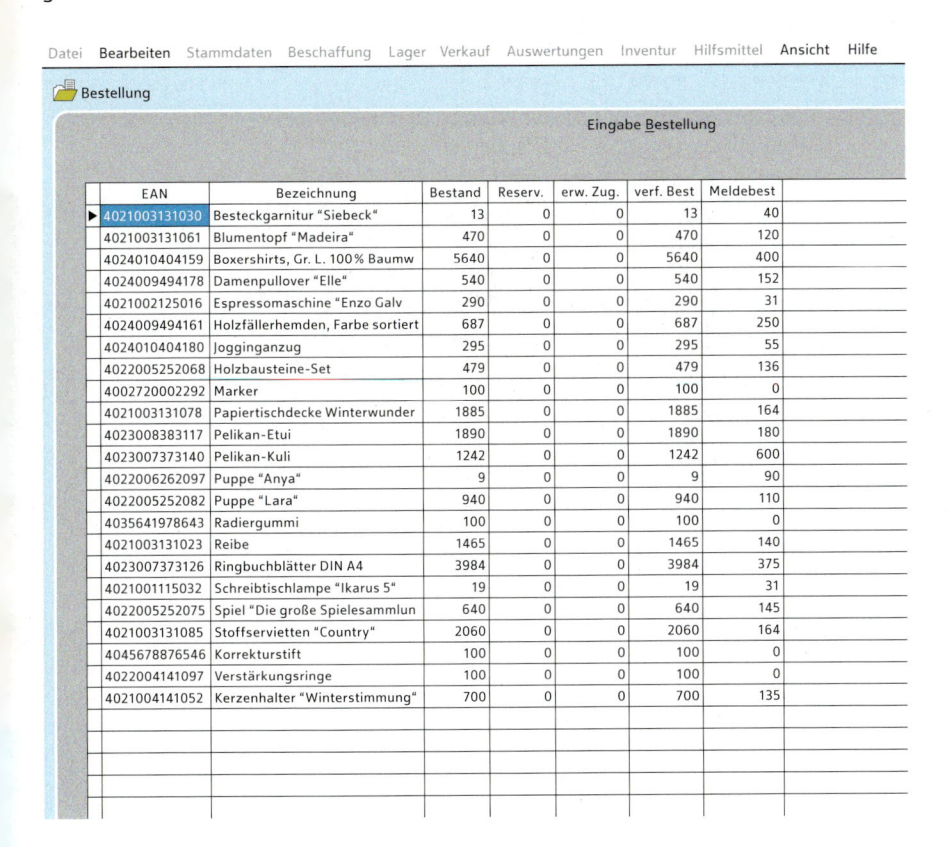

Datei Bearbeiten Stammdaten Beschaffung Lager Verkauf Auswertungen Inventur Hilfsmittel Ansicht Hilfe

Bestellung

Eingabe Bestellung

EAN	Bezeichnung	Bestand	Reserv.	erw. Zug.	verf. Best	Meldebest
4021003131030	Besteckgarnitur "Siebeck"	13	0	0	13	40
4021003131061	Blumentopf "Madeira"	470	0	0	470	120
4024010404159	Boxershirts, Gr. L. 100% Baumw	5640	0	0	5640	400
4024009494178	Damenpullover "Elle"	540	0	0	540	152
4021002125016	Espressomaschine "Enzo Galv	290	0	0	290	31
4024009494161	Holzfällerhemden, Farbe sortiert	687	0	0	687	250
4024010404180	Jogginganzug	295	0	0	295	55
4022005252068	Holzbausteine-Set	479	0	0	479	136
4002720002292	Marker	100	0	0	100	0
4021003131078	Papiertischdecke Winterwunder	1885	0	0	1885	164
4023008383117	Pelikan-Etui	1890	0	0	1890	180
4023007373140	Pelikan-Kuli	1242	0	0	1242	600
4022006262097	Puppe "Anya"	9	0	0	9	90
4022005252082	Puppe "Lara"	940	0	0	940	110
4035641978643	Radiergummi	100	0	0	100	0
4021003131023	Reibe	1465	0	0	1465	140
4023007373126	Ringbuchblätter DIN A4	3984	0	0	3984	375
4021001115032	Schreibtischlampe "Ikarus 5"	19	0	0	19	31
4022005252075	Spiel "Die große Spielesammlun	640	0	0	640	145
4021003131085	Stoffservietten "Country"	2060	0	0	2060	164
4045678876546	Korrekturstift	100	0	0	100	0
4022004141097	Verstärkungsringe	100	0	0	100	0
4021004141052	Kerzenhalter "Winterstimmung"	700	0	0	700	135

Versetzen Sie sich in die Rolle von Britta Krombach, Robin Labitzke, Anja Maibaum oder Lars Panning.

1. Wählen Sie auf der Grundlage der oben abgebildeten Informationen aus dem Warenwirtschaftssystem der Ambiente Warenhaus AG die Artikel aus, die nachbestellt werden sollten.

2. Beschreiben Sie die notwendigen Schritte, die zur Nachbestellung dieser Artikel erforderlich sind. Stellen Sie den Beschaffungsprozess in einer Übersicht dar.

LERNFELD 6

Artikelverwaltung

Artikelstamm
- EAN: 4022006262097
- Bezeichnung: Puppe "Anya"

Bestelldaten
- L.-Kz.: 40
- Bezeichnung: Puppe "Anya"
- Lief.-Nr.: 22005
- EAN: 4022005252099
- List.-Preis: 23,40
- Rabatt: 30
- Menge f. Rabatt: 250

EAN	Bezeichnung	Lieferer-Nr.	List.-Preis	Rabatt	Menge f. Rab.	ZEK	Skonto	BEK o. Rab.	BEK
4022005252099	Puppe "Anya"	22005	23,40	30	250	16,38	2,0	22,93	16,05
4022006262097	Puppe "Anya"	22006	25,80	40	200	15,48	2,0	25,28	15,17

Bezugsquellen für angezeigten Artikel

Buttons: Bearbeiten | Hinzufügen | Kalkulieren | Drucken | Löschen

---

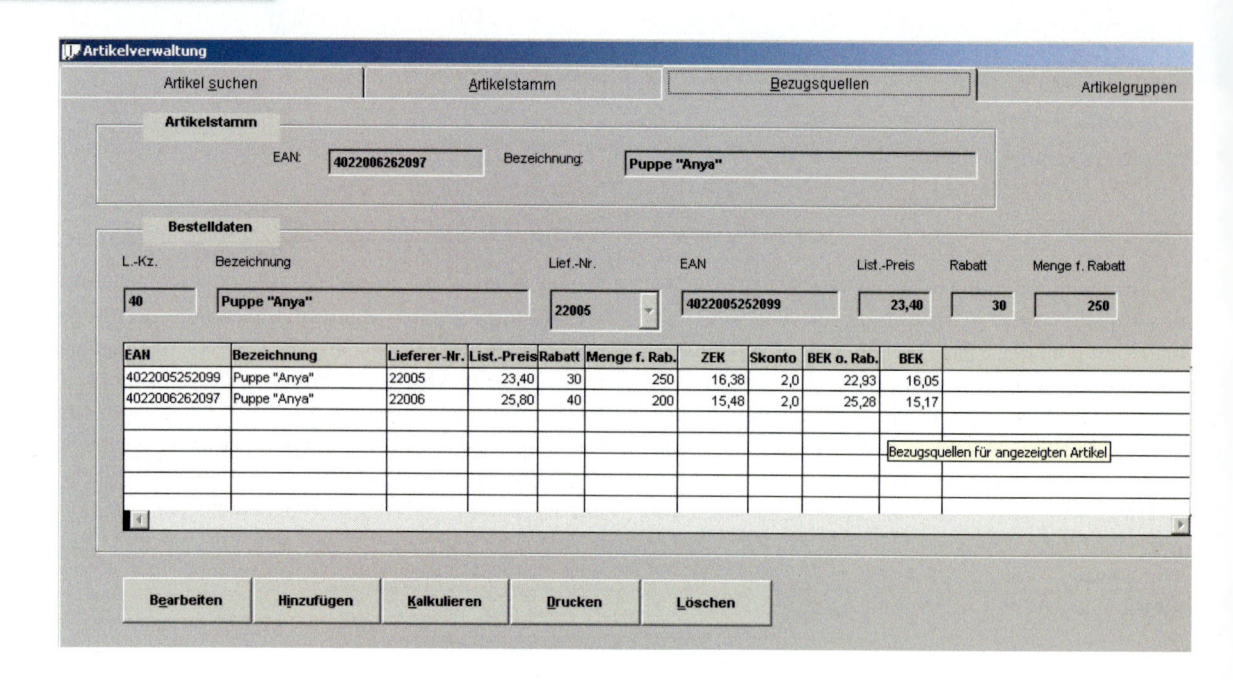

3. Wählen Sie die günstigste Bezugsquelle des Artikels „Puppe Anya" anhand des Artikelstamms des Warenwirtschaftssystems der Ambiente Warenhaus AG aus.

4. Fordern Sie ein zusätzliches Angebot zum Artikel „Puppe Anya" von einem neuen Lieferer an. Dem Branchenadressbuch entnehmen Sie folgende Bezugsquelle:
   Gebhard & Co.
   Am Waldhof 34
   33602 Bielefeld

   Formulieren Sie eine schriftliche Anfrage an Gebhard & Co.

5. Aufgrund Ihrer Anfrage schickt Ihnen Gebhard & Co. das nebenstehende Angebot. Vergleichen Sie dieses Angebot mit den Bezugsquellen aus dem Artikelstamm des Warenwirtschaftssystems der Ambiente Warenhaus AG und wählen Sie den günstigsten Lieferer aus.

6. Bestellen Sie 200 Stück der „Puppe Anya" bei dem günstigsten Lieferer. Erstellen Sie einen Entwurf für das Bestellschreiben.

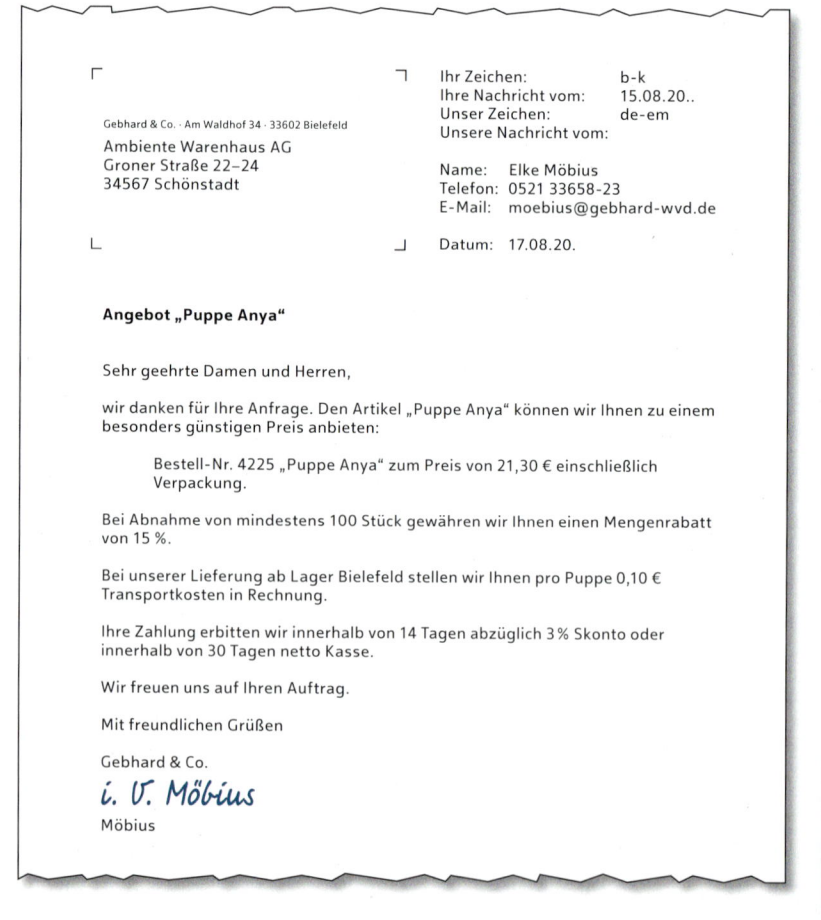

Gebhard & Co. · Am Waldhof 34 · 33602 Bielefeld

Ambiente Warenhaus AG
Groner Straße 22–24
34567 Schönstadt

Ihr Zeichen:	b-k
Ihre Nachricht vom:	15.08.20..
Unser Zeichen:	de-em
Unsere Nachricht vom:	
Name:	Elke Möbius
Telefon:	0521 33658-23
E-Mail:	moebius@gebhard-wvd.de
Datum:	17.08.20..

Angebot „Puppe Anya"

Sehr geehrte Damen und Herren,

wir danken für Ihre Anfrage. Den Artikel „Puppe Anya" können wir Ihnen zu einem besonders günstigen Preis anbieten:

    Bestell-Nr. 4225 „Puppe Anya" zum Preis von 21,30 € einschließlich Verpackung.

Bei Abnahme von mindestens 100 Stück gewähren wir Ihnen einen Mengenrabatt von 15 %.

Bei unserer Lieferung ab Lager Bielefeld stellen wir Ihnen pro Puppe 0,10 € Transportkosten in Rechnung.

Ihre Zahlung erbitten wir innerhalb von 14 Tagen abzüglich 3 % Skonto oder innerhalb von 30 Tagen netto Kasse.

Wir freuen uns auf Ihren Auftrag.

Mit freundlichen Grüßen

Gebhard & Co.

i. V. Möbius

Möbius

LERNFELD 6

KAPITEL 1
Wir führen eine Beschaffungsplanung durch

Die Geschäftsführung hat mit den Abteilungsleitern die Planzahlen für die Umsätze festgelegt.

Anschließend wird die Einkaufsabteilung beauftragt, die Beschaffungsplanung für das nächste Quartal vorzunehmen.

1. Stellen Sie fest,
   a) welche Bereiche die Beschaffungsplanung umfasst,
   b) was im Rahmen der Beschaffungsplanung bedacht werden muss.

2. Begründen Sie die Bedeutung des Einkaufs für die Gewinnsituation.

INFORMATION

Im Rahmen der Beschaffungsplanung geht es für das Einzelhandelsunternehmen darum, die richtige Ware in der geforderten Menge und Qualität zum richtigen Zeitpunkt und zum günstigsten Preis beim richtigen Lieferer einzukaufen. In diesem Zusammenhang sind zwei Arten von Informationen für Einkaufsentscheidungen von Bedeutung:
- Bedarfsinformationen, aus denen das Unternehmen Art, Menge und Zeit des Einkaufs ermittelt,
- Informationen, die die Auswahl des günstigsten Lieferers ermöglichen.

Bedarfsermittlung

Die Feststellung des Bedarfs ist im Einzelhandel die erste Voraussetzung für einen rationellen Einkauf. Der **Bedarf** ist die Warenmenge, die in angemessener Zeit durch den Einzelhandelsbetrieb voraussichtlich verkauft werden kann. Auch heute geschieht die Bedarfsfeststellung noch oft mit dem berühmten „Fingerspitzengefühl". Das kann richtig sein, erweist sich jedoch häufig als völlig irreführend. Daher werden in vielen Einzelhandelsbetrieben Ein- und Verkaufsstatistiken geführt, aus denen der Einkauf beträchtliche Schlüsse hinsichtlich der Entwicklung des Bedarfs ziehen kann. In diesem Zusammenhang wird das Einzelhandelsunternehmen durch Computerprogramme – sogenannte EDV-gestützte Warenwirtschaftssysteme – unterstützt. Die EDV-gestützten Warenwirtschaftssysteme ermöglichen z.B. eine **Verkaufsdatenanalyse,** mit der der zukünftige Bedarf ermittelt werden kann.

Sortimentsplanung (WAS?)

Zunächst einmal muss das Einzelhandelsunternehmen festlegen, welche Waren überhaupt geführt werden sollen. Er wird versuchen, solche Artikel im Rahmen seines Verkaufsprogramms zusammenzustellen, die Kundinnen und Kunden erwartet. Dadurch kommt es zur Sortimentsbildung.

> **DEFINITION**
> Das Sortiment ist die Summe der Waren und Dienstleistungen, die ein Handelsbetrieb seinen Kundinnen und Kunden anbietet.

Bei der Überlegung, was eingekauft werden soll, werden also Artikel nach Art und Qualität ausgesucht. Dabei müssen die Erfahrungen der Vergangenheit beachtet werden. Kundenwünsche oder Verkaufserfolge der Konkurrenz mit einem bestimmten Artikel können dazu führen, dass das Einzelhandelsunternehmen ein neues Produkt in sein Sortiment aufnehmen möchte. Aber auch Zukunftserwartungen müssen berücksichtigt werden. Hilfen hierzu bieten z.B. Marktuntersuchungen und Berichte von Außendienstmitarbeitenden und von Vertreterinnen und Vertretern.

Schon beim Einkauf der Waren sollte man an den Absatz denken. Obwohl er zeitlich der Beschaffung der Waren folgt, ist er als Endziel das bestimmende Element. Es dürfen nur solche Waren eingekauft werden, die sich auch absetzen lassen.

LERNFELD 6

Mengenplanung (WIE VIEL?)

Bei der Mengenplanung wird entschieden, wie viel eingekauft werden soll. Die exakte Schätzung des Bedarfsumfangs ist schwierig. Ziel der Mengenplanung ist die Ermittlung der kostengünstigsten Bestellmenge (**optimale Bestellmenge**). Das Einzelhandelsunternehmen steht bei der Feststellung von Beschaffungsmengen vor zwei grundsätzlichen Möglichkeiten. Es beschafft:
- große Mengen in großen Zeitabständen,
- kleine Mengen in kleinen Zeitabständen.

Zwischen diesen beiden extremen Wahlmöglichkeiten hat der Einkauf eine Fülle von weiteren Möglichkeiten. Zur Bestimmung der optimalen Bestellmenge muss er die Auswirkungen der verschiedenen möglichen Beschaffungsmengen auf die Höhe der Kosten untersuchen. Dabei sind zwei Kostenarten zu unterscheiden:

- **Beschaffungskosten:** Sie fallen z. B. für das Einholen des Angebots, das Schreiben der Bestellung oder die Wareneingangs- oder Rechnungsprüfung an. Mit zunehmender Bestellmenge werden die Beschaffungskosten je Wareneinheit geringer. Wird nur einmal innerhalb eines bestimmten Zeitraums bestellt, muss beispielsweise auch nur einmal eine Bestellung geschrieben werden. Bei größeren Bestellungen können außerdem mögliche Mengenrabatte in Anspruch genommen werden.

- **Lagerkosten:** Sie nehmen bei einer Erhöhung der Beschaffungsmenge zu. Je mehr Ware bestellt und auf Lager genommen wird, desto mehr fallen z. B. Personalkosten für im Lager beschäftigte Mitarbeitende an.

Diese Kostenarten verlaufen also bei unterschiedlichen Beschaffungsmengen entgegengesetzt. Die Aufgabe der Mengenplanung besteht nun darin, die Beschaffungsmenge zu bestimmen, für die die Summe aus Beschaffungs- und Lagerhaltungskosten möglichst gering ist. Bei der optimalen Bestellmenge bilden die sinkenden Bestellkosten und die steigenden Lagerhaltungskosten zusammen ein Minimum der Gesamtkosten.

Bestellkosten
- **Gebühren** (z. B. Porto, Telefon, Fax)
- **Material** (z. B. Umschläge, Briefpapier, Druckerpatronen)
- **Personal** (z. B. Buchhaltungspersonal, Schreibkräfte)

Lagerkosten
- **Energiekosten** (z. B. Strom, Heizung, Licht)
- **Gebäude**
- **Personal** (z. B. Mitarbeitende im Lager)
- **Warenpflege**

niedrige Bestellkosten ← Wird selten, aber in großen Mengen bestellt → hohe Lagerkosten

hohe Bestellkosten ← Wird oft, aber in kleinen Mengen bestellt → niedrige Lagerkosten

BEISPIEL

In einem Einzelhandelsbetrieb betragen die Beschaffungskosten 35,00 € je Bestellung, unabhängig davon, wie viel bestellt wird. An Lagerkosten fallen 0,25 € je Stück an. Es sollen innerhalb eines bestimmten Zeitraums 1 000 Stück eines Artikels bestellt werden.

Anzahl der Bestellungen	Bestellmenge	Lagerhaltungskosten in €	Bestellkosten in €	Gesamtkosten in €
1	1000	250,00	35,00	285,00
2	500	125,00	70,00	195,00
3	333	83,25	105,00	188,25
4	250	62,50	140,00	202,50
5	200	50,00	175,00	225,00

Die optimale Bestellmenge liegt bei 333 Stück. Dort entstehen Gesamtkosten von nur 188,25 €.

LERNFELD 6

Ermittlung der optimalen Bestellmenge

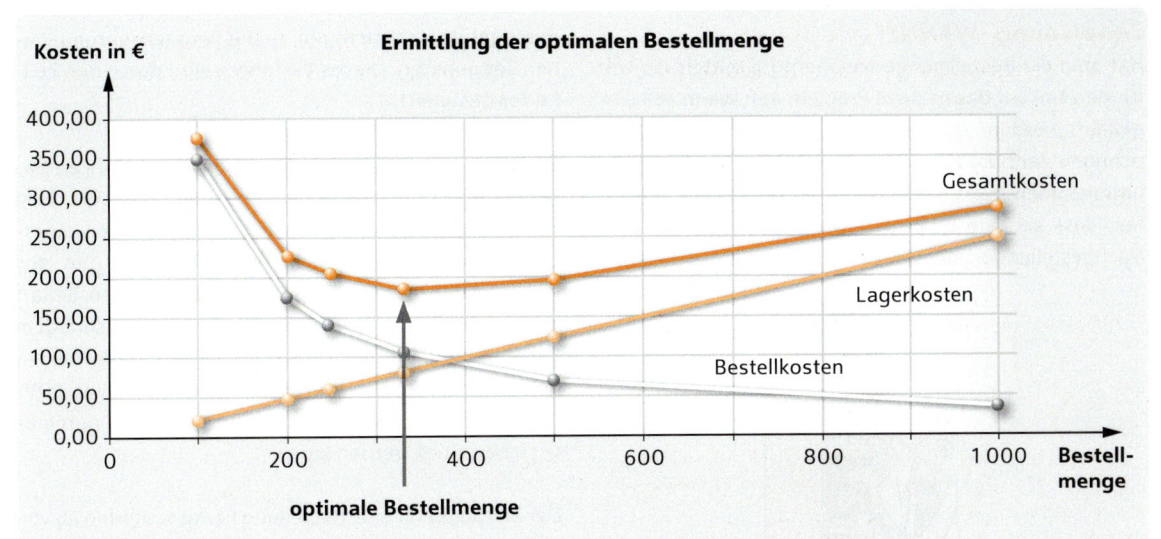

Die optimale Bestellmenge liegt bei 333 Stück. Hier sind die Gesamtkosten mit nur 188,25 € am niedrigsten.

Die Höhe der Bestellmenge ist jedoch noch von weiteren Rahmenbedingungen abhängig:

- **Wirtschaftliche Lage:** Ist aufgrund konjunktureller Entwicklungen eine Verknappung von Artikeln zu erwarten, sollte das Unternehmen sich mit größeren Mengen zu einem noch niedrigeren Preis eindecken.
- **Preis:** Auf Märkten, die Preisschwankungen unterliegen, sollten bei niedrigen Preisen größere Mengen eingekauft werden.
- **Umsatz:** Bei der Festlegung der Bestellmenge ist auch vom zu erwartenden Absatz auszugehen.

Bei der Planung der Einkaufsmenge kann auch die **Limitrechnung** angewandt werden. Sie ist ein Instrument, um die Finanzverhältnisse des Betriebs zu kontrollieren und in Ordnung zu halten. Der Einkauf wird dadurch planbar und überprüfbar.

> Ein Limit gibt an, für wie viel Euro in einem bestimmten Zeitabschnitt Waren einer Warengruppe eingekauft werden dürfen. Diese Einkaufsgrenze sollte nicht überschritten werden.

BEISPIEL

Ein Textileinzelhändler führt mit einem EDV-gestützten Warenwirtschaftssystem eine Limitrechnung für eine bestimmte Warengruppe durch.

– Limitrechnung (Plan) –			
Haus 1	Abt. 1	WGR	1 Plansaison Jahr 1
Umsatz			100.000,00
./. erzielte Kalk.	50,0 %		50.000,00
= Planumsatz EK			50.000,00
: Umschlag	5,0		
= Durchschn.-Lager			10.000,00
= Saisonlimit			50.000,00
./. Limitreserve	10,0 %		5.000,00
= freies Limit			45.000,00
./. Ist-Bestellungen			35.537,00
= Restlimit			9.463,00
./. Freigabe 16. Nov.			2.000,00
= Restlimit neu			7.463,00
Plan/Ist-Vergleich? J/N Speichern Planzahlen? J/N Umsatzkontrolle? – J/N			

Der Einzelhändler strebt aufgrund früherer Umsatzzahlen für die Warengruppe innerhalb des Planungszeitraumes einen Umsatz von 100.000,00 € an. Er hofft einen Kalkulationsabschlag (erzielte Kalkulation) von 50 % durchsetzen zu können: Der Bruttogewinn soll also 50.000,00 € betragen. Für den Wareneinsatz (Planumsatz zu Einstandspreisen) müssen daher 50.000,00 € eingeplant werden. Als **Saisonlimit** ergibt sich der Betrag von 50.000,00 €. Das ist der Gesamtbetrag, der im Planungszeitraum ausgegeben werden darf. Das Saisonlimit wird aufgeteilt in die Limitreserve und das freie Limit. Die **Limitreserve** wird in der Regel als Prozentsatz ausgedrückt (10 % = 5.000,00 €) und ist für Sonderfälle – wie z. B. Sonderangebote oder kurzfristige Nachbestellungen – vorgesehen. Das **freie Limit** (45.000,00 €) ist der Betrag, für den im Rahmen vorhersehbarer Bestellungen eingekauft werden darf. Vom freien Limit wird der bisherige Auftragswert (Ist-Bestellung = 35.537,00 €) abgezogen. Der für Bestellungen noch offene Betrag von 9.463,00 € ist das sogenannte **Restlimit**. In diesem vereinfachten Beispiel bestellt der Einzelhändler Waren für 2.000,00 €, sodass sich ein neues Restlimit von 7.463,00 € ergibt.

LERNFELD 6

Zeitplanung (WANN?)

Hat man die Bestellmenge annähernd ermittelt, so tritt für den Einkauf das nächste Problem auf: Wann soll eingekauft werden? Bei der Zeitplanung geht es um den richtigen Zeitpunkt der Bestellung. Das Einzelhandelsunternehmen muss seine Waren so rechtzeitig einkaufen, dass sie zum Verkaufstermin vorhanden sind. Bei Nachbestellungen muss beachtet werden, dass die Ware im Verkauf nicht ausgeht. Um dies zu erreichen, werden entweder das Bestellrhythmusverfahren oder das Bestellpunktverfahren angewandt.

Beim **Bestellrhythmusverfahren** wird nach Ablauf von bestimmten Zeitabständen (Tage, Wochen, Monate oder Quartale) überprüft, ob sich noch ausreichend Artikel auf Lager befinden. Die Kontrolle, ob nachbestellt werden muss, wird also nicht bei jeder Entnahme von Ware durchgeführt, sondern nur zu bestimmten, vorgegebenen Zeitpunkten. Dieses Verfahren wird durch den Zeitfaktor gesteuert.

Das häufiger angewandte **Bestellpunktverfahren** dagegen wird durch Verbrauchsmengen gesteuert. Eine Bestellung wird jedes Mal ausgelöst, wenn der Lagerbestand des Artikels nicht mehr ausreicht, um den während der Beschaffungszeit zu erwartenden Bedarf zu decken. Dazu sind Bestandsprüfungen nach jedem Lagerabgang nötig (vgl. Kap. 7.8). Dies erfordert einen hohen Aufwand, der aber durch den Einsatz von EDV-Anlagen und entsprechenden Programmen automatisch bewältigt werden kann.

Der Zeitpunkt für eine Bestellung hängt weiterhin ab von
- der **Beschaffungsdauer**: Ist die Ware einen Tag später da, kann man jeden Tag nachbestellen;
- der **Lagerfähigkeit der Waren**: Artikel, die nicht lange gelagert werden können, müssen häufig bestellt werden;
- der **Preisentwicklung** auf dem Markt;
- der **Umsatzgeschwindigkeit**.

Bezugsquellenermittlung (WO?)

Der Auswahl der Lieferer muss besondere Aufmerksamkeit geschenkt werden. Von ihr hängt nämlich ganz entscheidend die Kostensituation des Einzelhandelsbetriebs ab. Grundsätzlich sollte ein Unternehmen dort einkaufen, wo es am günstigsten ist (vgl. Kap. 6.2).

AUFGABEN

1. Welches Ziel haben die Beschaffungstätigkeiten in einem Einzelhandelsbetrieb?
2. Welche Maßnahmen müssen bei der Einkaufsvorbereitung getroffen werden?
3. Wie wirkt sich eine Erhöhung der Bestellmenge auf die Beschaffungs- oder Lagerkosten aus?
4. 400 Stück eines Artikels sollen bestellt werden. Die Lagerhaltungskosten betragen pro Stück 0,75 €, die Beschaffungskosten pro Bestellung 40,00 €.
   Ermitteln Sie die optimale Bestellmenge rechnerisch und grafisch.
5. In einem Einzelhandelsunternehmen betragen die Beschaffungskosten 135,00 € je Bestellung, unabhängig davon, wie viel bestellt wird. An Lagerkosten fallen 25 % des Wertes der eingelagerten Ware an. Es sollen innerhalb eines bestimmten Zeitraumes 12000 Stück eines Artikels zum Einstandspreis von 3,00 € bestellt werden. Wie hoch ist die optimale Bestellmenge?
6. Warum werden für den Einkauf von Artikeln häufig Limits festgesetzt?
7. Eine Einzelhändlerin strebt in einer Warengruppe einen Umsatz von 400.000,00 € an. Sie möchte einen Kalkulationsabschlag von 40 % durchsetzen. Als Limitreserve plant sie 20 % ein. Wie hoch ist das Restlimit, wenn für 45.000,00 € schon Bestellungen vorliegen?
8. Wodurch unterscheiden sich Bestellrhythmusverfahren und Bestellpunktverfahren?
9. Die Ambiente Warenhaus AG verkauft von einem Artikel im Jahr 25000 Stück. Die Bestellkosten betragen 250,00 € pro Bestellung, die Lagerkosten 1,00 €. Die maximale Bestellanzahl beträgt 15. Berechnen Sie die optimale Lagermenge.

LERNFELD 6

10. Die Ambiente Warenhaus AG plant in einer Warengruppe einen Umsatz von 4.000.000,00 €. Sie erzielt einen Kalkulationsabschlag von 50 % (d. h., die Ware wurde zu 50 % des Umsatzwertes eingekauft). Geplant wird mit einer Limitreserve von 20 %.

    Bis heute wurde für 1.506.906,00 € Ware bestellt. Ermitteln Sie
    a) das Saisonlimit,
    b) die Limitreserve,
    c) das freie Limit,
    d) das Restlimit.

AKTIONEN

1. Erstellen Sie mit Excel für drei typische Artikel Ihres Ausbildungssortiments eine „Warendatei".

2. a) Legen Sie eine Excel-Tabellenkalkulation an, mit der Sie die optimale Bestellmenge berechnen können.
   b) Lösen Sie zur Kontrolle mithilfe der Excel-Tabelle die folgende Aufgabe:
   Für eine bestimmte Warengruppe sollen 200 Stück bestellt werden. Die Lagerhaltungskosten betragen pro Stück 0,80 €, die Beschaffungskosten pro Bestellung 50,00 €. Wie hoch ist die optimale Bestellmenge?
   c) Stellen Sie die Berechnung der optimalen Bestellmenge mithilfe von Excel grafisch dar.

3. Anja Maibaum soll mit dem Warenwirtschaftssystem als Hilfsmittel das Restlimit einer Warengruppe berechnen. Angestrebt wird ein Umsatz von 500.000,00 €. Die Ambiente Warenhaus AG möchte bei dieser Warengruppe einen Kalkulationsabschlag von 50 % erreichen. Als Limitreserve sind 15 % eingeplant.
   Berechnen Sie mithilfe Ihres Warenwirtschaftssystems das Restlimit, wenn schon für 150.000,00 € Bestellungen vorliegen.

4. Lars Panning bekommt den Auftrag, für einen Artikel die optimale Bestellmenge mithilfe des Warenwirtschaftssystems zu berechnen. Für diesen Artikel betragen die Bestellkosten 50,00 € je Bestellung. Pro Artikel fallen Lagerkosten von 50 Cent an. Insgesamt sollen 4000 Stück bestellt werden.
   Berechnen Sie mithilfe des Warenwirtschaftssystems die optimale Bestellmenge (maximale Anzahl der Bestellungen: 10 pro Periode).

5. a) Weihnachten steht vor der Tür. Aufgrund einer großen Werbekampagne des Herstellers wird das Lego-Set „Autobahn" stark nachgefragt. 450 Stück werden in der Weihnachtszeit verkauft.
   Führen Sie den Verkaufsvorgang durch.
   b) Robin Labitzke schaut sich die Bestellvorschläge des Warenwirtschaftssystems an, um später zusammen mit dem ihn gerade ausbildenden Disponenten fundierte Bestellentscheidungen treffen zu können.
   Ermitteln Sie mithilfe des Programms, bei welchen Artikeln das Programm welche Bestellmengen vorschlägt.

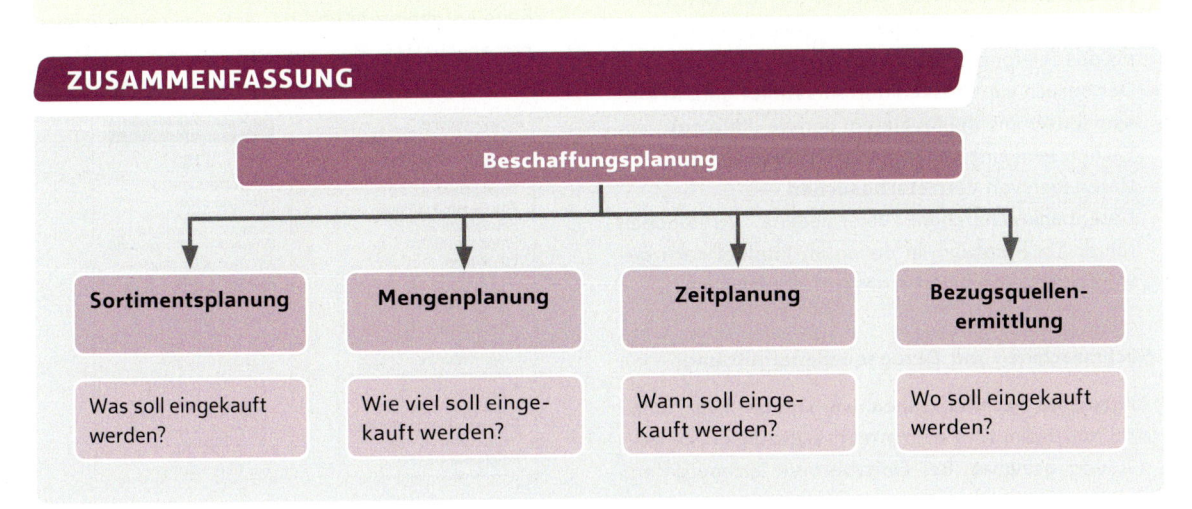

ZUSAMMENFASSUNG

Beschaffungsplanung

Sortimentsplanung	Mengenplanung	Zeitplanung	Bezugsquellenermittlung
Was soll eingekauft werden?	Wie viel soll eingekauft werden?	Wann soll eingekauft werden?	Wo soll eingekauft werden?

LERNFELD 6

KAPITEL 2
Wir finden Bezugsquellen

In der Zentrale der Ambiente Warenhaus AG geht ein Schreiben ihres Hauptlieferers für Herrenfreizeithemden – der Alber & Bayer GmbH & Co. KG, Nelkenstr. 28, 52000 Aachen – ein. In dem Schreiben wird mitgeteilt, dass wegen eines Großbrandes bis auf Weiteres die Produktion eingestellt werden muss. Da der Bestand an Herrenfreizeithemden nur noch einen Monat ausreicht, muss ein neuer Lieferer gesucht werden.

Suchen Sie nach Möglichkeiten, wie die Ambiente Warenhaus AG einen neuen Lieferer für Herrenfreizeithemden finden kann.

INFORMATION

Jedes Einzelhandelsunternehmen muss ständig den Beschaffungsmarkt beobachten und analysieren, wenn es wirtschaftlich arbeiten will. Dabei ist die Kernaufgabe die Ermittlung geeigneter Bezugsquellen. Bei der Bezugsquellenermittlung geht es darum, einen sicheren, schnellen, stets aktuellen Überblick über sämtliche infrage kommenden Lieferer zu schaffen.

Auswahl von Erstlieferern

Können bei Lieferern, mit denen bereits Geschäftsbeziehungen bestehen, bestimmte Artikel nicht bezogen werden, muss sich die Einkaufsabteilung nach **neuen** Lieferern umsehen.

Hilfen beim Aufsuchen günstiger Bezugsquellen sind:
- **Kataloge, Prospekte, Preislisten:** Sie gehören zum grundlegenden Handwerkszeug des Einkaufs.
- **Fachzeitschriften:** Hier finden sich oft Hinweise auf neue Entwicklungen und Produkte.
- **Adressenverzeichnisse** wie: „ABC der deutschen Wirtschaft", „Wer liefert was?", „Branchenverzeichnis des Telefonbuchs (Gelbe Seiten)".
- Der Besuch von **Messen** und **Ausstellungen:** In diesem Zusammenhang bieten gerade Kataloge von Fachmessen eine fast lückenlose Übersicht.
- Unterlagen von **Vertreterbesuchen**
- **Datenbankrecherchen:** Verschiedene Institutionen führen Datenbanken, in denen im Internet nach gewünschten Informationen gesucht werden kann.

Suchmaschinen und Bezugsquellenermittlung

Allgemeine Suchmaschinen wie Google oder Bing sind nur bedingt für eine effektive Bezugsquellenermittlung geeignet. Bei Eingabe von Suchbegriffen zum Beispiel für Produkte gibt es unzählige Ergebnisse. Doch diese enthalten sehr oft nur den Suchbegriff, aber nicht unbedingt den Lieferer. Der Grund liegt in der Arbeitsweise der allgemeinen Suchmaschinen: Solche Suchmaschinen durchsuchen Webseiten vollautomatisch. Es findet keine menschliche Bewertung in Hinblick auf eine effektive Lieferersuche statt.

Spezialsuchmaschinen sind Datenbanken, die nur Informationen für einen bestimmten Zweck (in diesem Fall also die Lieferersuche) zur Verfügung stellen. Sie bringen für den Einkauf im Vergleich zu allgemeinen Suchmaschinen erhebliche Zeitvorteile: Da hier auch eine menschliche Bewertung stattfindet, werden nur relevante Ergebnisse angezeigt, die der Betreiber der Spezialsuchmaschine als wichtig erachtet.

BEISPIELE

1. Die Ambiente Warenhaus AG möchte mehrere neue Fotokopierer und das entsprechende Zubehör anschaffen. Herr Freiberg schaut in ein Branchenadressbuch:

```
Fotografische
  Laborapparate 6/9440
Fotogroßlabors 9/3409
Fotohüllen 6/2260
Fotokartons 6/2291
Fotokeramik 5/3805
Fotokissen 2/2387
Fotokoffer 6/2311
Fotokopier
  -anstalten 9/4273
  -bedarf 5/1763
  -geräte 5/1753
  -papiere 5/1783
Fotolabor
  -einrichtungen 6/2285
  -flaschen 6/2287
  -taschen 6/2259
Fotolabors 9/3409
Fotolack-Beschriftungs-
  maschinen 5/6395
Fotolacke 4/2159
```

```
        5
       1783
Fotokopierpapiere
Photocopy paper
Papiers photocopiants
Carta per fotocopiatrics
Papeles para fotocopiadoras
HELLBUT & Co. GmbH
HELLBUT
VERPACKUNGEN
Großer Kamp 8
22457 Barsbüttel/Hamburg
Tel. 040 6702950
Fax 040 6702957

RANK XEROX GMBH
RANK XEROX
Emanuel-Leutze-Str. 20
40547 Düsseldorf
Tel. 0211 59930
Fax 0211 8584647
```

LERNFELD 6

Über den Index – eine Art Inhaltsverzeichnis – kann er die Seiten mit den Bezugsquellen für Fotokopierpapier ermitteln.

2. Ein importorientiertes, mittelständisches Einzelhandelsunternehmen sucht Schuhhersteller in Italien.

In einer Datenbankrecherche werden die Suchworte „Italien", „Herrenschuhe", „Damenschuhe" oder „Kinderschuhe" verknüpft. Es wird ein Ergebnis von insgesamt 119 Dokumenten erzielt. Hier ein Beispiel eines nachgewiesenen Firmenprofils:

```
DB  EURD, FIZ-Technik, Frankfurt: ABC Europa,
    (C)1988/06, ABC-Verlag
AN  E40724280
IN  SCARPA Calsaturificio, S.n.c., di Parisotto F.& C.
PS  Viale Tisiano, 26.
RE  I-31011 Asolo (TV).
CN  IT Italien
TL  Telefon: 0423 52132, Telegramm: SCARPA ASOLO.
PF  Schuhe fuer: Sport, Gebirgs- und Felswanderungen,
    Jagd, Gelaendemarsch, Telemark, Freizeit.
PE  Schuhe fuer Sport und Turnen, Skischuhe.
IC  Schuhe und Schuhteile.
MM  Francesco Parisotto, Luigi Parisotto.
    Geschäftsführung: Francesco Parisotto.
    Importleitung: Francesco Parisotto.
    Exportleitung: Dr. Miro Cremasco.
YR  Gegruendet: 1938.
EM  Beschäftigte: 110.
BK  Bankverbindungen: Banca Nazionale Del Lavoro,
    Banca Catolica Del Veneto, Cassa Di Risparmio
    Marca Trivigiana.
```

- Ein weiterer Weg, Lieferer zu finden, ist die Nutzung eines **B2B-Marktplatzes**. Unter einem B2B-Marktplatz versteht man einen Handelsplatz – vergleichbar einem Markt – im Internet, bei dem Waren angeboten und angekauft bzw. verkauft werden. Hier bieten Lieferer ihre Waren möglichen Käufern an: Angebot und Nachfrage werden also auf diesem virtuellen Marktplatz im Internet zusammengeführt.

Exakte Artikelinformationen sind im Bestell- und Lieferverkehr eine absolut notwendige Forderung. Für Handel und Industrie ist mit der nationalen Artikeldatenbank „1Worldsync" die Möglichkeit entwickelt worden, auf rationelle und preisgünstige Weise Artikelstammdaten für alle Interessenten bereitzustellen: Die Hersteller senden ihre Artikelinformationen mittels Datenträgern (z. B. per CD/DVD) oder per Datenfernübertragung an die Artikelstammdatenbank. Die Handelsbetriebe rufen mit den gleichen Methoden die benötigten Artikelinformationen (z. B. für die Beschaffung) aus dem Datenpool ab.

Es können u. a. gezielte Abfragen nach bestimmten Produktgruppen oder speziellen Artikeleigenschaften einzelner Produkte durchgeführt werden. Zunehmende Bedeutung gewinnt die Artikelstammdatenbank auch für die Logistik. Informationen über Versandeinheiten sorgen für eine effektive Auslastung der Lieferfahrzeuge bzw. eine optimale Steuerung von Hochregallagern.

BEISPIEL

Ausschnitt aus dem Datenbestand über einen Artikel in der 1Worldsync-Artikelstammdatenbank:

```
GTIN der Verbrauchereinheit         40 05500 20920 1
Umsatzsteuer                        7 (7 %)
CCG-Klassifikation                  1245 (Instantgetr. auf
                                         Basis Kakao)
Artikel-Langtext                    Nesquik 400 g
Artikel-Kurztext                    Nesquik 400 g
Kassenbontext                       Nestle Nesquik
Hersteller                          Nestle Erzeugnisse
GTIN der Verbrauchereinheit         40 05500 20920 1
Strichcode?                         1 (ja)
Länge (Tiefe)                       70 mm
Breite (Facing)                     120 mm
Höhe                                180 mm
Bruttogewicht                       500 g
Ladungsträger                       02 (Euro-Palette)
Fakturiereinheit                    1 Stück
Listenpreis der Fakturiereinheit    2,65 EUR
```

```
GTIN der nächsthöheren Einheit
   (Transporteinheit)               40 05500 20921 8
Strichcode?                         1 (ja)
Länge (Tiefe)                       710 mm
Breite (Facing)                     240 mm
Höhe                                180 mm
Bruttogewicht                       12.000 g
GTIN der nächstniedrigeren Einheit  40 05500 20920 1
Anzahl der nächstniedrigeren Einheit 24
Ladungsträger                       02 (Euro-Palette)
Anzahl Einheiten auf der Palette    20
Anzahl Lagen auf der Palette        4
Fakturiereinheit                    1 Stück
Listenpreis der Fakturiereinheit    63,60 EUR
Anzahl der Verbrauchereinheiten     24
Paletten-Ladehöhe                   720 mm ohne Holz
```

Liefererauswahl

Obwohl sich Unternehmen immer über neue Liefermöglichkeiten informieren sollten, greifen sie oft auf bestehende Geschäftsverbindungen zurück. Dazu werten sie die eigenen Einkaufsunterlagen der Vergangenheit aus. Häufig wird eine **Bezugsquellenkartei** geführt, die einen schnellen Überblick über die einmal ermittelten Bezugsquellen gibt. Sie kann als Waren- oder Liefererkartei geführt werden.

LERNFELD 6

- Die **Liefererkartei** ist nach Lieferern geordnet und enthält Informationen über deren lieferbare Waren.
- Die **Warenkartei** ist nach Waren geordnet und enthält Angaben über die betreffenden Lieferfirmen.

Moderne Einzelhandelsbetriebe speichern die Einkaufsinformationen mithilfe computergestützter Warenwirtschaftssysteme in ihren EDV-Anlagen.

Kann das Einzelhandelsunternehmen einen gewünschten Artikel von mehreren Lieferern beziehen, muss es diese beurteilen bzw. bewerten. Dazu werden mehrere **Beurteilungspunkte** herangezogen:

- **Einhaltung der Qualität:** Die Lieferung einwandfreier Qualität ist eine der wesentlichen Voraussetzungen für die Wahl eines Lieferers. Würde der Einzelhandelsbetrieb mangelhafte Ware verkaufen, könnte der Ruf des Unternehmens beeinträchtigt werden.
- **Einhaltung der Liefertermine:** Hält der Lieferer die vereinbarten Liefertermine nicht ein, kann es zu Absatzstockungen kommen. Sie verursachen beträchtliche Kosten.
- **Einhaltung der Menge:** Wenn ständig statt der vereinbarten Gesamtmenge Teilmengen angeliefert werden, verursacht das im einkaufenden Unternehmen hohe Kosten.
- **Preis:** Bei der Auswahl von Lieferern spielt der Preis eine ausschlaggebende Rolle. Bevor jedoch ein Preisvergleich angestellt werden kann, müssen die vorgenannten Beurteilungsmerkmale überprüft werden. Wenn beispielsweise der gewünschte Liefertermin nicht eingehalten werden kann, ist ein Bezug selbst bei günstigem Preis unmöglich. Dasselbe gilt bei Abweichungen in der Qualität und der Menge.
- **Konditionen:** Beim Preisvergleich sind selbstverständlich die Liefer- und Zahlungsbedingungen zu berücksichtigen.
- **Geografische Lage:** Sie muss insbesondere bei Artikeln beachtet werden, bei denen der Frachtkostenanteil erheblich ist.
- **Umwelt- und Gesundheitsverträglichkeit** der angebotenen Waren

Elektronische Adressverzeichnisse

Viele Adressverzeichnisse können auch auf elektronischem Weg eingesehen werden. Die Anbieter solcher Adressbücher bieten sie auf CD-ROM an oder ermöglichen eine direkte Suche über das Internet.

BEISPIEL

Die Ambiente Warenhaus AG möchte ein Multifunktionsgerät (Drucker/Scanner/Kopierer kombiniert in einem Gerät) kaufen.

Herr Freiberg möchte sich vor dem Kauf über das aktuelle Produktangebot informieren und gibt in einer Suchmaschine im Internet den gesuchten Begriff ein. Da er herausfinden möchte, welche Geräte zurzeit empfohlen werden, fügt er noch das Stichwort „Vergleich" hinzu.

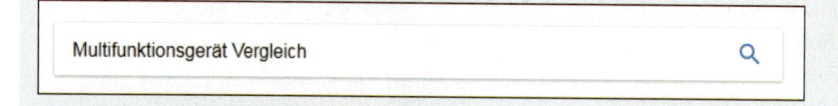

> Multifunktionsgerät Vergleich 🔍

Er wählt eine ihm bekannte und renommierte Internetseite aus, die ihm einen Vergleich von Multifunktionsgeräten anbietet. Es empfiehlt sich, mehrere Vergleichsportale anzusehen. Deshalb sucht Herr Freiberg noch auf www.vergleich.org und www.check24.de.

LERNFELD 6

Hier kann er die vorgestellten Geräte anhand von Merkmalen vergleichen und diejenigen finden, die den Anforderungen der Ambiente Warenhaus AG am besten entsprechen.

Hier ist ein Vergleich von Multifunktionsdruckern in Tabellenform, basierend auf wichtigen Kriterien wie Drucktechnologie, Druckgeschwindigkeit, Funktionsumfang, Anschlussmöglichkeiten und Preis. Die ausgewählten Modelle repräsentieren unterschiedliche Preis- und Leistungsklassen:

Kriterium	Bullet Supi TX4566	NT OfficePrint 9055	Sister LMJ-ysd_45	Pewlett Teckert X34
Drucktechnologie	Tintenstrahl	Tintenstrahl	Laserdrucker	Tintenstrahl
Druckgeschwindigkeit (ISO)	Schwarz: 15 Seiten/Min. Farbe: 10 Seiten/Min.	Schwarz: 22 Seiten/Min. Farbe: 18 Seiten/Min.	Schwarz: 36 Seiten/Min. Farbe: 32 Seiten/Min.	Schwarz: 15 Seiten/Min. Farbe: 8 Seiten/Min.
Funktionsumfang	Drucken, Scannen, Kopieren, Faxen	Drucken, Scannen, Kopieren, Faxen	Drucken, Scannen, Kopieren, Faxen	Drucken, Scannen, Kopieren, Faxen
Papierkapazität	100 Blatt	250 Blatt	250 Blatt	250 Blatt
Druckauflösung	4800 x 1200 dpi	4800 x 1200 dpi	2400 x 600 dpi	4800 x 1200 dpi
Duplexdruck	Ja	Ja	Ja	Ja
Anschlussmöglichkeiten	USB, WLAN, Bluetooth, Ethernet	USB, WLAN, Ethernet	USB, WLAN, Ethernet	USB, WLAN, Ethernet
Mobiles Drucken	AirPrint, Cloud Print Bullet PRINT app	AirPrint, Cloud Print NT Smart app	AirPrint, Cloud Print Sister Print&Scan	AirPrint, Cloud Print HJ Print app
Display	4.3" Touchscreen	2.65" Touchscreen	2.7" Touchscreen	2.4" Touchscreen
Preis	ca. 200 EUR	ca. 300 EUR	ca. 350 EUR	ca. 450 EUR

Hinweise:
- **Bullet Supi TX4566:** Ideal für Home-Office-Nutzer, die hohe Druckqualität und vielseitige Anschlussmöglichkeiten benötigen. Besonders gut für Farbdrucke und Fotos.
- **NT OfficePrint 9055:** Geeignet für kleine Büros mit hohem Druckvolumen, bietet schnelles Drucken und umfassende Funktionen bei gutem Preis-Leistungs-Verhältnis.
- **Sister LMJ-ysd_45:** Ein zuverlässiger Laserdrucker für Büros, die schnellen und kostengünstigen Schwarzweißdruck benötigen. Farbdruck ist weniger effizient.
- **Pewlett Teckert X34:** Perfekt für Büros mit hohem Druckvolumen und Fokus auf niedrige Druckkosten pro Seite dank wiederbefüllbarer Tintentanks. Höhere Anschaffungskosten, aber langfristige Einsparungen bei den Betriebskosten.

Herr Freiberg nimmt drei Geräte in die engere Auswahl und möchte mehr über sie erfahren. Er sucht zu jedem Gerät im Internet nach Testberichten.

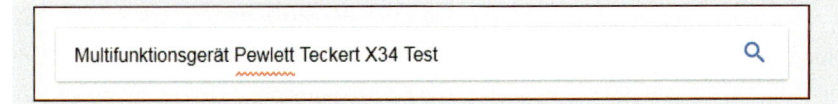

> Multifunktionsgerät Pewlett Teckert X34 Test 🔍

LERNFELD 6

Herrn Freiberg sagt das Modell von Pewlett Teckert zu. Bevor er sich jedoch endgültig zum Kauf entscheidet, liest er im Internet Erfahrungsberichte und Bewertungen von Personen, die das Gerät bereits gekauft haben.

> ⭐⭐⭐⭐⭐ **Druckerinstallation**
> umständliche Installation mittels WIFI am MAC, gelang erst nachdem mittels eigenem USB Kabel eine Verbindung zum Mac hergestellt worden war.
>
> Vor 8 Tagen von **Dr. Schneider geschrieben**
>
> ⭐⭐⭐⭐⭐ **In Ordnung**
> **PT X34:** arbeitet zuverlässig und macht hervorragende Abzüge bin sehr zufrieden damit und würde es weiterempfehlen macht auch hervorragende Fotos
>
> Vor 8 Tagen von **Herbert geschrieben**
>
> ⭐⭐⭐⭐⭐ **Schnell und Sehr gut**
> Er tut seinen Job ohne irgendwelche Probleme. Dabei noch perfekte Ergebnisse. Die Geschwindigkeit ist auch mehr als ausreichend, selbst bei komplizierten Farbdrucken.
>
> Vor 8 Tagen von **tanja 3 geschrieben**
>
> ⭐⭐⭐⭐⭐ **PT Drucker**
> Seit Jahren immer wieder PT Drucker.
>
> Hochwertiger druck, einfacher Setup.
> Im Heimnetzwerk integriert und von überall ohne Probleme nutzbar.
>
> Vor 12 Tagen von **Druckprofi geschrieben**
>
> ⭐⭐⭐⭐ **Tolles Produkt mit kleinen Mängeln**
> Der PT X34 kann insgesamt jeden überzeugen, obwohl es auch kleinere Probleme gibt. Kleine Unklarheiten bei der Installation, Software- und Hardware-Bugs und suboptimale Standard-Druckeinstellungen vermiesen das Gesamtbild ein wenig.
>
> Vor 12 Tagen von **Wolf H. geschrieben**

Herr Freiberg hat sich für den Kauf des PT X34. Anschließend lässt er im Internet einen Preisvergleich vornehmen. Auch hier gibt es mehrere Portale, die einen solchen Service anbieten.

Primär- und Sekundärquellen

Die grundsätzlich möglichen Informationsquellen über Lieferer, Waren und Dienstleistungen lassen sich einerseits durch eigene direkte und gezielte Erhebung von Beschaffungsmarktdaten (**Primärquellen**) und andererseits durch die Sammlung extern (außerhalb des Unternehmens) vorhandener Beschaffungsmarktdaten (**Sekundärquellen**) ermitteln.

A. Primärquellen
(eigene direkte und gezielte Erhebung von Beschaffungsmarktdaten)

- telefonische/schriftliche Liefererbefragung
- gezielte Anfragetätigkeit, Ausschreibung
- Liefererbesuch
- Betriebsbesichtigung
- Probelieferungen
- Erfahrungsaustausch mit Wettbewerbern, Kollegen in Einkäuferverbänden
- Messebesuch
- Besuch von Fachtagungen

B. Sekundärquellen
(Sammlung/gezielte Anfrage extern vorhandener Beschaffungsmarktdaten)

- Kataloge, Prospekte, Preislisten, Werbematerial
- Geschäftsberichte, Hauszeitschriften der Lieferer
- Veröffentlichungen oder Anfragen
  – Banken, Auskunfteien

LERNFELD 6

- IHK, Wirtschaftsverbände
- deutsche und ausländische Handelskammern, Handelsabteilungen der Botschaften, Konsulate
- Markt-, Wirtschaftsforschungsinstitute
- Makler, Vertreter
- Informationsdienstleistungsunternehmen
- statistische Ämter
- nationale und internationale Einkäuferverbände
- Verzeichnisse
  - Bezugsquellennachweise
  - Firmenhandbücher
  - Branchenverzeichnisse
  - Adressbücher
- Fach-/Allgemeinpresse
  - Tageszeitungen
  - Fachzeitschriften
  - Börsen- und Marktberichte
- Messekataloge

Beurteilung der Lieferer

Eine der größten Herausforderungen für die Einkaufsabteilungen von Unternehmen ist es, gute, zuverlässige und günstige Lieferer zu finden. Auch wenn man schon im Verlauf der Zeit einen Stamm von zuverlässigen und seriösen Lieferern aufgebaut hat, sollte dennoch deren regelmäßige Bewertung erfolgen. Dies garantiert qualitätsstarke und zeitnahe Lieferungen. Zudem erhalten die Einkaufsabteilungen Informationen darüber,

- welche Lieferer die Ansprüche erfüllen,
- welche besonders gute Leistungen erbringen
- und welche größere Schwachstellen aufweisen.

Für die Bewertung kommen verschiedene Kriterien infrage. Diese hängen ab von den jeweiligen Unternehmen und den Prioritäten, die dort herrschen.

Mögliche Kriterien der Liefererbewertung
- Häufigkeit von Reklamationen
- Nähe des Standortes zur belieferten Firma
- Nachhaltigkeit der Verpackungen
- Einhalten von vereinbarten Lieferterminen
- Qualität der gelieferten Artikel
- Preise
- Zahlungskonditionen
- Allgemeine Zuverlässigkeit

AUFGABEN

1. Welche Informationsquellen dienen der Auswahl von Erstlieferern?
2. Welche Informationen enthält eine Bezugsquellenkartei?
3. Welche Kriterien müssen herangezogen werden, wenn ein Artikel von mehreren Lieferern bezogen werden kann?
4. Welche Vorteile hat eine Suche nach Bezugsquellen mithilfe elektronischer Medien?
5. Nach welchen Kriterien würden Sie einen Lieferer beurteilen?

AKTIONEN

1. Bearbeiten Sie in Gruppen jeweils eine der folgenden Leitfragen:

   a) Welche Informationen benötigt die Ambiente Warenhaus AG über Lieferer?

   Halten Sie Ihre Ergebnisse auf Metaplankarten fest und beachten Sie hierbei die eingeführten Regeln zur Beschriftung von Karten.

   b) Welche Anforderungen stellt die Ambiente Warenhaus AG an Bezugsquellen?

   Halten Sie Ihre Ergebnisse in Form einer Mindmap auf Folie fest und beachten Sie hierbei die eingeführten Regeln zur Aufstellung einer Mindmap.

   Sie haben 10 Minuten zur Bearbeitung.

LERNFELD 6

2. Untersuchen Sie in Gruppenarbeit, ob sich eine der folgenden Seiten als Hilfsmittel zur Ermittlung von Bezugsquellen eignet:

   Gruppen 1 und 4: https://www.gelbeseiten.de/branchenbuch
   Gruppen 2 und 3: www.mercateo.com

   a) Zur Überprüfung der Leistungsfähigkeit sollen Recherchen durchgeführt werden:

   Gruppen 1 und 4:
   Begeben Sie sich auf die Suche nach Büromaterialzulieferern.
   Geben Sie in die **Suchmaske** den Suchbegriff „Bürobedarf" ein und starten Sie die Suche.
   Wie viele Einträge erhalten Sie:
   – bundesweit?
   – für Hannover?

   Gruppen 2 und 3:
   Begeben Sie sich auf die Suche nach Büromaterialzulieferern.
   Geben Sie in die **Suchmaske** den Suchbegriff „Bürobedarf" ein und starten Sie die Suche.
   Wie viele Artikel sind erhältlich?

   b) Erstellen Sie eine **Wandzeitung**. Beachten Sie dabei den **Gliederungsvorschlag** sowie die folgenden Punkte:
   – Schreiben Sie groß und deutlich.
   – Nutzen Sie Farben zur Strukturierung.
   – Kopieren Sie Auszüge der jeweiligen Internetseiten (Schriftzüge, Symbole usw.) zur Illustration.
   – Zur Fertigstellung Ihrer Wandzeitung haben Sie 45 Minuten Zeit.

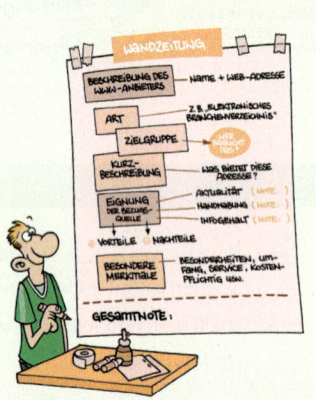

   Unten links ein Gliederungsvorschlag für die Wandzeitung.

   c) Für die **mündliche Erläuterung** teilen Sie die verschiedenen Bereiche Ihres Anbieters auf die Personen Ihrer Arbeitsgruppe auf (alle Teilnehmenden übernehmen einen Anteil bei der Vorstellung).

3. Entwerfen Sie jeweils ein Muster einer Lieferer- oder Warenkarteikarte für einen typischen Artikel bzw. Lieferer Ihres Ausbildungsbetriebs.

4. Entscheiden Sie sich für einen Artikel (zum Beispiel aus Ihrem Ausbildungssortiment), zu dem Sie einen Lieferer suchen möchten.
   Besuchen Sie die folgenden Datenbanken (Spezialsuchmaschinen) und versuchen Sie dort, Lieferer für den von Ihnen ausgewählten Artikel zu suchen:
   – www.zentrada.de
   – www.lieferanten.de
   – www.wlw.de
   – www.europages.de
   – www.diedeutscheindustrie.de
   – www.kompass.com
   – www.industrystock.de
   – www.wer-zu-wem.de

   Beurteilen Sie im Hinblick auf den von Ihnen gesuchten Artikel die Qualität der Suchmaschinen.

ZUSAMMENFASSUNG

Bezugsquellenermittlung
= Suche nach Informationen über mögliche Lieferer

Auswahl von Erstlieferern
Informationen z. B. aus Katalogen, Fachzeitschriften, Messebesuchen, Adressverzeichnissen und Datenbankrecherchen

Bestehende Geschäftsbeziehungen
Informationen aus eigener Bezugsquellenkartei/-datei

LERNFELD 6

KAPITEL 3
Wir erstellen Anfragen und lernen ihre Bedeutung kennen

Die Ambiente Warenhaus AG benötigt dringend 100 Freizeithemden mit 1/2-Arm. Herr Sonntag aus der Einkaufsabteilung entnimmt dem Branchenadressbuch folgende Bezugsquellen:
- Leinenmeister GmbH,
  Obernstraße 8, 33602 Bielefeld
- Spengler & Sohn OHG,
  Lahnstraße 14, 35578 Wetzlar

Lars Panning erhält von Herrn Sonntag den Auftrag, sich bei den Hemdenherstellern Leinenmeister GmbH aus Bielefeld und Spengler & Sohn OHG aus Wetzlar schriftlich zu erkundigen, zu welchen Konditionen sie die benötigten Hemden liefern können.

Formulieren Sie je eine schriftliche Anfrage an die beiden Hemdenproduzenten.

INFORMATION

Gründe für eine Anfrage

DEFINITION

> **Anfragen** dienen der **Einholung von Angeboten**. Damit kann festgestellt werden, ob und zu welchen Preisen und sonstigen Bedingungen Waren von den Lieferern eingekauft werden können.

Durch eine Anfrage können sich also Käuferinnen und Käufer, ob Kaufleute oder Privatpersonen, Informationsmaterial, wie z. B. Warenmuster, einen Katalog oder ein Warenverzeichnis, über bestimmte Waren beschaffen. Er kann außerdem Preise und Beschaffungskonditionen, z. B. Lieferbedingungen, Warenqualität, Preisnachlässe, erfragen. Dadurch wird es möglich, die Leistungsfähigkeit der bisherigen Lieferer zu überprüfen und somit Geschäftsbeziehungen zu erhalten. Durch eine Anfrage können andererseits aber auch neue Geschäftsverbindungen zustande kommen. Zweck der Anfrage ist letztlich die Aufforderung an den Lieferer, ein Angebot abzugeben.

Rechtliche Bedeutung

DEFINITION

> Eine Anfrage ist rechtlich stets **unverbindlich**, d. h., der oder die Anfragende ist **nicht gebunden** und daher auch nicht zum Kauf verpflichtet.

Um am günstigsten einkaufen zu können, ist die Anfrage nach ein und derselben Ware **bei mehreren Lieferern gleichzeitig** sinnvoll.

Form und Arten

Die Anfrage ist an **keine bestimmte Form** gebunden (Grundsatz der Formfreiheit). Sie kann sowohl mündlich, schriftlich, telefonisch, fernschriftlich, telegrafisch oder elektronisch (Internet) erfolgen.

Bitten Kundinnen und Kunden in ihrer Anfrage zunächst nur um einen Katalog, eine Preisliste, ein Muster oder einen Vertreterbesuch, so liegt eine **allgemein gehaltene Anfrage** vor. Wird dagegen z. B. nach dem Preis, der Farbe, der Güte und Beschaffenheit oder den Lieferbedingungen gefragt, so spricht man von einer **bestimmt gehaltenen Anfrage**.

Vertreterbesuch

Sehr geehrte Damen und Herren,

bei unserem Besuch auf der **Internationalen Sportwarenmesse** in München sind wir auf Ihren Ausstellungsstand und Ihre Sportanzüge aufmerksam geworden.

Wir würden uns gern über Ihr gesamtes Angebotssortiment ausführlicher informieren. Bitte schicken Sie aus diesem Grund in den nächsten Tagen einen Ihrer Fachberater in unserem Haus 2 in Schönstadt vorbei.

Mit freundlichen Grüßen

Ambiente Warenhaus AG

Uwe Otte

Uwe Otte
Leiter der Beschaffung

Schriftliche Anfrage: allgemein gehalten

Anfrage nach Jogginganzügen

Sehr geehrte Damen und Herren,

bitte senden Sie uns Ihr Angebot über

Jogginganzüge, Größe 38 bis 44, Farben: Silber, Marine, Rot, Obermaterial: Tactel-Polyamid, Polyester, Goretex-Membrane, mit verstellbarem Beinabschluss, in der Taille Kordelzug und Klemmverschluss.

Bei der Preisangabe berücksichtigen Sie zunächst eine Bestellmenge von 150 Anzügen; bei einem zufrieden stellenden Angebot können Sie mit regelmäßigen Bestellungen rechnen.

Infolge neuer Abschlüsse haben wir langfristigen Lieferverpflichtungen in Norddeutschland nachzukommen. Die Lieferzeit darf deshalb nicht länger als 14 Tage betragen, die Lieferbedingungen sollten sich frei Haus verstehen.

Mit freundlichen Grüßen

Ambiente Warenhaus AG

Uwe Otte

Uwe Otte
Leiter der Beschaffung

Schriftliche Anfrage: bestimmt gehalten

LERNFELD 6

AUFGABEN

1. Wodurch unterscheiden sich die beiden schriftlichen Anfragen?
2. Welche Inhalte sollte eine Anfrage nach einer bestimmten Ware enthalten?
3. Wann werden Kaufleute lediglich eine allgemein gehaltene Anfrage absenden?
4. Wann werden Kaufleute an einen möglichen Lieferer eine Anfrage mit gezielten Fragen nach einer Ware richten?
5. Bei wie vielen Lieferern kann ein Kunde bzw. eine Kundin anfragen?
6. Welche Bedeutung hat die Anfrage für das Zustandekommen eines Kaufvertrags?
7. In welcher Form kann eine Anfrage an den Lieferer gerichtet werden?

AKTIONEN

1. Lesen Sie den Text über die Anfrage und prägen Sie sich die Inhalte mithilfe der SQ3R-Methode[1] (aktives Lesen) ein.
2. Erarbeiten Sie anschließend einen Vortrag über die Bedeutung der Anfrage im Wirtschaftsleben. Benutzen Sie dabei das Mindmapping zum Aufschreiben Ihrer Gedanken.
3. Veranschaulichen Sie Ihre Ausführungen z. B. mit Folie und Overheadprojektor oder einem farbigen Tafelanschrieb.
4. Besorgen Sie sich aus Ihrem Ausbildungsunternehmen je eine allgemein gehaltene und eine bestimmt gehaltene Anfrage einer beliebigen Ware.

   Stellen Sie die beiden Schriftstücke – auf Folie übertragen – Ihrer Klasse vor und begründen Sie die jeweils gewählte Art der Anfrage.

ZUSAMMENFASSUNG

Die Anfrage
- fordert zur Abgabe eines Angebots auf
- soll Geschäftsbeziehungen erhalten
- kann Geschäftsbeziehungen anbahnen

Form

Die Anfrage ist **formfrei**.
Sie kann erfolgen:
- mündlich
- schriftlich
- telefonisch
- fernschriftlich
- telegrafisch
- elektronisch (Internet)

Arten

allgemein gehalten
Bitte um:
- Muster
- Katalog
- Preisliste
- Warenverzeichnis
- Vertreterbesuch

rechtlich unverbindlich
Der Kunde bzw. die Kundin muss die nachgefragte Ware nicht kaufen.

bestimmt gehalten
Bitte um Informationen über:
- Artikel
- Artikelnummer
- Farbe
- Güte und Beschaffenheit
- Warenmenge
- Preis
- Zahlungsbedingungen
- Lieferbedingungen
- Lieferzeit

---

[1] Zur Bearbeitung eines Textes gehen Sie die folgenden fünf Schritte durch: **S**urvey = Überblick gewinnen; **Q**uestion = Fragen stellen; **R**ead = Lesen; **R**ecite = Zusammenfassen; **R**eview = Wiederholen.

KAPITEL 4
Wir führen einen Angebotsvergleich durch

LERNFELD 6

Die Ambiente Warenhaus AG benötigt 100 Herrenfreizeithemden mit 1/2-Arm. Ihr liegen dazu die folgenden Angebote vor.

Angebot 1

Spengler & Sohn OHG

Spengler & Sohn OHG · Lahnstraße 14 · 35578 Wetzlar

Ambiente Warenhaus AG
Groner Straße 22–24
34567 Schönstadt

Ihr Zeichen:	O/S
Ihre Nachricht vom:	04.02.20..
Unser Zeichen:	DG
Unsere Nachricht vom:	
Name:	Herr Gerhard
Telefon:	06441 275-55
E-Mail:	gerhard@spengler-wvd.de
Datum:	17.08.20.

Angebot in Freizeithemden

Sehr geehrte Damen und Herren,

wir danken für Ihre Anfrage. Folgende Freizeithemden können wir Ihnen zu einem äußerst günstigen Preis anbieten:

Bestell-Nr. 4537 Herrenfreizeithemden mit 1/2-Arm, kariert, 50% Baumwolle, 50% Polyester, Gr. 36 bis 45, zum Preis von 8,10 €/Stück einschließlich Verpackung.

Bei Abnahme von mindestens 50 Stück gewähren wir Ihnen einen Mengenrabatt von 15%.

Bei unserer Lieferung ab Lager Wetzlar stellen wir Ihnen pro Hemd 0,10 € Transportkosten in Rechnung. Die Hemden sind innerhalb 2 Wochen lieferbar.

Ihre Zahlung erbitten wir innerhalb von 4 Wochen ab Rechnungsdatum netto Kasse.

Wir freuen uns auf Ihren Auftrag.

Mit freundlichen Grüßen

Spengler & Sohn

i. V. *Gerhard*

Gerhard

Angebot 2

Leinenmeister GmbH

Leinenmeister GmbH · Obernstraße 8 · 33602 Bielefeld

Ambiente Warenhaus AG
Groner Straße 22–24
34567 Schönstadt

Ihr Zeichen:	O/S
Ihre Nachricht vom:	04.02.20..
Unser Zeichen:	B-k
Unsere Nachricht vom:	
Name:	Patrick Baumeister
Telefon:	0521 9961-73
E-Mail:	p.b@leinenmeister-wvd.de
Datum:	06.02.20..

Angebot in Freizeithemden

Sehr geehrte Damen und Herren,

wir danken für Ihre Anfrage. Folgenden Sonderposten Freizeithemden können wir Ihnen zu einem besonders günstigen Preis anbieten:

Bestell-Nr. 245 Herrenfreizeithemden mit 1/2-Arm, bunt, kariert, 80% Baumwolle, 20% Polyester, Gr. 36 bis 45, zum Preis von 7,40 € pro Stück einschließlich Verpackung

Der Preis gilt frei Haus.

Ihre Zahlung erbitten wir innerhalb von 14 Tagen abzüglich 3% Skonto oder innerhalb von 30 Tagen ohne Abzug.

Wir freuen uns auf Ihren Auftrag.

Mit freundlichen Grüßen

Leinenmeister

i. V. *Baumeister*

Baumeister

Wählen Sie das günstigste Angebot aus.

LERNFELD 6

INFORMATION

Wesen des Angebots

> **DEFINITION**
>
> Ein **Angebot** ist eine Willenserklärung, Waren zu den angegebenen Bedingungen zu verkaufen.

Angebote richten sich an eine genau bestimmte Person oder Personengruppe.

Deshalb sind Zeitungsanzeigen, Prospekte, Kataloge, Plakate, Werbefernsehen, Werbefunk und Schaufensterauslagen keine Angebote, sondern **Anpreisungen**.

Auch die Präsentation von Waren in Selbstbedienungsgeschäften gilt nicht als Angebot, sondern lediglich als Anpreisung. In Selbstbedienungsgeschäften kommt der Kaufvertrag erst durch das Bringen der Ware zur Kasse und das Kassieren des Kaufpreises zustande.

Andererseits gilt die Aufstellung eines Automaten als Angebot an jeden, der die richtige Münze einwirft.

Form des Angebots

Die Abgabe eines Angebots ist an keine Formvorschrift gebunden. Sie kann schriftlich (durch Fax, Brief oder E-Mail), mündlich oder telefonisch erfolgen.

Bindungsfristen

Angebote, die ohne Einschränkungen gemacht wurden, sind grundsätzlich verbindlich.

Gesetzliche Bindungsfrist

Angebote müssen **unverzüglich** angenommen werden, wenn in dem Angebot keine Frist genannt wurde:

- **Mündliche und telefonische Angebote** sind deshalb nur so lange bindend, wie das Gespräch dauert.

- **Schriftliche Angebote** werden in dem Moment verbindlich, in dem sie der Empfängerin bzw. dem Empfänger zugehen. Der Anbieter ist so lange an dieses Angebot gebunden, wie er unter verkehrsüblichen Bedingungen mit einer Antwort rechnen muss.
  Die Bindungsfrist beträgt bei einem Angebotsbrief nach Handelsbrauch gewöhnlich eine Woche. Bei telegrafischen Angeboten beträgt sie 24 Stunden.

> **BEISPIEL**
>
> Ein Einzelhändler erhält von einem Großhändler am 1. Dez. einen Angebotsbrief. Das Angebot ist nur bis zum 8. Dez. bindend. Der Großhändler muss zu den Angebotsbedingungen nur dann liefern, wenn die Bestellung des Einzelhändlers bis zu diesem Zeitpunkt bei ihm eingetroffen ist.

Abschluss des Kaufvertrags im Selbstbedienungsgeschäft

Ob ein Vertrag schriftlich, per Handschlag oder per Mausklick besiegelt wird, spielt keine Rolle – die Vertragsparteien müssen ihn erfüllen. Verträge, die nach dem Gesetz nicht unbedingt schriftlich sein müssen – und das ist bei den meisten Internetgeschäften der Fall –, können also per E-Mail geschlossen werden. Spezielle Regelungen dafür, die die Verbraucherinnen und Verbraucher unter anderem durch ein Widerrufsrecht auch bei elektronisch geschlossenen Verträgen schützen sollen, gibt es im Bürgerlichen Gesetzbuch (§ 312 b–d BGB). Den grauen Kapitalmarkt im Internet ficht das jedoch nicht an: Für Finanzdienstleistungen gilt die Richtlinie nicht.

Der Vertragsschluss per Internet birgt Probleme: Wenn eine Kundin oder ein Kunde einer dubiosen Anbieterin oder einem dubiosen Anbieter ins Netz gegangen ist und von ihr bzw. ihm zum Beispiel Schadensersatz verlangen will, muss sie bzw. er zunächst beweisen, dass es überhaupt einen Vertrag gibt. Das sicherste Beweismittel in einem Zivilprozess ist immer eine Urkunde, denn daran ist die Richterin oder der Richter gebunden. **Der Computerausdruck einer E-Mail ist jedoch lediglich ein sogenannter Augenscheinbeweis: Die Richterin oder der Richter kann frei entscheiden, ob sie bzw. er den Inhalt glaubt oder nicht.**

In Deutschland gibt es seit dem 1. August 1997 das Gesetz zur Regelung digitaler Signaturen: Danach können Zertifizierungsstellen den Nutzerinnen und Nutzern elektronischer Medien Signaturschlüssel zuweisen, mit denen Nachrichten gekennzeichnet werden. Die digitale Signatur soll die Absenderin bzw. den Absender und auch die Echtheit der Daten erkennen lassen.

Vertragliche Bindungsfrist
Wird in einem Angebot eine Frist angegeben (z. B. „gültig bis 31. März 20.."), so muss die Bestellung bis zum Ablauf dieser Frist bei der Anbieterin bzw. beim Anbieter eingegangen sein.

Freizeichnungsklauseln
Durch Freizeichnungsklauseln kann die Verbindlichkeit eines Angebots ganz oder teilweise ausgeschlossen werden.

BEISPIELE
- „Preisänderungen vorbehalten"
  → Preis ist unverbindlich.
- „solange Vorrat reicht"
  → Menge ist unverbindlich.
- „freibleibend", „unverbindlich", „ohne Obligo"
  → Das ganze Angebot ist unverbindlich.

Erlöschen der Bindung
Anbieterinnen und Anbieter sind nicht mehr an ihr Angebot gebunden, wenn
- der Empfänger das Angebot ablehnt,
- die Bestellung zu spät eintrifft,
- die Bestellung vom Angebot abweicht.

Außerdem erlischt die Bindung an das Angebot, wenn Anbieterinnen oder Anbieter ihr Angebot rechtzeitig widerrufen. Der **Widerruf** muss möglichst vor, spätestens aber mit dem Angebot bei der Empfängerin bzw. dem Empfänger eingetroffen sein.

Inhalte des Angebots
Angebote können Vereinbarungen enthalten über
- Art, Beschaffenheit und Güte der Ware,
- Menge der Ware,
- Preis der Ware und Preisabzüge,
- Lieferungsbedingungen:
  – Kosten der Versandverpackung,
  – Versandkosten,
  – Lieferzeit,
- Zahlungsbedingungen.

Fehlen in einem Angebot entsprechende Angaben, dann gelten die jeweiligen gesetzlichen Bestimmungen.

Art, Beschaffenheit und Güte der Ware
Die Art der Ware wird durch handelsübliche Bezeichnungen gekennzeichnet. Die Beschaffenheit und Güte der Ware kann durch Abbildungen und Beschreibungen in Katalogen oder Prospekten, durch Güteklassen, Gütezeichen, Muster und Proben oder nach Augenschein festgelegt werden. Fehlt im Angebot eine Angabe über Beschaffenheit und Güte der Ware, so ist bei einer Gattungsschuld eine Ware mittlerer Art und Güte zu liefern (gesetzliche Bestimmung).

Menge der Ware
Normalerweise wird die Menge in handelsüblichen Maßeinheiten angegeben (z. B. kg, m, Stück). Anbieterinnen und Anbieter können in ihren Angeboten Mindestbestellmengen und Höchstbestellmengen festlegen.

Bei Angabe einer **Mindestbestellmenge** werden nur solche Bestellungen ausgeführt, die über diese Mindestmenge oder eine größere Bestellmenge lauten.

Mit der Angabe einer **Höchstbestellmenge** beschränken Anbieterinnen und Anbieter die Abgabemenge an die Bestellerinnen und Besteller.

LERNFELD 6

Preis der Ware

Der Preis ist der in Geld ausgedrückte Wert einer Ware. Er kann sich beziehen auf
- gesetzliche Maßeinheiten (kg, l, m, m^2, m^3) oder
- handelsübliche Bezeichnungen (Stück, Kisten, Ballen usw.).

Preisabzüge

Rabatt

Rabatt ist ein Preisnachlass. Er wird gewährt als
- **Mengenrabatt** für Abnahme größerer Mengen,
- **Wiederverkäuferrabatt** für Händlerinnen und Händler,
- **Sonderrabatt** bei bestimmten Anlässen (z. B. Jubiläum),
- **Personalrabatt** für Betriebsangehörige.

Naturalrabatte sind Rabatte, die in Form von Waren gewährt werden. Sie können als Draufgabe oder Dreingabe gewährt werden:
- **Draufgabe:** Es wird eine bestimmte Menge zusätzlich unentgeltlich geliefert (z. B. 50 Stück bestellt, 60 Stück geliefert, 50 Stück berechnet).
- **Dreingabe:** Es wird weniger berechnet, als geliefert wurde (z. B. 50 Stück bestellt, 50 Stück geliefert, 40 Stück berechnet).

Ein **Bonus** ist ein nachträglich gewährter Preisnachlass, der in der Regel am Jahresende gewährt wird, wenn die Kundin oder der Kunde einen Mindestumsatz erreicht oder überschritten hat.

> **BEISPIEL**
>
> Die Spindler KG gewährt ihren Kundinnen und Kunden einen Bonus von 2 %, wenn sie für mindestens 50.000,00 € Ware im Jahr bei ihr gekauft haben. Da die Ambiente Warenhaus AG im abgelaufenen Jahr Waren für 60.000,00 € bei der Spindler KG eingekauft hat, gewährt ihr die Spindler KG nachträglich einen Preisnachlass von 2 % = 1.200,00 €.

Skonto

Skonto ist ein **Preisnachlass für vorzeitige Zahlung**.

> **BEISPIEL**
>
> Die Leineweber GmbH bietet ihren Kundinnen und Kunden 3 % Skonto bei Zahlung innerhalb 14 Tagen an. Das bedeutet, dass Kundinnen und Kunden, die ihre Rechnung innerhalb von 14 Tagen nach Rechnungseingang bezahlen, von der Leineweber GmbH einen Preisnachlass von 3 % erhalten.

Versandkosten

Zu den Versandkosten (Beförderungskosten) gehören
- Hausfracht am Ort der Verkäuferin bzw. des Verkäufers, die durch den Transport von der Geschäftsniederlassung der Verkäuferin bzw. des Verkäufers zur Versandstation (z. B. Versandbahnhof) entsteht,
- Wiege- und Verladekosten,
- Fracht, die für den Transport von der Versandstation bis zur Empfangsstation zu zahlen ist,
- Entladekosten,
- Hausfracht am Ort der Käuferin bzw. des Käufers, die durch den Transport von der Empfangsstation bis zur Geschäftsniederlassung der Käuferin bzw. des Käufers entsteht.

Gesetzliche Regelung

> Wenn zwischen dem Verkäufer und dem Käufer keine besondere Vereinbarung getroffen wurde, trägt der Käufer die Versandkosten. Das bedeutet:
>
> - Beim **Platzkauf**, d. h., wenn Verkäufer und Käufer ihren Geschäftssitz am selben Ort haben, muss der Käufer die Versandkosten ab der Geschäftsniederlassung des Verkäufers bezahlen.
> - Beim **Versendungskauf**, d. h., wenn Verkäufer und Käufer ihren Geschäftssitz nicht am selben Ort haben, muss der Verkäufer die Versandkosten bis zur Versandstation (= Hausfracht am Versendungsort und Wiegekosten) bezahlen. Die Versandkosten ab Versandstation (Verladekosten, Fracht, Entladekosten, Hausfracht am Bestimmungsort) muss der Käufer zahlen (Warenschulden sind Holschulden).

> **BEISPIEL**
>
> Die Ambiente Warenhaus AG bestellt Mäntel bei der Mantelfabrik Meyer in Bielefeld. Die Mantelfabrik schickt die Mäntel mit der Eisenbahn. Für den Transport zum Versandbahnhof Bielefeld entstehen 20,00 € Hausfracht. Die Fracht der Bahn beträgt 200,00 €. Für den Transport von der Empfangsstation Schönstadt bis zum Zentrallager der Ambiente Warenhaus AG berechnet der Bahnspediteur 25,00 € Hausfracht. Wenn keine vertragliche Vereinbarung über die Versandkosten erfolgte, muss die Ambiente Warenhaus AG die 200,00 € Fracht zuzüglich 25,00 € Hausfracht in Schönstadt = 225,00 € bezahlen.

Vertragliche Regelungen

Abweichend von der gesetzlichen Regelung können zwischen Käuferin bzw. Käufer und Verkäuferin bzw. Verkäufer anders lautende vertragliche Regelungen vereinbart werden.

LERNFELD 6

Beförderungsbedingungen	Verkäuferin bzw. Verkäufer zahlt	Käuferin bzw. Käufer zahlt
ab Werk, Lager oder Fabrik (= gesetzliche Regelung beim Platzkauf)	keine Versandkosten	alle Versandkosten
unfrei, ab hier, ab Versandstation, ab Bahnhof hier (= gesetzliche Regelung beim Versendungskauf)	Versandkosten bis zur Versandstation (Hausfracht am Versendungsort)	Versandkosten ab Versandstation (Verladekosten, Fracht, Entladekosten, Hausfracht am Bestimmungsort), Wiegekosten
frachtfrei, frei dort, frei Bahnhof dort, frei	Versandkosten bis zur Empfangsstation (Hausfracht am Versandort, Verladekosten, Fracht)	Versandkosten ab Empfangsstation (Entladekosten, Hausfracht am Empfangsort)
frei Haus, frei Lager	alle Versandkosten	keine Versandkosten

Kosten der Versandverpackung

Gesetzliche Regelung

Wenn zwischen Käufer und Verkäufer keine besonderen Vereinbarungen getroffen wurden, trägt grundsätzlich der Käufer die Kosten der Versandverpackung.

Vertragliche Regelungen

Vertraglich kann vereinbart werden:

- **Preis für Reingewicht** (= Nettogewicht) **einschließlich Verpackung** (netto einschließlich Verpackung): Der Preis wird nur vom Gewicht der Ware (Rein- bzw. Nettogewicht) berechnet. Die Verpackung erhält die Käuferin oder der Käufer unberechnet.

- **Preis für Reingewicht ausschließlich Verpackung** (netto ausschließlich Verpackung): Der Preis wird vom Reingewicht (Nettogewicht) berechnet. Die Verpackung wird der Käuferin oder dem Käufer zusätzlich, normalerweise zum Selbstkostenpreis, in Rechnung gestellt (= gesetzliche Regelung).

- **Preis für das Bruttogewicht einschließlich Verpackung** (brutto für netto [b/n; bfn]): Für die Berechnung wird das Bruttogewicht (= Reingewicht + Verpackungsgewicht) zugrunde gelegt. Die Verpackung wird wie die Ware berechnet.

BEISPIEL

Das Nettogewicht einer Ware beträgt 20 kg. Das Verpackungsgewicht (Tara) beträgt 1 kg. Der Preis der Ware beträgt 1,00 € je kg. Der Selbstkostenpreis der Verpackung beträgt 1,50 €.

Vertragliche Regelung	Preis für Ware und Verpackung
netto einschließlich Verpackung	Nettogewicht 20 kg · 1,00 € = 20,00 €
netto ausschließlich Verpackung	Nettogewicht 20 kg · 1,00 € + 1,50 € = 21,50 €
brutto für netto (b/n)	Bruttogewicht 21 kg · 1,00 € = 21,00 €

LERNFELD 6

Lieferzeit
Gesetzliche Regelung

> Wurde zwischen den Vertragspartnern keine Lieferfrist vereinbart, dann ist der Verkäufer verpflichtet, die Ware unverzüglich zu liefern.

Vertragliche Regelungen

Abweichend von der gesetzlichen Regelung kann vereinbart werden:
- Lieferung innerhalb eines bestimmten Zeitraumes, z. B. Lieferung innerhalb von 14 Tagen,
- Lieferung bis zu einem bestimmten Termin, z. B. Lieferung bis Ende August,
- Lieferung zu einem genau festgelegten Datum (Fixkauf), z. B. Lieferung am 5. November 20.. fix.

Zahlungsbedingungen
Gesetzliche Regelung

> Der Käufer ist verpflichtet, die Ware unverzüglich bei Lieferung zu bezahlen, wenn zwischen ihm und dem Verkäufer kein anderer Zahlungszeitpunkt vereinbart worden ist. Die Kosten der Zahlung (z. B. Überweisungsgebühren) muss der Käufer tragen.

Vertragliche Regelungen

Vertraglich kann zwischen Verkäuferin bzw. Verkäufer und Käuferin bzw. Käufer vereinbart werden:
- **Zahlung vor der Lieferung**
  Vor der Lieferung muss ein Teil des Kaufpreises oder der gesamte Kaufpreis bezahlt werden, z. B.
  – Anzahlung,
  – Vorauszahlung.
- **Zahlung bei Lieferung**
  Die Zahlung erfolgt Zug um Zug, d. h., die Verkäuferin bzw. der Verkäufer händigt die Ware aus und die Käuferin bzw. der Käufer zahlt den Kaufpreis, z. B.
  – „sofort netto Kasse" = sofortige Zahlung ohne Abzug,
  – „gegen Nachnahme" = Aushändigung einer Warensendung nur gegen Zahlung.
- **Zahlung nach der Lieferung**
  Die Käuferin oder der Käufer muss die Ware erst eine bestimmte Zeit nach der Lieferung bezahlen:
  – Zielkauf: z. B. „Zahlung innerhalb 30 Tagen";
  – Ratenkauf: Die Käuferin bzw. der Käufer kann den Kaufpreis in Raten begleichen.

Angebotsvergleich

Um das günstigste Angebot für eine Ware zu ermitteln, vergleichen Einzelhändlerinnen und Einzelhändler die Angebote mehrerer Lieferer.

Zunächst berechnet die Einzelhändlerin bzw. der Einzelhändler die **Bezugspreise** der angebotenen Waren. Dazu werden erst von dem im Angebot des Lieferers genannten Listenpreis für die angebotene Ware der Liefererrabatt und der Liefererskonto abgezogen und dann die Bezugskosten (Verpackungs- und Versandkosten) dazugerechnet.

> Beim Angebotsvergleich achten Einzelhändlerinnen und Einzelhändler aber nicht nur auf die Preise, Preisabzüge und Bezugskosten (Beförderungskosten und Versandkosten), sondern auch auf die **Lieferzeit**, die **Zahlungsbedingungen**, die **Qualität** und die **Umweltverträglichkeit** der angebotenen Waren.

BEISPIEL

Die Ambiente Warenhaus AG hat auf ihre Anfrage von zwei verschiedenen Anbietern Angebote über Freizeithemden mit 1/2 Arm erhalten (siehe Seite 23). Da das Unternehmen 100 Stück benötigt, wird der Angebotsvergleich für diese Bestellmenge durchgeführt.

Artikel	Herrenfreizeithemden Größen 36–45			
Menge	100 Stück			
Lieferer	Spengler & Sohn, Wetzlar		Leinenmeister, Bielefeld	
Listenpreis	8,10 €/Stück	810,00 €	7,40 €/Stück	740,00 €
① ./. Rabatt	15 %	121,50 €	–	–
② Zieleinkaufspreis		688,50 €		740,00 €
③ ./. Skonto	–	–	3 % innerhalb 14 Tagen	22,20 €
④ Bareinkaufspreis		688,50 €		717,80 €
+ Bezugskosten (Verpackungs- u. Versandkosten)		10,00 €	–	–
⑤ Bezugspreis (= Einstandspreis)		698,50 €		717,80 €
Qualität	50 % Baumwolle/50 % Polyester		80 % Baumwolle/20 % Polyester	
Lieferzeit	2 Wochen		sofort	
Zahlungsziel	4 Wochen		30 Tage	

Rechenweg:

① Rabatt = $\dfrac{\text{Listenpreis} \cdot \text{Rabatt in Prozent}}{100\,\%}$

② Zieleinkaufspreis = Listenpreis ./. Rabatt

③ Skonto = $\dfrac{\text{Zieleinkaufspreis} \cdot \text{Skonto in Prozent}}{100\,\%}$

④ Bareinkaufspreis = Zieleinkaufspreis ./. Skonto

⑤ Bezugspreis = Bareinkaufspreis + Bezugskosten

Durch den Einsatz eines Tabellenkalkulationsprogramms lässt sich die Durchführung von Angebotsvergleichen vereinfachen.

Das Tabellenkalkulationsprogramm Excel

Die bekannteste Tabellenkalkulation, die unter dem Betriebssystem Windows abläuft, ist Excel. Excel ist in der Lage, Rechenaufgaben jeglicher Art zu erledigen. Excel ist mittlerweile aber kein reines Tabellenkalkulationsprogramm mehr, sondern vereinigt neben der Tabellenkalkulation sogar eine Datenverwaltung und Möglichkeiten der Präsentationsgrafik in sich.

Leistungsmerkmale von Excel:
- Berechnungen jeglicher Art
- Listen für alle Gelegenheiten
- Anlegen von Diagrammen
- Datenanalyse und -auswertung
- Verwendung als Datenbank
- Programmierung von Speziallösungen

Im Folgenden werden die grundlegenden Tätigkeiten mit Excel beschrieben.

Start von Excel

Wenn eine entsprechende Verknüpfung auf der Arbeitsoberfläche angelegt ist, kann man Excel aufrufen, indem man mit der linken Maustaste auf das Excel-Symbol doppelklickt. Ist dies nicht der Fall, kann folgende Alternative gewählt werden:

- Das Startmenü öffnen.
- Dort „Alle Programme" anwählen.
- In dem sich dann verzweigenden Menü wird der Eintrag „Microsoft Excel" angeklickt. (Eventuell muss vorher noch „MS Office" ausgewählt werden.)

Beenden von Excel

Wenn die Arbeit mit Excel beendet werden soll, kann das Programm mit dem Befehl „Beenden" aus dem „Datei"-Menü geschlossen werden.

Eine andere Alternative liegt in der Betätigung des **Schließfeldes,** das sich rechts oben im Excel-Fenster befindet.

Überblick über den Excel-Bildschirm

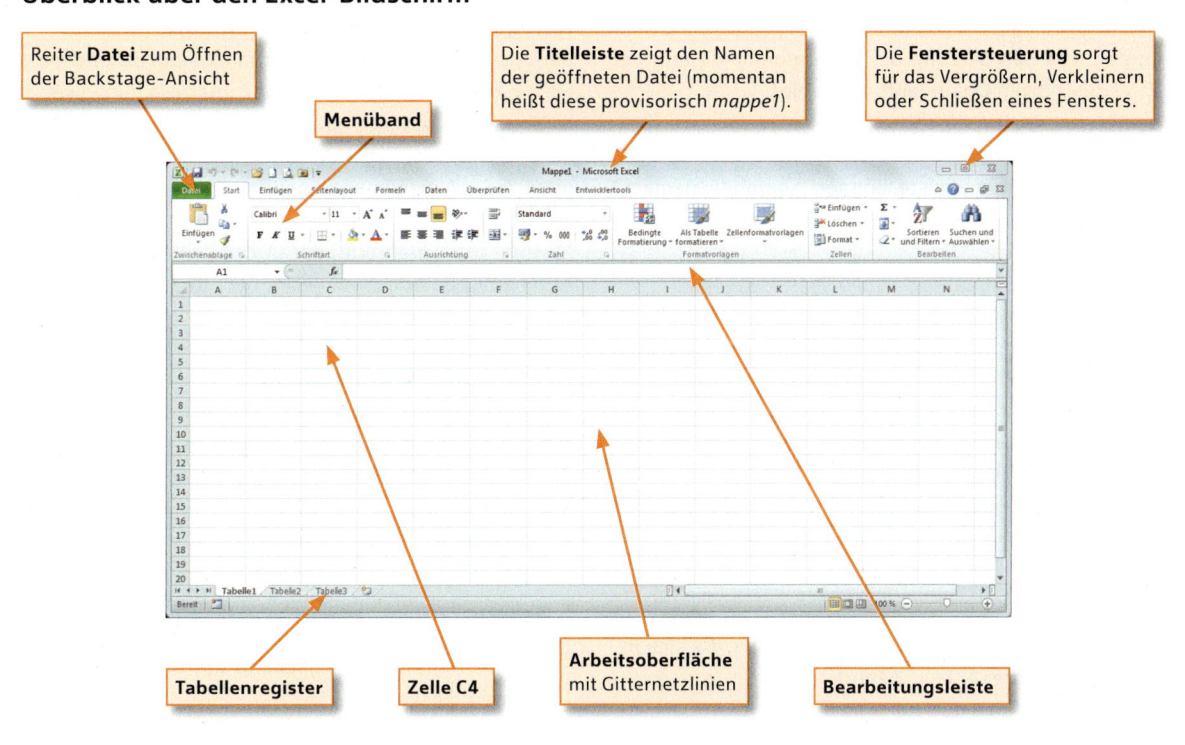

Reiter **Datei** zum Öffnen der Backstage-Ansicht

Menüband

Die **Titelleiste** zeigt den Namen der geöffneten Datei (momentan heißt diese provisorisch *mappe1*).

Die **Fenstersteuerung** sorgt für das Vergrößern, Verkleinern oder Schließen eines Fensters.

Tabellenregister

Zelle C4

Arbeitsoberfläche mit Gitternetzlinien

Bearbeitungsleiste

LERNFELD 6

Menüband

Das Menüband ermöglicht den Zugriff auf Befehle und Optionen, die man für die Arbeit mit Excel benötigt. Es enthält verschiedene Registerkarten, von denen eine immer aktiv ist.

Registerkarte	Aufgabe
Start	Hier befinden sich alle Befehle, die für die ersten Arbeitsschritte erforderlich sind. Es sind in der Regel die im Rahmen der normalen Arbeit am häufigsten verwendeten Befehle.
Einfügen	Diese Registerkarte enthält alle Objekte, die sich in Tabellen einfügen lassen.
Seitenlayout	Hier wird das Aussehen der Seite – vor allem für die Druckausgabe – gestaltet.
Formeln	Alle Werkzeuge, um Formeln erstellen oder bearbeiten zu können, sind hier aufgelistet.
Daten	Verwendet man Excel als Datenbank, findet man hier alle notwendigen Befehle und Funktionen.
Überprüfen	Diese Registerkarte hilft Arbeitsmappen auf Fehler zu kontrollieren, Kommentare zu verwalten und Änderungen nachvollziehbar zu machen.
Ansicht	Hier wird bestimmt, wie das Arbeitsblatt am Monitor dargestellt werden soll.

Die Befehle in jeder Registerkarte werden in Gruppen zusammengefasst. Die Bezeichnung der Gruppen steht unter den Befehlen. Die Befehlsgruppen sind von links nach rechts nach abnehmender Häufigkeit der Benutzung angeordnet.

Das Menüband mit der geöffneten Registerkarte Seitenlayout. Links die am häufigsten benutzte Befehlsgruppe Designs.

Titelleiste

In der Titelleiste werden der Programmname und der Titel des aktiven Dokuments angezeigt.

Bearbeitungsleiste

In der Bearbeitungsleiste können Eingaben gemacht oder Zellinhalte verändert werden.

Arbeitsblatt

Das Arbeitsblatt ist die eigentliche Arbeitsfläche. Sie enthält Gitternetzlinien, die die wichtigsten Elemente einer Tabellenkalkulation begrenzen: die Zellen. Dort können Daten oder Formeln eingetragen werden. Um die Zellen eindeutig identifizieren zu können, werden die Zellen senkrecht in Spalten und waagrecht in Zeilen angeordnet: Zeilen werden mit Zahlen, Spalten mit Buchstaben benannt.

> **BEISPIEL**
>
> Die Zelladresse C4 kennzeichnet die Zelle, die sich in der 3. Spalte der 4. Zeile befindet.

Anlegen einer neuen Arbeitsmappe

Ein Excel-Dokument wird als Arbeitsmappe bezeichnet. Sie besteht aus mehreren Tabellenblättern, die – wie in einem Karteikasten – hintereinander angeordnet sind. Beim Start von Excel wird automatisch immer eine neue, leere Arbeitsmappe geöffnet.

Möchte man während der Arbeit eine neue Excel-Arbeitsmappe erstellen, klickt man: Reiter *Datei – Neu – Leere Arbeitsmappe – erstellen*.

Öffnen einer Arbeitsmappe

Soll eine Excel-Arbeitsmappe, die sich beispielsweise auf der Festplatte befindet, bearbeitet werden, muss die entsprechende Datei in Excel geöffnet werden.

- Registerkarte „*Datei*" und dort den Befehl „*Öffnen*" anklicken
- in der dann erscheinenden Dialogbox den Namen der Datei auswählen, die für die Bearbeitung geladen werden soll; anschließend auf die Schaltfläche „*Öffnen*" klicken

LERNFELD 6

- Wenn sich die Datei nicht im angezeigten Verzeichnis befindet, muss das Verzeichnis gewechselt werden.

Markieren von Zellen

Immer wenn Zellinhalte bearbeitet werden sollen, müssen diese vorher markiert werden. Dies geschieht für eine einzelne Zelle dadurch, dass man sie mit der Maus anklickt (oder sich mit der Tastatur [Pfeiltasten] dorthin bewegt).

Eingeben von Daten

Um in einer Zelle Daten eingeben zu können, muss die entsprechende Zelle zunächst markiert sein. Es können fünf verschiedene Datenformate eingegeben werden: Text, Zahlen, Datum, Zeit und Formeln. Excel unterscheidet dabei automatisch zwischen Text- und Werteingaben.

- **Text**
  Text kann Buchstaben, Ziffern und Sonderzeichen enthalten. In einer Zelle können 255 Zeichen enthalten sein. Beinhaltet ein Eintrag in einer Zelle sowohl Buchstaben als auch Ziffern, wird dies als Text erkannt. Soll jedoch ein rein numerischer Eintrag als Text verstanden werden, so muss vor der Zahl ein Apostroph stehen.
- **Zahlen**
  Die Eingabe von Zahlen kann aus den numerischen Zeichen 0–9 sowie einigen Sonderzeichen bestehen. Das Komma ist das Dezimaltrennzeichen. Die Währungseingabe von € ist zulässig.
- **Datum**
  Das Datum kann in unterschiedlichen Formaten angegeben werden.
- **Formeln**
  Die Eingabe einer jeden Formel beginnt mit =. In jeglicher Formel werden Zelladressen durch Rechenoperatoren miteinander verknüpft. Die Formeleingabe wird immer durch das Drücken der Enter-Taste beendet.

Speichern einer Arbeitsmappe

Viele Tabellen werden später noch einmal benötigt, weil man sie ergänzen oder abändern möchte. Dazu müssen die Arbeitsmappen gespeichert werden.

- Reiter *Datei* und dort den Befehl *Speichern unter* anklicken
- in der sich dann öffnenden Dialogbox den Datenträger und das Verzeichnis auswählen, in dem die Daten gespeichert werden sollen
- anschließend in das Feld *Dateiname* eine möglichst treffende Bezeichnung eingeben
  Die Dateiendung *.xlsx* wird von Excel automatisch angehängt. Man kann die Datei aber auch in älteren Dateiformaten abspeichern (z. B. als xls-Datei).

Drucken einer Arbeitsmappe

- Reiter *Datei* und dort den Befehl *Drucken* anklicken
- im dem sich öffnenden Dialogfeld:
  - unter *Drucken* die Anzahl der Exemplare eingeben
  - unter *Drucker* den Drucker wählen und die Druckereigenschaften festlegen
  - unter *Einstellungen* die Optionen bei *Aktive Tabellen drucken* anklicken und auswählen, ob die aktive Tabelle, die gesamte Arbeitsmappe oder nur eine Auswahl gedruckt werden soll
- Druckvorgang mit der Schaltfläche *Drucken* (oben links) starten

Formatieren von Zellen

In Excel gibt es viele verschiedene Möglichkeiten, Zellen zu formatieren:

- Schriftarten, Schriftgrößen, Schriftattribute
- Ausrichtung von Zellen
- Rahmen, Hintergrundfarben und Muster
- Zahlenformate

Diese Formatierungsmerkmale werden immer hinter der Zelle gespeichert. Wird zum Beispiel der Inhalt der Zelle geändert, werden dem neuen Inhalt automatisch die alten Formatierungsmerkmale zugeordnet. Die Anzeige einer Zelle muss nicht mit dem eigentlichen Inhalt übereinstimmen. Mit der Formatierung ändert sich nur das Erscheinungsbild.

- die Zelle oder den Zellbereich markieren
- gewünschte Formatierung einstellen:

LERNFELD 6

Möglichkeit 1: über die Registerkarte *Start* – Gruppe *Schriftart* das Dialogfeld *Zellen formatieren* aufrufen

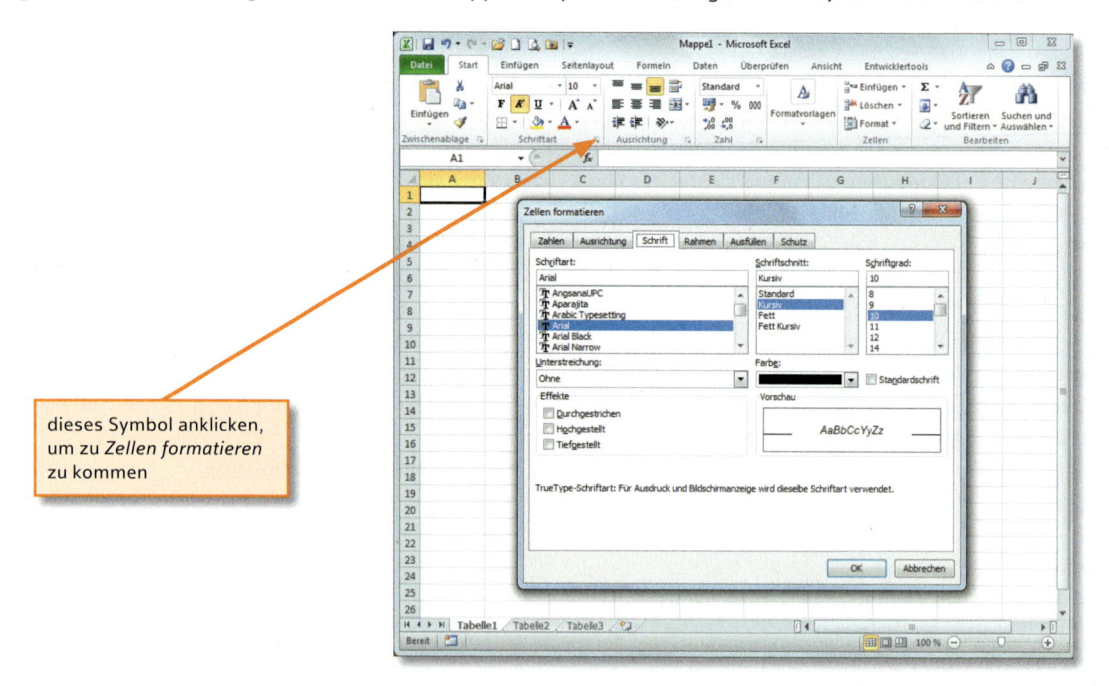

dieses Symbol anklicken, um zu *Zellen formatieren* zu kommen

Möglichkeit 2:
mit der rechten Maustaste in den markierten Bereich klicken und den Kontextmenüpunkt *Zellen formatieren* aktivieren

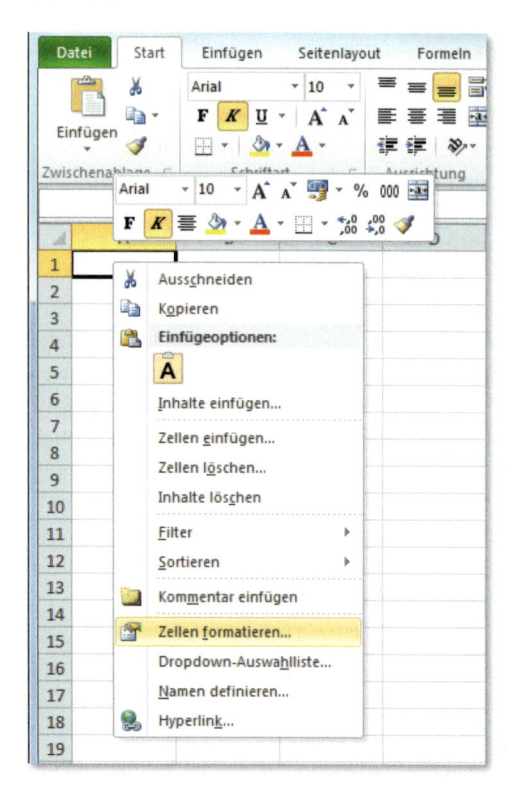

Kopieren und Verschieben von Zellen

Verschieben und Kopieren über die Zwischenablage
Müssen größere Zellbereiche verschoben oder kopiert werden, so bietet sich die Zwischenablage an. Die Zwischenablage ist ein temporärer Zwischenspeicher, in dem nur zusammenhängende Informationen gespeichert werden können. Sobald neue Daten in die Zwischenablage gelegt werden, werden die alten überschrieben. Der Inhalt der Zwischenablage kann beliebig oft an verschiedenen Stellen eingefügt werden.

Aktion	Menüpunkt	rechte Maustaste	Short-cuts
aus-schneiden	*Start – Zwischenablage – Ausschneiden*	Kontextmenü *Ausschneiden*	Strg + X
kopieren	*Start – Zwischenablage – Kopieren*	Kontextmenü *Kopieren*	Strg + C
einfügen	*Start – Zwischenablage – Einfügen*	Kontextmenü *Einfügen*	Strg + V

Verschieben und Kopieren mit der Maus (Drag & Drop)
Kleinere Zellbereiche können auch einfach mit der Maus kopiert und verschoben werden.

LERNFELD 6

Zellen verschieben
- Zellbereich markieren
- mit der Maus auf die Zell- bzw. Bereichsumrandung zeigen
Der Mauszeiger verändert sich in seiner Form (Pfeil).
- auf die Umrandung klicken und den Bereich mit dem veränderten Mauszeiger an die neue Position ziehen

Zellen kopieren
- analog zum Verschieben vorgehen, beim Ziehen aber die Strg-Taste gedrückt halten

Kalkulieren mit Excel

Bevor mit Excel gearbeitet wird, sollte überlegt werden, welche Ergebnisse die Kalkulation liefern soll und welche Daten dazu erfasst werden müssen.

Es muss ebenfalls geklärt werden, welche Informationen in Spalten und welche in Zeilen angeordnet werden sollen:

- in die Zelle A1 die Überschrift der Tabelle eingeben
- von Zelle A3 beginnend (anschließend B3 usw.) den Titel der jeweiligen Spalte eintragen
- Daten anschließend zeilenweise in die Tabelle eingeben

Die Zellen, in denen Berechnungen durchgeführt werden sollen, müssen aktiviert werden. Nach Eingabe eines Gleichheitszeichens folgt die Berechnungsanweisung, beispielsweise eine Formel. Dabei gilt immer das Prinzip Zelladresse – Operator – Zelladresse – Operator usw. Als Operatoren stehen zur Verfügung für

- Addition: +
- Multiplikation: *
- Subtraktion: –
- Division: /

Auch Klammern können unter Beachtung der mathematischen Klammersetzungsregeln verwendet werden.

BEISPIEL

Am Ende einer jeden Auftragsabwicklung möchte das Unternehmen sehen, welche Umsätze erzielt wurden. Für die fünf Artikel einer Warengruppe sollen monatlich die Umsätze berechnet werden. Dazu erstellt Anja Maibaum eine Tabelle, die die Umsätze der einzelnen Artikel und den Gesamtumsatz der Warengruppe berechnet. Sie geht in den folgenden Schritten vor:

1. Sie trägt in die Zelle A1 die Überschrift der Tabelle – also „Umsätze der Warengruppe 1" – ein.
2. Sie gibt die Bezeichnungen der Tabellenspalten (Artikel, Preis in €, Menge, Umsatz in €) ein.
3. Zur besseren Lesbarkeit der Tabelle markiert sie die Zeile mit den Bezeichnungen und klickt den Schaltknopf für fette Schrift an.
4. In die Spalte A mit Namen „Artikel" trägt sie die Artikel ein. Die Eingabe schließt sie jeweils mit der Return-Taste ab.
5. Für den Artikel A gibt sie Menge und Preis ein.
6. Sie markiert nun die Zelle D4, in der der Umsatz des Artikels „A" angezeigt werden soll. Anschließend gibt sie das Gleichheitszeichensymbol (=) in die Bearbeitungszeile oder direkt in die Zelle ein. Jede Formel beginnt mit einem Gleichheitszeichen. Katarzyna Lindemann gibt hinter das Gleichheitszeichen die Anweisung zur Berechnung des Umsatzes von Artikel „A" ein; nämlich: B4*C4. Nachdem sie die Formeleingabe durch Drücken der Tastenkombination *Strg + Return* beendet hat, erscheint das Ergebnis der Formel in der aktuellen Zelle, während die für die Berechnung zugrunde liegende Formel in der Bearbeitungszeile angezeigt wird.
7. Nachdem sie so für alle anderen Artikel gleichermaßen vorgegangen ist, gibt sie für die Zelle D10 noch die Bezeichnung und die Formel für den Gesamtumsatz (D4+D5+D6+D7+D8) ein.

Wenn Anja Maibaum im nächsten Monat neue Werte (also veränderte Preise bzw. Mengen) eingibt, werden die Ergebnisse der Formeln automatisch neu berechnet. Es ist ein großer Vorteil der Tabellenkalkulation, dass Berechnungen durch Verwendung der Zellbezüge (z. B. C5, D4 usw.) variabel gehalten werden können.

Artikel	Preis in €	Menge	Umsatz in €
A	17	100	1700
B	29	578	16762
C	1025	7	7175
D	9	1875	16875
E	345	30	10350
Gesamtumsatz:			52862

LERNFELD 6

AUFGABEN

1. In welchen der folgenden Fälle liegt ein Angebot vor?
   a) Ein Lebensmitteleinzelhändler lässt Handzettel mit aktuellen Sonderangeboten an die Haushalte in seinem Stadtbezirk verteilen.
   b) Ein Verkäufer bietet einer Kundin in der Elektroabteilung eines Warenhauses einen Staubsauger an.
   c) Ein Möbelhaus lässt seine Kataloge von der Post an alle Haushalte verteilen.
   d) Eine Weinhändlerin bietet einem Stammkunden telefonisch einen besonders günstigen Posten Rotwein an.

2. Der Textileinzelhändler Gauß macht seiner Stammkundin Frau Lorenzen in seinem Geschäft ein Angebot für ein wertvolles Abendkleid. Frau Lorenzen kann sich jedoch nicht sofort entscheiden. Drei Tage später sucht sie das Geschäft noch einmal auf, um das Abendkleid zu kaufen. Herr Gauß hat das Kleid jedoch mittlerweile verkauft. Warum war er nicht mehr an das Angebot gebunden?

3. Karl Lang, Mainz, macht seinen langjährigen Kunden Fritz Kaiser, Hannover, und Gertrud Meyer, Göttingen, ein schriftliches Angebot über „Margaret Öster"-Feuchtigkeitscreme zu 3,00 € je Tube. Der Brief wird von ihm am 20. Mai zur Post gegeben.
   a) Am 22. Mai bestellt Herr Kaiser 40 Tuben zu 2,80 € je Tube.
      Wie kann Lang auf die Bestellung reagieren?
   b) Am 31. Mai bestellt Frau Meyer 100 Tuben zu 3,00 € je Tube.
      Warum muss Lang nicht mehr liefern?

4. Erläutern Sie folgende Freizeichnungsklauseln:
   a) „freibleibend",
   b) „solange Vorrat reicht",
   c) „Preis freibleibend".

5. Bis zu welchem Zeitpunkt kann ein schriftliches Angebot widerrufen werden?

6. Was bedeutet das Einräumen eines Zahlungsziels für einen einkaufenden Einzelhändler?

7. Welchen Teil der Transportkosten trägt beim Bahnversand die Käuferin bzw. der Käufer, wenn im Angebot des Lieferers keine Angabe über die Transportkostenverteilung enthalten ist?

8. Die Lieferungsbedingung lautet „frachtfrei", die Fracht beträgt 50,00 €, die Hausfracht für die An- und Abfuhr je 10,00 €.
   Wie viel Euro muss die Käuferin bzw. der Käufer für den Transport bezahlen?

9. Wann muss die Käuferin bzw. der Käufer zahlen, wenn im Angebot keine Klausel darüber enthalten ist?

10. Wer zahlt die Versandverpackung, wenn im Angebot keine Angabe darüber enthalten ist?

11. Was bedeutet die Zahlungsbedingung „netto Kasse"?

12. Ein Großhändler bietet an: „Beim Kauf von 20 Flaschen erhalten Sie eine Flasche gratis!"
    Um welchen Rabatt handelt es sich hierbei?

13. Wann muss geliefert werden, wenn im Kaufvertrag keine Lieferfrist vereinbart wurde?

14. Einer Einzelhändlerin liegen drei Angebote über Pfirsichkonserven (Dose zu 400 g) vor:

    Angebot 1: 0,60 € je Dose, netto einschließlich Verpackung, frei Haus, 10 % Rabatt bei Abnahme von 100 Dosen, Lieferung sofort, Zahlung innerhalb von 30 Tagen netto Kasse.

    Angebot 2: 0,55 € je Dose, netto ausschließlich Verpackung, Verpackungskosten für 100 Dosen: 2,70 €, Lieferung ab Werk (Transportkosten für 100 Dosen: 4,90 €) innerhalb von 14 Tagen, 15 % Rabatt bei Abnahme von 100 Dosen, Zahlung innerhalb von 30 Tagen netto Kasse.

    Angebot 3: 0,50 € je Dose, netto einschließlich Verpackung, Lieferung frei Haus innerhalb von drei Wochen, 15 % Rabatt bei Abnahme von 100 Dosen, Zahlung innerhalb von 14 Tagen abzüglich 3 % Skonto oder innerhalb 30 Tagen netto Kasse.

    Für welches dieser Angebote sollte sie sich entscheiden, wenn sie 100 Dosen in spätestens zwei Wochen benötigt?

AKTIONEN

1. Da im Beschaffungsbereich eine Vielzahl von Angebotsvergleichen durchzuführen sind, möchte der Leiter des Funktionsbereichs Beschaffung, Uwe Otte, diese Arbeit durch den Einsatz des

Tabellenkalkulationsprogramms Excel vereinfachen. Er bittet Britta Krombach und Lars Panning, eine Excel-Arbeitsmappe für den Angebotsvergleich zu entwickeln.

Versetzen Sie sich in die Rolle von Britta Krombach oder Lars Panning und entwickeln Sie zusammen mit einer Mitschülerin oder einem Mitschüler eine Arbeitsmappe zur Durchführung eines Angebotsvergleichs.

2. Die Ambiente Warenhaus AG benötigt 1000 Ringbucheinlagen, A4, 100 Blatt. Es liegen folgende drei Angebote vor:

   Angebot 1: 1,20 € je Ringbucheinlage, netto ausschließlich Verpackung, Verpackungskosten für 1 000 Ringbucheinlagen: 2,80 €, frei Haus, 15 % Rabatt bei Abnahme von 1 000 Stück, Lieferung innerhalb einer Woche, Zahlung innerhalb von 30 Tagen netto Kasse.

   Angebot 2: 1,05 € je Ringbucheinlage, netto einschließlich Verpackung, Lieferung ab Werk (Transportkosten für 1 000 Ringbucheinlagen: 8,75 €), 10 % Rabatt bei Abnahme von 1 000 Stück, Zahlung innerhalb von 20 Tagen netto Kasse.

   Angebot 3: 1,35 € je Ringbucheinlage, netto einschließlich Verpackung, Lieferung frei Haus innerhalb von drei Wochen, 20 % Rabatt bei Abnahme von 1 000 Ringbucheinlagen, Zahlung innerhalb von 14 Tagen abzüglich 3 % Skonto oder innerhalb 30 Tagen netto Kasse.

   Ermitteln Sie das preiswerteste Angebot mithilfe der von Ihnen entwickelten Excel-Arbeitsmappe zur Durchführung eines Angebotsvergleichs.

3. Der Bezugspreis ist nur ein Kriterium für die Auswahl des günstigsten Angebots. Darüber hinaus sollten weitere qualitative Kriterien bei der Auswahl eines Angebots berücksichtigt werden.
   a) Bilden Sie eine Arbeitsgruppe mit drei weiteren Mitschülerinnen und Mitschülern.
   b) Sammeln Sie in Ihrer Gruppe qualitative Kriterien für einen Angebotsvergleich.
   c) Gewichten Sie diese Kriterien.
   d) Dokumentieren Sie die Übersicht der gewichteten Kriterien auf einem Plakat.
   e) Vergleichen Sie die Angebote auf Seite 23 unter Berücksichtigung dieser Kriterien.
   f) Präsentieren Sie Ihre Arbeitsergebnisse in Ihrer Klasse.

ZUSAMMENFASSUNG

Angebot und **Anpreisung**

- an eine **genau bestimmte** Person oder Personengruppe gerichtet
- grundsätzlich **verbindlich**

- an die **Allgemeinheit** gerichtet
- **unverbindlich**

Bindungsfristen bei

unbefristeten Angeboten (= gesetzlich)

- mündliche und telefonische Angebote: solange das Gespräch dauert
- Angebotsbriefe: ca. 1 Woche
- telegrafische Angebote: 24 Std.

befristeten Angeboten (= vertraglich)

- bindend bis zum Ablauf der Frist

Angeboten mit Freizeichnungsklausel

- ganz oder teilweise unverbindlich

LERNFELD 6

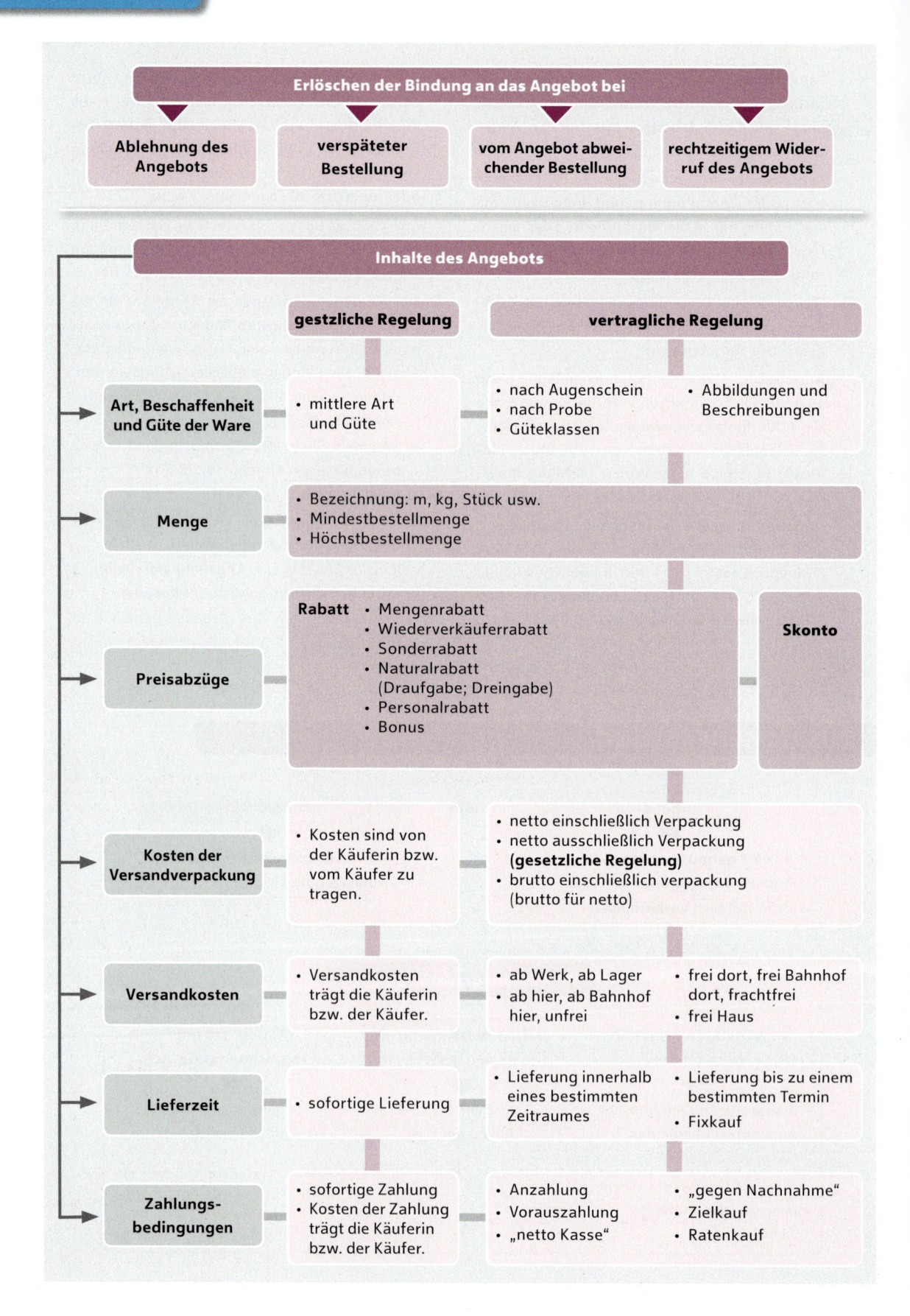

Erlöschen der Bindung an das Angebot bei

- Ablehnung des Angebots
- verspäteter Bestellung
- vom Angebot abweichender Bestellung
- rechtzeitigem Widerruf des Angebots

Inhalte des Angebots

	gesetzliche Regelung	vertragliche Regelung
Art, Beschaffenheit und Güte der Ware	• mittlere Art und Güte	• nach Augenschein • nach Probe • Güteklassen • Abbildungen und Beschreibungen
Menge	• Bezeichnung: m, kg, Stück usw. • Mindestbestellmenge • Höchstbestellmenge	
Preisabzüge		**Rabatt** • Mengenrabatt • Wiederverkäuferrabatt • Sonderrabatt • Naturalrabatt (Draufgabe; Dreingabe) • Personalrabatt • Bonus **Skonto**
Kosten der Versandverpackung	• Kosten sind von der Käuferin bzw. vom Käufer zu tragen.	• netto einschließlich Verpackung • netto ausschließlich Verpackung **(gesetzliche Regelung)** • brutto einschließlich verpackung (brutto für netto)
Versandkosten	• Versandkosten trägt die Käuferin bzw. der Käufer.	• ab Werk, ab Lager • ab hier, ab Bahnhof hier, unfrei • frei dort, frei Bahnhof dort, frachtfrei • frei Haus
Lieferzeit	• sofortige Lieferung	• Lieferung innerhalb eines bestimmten Zeitraumes • Lieferung bis zu einem bestimmten Termin • Fixkauf
Zahlungsbedingungen	• sofortige Zahlung • Kosten der Zahlung trägt die Käuferin bzw. der Käufer.	• Anzahlung • Vorauszahlung • „netto Kasse" • „gegen Nachnahme" • Zielkauf • Ratenkauf

KAPITEL 5
Wir bestellen Waren

LERNFELD 6

Aufgrund des Angebots von Spengler & Sohn vom 7. Februar 20.. (siehe Seite 23) schickt die Ambiente Warenhaus AG folgende Bestellung:

Warum ist durch diese Bestellung kein Kaufvertrag zustande gekommen?

Ambiente Warenhaus AG

Ambiente Warenhaus AG · Groner Straße 22–24 · 34567 Schönstadt

Hemdenfabrik
Spengler & Sohn OHG
Lahnstraße 14
35578 Wetzlar

Ihr Zeichen: DG
Ihre Nachricht vom: 07.02.20..
Unser Zeichen: O/S
Unsere Nachricht vom: 04.02.20..

Name: Uwe Otte
Telefon: 05121 83900-325
E-Mail: ambiente-warenhaus-wvd.de
Internet: www.ambiente-warenhaus-wvd.de

Datum: 09.02.20..

Bestellung

Sehr geehrte Damen und Herren,

wir danken Ihnen für Ihr Angebot. Wir bestellen Herrenfreizeithemden

Bestell-Nr. 4537: 20 Stück Größe 38
20 Stück Größe 39
40 Stück Größe 40
20 Stück Größe 41

zum Stückpreis von 8,10 € einschließlich Verpackung, abzüglich 15 % Rabatt.

Die Lieferung soll innerhalb von 2 Wochen frachtfrei erfolgen. Die Zahlung erfolgt innerhalb von 4 Wochen ab Rechnungsdatum ohne Abzug.

Wir hoffen auf baldige Lieferung.

Mit freundlichen Grüßen

Ambiente Warenhaus AG

Uwe Otto

Uwe Otto
Leiter der Beschaffung

INFORMATION

Bestellung

DEFINITION

Eine **Bestellung** (Auftragserteilung) ist eine Willenserklärung, Ware zu den angegebenen Bedingungen zu kaufen.

Die Abgabe einer Bestellung ist an **keine Formvorschrift** gebunden. Sie kann also ebenso wie ein Angebot schriftlich (durch Brief, Telegramm, E-Mail oder Fax), mündlich oder telefonisch erfolgen.
Eine Bestellung per Computerfax ist in der Zwischenzeit handelsüblich geworden. Daher ist bei deutschen Gerichten auch ihre Form als Beweis für eine Bestellung nicht mehr fraglich. Ein Computerfax kann den Beweiswert eines Originalschriftstücks mit Originalunterschrift ersetzen. Richterliche Begründung des technikfreundlichen Beschlusses: Lange anerkannte Kommunikationswege wie Telegramm oder Fernschreiben kommen auch ohne Unterschrift aus.

LERNFELD 6

Eine Bestellung beinhaltet Angaben über
- Art, Beschaffenheit und Güte der Ware,
- Menge,
- Preis und Preisabzüge,
- Lieferbedingungen und
- Zahlungsbedingungen.

Wird in der Bestellung auf ein ausführliches Angebot Bezug genommen, erübrigt sich eine Wiederholung aller Angebotsbedingungen. Es genügt dann die Angabe von Warenart, Bestellmenge und Preis der Ware.

Bestellungen sind grundsätzlich **verbindlich**. Durch **rechtzeitigen Widerruf** erlischt die Bindung an die Bestellung. Ein Widerruf muss spätestens mit der Bestellung beim Lieferer eingetroffen sein. Abweichend davon beträgt bei Verträgen, die zwischen Unternehmen und Verbraucherinnen oder Verbrauchern unter ausschließlicher Verwendung von Fernkommunikationsmitteln (z. B. Internet, E-Mail, Telefon, Brief) abgeschlossen wurden, die Widerrufsfrist gemäß BGB 14 Tage nach Erhalt der Ware.

Bestellt eine Käuferin oder ein Käufer aufgrund eines verbindlichen Angebots rechtzeitig zu den angegebenen Angebotsbedingungen, so kommt ein Kaufvertrag zustande.

Bestellt eine Käuferin oder ein Käufer, ohne dass ein verbindliches Angebot vorliegt, so gilt diese Bestellung als Antrag auf Abschluss eines Kaufvertrags.

Bestellungsannahme

Für das Zustandekommen eines Kaufvertrags ist eine Bestellungsannahme notwendig, wenn der Bestellung kein Angebot vorausging oder wenn sie aufgrund eines freibleibenden Angebots erfolgte. Auch wenn die Bestellung vom vorausgehenden Angebot abweicht, kommt der Kaufvertrag erst durch eine Bestellungsannahme zustande.

Die Bestellungsannahme ist an **keine Formvorschrift** gebunden.

Die Verkäuferin bzw. der Verkäufer kann in den Fällen, in denen eine Bestellungsannahme erforderlich ist, auch auf eine ausdrückliche Auftragsbestätigung verzichten und sofort liefern. In diesem Fall gilt die Lieferung als Annahme der Bestellung (= schlüssige Handlung).

Bestellt eine Käuferin oder ein Käufer aufgrund eines Angebots rechtzeitig zu den angegebenen Angebotsbedingungen, so ist eine Bestellungsannahme für das Zustandekommen des Kaufvertrags nicht erforderlich.

Onlinebestellungen

Güter und Dienstleistungen werden von Unternehmen zunehmend online mithilfe elektronischer Netze (EDI oder Internet) beschafft, da Onlinebestellungen eine Reihe von Vorteilen aufweisen:
- Der Erfassungsaufwand wird verringert.
- Die Bestellabwicklung wird beschleunigt.
- Erfassungsfehler werden reduziert.
- Der Postweg entfällt.
- Die Geschäftspartnerin oder der Geschäftspartner muss nicht persönlich erreichbar sein.
- Papier- und Postkosten sind geringer.

54 % aller deutschen Unternehmen mit mehr als zehn Beschäftigten erledigen ihren Einkauf ganz oder teilweise online (vgl. IFH Presseinformation vom 14. Mai 2019). Dabei werden insbesondere folgende Formen des elektronischen Handels zwischen Unternehmen (Business-to-Business-E-Commerce = B2B-E-Commerce) genutzt:
- EDI
- B2B-Onlineshop
- elektronischer Marktplatz

EDI

EDI (Electronic Data Interchange) ist die rechnergestützte Zusammenarbeit von Geschäftspartnerinnen und Geschäftspartnern, die sich immer mehr von anderen Formen der Datenübertragung ins Internet verlagert. Hier findet ein elektronischer Dokumentenaustausch über Geschäftstransaktionen zwischen Betrieben statt. Daten wie z. B.
- Bestellungen,
- Rechnungen,
- Überweisungen,
- Warenerklärungen

werden in Form von strukturierten, nach vereinbarten Regeln formatierten (z. B. Edifact- oder Branchen-Normen) Nachrichten übertragen. Die Empfängerin oder der Empfänger kann die Daten dann direkt – ohne eigene Erfassungsarbeiten – in seinen Anwendungsprogrammen (z. B. EDV-gestützten Warenwirtschaftssystemen, ERP-Programmen) weiterverarbeiten. Die elektronische Bestellung enthält dabei die gleichen Inhalte wie eine herkömmliche Bestellung auf Papier.

B2B-Onlineshop

Beim B2B-Onlineshop bietet ein Unternehmen anderen Unternehmen Güter und Dienstleistungen im Internet an. Bestellungen und Statusmeldungen beim Einkauf erfolgen über E-Mail oder über einen eigenen, nur dem Kunden zuständigen Bereich im Onlineshop.

Elektronischer Marktplatz

Elektronische Marktplätze sind Internetplattformen, auf denen mehrere Anbieterinnen und Anbieter ihre Güter und Dienstleistungen anbieten. Die Anbieterinnen und Anbieter sind auf dieser Plattform registriert und über eine Suchmaschine leicht zu finden.

ECC KÖLN

B2B-E-Commerce und B2B-Internethandel
B2B-E-Commerce-Umsatz (inkl. EDI) und B2B-Internethandel-Umsatz (Marktplätze und Onlineshops) von Großhandel und Hersteller 2012-2023

Jahr	B2B-E-Commerce-Umsatz inkl. EDI (in Mrd. €)	davon: B2B-Internethandel-Umsatz (in Mrd. €)
2012	687	57
2013	726	66
2014	780	80
2015	855	95
2016	918	116
2017	986	149
2018	1.015	180
2019	1.041	211
2020	1.109	269
2021	1.199	352
2022	1.335	427
2023 (P)	1.479	493

P= Prognose; Internethandel (Onlineshop, Marktplatz)
Quelle: ECC KÖLN, B2B Marktmonitor 2023

B2B-E-Commerce-Wachstum intakt – insbesondere Onlineshops und Marktplätze gewinnen

B2B-Wachstumstreiber des vergangenen und aktuellen Jahres bleibt der E-Commerce-Umsatz (inkl. EDI) mit Wachstumsraten von 8,1 bzw. 6,6 Prozent auf insgesamt 1,44 bzw. 1,54 Billionen Euro. E-Commerce-Umsätze über EDI machen zwar auch im Jahr 2023 und 2024 den größeren Anteil aus, wachsen aber deutlich geringer als Umsätze über Onlineshops und Marktplätze (B2B-Internethandel). Diese verzeichnen trotz Krisenstimmung auch im vergangenen und aktuellen Jahr noch zweistellige Wachstumsraten (11,7 und 10,4 Prozent).
Quelle: Gödde, Jens-Peter: B2B-Marktmonitor 2024: Umsätze und Trends im B2B-E-Commerce. In: ifhkoeln.de. 01.10.2024. https://www.ifhkoeln.de/b2b-marktmonitor-2024-umsaetze-und-trends-im-b2b-e-commerce/ [05.11.2024].

AUFGABEN

1. In welchen der folgenden Fälle kommt durch die Bestellung ein Kaufvertrag zustande?
   a) Ein Einzelhändler bestellt am 17. Juli 20.. aufgrund eines Angebots vom 15. Juli 20.. zu den angegebenen Angebotsbedingungen.
   b) Ein Einzelhändler bestellt aufgrund eines Angebots vom 10. August 20.. am 12. August 20... Er ändert die Lieferungsbedingung „ab Werk" in „unfrei" ab.
   c) Ein Einzelhändler bestellt am 7. März 20.. aufgrund eines freibleibenden Angebots vom 4. März 20...
   d) Ein Einzelhändler bestellt am 4. April 20.. telefonisch aufgrund eines schriftlichen Angebots vom 2. April 20...

2. Welche Angaben sollte eine ausführliche schriftliche Bestellung enthalten?

3. In welchen der folgenden Fälle ist eine Bestellungsannahme für das Zustandekommen eines Kaufvertrags erforderlich?
   a) Die Verkäuferin macht ein freibleibendes Angebot. Der Käufer bestellt.
   b) Der Verkäufer unterbreitet ein schriftliches Angebot. Der Käufer bestellt rechtzeitig.
   c) Der Verkäufer macht ein schriftliches Angebot. Der Käufer bestellt rechtzeitig mit abgeänderten Bedingungen.
   d) Die Verkäuferin macht ein telefonisches Angebot. Der Käufer bestellt am folgenden Tag schriftlich zu den während des Telefongesprächs vereinbarten Bedingungen.

4. Unterscheiden Sie die Formen des B2B-E-Commerce
   – EDI,
   – B2B-Onlineshop,
   – elektronischer Marktplatz.

5. Beurteilen Sie die Bedeutung der einzelnen Formen des B2B-E-Commerce für Unternehmen in Deutschland.

6. Erläutern Sie die Vorteile von Onlinebestellungen für Käuferinnen und Käufer.

LERNFELD 6

AKTIONEN

1. Die Ambiente Warenhaus AG bezieht regelmäßig Geschirr- und Frottiertücher von der Leistner Wäsche GmbH, Ritterstraße 37, 28865 Lilienthal.

   Da die Filiale Schönstadt der Ambiente Warenhaus AG nur noch wenige Geschirrtücher und Frottiertücher am Lager hat, beauftragt der Leiter des Funktionsbereichs, Herr Otte, die Auszubildende Anja Maibaum, folgende Artikel bei der Leistner Wäsche GmbH zu bestellen:
   - 500 Geschirrtücher, Artikelnummer 112/2, zum Preis von 1,50 € je Stück und
   - 500 Walkfrottiertücher, Artikelnummer 156/3, zum Preis von 4,50 € je Stück.

   Die Liefer- und Zahlungsbedingungen der Leistner Wäsche GmbH findet Anja Maibaum in der Liefererdatei (siehe folgende Abb.).

   ```
   Lieferer: 46213      Leistner Wäsche GmbH      Datum: 17. Juni 20..
   1. Anschrift:              Ritterstr. 37, 28865 Lilienthal
   2. Artikel:                Haushaltswäsche
   3. Versandkosten:          frei Haus
   4. Kosten der
      Versandverpackung:      netto einschl. Verpackung
   5. Lieferzeit:             innerhalb 14 Tagen
   6. Zahlungsbedingungen:    innerhalb 10 Tagen 3 % Skonto;
                              innerhalb 30 Tagen ohne Abzug
   ```

   Versetzen Sie sich in die Rolle von Anja Maibaum und schreiben Sie die Bestellung.

2. Erkunden Sie den Ablauf des Beschaffungsprozesses in Ihrem Ausbildungsbetrieb. Stellen Sie dessen Ablauf in Ihrer Klasse vor. Benutzen Sie dazu ein Präsentationsmittel Ihrer Wahl.

3. Erstellen Sie eine Liste von B2B-Onlineshops, die Ihr Ausbildungsbetrieb für seine Einkäufe nutzen könnte. Nutzen Sie für die Suche im Internet eine Suchmaschine.

ZUSAMMENFASSUNG

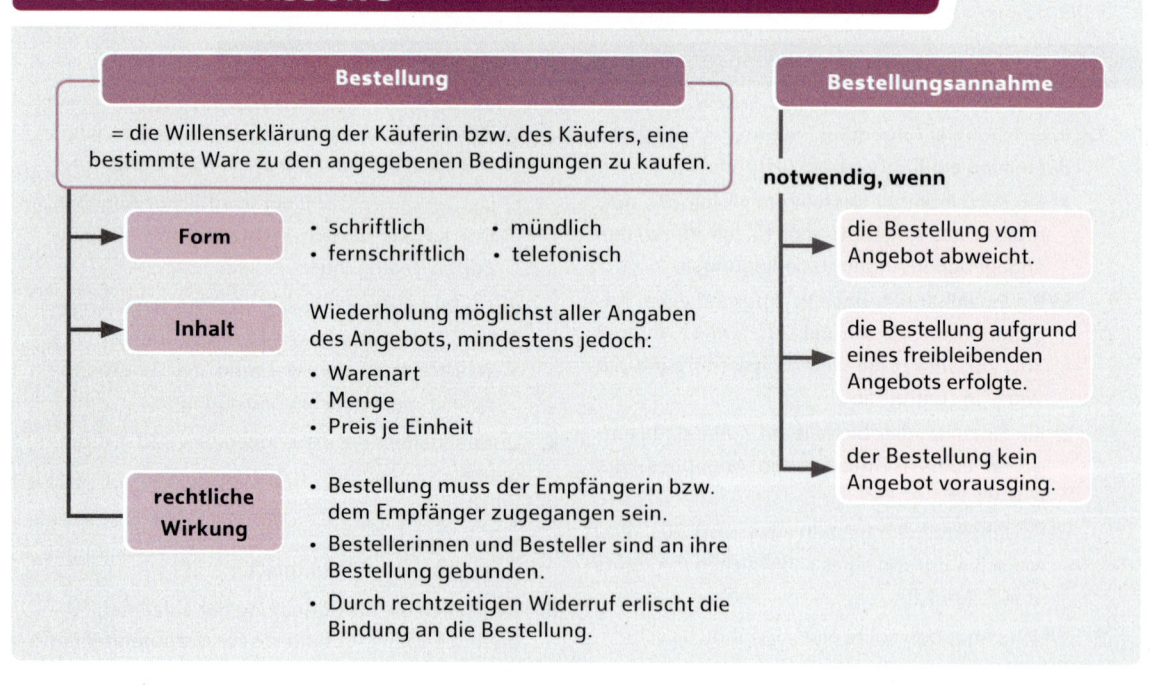

Bestellung
= die Willenserklärung der Käuferin bzw. des Käufers, eine bestimmte Ware zu den angegebenen Bedingungen zu kaufen.

- **Form**
  - schriftlich
  - fernschriftlich
  - mündlich
  - telefonisch

- **Inhalt**
  Wiederholung möglichst aller Angaben des Angebots, mindestens jedoch:
  - Warenart
  - Menge
  - Preis je Einheit

- **rechtliche Wirkung**
  - Bestellung muss der Empfängerin bzw. dem Empfänger zugegangen sein.
  - Bestellerinnen und Besteller sind an ihre Bestellung gebunden.
  - Durch rechtzeitigen Widerruf erlischt die Bindung an die Bestellung.

Bestellungsannahme

notwendig, wenn
- die Bestellung vom Angebot abweicht.
- die Bestellung aufgrund eines freibleibenden Angebots erfolgte.
- der Bestellung kein Angebot vorausging.

LERNFELD 6

KAPITEL 6
Wir nutzen Warenwirtschaftssysteme im Einkauf

Florian Kalweit ist Leiter des zentralen Rechenzentrums der Ambiente Warenhaus AG. Um auf dem Laufenden zu bleiben, informiert er sich in einem aktuellen Nachschlagewerk über Programme für den Einkaufsbereich.

ORAG-2-System

Einkaufsabwicklung

Das Programm dient zur Abwicklung des gesamten Einkaufsgeschäfts (Angebotseinholung, Rahmenbestellung, Abruf, Einzelbestellung, Bestellverfolgung, Bestelländerung, Wareneingang, Rechnungskontrolle) für Lagermaterial, Direktmaterial, Dienstleistungen, Anlagen usw. sowie Pflege der benötigten Stammdateien für Lieferer, Artikel, Texte usw.

Eingabe über Dialog am Bildschirm mit sofortiger Verarbeitung, im Dialog Sofortauskunft über Abwicklungsstand einer Bestellung, offene Bestellungen beim Material, Bezugsquellen für ein Material, Liefermöglichkeiten eines Lieferers. Eingabe der Wareneingänge am Bildschirm. Das ORAG-2-System bewertet Waren-/Dienstleistungseingänge sofort nach den Bestelldaten und erlaubt damit kürzere Abschlusstermine. Rechnungsprüfung am Bildschirm. Wird das ORAG-2-System mit dem ORAG-5-System kombiniert, erfolgt (mit Bildschirmeingabe) auch sofort eine Bestands-Dispositionskorrektur beim Material (mengen- und wertmäßig).

Verarbeitungsmodus: Dialogverarbeitung

Programm wird angeboten in:

D, A, CH
WINDOWS XP, WINDOWS 2000, WINDOWS NT, WINDOWS VISTA, WINDOWS 8, WINDOWS 10 und WINDOWS 11
IBM; DOS, OS und CICS, OS; IMS DB/DC, Siemens; BS1000, BS2000, und KDCS, Nixdorf 8890, Assembler, COBOL, Source

Preise und Konditionen

Zeitlich unbegrenztes Nutzungsrecht:
110.000,00 € bis 140.000,00 € (CICS)
150.000,00 € bis 220.000,00 € (IMS DB/DC)

Serviceleistungen

Im Preis enthalten: Einsatzunterstützung, Schulung, Programmpflege/Wartung, Anpassung an Anlagenkonfiguration.

Programmdokumentation

Im Preis enthalten: System-Flussdiagramm, Programmablaufplan, Dateierklärungen, I/O-Formulare, Operatoranweisung, Fehlerliste, Testdaten, Benutzerhandbuch.

Stellen Sie anhand des Artikels fest, welche Aufgaben Programme im Bereich des Einkaufs übernehmen können.

INFORMATION

Am Anfang aller EDV-gestützten Warenwirtschaftssysteme im Einzelhandel stehen logischerweise das Bestellwesen und der Wareneingang. Solche Programmpakete erweisen sich als besonders wirkungsvoll, wenn sie als Instrument der Disponentinnen und Disponenten und der Sachbearbeitenden im Wareneingang ein schnelles und aufgabengerechtes Handeln ermöglichen. Die konsequente Nutzung einmal verfügbar gemachter Informationen über Lieferer, Preise, Lieferzeiten usw. können die Wirtschaftlichkeit eines Einzelhandelsunternehmens erheblich steigern.

Aus dieser Sicht lässt sich der Anforderungskatalog an EDV-gestützte Warenwirtschaftssysteme wie folgt zusammenstellen:

- Warenwirtschaftssysteme sollen eine dialogorientierte Abwicklung und Verfolgung der Einkaufsvorgänge von der Bestellanforderung über Anfrage, Angebot, Bestellungsschreibung bis zum Wareneingang ermöglichen.

- Eine hohe Auskunftsbereitschaft zum jeweiligen aktuellen Stand der Einkaufsabwicklung und eine flexible Informationsbereitstellung für Einzelentscheidungen sowie für strategische Gesamtaussagen sind zu gewährleisten.

- Das Programmpaket muss so gestaltet sein, dass es am einzelnen Arbeitsplatz
  - überschaubar,
  - beherrschbar,
  - für spezifische Vorgänge nutzbar ist,
  - traditionelle manuelle Unterlagen ersetzt,
  - Daten vor unberechtigtem Zugriff schützt.

Für das Einzelhandelsunternehmen ist es sehr wichtig, jederzeit den Überblick über das gesamte Beschaffungswesen zu behalten. EDV-gestützte Warenwirtschaftssysteme informieren in Sekundenschnelle über Artikel und Lieferer.

LERNFELD 6

Checkliste: Inhalt eines Einkaufsartikelsatzes

	übliche Feldlänge in Zeichen
1. Typische Einkaufsstammdaten	
1.1 Ordnungsbegriffe	
Artikelnummer	3–8
Materialklassifikation	2–5
Interne Bezeichnung (evtl. Kurzbezeichnung und ausführliche Bezeichnung)	18–30
Zusatzbezeichnung (DIN-Angaben, Maße, Gewichte)	15–50
Einkaufsgruppe	1–3
Produktgruppe	1–4
ABC-Klassifizierung	1
Wareneingangsstelle	3–6
Bestellbezeichnung des Lieferers (eventuell mehrfach)	10–20
Bezugsartenschlüssel	1–3
Beistellschlüssel	1–3
Lagerort	3–8
1.2 Daten zur Mengen- und Preisfestlegung	
Durchschnittspreis (fortgeschriebener Einstandspreis)	6–8
Verrechnungspreis	6–8
Zielpreis	6–8
Preiseinheit	1
Mengeneinheit	1–2
Alternative Mengeneinheit	1–2
Umrechnungsfaktor	8–10
Rundungsschlüssel	1
Beschaffungszeit in Tagen (evtl. im Angebotssegment)	3
Verpackungseinheit	1–2
Verpackungsart	1–3
Größeneinheitsschlüssel	1–3
Gewicht	7–10
Gewichtseinheit	1–2
Quoteneinteilung, wenn bei mehreren Lieferern bezogen wird	5–8
Lieferbedingungen (Preisstellung)	2–3
Abrufschlüssel	1–3
Versandart	1
Inventurpreis	8–9
Inventurdatum letzte Inventur	6
Inventurhäufigkeit	1–2
1.3 Sonstige Daten	
Textschlüssel (mehrfach möglich)	3–5
Bewirtschaftungsart	1–2
Technische Bestellvorschriften (mehrfach möglich)	60
Artikelkommentare (mehrfach möglich)	60
Mehrwertsteuerschlüssel	1–4
GTIN	13
Einkaufsgruppe	1
Zeichnungsnummer	8–20
Zeichnungsdatum	6
2. Typische Angebotsdaten	
Laufende Anfragen (Datumsangabe neueste Anfrage)	6
Lieferernummer je Angebot	5–8
Adresse des Anbieters, soweit es kein Lieferer ist	30–50
Angebotsdatum (neuestes Angebot)	6
Angebotspreis	6–8
Mengenbasis	6–8
Mengeneinheit	1–2
Preiseinheit	1
Beschaffungszeit in Tagen	3
Lieferbedingungen	2–3
3. Artikelstatistikdaten	
Anzahl der Angebote verg. Jahr	2
Anzahl der Angebote lfd. Jahr	2
Letztes Angebot vom	6
Anzahl der Bestellungen im Vorjahr	2
Anzahl der Bestellungen im laufenden Jahr	2
Datum letzte Bestellung	6
Menge der letzten Lieferung	6–8
Datum letzte Lieferung	6
Zahl der Lieferer, bei denen der Artikel in diesem Jahr und dem Vorjahr bezogen wurde	2
Datum letzte Preisänderung	6

Artikelauskunftssystem

Einzelhandelssortimente zeichnen sich überwiegend durch eine sehr hohe Zahl verschiedener Produkte aus. Ein effizientes Auskunftssystem über

- vorhandene,
- bestellte und
- evtl. ins Sortiment neu aufzunehmende

Artikel beeinflusst die Bearbeitungszeit des Einkaufs in spürbarem Umfang. Die Vielzahl der gespeicherten Informationen, die von der EDV nach unterschiedlichen Auswertungskriterien schnell und leicht zugänglich gemacht werden können, trägt zu besseren Entscheidungen im Einkauf bei.

Eine wesentliche Voraussetzung ist in diesem Zusammenhang die Vergabe von Artikelnummern für jeden im Sortiment enthaltenen Artikel. Grundsätzlich spielt es keine Rolle, ob die Artikelnummer vom Hersteller der Ware (**GTIN** – Global Trade Item Number/früher: Europäische Artikelnummerierung – EAN) oder aber von dem betroffenen Einzelhandelsunternehmen selbst vergeben wird.

Liefererauskunftssystem

Ein erfolgreiches Bestellwesen ist eng mit einer gut funktionierenden Liefererbewertung und -auswahl verbunden.

Der Einkauf muss demnach seine Bezugsquellen mit ihren Vor- und Nachteilen kennen.

> **BEISPIEL**
>
> Die Einkäuferin sieht auf einen Blick, dass sie bei Lieferer A einen besseren Preis bekommt als bei Lieferer B, dadurch aber eventuell längere Lieferzeiten oder mindere Qualität in Kauf nehmen muss.

Das EDV-gestützte Warenwirtschaftssystem, in dem die relevanten Informationen gespeichert werden können und der ständige Warenverkehr zwischen Zulieferer und Einzelhandelsunternehmen aufgezeichnet ist, kann Anwenderinnen und Anwendern bei der Auswahl eines geeigneten Lieferers wertvolle Hilfe leisten. Die EDV gibt z. B. Auskunft über Konditionen, Bonus, gegenwärtigen Einkaufsstand, Mindestbestellwert, Teillieferungen u. v. m. Es können Ersatzlieferer aufgezählt werden.

LIEFERERAUSWAHL — Seite 1
Komponente RELAIS — Datum 8. August

LIEFERER Nr. Kurzname	EK-PREIS 1. BEZUG	N-KALK. 1. ANFR.	DATUM BEZUG	LETZTE (R) ANFRAGE	LIEF. ZEIT	MINDEST MENGE
13567 Rieck	68,00	74,80	2. März	7. Juli	3	10,00
43729 Schalt	65,20	67,30	6. Juli	6. Aug.	3	50,00
63752 Pflüger	75,00	80,50	14. Dez.	7. Juli	1	1,00
76488 Elecmot	60,20	71,10	4. Juni	7. Juli	2	5,00
86356 Oscar	66,70	68,00	23. Juni	7. Juli	1	10,00

Viele EDV-gestützte Warenwirtschaftssysteme ermöglichen im Rahmen eines Angebotsvergleichs damit sowohl einen Liefervergleich als auch einen Preisvergleich. Da der Einstandspreis genau kalkulierbar ist, kann das System den günstigsten Lieferer aussuchen und dem Einzelhandelsunternehmen einen Vorschlag machen.

System für Angebotsaufforderungen

Eine Vielzahl von Programmen für den Einkaufsbereich bietet Systeme für Angebotsaufforderungen an. Sie unterstützen das Einholen von Angeboten. Die EDV baut bürokratische Hemmnisse ab und beschleunigt den Datenfluss. Anfragen werden automatisch erstellt und können nicht nur mit Papier, sondern durch den Computer auch per Fax versandt werden. Der Einsatz der Datenfernübertragung zum elektronischen Austausch strukturierter Geschäftsdaten ist ebenfalls möglich.

Hat der Einkauf sich für einen bestimmten Lieferer entschieden, wandelt er die im System geführte Anfrage in eine Bestellung um und kann dabei gleich auch automatisch den anderen Anbietern höflich absagen.

KONDITIONSKONTROLLE

Lieferer: 76923 — Kupfer — Datum 31. Juli

EINKAUFSKONDITIONEN:		
	Rechnungsrabatt	3,00 %
	Bonus	5,00 %
	Verpackung	NEIN
	Fracht	NEIN
	Rollgeld	JA
	Versicherung	NEIN
	Zoll	NEIN

BEMERK. gute langjährige Geschäftsverbindung

ZAHLUNGSKONDITIONEN:	Valuta	20 Tage
Zahlungsziel 1	Frist	14 Tage
	Skonto	3,0 %
Zahlungsziel 2	Frist	30 Tage
	Skonto	2,5 %
	Nettofrist	50 Tage

BEMERK. legt Wert auf pünktliche Zahlung

LIEFERUNG:	Bedingung	2
	Lieferzeit	1 Woche
	Bestellrhythmus	10 Tage

Unterstützung des Bestellwesens

Die meisten Programme für den Einkaufsbereich unterstützen das Bestellwesen.

Aus der **Überwachung der mengenmäßigen Umsatz- und Lagerentwicklung** kann der Einzelhandelsbetrieb ermitteln, welche Artikel benötigt werden. Diese Informationen werden für eine **Bedarfsanalyse** benutzt.

Ein weiterer Aufgabenkomplex ist die **Ermittlung der Bestellzeitpunkte und -mengen**. Der Einfluss EDV-gestützter Warenwirtschaftssysteme wird am deutlichsten in **Bestellvorschlagssystemen und automatischen Bestellsystemen**, die sich beide am Meldebestand orientieren (vgl. Kap. 7.8). Beim Meldebestand können Absatz, Trends, Saisonschwankungen, Wiederbeschaffungszeiten, Mindest- und Maximalbestand usw. berücksichtigt werden.

Fast alle Programme bieten **Bestellvorschlagssysteme** an: Das EDV-gestützte Warenwirtschaftssystem gibt nur einen Bestellvorschlag zu Dispositionszwecken ab. Dadurch wird das Wissen des Einkäufers oder der Einkäuferin vertieft, ohne ihm die eigentliche Aufgabe, das Treffen von Verbrauchsvorhersagen und Dispositionsentscheidungen, abzunehmen.

Automatischen Bestellsystemen liegen folgende Überlegungen zugrunde: Sobald der Bestand einer Ware unter eine festgelegte Mindestmenge sinkt, wird vom Programm aufgrund vorgegebener Dispositionsentscheidungen eine neue Bestellung beim entsprechenden Lieferer veranlasst. Die Bestellschreiben werden durch integrierte Textsysteme automatisch erzeugt und müssen nur noch abgeschickt werden. Komfortable, mit dem Lieferer vernetzte Programme sind sogar in der Lage, bei Erreichen des Meldepunktes papierlos über Datenfernübertragung die Bestellung in das EDV-System des Lieferers abzugeben.

Rückstandsüberwachung und Mahnwesen

Einen Großteil des Zeitaufwands der Sachbearbeitenden im Einkauf nimmt das Verfolgen mannigfaltiger Vorgänge in Anspruch. Dazu gehören die Überwachung des Eingangs von Angeboten, von Lieferer- und Auftragsbestätigungen und der Abgleich der darin enthaltenen Konditionen. Später müssen die Bestellungen auf Liefertreue hin überwacht werden, eventuell muss der Wareneingang rechtzeitig angemahnt werden. All diese Aktivitäten unterstützen EDV-gestützte Warenwirtschaftssysteme. Sie beinhalten häufig Programmteile zur Anmahnung der Angebotsabgabe, Auftragsbestätigung und Warenlieferung.

Es wird viel Zeit und Mühe bei der Einkaufsabwicklung eingespart. So sind z. B. alle Bestellungen mit ihren bestätigten Lieferterminen in der EDV gespeichert. Kommt es zu Terminüberschreitungen und somit zu Lieferrückständen, so können diese abgerufen und beim Lieferer automatisch angemahnt werden. Wird vom Lieferer ein neuer Liefertermin genannt, wird auch er wieder gespeichert und überwacht. Die Zahl der Lieferterminüberschreitungen wird im Zusammenhang mit dem Lieferer gespeichert und kann jederzeit als Kennzahl für ihn abgerufen werden.

OFFENE BESTELLUNGEN			Seite 1 Datum 1. August
LF. DATUM GEWÜNSCHT	LIEFERER NR. KURZNAME	BESTELLUNG NR. DATUM	LETZTE BST.-MAHN.
13. August	13567 RIECK	1 12. Juli	0. 0. 0
25. August	93267 SCHWALM	10 17. Juli	0. 0. 0

Wareneingang

Eine EDV-gestützte Überwachung und Bearbeitung des Wareneingangs bringt erhebliche Vorteile (vgl. Kap. 7.1).

Die Einkaufsprogramme informieren die Sachbearbeitenden rechtzeitig über die erwarteten Wareneingänge. So können die notwendigen Vorbereitungen getroffen werden, um eine reibungslose und schnelle Einlagerung durchzuführen. Beispielsweise kann rechtzeitig Platz für die Ware reserviert werden. Dringende Kundenaufträge, die auf Nachschub aus diesem Wareneingang warten, können bereits vorbereitet werden. Es werden somit nicht nur Lagerkosten gesenkt, sondern der gesamte Servicegrad des Einzelhandelsunternehmens verbessert.

Geht eine Warenlieferung ein, wird nur noch die Bestellung aus dem System aufgerufen und mit dem Lieferschein des Lieferers abgeglichen. Lediglich Abweichungen müssen dann noch eingegeben werden.

Rechnungsprüfung

Die Überprüfung der Eingangsrechnung geschieht durch den Aufruf des Wareneingangs. Bei Übereinstimmung oder nach einer Korrektur wird die Rechnung direkt an die Buchhaltung weitergeleitet. Damit wird die aufwendige Erfassung der Rechnung in der Buchhaltung eingespart.

Integrierte Warenwirtschaftssysteme

Gerade im Dispositions- und Wareneingangsbereich der Handelsbetriebe wird eine unternehmensübergreifende Informationsübertragung warenwirtschaftlicher Daten in Zukunft stark zunehmen. Es kommt immer häufiger zu Verbindungen mit fremden Geschäftspartnern über Datenfernübertragungstechnologien. Aus den geschlossenen Warenwirtschaftssystemen der Handelsbetriebe werden durch direkte Einbeziehung von Lieferern, Banken, Marktforschungsinstituten und Kunden **integrierte Warenwirtschaftssysteme.**

Die EDV-Systeme in den Industrie- und Handelsunternehmen sind somit keine organisatorischen Inseln mehr mit manueller Eingabe der Basisdaten am einen Ende und dem Ausdruck von Listen und Formularen für den Partnerbetrieb am anderen.

70 % der manuellen Datenerfassung für EDV-Systeme stammen aus Dokumenten, die bereits von anderen Computern ausgedruckt worden sind.

Im Rahmen integrierter Warenwirtschaftssysteme bilden die EDV-Systeme vielmehr eine Kette automatisierter Informationsabsender und -empfänger, bei denen die teure und zeitaufwendige manuelle Erfassung der Basisdaten auf ein Minimum reduziert wird.

LERNFELD 6

Wer als Einzelhandelsunternehmen mit großen Industrieunternehmen Geschäftsbeziehungen aufrechterhalten möchte, muss daher seine Kommunikationssysteme deren Kommunikationsstrukturen anpassen: Großunternehmen erwarten heute, dass Ware papierlos geordert wird. Sie schicken als elektronische Standardbriefe und Formulare Frachtbriefe und Rechnungen über das Internet ins Haus. Sie überweisen über DFÜ (Datenfernübertragung) Geld und erledigen Zollformalitäten. Sie sparen damit Zeit und Personal.

Hatten verschiedene Wirtschaftszweige für diesen Informationstransfer strukturierter Daten eigene Standards entwickelt (der Handel z. B. den SEDAS-Standard = Standardregelungen Einheitlicher DatenAustauschSysteme), wird momentan durch internationale Normungsgremien versucht, eine branchenübergreifende elektronische Weltsprache für den Austausch von Handelsdaten durchzusetzen. Als einheitliche Norm für alle Wirtschaftszweige wurde dazu von der Wirtschaftskommission der UN der EDIFACT-Standard (Electronic Data Interchange for Administration, Commerce and Transport) beschlossen.

AUFGABEN

1. Welche Anforderungen müssen EDV-gestützte Warenwirtschaftssysteme im Bereich des Einkaufs erfüllen?
2. Aus welchen Teilbereichen können EDV-gestützte Warenwirtschaftssysteme im Einkauf bestehen?
3. Welche Leistungen bieten Liefererauskunftssysteme im Rahmen EDV-gestützter Warenwirtschaftssysteme?
4. Welche Vorteile hat die automatische Rückstandsüberwachung?
5. Welcher Unterschied besteht zwischen automatischen Bestellsystemen und Bestellvorschlagssystemen?
6. Wie unterstützen integrierte Warenwirtschaftssysteme Einzelhandelsunternehmen im Einkauf?

AKTIONEN

1. Untersuchen Sie das Ihnen vorliegende EDV-gestützte Warenwirtschaftssystem.

   Stellen Sie fest, welche Teilbereiche vorhanden sind, mit denen ein EDV-gestütztes Warenwirtschaftssystem im Idealfall Einkauf und Beschaffung unterstützen kann.

2. a) Sie beschließen, den Artikel 4021003131030 Besteckgarnitur Siebeck nachzubestellen.

   Führen Sie den Bestellvorgang für 10 Stück durch.

   b) Sie bestellen 100 Stück des Artikels 4008491336017 Lineal der Firma Groleb.

   Führen Sie den Bestellvorgang für 100 Stück durch.

   Nehmen Sie den Lieferer neu ins System auf:

   > a) Groleb GmbH
   > b) Goschenstr. 52, 31134 Hildesheim
   > c) Tel. 05121 844570
   > d) usw.

   c) Die Schreibtischlampe Ikarus 5 wird stark nachgefragt. Verkaufen Sie 190 Stück.

   d) Führen Sie die Bestellungen aus der Liste der Bestellvorschläge durch.

3. In der Lebensmittelabteilung soll zur Vervollständigung des Sortiments ein Molkedrink aufgenommen werden.

   Es liegen die Angebote von drei Herstellern für die Lieferung von 100 Einliterflaschen vor:

Strohmann KG	Schnüller AG	Bestle AG
Listeneinkaufspreis pro Stück: 0,32 €	Listeneinkaufspreis pro Stück: 0,27 €	Listeneinkaufspreis pro Stück: 0,32 €
15 % Rabatt	20 % Rabatt	20 % Rabatt
2 % Skonto	3 % Skonto	2 % Skonto
Lieferung frei Haus	10,00 € Bezugskosten	Lieferung frei Haus

   Führen Sie mithilfe des Warenwirtschaftssystems einen Angebotsvergleich durch und ermitteln Sie den günstigsten Bezugspreis pro Einheit.

4. Für nächsten Mittwoch hat sich Herr Huhn – der Controller der Zentrale – angesagt, um Ihnen persönlich die neue Kollektion/das neue Vertriebsangebot vorzustellen. Auf diesen Termin möchten Sie sich gut vorbereiten und lassen sich von Ih-

LERNFELD 6

rem Warenwirtschaftssystem folgende Fragen beantworten:
a) Wie sieht der aktuelle Bestand der einzelnen Artikel aus?
b) Wie sieht der aktuelle Bestand der Firma PAGRO AG in der Warengruppe 31 aus?
c) Für wie viel Euro haben Sie für alle Warengruppen schon bestellt?
d) Für wie viel Euro dürfen Sie in der Warengruppe ordern?
e) Welche Folgerungen ziehen Sie aus den Antworten zu a) – d) hinsichtlich des Einkaufs?

5. Wie auch bei der Ambiente Warenhaus AG wird beim Mitbewerber Larstadt mit EDV-gestützten Warenwirtschaftssystemen im Einkauf gearbeitet.

I. Warenwirtschaftssysteme nehmen der dortigen Einkaufsabteilung einen Teil der Dispositionsarbeiten ab, indem sie Bestellvorschlagslisten erstellen.

Untersuchen Sie das folgende Beispiel für eine Bestellvorschlagsliste und beantworten Sie die Fragen:

```
WARENWIRTSCHAFTS-SERVICE      FIRMA: 01                    FILIALE: 111 SZ-FILIALE         DATUM: 10.10...  FREITAG    SEITE:
***** DISPOSITIONS-VORSCHLAEGE                       *   SORTIERT NACH:     LIEFERER, ARTIKELNUMMER
* LISTE NR:  12                                      *   AUSGEWAEHLT:       ALLE

           KENNZEICHEN:  INV = FALSCHER BESTAND
           (ANDRUCK      SAI = SAISON
            NUR AUF      AKT = AKTIONSARTIKEL
            SEITE 1)     ANL = ANLAUFEND
                         REG = REGALPLATZ
                         SAM = SAMMELBESTELLUNG

BEZEICHNUNG             V K   ERFASSUNGS-NR  WG WOZ  BEST-  ---------ABSATZ--------   EZ O   BESTAND  AUFTR     ARTIKELNUMMER  VORSCHL
                        EUR                  TAG     PUNKT   ERW.  WO-2  WO-1  LF-WO    O              BSTD                      MENGE
           AUFTRAGS-NUMMER     2650/0000/1110   TONKA
KAFFEE MILD             4,94        5250     109  3    30    35   20    21    31          15      0       115256         70
KAFFEE MOCCA            5,46        5359     109  3    30    37   40    26    32          18      0       115359         80
KAFFEE COFF.FREI        5,97        5757     109  3    40    40   42    44    30          24      0       115757        186

           AUFTRAGS-NUMMER     2830/0000/1210   MEYER
VOGELFUTTER             1,48        1170     117  5    10     4    4     4     8           4      0       124795         20
```

a) Was sagt diese Bestellvorschlagsliste aus?
b) Welche Vorteile bieten Bestellvorschläge durch ein Warenwirtschaftssystem?
c) Worin liegt der Unterschied zu automatischen Bestellsystemen?
d) Warum sind automatische Bestellsysteme – im Gegensatz zu Bestellvorschlagssystemen – nur für wenige Branchen bzw. ausgesuchte Sortimentsteile geeignet?

II. Damit der Einzelhändler Larstadt gegenüber seinen Kundinnen und Kunden immer lieferbereit ist, muss er dafür sorgen, dass von ihm bestellte Waren auch tatsächlich zum vereinbarten Termin eintreffen und auf Lager genommen werden. EDV-gestützte Warenwirtschaftssysteme helfen dabei, Bestellungen zu überwachen. Sie verfügen über eine Orderkontrolle.

Paul Winkelmann, Abteilungsleiter der Textilabteilung von Larstadt, lässt sich eine Orderliste ausdrucken, um einen Überblick über seine Bestellungen zu bekommen. Ein Ausschnitt daraus:

```
ORDERNR.  0000361   LIEFERER 1250 GREIF-WERKE
VALUTA       3007
TERMIN          WARENGRUPPE        SAIS. POS LIEF-ART-NR.  EK-PREIS  VK-PREIS   FAR FIL RUE.GES   NACH GROESSEN
0106-090785 1020 SOMMERANZUEGE       1    2  7803           139,00    298,00    00   3   24/ 1    25/ 2
                                          3  7844           145,00    248,00    01  12   46/ 3    48/ 4   50/ 5
                                          5  7871           138,00    248,00    01   5   27/ 5
                                          7  7812           272,00    548,00    00  12   50/ 2    52/ 5   54/ 5

             SUMME ORDER:       GES-MENGE     72   GES-WERT EK  14250,00   GES-WERT VK  28312,00   D-PRS  39
                                RUE-MENGE     32   RUE-WERT EK   6111,00   RUE-WERT VK  11686,00   D-PRS  36
                                SPANNE V.O. 47,7%  SPANNE V.U.   91,22%
```

a) Wie hoch ist der Rückstand des Artikels 77812?
b) Wie viele Sommeranzüge wurden insgesamt bestellt?
c) Wie viel Stück sind rückständig?
d) Welcher Zahlungstermin wurde vereinbart?
e) Welche Maßnahmen kann Herr Winkelmann ergreifen?

III. Herr Krach, ein Vertreter einer bekannten Schokoladenfabrik – berühmt und berüchtigt für sein Verhandlungsgeschick –, hat sich zu einem Verkaufsbesuch angesagt.

Cornelia Abmeier, bei Larstadt für den Einkauf der Lebensmittel zuständig, lässt sich durch das Warenwirtschaftssystem einen Artikelbericht des Herstellers ausdrucken:

```
   X-ABRUF    0021       14-02-    15:00     SEITE0001   ABRUF  000063
              ARTIKELBERICHT PRO HERSTELLER                FILIALE:  0001
ARTIKEL-NR.   BEZEICHNUNG    VK-PREIS    VK-STCK    BESTAND VK    UMSATZ
INTERNE NR.                  EK-PREIS    BESTAND    BESTAND EK    GEWINN

4000417018007  SPORTSCHOKO      1,19        10       155,40       11,90
     10015                     0,895       140       125,30        2,31

4000417023001  SPORTSCHOKO      1,19        12        66,60       14,28
     10015                     0,895        60        53,70        2,77

4000417026002  SPORTSCHOKO      1,19         9       123,21       10,71
     10015                     0,895       111        99,34        2,08

4000417029003  SPORTSCHOKO      1,19       111        43,29      122,19
     10015                     0,895        39        34,91       15,89

BERICHTSENDE
```

Von der Schokoladenfabrik befinden sich folgende Schokoladensorten im Sortiment von Larstadt:
– Vollmilch-Nuss: Art.-Nr. 4000417018007
– Zartbitter: Art.-Nr. 4000417023001
– Vollmilch-Mokka: Art.-Nr. 4000417026002
– Vollmilch-Joghurt: Art.-Nr. 4000417029003

a) Welche Schokoladensorten laufen gut, welche schlecht? Woran erkennt man das?
b) Welche Maßnahmen kann Cornelia Abmeier bei den schlechten Sorten ergreifen?
c) Wie könnte Cornelia Abmeier im Verkaufsgespräch mit Herrn Krach vorgehen?

ZUSAMMENFASSUNG

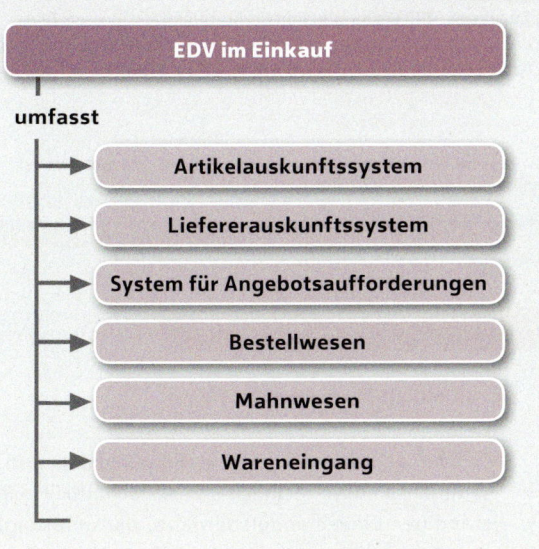

EDV im Einkauf umfasst:

- **Artikelauskunftssystem** — Bereitstellung aller wichtigen Artikelinformationen
- **Liefererauskunftssystem** — Bereitstellung aller entscheidungsrelevanten Informationen über Lieferer
- **System für Angebotsaufforderungen** — Einholung von Angeboten
- **Bestellwesen** — Ermittlung der Bestellzeitpunkte und -mengen
- **Mahnwesen** — Überwachung, z. B. der Liefertermineinhaltung
- **Wareneingang** — Unterstützung der Warenannahme und -kontrolle
- Kontrolle der Eingangsrechnungen

KAPITEL 7
Wir nutzen Kooperationen im Einzelhandel für die Warenbeschaffung

Die Ausbildungsleiterin, Daniela Rosendahl, gibt Britta Krombach und Lars Panning die auf der nächsten Seite folgende Pressemitteilung. Frau Rosendahl beauftragt die beiden Auszubildenden Britta Krombach und Lars Panning herauszufinden, warum der gemeinsame Einkauf von Verbundgruppenmitgliedern zu einem Kosten- und Wettbewerbsvorteil führt. Sie bittet die beiden Auszubildenden, Argumente für und gegen eine Beteiligung der Ambiente Warenhaus AG an einer Verbundgruppe zusammenzustellen.

Bitte versetzen Sie sich in die Rolle von Britta Krombach oder Lars Panning und erfüllen Sie den Auftrag von Frau Rosendahl.

LERNFELD 6

[...]

Was ist unter einer Verbundgruppe zu verstehen?

Definition: **Bei einer Verbundgruppe handelt es sich um den freiwilligen Zusammenschluss von mittelständischen Unternehmen zur Erhöhung der Wirtschaftlichkeit. Dabei werden Aufgaben mit hohem Synergiepotential unter Aufrechterhaltung der Selbstständigkeit ihrer Mitglieder zentral erledigt.** Verbundgruppen sind vorwiegend aus Einkaufsgemeinschaften hervorgegangen und deshalb im mittelständischen Einzelhandel stark vertreten.

Die Kooperationsform der Verbundgruppe beruht ursprünglich auf dem **Genossenschaftsgedanken** und war als **Einkaufsgemeinschaft** vorgesehen. Aufgrund des Wettbewerbsdrucks geht die Zusammenarbeit inzwischen meist über die Beschaffung hinaus und schließt die Bereiche Marketing, Logistik, IT-Lösungen, Finanzierungsdienstleistungen, Beratung und Schulung ein.

Zunehmend an Bedeutung haben die Eigenmarken von Verbundgruppen gewonnen, die von den Mitgliedern gemeinschaftlich beworben und vertrieben werden. Pflegen manche Mitglieder noch ihren individuellen Marktauftritt, ist bei anderen das Einzelunternehmen hinter dem Corporate Design kaum noch wahrnehmbar.

Gemeinsam können die Mitglieder eine **Marktposition wie ein Großunternehmen** erlangen, ohne ihre unternehmerische Selbstständigkeit aufgeben zu müssen. Die Zentrale der Verbundgruppe wird von ihren Mitgliedern kontrolliert, die an ihr gesellschaftsrechtliche Anteile besitzen. Die Rechtsform der Genossenschaft wird bei Verbundgruppen zunehmend von der einer Kapitalgesellschaft (AG oder GmbH) abgelöst.

In Deutschland haben sich rund **250.000 Einzelunternehmen** aus ca. **45 Branchen des Handels, Handwerks und Dienstleistungsgewerbes** mit einem **Außenumsatz von 490 Milliarden Euro** zu ca. **400 Verbundgruppen** zusammengeschlossen. Etwa 320 Verbundgruppen haben sich in Der Mittelstandsverbund ZGV e.V. mit Sitz in Berlin, Brüssel und Köln interessenpolitisch organisiert. Darunter sind bekannte Namen wie Intersport, Rewe Group, Euronics, Edeka, Vedes, Hagebau und BÄKO.

[...]

Quelle: Kesser, Ulrich: Was sind Verbundgruppen? Definition, Abgrenzung, Vorteile. In: Franchise Portal. Glossar für Gründungs-Interessierte. 12.05. 2020. https://www.franchiseportal.de/definition/verbundgruppen-a-4943 [23.07.2024].

INFORMATION

DEFINITION
Kooperation ist die freiwillige, vertraglich geregelte Zusammenarbeit rechtlich unabhängiger und wirtschaftlich weitgehend selbstständig bleibender Unternehmen.

Sie dient der Verbesserung der Leistungsfähigkeit der kooperierenden Unternehmen.

Möglichkeiten der Zusammenarbeit gibt es zwischen

- Einzelhandelsbetrieben untereinander = **horizontale Kooperation**,

- Einzelhandelsbetrieben und den vorgelagerten Wirtschaftsstufen (Großhandelsbetrieben und Herstellern) = **vertikale Kooperation**.

Einkaufsgenossenschaften

Einkaufsgenossenschaften des Einzelhandels sind Zusammenschlüsse rechtlich und wirtschaftlich selbstständiger Einzelhandelsbetriebe, die ursprünglich zum Zweck einer gemeinsamen Warenbeschaffung – unter Ausschaltung des traditionellen Großhandels – gebildet wurden.

BEISPIELE
Einkaufsgenossenschaften
- im Lebensmitteleinzelhandel: Edeka, Rewe
- im Schuheinzelhandel: ANWR-Group
- im Spielwareneinzelhandel: Vedes

Mittlerweile hat sich die Zusammenarbeit auf fast alle Leistungsbereiche der Einzelhandelsbetriebe ausgedehnt (= **Fullservice-Kooperation**).

Leistungsbereiche der **Einkaufsgenossenschaften** sind u. a.
- gemeinsame Warenbeschaffung,
- gemeinsame Werbung unter einem einheitlichen Zeichen,
- Entwicklung von Handelsmarken,
- Errichtung eigener Verkaufsstellen,
- Gewährung mittel- und langfristiger Investitionskredite an die Mitglieder,
- gemeinsame Nutzung von EDV-Anlagen,
- Betriebsberatung und Betriebsvergleiche,
- Aus- und Weiterbildungsprogramme.

Ziele der Einkaufsgenossenschaften

Hauptziel der Einkaufsgenossenschaften des Einzelhandels ist die Marktbehauptung des mittelständischen Handels gegenüber den Großbetriebsformen des Einzelhandels (Warenhauskonzerne, Filialunternehmen).

Ihre Teilziele sind u. a.
- **Verringerung der Beschaffungskosten**
  Der zentrale Einkauf ermöglicht eine größere Mengenabnahme, bei der die Hersteller höhere Rabatte gewähren. Außerdem wird durch den Direkteinkauf bei Herstellern die Großhandelsspanne gespart.
- **wirtschaftlichere Werbung**
  In den Einkaufsgenossenschaften werden die Werbemittel gezielt und für den Einzelnen kostengünstiger eingesetzt.
- **Sortimentsbereinigung**
  durch den Einsatz von Handelsmarken.
- **Entlastung der Mitglieder von Verwaltungsaufgaben**
  Das geschieht zum Beispiel durch die Übernahme des Rechnungswesens durch zentrale Rechnungsstellen.

Einkaufsverbände

Einkaufsverbände sind Kooperationen von Einzelhandelsbetrieben mit den gleichen Zielen wie die der Einkaufsgenossenschaften. Sie unterscheiden sich von den Einkaufsgenossenschaften durch die Rechtsform.

BEISPIELE

Einkaufsverbände
- im Textileinzelhandel: Katag AG, Kaufring AG, Südbund
- im Schuheinzelhandel: SABU Schuh und Marketing GmbH

Freiwillige Ketten

Die freiwillige Kette ist eine Form der Kooperation, bei der sich rechtlich und wirtschaftlich selbstständig bleibende Groß- und Einzelhandelsbetriebe meist gleichartiger Branchen zur gemeinsamen Durchführung unternehmerischer Aufgaben zusammenschließen.

Jeder Kettengroßhändler arbeitet mit einer größeren Anzahl selbstständiger Einzelhändlerinnen und Einzelhändler zusammen, die von ihm einen möglichst großen Teil ihrer Waren beziehen. Die Kettengroßhändler sind wiederum Mitglieder einer Zentrale, die ihre gemeinsame Beschaffung organisiert.

Zusätzliche Leistungen dieser Zentrale sind u. a.
- die Durchführung überregionaler Werbemaßnahmen unter einem gemeinsamen Organisationszeichen (z. B. die Tanne bei der freiwilligen Kette „Spar"),
- die Gestaltung von gemeinsamen Handelsmarken,
- Betriebsberatung und Betriebsvergleiche.

Die Einzelhandelsbetriebe kommen durch die Mitgliedschaft in der freiwilligen Kette u. a. in den Genuss folgender Vorteile:
- gemeinsame Werbung,
- gemeinsame Handelsmarken,
- Zusammenarbeit auf den Gebieten der Verkaufsraumgestaltung, der verkaufsfördernden Maßnahmen (z. B. Sonderangebotsaktionen) und der Verwaltung (z. B. im Rechnungswesen und der Verkäuferschulung).

Freiwillige Ketten sind besonders im Lebensmittelhandel verbreitet (z. B. Spar). Man findet sie aber auch in anderen Branchen, z. B. im Textilhandel die Seldis.

Rackjobber

Ein Rackjobber (= Regalgroßhändler) ist ein Großhändler oder Hersteller, dem in Einzelhandelsbetrieben Verkaufsraum oder Regalflächen zur Verfügung gestellt werden. Dort bietet der Rackjobber für eigene Rechnung Waren an, die das Sortiment des Einzelhandelsbetriebs ergänzen. Die für den Rackjobber reservierten Regalflächen werden von ihm selbst verwaltet. Er füllt die Regale regelmäßig mit Ware auf, rechnet die verkaufte Ware mit dem Einzelhandelsbetrieb ab und nimmt unverkaufte Ware zurück. Durch die Regalvermietung an Rackjobber hat die Einzelhändle-

LERNFELD 6

rin bzw. der Einzelhändler den **Vorteil**, das Sortiment risikolos zu erweitern, ohne sich um Einkauf und Sortimentsgestaltung dieser Warengruppe zu kümmern.

Rackjobber findet man besonders im Non-Food-Bereich (Schreibwaren, kleine Spielwaren, Batterien usw.) von Lebensmittelgeschäften.

AUFGABEN

1. Welche Kooperationsformen werden in den folgenden Fällen beschrieben?

   a) Selbstständig bleibende Einzelhandelsbetriebe schließen sich mit einem Großhandelsbetrieb zusammen.

   b) Selbstständig bleibende Einzelhandelsbetriebe schließen sich zum Zweck des gemeinsamen Einkaufs zusammen.

   c) Ein Warenhausunternehmen vermietet Regalflächen an einen Schreibwarengroßhändler.

2. Welche Leistungen bieten Einkaufsgenossenschaften ihren Mitgliedern?

3. Wodurch unterscheiden sich freiwillige Ketten von Einkaufsgenossenschaften?

4. Welchen Vorteil hat eine Einzelhändlerin oder ein Einzelhändler durch die Regalvermietung an einen Rackjobber?

AKTIONEN

1. Die folgenden Informationen geben einen Überblick über die wichtigsten Einkaufsverbände der größten Einzelhandelsbranchen.

   Nahrungs- und Genussmittel
   EDEKA, Hamburg; REWE, Köln
   Markant, Detmold, Leer; Spar, Schenefeld
   Lekkerland, Frechen

   Blumen
   Ekaflor, Nürnberg
   Fachverband deutscher Floristen, Düsseldorf

   Papier-, Büro- und Schreibwaren
   Büroring eG, Haan
   BÜRO-FORUM 2000 GmbH & Co. KG, Oderan

   Herrenbekleidung
   KATAG, Bielefeld; UNITEX, Neu-Ulm

   Damenoberbekleidung
   KATAG, Bielefeld; UNITEX, Neu-Ulm

   Kinderbekleidung
   EK/servicegroup, Bielefeld

   Wäsche
   Unitex, Neu-Ulm
   Bettenkreis, Neukirchen-Vluyn
   Bettenring, Filderstadt

   Young Fashion
   KATAG, Bielefeld

   Sport
   Intersport, Heilbronn; Sport 2000, Mainhausen

   Schuhe
   ANWR Group, Mainhausen; Salamander, Kornwestheim
   Rexor, Düsseldorf

   Haus- und Heimtextilien
   Südbund, Backnang; KATAG, Bielefeld

   Möbel
   Begros, Oberhausen; VME, Bielefeld
   Garant, Rheda-Wiedenbrück
   Musterring, Rheda-Wiedenbrück
   VKG, Pforzheim

   Glas, Porzellan, Keramik
   EK/servicegroup; Bielefeld

   Farben, Tapeten, Bodenbeläge
   Decor-Union, Hannover

   Parfümerie
   Wir-für-Sie-Parfümerie, Mülheim-Kärlich

LERNFELD 6

Zweirad
VELORING, Mönchengladbach; BICO Zweirad Marketing GmbH, Verl
ZEG, Köln

Spielwaren
EK/servicegroup, Bielefeld
Idee und Spiel, Hildesheim
VEDES, Nürnberg

Bau- und Heimwerkermarkt
EMV, Lage; ELG Bau, Leipzig

Consumerelectronics
Expert, Hannover; PC-Spezialist, Bielefeld
EP:ElectronicPartner, Düsseldorf
Euronics, Ditzingen

Foto
Europa-Foto Deutschland, Eschborn
Ring Foto, Nürnberg
Plusfoto, Frankfurt am Main

Uhren
Bundesverband der Juweliere, Königstein

Zoofachgeschäft
Sagaflor, Baunatal
Sagazoo, Baunatal; egesa-zookauf, Gießen

a) Wählen Sie die Einkaufsverbände aus, in denen Ihr Ausbildungsbetrieb Mitglied werden könnte.
b) Informieren Sie sich im Internet über die Leistungen dieser Einkaufsverbände für ihre Mitglieder.
c) Stellen Sie die Leistungen dieser Einkaufsverbände in einer Übersicht zusammen und präsentieren Sie diese Übersicht in Ihrer Klasse. Gehen Sie dabei besonders auf die Vorteile ein, die eine Mitgliedschaft Ihres Ausbildungsbetriebs in dem jeweiligen Einkaufsverbund haben könnte.

2. Die Ambiente Warenhaus AG möchte Teile ihres Sortiments im Bereich Lebensmittel Rackjobbern übertragen.
   a) Wählen Sie Artikel aus, die im Lebensmittelbereich von Rackjobbern angeboten werden könnten.
   b) Listen Sie die Tätigkeiten auf, die die Rackjobber durchführen müssen.
   c) Entwickeln Sie ein Konzept für die Präsentation dieser Artikel in den Lebensmittelbereichen der Ambiente Warenhaus AG.
   d) Stellen Sie dieses Konzept in Ihrer Klasse mit einem Präsentationsmittel Ihrer Wahl vor.

ZUSAMMENFASSUNG

Kooperation
= freiwillige vertragliche Zusammenarbeit rechtlich und wirtschaftlich selbstständig bleibender Unternehmen mit dem Ziel, ihre Leistungsfähigkeit zu verbessern.

horizontale Kooperation
Unternehmen **derselben** Wirtschaftsstufe kooperieren (Einzelhändlerinnen und Einzelhändler untereinander).
- Einkaufsgenossenschaften
- Einkaufsverbände

vertikale Kooperation
Unternehmen **unterschiedlicher** Wirtschaftsstufen kooperieren (Einzelhändlerinnen und Einzelhändler mit Großhändlern oder Herstellern).
- freiwillige Ketten
- Rackjobber

WAREN ANNEHMEN, LAGERN UND PFLEGEN 7

LERNFELD 7

Waren annehmen, lagern und pflegen

Lernsituation 1

In der Warenannahme des Zentrallagers der Ambiente Warenhaus AG herrscht Hochbetrieb. Gerade fahren ein Lkw der Grotex GmbH und ein Paketdienst vor.

1. Stellen Sie fest, welche Kontrollen dort durchgeführt werden müssen.
2. Bei der Warenannahme stellt sich heraus, dass zwei Pakete der Grotex GmbH beschädigt sind.
   Geben Sie an, welche Maßnahmen das Personal in der Warenannahme ergreifen muss.
3. Nach der Annahme von Waren der Belco AG, die durch einen Paketdienst ordnungsgemäß angeliefert wurden, werden beim Auspacken der Pakete und der Einlagerung bei mehreren Artikeln Kratzer sowie Verunreinigungen festgestellt.
   Geben Sie an, welche Maßnahmen das Personal in der Warenannahme ergreifen muss.
4. Das EDV-gestützte Warenwirtschaftssystem meldet, dass eine Warenlieferung der Talmi GmbH seit 14 Tagen überfällig ist.
   Erläutern Sie, wie sich die Rechtssituation für die Ambiente Warenhaus AG darstellt.

Lernsituation 2

Am Anfang des Jahres schaut sich der Lagerleiter der Ambiente Warenhaus AG vor einer Abteilungsleiterkonferenz stichprobenartig mithilfe der EDV die Lagersituation zweier Artikel an.

1. Der Lagerbestand des Artikels A beträgt am 1. Januar 1 200 Stück. Jeden Monat werden 400 Stück an Einzelhandelsunternehmen verkauft. Die Ambiente Warenhaus AG hält vorsichtshalber einen Sicherheitsbestand, der 6 Wochen reicht. Die Lieferfrist des Herstellers beträgt 8 Wochen.

   Ermitteln Sie
   a) die Höhe des Sicherheitsbestands,
   b) die Höhe des Meldebestands und
   c) den Bestelltermin.

2. Aus der Lagerdatei ergibt sich der Verlauf der Ein- und Ausgänge für den Artikel B:

Datum	Eingang	Ausgang	Bestand
01.01.			20
12.01.	15		
24.01.		6	
17.02.		3	
02.03.		10	
05.03.	15		
12.04.		8	
05.05.		9	
29.05.	15		
08.06.		6	
21.07.		8	
18.08.	15		
27.08.		9	
03.09.		11	
29.09.	15		
02.10.		4	
20.10.		8	
09.11.	15		
18.11.		10	
05.12.		5	
15.12.	20		
20.12.		4	

   a) Ermitteln Sie den jeweiligen Bestand des Artikels am Tag des Warenein- oder Warenausgangs.
   b) Berechnen Sie den durchschnittlichen Lagerbestand.
   c) Ermitteln Sie die Lagerumschlagsgeschwindigkeit.
   d) Berechnen Sie die durchschnittliche Lagerdauer.

3. Bewerten Sie die ermittelten Ergebnisse der Ambiente Warenhaus AG im Vergleich mit denen der Branche.
   Branchenwerte:
   • durchschnittlicher Lagerbestand 18 Stück,
   • Lagerumschlagshäufigkeit 9,3.

4. Erläutern Sie Maßnahmen der Ambiente Warenhaus AG zur Verbesserung der eigenen betrieblichen Kennzahlen.

5. Der Leiter des Controllings stellt die provokante These auf, dass Warenhauskonzerne kein Lager benötigen.
   Stellen Sie die Aufgaben des Lagers dar.

LERNFELD 7

6. Im Lauf der Diskussion kommt auch die Kostensituation im Lager zur Sprache.
   a) Führen Sie alle Kosten des Lagers auf.
   b) Geben Sie an, welche Vor- und Nachteile sich für die Ambiente Warenhaus AG ergeben würden, wenn die Lagerbestände so weit verringert würden, dass sie zu klein sind.

KAPITEL 1
Wir nehmen Waren an

Zentrallager der Ambiente Warenhaus AG: Ein Spediteur bringt eine Sendung mit 500 Geschirrtüchern und 500 Walkfrottiertüchern der Leistner Wäsche GmbH, Ritterstraße 37, 28865 Lilienthal.

Herr Stumpe nimmt im Lager die Sendung entgegen. Ein Paket ist außen beschädigt.

1. Führen Sie auf, wie ein Einzelhandelsunternehmen bei der Annahme von Waren vorgehen muss.
2. Erstellen Sie eine Tatbestandsaufnahme für das beschädigte Paket.

Anlieferung einer Warensendung

INFORMATION

Bestellte Waren werden dem Einzelhandelsbetrieb durch die Post oder die Bahn, durch Paketdienste oder gewerbliche Güterverkehrsunternehmer zugestellt. Vertragsmäßig gelieferte Ware muss abgenommen werden. Nicht immer jedoch ist die Lieferung einwandfrei. Die Ware kann Mängel aufweisen, die entweder der Hersteller zu verantworten hat oder die durch den Transporteur verursacht wurden. Damit das Einzelhandelsunternehmen als Käufer nicht das Recht zur Reklamation verliert, müssen beim Wareneingang verschiedene Prüfungen vorgenommen werden.

Vorgehensweise im Wareneingang

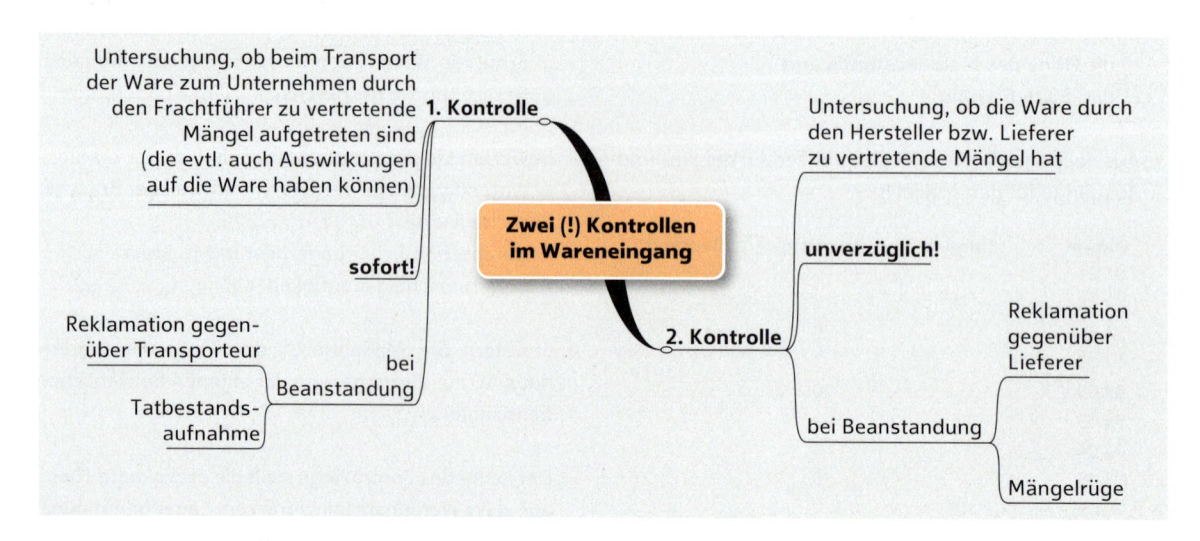

Zwei (!) Kontrollen im Wareneingang

1. Kontrolle: Untersuchung, ob beim Transport der Ware zum Unternehmen durch den Frachtführer zu vertretende Mängel aufgetreten sind (die evtl. auch Auswirkungen auf die Ware haben können)
— sofort!
— bei Beanstandung: Reklamation gegenüber Transporteur, Tatbestandsaufnahme

2. Kontrolle: Untersuchung, ob die Ware durch den Hersteller bzw. Lieferer zu vertretende Mängel hat
— unverzüglich!
— bei Beanstandung: Reklamation gegenüber Lieferer, Mängelrüge

Kontrolle gegenüber dem Frachtführer

Es wird sofort – also auf der Stelle – mithilfe der Warenbegleitpapiere die **Berechtigung der Lieferung** kontrolliert. Bei der Ware könnte es sich z. B. um Irrläufer handeln oder um unverlangte Gegenstände. Irrläufer ergeben sich meist schon durch die falsche Adresse. Unverlangte Sendungen sind zu erkennen, wenn die Warenannahme im Betrieb (z. B. durch die Einkaufsabteilung) rechtzeitig über jeden zu erwartenden Eingang unterrichtet ist.

Auch die **Verpackung** muss sofort überprüft werden.

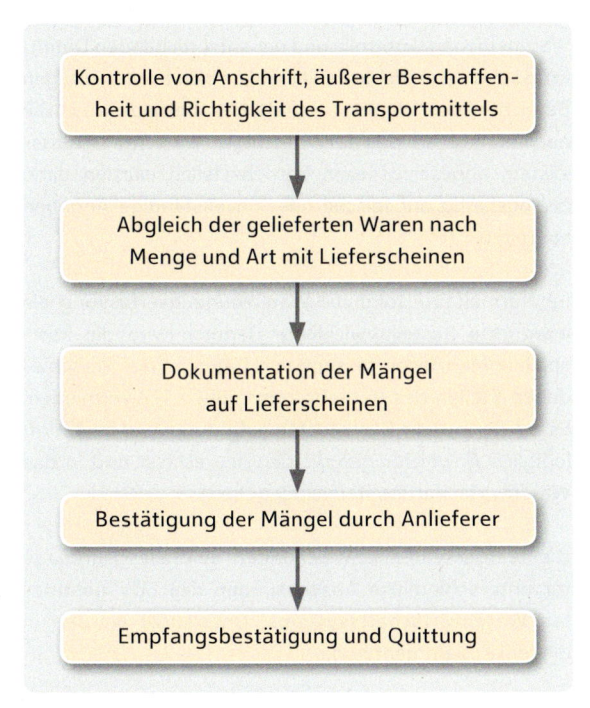

```
┌─────────────────────────────────────────┐
│ Kontrolle von Anschrift, äußerer Be-    │
│ schaffenheit und Richtigkeit des        │
│ Transportmittels                        │
└─────────────────────────────────────────┘
                    ↓
┌─────────────────────────────────────────┐
│ Abgleich der gelieferten Waren nach     │
│ Menge und Art mit Lieferscheinen        │
└─────────────────────────────────────────┘
                    ↓
┌─────────────────────────────────────────┐
│ Dokumentation der Mängel                │
│ auf Lieferscheinen                      │
└─────────────────────────────────────────┘
                    ↓
┌─────────────────────────────────────────┐
│ Bestätigung der Mängel durch Anlieferer │
└─────────────────────────────────────────┘
                    ↓
┌─────────────────────────────────────────┐
│ Empfangsbestätigung und Quittung        │
└─────────────────────────────────────────┘
```

Noch in Gegenwart des Überbringers ist festzustellen, ob die Verpackung in irgendeiner Weise beschädigt ist. Bei Artikeln, die nicht verpackt sind, ist das Äußere der Ware auf Mängel hin zu untersuchen. Anschließend wird eine **Mengenprüfung** vorgenommen. Es wird dabei geklärt, ob die Anzahl bzw. das Gewicht der Versandstücke mit den Versandpapieren übereinstimmt.

Als Papiere zur Kontrolle können im Wareneingang herangezogen werden:
- Lieferscheine
- Frachtbriefe
- Ladescheine
- Paketkarten

Ergeben sich bei den drei genannten Kontrollen Mängel, verlangt der Einzelhandelsbetrieb eine **Tatbestandsaufnahme**. Sie richtet sich gegen den Transporteur der Ware. Das Einzelhandelsunternehmen ist dann berechtigt, die Abnahme der Ware zu verweigern oder die Ware nur unter Vorbehalt anzunehmen.

Kontrolle gegenüber dem Lieferer

Auch der **Zustand der Waren** muss untersucht werden. Nach dem Auspacken der Ware ist zu prüfen, ob die gelieferten Artikel den im Kaufvertrag vereinbarten Eigenschaften entsprechen. Eine genaue Kontrolle lässt sich aus zeitlichen Gründen nicht immer sofort bei der Übergabe der Ware durchführen. Sie hat aber „unverzüglich" zu erfolgen. Unverzüglich bedeutet: Die Prüfung darf ohne wichtigen Grund nicht verzögert werden. Zum nächstmöglichen Zeitpunkt muss die Ware auf eventuelle Mängel hin untersucht werden. Bei größeren Mengen kann eine Stichprobenkontrolle erfolgen. Als Kontrollunterlagen bei dieser zweiten Prüfung im Wareneingang können herangezogen werden:

- Lieferscheine
- Packzettel
- Rechnungen
- Versandanzeigen
- Bestellunterlagen des Betriebs

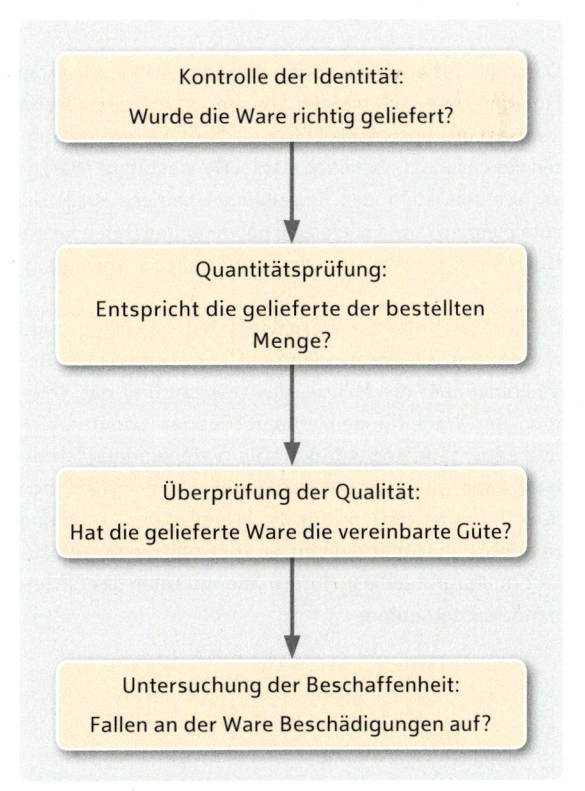

```
┌─────────────────────────────────────────┐
│ Kontrolle der Identität:                │
│ Wurde die Ware richtig geliefert?       │
└─────────────────────────────────────────┘
                    ↓
┌─────────────────────────────────────────┐
│ Quantitätsprüfung:                      │
│ Entspricht die gelieferte der bestellten│
│ Menge?                                  │
└─────────────────────────────────────────┘
                    ↓
┌─────────────────────────────────────────┐
│ Überprüfung der Qualität:               │
│ Hat die gelieferte Ware die vereinbarte │
│ Güte?                                   │
└─────────────────────────────────────────┘
                    ↓
┌─────────────────────────────────────────┐
│ Untersuchung der Beschaffenheit:        │
│ Fallen an der Ware Beschädigungen auf?  │
└─────────────────────────────────────────┘
```

LERNFELD 7

- freie Abladestellen für die Lkw-Anlieferung bereithalten,
- ausreichenden Platz für das Abstellen der Ware reservieren,
- innerbetriebliche Transportmittel bereithalten,
- Personal- und Lagerkapazität vorhalten.

Die tatsächlich gelieferte Ware wird im Rahmen der Wareneingangserfassung hinsichtlich verschiedener Kriterien mit der vom EDV-gestützten Warenwirtschaftssystem früher erfassten Bestellung überprüft. Grundlage für die Annahme und Kontrolle der Ware sind die Warenbegleitpapiere. Dabei muss das Einzelhandelsunternehmen äußerst sorgfältig vorgehen: Im Wareneingang, bei der Wareneingangskontrolle und der entsprechenden Datenerfassung verursachte Fehler wirken sich in allen übrigen Bereichen der Warenwirtschaft des Betriebs aus. Die nachfolgend an das EDV-gestützte Warenwirtschaftssystem angeschlossenen Betriebsstellen würden dann zwangsläufig auf falsche oder unvollständige Angaben zugreifen.

Stellt das Einzelhandelsunternehmen fest, dass die Ware beispielsweise beschädigt ist, teilt es das dem Lieferer mit. Die fehlerhafte Ware wird mit dieser sogenannten **Mängelrüge** beim Lieferer beanstandet, damit das Unternehmen keine Ansprüche verliert.

Ist die Ware einwandfrei, wird sie ins Lager oder in die Verkaufsräume gebracht. Gleichzeitig wird der Einkaufsabteilung und der Buchhaltung gemeldet, dass bestellte Ware eingetroffen ist.

EDV-gestützte Warenwirtschaftssysteme im Wareneingang

Damit die Arbeiten des Wareneingangs im Einzelhandel lagergerecht erfüllt werden können, werden detaillierte Informationen pro Artikel über die bei Lieferern getätigten Bestellungen benötigt. Das EDV-gestützte Warenwirtschaftssystem des Einzelhandelsbetriebs stellt die zum Zeitpunkt der Anlieferung notwendigen Daten für die Übernahme der Ware und deren Kontrolle zur Verfügung.

Bei fortgeschrittenen Warenwirtschaftssystemen wird der erwartete Wareneingang mit Angaben aus der Bestelldatei über die Menge, das Gewicht und das Volumen der Ware für den entsprechenden Lagerbereich und Lagergang angekündigt. Die Wareneingangsabteilung kann dann schon rechtzeitig alle erforderlichen Vorkehrungen treffen, um die Ware später rasch und reibungslos zu übernehmen, zu kontrollieren und einzulagern. Aufgrund dieser Informationen sollte das Einzelhandelsunternehmen

Im Normalfall erfolgt die Wareneingangserfassung als integrierte Bestellabwicklung. Dadurch wird die kostspielige Mehrfacherfassung von Daten an den verschiedenen Stellen des Betriebs zum großen Teil vermieden. Es werden nur die Bestelldaten aufgerufen und bestätigt, lediglich Abweichungen werden neu erfasst und in das Warenwirtschaftssystem eingegeben.

Die festgestellten Abweichungen sind die Grundlage für unterschiedliche Auswertungen des EDV-gestützten Warenwirtschaftssystems. Untersucht werden in diesem Zusammenhang:

- **Termintreue:** Terminüber- oder -unterschreitungen
- **Menge:** Über- bzw. Untermengen
- **Qualität:** Vergleich bestimmter qualitativer Werte

Oft genügen dem Einzelhandelsbetrieb diese beim Wareneingang gewonnenen Informationen. In vielen Fällen werden diese Daten jedoch in weitere Unterprogramme des Warenwirtschaftssystems übertragen und dort zu anderen Auswertungen weiterverarbeitet.

Beispiele dafür sind u. a.:
- Liefererauswahl nach den o. a. Kriterien
- Soll-Ist-Abweichungen bei bestimmten Warengruppen oder Produkten

LERNFELD 7

AUFGABEN

1. Warum muss ein Einzelhandelsunternehmen bei der Annahme von Waren bestimmte Kontrollen vornehmen?
2. Erklären Sie den Unterschied zwischen einer sofortigen und einer unverzüglichen Prüfung.
3. Welche Kontrollen müssen sofort vorgenommen werden?
4. Was kann unverzüglich kontrolliert werden?
5. Welche Maßnahmen hat das Einzelhandelsunternehmen bei Beanstandungen zu ergreifen?
6. Welche Maßnahmen muss der Einzelhändler oder die Einzelhändlerin ergreifen, wenn das EDV-gestützte Warenwirtschaftssystem den Eingang von Ware ankündigt?
7. Wie unterstützen Warenwirtschaftssysteme den Wareneingangsbereich des Einzelhandelsbetriebs?

   Was muss der Einzelhändler oder die Einzelhändlerin bei der Annahme von Waren beachten?
8. Es werden 18 000 Konserven angeliefert. Welche Aussage ist richtig?
   a) Die Ware muss bei der Annahme in Anwesenheit des Unternehmers bzw. der Unternehmerin geprüft werden.
   b) 15 % der Ware sind zu prüfen.
   c) Die Ware kann ohne Prüfung eingelagert werden, wenn der Spediteur erklärt, die Ware sei sachgemäß verpackt worden.
   d) Bei Lieferung von Massengütern kann die Einlagerung der Ware ohne Kontrolle erfolgen.
   e) Die Ware muss durch Stichproben in angemessener Zahl geprüft werden.
9. Am 21. Juli trifft eine Lieferung bei der Ambiente Warenhaus AG ein.

   Was müssen Sie in Anwesenheit des Frachtführers prüfen, bevor Sie den Empfang der Ware quittieren?
   a) die äußere Verpackung
   b) den Preis der Ware
   c) die Art der Ware
   d) die Qualität der Ware
   e) die Beschaffenheit der Ware

AKTIONEN

1. a) Erkunden Sie, wie die Warenannahme in Ihrem Ausbildungsbetrieb geregelt ist.
   b) Informieren Sie in einem Kurzreferat Ihre Klasse darüber.
2. a) Bestellen Sie mithilfe des Warenwirtschaftssystems 200 Stück des Artikels „Verstärkungsringe".
   b) Die Ware kommt. Sie hat keine Mängel. Buchen Sie den Wareneingang.
3. a) Bestellen Sie mithilfe des Warenwirtschaftssystems 300 Stück Korrekturstifte einer bekannten Marke.
   b) Die Ware wird geliefert. Nach dem Auspacken stellt sich heraus, dass alle Artikel beschädigt sind.

   Vermerken Sie das im Warenwirtschaftssystem.
4. Halten Sie die Schritte, mit denen Sie mithilfe des Warenwirtschaftssystems Wareneingänge erfassen, in einer Arbeitsanweisung für neue, einzuarbeitende Kolleginnen und Kollegen fest.
5. Bis jetzt haben Sie schon eine Menge Klassenarbeiten geschrieben. Wahrscheinlich waren Sie auch schon bei der Zwischenprüfung. Aber auch die Abschlussprüfung rückt immer näher. Damit sie erfolgreich wird, sollten Sie versuchen, alle eventuellen Lernschwierigkeiten auszuschließen. Betrachten Sie die unten stehende Mindmap über Lernprobleme:
   a) Überprüfen Sie, ob eine der vorgestellten Lernschwierigkeiten auf Sie zutrifft.
   b) Überlegen Sie, welche Ursache diese Lernschwierigkeiten bei Ihnen gehabt haben können.
   c) Versuchen Sie, eine mögliche Lösung zu finden.

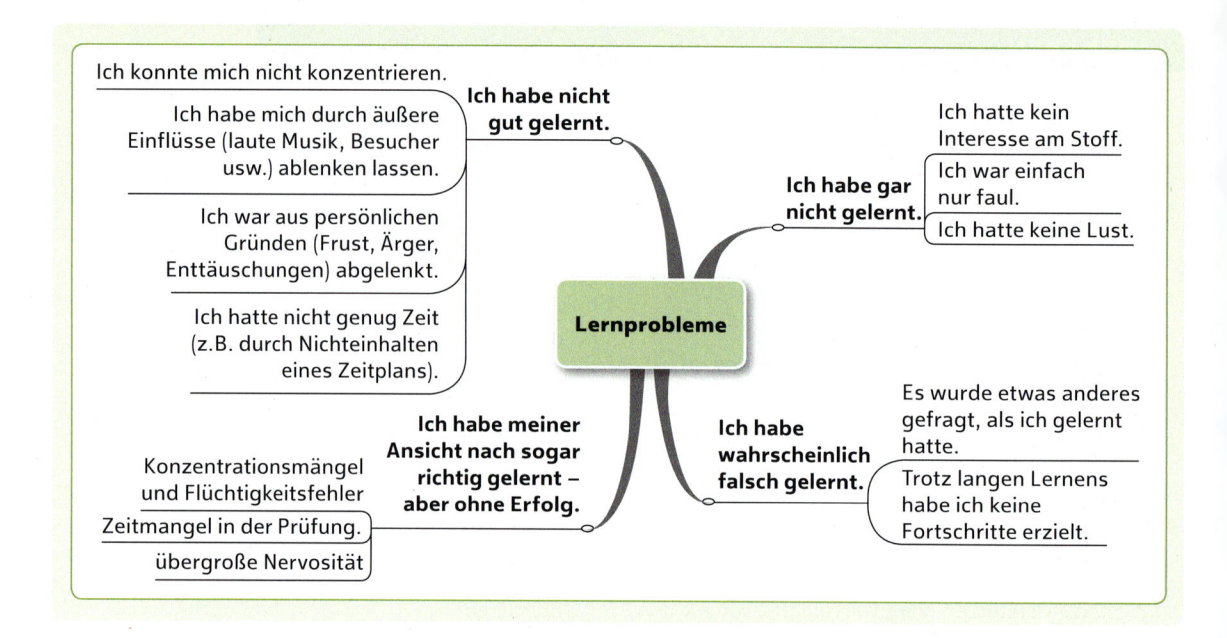

LERNFELD 7

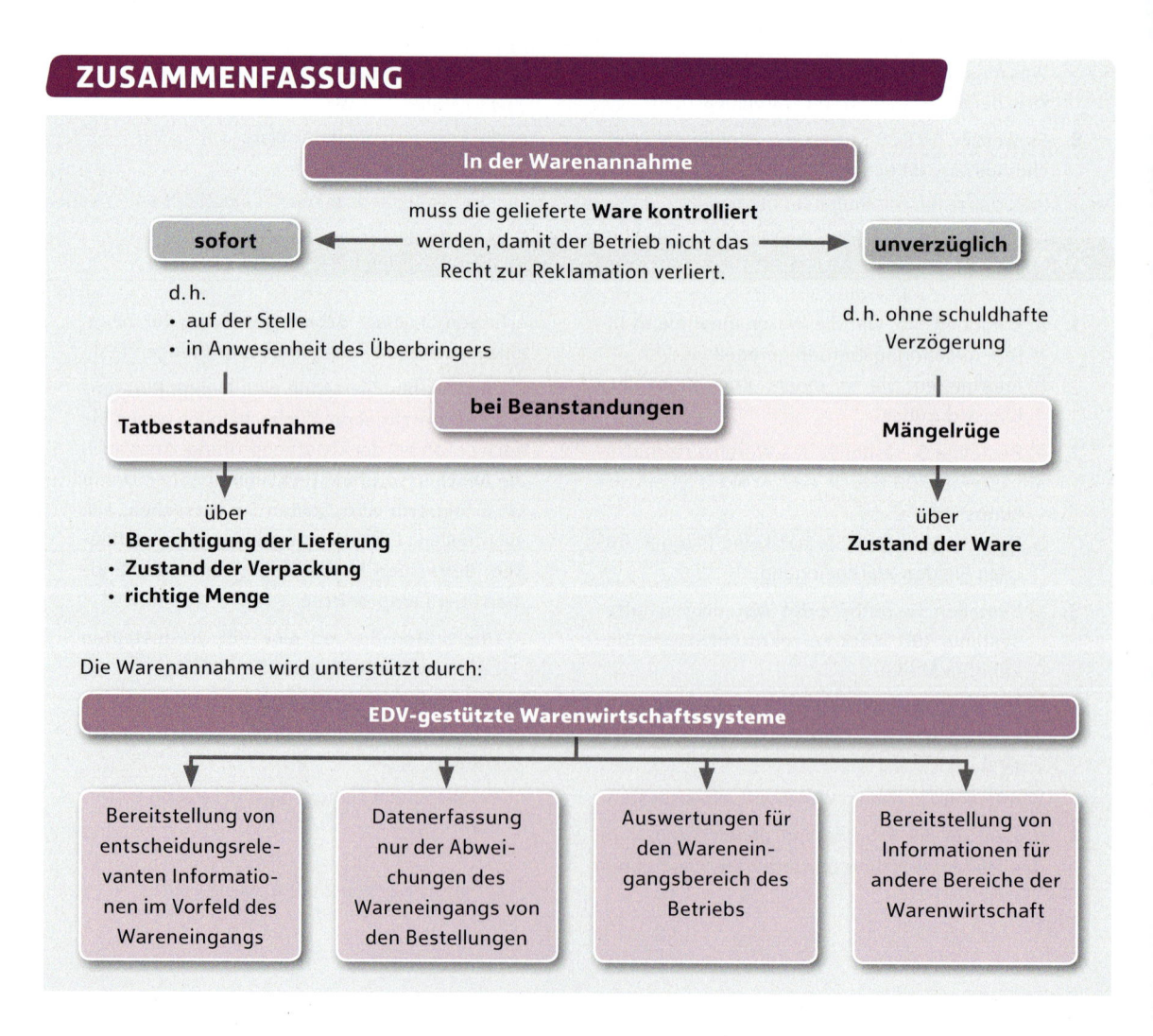

Lernprobleme

Ich habe nicht gut gelernt.
- Ich konnte mich nicht konzentrieren.
- Ich habe mich durch äußere Einflüsse (laute Musik, Besucher usw.) ablenken lassen.
- Ich war aus persönlichen Gründen (Frust, Ärger, Enttäuschungen) abgelenkt.
- Ich hatte nicht genug Zeit (z.B. durch Nichteinhalten eines Zeitplans).

Ich habe gar nicht gelernt.
- Ich hatte kein Interesse am Stoff.
- Ich war einfach nur faul.
- Ich hatte keine Lust.

Ich habe meiner Ansicht nach sogar richtig gelernt – aber ohne Erfolg.
- Konzentrationsmängel und Flüchtigkeitsfehler
- Zeitmangel in der Prüfung.
- übergroße Nervosität

Ich habe wahrscheinlich falsch gelernt.
- Es wurde etwas anderes gefragt, als ich gelernt hatte.
- Trotz langen Lernens habe ich keine Fortschritte erzielt.

ZUSAMMENFASSUNG

In der Warenannahme muss die gelieferte **Ware kontrolliert** werden, damit der Betrieb nicht das Recht zur Reklamation verliert.

sofort
d. h.
- auf der Stelle
- in Anwesenheit des Überbringers

unverzüglich
d. h. ohne schuldhafte Verzögerung

bei Beanstandungen

Tatbestandsaufnahme
über
- Berechtigung der Lieferung
- Zustand der Verpackung
- richtige Menge

Mängelrüge
über
Zustand der Ware

Die Warenannahme wird unterstützt durch:

EDV-gestützte Warenwirtschaftssysteme

- Bereitstellung von entscheidungsrelevanten Informationen im Vorfeld des Wareneingangs
- Datenerfassung nur der Abweichungen des Wareneingangs von den Bestellungen
- Auswertungen für den Wareneingangsbereich des Betriebs
- Bereitstellung von Informationen für andere Bereiche der Warenwirtschaft

KAPITEL 2
Wir reagieren auf Schlechtleistungen

LERNFELD 7

Im Aufenthaltsraum der Ambiente Warenhaus AG diskutiert Lars Panning gerade mit einer Kollegin, als Anja Maibaum aufgeregt dazukommt:

Anja Maibaum: „Hallo, ihr beiden, tut mir leid, wenn ich störe. Aber ich habe ein Problem und ihr könnt mir bestimmt helfen."

Lars Panning: „Was ist denn los, Anja?"

Anja Maibaum: „Im Lager gibt es gerade mal wieder Ärger: Die Bernhard Müller OHG hat falsche Ware geliefert. Ich soll den Fall bearbeiten. Aber wie gehe ich denn nun vor?"

1. Beurteilen Sie die Rechtslage.

2. Schlagen Sie Maßnahmen vor, die Anja ergreifen könnte.

INFORMATION

Mangelhafte Lieferung

Oft beschweren sich Kundinnen und Kunden über Ware. Sind tatsächlich Mängel vorhanden, so haben sie Rechte im Rahmen der gesetzlichen Gewährleistung. Unter Gewährleistung versteht man die gesetzliche Verpflichtung eines Schuldners – in diesem Falle also des Verkäufers, Sachen (z. B. Waren) in einem mangelfreien Zustand zu liefern. Die Rechte im Rahmen der gesetzlichen Gewährleistung dürfen nicht mit Rechten aus Umtausch- oder Garantieverpflichtungen[1] verwechselt werden.

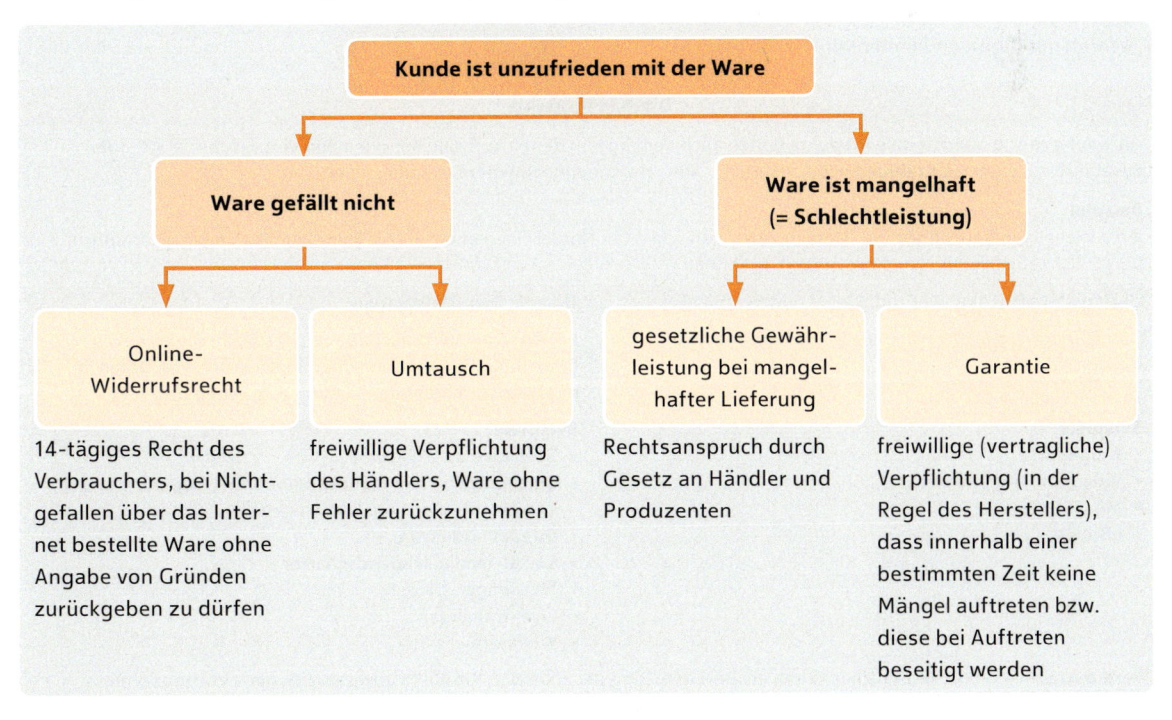

Kunde ist unzufrieden mit der Ware

- **Ware gefällt nicht**
  - **Online-Widerrufsrecht**: 14-tägiges Recht des Verbrauchers, bei Nichtgefallen über das Internet bestellte Ware ohne Angabe von Gründen zurückgeben zu dürfen
  - **Umtausch**: freiwillige Verpflichtung des Händlers, Ware ohne Fehler zurückzunehmen

- **Ware ist mangelhaft (= Schlechtleistung)**
  - **gesetzliche Gewährleistung bei mangelhafter Lieferung**: Rechtsanspruch durch Gesetz an Händler und Produzenten
  - **Garantie**: freiwillige (vertragliche) Verpflichtung (in der Regel des Herstellers), dass innerhalb einer bestimmten Zeit keine Mängel auftreten bzw. diese bei Auftreten beseitigt werden

---

1 vgl. dazu mehr im Kapitel 10.8

LERNFELD 7

DEFINITION

Durch die **gesetzliche Gewährleistung** haftet das Unternehmen dafür, dass die Ware zum Zeitpunkt der Übergabe die zugesicherten Eigenschaften besitzt und mangelfrei ist.

Gemäß der rechtlichen Vorschriften muss ein Verkäufer oder eine Verkäuferin den Käuferinnen und Käufern ihre Sachen grundsätzlich fehlerfrei übergeben und ihnen das Eigentum daran verschaffen. Die gesetzlichen Rechte, die ein Kunde oder eine Kundin bei Schlechtleistung in Anspruch nehmen kann, hängen ab von der Art des Mangels. Käuferinnen und Käufer müssen deshalb zunächst feststellen, um

- welche Art von Ware und
- welche Fehlerart

es sich handelt, um reklamieren zu können.

Verträge für unterschiedliche Arten von Produkten

Möchte man eventuell einen Mangel reklamieren, muss man zunächst einmal untersuchen, welche Kaufvertragsarten im Hinblick auf die Kaufsachen vorliegt. Die Klärung, um welches Produkt es sich handelt, ist wichtig, weil sich davon abhängig zusätzliche oder unterschiedliche Gewährleistungsvorschriften ergeben. Unterschieden werden

- (analoge) Waren,
- digitale Produkte,
- Waren mit digitalen Elementen.

(Analoge) Waren

Waren sind rein physische Güter. Sie haben für den Menschen einen Gebrauchswert und werden deshalb gehandelt. Es sind Produkte ohne digitale Elemente. Waren bestehen aus einem oder mehreren materiellen Bestandteilen.

BEISPIELE

- Lebensmittel
- Textilien
- Bücher
- Werkzeuge
- Spielzeug
- Möbel

Digitale Produkte

Digitale Produkte umfassen alle digitalen Inhalte und Dienstleistungen, die Gegenstand von Kaufverträgen (aber auch von Dienstverträgen, Werkverträgen oder Mietverträgen) sind. Digitale Produkte können auf einem Datenträger gespeichert sein oder aus dem Internet geladen werden. Zu den digitalen Produkten zählen auch digitale Dienstleistungen, die es zum Beispiel Verbraucherinnen und Verbrauchern ermöglichen, Daten digitaler Form zu erstellen, zu verarbeiten und zu speichern und zu nutzen bzw. ein Zugang zu solchen Daten zu bekommen.

Digitale Produkte	
Als Kaufverträge über digitale Produkte gelten auch Verträge, in denen Verbraucherinnen und Verbraucher statt (oder zusätzlich zu) einer Geldzahlung mit der Bereitstellung personenbezogener Daten bezahlen.	
Beispiel Viele Dienste im Bereich sozialer Medien verlangen von ihren Nutzerinnen und Nutzern kein Geld. Man muss sich jedoch persönlich registrieren, um diese nutzen zu können.	
Digitale Inhalte (digitale Produkte im engeren Sinn)	**Digitale Dienstleistungen**
Daten, die in digitaler Form erstellt und bereitgestellt worden sind	Ermöglichen Verbraucherinnen und Verbrauchern die Erstellung, Verarbeitung oder Speicherung von Daten in digitaler Form oder den Zugang zu solchen Daten
Beispiele • Programme • Video- und Audiodateien • Musik-Dateien • eBooks	**Beispiele** • Software-as-a-Service • Spiele, die in einer Cloud-Computing-Umgebung und in sozialen Medien angeboten werden • Streamingdienste • Social-Media-Mitgliedschaften • Messenger-Dienste • Live-Trainings • Webinare
Verbraucherinnen und Verbraucher könne die Bereitstellung des digitalen Produkts unverzüglich nach Vertragsschluss verlangen. Ein digitales Produkt (Inhaltes) gilt als bereitgestellt, sobald der Kunde oder die Kundin Zugang dazu hat.	

BEISPIELE

- Computerspiele auf Speichern wie CDs oder DVDs
- Computerspiele im Internet
- Apps
- Nutzung von Clouds
- Nutzung von Programmen und Daten über Datenfernübertragung bzw. das Internet
- Social-Media-Dienste
- Messenger-Dienste
- E-Paper und E-Books

Im Gegensatz zu den (analogen) Waren hat der Verkäufer bzw. die Verkäuferin hier nicht die Pflicht, eine körperliche Kaufsache zu übergeben. Stattdessen muss ein digitales Produkt bereitgestellt werden.

Waren mit digitalen Elementen

Waren mit digitalen Elementen sind im Vergleich mit digitalen Produkten eher körperliche Gegenstände, die aber digitale Inhalte bzw. digitale Dienstleistungen umfassen.

BEISPIELE

- Smartphones
- Tablets
- Smart Watches
- Digitalkameras
- intelligente Haushaltsgeräte (zum Beispiel Waschmaschine mit Sensoren und Steuerungsprogramm)
- intelligente Fernsehgeräte
- Computer

Bei Waren mit digitalen Elementen sind zwei Fälle zu unterscheiden:

- Die digitalen Elemente sind für die Funktion des Kaufgegenstandes entscheidend: Ohne sie wird der Zweck der Sache nicht erfüllt.

  ### BEISPIEL
  Der Bildschirm eines Tablets ist defekt. Für diesen Fall gelten die Regeln für digitale Produkte.

- Die Kaufsache kann ihre Funktion (eventuell eingeschränkt) erfüllen: Die Gewährleistungsrechte können je nach betroffenem Produktteil in Anspruch genommen werden.

  ### BEISPIEL
  Bei einem smarten Kühlschrank gilt das Kaufrecht für analoge Waren, wenn es zu einem Fehler bei der Kühlung kommt. Fällt jedoch aufgrund eines Softwarefehlers die intelligente Steuerung der Temperaturen aus, gelten die Regeln für digitale Produkte.

Die Erkennbarkeit von Mängeln

Abhängig davon, inwieweit ein Mangel bei der Übergabe der Ware Käufer bekannt war, hat dieser zum Teil unterschiedliche Rechte und Pflichten.

Mängelarten im Hinblick auf die Erkennbarkeit

Art	Beschreibung	Beispiele
offene Mängel	Bei der Übergabe der Ware können Käuferinnen und Käufer deutlich erkennen, dass die Ware einen Mangel hat.	Bei einem gelieferten Büroschrank ist die Oberfläche stark verkratzt.
versteckte Mängel	Diese Mangelart liegt vor, wenn der Mangel trotz einer gewissenhaften Überprüfung der Ware zunächst nicht erkennbar ist.	Bei einem Computer funktioniert ein Teil des Hauptspeichers nicht.
arglistig verschwiegene Mängel	Bei arglistig verschwiegenen Mängeln verheimlicht der Verkäufer dem Käufer oder der Käuferin einen versteckten Mangel absichtlich.	Die Ambiente Warenhaus AG kauft eine größere Menge Wollpullover. Der Verkäufer verschweigt dabei, dass die Pullover durch einen Wasserschaden in seinem Lager nass geworden sind.

Sachmängel

Weist eine Kaufsache nicht die Beschaffenheit auf, die sie nach Ansicht der Vertragsparteien haben soll, liegt ein Sachmangel vor. Ein Produkt ist frei von Sachmängeln, wenn es den subjektiven Anforderungen, den objektiven Anforderungen und Montageanforderungen entspricht.

LERNFELD 7

Die drei Kategorien zur Bestimmung der Mangelfreiheit sind gleichwertig zueinander. Nur wenn die gelieferte Sache alle drei Voraussetzungen erfüllt, ist sie frei von Sachmängeln.

Die Mangelfreiheit von Kaufsachen		
Eine Kaufsache hat keine Mängel, wenn sie drei Anforderungen gleichzeitig erfüllt:		
Subjektive Anforderungen	**Objektive Anforderungen**	**Montageanforderungen**
Die Kaufsache muss dem entsprechen, was Käufer bzw. Käuferin und Verkäufer im Vertrag im Hinblick auf die Beschaffenheit vereinbart haben.	Die Kaufsache muss sich für die branchenübliche Verwendung eignen oder eine Beschaffenheit haben, die für Sachen der gleichen Art üblich ist.	Diese Anforderungen fallen im Prinzip auch schon unter subjektive und objektive Anforderungen. Sie sind aber vom Gesetzgeber darüber hinaus noch einmal ausdrücklich vereinbart worden.
Bemerkenswert ist, dass ein Kaufgegenstand also auch dann mangelhaft sein kann, wenn er der vereinbarten Beschaffenheit vollständig entspricht (und damit die subjektiven Anforderungen erfüllt). Dies wäre etwa der Fall, wenn die Beschaffenheit dem Vereinbarten entspricht, die Sache sich jedoch nicht für eine gewöhnliche Verwendung eignet (also nicht den objektiven Anforderungen entspricht).		

Subjektive Anforderungen

Eine mangelfreie Kaufsache liegt vor, wenn sie die im Kaufvertrag vereinbarte Beschaffenheit aufweist und sich auch für die im Kaufvertrag vorausgesetzte Verwendung eignet. Grundlage, ob wegen eines Mangels reklamiert werden kann, ist also zunächst einmal die Beschaffenheitsvereinbarung des Kaufvertrages.

Ein subjektiver Mangel ist also gegeben, wenn die Ist-Beschaffenheit der Kaufsache von der im Kaufvertrag festgelegten Soll-Beschaffenheit negativ abweicht.

BEISPIEL

Anja Maibaum kauft einen Luxus-Staubsauger. Im Kaufvertrag ist neben dem Kaufpreispreis nur festgelegt, dass es sich um das Modell XR 1200 in Rot handelt. Geliefert bekommt sie einen Staubsauger des Modells XC 600 in Gelb.
Da die Ware nicht die im Kaufvertrag vereinbarte Beschaffenheit hat, entspricht sie nicht den subjektiven Anforderungen: Es liegt ein Mangel vor.

Objektive Anforderungen

Ist dies nicht ausdrücklich ausgeschlossen worden (siehe unten), gilt eine Kaufsache zudem als mangelfrei, wenn sie der üblichen Beschaffenheit vergleichbarer Kaufgegenstände entspricht und sich für die gewöhnliche Verwendung eignet. Grundlage, ob Rechte wegen einer mangelhaften Lieferung in Anspruch genommen werden können, ist also zusätzlich noch, ob die Ware branchenüblichen Anforderungen entspricht. Eine große Bedeutung spielen in diesem Zusammenhang auch Werbeaussagen des Herstellers.

BEISPIEL

Nach einer Reklamation bekommt Anja Maibaum endlich das Staubsaugermodell XR 1200 in Rot ausgeliefert. Sie probiert den Staubsauger das erste Mal aus. Der Boden ist tatsächlich sauber. Ihr schmerzen aber die Ohren, weil der Staubsauger extrem laut war. Zweimal sprangen die Sicherungen raus, weil der in der Werbung mit „extrem energiesparend" beworbene Staubsauger anscheinend sehr viel Strom verbraucht.
Hier entspricht der Staubsauger zwar den im Kaufvertrag festgelegten subjektiven Anforderungen (Modell R 1200; Farbe Rot; Funktionsfähigkeit, weil das Gerät saugt). Nicht erfüllt sind aber die objektiven Anforderungen, weil Anja als Käuferin eine Beschaffenheit des Staubsaugers erwartet hatte, wie bei Staubsaugern derselben Art üblich sind.

Hat der Verkäufer bzw. die Verkäuferin eine Probe oder ein Muster bereitgestellt, so muss die Kaufsache diesem entsprechen, um den objektiven Anforderungen zu entsprechen.

LERNFELD 7

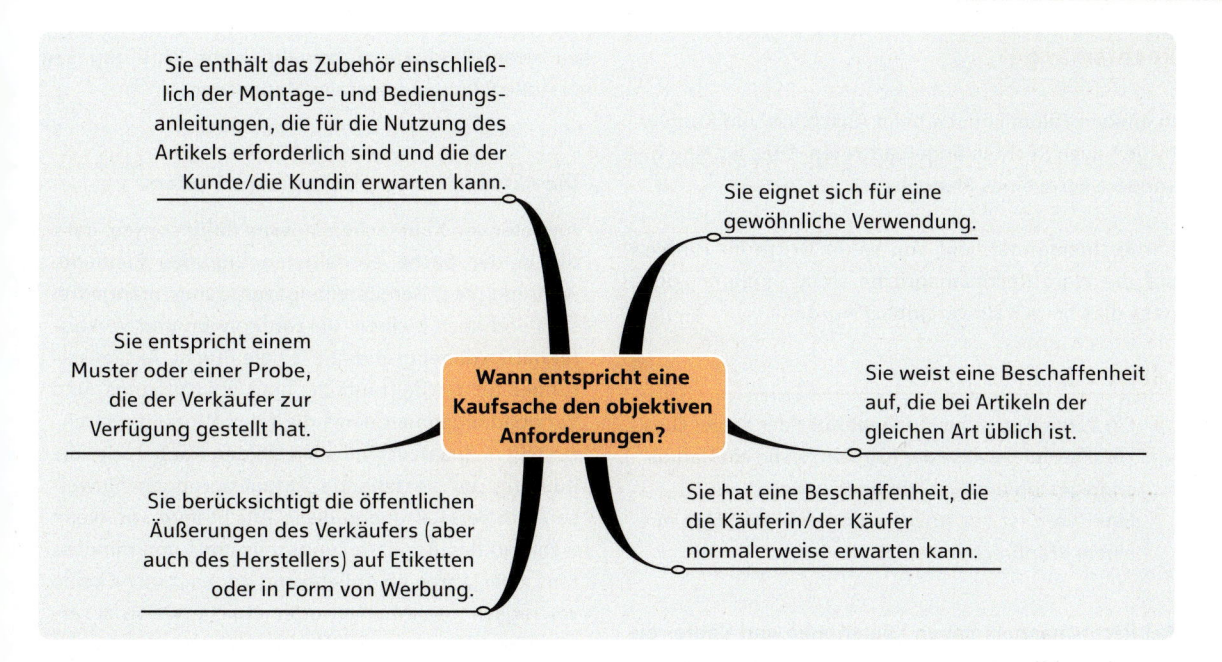

Wann entspricht eine Kaufsache den objektiven Anforderungen?

- Sie enthält das Zubehör einschließlich der Montage- und Bedienungsanleitungen, die für die Nutzung des Artikels erforderlich sind und die der Kunde/die Kundin erwarten kann.
- Sie eignet sich für eine gewöhnliche Verwendung.
- Sie entspricht einem Muster oder einer Probe, die der Verkäufer zur Verfügung gestellt hat.
- Sie weist eine Beschaffenheit auf, die bei Artikeln der gleichen Art üblich ist.
- Sie berücksichtigt die öffentlichen Äußerungen des Verkäufers (aber auch des Herstellers) auf Etiketten oder in Form von Werbung.
- Sie hat eine Beschaffenheit, die die Käuferin/der Käufer normalerweise erwarten kann.

Montageanforderungen

Diese Anforderungen gelten nur, wenn eine Montage erforderlich ist. Sie sind erfüllt, wenn die Montage
- sachgerecht durchgeführt worden ist;
- zwar unsachgemäß durchgeführt worden ist, dies jedoch weder auf einer unsachgemäßen Montage durch den Verkäufer oder die Verkäuferin noch auf einem Mangel in der übergebenen Anleitung beruht.

Subjektive Anforderungen	Objektive Anforderungen	Montageanforderungen
Das Vorliegen eines Mangels ist an Bestimmungen des Kaufvertrages gebunden.	Das Vorliegen eines Mangels wird nicht aus dem speziellen Kaufvertrag zwischen Käufer oder Käuferin und Verkäufer abgeleitet, sondern daraus, was üblicherweise bei Kaufverträgen dieser Art allgemein erwartet werden kann.	Das Vorliegen eines Mangels kann unabhängig vom Vorliegen der subjektiven und objektiven Anforderungen bei Notwendigkeit und Durchführung einer Montage abgeleitet werden.
Die Kaufsache muss den Vereinbarungen zwischen Käufer oder Käuferin und Verkäufer im Rahmen des Kaufvertrages entsprechen, ansonsten ist die Kaufsache mangelhaft.	Wenn nicht wirksam (im Kaufvertrag) etwas anderes vereinbart wurde, muss die Kaufsache für eine gewöhnliche Verwendung, die bei Sachen derselben Art zu erwarten ist, geeignet sein. Ist dies nicht der Fall, liegt eine mangelhafte Kaufsache vor.	Ein Mangel liegt vor, wenn die Kaufsache • entweder vom Verkäufer unsachgemäß montiert wird, • oder vom Käufer oder von der Käuferin aufgrund einer fehlerhaften Bedienungsanleitung unsachgemäß aufgebaut wird.
Eine Mangelfreiheit liegt vor, wenn die Sache: • die vereinbarte Beschaffenheit hat, • sich für die nach dem Vertrag vorausgesetzte Verwendung eignet • und mit dem vereinbarten Zubehör und den vereinbarten Anleitungen, einschließlich Montage- und Installationsanleitungen, übergeben wird.	Eine Mangelfreiheit liegt vor, wenn die Kaufsache einem allgemein anerkannten Produkt-Standard entspricht.	Ist die Montage sachgemäß durchgeführt worden (oder beruht eine unsachgemäße Montage nicht auf einem Fehler des Verkäufers), gilt die Kaufsache als mangelfrei.

Rechtsmängel

In einigen Fällen können beim Abschluss von Kaufverträgen auch Rechtsmängel auftreten. Dies ist eine besondere Form eines Mangels:

Ein Rechtsmangel liegt vor, wenn Dritte im Hinblick auf die Ware Rechtsansprüche stellen können, ohne dass dies beim Kauf vereinbart wurde.

BEISPIELE

- Ein Verkäufer ist nicht Eigentümer der Ware. Dies kann beispielsweise der Fall sein, wenn ein Handyshop gestohlene Smartphones verkauft.
- Eine Ware ist zur Absicherung eines Kredits mit einem Pfandrecht belastet.

Bei Rechtsmängeln haben Käuferinnen und Käufer die gleichen Rechte wie bei Sachmängeln.

Digitale Mängel

Für digitale Produkte gilt genau wie bei analogen Waren, dass sie mangelfrei sind, wenn sie den subjektiven und objektiven Anforderungen entsprechen. Zusätzlich müssen sie jedoch noch den Anforderungen an die Integration entsprechen.

Kann ein digitales Produkt so in das EDV-System eingebunden bzw. mit diesem verbunden werden, dass es ordnungsgemäß vom Verbraucher oder von der Verbraucherin genutzt werden kann, liegt eine gelungene Integration vor.

Die Integration eines digitalen Produkts muss vom Verkäufer oder von der Verkäuferin sachgemäß durchgeführt werden bzw. darf im Falle einer unsachgemäßen Durchführung durch den Käufer oder die Käuferin nicht auf einem Mangel der bereitgestellten Anleitung beruhen.

Ein weiterer Mangel, der nur bei digitalen Produkten und bei Waren mit digitalen Elementen auftreten kann, ist die Nichtzurverfügungstellung von Aktualisierungen. Der Verkäufer oder die Verkäuferin ist verpflichtet, Software-Aktualisierungen und Sicherheitsupdates bereitzustellen, eine dauerhafte Nutzbarkeit dieser Produkte zu gewährleisten. Wird dagegen verstoßen, liegt ein digitaler Mangel vor.

Die Aktualisierungspflicht des Verkäufers

Anbieter von Kaufsachen müssen dafür sorgen, dass die in der Sache enthaltenen digitalen Elemente während des Bereitstellungszeitraums mangelfrei sind und auch bleiben. Verkäuferinnen und Verkäufer haben daher grundsätzlich die Pflicht, Aktualisierungen für den Zeitraum der üblichen Nutzungs- und Verwendungsdauer eines digitalen Produkts bereitzustellen. Zusätzlich müssen sie den Käufer oder die Käuferin auf anstehende Aktualisierungen hinweisen. Ein Verstoß gegen diese Pflicht liegt vor, wenn während des Bereitstellungszeitraums von mindestens zwei Jahren ab Ablieferung der Kaufsache keine vertraglich vereinbarten oder üblicherweise zu erwartenden Updates zur Verfügung gestellt werden. Ist vertraglich ein längerer Zeitraum über die zwei Jahre hinaus vereinbart worden, gilt der vereinbarte Zeitraum.

Aktualisierungen bereitstellen muss der Verkäufer bzw. die Verkäuferin in einem Verbrauchsgüterkauf, wenn

- sie im Kaufvertrag vereinbart worden sind,
- sie erwartet werden können, damit die Vertragsmäßigkeit der Kaufsache erhalten bleibt.

Ein Mangel liegt auch vor, wenn Verbraucherinnen und Verbraucher nicht über die jeweiligen Aktualisierungen und ihre Bereitstellung informiert werden. Verkäuferinnen und Verkäufer sind also verpflichtet, Updates zur Verfügung zu stellen, die die Funktionsfähigkeit und Sicherheit der Kaufsache gewährleisten.

Die Aktualisierungspflicht gilt nicht für Verbesserungen der digitalen Elemente einer Kaufsache.

BEISPIEL

Ein Smart-TV und dessen Software funktionieren einwandfrei. Inzwischen gibt es eine neue Version der Software, die weitere, zusätzliche Vorteile bringt. Wenn Zwischenhändler und Käufer bzw. Käuferin nicht extra die Bereitstellung solcher Upgrades vereinbart haben, hat der Händler die Pflicht, die Software zu aktualisieren.

Die Regelungen zu digitalen Mängeln gelten im Prinzip nur für Verträge im Rahmen von Verbrauchsgüterkäufen. Möchte ein Unternehmer beim Vorliegen eines Mangels jedoch auf seinen Lieferer regressmäßig zurückgreifen, spielen diese auch im B2B-Bereich eine Rolle.

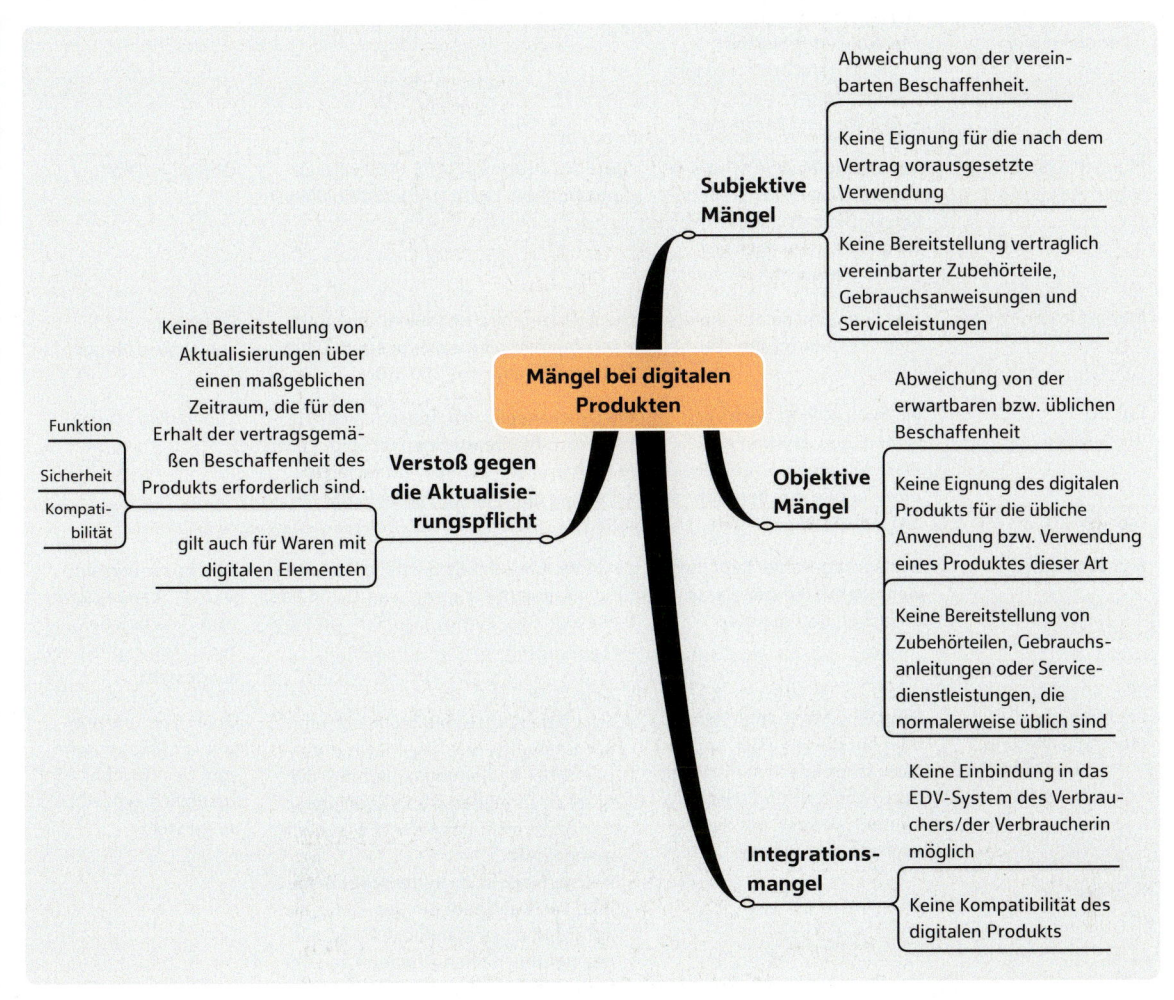

Mängel bei digitalen Produkten

- **Subjektive Mängel**
  - Abweichung von der vereinbarten Beschaffenheit.
  - Keine Eignung für die nach dem Vertrag vorausgesetzte Verwendung
  - Keine Bereitstellung vertraglich vereinbarter Zubehörteile, Gebrauchsanweisungen und Serviceleistungen

- **Objektive Mängel**
  - Abweichung von der erwartbaren bzw. üblichen Beschaffenheit
  - Keine Eignung des digitalen Produkts für die übliche Anwendung bzw. Verwendung eines Produktes dieser Art
  - Keine Bereitstellung von Zubehörteilen, Gebrauchsanleitungen oder Servicedienstleistungen, die normalerweise üblich sind

- **Integrationsmangel**
  - Keine Einbindung in das EDV-System des Verbrauchers/der Verbraucherin möglich
  - Keine Kompatibilität des digitalen Produkts

- **Verstoß gegen die Aktualisierungspflicht**
  - Keine Bereitstellung von Aktualisierungen über einen maßgeblichen Zeitraum, die für den Erhalt der vertragsgemäßen Beschaffenheit des Produkts erforderlich sind.
    - Funktion
    - Sicherheit
    - Kompatibilität
  - gilt auch für Waren mit digitalen Elementen

Die Beschaffenheit von Kaufsachen

Eine Kaufsache darf nicht von der vereinbarten und erwartbaren Beschaffenheit abweichen. Mängel können auftreten, wenn die Ware nicht den subjektiven und objektiven Anforderungen entspricht. Zur Überprüfung der Mangelfreiheit einer Ware sollten folgende Merkmale der Beschaffenheit eines Produktes überprüft werden. Bei diesen Beschaffenheitsmerkmalen können sowohl subjektive als auch objektive Mängel auftreten, unter anderem:

- Qualität
- Art
- Menge
- Kompatibilität und Interoperabilität
- sonstige Merkmale

LERNFELD 7

	Einige Erscheinungsformen von Mängeln: Wie können Mängel auftreten?		
Qualitätsmangel (Mangel in der Beschaffenheit im engeren Sinn)	Ein Qualitätsmangel liegt vor bei einer negativen Abweichung der Produktqualität. Die Ware ist fehlerhaft: • Sie ist ganz oder teilweise beschädigt. • Die Ware ist verdorben.	Ein der Ambiente Warenhaus AG gelieferter Schreibtisch hat eine zerkratzte Arbeitsfläche.	Objektiver und subjektiver Mangel
Mangel in der Art	Bei diesem Mangel wird eine andere Ware als bestellt geliefert. Die Falschlieferung wird manchmal auch als „Aliud-Lieferung" zeichnet.	Statt des Druckers HAPE t400 wird ein einwandfreies Gerät HAPE t200 geliefert.	Objektiver Mangel
Mangel in der Menge	Hier liegt eine nicht vollständige Warenlieferung vor.	Die Ambiente Warenhaus AG hat 1000 Packungen Kopierpapier bestellt. Geliefert werden aber nur 500 Stück.	Objektiver und subjektiver Mangel
falsche Werbeaussagen	Ein Mangel liegt auch vor, wenn Eigenschaften der Ware entgegen öffentlicher Äußerungen des Verkäufers nicht vorhanden sind.	Ein Drucker soll nach Aussagen des Herstellers in Werbeanzeigen 60 Seiten pro Minute drucken können. Tatsächlich schafft er aber nur 20 Seiten in der Minute.	Subjektiver Mangel
Montagefehler	Ein Montagefehler liegt vor, wenn der Verkäufer etwas unsachgemäß montiert.	Ein Möbelhaus liefert die neue Teeküche für die Ambiente Warenhaus AG und baut diese auf. Zwei Türen eines Schranks lassen sich anschließend nicht öffnen.	Objektiver und subjektiver Mangel: wird vom Gesetzgeber aber zusätzlich explizit herausgestellt.
mangelhafte Montageanleitung	Fehlt eine Montageanleitung oder hat diese Fehler, sodass es zu einer falschen Montage durch den Käufer oder die Käuferin kommt, gilt dies auch als Sachmangel	• Uwe Otte kauft einen technisch anspruchsvollen Blu-Ray-Player mit japanischer Bedienungsanleitung, die nicht zu verstehen ist. Er kann daher das Gerät nicht bedienen. Es ist damit mangelhaft. • Helene Mark kauft in der Möbelabteilung von Kaufstadt ein Regal, das sie aufgrund unverständlicher Montageanleitung nicht aufbauen kann. Sie kann sich auf einen Mangel des Regals berufen. • Manuel Hoffmann hat eine kleine Anrichte gekauft. Am Paket steht groß und deutlich: „Problemloser Aufbau! Auspacken und Zusammenbau in fünf Minuten!" Da Manuel Hoffmann wegen der fehlenden Bedienungsanleitung falsche Teile zusammengeschraubt hat, werden die Teile beschädigt.	Objektiver und subjektiver Mangel: wird vom Gesetzgeber aber zusätzlich explizit herausgestellt
Kompatibilitäts- und Interoperabilitätsmangel	• Ein digitales Produkt funktioniert auf einem oder mehreren Systemen nicht ohne Probleme. • Digitale Produkte können sich nicht verbinden und auf koordinierte Weise kommunizieren.	• Ein Softwareprodukt kann bestimmte Standards bzw. gesetzliche Bestimmungen nicht einhalten. • Ein Softwarepaket kann auf bestimmten Computersystemen nicht installiert werden.	Nur bei digitalen Produkten: Objektiver und subjektiver Mangel

Die negative Beschaffenheitsvereinbarung

Bei B-Ware, gebrauchten Artikeln und Artikeln mit (bekannten) Mängeln kann für Händler das Problem auftauchen, dass die Ware einerseits die vertraglich vereinbarte Beschaffenheit aufweist und somit kein subjektiver Mangel vorliegt. Andererseits erfüllt solche Ware aber nicht die objektiven Anforderungen, weswegen dennoch ein objektiver Mangel vorliegt. Damit die Warenlieferung nicht als Schlechtleistung gilt, können in den Kaufverträgen negative Beschaffenheitsvereinbarungen verwendet werden. Durch diese haben Verkäufer und Käuferinnen und Käufer die Möglichkeit, die objektiven Anforderungen durch vertragliche Vereinbarung außer Kraft zu setzen: Die negative Beschaffenheitsvereinbarung dient dazu, dass der Kunde bzw. die Kundin aktiv über den Mangel informiert wird.

- Bei *bürgerlichen Käufen* (C2C-Geschäften) und *zweiseitigen Handelskäufen* (B2B-Geschäften) ist dies vergleichsweise einfach.

> Schließen zwei Privatleute einen Kaufvertrag ab, liegt ein **bürgerlicher Kauf** vor.
> Ein **zweiseitiger Handelskauf** liegt vor, wenn beide Geschäftspartner im Rahmen eines Kaufvertrages Unternehmen sind.

Es muss nur die entsprechende Erklärung, dass man von den objektiven Anforderungen abweichen möchte, bewusst und deutlich in den Kaufvertrag aufgenommen werden.

BEISPIEL
Ein Kaufvertrag zwischen Privatleuten enthält die Klausel „gekauft wie gesehen". Damit wird die Mängelhaftung im Hinblick auf objektive Anforderungen ausgeschlossen. Etwaige Mängel, die gegen Beschaffenheitsvereinbarungen des Kaufvertrages verstoßen, können weiterhin reklamiert werden.

- Bei zweiseitigen Handelskäufen und bürgerlichen Käufen ist es relativ unkompliziert, den Käuferinnen und Käufern durch einen Hinweis im Kaufvertrag aufzuzeigen, dass der Kaufgegenstand von schlechterer Qualität ist, als man objektiv erwarten kann. Bei *Verbrauchsgüterkäufen* müssen zusätzliche Voraussetzungen erfüllt sein.

> Beim **Verbrauchsgüterkauf** ist der Verkäufer ein Unternehmen, der Käufer eine Privatperson.

Eine negative Beschaffenheitsvereinbarung gilt bei einseitigen Handelsgeschäften (Verbrauchsgüterkäufen) nur noch dann als abgegeben, wenn

– der Käufer bzw. die Käuferin – vor Abschluss des Kaufvertrages – bewusst und deutlich auf die schlechtere Beschaffenheit des Kaufgegenstandes hingewiesen wurde und
– dies anschließend im Kaufvertrag ausdrücklich und gesondert (also in einem vom Kaufvertrag getrennten Dokument) vereinbart wurde.

Im Onlinehandel kann dies durch einen Button oder eine Schaltfläche erreicht werden, die der Verbraucher anklicken oder auf andere Weise bestätigen kann.

Pflichten des Käufers

Der Käufer oder die Käuferin einer Ware ist verpflichtet, zunächst die Ware zu prüfen und festgestellte Mängel dem Verkäufer mitzuteilen. Versäumt der Käufer oder die Käuferin, einer dieser beiden Pflichten nachzukommen, kann er oder sie Rechtsansprüche gegenüber dem Verkäufer verlieren.

Mängelrüge
Wird also ein Mangel entdeckt, muss der Käufer oder die Käuferin dies beim Verkäufer reklamieren. Diese Mitteilung heißt Mängelrüge. Dabei muss der entsprechende Mangel sehr genau beschrieben werden. Die Mängelrüge ist grundsätzlich formfrei. Aus Beweissicherungsgründen sollte man eine Mängelrüge jedoch in Schriftform an den Verkäufer senden.

LERNFELD 7

Ambiente Warenhaus AG

Ambiente Warenhaus AG · Groner Straße 22–24 · 34567 Schönstadt

Bernhard Müller OHG
Im Weiher 1
69121 Heidelberg

Ihr Zeichen:	bl-ji
Ihre Nachricht vom:	11.03.20..
Unser Zeichen:	am
Unsere Nachricht vom:	
Name:	Anja Maibaum
Telefon:	05121 83900-22
E-Mail:	am@ambiente-warenhaus-wvd.de
Internet:	www.ambiente-warenhaus-wvd.de
Datum:	13.03.20..

Mangelhafte Lieferung: Unsere Bestellung 2398 vom 1. Februar d. J.

Sehr geehrte Damen und Herren,

wir haben Ihre Lieferung fristgerecht am 12. März erhalten.

Bei der unverzüglichen Überprüfung der Sendung stellten wir allerdings folgenden Mangel fest:

Statt der bestellten 500 Jeans mit der Bestellnummer 768543 haben Sie uns nur 300 Stück geliefert.

Zur Behebung dieses Mangels bitten wir Sie, die fehlenden Artikel umgehend frachtfrei nachzuliefern.

Trotz dieser mangelhaften Lieferung hoffen wir auch zukünftig auf gute Zusammenarbeit.

Mit freundlichen Grüßen

Ambiente Warenhaus AG

i. A. *Anja Maibaum*

Anja Maibaum

Reklamationsfristen

Mängelrügen müssen innerhalb bestimmter Fristen – den sogenannten Rügefristen – beim Verkäufer eingegangen sein. Diese Fristen sind bei den verschiedenen Arten des Verkaufs unterschiedlich.

Bei einem **zweiseitigen Handelskauf** verkauft ein Unternehmen (z. B. ein Industrieunternehmen) einem anderen Unternehmen (z. B. einem Einzelhandelsunternehmen) eine Ware. Gibt es einen offenen Mangel, so muss unverzüglich gemahnt werden. Ist der Mangel versteckt, muss die Reklamation innerhalb von zwei Jahren erfolgen. Sie muss in diesem Zeitraum jedoch unverzüglich nach Entdeckung erfolgen. Bei arglistig verschwiegenen Mängeln beträgt die Reklamationsfrist drei Jahre.

Die Reklamationsfristen für den **einseitigen Handelskauf** unterscheiden sich von denen des zweiseitigen Handelskaufs bzw. von denen des bürgerlichen Kaufs: Bei einem einseitigen Handelskauf verkauft ein Kaufmann oder eine Kauffrau (z. B. ein Einzelhandelsunternehmen) einer Privatperson eine Ware. Für feste Sachen (z. B. Grundstücke oder bewegliche Sachen (dann spricht man vom Verbrauchsgüterkauf) gilt für offene und versteckte Mängel eine zweijährige Rügefrist[1]. Für arglistig verschwiegene Mängel beträgt die Rügefrist drei Jahre.

Zum Schutz der Verbraucherinnen und Verbraucher gilt im Rahmen des Verbrauchsgüterkaufs bei einseitigen Handelskäufen eine Besonderheit, die **Beweislastumkehr**: Tritt in den ersten zwölf Monaten nach Kauf der Ware ein Mangel auf, geht man davon aus, dass er schon bei Lieferung bestand und somit vom Verkäufer verschuldet wurde. Im Streitfall muss der Verkäufer nachweisen, dass die Ware zum Zeitpunkt des Verkaufs mangelfrei war.

BEISPIEL

Robin Labitzke kauft in einem Einzelhandelsgeschäft einen Regenschirm, der sich nach dem ersten Regen als defekt erweist. Daraufhin reklamiert er den Mangel.
Robin muss in den ersten zwölf Monaten nach dem Kauf nicht darlegen, auf welche Ursache der Defekt des Regenschirms zurückzuführen ist. Dagegen muss das Einzelhandelsunternehmen überzeugend beweisen, dass der Defekt am Regenschirm zum Zeitpunkt des Gefahrenübergangs noch nicht vorhanden war. Gelingt dem Unternehmen das nicht (zum Beispiel, weil es auch nach einer Beweisaufnahme unklar bleibt), geht der Schaden zulasten des Verkäufers.

Erst nach Ablauf der zwölf Monate findet eine Beweislastumkehr statt. Nun muss der Käufer bzw. die Käuferin beweisen, dass der Mangel nicht von ihm oder ihr verursacht wurde.

BEISPIEL

Würde Robin Labitzke den Regenschirm erst nach Ablauf von zwölf Monaten reklamieren, greift die Beweislastumkehr: Ab dem 13. Monat müsste er nun nachweisen, dass der Mangel vom Anfang an vorhanden war.

Die Beweislastumkehr

Unter der Beweislastumkehr versteht man die für die Verbraucherinnen und Verbraucher vorteilhafte Annahme, dass ein im ersten Jahr nach Erhalt einer Ware auftretender Fehler bereits beim Kauf vorhanden war und es sich daher um einen bereits bei der Übergabe vorhandenen Sachmangel handelt. Verbraucherinnen und Verbraucher können im Rahmen der Beweislastumkehr in den ersten zwölf Monaten nach Kauf ihre Gewährleistungsrechte also leichter und mit weniger Aufwand geltend machen.

Der **bürgerliche Kauf** ist ein Kauf unter Privatleuten. Auch hier gilt die Rügefrist von zwei Jahren. Gewährleistungsansprüche können aber beim bürgerlichen Kauf vertraglich ausgeschlossen werden.

---

1 Rügefrist ist ein anderer Begriff für Reklamationsfrist

LERNFELD 7

Rügefristen

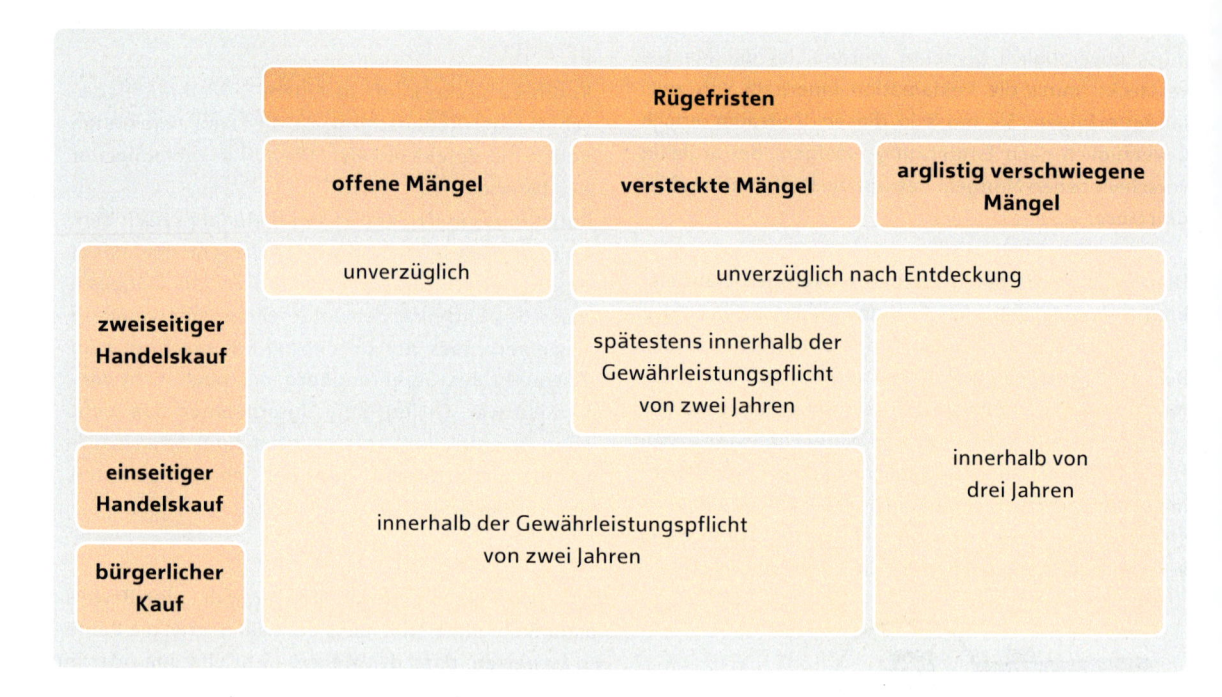

	offene Mängel	versteckte Mängel	arglistig verschwiegene Mängel
zweiseitiger Handelskauf	unverzüglich	unverzüglich nach Entdeckung / spätestens innerhalb der Gewährleistungspflicht von zwei Jahren	innerhalb von drei Jahren
einseitiger Handelskauf	innerhalb der Gewährleistungspflicht von zwei Jahren		innerhalb von drei Jahren
bürgerlicher Kauf	innerhalb der Gewährleistungspflicht von zwei Jahren		innerhalb von drei Jahren

Beim zweiseitigen Handelskauf muss ein Käufer noch die Regelungen zur Aufbewahrung der mangelhaften Ware beachten.

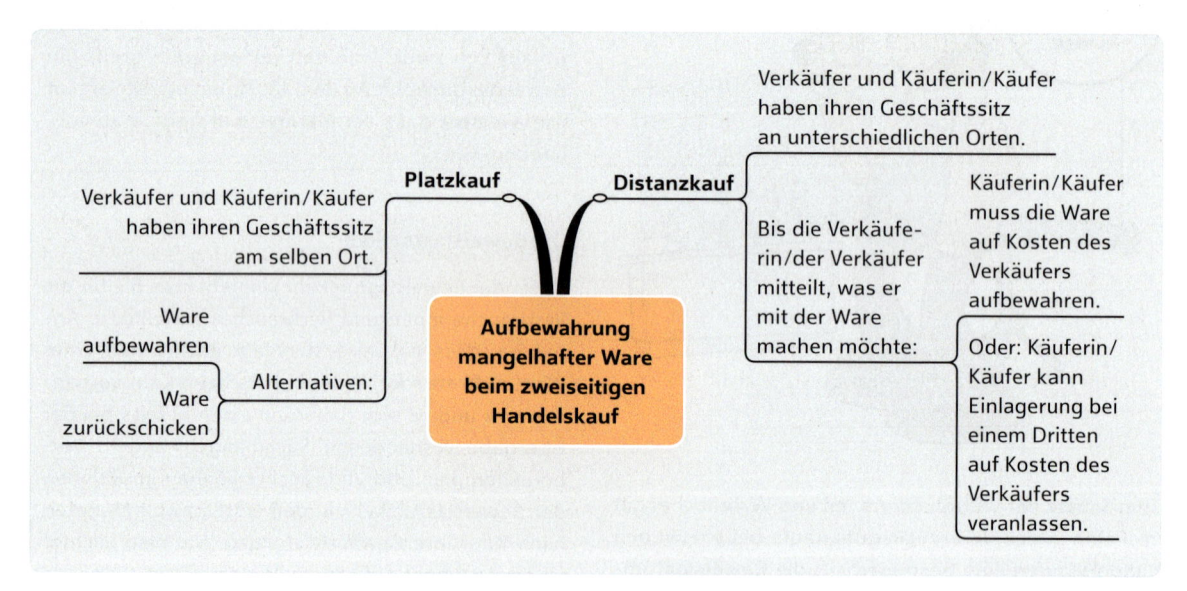

Aufbewahrung mangelhafter Ware beim zweiseitigen Handelskauf

- **Platzkauf**: Verkäufer und Käuferin/Käufer haben ihren Geschäftssitz am selben Ort.
  - Alternativen:
    - Ware aufbewahren
    - Ware zurückschicken

- **Distanzkauf**: Verkäufer und Käuferin/Käufer haben ihren Geschäftssitz an unterschiedlichen Orten.
  - Bis die Verkäuferin/der Verkäufer mitteilt, was er mit der Ware machen möchte:
    - Käuferin/Käufer muss die Ware auf Kosten des Verkäufers aufbewahren.
    - Oder: Käuferin/Käufer kann Einlagerung bei einem Dritten auf Kosten des Verkäufers veranlassen.

Rechte des Käufers/der Käuferin

Die Nacherfüllung als vorrangiges Recht

Zunächst einmal haben Käuferinnen und Käufer einen Nacherfüllungsanspruch, den sie geltend machen müssen, bevor sie auf die anderen Gewährleistungsrechte zurückgreifen können. Bei der Nacherfüllung können Kundinnen und Kunden grundsätzlich wählen zwischen

- der Beseitigung des Mangels (Nachbesserung) oder
- der Neulieferung einer mangelfreien Sache.

LERNFELD 7

BEISPIELE

- Die Ambiente Warenhaus AG hat einen neuen Firmen-Pkw gekauft. Gleich nach der Auslieferung fällt er wegen eines Motorschadens aus. Die Ambiente Warenhaus AG kann nun wählen, ob sie den Motor reparieren lässt oder sich einen neuen Firmen-Pkw liefern lässt.
- Die Ambiente Warenhaus AG kauft hochwertige Sportschuhe. Bei der Auslieferung stellt sich heraus, dass die Schnürsenkel nicht wie im Angebot beschrieben weiß, sondern schwarz sind. In Anbetracht der Geringfügigkeit dieses Mangels wäre es wohl unzumutbar, von dem Verkäufer die Neulieferung der einwandfreien Sportschuhe zu verlangen. Hier besteht nur Anspruch auf Nachbesserung. Der Hersteller der Sportschuhe braucht also nur weiße Schnürsenkel nachzuliefern.

Nacherfüllung	
Der Kunde bzw. die Kundin kann zunächst auswählen zwischen	
Neulieferung:	**Nachbesserung:**
Verkäufer stellt Ersatz für mangelhafte Ware	Reparatur der mangelhaften Ware

Der Verkäufer kann die vom Käufer oder der Käuferin gewählte Art der Nacherfüllung zurückweisen, wenn
- dies mit unverhältnismäßig hohen Kosten verbunden ist,
- die Neulieferung (z. B. bei einem Einzelstück) oder Nachbesserung (es gibt zum Beispiel keine Ersatzteile mehr) unmöglich ist,
- diese für den Verkäufer unzumutbar ist.

Für die Nacherfüllung muss der Käufer oder die Käuferin den Verkäufer zur Nacherfüllung auffordern. Beim *zweiseitigen Handelskauf* muss dies mit einer angemessenen Fristsetzung verbunden sein.

Dagegen ist es beim Verbrauchsgüterkauf nicht erforderlich, dass dem Verkäufer eine ausdrückliche Frist zur Nacherfüllung gesetzt wird. Der Verkäufer muss von sich aus innerhalb einer angemessenen Frist nacherfüllen.

Was als angemessene Frist gilt, hängt dabei vom Aufwand ab, den die Nacherfüllung für den Verkäufer bedeutet.

Der Verkäufer hat die im Rahmen der Nacherfüllung entstehenden Kosten zu tragen.

BEISPIEL

Der Verkäufer einer mangelhaften Ware muss sowohl die Versandkosten des Käufers Herrn H. sowie alle Reparaturkosten zahlen. Der Käufer Herr H. muss bereit sein, dem Verkäufer die Kaufsache zur Überprüfung der Mängelrüge zur Verfügung zu stellen Die Kosten der Einsendung sowie der Überprüfung der vermeintlich mangelhaften Sachen fallen ebenfalls zulasten des Verkäufers.
Hat der Käufer Herr H. die Mangelfreiheit jedoch fahrlässig nicht erkannt (bzw. wusste sogar vom Fehlen von Mängeln), muss er die Einsendungs- und Überprüfungskosten übernehmen.

LERNFELD 7

Der Käufer Herr H. ist verpflichtet, die Kaufsache zum Zwecke der Nacherfüllung dem Verkäufer zur Verfügung zu stellen. Er muss die Ware also z.B. zur Nachbesserung (also Reparatur) an den Händler schicken bzw. dem Händler übergeben. Ausnahmen gibt es, wenn die Rücksendung mit einer erheblichen Unannehmlichkeit für Herrn H. verbunden ist.

BEISPIEL

Die Rentnerin Martina Brandes hat bei einem Autohaus einen Gebrauchtwagen gekauft. Nach einiger Zeit stellt sie einen Mangel fest, den sie schriftlich reklamiert. Nach vier Monaten hat sie noch immer keine Antwort vom Autohaus bekommen. Das Autohaus läuft nun Gefahr, dass es den Kaufpreis bei der Rückgabe des gebrauchten Pkw zurückzahlen muss, wenn Martina Brandes dies möchte.

Die nachrangigen Rechte

Die Nacherfüllung ist gescheitert, wenn sie unmöglich oder unverhältnismäßig ist oder eine Frist zur Nacherfüllung als erfolglos abgelaufen gilt.

Bei Verbrauchergeschäften (einseitigen Handelsgeschäften) entfällt hinsichtlich der Geltendmachung von Schadensersatz und Rücktritt das Erfordernis der – ausdrücklichen – Fristsetzung zur Nacherfüllung. Bereits mit der Mitteilung des Mangels durch die Verbraucherin oder den Verbraucher an den Unternehmer beginnt eine – fiktive – angemessene Frist zu laufen.

Erst wenn die Nacherfüllung gescheitert ist, kann der Käufer bzw. die Käuferin die anderen Gewährleistungsansprüche geltend machen. Er bzw. sie kann dann vom Vertrag zurücktreten, den Kaufpreis herabsetzen (= Minderung) oder Schadensersatz verlangen.

Die Inanspruchnahme von Rücktritt und Minderung (und auch vorher die Nacherfüllung) sind auch dann möglich, wenn der Verkäufer den Mangel überhaupt nicht zu vertreten hat. Lediglich bei der Durchsetzung eines Schadensersatzanspruches ist das Verschulden des Verkäufers notwendig.

Nachrangige Rechte bei der Schlechtleistung

Schlägt die Nachbesserung durch den Verkäufer fehl, hat der Käufer bzw. die Käuferin anschließend die folgenden Rechte:

Wandlung	Preisminderung	Schadensersatz
Die Kundin/der Kunde tritt vom Vertrag zurück.	Der Kaufpreis wird herabgesetzt.	Die Kosten, die durch die mangelhafte Lieferung entstanden sind, werden erstattet.

Bei zweiseitigen Handelsgeschäften und beim bürgerlichen Käufen muss zunächst eine angemessene Frist gesetzt werden, um eines dieser drei Rechte in Anspruch nehmen zu können. Dies gilt nicht, wenn
- zwei Nacherfüllungsversuche fehlgeschlagen sind,
- die Nacherfüllung für den Käufer oder die Käuferin bzw. für den Verkäufer unzumutbar ist,
- der Verkäufer die Nacherfüllung verweigert,
- der Mangel nicht behebbar ist.
- die Leistung bei einem Fixkauf bzw. Zweckkauf vom Verkäufer nicht rechtzeitig erbracht wurde (deshalb ist die Kaufsache ab diesem Tag für den Käufer oder die Käuferin nicht mehr von Interesse).

Beim **Verbrauchsgüterkauf** (also beim einseitigen Handelskauf, bei dem Kaufverträge zwischen Unternehmen und Verbraucherinnen und Verbrauchern abgeschlossen werden) ist es nicht mehr nötig, dass der Käufer oder die Käuferin eine ausdrückliche Frist zur Nacherfüllung setzt. Hier ist festgelegt, dass der Verkäufer die Nacherfüllung von sich aus innerhalb einer angemessenen Frist erbringt. Läuft eine solche Frist ergebnislos ab, kann der Käufer oder die Käuferin sofort den Rücktritt oder eine Minderung erklären und gegebenenfalls Schadensersatz erheben.

Nachrangige Rechte der Käuferinnen und Käufer bei mangelhafter Lieferung und ihre Voraussetzungen	
Rücktritt vom Vertrag	1. Ein Sach- oder Rechtsmangel liegt vor. 2. Es darf **kein unerheblicher Mangel** sein. **Beispiel:** An einem Schreibtisch fehlen drei Schrauben zur Montage der Griffe. Da hier ein unerheblicher Mangel vorliegt, kann nicht vom Kaufvertrag zurückgetreten werden. Es darf allerdings der Kaufpreis gemindert werden. 3. Eine angemessene Frist zur Nacherfüllung muss als erfolglos abgelaufen gelten bzw. entbehrlich sein. 4. Der Käufer oder die Käuferin muss eine Rücktrittserklärung abgeben. Dies kann formfrei geschehen.
Minderung (Herabsetzung des Kaufpreises)	1. Ein Sach- oder Rechtsmangel liegt vor. 2. Dieses Recht kann **auch bei unerheblichen Mängeln** (anders als beim Rücktritt!) in Anspruch genommen werden. 3. Eine angemessene Frist zur Nacherfüllung muss als erfolglos abgelaufen gelten bzw. entbehrlich sein. 4. Die Minderung kann erst nach einer entsprechenden Erklärung gegenüber dem Verkäufer vorgenommen werden. 5. Der Kaufpreis darf in dem Verhältnis gemindert werden, in dem der Wert des Kaufgegenstands im mangelfreien Zustand zu dem Wert der mangelhaften Sache steht. **Beispiel:** Die Ambiente Warenhaus AG hat einen gebrauchten Firmen-Pkw zu einem Preis von 10.000,00 € gekauft. Es stellt sich heraus, dass der Pkw früher einen Unfall gehabt hat. Da der Wagen nun als Unfallwagen gilt, ist er nach offiziellen Listen nur noch 6.000,00 € wert. Die Ambiente Warenhaus AG behält den Firmen-Pkw und übt ihr Minderungsrecht aus.
Schadensersatz	1. Ein Sach- oder Rechtsmangel liegt vor. 2. Ein Verschulden des Verkäufers muss vorliegen. Im Streitfall trägt der Verkäufer die Beweislast, dass er kein Verschulden hat. 3. Es darf **kein unerheblicher Mangel** sein. 4. Eine angemessene Frist zur Nacherfüllung muss als erfolglos abgelaufen gelten bzw. entbehrlich sein. 5. Unterschieden werden zwei Arten des Schadensersatzes: 6. • Beim **Schadensersatz neben der Leistung** behält der Käufer bzw. die Käuferin die mit Mängeln versehene Ware. Bei dieser Art Schadensersatz werden die Kosten ersetzt, die die Mängel beseitigen können. • Beim **Schadensersatz statt der Leistung** verzichtet der Käufer bzw. die Käuferin auf die Ware und gibt sie zurück (Rücktritt vom Kaufvertrag). Abgedeckt wird der Schaden, der durch die nicht zustande gekommene Warenlieferung entstanden ist.

LERNFELD 7

Rechte der Käuferin bzw. des Käufers bei mangelhafter Lieferung (Schlechtleistung)

vorrangiges Recht: Nacherfüllung

nach Wahl des Käufers/der Käuferin

Nachbesserung:
- Beseitigung des Mangels

Neulieferung:
- Ersatzlieferung eines Artikels ohne Mangel

- Nacherfüllt werden muss auch bei geringfügigen Mängeln.
- Wenn unverhältnismäßig hohe Kosten anfallen würden, kann der Verkäufer Neulieferung und/oder Nachbesserung verweigern. Die Beweislast dafür liegt bei ihm.
- Nach zwei erfolglosen Versuchen gilt die Nacherfüllung als fehlgeschlagen.

nachrangige Rechte

Rücktritt vom Vertrag

Minderung (auch bei geringfügigen Mängeln)

Schadensersatz

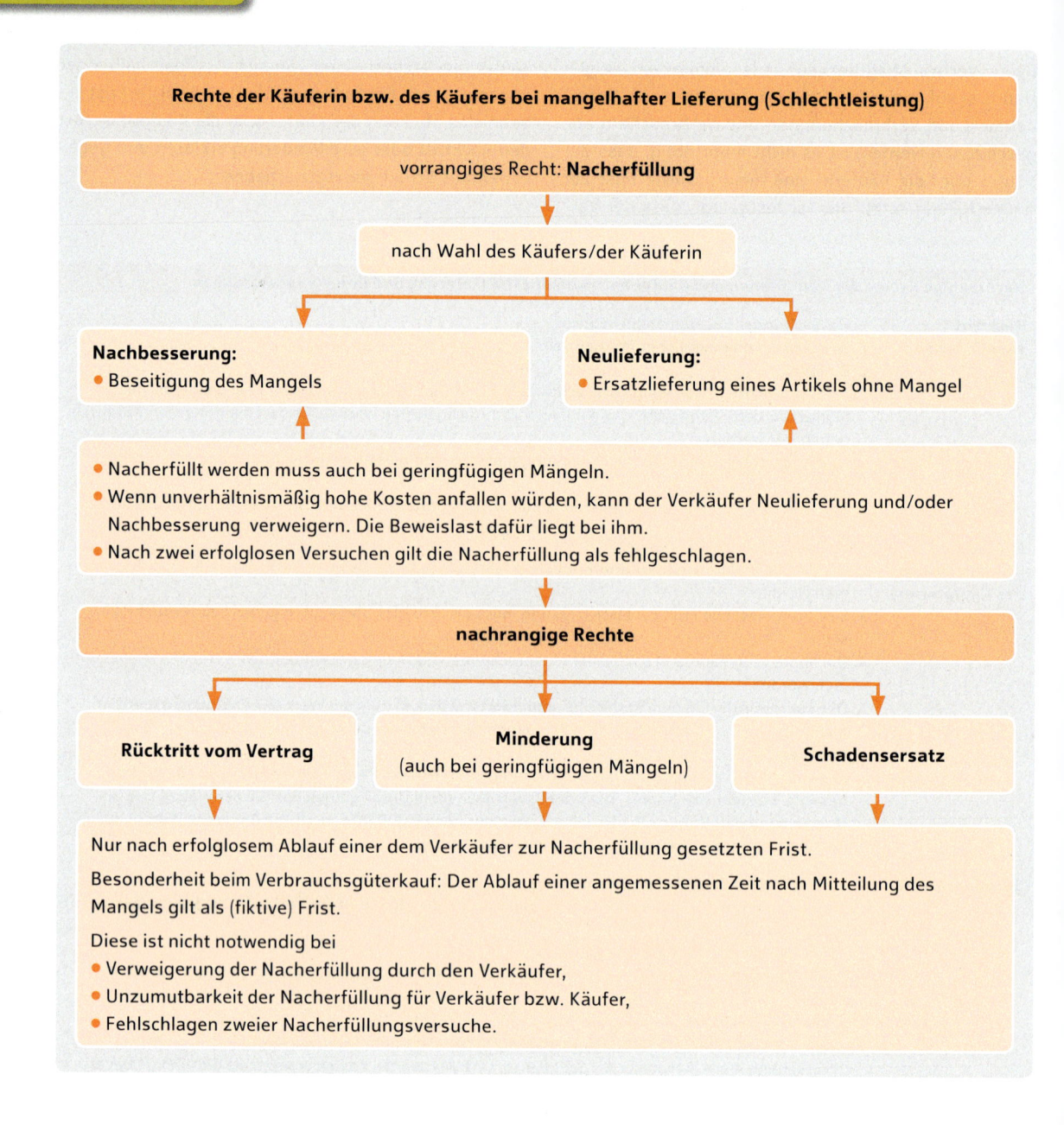

Nur nach erfolglosem Ablauf einer dem Verkäufer zur Nacherfüllung gesetzten Frist.

Besonderheit beim Verbrauchsgüterkauf: Der Ablauf einer angemessenen Zeit nach Mitteilung des Mangels gilt als (fiktive) Frist.

Diese ist nicht notwendig bei
- Verweigerung der Nacherfüllung durch den Verkäufer,
- Unzumutbarkeit der Nacherfüllung für Verkäufer bzw. Käufer,
- Fehlschlagen zweier Nacherfüllungsversuche.

Die Ablaufhemmung

Die reguläre Verjährungsfrist für Mängelansprüche beträgt zwei Jahre ab Auslieferung der Sache. Zum Schutz der Kundinnen und Kunden bei Verbrauchsgüterkäufen kann sich die 24-Monats-Frist noch im Rahmen der sogenannten Ablaufhemmung verlängern.

LERNFELD 7

Die zwei Varianten der Ablaufhemmung bei Verbrauchsgüterkäufen	
Verlängerung der Verjährungsfrist um vier Monate nach dem erstmaligen Auftreten des Mangels	**Verlängerung der Verjährungsfrist um zwei Monate nach einer vorgenommenen Nacherfüllung durch den Verkäufer**
Ziel ist es, den Verbraucherinnen und Verbrauchern mehr Zeit zur Geltendmachung ihrer Mängelrechte zu verschaffen. Es soll vermieden werden, dass die Privatpersonen keine oder zu wenig Zeit haben, den Mangel geltend zu machen, falls sich kurz vor Ablauf der Gewährleistungsfrist ein Mangel zeigt. **Beispiel** Die Privatperson Frau D. hat sich vor 23 Monaten einen Monitor gekauft. Nun tritt ein gravierender Mangel auf. Die Käuferin kann ihre Rechtsansprüche noch bis zum 27. Monat nach Kauf geltend machen.	Ziel ist es, dass • einerseits die Verjährung nicht abläuft, während sich die Kaufsache zur Nacherfüllung beim Verkäufer befindet, • andererseits der Käufer oder die Käuferin nach Rückerhalt des Kaufgegenstandes überprüfen kann, ob die Nacherfüllung erfolgreich war. Die Verjährung von Ansprüchen wegen geltend gemachter Mängeln soll also erst nach Ablauf von zwei Monaten nach dem Zeitpunkt einsetzen, in dem die nachgebesserte oder ersetzte Ware dem Verbraucher oder der Verbraucherin übergeben wurde. **Beispiel** Die Privatperson Frau D. hat nach 23 Monaten wegen eines Mangels reklamiert. Der Verkäufer führt im Rahmen der Nacherfüllung eine Reparatur durch und gibt die Ware am letzten Tag der zweijährigen Gewährleistungsfrist ab. Dadurch läuft die Gewährleistungsfrist noch zwei Monate weiter und verlängert sich somit praktisch auf 26 Monate.

Einschränkung von Gewährleistungsfristen

Beim Verbrauchsgüterkauf im Rahmen des einseitigen Handelskaufs darf, wie oben schon dargestellt, bei neuen Sachen die Gewährleistungsfrist – vertraglich oder im Rahmen der AGB – nicht verkürzt werden. Bei gebrauchten Sachen ist eine Verkürzung auf ein Jahr möglich.

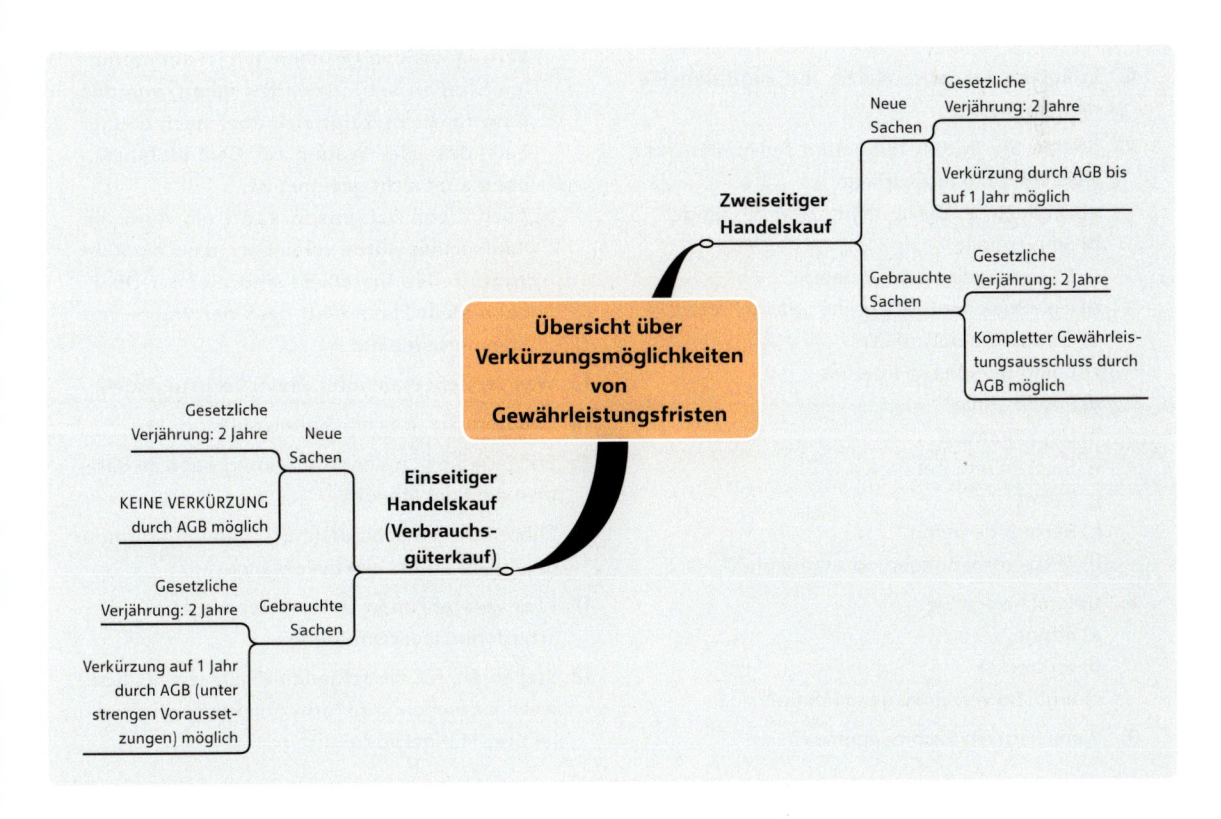

Übersicht über Verkürzungsmöglichkeiten von Gewährleistungsfristen

- **Zweiseitiger Handelskauf**
  - Neue Sachen
    - Gesetzliche Verjährung: 2 Jahre
    - Verkürzung durch AGB bis auf 1 Jahr möglich
  - Gebrauchte Sachen
    - Gesetzliche Verjährung: 2 Jahre
    - Kompletter Gewährleistungsausschluss durch AGB möglich
- **Einseitiger Handelskauf (Verbrauchsgüterkauf)**
  - Neue Sachen
    - Gesetzliche Verjährung: 2 Jahre
    - KEINE VERKÜRZUNG durch AGB möglich
  - Gebrauchte Sachen
    - Gesetzliche Verjährung: 2 Jahre
    - Verkürzung auf 1 Jahr durch AGB (unter strengen Voraussetzungen) möglich

LERNFELD 7

Beim zweiseitigen Handelskauf ist eine komplette Streichung der Gewährleistungspflicht für Mängelansprüche dagegen möglich. Voraussetzung dafür ist, dass es sich um eine eindeutige individuelle Absprache zwischen Lieferer und Käuferin oder Käufer handelt. Die Mängel dürfen zudem vom Verkäufer nicht arglistig verschwiegen worden sein. Verwendet der Lieferer Allgemeine Geschäftsbedingungen, kann bei der Lieferung neuer Waren eine kürzere Frist als die normale Gewährleistungsfrist vereinbart werden. Möglich ist hier allerdings eine Begrenzung des Gewährleistungsanspruchs auf mindestens ein Jahr.

Unternehmerrückgriff

Wenn ein Unternehmen als letzter Verkäufer eine gelieferte Ware wegen eines Mangels vom Endkunden oder von der Endkundin wieder zurücknehmen oder den Kaufpreis mindern muss, kann er die gleichen Rechte gegenüber seinem Lieferer geltend machen.

AUFGABEN

1. Was versteht man unter Gewährleistung?
2. Was versteht man unter einem zweiseitigen Handelskauf?
3. Erläutern Sie
    a) den einseitigen Handelskauf,
    b) den bürgerlichen Kauf.
4. Unterscheiden Sie die Verträge für unterschiedliche Arten von Produkten.
5. Führen Sie drei Beispiele auf für
    a) digitale Produkte im engeren Sinn (Inhalte)
    b) digitale Dienstleistungen
6. Erläutern Sie, was Waren mit digitalen Elementen sind.
7. Stellen Sie in den folgenden Beispielen fest, welche Produktart vorliegt.
    a) ein Buch der Bücherreihe „Herr der Ringe"
    b) Smartphone
    c) Streamingdienst für Videos
    d) ein eBook der Bücherreihe „Harry Potter"
    e) Computerspiel auf CD
    f) Computerspiel im Internet
    g) Puppe „Anja"
    h) Digitalkamera
    i) Spiel im Internet
    j) Tablet
    k) Herrenoberhemd
    l) Textverarbeitungsprogramm auf CD
8. Unterscheiden Sie
    a) offene
    b) versteckte
    c) arglistig verschwiegene Mängel
9. Wann liegt ein Sachmangel vor?
10. Was versteht man unter einem subjektiven Mangel?
11. Erläutern Sie, wann ein objektiver Mangel vorliegt.
12. Geben Sie an, ob in den folgenden Fällen jeweils ein objektiver oder subjektiver Mangel vorliegt.
    a) Ein Auto wird in der Werbung als Geländewagen bezeichnet. Jan Tiemann schließt einen Kaufvertrag ab. In diesem werden nur die Leistungsmerkmale aufgeführt, eine spezielle Eignung als Geländewagen ist laut Vertrag nicht vorgesehen. Jan ist auf normalen Straßen sehr zufrieden damit, wie das Auto fährt. Es zeigt sich aber nach einiger Zeit, dass der Wagen für Geländefahrten überhaupt nicht geeignet ist.
    b) Auch Elena Schumann kauft ein Auto. Im Kaufvertrag wurde vereinbart, dass am Auto Winterreifen installiert sind. Bei der Übergabe stellt Elena fest, dass der Wagen nur Sommerreifen hat.
13. Was versteht man unter einem Rechtsmangel?
14. Erläutern Sie, was ein digitaler Mangel ist.
15. Erklären Sie den Begriff der Integration im Rahmen digitaler Mängel.
16. Führen Sie verschiedene Erscheinungsformen objektiver und subjektiver Mängel auf.
17. Was versteht man unter einer negativen Beschaffenheitsvereinbarung?
18. Stellen Sie für die folgenden Fälle jeweils fest, welche Erscheinungsform objektiver und subjektiver Mängel vorliegt:

a) Die Ambiente Warenhaus AG kauft Outdoor-Kaffeetassen. Bei zwei Tassen sind die Henkel abgebrochen.
b) Die Ambiente Warenhaus AG liefert an einen Einzelhändler schwarze statt blaue Jeans.
c) Aufgrund fehlerhafter Nähte können Sportschuhe nach kurzer Einsatzzeit nicht mehr verwendet werden. Dies reklamieren mehrere Einzelhandelsunternehmen.
d) Ein italienischer Pullover hat einen Webfehler.

19. Erläutern Sie den Begriff der Beweislastumkehr.

20. Bernadette Fährhaus möchte sich einen Geländewagen kaufen. Zufälligerweise stolpert sie in ihrer Tageszeitung über eine Anzeige eines bekannten Automobilherstellers. Dort ist die Rede von „der ideale Geländewagen" und „Verbrauch maximal 9 l/100 km". In einem Autohaus schließt sie einen Kaufvertrag ab. In diesem wird festgehalten:
   - die Modellbezeichnung,
   - die Farbe,
   - die PS-Zahl,
   - der Preis.
   Nach dem Kauf muss sie feststellen, dass das Auto immer mindestens 12 l/100km verbraucht. Zudem ist es überhaupt nicht geländegängig. Beurteilen Sie die Situation.

21. Welche Voraussetzungen müssen gegeben sein, damit Käuferinnen und Käufer ihre Rechte bei der mangelhaften Lieferung in Anspruch nehmen können?

22. Wie lang ist die gesetzliche Gewährleistung
   a) bei neuen Sachen,
   b) bei gebrauchten Sachen?

23. Führen Sie die Rechte auf, die Kundinnen und Kunden im Rahmen der Nacherfüllung haben.

24. Welche Rechte haben Käuferinnen und Käufer, wenn die Nacherfüllung gescheitert ist?

25. In der Warenannahme wird festgestellt, dass bei einer Lieferung von 200 Herrenhemden bei 24 Hemden jeweils ein Knopf fehlt. Verkäufer war die Hotex GmbH. Lars Panning wird beauftragt, diesen Fall von Schlechtleistung weiter zu bearbeiten.
   a) Zunächst einmal muss er feststellen, um was für einen Fehler es sich handelt. Welche Mängelart liegt vor?
   b) Wie muss Lars Panning weiter vorgehen?
   c) Welches Recht wird die Ambiente Warenhaus AG wahrscheinlich wahrnehmen?

26. Die Ambiente Warenhaus AG kauft bei der Bürobedarfs-Spezialisten-GmbH fünf neue Computersysteme. Nach der Inbetriebnahme zeigt sich, dass vier Monitore defekt sind. Britta Krombach reklamiert telefonisch und setzt eine Nachfrist von 14 Tagen. Der Gesprächspartner lehnt dies jedoch empört ab mit der Begründung: „Unser Experte ist seit gestern für vier Wochen im Urlaub." Kann die Ambiente Warenhaus AG daraufhin vom Vertrag zurücktreten?

27. Die Nichte von Herrn Rischmüller kauft einen Fernseher. Es stellt sich heraus, dass ein Pfandsiegel auf der Rückseite entfernt wurde. Stellen Sie fest, welcher Mangel hier vorliegt.

28. Die Ambiente Warenhaus AG kauft bei einem Händler einen Lkw für Auslieferungsfahrten. Vier Wochen später – beim ersten kalten Herbsttag – wird festgestellt, dass die Heizung nicht funktioniert. Beurteilen Sie die Situation.

29. Anja Maibaum kauft bei einem Sportartikelhändler ein japanisches Laufband. Sie baut das Laufband erst fünf Monate später auf, weil sie sich zwischenzeitlich eine Verletzung zugezogen hatte und das Gerät daher nicht benötigte. Der Aufbau misslingt, da sie die japanischen Schriftzeichen in einer dem Paket beiliegenden Broschüre nicht entziffern kann. Beurteilen Sie die Situation.

30. Erläutern Sie die Ablaufhemmung bei der Verjährung für Mängelansprüche.

31. Auch bei einer weiteren Lieferung der Bürobedarfs-Spezialisten-GmbH gibt es Probleme. Vor sechs Wochen wurden drei Schreibtische zum Selbstaufbau geliefert. Die Lieferung war weitgehend in Ordnung, es fehlten lediglich fünf Schrauben. Der Verkäufer wurde sofort – mit einer Nachfristsetzung – darüber informiert. Nach 14 Tagen wurde per Brief noch einmal zur Nachbesserung aufgefordert. Die fehlenden Schrauben wurden aber immer noch nicht geliefert. Ihr Vorgesetzter lässt Britta Krombach die fehlenden Schrauben für 3,20 € im Baumarkt besorgen. Es wird mit dem Aufbau der Schreibtische begonnen.
Welches Recht kann die Ambiente Warenhaus AG in Anspruch nehmen?

LERNFELD 7

AKTIONEN

1. Erstellen Sie eine Tabelle, die folgende Fragen für die unten stehenden Situationen beantwortet:
   - Welche Art Kaufvertrag liegt vor?
   - Welche Mängelart liegt vor?
   - Welche Reklamationsfristen muss der Käufer einhalten?
   - Welche Rechte kann er geltend machen?

   Fall 1: Die Ambiente Warenhaus AG bekommt statt der bestellten Farblaserdrucker Schwarz-Weiß-Laserdrucker geliefert.

   Fall 2: Die Ambiente Warenhaus AG bekommt statt der bestellten 100 Pakete Kopierpapier nur 60.

   Fall 3: Die Ambiente Warenhaus AG hat ein fahrbares Regal gekauft, das sie selbst zusammenbauen muss. Beiliegende Hinweise sind nur auf Schwedisch. Der Aufbau misslingt.

   Fall 4: Das Privatauto von Frau Bode verbraucht dreimal so viel Benzin wie in der Werbung versprochen.

   Fall 5: Sabine Wiegand verkauft an Herrn Rischmüller eine alte, von ihrer Großmutter geerbte Halskette. Diese schenkt er seiner Frau. Frau Rischmüller bemerkt, dass sich der Verschluss nicht richtig schließen und öffnen lässt.

2. Entwerfen Sie für Fall 2 aus der Aktion 1 eine Mängelrüge.

ZUSAMMENFASSUNG

Verkäufer ←———— Kaufvertrag ————→ Käufer/Käuferin

→ Pflicht für den Verkäufer, die Ware mangelfrei zu liefern

wird verletzt

gesetzliche Gewährleistungen

= Unternehmen haftet aufgrund gesetzlicher Vorschriften dafür, dass die Ware zum Zeitpunkt der Übergabe die zugesicherten Eigenschaften besitzt und mangelfrei ist

Mängelarten

nach Erkennbarkeit
- offener Mangel
- versteckter Mangel
- arglistig verschwiegener Mangel

Rechtsmangel
- Ware gehört nicht dem Verkäufer
- Ware ist mit Rechten Dritter belastet

Sachmangel
- Objektiver Mangel
- Subjektiver Mangel
- Verstoß gegen Montageanforderungen

LERNFELD 7

Pflichten des Käufers/der Käuferin

= müssen erfüllt werden, um keine Reklamationsrechte zu verlieren
- Ein festgestellter Mangel muss dem Verkäufer mit einer **Mängelrüge** mitgeteilt werden.
- Käuferinnen und Käufer müssen bestimmte **Rügefristen** einhalten.

zweiseitiger Handelskauf
- offene Mängel: unverzüglich
- versteckte Mängel: unverzüglich nach Entdeckung, innerhalb von zwei Jahren

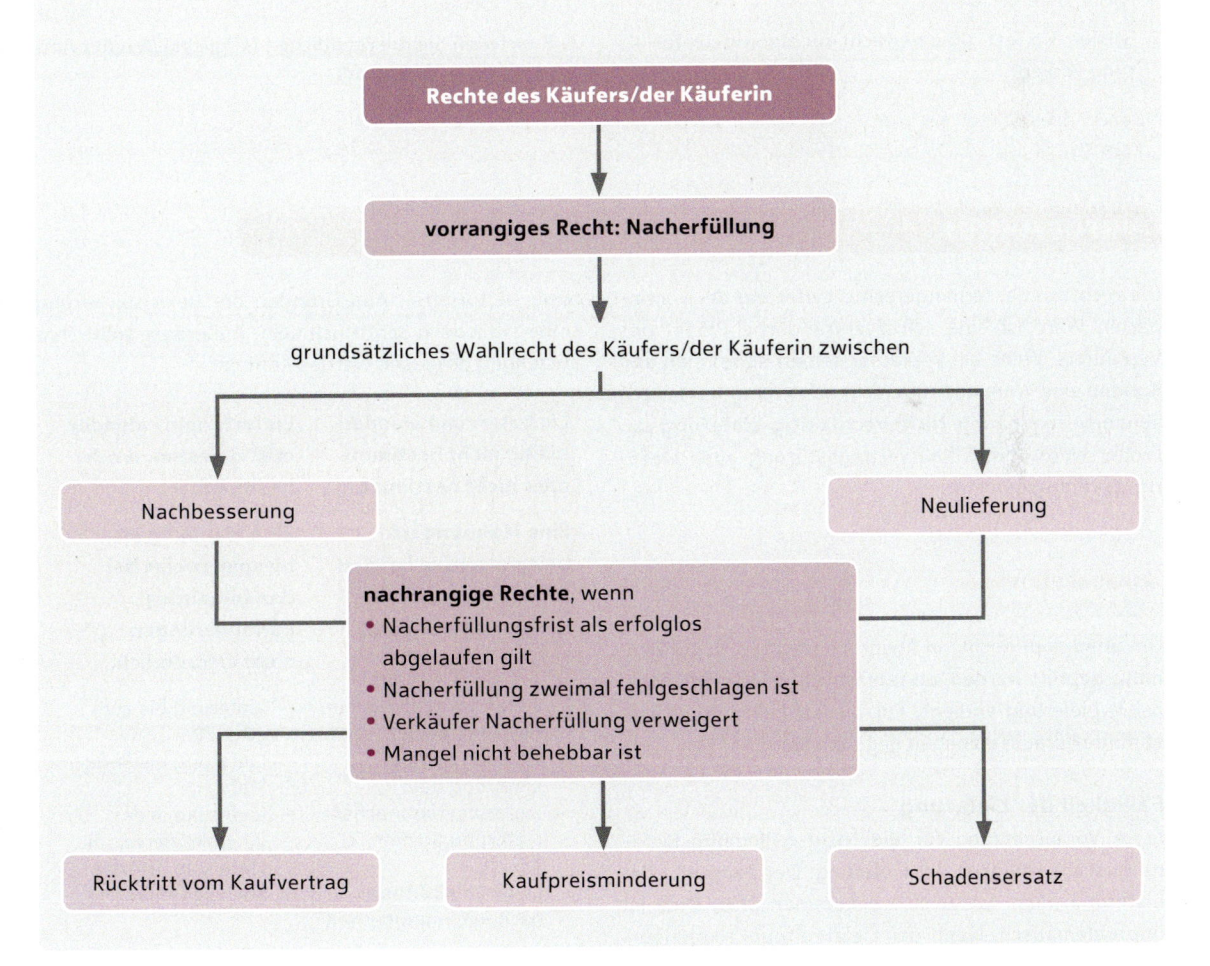

Rechte des Käufers/der Käuferin

vorrangiges Recht: Nacherfüllung

grundsätzliches Wahlrecht des Käufers/der Käuferin zwischen

- Nachbesserung
- Neulieferung

nachrangige Rechte, wenn
- Nacherfüllungsfrist als erfolglos abgelaufen gilt
- Nacherfüllung zweimal fehlgeschlagen ist
- Verkäufer Nacherfüllung verweigert
- Mangel nicht behebbar ist

- Rücktritt vom Kaufvertrag
- Kaufpreisminderung
- Schadensersatz

LERNFELD 7

KAPITEL 3

Wir informieren uns über die Nicht-rechtzeitig-Lieferung

Die Ambiente Warenhaus AG bestellte am 21. Juli 1000 Anzüge bei der Vödisch AG, Neue Str. 17, 30457 Hannover. Im Angebot war verbindliche „Lieferung bis Ende August" zugesagt worden. Dies wird noch einmal in der Auftragsbestätigung vom 24. Juli bestätigt.

Am 15. September hat die Vödisch AG immer noch nicht geliefert. Ein Mitarbeiter hat dort nach Abschicken der Auftragsbestätigung die Bestellung verlegt. Zwischenzeitlich hat der Hersteller andere Aufträge angenommen. Die Ambiente Warenhaus AG selbst hat mittlerweile in ihrem Onlineshop Bestellungen über 1000 Anzüge vorliegen.

1. Stellen Sie fest, ob eine Nicht-rechtzeitig-Lieferung vorliegt.

2. Beurteilen Sie die rechtlichen Möglichkeiten der Ambiente Warenhaus AG.

INFORMATION

Die rechtzeitige, termingerechte Lieferung der vereinbarten Ware ist eine selbstverständliche Pflicht des Verkäufers. Wenn ein Verkäufer seinen Kundinnen und Kunden eine Ware aber gar nicht oder verspätet liefert, liegt eine sogenannte **Nicht-rechtzeitig-Lieferung** vor. Früher wurde diese Kaufvertragsstörung auch **Lieferungsverzug** genannt.

Voraussetzungen

Um überhaupt Rechte in Anspruch nehmen zu können, muss geprüft werden, ob tatsächlich eine Nicht-rechtzeitig-Lieferung vorliegt. Für diesen Fall müssen bestimmte Voraussetzungen gegeben sein.

Fälligkeit der Lieferung

Erste Voraussetzung für die Nicht-rechtzeitig-Lieferung ist die Fälligkeit der Lieferung: Der Zeitpunkt der Lieferung muss tatsächlich gekommen sein. Dies ist unproblematisch, wenn der Lieferzeitpunkt kalendermäßig genau bestimmt oder bestimmbar ist. Ist dies jedoch nicht der Fall, muss der Lieferer durch eine Mahnung in Verzug gesetzt werden. Die Nicht-rechtzeitig-Lieferung gilt dann ab Zugang der Mahnung. Die Mahnung ist formfrei. Aus Gründen der Beweissicherung sollte sie jedoch schriftlich sein. Außerdem sollte ihre Zustellung bewiesen werden können.

Liefertermin kalendermäßig nicht bestimmt oder nicht bestimmbar	Liefertermin kalendermäßig bestimmt oder bestimmbar
Eine Mahnung ist beispielsweise bei den folgenden Formulierungen erforderlich.	**Eine Mahnung ist beispielsweise bei den folgenden Formulierungen nicht erforderlich.**
– Lieferung acht Wochen nach Bestellung – Lieferung sofort – Lieferung bald – Lieferung demnächst – Lieferung ab dem 1.6.20.. – Lieferung 30 Tage nach Rechnungserhalt	– Lieferung bis zum 28.2.20.. – Lieferung bis Ende März – Lieferung in der 20. Kalenderwoche – Lieferung 30 Tage nach Bestelldatum

Die Mahnung selbst sollte eindeutig darauf hinweisen, dass sich der Lieferer in Verzug befindet. Abhängig davon, welche Rechte der Käufer oder die Käuferin in Anspruch nehmen möchte, sollte die Mahnung zudem

- entweder zur Lieferung auffordern oder
- eine Nachfrist setzen und die Inanspruchnahme weiterer Rechte androhen.

Neben der Nicht-rechtzeitig-Lieferung bei kalendermäßig genau bestimmbaren Terminen muss in drei weiteren Fällen nicht gemahnt werden:

- **bei Verweigerung der Leistung**
  Dadurch setzt sich der Verkäufer selbst in Verzug.

- **beim Fixkauf**
  Bei dieser Kaufvertragsart muss der Verkäufer an einem ganz bestimmten, vereinbarten Termin (also weder vorher noch nachher) liefern.

  BEISPIEL

  Wenn die Ambiente Warenhaus AG mit der Vödisch AG eine „Lieferung am 30. August fix" vereinbart, dann ist die entscheidende Vertragsleistung die Lieferung genau am 30. August.

- **beim Zweckkauf**
  Hier ist beiden Vertragspartnern klar, dass eine spätere Lieferung für den Käufer keinen Sinn mehr macht.

  BEISPIEL

  verspätete Lieferung von Badeanzügen nach der Badesaison

Verschulden des Verkäufers

Eine weitere Voraussetzung der Nicht-rechtzeitig-Lieferung ist das Verschulden des Verkäufers. Ein Verschulden des Verkäufers liegt vor, wenn er
- die Ware mit Absicht nicht rechtzeitig liefert (= Vorsatz)
- oder bei der Lieferung nicht mit der Sorgfalt handelt, die angebracht wäre (= Fahrlässigkeit).

Bei **Gattungswaren** muss ein Verschulden des Lieferers nicht nachgewiesen werden. Gattungswaren werden durch Gattungsmerkmale beschrieben und können ersetzt werden: Gattungswaren sind also vertretbare Sachen. Dem Empfänger genügt es, wenn er die bestellte Menge in einer bestimmten Qualität erhält. Der Gesetzgeber geht davon aus, dass der Lieferer diese Art von Waren noch woanders hätte beschaffen können.

BEISPIELE

- Jeans
- neue Autos
- Kartoffeln

Den Verkäufer trifft keine Schuld, wenn höhere Gewalt vorliegt. In diesem Fall kann der Käufer bzw. die Käuferin vom Kaufvertrag zurücktreten.

Rechte der Käuferin/des Käufers

Welche Rechte der Käufer bzw. die Käuferin in Anspruch nimmt, hängt davon ab, ob er oder sie weiterhin ein Interesse an der Lieferung hat.

Bestehen auf Lieferung

Der Käufer oder die Käuferin kann auf der Erfüllung des Kaufvertrags bestehen. Dies wird oft gemacht, wenn
- die Ware woanders überhaupt nicht zu kaufen ist,
- die Ware bei anderen Lieferern nur mit noch größerem Zeitaufwand zu beschaffen ist,
- es sich um einen Stückkauf handelt. Hier liegt ein Kaufvertrag vor, der sich auf eine individuell bestimmte Sache bezieht.

BEISPIEL

Der Gebrauchtwagen von Rudolf Schmidt ist ein Einzelstück und somit eine nicht vertretbare Sache.

Der Käufer oder die Käuferin kann zusätzlich noch einen **Schadenersatz wegen verspäteter Lieferung** verlangen, wenn er oder sie einen Verzugsschaden beweisen kann und zudem entsprechend gemahnt hat.

Rücktritt vom Vertrag

Wenn der Käufer oder die Käuferin die benötigte Ware woanders preisgünstiger oder schneller beschaffen kann, hat er oder sie die Möglichkeit, vom Vertrag zurückzutreten. Dies geht jedoch nur nach erfolglosem Ablauf einer Nachfrist.

Diese Nachfrist kann entfallen, wenn
- der Verkäufer die Lieferung endgültig verweigert,
- es sich um einen Zweckkauf oder Fixkauf handelt,
- in bestimmten Fällen besondere Umstände gelten.

BEISPIEL

Eine bekannte Industriefirma möchte ihre Beschäftigten für ein Firmenjubiläum einheitlich ausstatten und bestellt Anzüge und Kostüme bei der Ambiente Warenhaus AG. Diese ordert die Kleidung fix bei einem Textilhersteller. Die Ambiente Warenhaus AG und vor allem die Angestellten warten am vereinbarten Termin vergeblich auf eine Lieferung eines Lieferers.

Warten auf die Lieferung

Zusätzlich zum Rücktritt vom Kaufvertrag kann der Käufer, dem ein Nichterfüllungsschaden entstanden ist, **Schadenersatz statt der Leistung** verlangen.

Hier kann auf eine Nachfristsetzung verzichtet werden, wenn
- der Lieferer endgültig die Lieferung ablehnt,
- besondere Umstände auftreten.

Bei den Schäden, die ersetzt werden müssen, können zwei Arten unterschieden werden:
- Bei **konkreten Schäden** kann deren Höhe genau berechnet werden.

BEISPIEL

Die Ambiente Warenhaus AG kauft wegen einer ausgebliebenen Lieferung von Waren im Wert von 1.200,00 € gleiche Artikel bei einem anderen Lieferer zu einem Preis von 1.500,00 €. Es fallen noch 100,00 € Kosten für Büromaterial, Schreibarbeiten und Telefonate an. Bei diesem Deckungskauf kann der Schaden konkret berechnet werden:

höherer Preis für die Waren des Deckungskaufs	1.500,00 €
– Preis für die Waren des Lieferungsverzugs	– 1.200,00 €
+ sonstige Kosten	+ 100,00 €
= Schadenersatzanspruch gegenüber dem nicht liefernden Verkäufer	= 400,00 €

- Bei **abstrakten Schäden** handelt es sich um Schätzgrößen für den Fall, dass keine Deckungskäufe vorgenommen werden. Dabei geht es in der Regel um den entgangenen Gewinn, der bei rechtzeitiger Lieferung mit großer Wahrscheinlichkeit hätte erzielt werden können.

Gerade bei der abstrakten Schadensberechnung gibt es oft Streit zwischen Käufer und Verkäufer. Dieser Streit kann durch die Vereinbarung von Konventionalstrafen vermieden werden. Unabhängig davon, wie hoch der tatsächlich entstandene Schaden ist, verpflichtet sich der Verkäufer zur Zahlung einer Geldsumme als Strafe für eine Nicht-rechtzeitig-Lieferung.

Rechte der Kundinnen und Kunden beim Lieferungsverzug

Kundinnen und Kunden haben die Wahl zwischen:

Bestehen auf Lieferung 	Rücktritt vom Vertrag 

In beiden Fällen haben sie zudem Anspruch auf **Schadenersatz**.

Haftungsverschärfung

Während der Nicht-rechtzeitig-Lieferung gilt die sogenannte **Haftungsverschärfung**: Der Lieferer muss Schadensersatz leisten bei zufälligem Untergang der zu liefernden Sache während der Nicht-rechtzeitig-Lieferung.

BEISPIEL

Bei der Emut GmbH, Hohler Weg 3, 34369 Hofgeismar ist eine Bestellung der Ambiente Warenhaus AG verloren gegangen. Daraufhin mahnte die Ambiente Warenhaus AG und setzte die Emut GmbH in Lieferungsverzug.
Die Emut GmbH produziert daraufhin die Artikel, verliert diese aber direkt vor der Auslieferung durch einen selbst verschuldeten Wasserschaden. Da der Schaden nicht passiert wäre, wenn vor der Nicht-rechtzeitig-Lieferung (= Lieferungsverzug) ordentlich geliefert worden wäre, haftet die Emut GmbH.

Die Haftungsverschärfung gilt nicht bei höherer Gewalt.

Unmöglichkeit der Lieferung

Die Nicht-rechtzeitig-Lieferung wird als vorübergehende Leistungsstörung angesehen. Man geht dabei davon aus, dass der Lieferer zwar noch nicht geliefert hat, aber liefern könnte. Sollte sich nach Vertragsabschluss herausstellen, dass endgültig nicht geliefert werden kann, hat der Käufer keinen Anspruch auf eine Lieferung. Er kann jedoch Schadensersatz statt der Lieferung bekommen.

Berechnung der Zinstage

Im Rahmen des Zahlungsverzuges, aber auch im Mahnwesen muss die Anzahl der zu verzinsenden Tage ermittelt werden. Im Normalfall gilt aus historischen Gründen, dass man nicht von der tatsäch-

LERNFELD 7

lichen Anzahl der Kalendertage ausgeht. Stattdessen ist Folgendes festgelegt:
- Ein Monat hat 30 Tage.
- Das Jahr hat 360 Tage.

Angewendet werden zwei Verfahren, die vom Vertragsverhältnis der Vertragsparteien abhängen:

- Der erste Tag des angegebenen Zeitraums wird nach den Vorgaben des BGB bei der Berechnung der Zinstage *nicht* berücksichtigt, wenn es sich um einen bürgerlichen Kauf handelt (Nichtkaufmann-Nichtkaufmann: C2C) oder um einen einseitigen Handelskauf wie im B2C-Geschäft (Onlineshop, also Kaufmann-Nichtkaufmann).
- Dagegen wird der erste Tag des angegebenen Zeitraums bei der Berechnung der Zinstage beim zweiseitigen Handelskauf (B2B, also Kaufmann-Kaufmann) berücksichtigt.

Sollen also beispielsweise die Zinsen für den Zinszeitraum vom 9.1.2024 bis zum 3.8.2024 ermittelt werden, kommt man bei einem zu B2C-Geschäft auf 204 Tage, bei einem B2B-Geschäft dagegen auf 205 Tage.

Da es heute mithilfe der EDV mittlerweile sehr schnell und einfach möglich ist, die genaue Anzahl der Zinstage zu ermitteln, sind auch andere Verfahren möglich. Diese müssen aber explizit vereinbart werden.

AUFGABEN

1. Was ist eine Nicht-rechtzeitig-Lieferung?
2. Nennen Sie die Voraussetzungen, die bei einer Nicht-rechtzeitig-Lieferung vorliegen müssen.
3. In welchen Fällen kann auf eine Mahnung verzichtet werden?
4. Die Ambiente Warenhaus AG hat mit verschiedenen Lieferern Kaufverträge abgeschlossen. Deren Angebote enthielten die folgenden Formulierungen:
   a) Lieferung sofort
   b) Lieferung 60 Tage nach Rechnungserhalt
   c) Lieferung bis zum 01.10. dieses Jahres
   d) Lieferung in der 10. Kalenderwoche nächsten Jahres
   e) Lieferung ab 15.07.
   Entscheiden Sie, in welchen Fällen bei verspäteter Lieferung gemahnt werden muss.
5. In welchem Fall kommt ein Lieferer trotz Lieferfristüberschreitung eines kalendermäßig genau bestimmten Termins nicht in Lieferungsverzug?
6. Die Ambiente Warenhaus AG kauft bei der Bernhard Müller OHG, Im Weiher 1, 69121 Heidelberg, 2000 Hosen. Vereinbart wurde eine „Lieferung ab der 12. Kalenderwoche". In der 14. Kalenderwoche ist immer noch kein Wareneingang zu verzeichnen.
   a) Ist die Bernhard Müller OHG bereits im Lieferungsverzug?
   b) Welche rechtlichen Möglichkeiten hat die Ambiente Warenhaus AG?
7. Die Ambiente Warenhaus AG hat bei der Kartonagenfabrik Andrea Lange GmbH & Co. KG, Brabeckstr. 48, 30539 Hannover, am 5. April Verpackungsmaterial bestellt. In der Auftragsbestätigung wurde noch einmal auf die Lieferbedingung „so schnell wie möglich" hingewiesen. Am 1. Juni ist die Ware immer noch nicht geliefert worden. Das Verpackungsmaterial wird dringend benötigt. Es kann leider nicht auf andere Anbieter ausgewichen werden.
   a) Sind die Voraussetzungen für eine Nicht-rechtzeitig-Lieferung gegeben?
   b) Welche Rechte kann die Ambiente Warenhaus AG in Anspruch nehmen?
8. Die Ambiente Warenhaus AG bestellt aufgrund eines Angebots am 5. Juni bei einem Erftstädter Unternehmen 15 Regale. Als Lieferungstermin wird eine Lieferung am 19. Juni vereinbart. Der Termin wird vom Lieferer bestätigt. Am 27. Juni ist noch keine Lieferung zu verzeichnen gewesen. Beurteilen Sie diesen Fall.
9. Wodurch unterscheiden sich konkrete und abstrakte Schäden im Rahmen der Nicht-rechtzeitig-Lieferung?
10. Die Ambiente Warenhaus AG wollte für 5.000,00 € Waren bei einem Göttinger Unternehmen kaufen, das jedoch nicht liefert. Stattdessen müssen die Artikel bei einer Hamburger Großhandlung für 6.200,00 € bestellt werden. Es fallen 400,00 € zusätzliche Kosten im Rah-

men dieses Deckungskaufs an. Berechnen Sie den konkreten Schaden.

11. Die Ambiente Warenhaus AG hat mit einem Lieferer einen Kaufvertrag abgeschlossen, der die folgende Klausel (= Vereinbarung) enthält: „Erfolgt die Lieferung nicht bis zum 15. November, dann muss für jeden Tag der Verspätung eine Vertragsstrafe von 200,00 € an den Käufer gezahlt werden."
    a) Wie wird eine solche Vereinbarung genannt?
    b) Welchen Zweck hat eine solche Vereinbarung?

12. Erläutern Sie die Haftungsverschärfung.

13. Geben Sie in den folgenden Fällen jeweils an, ob konkrete oder abstrakte Schäden vorliegen.
    a) Mahnkosten
    b) entgangener Gewinn der Ambiente Warenhaus AG
    c) Anwaltsgebühren
    d) Mehrkosten beim Deckungskauf

14. Mit verschiedenen Lieferern hat die Ambiente Warenhaus AG Kaufverträge abgeschlossen. Diese enthalten unterschiedliche Formulierungen zum Liefertermin.

    Entscheiden Sie, in welchen der folgenden Fälle gemahnt werden muss.
    a) Lieferung zwischen 5. und 15. April
    b) Lieferung 29. September fest
    c) Lieferung ab Anfang September
    d) Lieferung bis spätestens 15. August
    e) Lieferung 10. Kalenderwoche dieses Jahres

AKTION

Die in diesem Kapitel vorgestellten Regelungen zur Nicht-rechtzeitig-Lieferung basieren auf den rechtlichen Grundsätzen des BGB (Bürgerliches Gesetzbuch).

In Zweifelsfällen ist es ratsam, immer auch den jeweiligen Gesetzestext zu untersuchen. Deshalb soll in dieser Aufgabe die Arbeit mit Gesetzestexten geübt werden.
- Gehen Sie zur Internetadresse https://www.gesetze-im-internet.de/aktuell.html.
- Suchen Sie unter der dort angegebenen Sortierung unter dem Buchstaben B das BGB (Bürgerliches Gesetzbuch).

- Beantworten Sie die folgenden Fragen mithilfe der angegebenen Paragrafen des BGB.
a) Was sind die Voraussetzungen für den Eintritt einer Nicht-rechtzeitig-Lieferung? § 286(1) und § 286(4) BGB
b) Wann wird von einem Verschulden des Verkäufers gesprochen? §§ 276 bis 278 BGB
c) Wann muss der Käufer keine Nachfrist setzen? § 281 BGB
d) Welche Rechte hat der Käufer bei einer Nicht-rechtzeitig-Lieferung? § 281, § 284, § 286 und § 323 BGB

LERNFELD 7

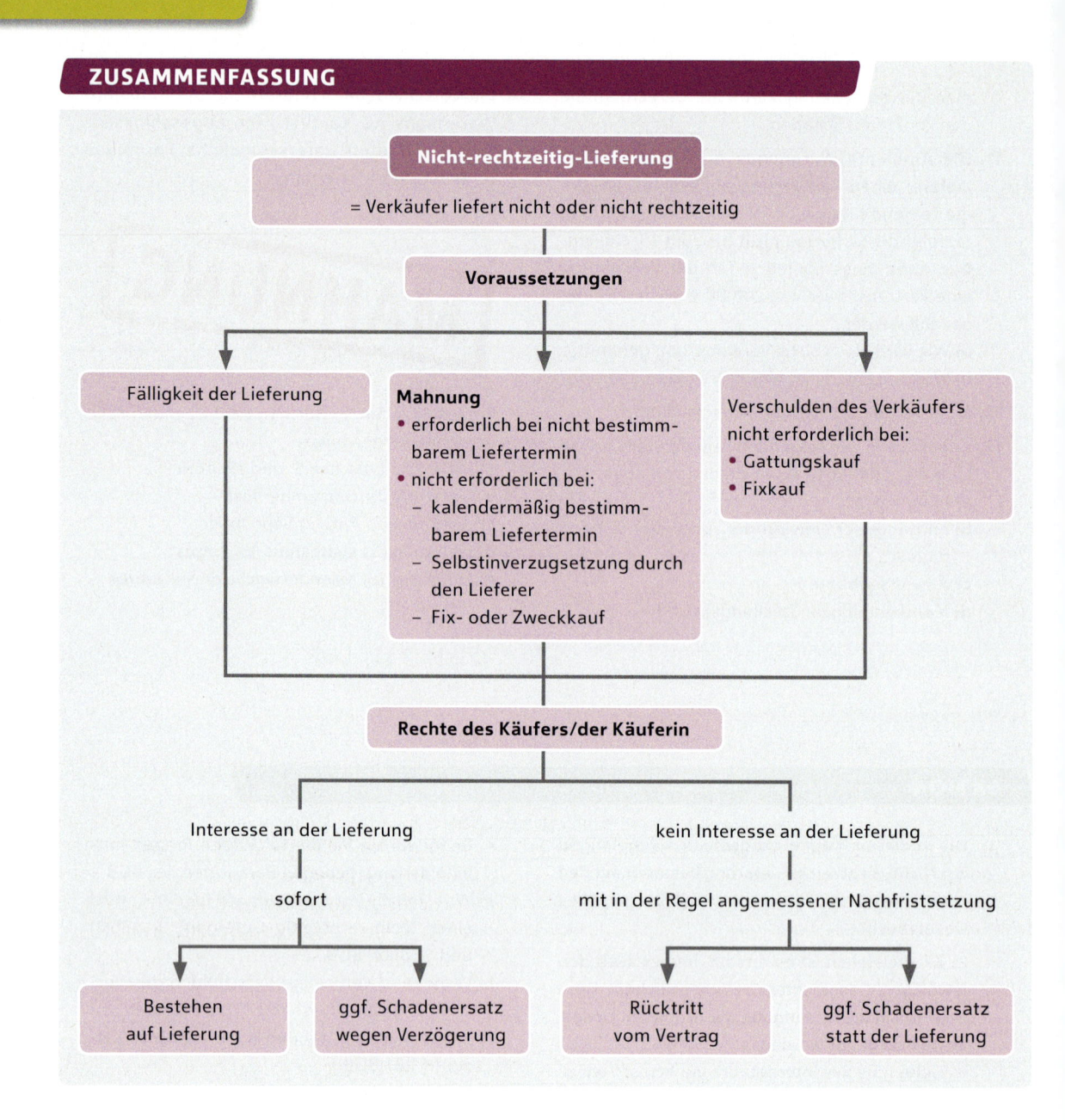

ZUSAMMENFASSUNG

Nicht-rechtzeitig-Lieferung

= Verkäufer liefert nicht oder nicht rechtzeitig

Voraussetzungen

- **Fälligkeit der Lieferung**

- **Mahnung**
  - erforderlich bei nicht bestimmbarem Liefertermin
  - nicht erforderlich bei:
    - kalendermäßig bestimmbarem Liefertermin
    - Selbstinverzugsetzung durch den Lieferer
    - Fix- oder Zweckkauf

- **Verschulden des Verkäufers nicht erforderlich bei:**
  - Gattungskauf
  - Fixkauf

Rechte des Käufers/der Käuferin

- **Interesse an der Lieferung** — sofort
  - Bestehen auf Lieferung
  - ggf. Schadenersatz wegen Verzögerung

- **kein Interesse an der Lieferung** — mit in der Regel angemessener Nachfristsetzung
  - Rücktritt vom Vertrag
  - ggf. Schadenersatz statt der Lieferung

LERNFELD 7

KAPITEL 4
Wir erfüllen im Lager verschiedene Aufgaben

Anja Maibaum ist im Rahmen ihrer Ausbildung seit Kurzem im Zentrallager eingesetzt. Mittlerweile hat sie dort schon verschiedene Tätigkeiten durchgeführt. Ihr Ausbilder, Herr Hintermeier, weist sie auf die Bedeutung von Lagern für Einzelhandelsunternehmen hin. Sie erfüllen für diese verschiedene Aufgaben.

1. Führen Sie auf, welche Funktionen Lager im Einzelhandel erfüllen.
2. Unterscheiden Sie am Beispiel Ihres Ausbildungsunternehmens Verkaufs- und Reservelager.
3. Suchen Sie Beispiele für Waren Ihres Ausbildungssortiments, bei denen das Lager
   a) die Zeitspanne zwischen Ein- und Verkauf überbrückt,
   b) der Umformung bzw. Pflege von Waren dient.

Im Zentrallager werden die Waren an einem Ort gelagert.

INFORMATION

Lagerhaltung

Unter einem Lager versteht man den Ort, an dem die Ware auf Vorrat aufbewahrt wird.

Kaum ein Einzelhandelsbetrieb ist in der glücklichen Lage, jede gerade gelieferte Ware sofort wieder verkaufen zu können. Da das Unternehmen die Nachfrage der Verbraucherinnen und Verbraucher nicht vorhersehen kann, ist es nahezu unmöglich, die Beschaffung und den Absatz von Waren zeitlich und mengenmäßig genau aufeinander abzustimmen. Es gelingt einem Einzelhandelsbetrieb fast nie, nur so viel einzukaufen, wie für den Verkauf gerade benötigt wird. Daraus ergibt sich die Notwendigkeit der Lagerhaltung, die Spannungen zwischen Wareneinkauf und -verkauf möglichst vermeiden soll.

Lagerarten

Lager findet man im Einzelhandel in unterschiedlichen Formen und Größen. Grundsätzlich kann man aber zwei Arten von Lagern unterscheiden:
- das Verkaufslager und
- das Reservelager.

Die meiste Ware wird dort gelagert, wo sie dem Kunden oder der Kundin angeboten wird. Jeder Einzelhandelsbetrieb benutzt also seine Verkaufsräume als sogenanntes **Verkaufslager.** Hier werden die Artikel verkaufsbereit gehalten. In Geschäften mit Vorwahl oder Selbstbedienung ermöglicht das Verkaufslager dem Verbraucher bzw. der Verbraucherin sogar einen unmittelbaren Zugriff auf die Ware. Die Anordnung der Artikel im Verkaufslager hat nach den Gesichtspunkten der Werbung zu erfolgen, da gerade hier der Kunde oder die Kundin mit der Ware in engen Kontakt kommt.

Ein **Reservelager** findet man meist in der Nähe der Verkaufsräume. Hauptaufgabe dieser Lagerart ist die schnelle Ergänzung der Bestände im Verkaufslager. Hier werden aber auch Arbeiten durchgeführt, die den Verkauf stören würden: Die Ware wird angenommen, ausgepackt, geprüft, ausgezeichnet und gelagert, bis sie im Verkaufslager benötigt wird.

Ein kleines Reservelager hinter den Verkaufsräumen

Aufgaben der Lagerhaltung

Hauptziel der Lagerhaltung ist der Ausgleich zwischen Beschaffung und Absatz von Waren. In diesem Zusammenhang erfüllt das Lager verschiedene Aufgaben.

LERNFELD 7

Lagerarten

Gerade in großen Lagern des Einzelhandels (z. B. Zentrallager) kann man unterschiedliche Arten der Lagerhaltung unterscheiden:

Nach dem Ort der Aufbewahrung	Nach dem Grad der Aufteilung der Lagergüter	Nach ihrer Aufgabe	Nach Bauformen	Spezielle Lager
• **Eigenlager** Lagerung in eigenen Geschäftsräumen • **Fremdlager** Lagerung bei fremden Unternehmen	• **Zentrales Lager** Lagerung der Waren an einem Ort • **Dezentrales Lager** Verteilung der Waren auf verschiedene Lager	• **Vorratslager** hohe Speicherkapazität für die Aufnahme von Waren • **Umschlagslager** Zwischenlagerung für den Wechsel von Transportmittel zu Transportmittel	• **Freilager** Lagerung im Außenbereich • **Flachlager** bis max. 7 m Höhe • **Etagenlager** Flachlager auf mehreren Stockwerken • **Hochflachlager** bis max. 12 m • **Hochregallager** von 12 m bis 45 m • **Bunker-/Silo-/Tanklager** spezielle Speicherbehältnisse zur Lagerung von Schüttgütern, Flüssigkeiten oder Gasen	• **Reservelager** Aufnahme von Sicherheitsbeständen zur Aufrechterhaltung der Verkaufsbereitschaft • **Wareneingangslager** Hier werden Waren gelagert, die noch nicht für die eigentliche Lagerung freigegeben worden sind. • **Kühllager** Aufbewahrung wärmeempfindlicher Waren • **Sonderlager** durch gesetzliche Bestimmungen

Sicherung der Verkaufsbereitschaft

Waren werden im Lager bereitgehalten, um die Verbraucherinnen und Verbraucher sofort und bedarfsgerecht versorgen zu können. Die Aufrechterhaltung des Verkaufsprozesses wird abgesichert: Das Lager soll also einerseits verhindern, dass Schwierigkeiten bei der Beschaffung von Waren (wie z. B. Lieferverzögerungen oder Transportschwierigkeiten) die Verkaufsbereitschaft stören. Andererseits werden aber auch Artikel auf Vorrat gehalten, um Nachfrageschwankungen abzufangen. Solche Unregelmäßigkeiten im Verkauf können aus modischen, saisonalen oder konjunkturellen Gründen auftreten.

Überbrückung der Zeit

Wenn Einkauf und Verkauf der Waren auseinanderfallen, dient das Lager dazu, die Zeit so lange zu überbrücken, bis die Waren von Kundinnen und Kunden benötigt werden. Das Lager ermöglicht also den zeitlichen Ausgleich zwischen Beschaffung und Absatz.

BEISPIEL

Bestimmte Waren können nur zu bestimmten Jahreszeiten beschafft werden, der Verkauf muss aber ganzjährig stattfinden (z. B. Obst und Gemüse).

Ausnutzung von Preisvorteilen

Das Lager ermöglicht Preis- und Kostenvorteile wahrzunehmen, die der Beschaffungsmarkt bietet. Sehr oft liegen die Preise der Lieferer niedriger, wenn die Nachfrage zu bestimmten Zeiten nicht so groß ist. Dann empfiehlt es sich für den Einzelhandel, die Waren günstig einzukaufen und auf Vorrat zu nehmen. Aber auch die Vorteile des Großeinkaufs kann man durch ein Lager nutzen. Die Einkaufspreise können sich erheblich verringern durch Mengenrabatte, die dem Einzelhandel gewährt werden.

Oft erreicht man überdies durch den Einkauf größerer Mengen, dass die Verpackungs- oder Beförderungskosten sinken oder ganz vom Lieferer übernommen werden.

Pflege und Umformung von Waren

Eine weitere Aufgabe der Lagerhaltung ist die zweckmäßige Behandlung und Pflege der Ware, durch die deren Gebrauchsfähigkeit erhalten wird. Darüber hinaus wird im Lager oft noch nicht verwendungsfähige Ware in einen verkaufsfähigen Zustand gebracht. Hier finden Umpack-, Umfüll-, Misch- und Sortiervorgänge statt. Um den Kundinnen und Kunden beispielsweise eine große Auswahl zu bieten, wird die Ware in den von den Verbraucherinnen und Verbrauchern gewünschten Mengen bereitgestellt.

BEISPIEL

Tee wird im Lager in 1 000-kg-Säcken angeliefert und in kundenfreundliche 500-g-, 250-g- und 100-g-Tüten umgepackt.

Veredelung von Waren

In seltenen Fällen soll im Lager eine qualitative Veränderung der Ware bewirkt werden. So wird dort Obst aufbewahrt, um zu reifen. Wein gewinnt an Wert, wenn er sorgsam gelagert wird.

LERNFELD 7

AUFGABEN

1. Warum sind Lager im Einzelhandel notwendig?
2. Was versteht man unter einem Lager?
3. Welche Lagerarten unterscheidet man im Einzelhandel?
4. Welche Aufgaben erfüllt das Lager im Einzelhandel?
5. In welcher Form hat Ihr Ausbildungsbetrieb Verkaufs- und Reservelager?
6. Erläutern Sie, ob bzw. wie in Ihrem Ausbildungsbetrieb Ware behandelt oder veredelt wird.
7. Finden Sie Beispiele für Umpack-, Umfüll-, Misch- und Sortiervorgänge in Einzelhandelsunternehmen.
8. Welche Aufgabe erfüllt das Zentrallager der Ambiente Warenhaus AG in den folgenden Fällen?
   a) Schon im August werden Schokoladenweihnachtsmänner gelagert.
   b) Emmentaler-Käselaibe werden in Scheiben geschnitten und in 100-g-Plastikpackungen verpackt.
   c) Vor den Weihnachtsfeiertagen werden bei vielen Warengruppen die Bestände erhöht.
   d) Gleich nach der Herstellung werden verschiedene Weinsorten bei den Erzeugern gekauft und auf Lager genommen.
   e) Aufgrund des Brandes bei dem weltweit führenden Prozessorhersteller wird mit einer Verknappung und damit Verteuerung der Prozessoren gerechnet, was nach Ansicht der Einkäufer der Ambiente Warenhaus AG zu einer Erhöhung der Einkaufspreise von Computern führen wird. Da gerade ein günstiges Angebot einer taiwanesischen Firma vorliegt, die sofort liefern kann, kauft man 200 Laptops sowie 400 Computer.

AKTIONEN

1. Schreiben Sie einen Fachbericht mit dem Thema „Unser Lager".

   Dem Fachbericht soll mindestens entnommen werden können, welche Lagerarten Ihr Ausbildungsbetrieb hat und welche Aufgaben das Lager für Ihren Betrieb erfüllt. Dabei kommt es vor allem auf die jeweilige Begründung an.

2. Lager im Einzelhandel sind in der Regel entweder Verkaufslager oder Reservelager. Es gibt daneben noch andere Lager:
   - Fremdlager
   - Wareneingangslager
   - Hochregallager

   Klären Sie diese Begriffe mithilfe einer Internetrecherche.

3. Erstellen Sie eine Wandzeitung. Sie soll am Beispiel eines Artikels aus Ihrem Ausbildungssortiment anschaulich erläutern, wie das Lager verschiedene Aufgaben erfüllt. Bereiten Sie sich darauf vor, dies zu präsentieren.

4. Um optimal – z. B. für Klassenarbeiten in der Berufsschule – lernen zu können, müssen Sie Ihren Arbeitsplatz so gestalten, dass dort optimal gearbeitet werden kann. Das gilt natürlich erst recht für jeden beruflichen Arbeitsplatz.

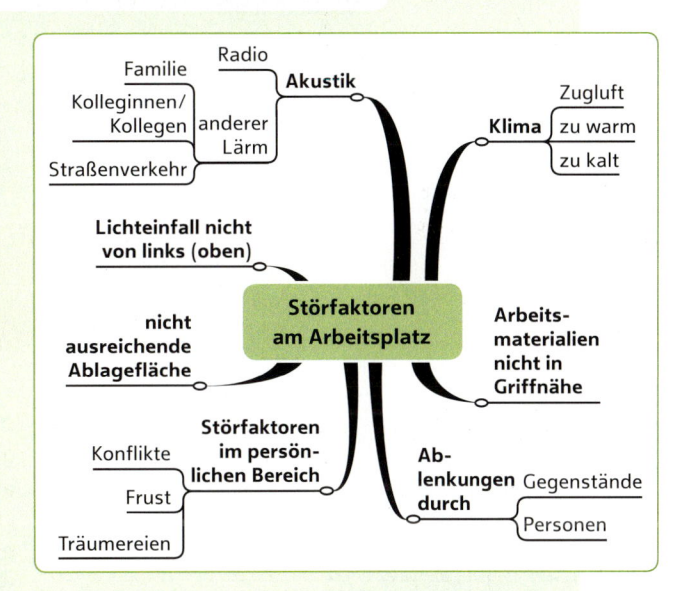

Versuchen Sie daher, jeden Störfaktor am Arbeitsplatz auszuschalten:
   a) Überprüfen Sie, ob einer der vorgestellten Störfaktoren bei Ihnen am Arbeitsplatz vorkommt.
   b) Überlegen Sie, ob das bei Ihnen negative Folgen gehabt haben könnte bzw. hat.
   c) Versuchen Sie eine mögliche Lösung zu finden.

LERNFELD 7

ZUSAMMENFASSUNG

Lager = Ort, wo die Ware aufbewahrt wird

Aufgaben des Lagers

Sicherung der Verkaufsbereitschaft	Überbrückung der Zeit	Ausnutzung von Preisvorteilen	Pflege und Behandlung der Ware	Veredelung
Das Lager gewährleistet eine optimale Belieferung des Kunden.	Das Lager ermöglicht den Zeitausgleich zwischen Einkauf und Verkauf.	Das Lager ermöglicht günstige Einkäufe.	Im Lager wird die Ware verkaufsfertig.	Im Lager gewinnt die Ware an Qualität.

Lagerarten

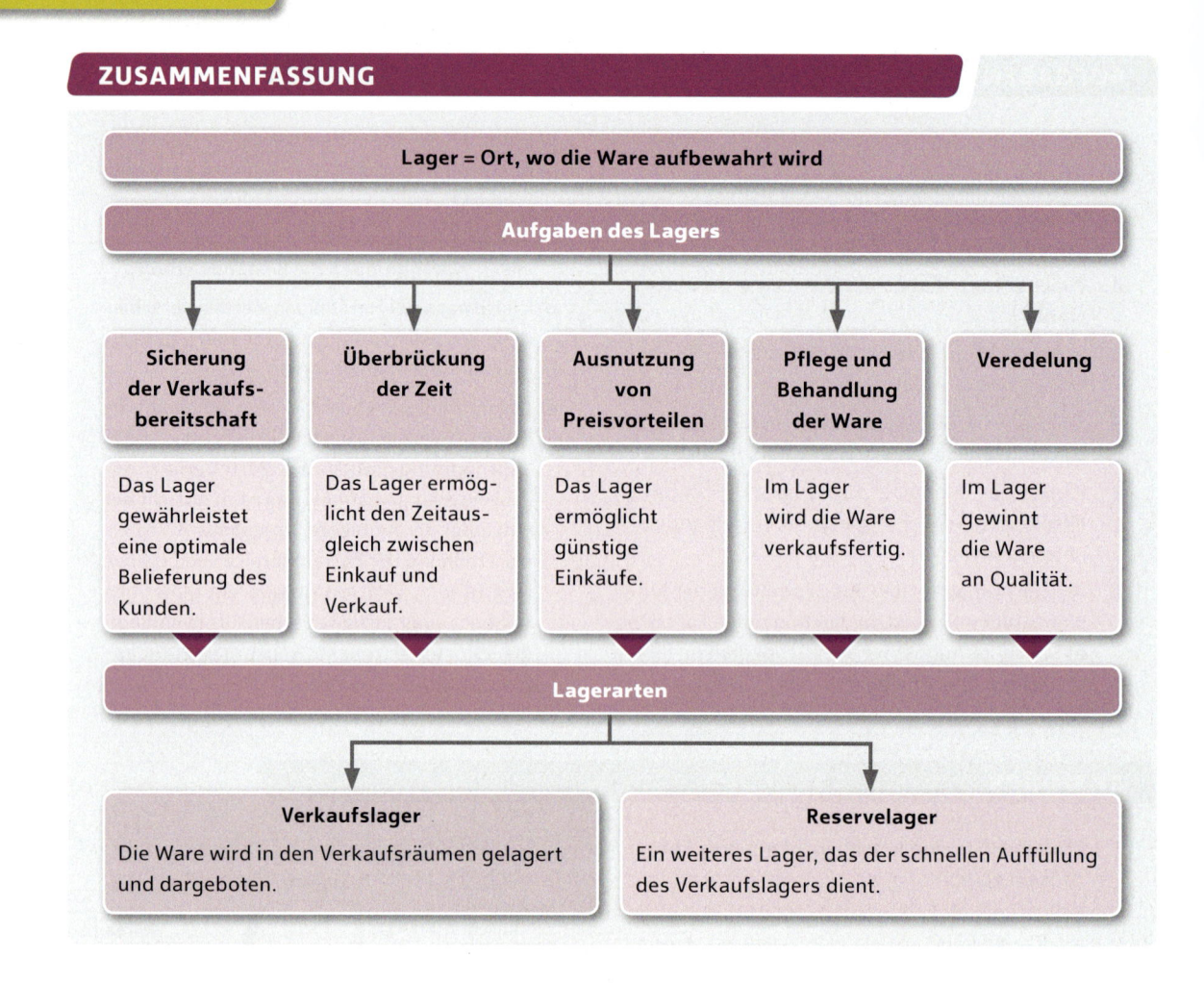

Verkaufslager	Reservelager
Die Ware wird in den Verkaufsräumen gelagert und dargeboten.	Ein weiteres Lager, das der schnellen Auffüllung des Verkaufslagers dient.

KAPITEL 5
Wir beachten allgemeingültige Grundsätze bei der Arbeit im Lager

Lagerleiter Hintermeier berichtet Anja Maibaum aus der Gründungszeit des Unternehmens:

„Damals hatten wir einige Schwierigkeiten. Unser Lager war zunächst einmal sehr klein. Ein Teil der Ware musste in den Kellerräumen eines anderen Gebäudes untergebracht werden. Auf der ungesicherten Kellertreppe kam es zu zwei Arbeitsunfällen. Oft musste Ware gesucht werden, weil wir nicht wussten, wo benötigte Artikel standen. Wertvolle Ware wurde offen in den Regalen aufbewahrt ..."

1. Stellen Sie fest, welche Gesichtspunkte bei der Lagerung von Waren beachtet werden müssen.
2. Geben Sie an, welche Tätigkeiten üblicherweise in Ihrem Lager durchgeführt werden.

INFORMATION

Um die Unternehmensziele zu erreichen, werden im Lager von Einzelhandelsunternehmen unterschiedliche Tätigkeiten durchgeführt.

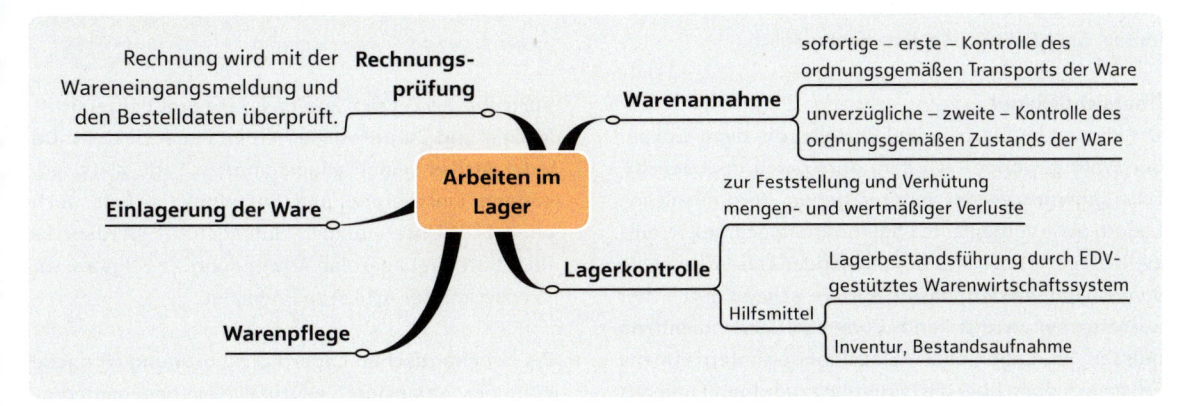

```
                                                 ┌─ sofortige – erste – Kontrolle des
                                                 │  ordnungsgemäßen Transports der Ware
Rechnung wird mit der   Rechnungs-  ──┐  ┌── Warenannahme
Wareneingangsmeldung und  prüfung     │  │      │
den Bestelldaten überprüft.           │  │      └─ unverzügliche – zweite – Kontrolle des
                                      │  │         ordnungsgemäßen Zustands der Ware
                              ┌───────────────┐
                              │  Arbeiten im  │
Einlagerung der Ware ─────────│     Lager     │
                              └───────────────┘
                                      │  │      ┌─ zur Feststellung und Verhütung
                                      │  │      │  mengen- und wertmäßiger Verluste
                                      │  └── Lagerkontrolle
                                      │         │      ┌─ Lagerbestandsführung durch EDV-
     Warenpflege ─────────────────────┘         │      │  gestütztes Warenwirtschaftssystem
                                            Hilfsmittel
                                                       └─ Inventur, Bestandsaufnahme
```

Ordnungsgemäße Durchführung aller im Zentrallager anfallenden Tätigkeiten

Die Lagerführung ist eine wesentliche Aufgabe vor allem der großen Zentrallager von Einzelhandelsunternehmen. Das Lager muss daher so organisiert sein, dass alle dort normalerweise anfallenden Vorgänge des Warenhandlings (Warenhandhabung) ordnungsgemäß durchgeführt werden können. Im Rahmen des Warendurchlaufs durch den Betrieb fallen folgende Tätigkeiten im Lager an:

Warenannahme und Eingangskontrolle
In fast allen Einzelhandlungen wird eine Annahme der vom Lieferer ankommenden Waren durchgeführt. Das Personal des Einzelhandelsunternehmens hat die eintreffende Ware in der betrieblichen Anlieferzone zu übernehmen. Die nächsten im Lager zu organisierenden Schritte sind die zwei Wareneingangskontrollen.

Physische Lagerführung
Im Einzelhandel stellt die Lagerführung eine wesentliche Handelsfunktion dar. Dazu gehören im engeren Sinn die Teilaufgaben der
- Einlagerung der gelieferten Ware,
- eigentlichen Lagerhaltung,
- Warenpflege,
- körperlichen Inventurdurchführung.

Aufgrund der erheblichen Durchflussmengen an Waren im Einzelhandel können diese Handelsaufgaben nur noch bei Anwendung einer spezialisierten Technik (u. a. EDV-gestützte Warenwirtschaftssysteme) und Organisation wirtschaftlich bewältigt werden.

Kommissionierung
Kommissionieren bedeutet das Zusammenstellen von Aufträgen. Die zum Beispiel von Filialen benötigten Waren müssen im Lager gesammelt und bis zum Versandplatz transportiert werden.

Warenmanipulation
Sehr häufig müssen im Lager Tätigkeiten durchgeführt werden, um die Verwendungsreife der Waren zu erhöhen oder zu erhalten.

> **BEISPIELE**
> - Reifelagerung (Wein, Cognac)
> - Mischung (Futtermittel, Tee)
> - Vorverpackung (Obst, Gemüse)
> - Sortierung (landwirtschaftliche Produkte)

Aufgrund der Vielzahl der Manipulationsvorgänge im Einzelhandel ergibt sich eine hohe Regelungsbedürftigkeit.

Lagergrundsätze

Damit die Aufgaben der Lagerhaltung optimal erfüllt werden können, müssen bei der Einrichtung und der Durchführung der Lagerhaltung bestimmte allgemeingültige Grundsätze beachtet werden.

Geräumigkeit
Das Lager sollte groß genug sein. Im Einzelhandel werden dort Waren angenommen, ausgepackt und geprüft. Anschließend sollen die Waren eventuell noch sortiert, abgepackt, umgefüllt oder abgewogen werden. Schließlich

müssen die Artikel mühelos entnommen und transportiert werden können. Für all diese Arbeiten wird ausreichend Platz benötigt. Ein zu enges oder zu kleines Lager würde zusätzliche Kosten durch Zeitverlust verursachen. Außerdem wäre der rationelle Einsatz von maschinellen Hilfsmitteln wie z. B. Gabelstaplern nicht möglich.

Übersichtlichkeit

Oft können im Einzelhandel Vorteile, die beim Einkauf der Ware gewonnen wurden, durch eine unübersichtliche Lagerung wieder verloren gehen. Wird in solchen Lagern ohne vorgeplante Lagerordnung gearbeitet, entsteht oft ein erhebliches Durcheinander. Das Lager sollte so gestaltet werden, dass die Ware schnell und sicher aufgefunden werden kann. In diesem Zusammenhang müssen im Lager eines Einzelhandelsunternehmens Entscheidungen über die Lagerplatzzuordnung und das Verbrauchsfolgeverfahren getroffen werden.

In einem unordentlichen Lager geht die Übersichtlichkeit verloren.

412 → Gang B → Feld 987 → Regalfach

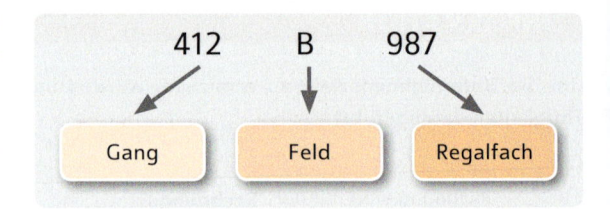

Vorteilhaft wirkt sich aus, dass eine große Übersichtlichkeit und Zugriffssicherheit im Lager besteht: Da jeder Artikel seinen angestammten Lagerplatz hat, können Einlagerung und Entnahme notfalls auch ohne EDV-Unterstützung durchgeführt werden. Es findet oft ein Lagerplan Anwendung. Er zeigt an, wo ein bestimmter Artikel zu finden ist.

- Bei der **chaotischen Lagerplatzzuordnung** wird jede Ware dort eingelagert, wo zufällig ein genügend großer Platz frei ist. Diese Form der Lagerung verfolgt das Ziel einer optimalen Ausnutzung der Lagerkapazität. Da es letztlich vom Zufall abhängt, welchen Lagerplatz ein Artikel erhält, kann gleiche Ware an weit auseinanderliegenden Stellen gelagert sein. Diese Form der Lagerordnung erfordert durch die große Anzahl von Lagerplätzen den Einsatz der EDV zur Steuerung der Kontrolle von Ein- und Auslagerung.

Im Rahmen der **Verbrauchsfolgeverfahren** wird die Reihenfolge der Güter bei den Einlagerungs- und Auslagerungsprozessen festgelegt. Die beiden wichtigsten Verfahren sind:

Ziel einer optimalen **Lagerplatzzuordnung** ist es, den einzelnen Artikeln jenen Lagerort zuzuordnen, der die gesamten Kosten des Warenflusses zwischen Ein- und Auslagerung minimiert. Es werden zwei Methoden unterschieden:

- Bei der **festen Lagerplatzzuordnung** ist stets jedem Artikel ein fester Lagerort zugewiesen. Der Platzbedarf orientiert sich dabei am Höchstbestand, weswegen ein hoher Raumbedarf anfällt. Die im Lager zu führenden Güter werden nach einem systematischen Lagerplatznummernsystem platziert. Dabei kann ein Lagerplatz in etwa wie folgt gekennzeichnet sein:

- **Fifo: „First in – first out"**
Wenn nicht bestimmte Gründe dazu führen ein anderes Verfahren zu verwenden, sollte der Einzelhandel stets das Prinzip „first in – first out" beachten: Um Veralterung und Verderb bzw. Ladenhüter zu vermeiden, sollten die zuerst eingelagerten Waren auch zuerst ausgelagert werden.

- **Lifo: „Last in – first out"**
In einigen Fällen ist es empfehlenswert, die zuletzt eingelagerten Vorräte zuerst auszulagern, um einen schnellen Zugriff zu ermöglichen. Das Lifo-Verfahren wird in der Regel nur bei Schüttgütern wie Kohle oder Getreide angewandt, im Einzelhandel also eher selten.

Artgemäße Lagerung

Oft kommt es zu erheblichen Lagerverlusten, weil die Ware nicht immer sachgerecht behandelt wird. Einige Waren haben bestimmte Eigenschaften, auf die man bei der Lagerung Rücksicht nehmen muss. Sind die Lagerbedingungen den Eigenschaften der Ware angepasst, dann wird ihr Alterungsprozess verzögert. Deshalb muss die Ware – je nach ihrer Beschaffenheit – geschützt werden vor:

- **Licht**
  Insbesondere die unmittelbar einfallenden Sonnenstrahlen wirken schädlich auf verschiedene Materialien wie beispielsweise auf Papiere, Bücher, bestimmte Nahrungsmittel, Gummi und Gummierzeugnisse, bunte Gewebe. Als Maßnahme empfiehlt sich eine Abdeckung bzw. Abdunklung.
- **Schädlingen**
  Verschiedene Insekten können Ware durch Verunreinigung, Fressen oder Nagen unbrauchbar machen. Ein Schutz wird erreicht durch strengste Sauberhaltung des Lagers. Darüber hinaus können chemische Mittel eingesetzt werden.
- **Geschmacksverlust oder -übertragung**
  Bestimmte Artikel (Käse, Wurst, Butter, Tee, Kaffee, Kakao usw.) können artfremde Gerüche annehmen. Um eine Geschmacksübertragung zu verhindern, sollten gefährdete Artikel getrennt aufbewahrt werden.
- **Wärme**
  Verschiedene Lebensmittel (Fleisch, Wurst, Fisch, Milchprodukte, Gemüse, Obst) müssen beispielsweise in Kühlräumen vor höheren Temperaturen geschützt werden.
- **Feuchtigkeit**
  Bücher, Papiere, Leder, Metall- und Holzartikel sowie bestimmte Lebensmittel reagieren empfindlich auf Nässe und Feuchtigkeit. Derart gefährdete Artikel sollten isoliert werden.
- **Austrocknung**
  Artikel wie Käse, Tabak, Gummi, Wolle usw. verlieren an Wert, wenn sich der Feuchtigkeitsgehalt im Material verringert. Abhilfe kann eine Klimaanlage schaffen.

Warenpflege als ständige Aufgabe im Einzelhandel

Die gelagerten Waren stellen Vermögenswerte dar. Um Verderb und Beschädigungen zu vermeiden, müssen sie gepflegt werden. Die Warenpflege gehört zu den täglich anfallenden Aufgaben der im Einzelhandel Beschäftigten. Die Warenpflege umfasst alle Arbeiten, um die Waren in einen verkaufsfähigen Zustand zu versetzen bzw. zu erhalten. Aufgaben im Rahmen der Warenpflege sind:

- Verbesserung der Umschlagshäufigkeit und Vermeidung von Bevorratungslücken

  BEISPIELE
  - Ständige Bestandskontrolle, damit keine Lücken entstehen.
  - Kommt es dennoch einmal zu Lücken aufgrund fehlender Ware, sollte der Warenträger dennoch „vorübergehend" mit vorhandener Ware gefüllt werden – aber wirklich nur, bis der Fehlbestand behoben ist.

- Bestandsauffüllung (Nachfüllen)

  BEISPIELE
  - Die Warenanordnung beim Nachfüllen beibehalten.
  - Waren übersichtlich stapeln, aneinanderreihen, auf Haken hängen.
  - Stets das Packungsbild aus der Sicht der Kundinnen und Kunden nach vorne platzieren.
  - Mit Grifflücken die Kundinnen und Kunden einladen und bequemes Entnehmen ermöglichen.

- Gewährleistung eines angemessenen Erscheinungsbildes des Angebots

  BEISPIELE
  - Nur einwandfreie Ware in die Warenträger bringen.
  - Ware ständig auf Beschädigungen prüfen.
  - Beschädigte oder verdorbene Ware aussortieren.
  - Ware nur in der angemessenen Sauberkeit anbieten.
  - Ware reinigen bzw. entstauben.
  - Überprüfung von Ware auf Überschreitung des Verfalldatums und evtl. aussortieren.
  - Überprüfung der Ware auf korrekte Preisauszeichnung.

Sachgerechte Lagereinrichtung

Eine grundlegende Aufgabe des Lagers besteht darin, alle Artikel so aufzubewahren, dass sie nicht beschädigt werden und dass alle Lagertätigkeiten reibungslos und wirtschaftlich ausgeführt werden können. Zu diesem Zweck ist jedes Lager mit verschiedenen Einrichtungen ausgestattet. Unter Lagereinrichtungen wer-

LERNFELD 7

den alle Hilfsmittel verstanden, die zum Aufbewahren der Artikel dienen. Jeder Einzelhandelsbetrieb weiß, dass die Wirtschaftlichkeit der Lagereinrichtung weniger von den Anschaffungskosten abhängig ist als vielmehr von der zweckmäßigen Planung, der leichten Bedienbarkeit und der Möglichkeit zum Umbauen.

Umweltschutz

Ein umweltbewusstes Lager muss so gestaltet sein, dass keine Stoffe bzw. Güter ungewollt – also durch Versickern, Abfließen oder Ausströmen – in die natürliche Umwelt gelangen. Um diese Anforderung zu erfüllen, können technische Maßnahmen (z. B. Auffangbecken, Verschalungen), aber auch organisatorische Maßnahmen (u. a. Einführung eines Überwachungssystems für eingehendes Gefahrgut) ergriffen werden.

Sicherheit

Durch bestimmte Vorsorge- und Sicherungsmaßnahmen kann im Lager die Gefahr eines Brandes, eines Diebstahls oder eines Unfalls vermindert werden.

Jeder **Brand** im Lager würde einen erheblichen wirtschaftlichen Verlust verursachen, weil gerade dort große Warenmengen vorrätig sind. Aus diesem Grund ist die Feuersicherung eine wichtige Aufgabe. Die Mehrzahl der Brandursachen lässt sich völlig beseitigen, wenn die geltenden **Brandschutzvorschriften** genau eingehalten werden. Darüber hinaus können auch technische Brandschutzvorrichtungen wie Feuerlöscher, Sprinkler- und Alarmanlagen die Brandgefahr vermindern.

Einbrüche und Diebstähle werden erschwert, indem das Lager beispielsweise durch Schlösser und Stahltüren besonders gesichert wird. Weiterhin empfehlen sich Kontrollen und **Überwachungsmaßnahmen** (im Verkaufslager z. B. Fernsehanlagen und Spiegel). Besonders ist darauf zu achten, dass außer dem Lagerpersonal niemand das Reservelager betritt.

Die Arbeitsbedingungen im Lager müssen den Vorschriften des **Arbeitsschutzes** entsprechen. Die Mitarbeitenden im Lager müssen so umfassend wie möglich vor Einflüssen geschützt werden, die schädlich für ihre Gesundheit sind oder sie anderweitig gefährden können. Für die Unfallverhütung haben die Berufsgenossenschaften Unfallverhütungsvorschriften ausgearbeitet, zu deren Bekanntmachung der Arbeitgeber verpflichtet ist.

Die Unfallverhütungsvorschriften enthalten Regelungen über
- das Verhalten, das die Arbeitnehmenden zur Verhütung von Arbeitsunfällen im Lager an den Tag legen sollen,
- Einrichtungen, Anordnungen und Maßnahmen, die die Arbeitgeber in den Betrieben zu treffen haben.

Die Sicherheitskennzeichnung im Lager weist auf mögliche Gefahren und Risiken hin.

BEISPIELE

Verbotszeichen	Warnzeichen	Gebotszeichen	Rettungszeichen
Feuer, offenes Licht und Rauchen verboten	Warnung vor gefährlicher elektrischer Spannung	Schutzschuhe tragen	Richtungsangabe zur Ersten Hilfe

Brandschutz

Eine große Bedeutung kommt der Vermeidung von Feuer im Lager zu. Brände, die den Warenvorrat eines Unternehmens vernichten, können schnell dessen Existenz gefährden.

Brände können entstehen, wenn drei Faktoren zusammenkommen:

- Sauerstoff ist vorhanden.
- Es muss ein brennbarer Stoff vorhanden sein. Dabei hängt die Gefahr der Brandentstehung von der chemischen Fähigkeit des Stoffes ab, sich mit Sauerstoff zu verbinden.
- Eine Zündquelle, durch die der brennbare Stoff auf seine Zündtemperatur erhitzt wird, ist gegeben.

LERNFELD 7

Um Brände zu verhindern, wird bereits beim Bau von Lagern darauf geachtet, dass durch bauliche Einrichtungen die Entstehung von Bränden vermieden oder die Ausweitung von Bränden zumindest eingedämmt wird. Dieser **bauliche Brandschutz** sieht z. B. vor:
- den Einsatz nicht brennbarer Stoffe und von Feuerschutztüren,
- die Errichtung und Ausweisung von Flucht- und Rettungswegen,
- den Einbau von Brandmeldern und Feuerlöschanlagen.

Zum **allgemeinen Brandschutz** gehören Maßnahmen, die bei der täglichen Arbeit Brände zu vermeiden helfen:
- Es wird darauf geachtet, dass im Lager nicht geraucht wird.
- Regelmäßige Brandschutzübungen lassen einerseits mögliche Schwachstellen erkennen, machen andererseits die im Lager arbeitenden Personen mit dem richtigen Verhalten im Brandfall vertraut.
- Ganz wichtig ist es, dass keine Notausgänge bzw. Fluchtwege verstellt sind.

Im Brandfall ist das **richtige Verhalten** für den Erfolg der Rettungsmaßnahmen wichtig:
- Es ist unbedingt Ruhe zu bewahren. Eine Panik ist zu vermeiden.
- Betroffene Personen müssen sich selbst und andere in Sicherheit bringen:
  - sich über die Fluchtwege unverzüglich zu den Sammelstellen begeben,

Dieses Schild weist auf den Fluchtweg hin.

  - andere Personen warnen und mitnehmen,
  - Brandschutztüren schließen,
  - keine Aufzüge nutzen,
  - wenn eine Person in Brand gerät, mithilfe von Decken und Kleidungsstücken (Sauerstoffentzug!) einen Löschungsversuch vornehmen.

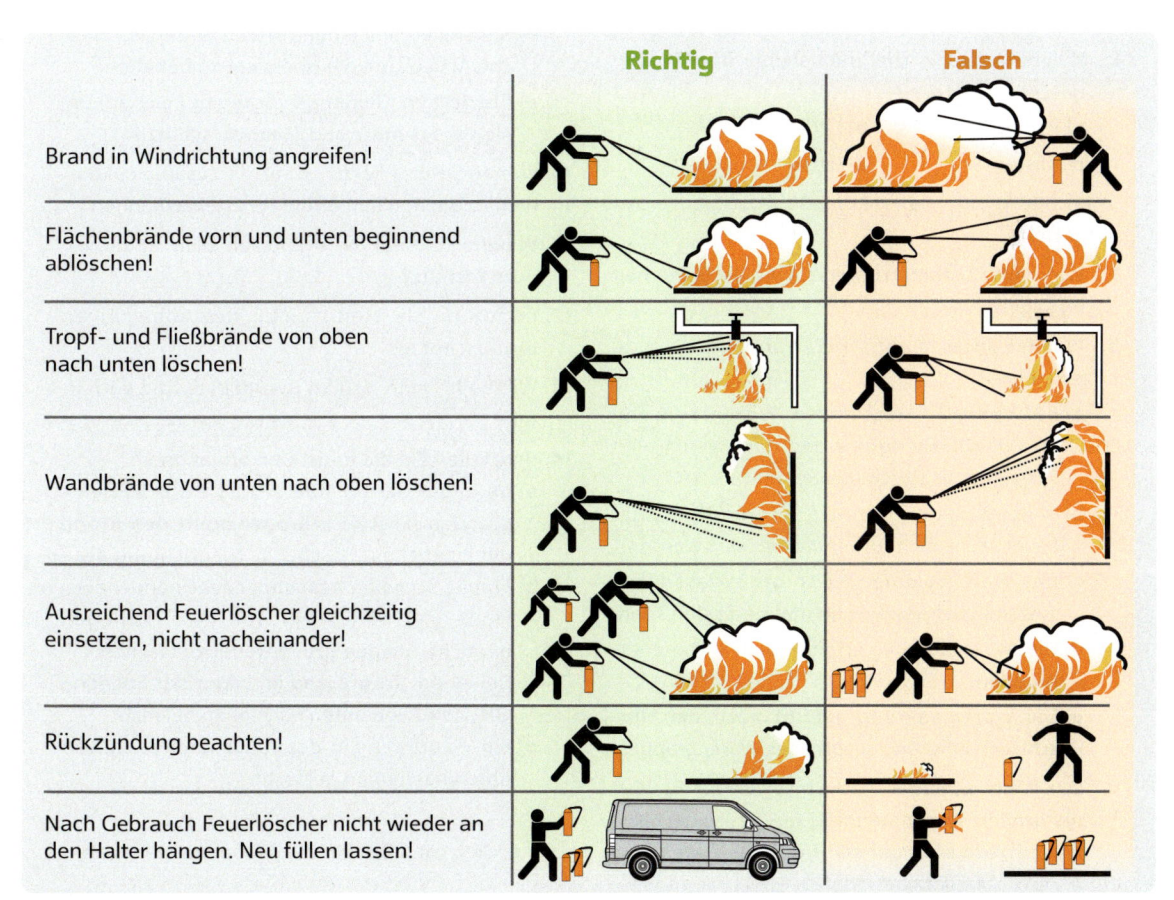

	Richtig	Falsch
Brand in Windrichtung angreifen!		
Flächenbrände vorn und unten beginnend ablöschen!		
Tropf- und Fließbrände von oben nach unten löschen!		
Wandbrände von unten nach oben löschen!		
Ausreichend Feuerlöscher gleichzeitig einsetzen, nicht nacheinander!		
Rückzündung beachten!		
Nach Gebrauch Feuerlöscher nicht wieder an den Halter hängen. Neu füllen lassen!		

Bei der Brandbekämpfung geht es um jede Sekunde, die richtige Bedienung des Feuerlöschers ist äußerst wichtig.

LERNFELD 7

- Die Feuerwehr muss über Feuermeldeinrichtungen oder über den Notruf 112 alarmiert werden.
  Hilfreich sind dabei die folgenden vier Informationen:
  - Wo (Adresse) ist der Brand?
  - Was (Lager/Büro/Wohnhaus usw.) brennt?
  - Für wie viele Menschen besteht Gefahr?
  - Wer meldet den Brand?
- Nur falls keine Gefahr mehr besteht, sind erste Löschmaßnahmen zu ergreifen.

Ein Feuermelder

AUFGABEN

1. Welche Arbeiten fallen typischerweise im Lager an?
2. Warum sollte ein Lager geräumig sein?
3. Wie kann ein übersichtliches Lager erreicht werden?
4. Was versteht man unter einer artgemäßen Lagerung von Waren?
5. Was gehört zur Warenpflege?
6. Wovor müssen die nachstehenden Waren geschützt werden?
   a) Papier   b) Leder
   c) Käse   d) Obst
   e) Tabak   f) Filme
   g) Holz
7. Welche Maßnahmen unterstützen die Sicherheit im Lager?
8. Was ist unter chaotischer Warenlagerung zu verstehen?
   a) Bei der EDV-gestützten Warenlagerung erfolgt die Belegung des nächsten freien Regalplatzes durch das System.
   b) Wareneingänge können aufgrund geringer Lagerfläche nicht ordentlich erfasst werden.
   c) Das Warenvolumen ist so groß, dass keine systematische Lagerung mehr erfolgen kann.
   d) Die Warenlagerung erfolgt nur in Sortimentsgruppen.
   e) Die Warenlagerung erfolgt nach der Umschlagshäufigkeit der einzelnen Warengruppen.
9. Das Weihnachtsgeschäft steht vor der Tür. Für die großen Warenmengen, die deswegen eintreffen, wird im Lager der Ambiente Warenhaus AG sehr viel Platz benötigt.
   Bei welcher Verhaltensweise verstoßen die Mitarbeitenden gegen einen der Grundsätze zur ordnungsgemäßen Lagerung?
   a) Sie lagern Kerzen nicht in der Nähe von Heizungen.
   b) Sie führen einen Lagerplan, um die Ware schneller wiederzufinden.
   c) Sie lagern die neue Ware hinter der älteren.
   d) Sie stellen neu eingetroffene Waren vor gleiche Artikel, um die Übersicht zu behalten.
   e) Sie decken Kleidungsstücke mit Folie ab, um sie vor Schmutz und Staub zu schützen.
10. Führen Sie drei Faktoren auf, die zusammenkommen müssen, damit Brände entstehen können.
11. Welche Maßnahmen gehören zum baulichen Brandschutz?
12. Erläutern Sie Maßnahmen des allgemeinen Brandschutzes.
13. Wie sollte man sich im Brandfall richtig verhalten?
14. Beurteilen Sie die folgenden Situationen:
    a) Im Lager der Spindler KG ist ein Brand entstanden. Frauke Schröder greift den Brand mit einem Feuerlöscher in Windrichtung an.
    b) Frauke Schröder bekommt nacheinander zwei weitere Feuerlöscher von zwei Kollegen gereicht, um den Brand weiter zu löschen.
    c) Bei einem Tropfbrand im Lager der Eggeling OHG wird von unten nach oben gelöscht.
    d) Ein Wandbrand in der Bauer GmbH wird von unten nach oben gelöscht.

LERNFELD 7

AKTIONEN

1. a) Suchen Sie mithilfe der Kopfstandmethode Fehler, die man bei Tätigkeiten im Lager machen kann, bzw. Dinge, die dort schiefgehen können.
    b) Formulieren Sie für jeden gefundenen Fehler einen Oberbegriff, der ein positives Vorgehen kennzeichnet.
2. Führen Sie in Zweierarbeit/Gruppenarbeit eine Internetrecherche durch. Sammeln Sie Informationen über Sicherheitskennzeichnungen im Lager.
3. Erstellen Sie anschließend ein Wandplakat, das jeweils mindestens fünf
    - Verbotszeichen,
    - Gebotszeichen,
    - Warnzeichen,
    - Rettungszeichen

    und entsprechende Erläuterungen dazu enthält.
4. In dieser Aktion geht es darum, wie Sie eventuell effizienter lernen können.
    a) Schauen Sie sich mit Ihrem Partner oder Ihrer Partnerin die unten stehende Mindmap an.
    b) Überlegen Sie mit Ihrem Partner oder Ihrer Partnerin, wo Sie schon mit einem der Hinweise positive Lernerfahrungen gemacht haben.

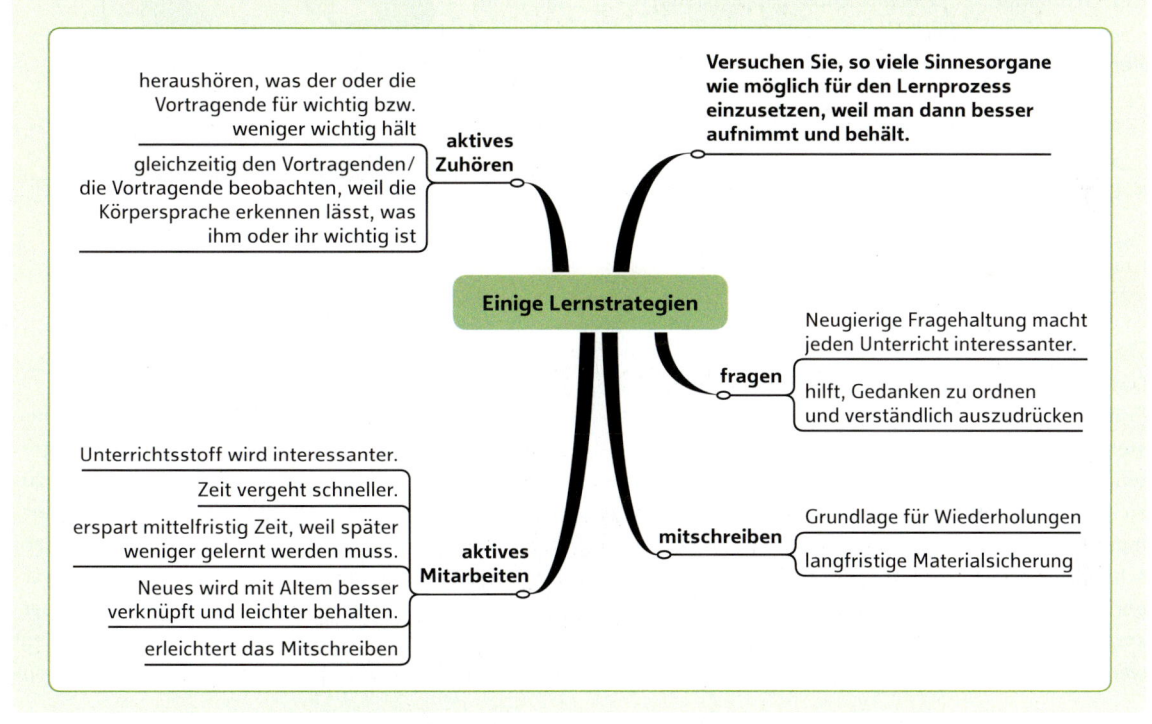

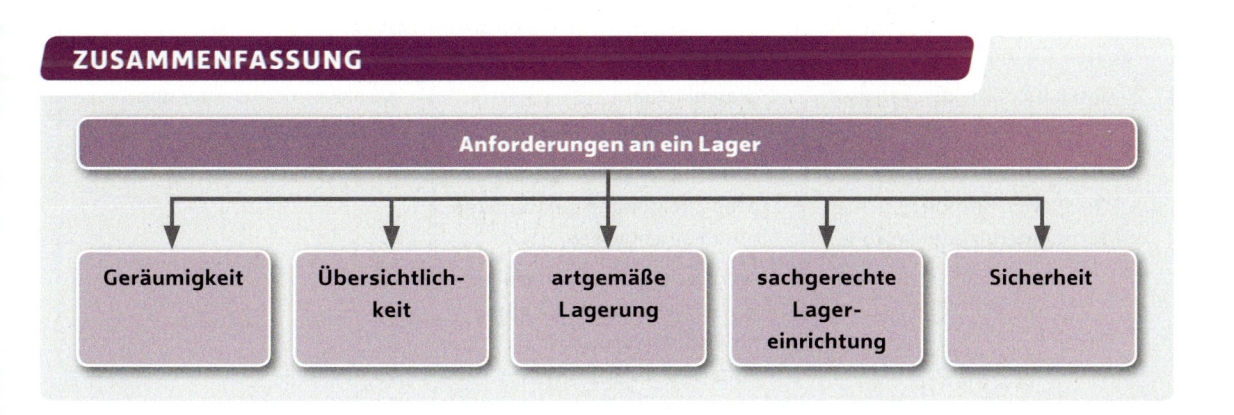

Einige Lernstrategien

- **aktives Zuhören**
  - heraushören, was der oder die Vortragende für wichtig bzw. weniger wichtig hält
  - gleichzeitig den Vortragenden/die Vortragende beobachten, weil die Körpersprache erkennen lässt, was ihm oder ihr wichtig ist
- Versuchen Sie, so viele Sinnesorgane wie möglich für den Lernprozess einzusetzen, weil man dann besser aufnimmt und behält.
- **fragen**
  - Neugierige Fragehaltung macht jeden Unterricht interessanter.
  - hilft, Gedanken zu ordnen und verständlich auszudrücken
- **mitschreiben**
  - Grundlage für Wiederholungen
  - langfristige Materialsicherung
- **aktives Mitarbeiten**
  - Unterrichtsstoff wird interessanter.
  - Zeit vergeht schneller.
  - erspart mittelfristig Zeit, weil später weniger gelernt werden muss.
  - Neues wird mit Altem besser verknüpft und leichter behalten.
  - erleichtert das Mitschreiben

ZUSAMMENFASSUNG

Anforderungen an ein Lager
- Geräumigkeit
- Übersichtlichkeit
- artgemäße Lagerung
- sachgerechte Lagereinrichtung
- Sicherheit

LERNFELD 7

KAPITEL 6
Wir versuchen, uns im Lager immer dem optimalen Lagerbestand zu nähern

Der Lagerleiter, Herr Hintermeier, und der Leiter der Einkaufsabteilung, Herr Schneider, sind unterschiedlicher Meinung:

Herr Schneider: „Aufgrund des vorhergesagten schönen Wetters ist mit einer verstärkten Nachfrage der Verbraucher zu rechnen. Wir wollen jeden möglichen Gewinn mitnehmen. Deshalb haben wir erheblich mehr als üblich bestellt."

Herr Hintermeier: „Aber wir haben keinen Platz mehr im Lager. Wo soll ich die Ware unterbringen?"

Herr Schneider: „In der Nachbarschaft ist doch ein Lagerraum frei."

Herr Hintermeier: „Das bedeutet aber zusätzliche Kosten."

1. Führen Sie auf, welche Kosten für einen zusätzlichen Lagerraum in der Nachbarschaft anfallen könnten.
2. Begründen Sie, wer von beiden recht hat.

INFORMATION

Der optimale Lagerbestand
Das Hauptproblem im Rahmen der Lagerhaltung ist die Ermittlung des optimalen Lagerbestands. Darunter versteht man den für den Einzelhandelsbetrieb günstigsten Lagervorrat. Er muss einerseits aus Kostengründen so klein wie möglich gehalten werden. Andererseits muss er aber auch groß genug sein, um die Lieferbereitschaft aufrechterhalten zu können. Optimal ist ein Lagerbestand dann, wenn die Nachteile eines zu großen sowie die eines zu niedrigen Lagerbestands vermieden werden können.

Nachteile eines unangemessenen Lagerbestands
Ein **zu großer Lagerbestand** würde zu unnötig hohen Lagerkosten führen. Eventuell müssten neue Lagerräume angemietet werden, neues Personal wäre einzustellen. Darüber hinaus besteht die Gefahr einer Wertminderung der Bestände. Liegt die Ware zu lange auf Lager, kann sie veralten, unmodern werden oder verderben. Auch darf der Einzelhandelsbetrieb nicht übersehen, dass er in dem hohen Warenvorrat Geld angelegt hat, das er anderswo im Betrieb hätte besser gebrau-

Lagerkosten

Kosten für die Lagerbestände
- Zinsen für das in den Lagerbeständen gebundene Kapital
- Prämien für die Versicherung der Lagerbestände
- Wertminderung der Warenvorräte durch Diebstahl, Schwund, Veralten und Verderb

Kosten für die Lagerausstattung
- Raumkosten
- Instandhaltung, Strom, Heizung
- Abschreibungen auf Gebäude und Einrichtungen
- Verzinsung des Kapitals, das in Gebäude und Einrichtung investiert wurde

Kosten für die Lagerverwaltung
- Löhne und Gehälter des Lagerpersonals
- Büromaterial für die Lagerverwaltung

chen können. Da er dieses gebundene Kapital („totes Kapital") überdies nicht gewinnbringend bei einer Bank anlegen kann, entgehen ihm mögliche Zinseinnahmen.

Bei einem **zu kleinen Lagerbestand** könnte der Fall eintreten, dass Kundinnen und Kunden Waren, die sie benötigen, nicht kaufen können. Abgesehen von dem entgangenen Gewinn besteht für den Betrieb die Gefahr, dass die Kundinnen und Kunden in Zukunft andere Unternehmen bevorzugen. Ein weiterer möglicher Nachteil eines zu kleinen Lagerbestands sind höhere Kosten beim Bezug kleinerer Mengen. Kauft ein Einzelhandelsbetrieb nur eine geringe Stückzahl eines Artikels, muss er eventuell auf Mengenrabatt verzichten.

Der Einzelhändler und der optimale Lagerbestand

Der optimale, d.h. den gegebenen Umständen nach „beste", Lagervorrat ist abhängig von der Marktlage, den Transportverhältnissen und auch von der Leistungsfähigkeit des Lieferers. Je besser diese Voraussetzungen sind, umso kleiner kann der Lagerbestand sein, da ja jederzeit nachgekauft werden kann. Der optimale Lagerbestand lässt sich nicht eindeutig berechnen, weil das Unternehmen die Nachfrage der Verbraucherinnen und Verbraucher nicht voraussehen kann. Es wird aber immer versucht, im Lager so wirtschaftlich wie möglich zu planen und sich damit weitgehend dem optimalen Lagerbestand anzunähern. Dazu müssen jedoch die Bestände ständig kontrolliert (vgl. Kapitel 7.7) und Lagerkennzahlen (vgl. Kapitel 7.8) gebildet werden.

Risiken der Lagerhaltung

Der optimale Lagerbestand gleicht nicht nur die Nachteile eines zu großen mit den Nachteilen eines zu kleinen Lagerbestands aus. Hier fallen auch die Risiken der Lagerhaltung in einem vertretbaren Ausmaß an.

Jedes Warenlager birgt Risiken, die durch keine Versicherung abzudecken sind. Deshalb müssen die Mitarbeitenden im Einzelhandel darauf achten, diese Risiken gering zu halten.

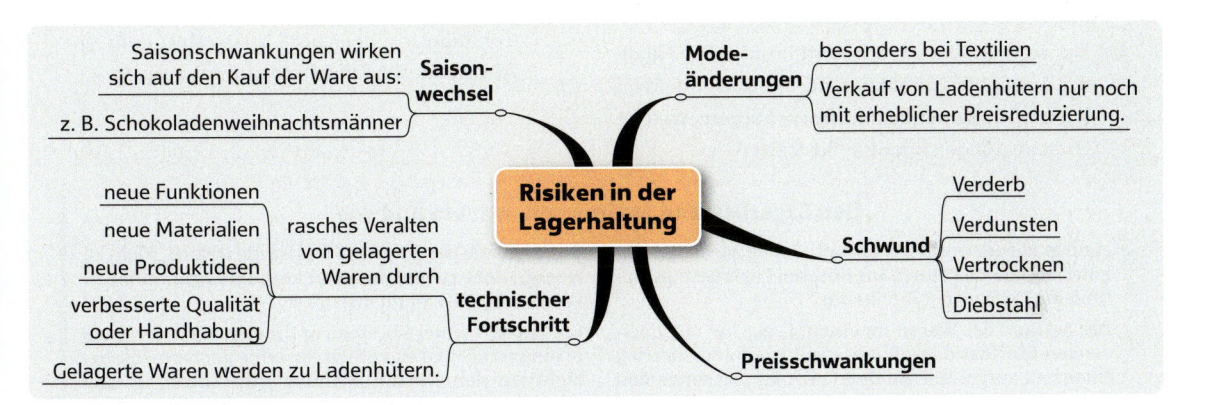

Risiken in der Lagerhaltung

- **Saisonwechsel**: Saisonschwankungen wirken sich auf den Kauf der Ware aus: z. B. Schokoladenweihnachtsmänner
- **Modeänderungen**: besonders bei Textilien; Verkauf von Ladenhütern nur noch mit erheblicher Preisreduzierung.
- **Schwund**: Verderb, Verdunsten, Vertrocknen, Diebstahl
- **Preisschwankungen**
- **technischer Fortschritt**: rasches Veralten von gelagerten Waren durch neue Funktionen, neue Materialien, neue Produktideen, verbesserte Qualität oder Handhabung. Gelagerte Waren werden zu Ladenhütern.

AUFGABEN

1. Was versteht man unter dem optimalen Lagerbestand?
2. Welche Nachteile hat ein zu großer Lagerbestand?
3. Welche Nachteile hat ein zu kleiner Lagerbestand?
4. Nennen Sie Beispiele für Lagerkosten.
5. Warum lässt sich der optimale Lagerbestand nicht eindeutig ermitteln?
6. Erläutern Sie den Begriff „totes Kapital" in Zusammenhang mit den Lagerbeständen.
7. Welche Aussage über den optimalen Lagerbestand ist richtig?

a) Der optimale Lagerbestand ermöglicht das Ausnutzen der günstigsten Einkaufskonditionen.
b) Beim optimalen Lagerbestand werden Vergleiche zwischen Soll- und Ist-Beständen überflüssig.
c) Der optimale Lagerbestand ermöglicht die größte Wirtschaftlichkeit der Lagerhaltung.
d) Bei Erreichen des optimalen Lagerbestands muss neue Ware bestellt werden.
e) Beim optimalen Lagerbestand ist die Umschlagshäufigkeit am geringsten.

LERNFELD 7

8. Welche Kostenart müssen Sie den Lagerkosten zuordnen?
   a) Kosten für die Zustellungen von Waren an Ihre Kunden
   b) Schutzverpackungen bei bestimmten Warengattungen
   c) Zinsen für das im Warenbestand gebundene Kapital
   d) Entsorgungskosten von Batterien bzw. Sondermüll
   e) Bezugskosten der Hausfracht bei Warenanlieferungen

AKTIONEN

1. Erstellen Sie eine PowerPoint-Präsentation, die die Kosten vorstellt, die im Lager vorkommen. Die einzelnen Kostenarten sollen durch entsprechende Abbildungen visualisiert werden.
2. Erstellen Sie zu dem unten stehenden Text, der die Problematik des optimalen Lagerbestands zusammenfasst, eine Mindmap.
3. Untersuchen Sie die GuV-Rechnung der Ambiente Warenhaus AG (siehe Seite 192).
   Stellen Sie dar, welche Posten Kosten der Lagerhaltung enthalten können.
4. Sie sind in der Geschäftsführung der Filiale der Ambiente Warenhaus AG in Stralsund. Zwei Warengruppen bereiten Ihnen Sorgen. Welche Entscheidungen könnten Sie treffen?

   a) Im Frühjahr wurden große Mengen an Garten- und Grillbedarf bestellt. Dieser Sommer ist – anders als vorhergesagt – jedoch kalt und total verregnet. Die Artikel verzeichnen kaum einen Absatz.
   b) Sehr beliebt bei Kindern ist die Fernsehserie „telehubbies". Im Einkauf entscheidet man sich für den Kauf größerer Mengen an T-Shirts, Schlafanzügen, Bettwäsche und Handtüchern mit solchen Motiven. Nachdem ein anderer Sender zur gleichen Zeit „Die Sendung mit der Laus" ausstrahlt, geht der Absatz dieser Artikel sprunghaft zurück.

Den Lagerbestand optimieren: warum und wie

„Immer wieder werde ich gefragt: ‚Schon wieder Ladenhüter, Hilfe! Wie können wir unseren Lagerbestand optimieren? Wie macht ihr das nur?'

Der Bestand der Waren im einem Lager hat entscheidenden Einfluss darauf, wie ein Einzelhandelsbetrieb finanziell aufgestellt ist. Denn oftmals stecken in den Waren ‚auf Lager' sehr große Geldmengen. Und wenn zu viele Artikel in einem Lager vor sich hin dümpeln und veralten, weil sie von den Kundinnen und Kunden nicht nachgefragt werden, bindet das Kapital, das dem Unternehmen an anderen Stellen fehlt. Immerhin haben die Waren ja eine Menge Geld im Einkauf gekostet! Womöglich hatte das Unternehmen eine große Menge von einem Artikel eingekauft, weil es so billiger war – und bleibt nun drauf sitzen. Und wenn es auch noch leicht verderbliche Waren sind oder solche wie Modeartikel, die schnell nicht mehr im Trend sind, müssen diese am Ende für sehr wenig Geld verkauft werden. Und die ganze Zeit über sind auch noch Lagerhaltungskosten für die Artikel angefallen.

Wenn aber zu wenig Waren auf Lager sind, vor allem von denen, die gerade von den Kundinnen und Kunden nachgefragt werden, ist das natürlich auch nicht gut: Kundenabwanderung ist die Folge. Als Kundin oder Kunde geht man dann eben dorthin, wo man die gewünschten Artikel bekommt, fertig. Und das wirkt sich natürlich auf den Umsatz und den Gewinn aus.

Der optimale Lagerbestand ist also die Lösung, nicht zu wenig, nicht zu viel, nicht zu kurz im Lager, nicht zu lang – aber wie kommt man darauf?

Die Zauberformel für einen optimalen Warenbestand in einem Lager ist eigentlich gar keine Zauberei: Sie besteht aus den Worten ‚Planung', ‚Optimierung' und ‚Steuerung'. Ziel einer guten Lagerhaltungspolitik ist es, das, was ins Lager reinkommt, und das, was rausgeht, so zu steuern, dass die entstehenden Kosten (für Ware und Personal) so gering wie möglich ausfallen und trotzdem genau die Ware am Lager ist, die die Kundinnen und Kunden kaufen möchten.

Dazu muss das Unternehmen zunächst seine Waren sehr gut kennen. Und den Markt beobachten und auf Trends reagieren. Dann heißt es, Prioritäten zu setzen: Auf welche Waren fokussieren wir? Welche laufen am besten? Womit machen wir am meisten Gewinn? Welche Artikel werden so gut wie nie nachgefragt? Als Nächstes definiert man einen Mindest- und einen Höchstbestand an Waren, damit nie zu wenig und nie zu viel im Lager ist. Da geht dann quasi rechtzeitig ein Alarm los.

Wer will, kann dabei auf moderne Software zurückgreifen, die zur Bestandoptimierung eine große Hilfe sein kann."

Sandra Walter, seit 20 Jahren Lagerleiterin

LERNFELD 7

ZUSAMMENFASSUNG

Optimaler Lagerbestand = Warenvorrat, bei dem die größte Wirtschaftlichkeit erreicht wird

vermeidet

Nachteile eines zu hohen Kapitalbestands
- Kapitalbindung
- Lagerkosten

Nachteile eines zu niedrigen Lagerbestands
- entgangener Gewinn
- Kundenverlust

KAPITEL 7
Wir kontrollieren die Bestände im Lager

Anja Maibaum erfährt in einem Gespräch mit dem Lagerleiter Hintermeier: „Seitdem wir unsere Lagervorräte systematisch kontrollieren, haben sie sich um ungefähr ein Drittel verringert. Dadurch konnte das im Lager gebundene Kapital erheblich gesenkt werden. Das bringt Liquidität und macht Mittel frei für andere Dinge, die wichtig sind ..."

Herr Hintermeier fährt fort: „Wir wollen den Teddybär ‚Klausi' der Firma Schlie OHG neu ins Sortiment aufnehmen. Für unvorhergesehene Fälle sollen immer 150 Stück vorrätig sein. Die Firma Schlie OHG hat nach unserem Warenwirtschaftssystem eine Lieferzeit von 30 Tagen. Wir rechnen mit einem Absatz von 10 Stück pro Tag. Ich brauch jetzt die Bestandsgrößen ..."

1. Führen Sie auf, welche Bestände im Lager regelmäßig kontrolliert werden müssen.
2. Berechnen Sie die Bestandsgrößen.
3. Stellen Sie die Bestandsgrößen grafisch dar.

INFORMATION

Die rechtzeitige und mengenmäßig richtige Lagerergänzung ist eines der schwierigsten Probleme in einem Einzelhandelsbetrieb. Um einen angemessenen und wirtschaftlichen Lagervorrat zu erreichen, müssen die Bestände ständig überwacht werden. Die dazu notwendige Bestandskontrolle kann sowohl körperlich als auch buchmäßig mithilfe von Listen, Karteien und Bildschirmanzeigen erfolgen. Ziel der Bestandskontrolle ist eine möglichst genaue Ergänzung der Warenvorräte. Aus Kostengründen soll nur so viel Ware gelagert werden, wie in absehbarer Zeit benötigt wird. Um das zu erreichen, wird die Ware oft erst dann bestellt, wenn der Vorrat eines Artikels unter einen vorher festgelegten Bestand gesunken ist.

Bei diesem häufig angewandten Verfahren sind verschiedene Bestandsarten zu unterscheiden.

Mindestbestand

Jeder Einzelhandelsbetrieb sollte immer über einen Reservebestand an Ware verfügen, der einen störungsfreien Ablauf der Betriebstätigkeit ermöglicht. Dieser Bestand wird oft auch **Mindestbestand** oder **eiserner Bestand** genannt.

Der Mindestbestand darf mit Zustimmung der Geschäftsleitung nur dann angetastet werden, wenn die Verkaufsbereitschaft gefährdet ist. Das kann der Fall sein, wenn
- der tatsächliche Absatz der Waren größer ist als der geplante Absatz,
- aus nicht vorhersehbaren Gründen die Beschaffung von Waren länger dauert als geplant. Hervorgerufen werden können solche Lieferstörungen beispielsweise durch Streiks oder schlechte Witterungsverhältnisse.

LERNFELD 7

Inventurliste			Tag der Inventur:					Blatt		
Abteilung:		Lagerort: *Lager*	Aufgenommen am: *4. Jan.* durch: *Huhn/Loffermann*			Preise einges.:	Ausgerechnet:			Nachgerechnet:
V	Nr.	Artikel	Größe	Anzahl	Einheit	Einzelpreis € | ct	Gesamtpreis Verkaufswert € | ct	Kalk.-Abschl. %	Inventurwert € | ct	Bemerkungen
		Messer		14						
		Schrauben		2	Pck.					
		Dübel, 6 mm		1	Pck.					
		Hammer		17						
		Zange		5						

Der Mindestbestand wird aufgrund von Erfahrungswerten festgelegt. Der Einzelhandelsbetrieb sollte ihn jedoch nicht zu hoch ansetzen. Zu viel in der Ware gebundenes Kapital wäre praktisch stillgelegt und würde zudem Zinsen kosten.

Meldebestand

Neben dem Mindestbestand muss auch die Warenmenge berücksichtigt werden, die ausreicht, um die Zeitspanne zwischen Bestellung und Auslieferung einer Ware zu überbrücken. Bei Erreichen des sogenannten Meldebestands muss das Unternehmen sofort nachbestellen. Zwar verkauft es während der Beschaffungszeit weiterhin Ware, bei einem pünktlichen Eintreffen der bestellten Artikel wird das Lager jedoch rechtzeitig wieder aufgefüllt. Der Mindestbestand muss also nicht angegriffen werden.

> Der Meldebestand entspricht dem erfahrungsgemäßen Verkauf während der Beschaffungszeit zuzüglich des Mindestbestands, der ja immer gehalten werden soll.

Er lässt sich folgendermaßen berechnen:

Meldebestand =
(täglicher Absatz · Lieferzeit) + Mindestbestand

BEISPIEL

Ein Einzelhandelsbetrieb verkauft täglich durchschnittlich 40 Stück eines bestimmten Artikels. Die Lieferzeit für diesen Artikel beträgt 10 Tage. Als Mindestbestand wurden von der Unternehmensleitung 100 Stück festgelegt.

Meldebestand = (40 · 10) + 100 = 500 Stück

Ist der Lagerbestand auf 500 Stück gesunken, muss bestellt werden. Es wäre falsch, erst zu ordern, wenn der Artikel ausgegangen ist. Da der Artikel dann wegen der Lieferzeit 10 Tage nicht vorrätig wäre, würden die Kundinnen und Kunden verärgert das Geschäft verlassen und bei der Konkurrenz kaufen.

Höchstbestand

Durch die Festlegung eines Höchstbestands soll ein überhöhter Lagervorrat vermieden werden, der zu einer extremen Steigerung der Lagerkosten führen würde.

> Der Höchstbestand gibt an, welche Menge von Artikeln insgesamt auf Lager sein darf, ohne dass dem Betrieb unnötige Lagerkosten entstehen.

Der Höchstbestand ist abhängig von den Lagermöglichkeiten, die zur Verfügung stehen. Da er meist nach dem Eingang der bestellten Menge erreicht wird, lässt sich der Höchstbestand auch berechnen.

Höchstbestand = Mindestbestand + Bestellmenge

LERNFELD 7

BEISPIEL

Nach Erreichen eines Meldebestands von 500 Stück werden 3 000 Stück neu bestellt. Nach 10 Tagen trifft die Ware ein. Beim Eintreffen der neuen Ware befindet sich nur noch der Mindestbestand von 100 Stück auf Lager.

Höchstbestand = 100 + 3 000 = 3 100

Bestandskontrolle und Bestellzeitpunkt

Für die Bestandskontrolle ist eine aktuelle und richtige Bestandsfortschreibung sehr wichtig. Dadurch wird auch eine Zeitplanung ermöglicht, mit der man den Bestellzeitpunkt für Waren optimal festlegen kann.

> Der Bestellzeitpunkt ist der Tag, an dem der Meldebestand erreicht wird.

BEISPIEL

Ein Einzelhandelsbetrieb hat einen Artikel im Sortiment, von dem täglich durchschnittlich 20 Stück verkauft werden. Die Lieferzeit für diesen Artikel beträgt 5 Tage. Es soll ständig ein Mindestbestand von 40 Stück gehalten werden. Der Höchstbestand beträgt 400 Stück.

Die Bedingungen des Beispiels sind vereinfacht. In der Praxis sind solche Fälle nur selten anzutreffen. Bei vielen Artikeln im Einzelhandel kommt es nämlich zu stark schwankenden Umsätzen, wodurch die Arbeit des Einkäufers erschwert wird. Er muss seine Entscheidungen bei Unterschreiten des Meldebestands oft überdenken oder diesen auch neu festlegen.

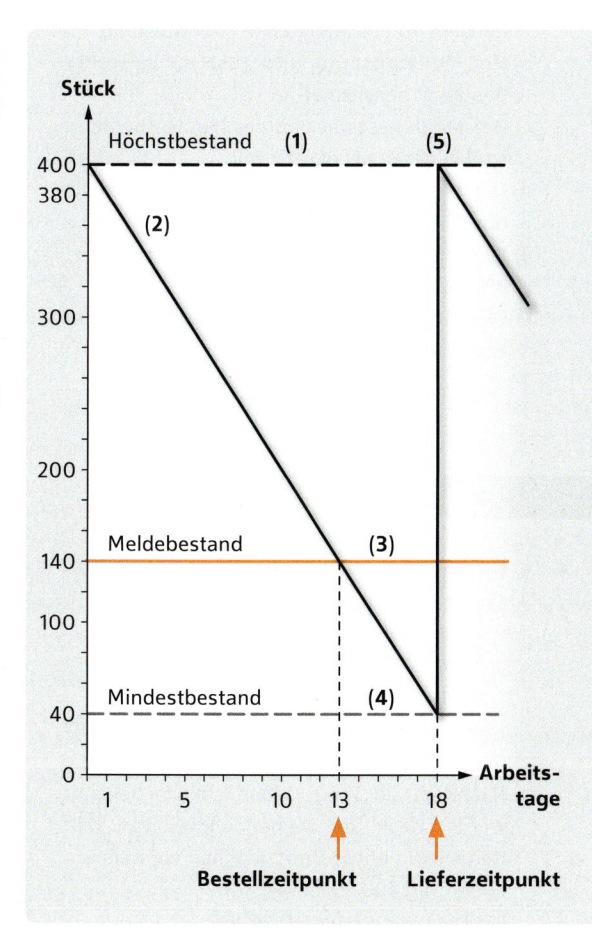

Erläuterung zum Schaubild:

Am Morgen des ersten Arbeitstages hat der Warenvorrat noch den Höchstbestand von 400 Stück (1). Setzt der Einzelhandelsbetrieb durchschnittlich 20 Stück pro Tag ab, dann befinden sich am Ende des 1. Tages nur noch 380 Stück auf Lager (2). Am Abend des 13. Tages wird der Meldebestand von 140 Stück erreicht (3). Dieser Tag ist der Bestellzeitpunkt. Innerhalb der Lieferfrist von 5 Tagen verkauft der Einzelhandelsbetrieb weitere 100 Stück der Ware, sodass am Ende des 18. Tages nur noch 40 Stück auf Lager liegen (4). Diese 40 Stück stellen den Mindestbestand dar, der unter normalen Umständen nicht unterschritten werden darf. Der Bestellzeitpunkt (bzw. Meldebestand) ist so gewählt, dass an dem Tag, an dem der Mindestbestand erreicht wird, neue Ware geliefert wird. Am Abend des 18. Tages – dem Lieferzeitpunkt – befinden sich wieder 400 Stück auf Lager (5).

LERNFELD 7

AUFGABEN

1. Welche Aufgabe hat die Bestandskontrolle?
2. In welchen Fällen kann die Verkaufsbereitschaft gefährdet sein?
3. Wozu dient der Mindestbestand?
4. Welche Bedeutung hat der Meldebestand?
5. In einem Fachgeschäft werden täglich durchschnittlich 120 Stück eines bestimmten Artikels verkauft. Die Lieferzeit beträgt 20 Tage. Als Mindestbestand wurden 200 Stück festgelegt.

   Wie hoch ist der Meldebestand?
6. Die Ambiente Warenhaus AG verkauft von einer Ware täglich durchschnittlich 45 Stück. Die Lieferzeit beträgt 14 Tage.

   Wie viel Stück beträgt der Meldebestand, wenn der Mindestbestand (eiserner Bestand) für 10 Tage reichen soll?
7. Anja Maibaum hat für einen Artikel einen eisernen Bestand von 45 Stück ermittelt. Der Meldebestand für diesen Artikel wurde mit 144 Stück berechnet. Aus der Statistik ergab sich ein täglicher Absatz von 9 Stück.

   Von wie viel Tagen Lieferzeit war Anja bei der Berechnung des Meldebestands ausgegangen?
8. Welcher Zusammenhang besteht zwischen Lagerbestand und Lieferzeit?
    a) Je höher der Lagerbestand ist, desto länger muss die Lieferzeit sein.
    b) Je kürzer die Lieferzeit ist, desto größer muss der Lagerbestand sein.
    c) Je kürzer die Lieferzeit ist, desto geringer kann der Lagerbestand sein.
    d) Je länger die Lieferzeit ist, desto geringer kann der Lagerbestand sein.
    e) Je niedriger der Lagerbestand ist, desto länger kann die Lieferzeit sein.
9. Welche Abhängigkeit besteht zwischen Meldebestand und anderen Lagerbestandszahlen?
    a) Der Meldebestand entspricht in der Regel dem durchschnittlichen Lagerbestand.
    b) Der Meldebestand wird auch als „eiserner Bestand" bezeichnet.
    c) Der Meldebestand und der Mindestbestand sind in der Regel gleich groß.
    d) Der Meldebestand ist in der Regel höher als der Mindestbestand.
    e) Der Meldebestand ist in der Regel niedriger als der Mindestbestand.
    f) Der Meldebestand wird auch als optimaler Lagerbestand bezeichnet.

AKTIONEN

1. Erstellen Sie eine Excel-Tabelle, die nach Eingabe des
    - Mindestbestands,
    - der Lieferzeit,
    - des Höchstbestands,
    - des täglichen Absatzes

   den Meldebestand berechnet.
2. Berechnen Sie mithilfe der Excel-Tabelle den Meldebestand bei Vorliegen folgender Bedingungen:
    - täglicher Absatz: 10 Stück
    - Lieferzeit: 5 Tage
    - Mindestbestand: 20 Stück
    - Höchstbestand: 200 Stück
3. Stellen Sie die Lösung der Aufgabe 2 mithilfe von Excel grafisch dar.
4. a) Ermitteln Sie mithilfe des Warenwirtschaftssystems:
    - Meldebestand,
    - Mindestbestand,
    - Höchstbestand und
    - den aktuellen Bestand des Damenpullovers „Elle".
   b) Nachdem in der Öffentlichkeit bekannt wurde, dass der Damenpullover von Karl Hagerfeld entworfen wurde, werden an einem Tag 400 Stück verkauft.

   Führen Sie die Verkäufe durch.

   Stellen Sie fest, welche Auswirkungen die Verkäufe im Warenwirtschaftssystem haben.
   c) Bestellen Sie 600 Stück nach.

LERNFELD 7

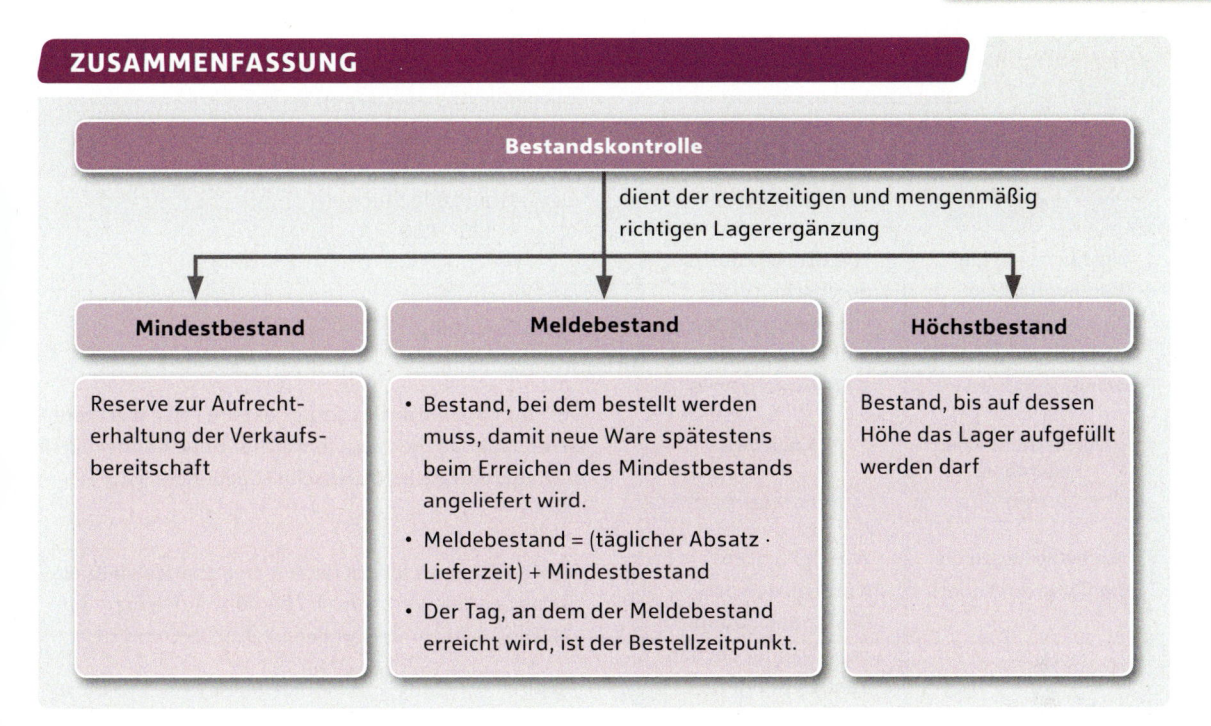

ZUSAMMENFASSUNG

Bestandskontrolle

dient der rechtzeitigen und mengenmäßig richtigen Lagerergänzung

Mindestbestand

Reserve zur Aufrechterhaltung der Verkaufsbereitschaft

Meldebestand

- Bestand, bei dem bestellt werden muss, damit neue Ware spätestens beim Erreichen des Mindestbestands angeliefert wird.
- Meldebestand = (täglicher Absatz · Lieferzeit) + Mindestbestand
- Der Tag, an dem der Meldebestand erreicht wird, ist der Bestellzeitpunkt.

Höchstbestand

Bestand, bis auf dessen Höhe das Lager aufgefüllt werden darf

KAPITEL 8
Wir überprüfen mithilfe von Lagerkennzahlen die Wirtschaftlichkeit des Lagers

Herr Hintermeier, der Lagerleiter, liest in einer Unternehmensmitteilung, dass ein bestimmter Artikel im Durchschnitt aller Unternehmensfilialen 25 Tage auf Lager liegt. Herr Hintermeier untersucht daraufhin die Situation in seinem Lager. Die durchschnittliche Lagerdauer des Produkts beträgt hier 32 Tage.

1. Stellen Sie fest, welche Aussagen solche Kennzahlen zulassen.
2. Schlagen Sie Maßnahmen vor, wie die Ambiente Warenhaus AG betriebswirtschaftlich reagieren soll.
3. Berechnen Sie aus der jeweiligen durchschnittlichen Lagerdauer die Umschlagshäufigkeit.

INFORMATION

Ein Artikel verursacht umso mehr Lagerkosten, je länger er auf Lager liegt. Der Einzelhandelsbetrieb wird also versuchen, die Lagerdauer der Ware so kurz wie möglich zu halten. Um die Wirtschaftlichkeit der Vorratshaltung kontrollieren zu können, werden in der Praxis regelmäßig Lagerkennzahlen errechnet.

LERNFELD 7

Lagerkennzahlen

- **Durchschnittlicher Lagerbestand** → Wie hoch sind die Warenvorräte im Durchschnitt des Jahres?
- **Lagerumschlagshäufigkeit** → Wie oft wird der durchschnittliche Lagerbestand pro Jahr ausgewechselt?
- **Durchschnittliche Lagerdauer** → Wie lange liegen die Bestände auf Lager?
- **Lagerzins** → Wie viel Zinsen würde das in den Beständen gebundene Kapital bei den Banken bringen?

Durchschnittlicher Lagerbestand

Während eines ganzen Jahres ergeben sich aufgrund von Lagerzu- oder -abgängen unterschiedliche, zum Teil stark voneinander abweichende Lagerbestände. Deshalb wird zur Übersicht aus Einzelwerten ein Mittelwert errechnet.

> **DEFINITION**
>
> Der **durchschnittliche Lagerbestand (DLB)** gibt für einen bestimmten Zeitabschnitt an, wie groß der Vorrat eines bestimmten Artikels im Durchschnitt ist. Zur Ausschaltung von Zufallsergebnissen wird in der Regel vom durchschnittlichen Jahresbestand ausgegangen.

Die Genauigkeit dieser Kennziffer hängt davon ab, wie viel Bestände zur Berechnung herangezogen werden. Werden die Vorräte im Lager nur im Rahmen einer Jahresinventur kontrolliert, dann stehen nur der Anfangsbestand zum 1. Januar des Jahres und der Endbestand zum 31. Dezember des Jahres zur Bildung des durchschnittlichen Lagerbestands zur Verfügung:

$$\text{Durchschnittlicher Lagerbestand} = \frac{\text{Anfangsbestand} + \text{Endbestand}}{2}$$

Der durchschnittliche Lagerbestand kann sowohl mengen- als auch wertmäßig errechnet werden.

Als **Mengenkennziffer** wird der durchschnittliche Lagerbestand in Stück angegeben.

> **BEISPIEL**
>
> Ein Schreibwarengeschäft vertreibt u. a. auch Aktenordner. Am Anfang des Jahres hatte der Betrieb einen Vorrat von 520 Stück, am Ende des Jahres betrug der Bestand 800 Stück.
>
> $$\text{DLB} = \frac{520 + 800}{2} = 660 \text{ Stück}$$
>
> Als durchschnittlicher Lagerbestand werden 660 Stück ermittelt.

Der durchschnittliche Lagerbestand als **Wertkennziffer** sagt dagegen aus, in welcher Höhe Kapital durch die Lagervorräte im Durchschnitt gebunden ist.

> **BEISPIEL**
>
> Am 1. Jan. eines Jahres hat ein Einzelhandelsbetrieb Batterien im Wert von 4.200,00 € auf Lager. Am 31. Dez. wird ein Bestand von 2.800,00 € ermittelt.
>
> $$\text{DLB} = \frac{4.200,00 + 2.800,00}{2} = 3.500,00 \text{ €}$$
>
> Es befinden sich also durchschnittlich Batterien im Wert von 3.500,00 € auf Lager.

Genauer und empfehlenswerter ist die Berechnung des durchschnittlichen Lagerbestands auf der Grundlage der 12 Monatswerte. Die Formel für den durchschnittlichen Lagerbestand lautet dann:

$$\text{Durchschnittlicher Lagerbestand} = \frac{\text{Jahresanfangsbestand} + 12 \text{ Monatsendbestände}}{13}$$

Artikel: CDs Gutton 90
Meldebestand: 210 **Höchstbestand: 480**

Tag	Eingang	Ausgang	Bestand
1. Jan.			220
7. Jan.	230		450
3. Febr.		100	350
17. Febr.		138	212
9. März		20	192
23. März	150		342
25. März		31	311
7. April		13	298
20. Mai		118	180
25. Juni	180		360
28. Juni		8	352
15. Juli	100		452
21. Juli		39	413
28. Aug.		32	381

2. Sept.		153	228
5. Okt.		50	178
23. Okt.	67		245
11. Nov.		49	196
1. Dez.	150		346
15. Dez.		62	284

BEISPIEL

Im Sortiment einer Filiale der Ambiente Warenhaus AG befinden sich auch Musik-CDs. Aus der Lagerkartei ergaben sich während des Jahres folgende Bestände:

Anfangsbestand am 1. Jan.: 220 Stück

Monatsendbestände:

Jan.:	450	Mai:	180	Sept.:	228
Febr.:	212	Juni:	352	Oktober:	245
März:	311	Juli:	413	Nov.:	196
April:	298	Aug.:	381	Dez.:	284

DLB = (220 + 450 + 212 + 311 + 298 + 180 + 352 + 413 + 381 + 228 + 245 + 196 + 284) : 13

DLB = $\frac{3770}{13}$ = 290 Stück

Durchschnittlich lagen 290 Stück auf Lager.

$$\text{Durchschnittlicher Lagerbestand} = \frac{\text{Wareneinsatz}}{\text{Umschlagshäufigkeit}}$$

Lagerumschlagshäufigkeit

DEFINITION

Die **Lagerumschlagshäufigkeit (LUH)** gibt an, wie oft der Lagerbestand eines Artikels innerhalb eines Jahres erneuert wird.

GÜRKCHEN 12 X IN DIESEM JAHR NACHGEORDERT

Wurde der durchschnittliche Lagerbestand **mengenmäßig** ermittelt, dann lässt sich die Umschlagshäufigkeit nach folgender Formel berechnen:

$$\text{Umschlagshäufigkeit} = \frac{\text{Jahresabsatz}}{\text{durchschnittlicher Lagerbestand}}$$

BEISPIEL

Ein Einzelhandelsbetrieb hat während eines Jahres von einem Artikel 2 320 Stück verkauft. Der durchschnittliche Lagerbestand dieser Ware betrug 290 Stück.

Umschlagshäufigkeit = $\frac{2\,320}{290}$ = 8

Die Umschlagshäufigkeit dieses Produkts beträgt 8. Achtmal wurde der durchschnittliche Lagerbestand innerhalb eines Jahres verkauft und ersetzt.

Liegt der durchschnittliche Lagerbestand **wertmäßig** vor, wird die Umschlagshäufigkeit in folgender Form ermittelt:

$$\text{Umschlagshäufigkeit} = \frac{\text{Wareneinsatz}}{\text{durchschnittlicher Lagerbestand zu Einstandspreisen}}$$

BEISPIEL

Der Wareneinsatz eines Supermarktes für eine Warengruppe betrug 450.000,00 €. Der durchschnittliche Lagerbestand lag bei 75.000,00 €.

Umschlagshäufigkeit = $\frac{450.000,00\,€}{75.000,00\,€}$ = 6

Der Warenvorrat dieser Warengruppe wurde also sechsmal im Jahr umgesetzt.

Durchschnittliche Lagerdauer

Kennt man die Umschlagshäufigkeit eines Artikels, kann man auch dessen durchschnittliche Lagerdauer angeben.

DEFINITION

Die **durchschnittliche Lagerdauer (DLD)** zeigt, wie lange Ware durchschnittlich bevorratet wird. Diese Kennziffer misst die Zeitspanne zwischen der Ankunft der Ware im Lager und der Ausgabe bzw. dem Verkauf.

$$\text{Durchschnittliche Lagerdauer} = \frac{360}{\text{Umschlagshäufigkeit}}$$

Eine Erhöhung der Umschlagshäufigkeit bewirkt eine Verkürzung der durchschnittlichen Lagerdauer.

LERNFELD 7

BEISPIEL

- Ein bestimmter Artikel hat eine Umschlagshäufigkeit von 8.

  Durchschnittliche Lagerdauer = $\frac{360}{8}$ = 45 Tage

  Es ergibt sich eine durchschnittliche Lagerdauer von 45 Tagen.

- Die Umschlagshäufigkeit wurde von 8 auf 10 erhöht.

  Durchschnittliche Lagerdauer = $\frac{360}{10}$ = 36 Tage

  Wenn die Ware jetzt zehnmal im Jahr umgesetzt wird, liegt sie nur noch durchschnittlich 36 Tage auf Lager.

Lagerzinssatz

Eine ebenfalls häufig verwendete Lagerkennziffer ist der Lagerzinssatz.

DEFINITION

Mit dem **Lagerzinssatz** werden die Zinskosten erfasst, die durch die Investition in Warenvorräte entstehen. Diese Kennzahl gibt somit Auskunft über das in den Lagerbeständen angelegte Kapital.

Das dort gebundene, tote Kapital würde bei den Geschäftsbanken Zinsen erbringen.

Berechnungsmöglichkeiten für den Lagerzinssatz:

a) = $\frac{\text{Jahreszinssatz}}{\text{Umschlagshäufigkeit}}$

b) = $\frac{\text{Jahreszinssatz} \cdot \text{durchschnittliche Lagerdauer}}{360}$

c) = $\frac{\text{Jahreszinssatz} \cdot \text{durchschnittlicher Lagerbestand}}{\text{Wareneinsatz}}$

BEISPIEL

Ein Einzelhandelsunternehmen hat einen Wareneinsatz von 1.350.000,00 €. Der durchschnittliche wertmäßige Lagerbestand beträgt 180.000,00 €. Der Jahreszinssatz der Banken liegt bei 9 %.

Berechnung der Umschlagshäufigkeit:

$\frac{1.350.000,00}{180.000,00}$ = 7,5

Berechnung der durchschnittlichen Lagerdauer:

$\frac{360}{7,5}$ = 48 Tage

Berechnung des Lagerzinssatzes nach Formel

a) $\frac{9}{7,5}$ = 1,2 %   oder   b) $\frac{9 \cdot 48}{360}$ = 1,2 %

Je höher der Lagerzinssatz, desto größer ist der Zinsverlust infolge auf Lager liegender Ware.

Mithilfe des Lagerzinssatzes und des durchschnittlichen Lagerbestands können die Lagerzinsen ermittelt werden. Sie betragen 1,2 % von 180.000,00 €.

Lagerzinsen = $\frac{180.000,00 \cdot 1,2}{100}$ = 2.160,00

Für die 180.000,00 €, die der Einzelhandelsbetrieb in Ware investierte, bekäme er Zinsen von 2.160,00 €, wenn er den Geldbetrag bei einer Bank zu 9 % anlegen würde.

Bedeutung der Lagerkennzahlen

Für den Einzelhandelsbetrieb sind die Lagerkennzahlen von besonderer Bedeutung. Im Zeitvergleich zeigen sie zunächst Entwicklungstendenzen des Betriebs, einer Warengruppe oder eines Artikels auf.

> Die Umschlaggeschwindigkeit einzelner Warengruppen kann äußerst unterschiedlich sein. Branchenuntersuchungen zeigen, dass die Lagerumschlaggeschwindigkeit im Lebensmittelbereich etwa bei 14, bei Schuhen nur bei ca. 2 liegt.

BEISPIEL

Die durchschnittliche Lagerdauer für eine Warengruppe betrug im Vorjahr 45 Tage, in diesem Jahr liegt sie bei 50 Tagen.

Das Unternehmen erkennt, dass sich die durchschnittliche Lagerdauer dieser Warengruppe verschlechtert hat. Es wird untersuchen, wie es zu dieser negativen Entwicklung kommen konnte, und eventuell Maßnahmen ergreifen.

Aber auch im überbetrieblichen Vergleich lassen sich interessante Erkenntnisse gewinnen. So wird für fast alle Branchen eine typische Umschlagshäufigkeit ermittelt, anhand der man die Wirtschaftlichkeit eines Betriebs beurteilen kann.

BEISPIEL

Als Lagerumschlagshäufigkeit einer Branche wurde die Kennzahl 12 ermittelt. Ein Einzelhandelsbetrieb dieser Branche hat die Umschlagshäufigkeit 8. Dieser Betrieb weist ein schlechteres Ergebnis als der Durchschnitt aller Unternehmen dieser Branche auf. Es müssen nun die Ursachen für diese Abweichung erforscht werden. Sie könnten u. a. liegen

- in einer schlechten Bestellorganisation,
- an zu hohen Mindestbeständen,
- an Ladenhütern,
- an einer Sortimentszusammensetzung, die sich vom Durchschnitt in der Branche unterscheidet.

Das Einzelhandelsunternehmen sollte immer versuchen, eine hohe Umschlagshäufigkeit zu erzielen. Diese bewirkt nämlich, dass der Einsatz von Kapital für den Warenvorrat geringer wird.

BEISPIEL

Zwei vergleichbare Betriebe einer Branche haben in einer Warengruppe einen Wareneinsatz von je 200.000,00 €. Für den ersten Betrieb wurde eine Umschlagshäufigkeit von 10, für den zweiten eine von 4 ermittelt.

1. Betrieb:

$$\text{Umschlagshäufigkeit} = \frac{\text{Wareneinsatz}}{\text{durchschnittlicher Lagerbestand}}$$

$$10 = \frac{200.000,00\ €}{\text{DLB}}$$

$$\text{DLB} = \frac{\text{Wareneinsatz}}{\text{Umschlagshäufigkeit}}$$

$$\text{DLB} = \frac{200.000,00\ €}{10} = 20.000,00\ €$$

2. Betrieb:

$$\text{Umschlagshäufigkeit} = \frac{\text{Wareneinsatz}}{\text{durchschnittlicher Lagerbestand}}$$

$$10 = \frac{200.000,00\ €}{\text{DLB}}$$

$$\text{DLB} = \frac{\text{Wareneinsatz}}{\text{Umschlagshäufigkeit}}$$

$$\text{DLB} = \frac{200.000,00\ €}{4} = 50.000,00\ €$$

Beim ersten Betrieb waren im Lager durchschnittlich nur 20.000,00 € gebunden, beim zweiten aber 50.000,00 €. Obwohl er im Jahr dieselbe Menge an Waren verkaufte, hat der erste Betrieb im Gegensatz zu seinem Mitbewerber 30.000,00 € Kapital zusätzlich frei für andere Zwecke.

Da durch eine höhere Umschlagshäufigkeit das in die Artikel investierte Kapital in kürzeren Abständen zurückfließt, werden auch die Lagerkosten geringer. Das wirkt sich positiv auf die Gewinnsituation des Betriebs aus.

BEISPIEL

Der erste Einzelhandelsbetrieb mit dem durchschnittlichen Lagerbestand von 20.000,00 € braucht für seine Warenvorräte weniger Verderb und Schwund zu fürchten als das zweite Unternehmen (mit durchschnittlichen 50.000,00 € auf Lager). Er wird auch weniger Lagerraum und Lagerpersonal benötigen.

Eine Erhöhung der Umschlagshäufigkeit bzw. eine Verkürzung der durchschnittlichen Lagerdauer kann u. a. erreicht werden durch

- eine permanente Lagerbestandsüberwachung,
- Festlegung von Höchstbeständen,
- Straffung des Warenangebots,
- Kauf auf Abruf.

Wenn sich die Ware nicht verkauft, sind möglicherweise zu viele Ladenhüter dabei.

LERNFELD 7

AUFGABEN

1. Was versteht man unter dem durchschnittlichen Lagerbestand?

2. Worüber gibt die Lagerumschlagshäufigkeit Auskunft?

3. Wie wird die durchschnittliche Lagerdauer berechnet?

4. Aus der Lagerkartei des Textilfachgeschäfts „Erwin Lottermann" ergaben sich für Herrenanzüge einer bestimmten Größe während des Jahres folgende Bestände:

   Anfangsbestand: 130 Stück
   Monatsendbestände:

Januar:	55	Mai:	34	September:	27
Februar:	12	Juni:	37	Oktober:	28
März:	40	Juli:	32	November:	88
April:	27	August:	11	Dezember:	21

   Der Jahresabsatz betrug 170 Stück.

   Berechnen Sie:
   a) den durchschnittlichen Lagerbestand
   b) die Lagerumschlagshäufigkeit
   c) die durchschnittliche Lagerdauer

5. Welche Aussage zum durchschnittlichen Lagerbestand ist richtig?
   a) Es ist der Bestand, der immer vorhanden sein muss, um einen störungsfreien Betriebsablauf zu sichern.
   b) Es ist der Bestand, der durch die Inventur festgestellt wird.
   c) Es ist der Bestand, der aus dem Inventurbestand und den im Lauf des Jahres vorhandenen Monatsbeständen errechnet wird.
   d) Es ist der Bestand, der am Jahresende vorhanden ist.
   e) Es ist der Bestand, der aus Kostengründen nicht überschritten werden sollte.

6. Das Warenwirtschaftssystem sowie die Finanzbuchführung weisen für eine Abteilung der Ambiente Warenhaus AG die folgenden Zahlen aus:

   Warenanfangsbestand .... 40.000,00 €
   12 Monatsendbestände .... 545.000,00 €
   Umsatz zu Einstandspreisen .... 350.000,00 €
   Reingewinn .... 48.000,00 €
   Eigenkapital .... 800.000,00 €

   Wie viel Euro beträgt der durchschnittliche Lagerbestand?

7. Welche Angabe benötigt die Ambiente Warenhaus AG zur Berechnung der Umschlagshäufigkeit (Umschlaggeschwindigkeit) einer Warengruppe?
   a) den Höchstbestand der Waren
   b) den Mindestbestand der Waren
   c) den Warenumsatz
   d) den Wareneinsatz
   e) den Meldebestand der Waren

8. Durch eine Marketingmaßnahme konnte die Ambiente Warenhaus AG den Warenabsatz innerhalb einer Warengruppe um 20 % steigern.

   Wie wirkt sich dies auf die Umschlagshäufigkeit aus?

   a) Eine Steigerung des Warenabsatzes bewirkt keine Veränderung der Umschlagshäufigkeit, weil sich verkaufte Mengen nur auf den Lagerbestand auswirken.
   b) Die Umschlagshäufigkeit steigt, wenn die durchschnittliche Lagerdauer entsprechend der Absatzsteigerung um 20 % steigt.
   c) Die Umschlagshäufigkeit sinkt, wenn der durchschnittliche Lagerbestand sich nicht verändert.
   d) Die Umschlagshäufigkeit steigt, wenn der durchschnittliche Lagerbestand entsprechend der Absatzsteigerung um 20 % steigt.
   e) Die Umschlagshäufigkeit steigt, wenn sich der durchschnittliche Lagerbestand nicht verändert.
   f) Die Umschlagshäufigkeit sinkt, wenn die durchschnittliche Lagerdauer entsprechend der Absatzsteigerung um 20 % sinkt.

9. Die Umschlagshäufigkeit einer Warengruppe ist 50.

   Wie viel Tage beträgt die durchschnittliche Lagerdauer?

10. Zur Berechnung der Umschlagshäufigkeit liegen folgende Kennzahlen vor:

	Vorjahr	Aktuelles Jahr
Durchschnittl. Lagerbestand	1.600.000,00 €	1.800.000,00 €
Wareneinsatz	12.000.000,00 €	14.040.000,00 €
Umschlagshäufigkeit	7,5	

Um wie viel Prozent hat sich die Umschlagshäufigkeit im aktuellen Jahr im Vergleich zum Vorjahr verändert?

11. Die Umschlagshäufigkeit eines Artikels soll in der Schönstädter Filiale der Ambiente Warenhaus AG verbessert werden, ebenso die davon abhängige durchschnittliche Lagerdauer.

Durch welche Maßnahme kann die durchschnittliche Lagerdauer verkürzt werden?

a) Sie nehmen Waren mit hoher Umschlagshäufigkeit aus dem Sortiment.
b) Sie kaufen größere Mengen zur Nutzung der Nachlässe.
c) Sie erhöhen die Mindestbestände.
d) Sie vereinbaren mit unseren Lieferern möglichst Kauf auf Abruf.
e) Sie erhöhen die Höchstbestände.

AKTIONEN

1. EDV-gestützte WWS stellen im Rahmen von Auswertungen häufig auch Lagerkennzahlen zur Verfügung. Dazu gehört unter anderem auch der durchschnittliche Lagerbestand.

$$DLB = \frac{Jahresanfangsbestand + Jahresendbestand}{2}$$

Erstellen Sie mithilfe von Excel eine Tabelle zur Berechnung des durchschnittlichen Lagerbestands.

2. a) Ermitteln Sie mithilfe des Warenwirtschaftssystems den Artikel mit der höchsten Lagerumschlaggeschwindigkeit.
   b) Zeigen Sie auf, welche betriebswirtschaftlichen Maßnahmen sich für diesen gut gehenden Artikel anbieten.
   c) Stellen Sie mithilfe des Warenwirtschaftssystems alle Artikel fest, deren Lagerumschlagsgeschwindigkeit unter 5 liegt.
   d) Überlegen Sie, was bei diesen schlecht gehenden Artikeln gemacht werden kann.

3. Die Ausbildungsleiterin, Daniela Rosendahl, verteilt zur Vorbereitung der Zwischenprüfung, die aus Multiple-Choice-Aufgaben besteht, einen programmierten Test zum Thema Lagerkennzahlen.

   Lesen Sie sich die Erklärungen zu den Aufgabentypen durch und lösen Sie dann auch diesen Test (ab Seite 111).

PROGRAMMIERTE ÜBUNGSAUFGABEN

1. Verschaffen Sie sich zunächst einen kurzen Überblick über den Test mit den programmierten Übungsaufgaben.

2. Beginnen Sie mit solchen Aufgaben, die Ihnen leicht erscheinen. Wenden Sie sich erst dann den schwierigeren Aufgaben zu.

3. Bevor Sie Ihre Lösungsziffer in die dafür vorgesehenen Lösungskästchen eintragen, sollten Sie den Aufgabentext ganz genau lesen und jede mögliche Alternative sehr genau durchdenken. Beachten Sie, dass für die richtige Lösung manchmal ein einziges Wort ausschlaggebend sein kann.

4. Nicht an Aufgaben festbeißen, die zunächst als unlösbar erscheinen. Dadurch verlieren Sie zu viel Zeit. Übergehen Sie zunächst solche Aufgaben. Sie können am Schluss, wenn noch Zeit bleibt, weiterbearbeitet werden.

5. Nicht in Panik geraten, wenn eine Lösung nicht sofort einfällt. Oft bedarf es etwas Zeit, bis die richtige Antwort ihren Weg vom Langzeitgedächtnis ins Bewusstsein gefunden hat.

6. Die Lösungstechnik ist abhängig von den Aufgabenformen. Daher sollten Sie die verschiedenen Aufgabentypen kennen.

Mehrfachwahlaufgaben

Bei einer Mehrfachwahlaufgabe werden Ihnen verschiedene falsche Lösungen zusammen mit

LERNFELD 7

einer richtigen angeboten. Sie müssen die Lösungsziffer der richtigen Antwort in das Lösungskästchen eintragen. Wenn Sie nach dem Ausscheidungsprinzip zunächst die absolut unsinnigen Antworten suchen, steigt die Wahrscheinlichkeit, schließlich die richtige Antwort zu finden.

BEISPIEL

Welche Aussage über Lagerkennzahlen ist richtig?
1. Die Höhe des durchschnittlichen Lagerbestands hängt ausschließlich vom Umsatz ab.
2. Je länger die Lagerdauer, desto geringer ist das Lagerrisiko.
3. Die Lagerdauer ist für den Kaufmann oder die Kauffrau gleichgültig, da ausschließlich der Umsatz zählt.
4. Je größer die Umschlagshäufigkeit, desto geringer ist der Kapitalbedarf für das Lager.
5. Je kürzer die Lagerdauer, desto größer ist das Lagerrisiko.

Zuordnungsaufgaben

Bei einer Zuordnungsaufgabe sind eigentlich sachlich zusammengehörende Begriffe, Vorgänge oder Sachverhalte – in zwei Reihen getrennt – gegenübergestellt. Ihre Aufgabe ist es, die zusammengehörenden Elemente zusammenzuführen.

BEISPIEL

Ordnen Sie zu, indem Sie die Lösungsziffern von 3 der insgesamt 6 Begriffe aus der Lagerhaltung in die Lösungskästchen bei den Erklärungen eintragen.

Begriffe aus der Lagerhaltung
1. Durchschnittlicher Lagerbestand
2. Umschlagshäufigkeit
3. Meldebestand
4. Eiserner Bestand
5. Lagerzinsen
6. Mindestbestand

Erklärungen

Erklärung	
Wareneinsatz : durchschnittlicher Lagerbestand	?
Kosten für das im Lager gebundene Kapital	?
Menge, bei deren Erreichen neue Ware bestellt werden muss	?

Offene Antwortaufgaben

Sie müssen die auszurechnende Größe in numerischer Form in das vorgegebene Lösungsfeld eintragen.

BEISPIEL

Am Morgen des 1. Arbeitstages eines Monats liegen von einem Artikel noch 150 Stück auf Lager. Der Mindestbestand beträgt 46 Stück. Im Durchschnitt werden täglich 8 Stück abgesetzt.

Nach wie vielen Arbeitstagen muss neue Ware bestellt werden, wenn die Lieferzeit 9 Tage beträgt? ? Tage

Kontierungsaufgaben

Zu den vorgegebenen Geschäftsfällen oder Belegen müssen Sie den Buchungssatz bilden. Die Kennziffern für die anzurufenden Konten werden in die Lösungskästchen eingetragen.

BEISPIEL

Ein Paketdienst liefert eine Warensendung in der Warenannahme des Lagers ab. Die Rechnung liegt dem Paket bei.

		Soll	Haben
1	Umsatzerlöse	?	?
2	Bank	?	?
3	Verbindlichkeiten a. LL		
4	Aufwendungen für Ware		
5	Umsatzsteuer		
6	Vorsteuer		

Reihenfolgeaufgaben

Bei Reihenfolgeaufgaben sind verschiedene betriebliche Vorgänge, die ungeordnet sind, vorgegeben. Gesucht ist dann die sinnvollste – also sachlich und zeitlich richtige – Reihenfolge der Vorgänge. Um eine solche Aufgabe zu lösen, sollten Sie mit dem Vorgang beginnen, der naturgemäß am Anfang der Arbeitsfolge stehen muss: Die übrigen Vorgänge müssen sich dann zwangsläufig ergeben.

BEISPIEL

Bringen Sie die folgenden Arbeitsvorgänge, die den Ablauf von der Bedarfsmeldung bis einschließlich Wareneingang aufzeigen, in die richtige Reihenfolge; bis 7 eintragen.

LERNFELD 7

Überprüfung des Wareneingangs auf Vollständigkeit	?
Einholen von Angeboten	?
Überwachung des Liefertermins	?
Bedarfsmeldung vom Lager	?
Bestellung nach Angebotsvergleich	?
Feststellung der Bezugsquellen	?
Wareneingangsmeldung	?

Lösungen zu den Beispielen
Mehrfachwahlaufgabe: 4;
Zuordnungsaufgabe: 2, 5, 3;
offene Antwortaufgabe: 4 Tage;
Kontierungsaufgabe: 4 und 6 an 3;
Reihenfolgeaufgabe: 6, 3, 5, 1, 4, 2, 7.

Test

1. Vergleichen Sie die folgenden Zahlen für zwei Mitbewerber der Ambiente Warenhaus AG:

	Discountgeschäft Cheap Food	Fachgeschäft Heimann KG
Durchschnittlicher Lagerbestand	200.000,00	200.000,00
Umschlagshäufigkeit	60	16
Gesamtkosten/Jahr	600.000,00	600.000,00
Kalkulierter Gewinn	10 %	20 %

   Welche Aussage ist richtig?
   1. Der niedrigere Gewinnsatz des Discountgeschäfts führt trotz höherer Umschlagshäufigkeit zu einem niedrigeren Gewinn.
   2. Die höhere Umschlagshäufigkeit des Discountgeschäfts ermöglicht trotz niedrigerem Gewinnsatz einen höheren Gewinn.
   3. Der gleiche durchschnittliche Lagerbestand bei Discount- und Fachgeschäft führt bei beiden Geschäften zur gleichen Umschlagshäufigkeit.
   4. Die höhere Gewinnkalkulation des Fachgeschäfts bringt trotz niedrigerer Umschlagshäufigkeit einen höheren Gewinn.
   5. Die gleichen Gesamtkosten bei dem Discountgeschäft und dem Fachgeschäft verursachen trotz abweichender Umschlagshäufigkeit und unterschiedlichem Gewinnsatz keinen unterschiedlichen Gewinn. ?

2. Wie wird der Kapitalbedarf von der Lagerumschlagshäufigkeit beeinflusst?
   1. Lagerumschlagshäufigkeit und Kapitalbedarf stehen in keinem Zusammenhang.
   2. Je geringer die Lagerumschlagshäufigkeit ist, desto geringer ist auch der Kapitalbedarf.
   3. Je größer die Lagerumschlagshäufigkeit ist, umso mehr Kapital wird benötigt.
   4. Nur die Preislage der gelagerten Ware beeinflusst den Kapitalbedarf.
   5. Je größer die Lagerumschlagshäufigkeit ist, desto geringer ist der Kapitalbedarf. ?

3. Bei der Ambiente Warenhaus AG werden für eine Warengruppe folgende Zahlen ermittelt:

   Jahresanfangsbestand . . . . 70.000,00 €
   Summe der
   12 Monatsendbestände . . . . 450.000,00 €
   Wareneinsatz
   (= Umsatz zu Einstandspreisen) . . 400.000,00 €

   Berechnen Sie den durchschnittlichen Lagerbestand. ?

   Berechnen Sie die Umschlagshäufigkeit. ?

4. Die Lagerkarte für einen Artikel der Ambiente Warenhaus AG weist u. a. folgende Eintragungen auf:

Bestand am 31.12.09	48 Stück
Bestand am 31.03.10	136 Stück
Bestand am 30.06.10	124 Stück
Bestand am 30.09.10	172 Stück

   Einstandspreis pro Stück: 44,45 €

LERNFELD 7

Welche Kennzahl kann aus den oben stehenden Angaben ermittelt werden?

1. die durchschnittliche Lagerdauer
2. die durchschnittlichen Lagerkosten
3. der durchschnittliche Lagerbestand
4. die durchschnittlichen Verkaufserlöse
5. der durchschnittliche Bruttoumsatz pro Quartal

?

5. Was ist unter dem durchschnittlichen Lagerbestand zu verstehen?

1. der Durchschnitt der im Lauf eines Geschäftsjahres tatsächlich vorhandenen Lagerbestände
2. der Lagerbestand, bei dem eine Auffüllung des Lagers zu veranlassen ist
3. der Durchschnitt der in einem Geschäftsjahr verkauften Lagerbestände
4. der Durchschnitt der in einer Branche vorhandenen Lagerbestände
5. der Durchschnitt des Lagerumschlags eines Geschäftsjahres

?

6. Welche Aussage über die Lagerdauer ist richtig?

1. Lagerdauer und Kapitalbindung stehen in keinem Zusammenhang.
2. Eine niedrige Lagerdauer verursacht hohe Zinsen für gebundenes Kapital.
3. Eine niedrige Lagerdauer führt zu einer langen Kapitalbindung.
4. Eine hohe Lagerdauer verursacht keine Zinsen, wenn die Ware sofort bezahlt wird.
5. Eine hohe Lagerdauer verursacht hohe Zinsen für gebundenes Kapital.

?

7. Welchen Einfluss hat die Lagerdauer auf die Lagerzinsen?

1. Die Höhe der Lagerzinsen ist von der Lagerdauer unabhängig.
2. Die Lagerzinsen sind nur vom jeweiligen Zinssatz abhängig.
3. Je niedriger die Lagerdauer ist, desto höher sind die Lagerzinsen.
4. Je höher die Lagerdauer ist, desto niedriger sind die Lagerzinsen.
5. Je höher die Lagerdauer ist, desto höher sind die Lagerzinsen.

?

8. Für einen Artikel wird ein Lagerumschlag von 0,5 ermittelt.

Wie lange liegt dieser Artikel im Lager der Ambiente Warenhaus AG?
1 = 15 Tage, 2 = 250 Tage, 3 = 90 Tage, 4 = 500 Tage, 5 = 720 Tage

?

9. In Gesprächen verwendet Lagerleiter Hintermeier häufig die Begriffe „Meldebestand" und „Mindestbestand".

Welche Aussage hierzu ist richtig?

1. Der Meldebestand umfasst eine kleinere Stückzahl als der Mindestbestand.
2. Der Mindestbestand ist nur in Krisenzeiten von Bedeutung.
3. Mindestbestand und Meldebestand sind zwei verschiedene Begriffe für den gleichen Tatbestand.
4. Der Mindestbestand umfasst eine kleinere Stückzahl als der Meldebestand.
5. Der Meldebestand ist der Warenbestand, der bei der jährlichen Inventur gemeldet wird.

?

10. Ein Mitarbeiter in der Textilabteilung der Ambiente Warenhaus AG vergisst versehentlich den Tagesverkauf von 20 Anzügen buchhalterisch zu erfassen.

Welche Auswirkung hat dieser Fehler?

1. Der Meldebestand wird dadurch schneller erreicht.
2. Der Soll-Bestand ist zu hoch.
3. Der Ist-Bestand ist zu hoch.
4. Der Ist-Bestand stimmt mit dem Soll-Bestand überein.
5. Der Soll-Bestand wird niedriger ausgewiesen, als er ist.

?

11. Wodurch wird die Differenz zwischen Melde- und Mindestbestand bestimmt?

1. durch den Dispositionsrhythmus
2. durch die Lagergröße
3. durch den Wiederbeschaffungszeitraum
4. durch den Bestellvordruck
5. durch das Einkaufslimit

?

12. Welche Auswirkung hat eine Verkürzung der Lieferzeit?
    1. Der Meldebestand kann gesenkt werden.
    2. Der Meldebestand muss erhöht werden.
    3. Der Tagesabsatz steigt.
    4. Die Lagerkosten steigen.
    5. Die Lagerdauer sinkt.

13. Welche Aussage über die Umschlagshäufigkeit ist richtig?
    1. Erhöht sich die durchschnittliche Lagerdauer, nimmt im gleichen Umfang die Umschlagshäufigkeit zu.
    2. Erhöht sich der Wareneinsatz bei gleichbleibendem durchschnittlichen Lagerbestand, vermindert sich die Umschlagshäufigkeit.
    3. Erhöht sich der Wareneinsatz bei gleichbleibendem durchschnittlichen Lagerbestand, nimmt die Umschlagshäufigkeit zu.
    4. Bleibt der Wareneinsatz bei erhöhtem durchschnittlichem Lagerbestand gleich, nimmt die Umschlagshäufigkeit zu.
    5. Bleibt der Wareneinsatz bei vermindertem durchschnittlichem Lagerbestand gleich, vermindert sich die Umschlagshäufigkeit.

14. Welche der Kennziffern ist erforderlich, um die Umschlagshäufigkeit zu errechnen?
    1. die Umsatzrentabilität
    2. der Wert der verkauften Ware zum Verkaufspreis
    3. der Wareneinsatz
    4. der Rohgewinn
    5. die Unternehmerrentabilität

15. Welcher Vorgang führt zu einer Erhöhung der Umschlagshäufigkeit bei der Warenlagerung?
    1. Der Wareneinsatz nimmt ab, der durchschnittliche Lagerbestand nimmt zu.
    2. Der Wareneinsatz nimmt im gleichen Verhältnis wie der durchschnittliche Lagerbestand zu.
    3. Der Wareneinsatz bleibt gleich, der durchschnittliche Lagerbestand nimmt zu.
    4. Der Wareneinsatz nimmt ab, der durchschnittliche Lagerbestand bleibt gleich.
    5. Der Wareneinsatz nimmt zu, der durchschnittliche Lagerbestand bleibt gleich.

16. Ordnen Sie zu, indem Sie die Lösungsziffern von 3 der insgesamt 6 Aussagen in die Lösungskästchen bei den Tätigkeiten im Lager eintragen.

    Aussagen
    1. Die Bestände der gelagerten Waren werden in regelmäßigen Abständen überprüft.
    2. Es wird veranlasst, dass die Waren bei Anforderung unverzüglich in den Verkaufsraum gelangen.
    3. Die Waren werden in handelsübliche Packungsgrößen verpackt.
    4. In regelmäßigen Abständen erfolgt eine Überprüfung der im Lager tätigen Mitarbeitenden.
    5. In regelmäßigen Abständen werden veraltete oder verdorbene Waren aussortiert.
    6. Neu eingetroffene Warensendungen werden ausgepackt und kontrolliert.

    Tätigkeiten im Lager

    Warenannahme

    Lagerkontrolle

    Warenpflege

LERNFELD 7

ZUSAMMENFASSUNG

Lagerkennzahlen

Durchschnittlicher Lagerbestand (DLB)
- gibt Auskunft über den durchschnittlichen Warenvorrat während eines Jahres
- Berechnungsmethoden:

$$\frac{\text{Anfangsbestand} + \text{Endbestand}}{2} \qquad \frac{\text{Jahresanfangsbestand} + \text{12 Monatsendbestände}}{13} \qquad \frac{\text{Wareneinsatz}}{\text{Umschlagshäufigkeit}}$$

Lagerumschlagshäufigkeit (LUH)
- informiert darüber, wie oft der Warenvorrat während eines Jahres umgesetzt wurde
- Berechnungsmethoden:

$$\frac{\text{Jahresabsatz}}{\text{durchschnittlicher Lagerbestand}} \qquad \frac{\text{Wareneinsatz}}{\text{durchschnittlicher Lagerbestand zu Einstandspreisen}}$$

Durchschnittliche Lagerdauer (DLD)
- sagt aus, wie lange eine Ware auf Lager liegt
- Berechnungsmethode:

$$\frac{360}{\text{Lagerumschlagshäufigkeit}}$$

Lagerzinssatz
- erfasst die Zinskosten des in den Warenvorräten gebundenen Kapitals
- Berechnungsmethoden:

$$\frac{\text{Jahreszinssatz} \cdot \text{DLD}}{360} \qquad \frac{\text{Jahreszinssatz}}{\text{LUH}} \qquad \frac{\text{Jahreszinssatz} \cdot \text{DLB}}{\text{Wareneinsatz}}$$

KAPITEL 9

Wir verwenden EDV-gestützte Warenwirtschaftssysteme im Lager

Alle Auszubildenden werden während ihrer Ausbildung auch 14 Tage im Zentrallager eingesetzt, so auch Anja Maibaum. Ihr Ausbilder dort, Herr Werner, erklärt ihr gerade die Bedienung des im Lager eingesetzten EDV-Programms:

„In den Zentrallagern aller großen Einzelhandelsbetriebe bilden automatisch bediente Hochregallager das Zentrum komplexer Warenverteilsysteme, gesteuert von der EDV. Programmsysteme für den Lagerbereich im Rahmen EDV-gestützter Warenwirtschaftssysteme sorgen für einen mengen- und zeitgerechten Warenfluss im Lager zwischen Wareneingang und Versand. Automatisch erfolgt die Steuerung von Regalbediengeräten, Stetigförderern und fahrerlosen Transportsystemen."

LERNFELD 7

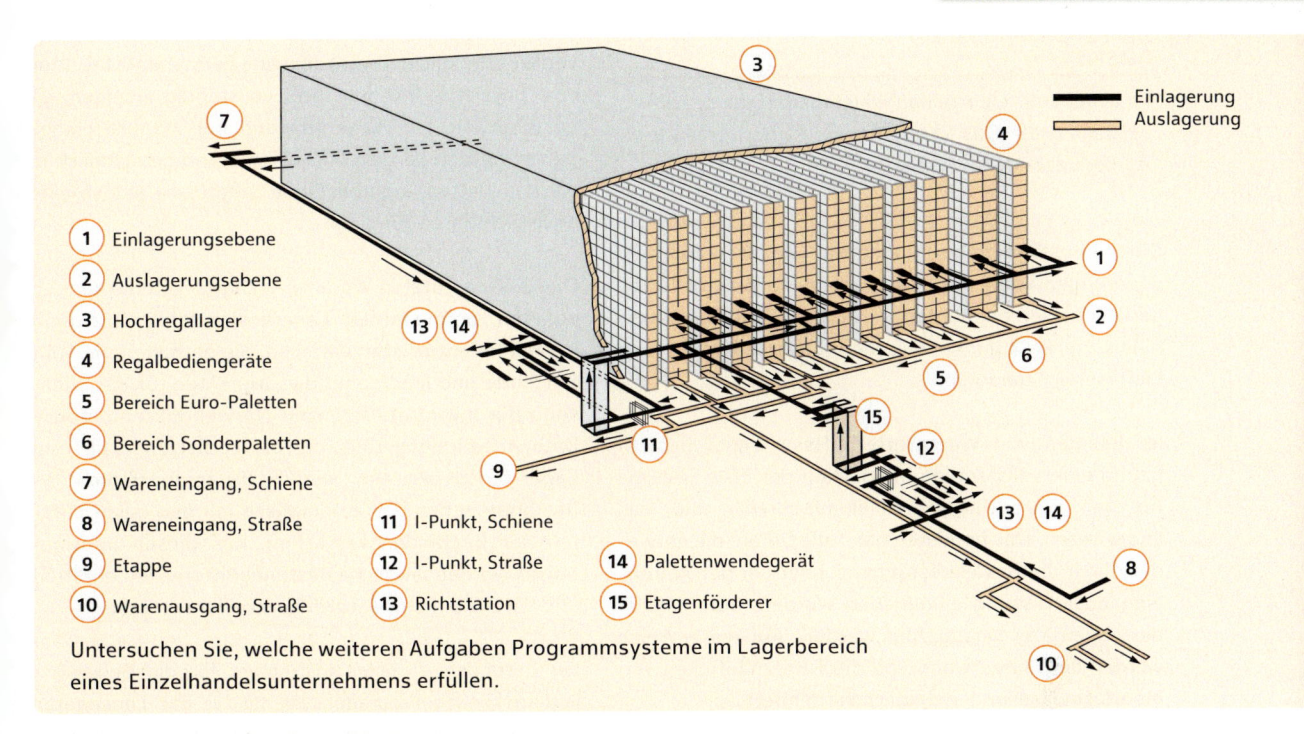

1	Einlagerungsebene
2	Auslagerungsebene
3	Hochregallager
4	Regalbediengeräte
5	Bereich Euro-Paletten
6	Bereich Sonderpaletten
7	Wareneingang, Schiene
8	Wareneingang, Straße
9	Etappe
10	Warenausgang, Straße
11	I-Punkt, Schiene
12	I-Punkt, Straße
13	Richtstation
14	Palettenwendegerät
15	Etagenförderer

— Einlagerung
▬ Auslagerung

Untersuchen Sie, welche weiteren Aufgaben Programmsysteme im Lagerbereich eines Einzelhandelsunternehmens erfüllen.

INFORMATION

EDV-gestützte Lagerwirtschaftssysteme im Rahmen von Warenwirtschaftssystemen gehören heute in vielen Unternehmen des Einzelhandels zu den Anwendungen, die so selbstverständlich geworden sind, dass eine Unternehmensführung ohne die Informationen aus diesem Bereich unvorstellbar geworden ist. So stellt beispielsweise die **Lagerbestandsführung** die zentrale Schnittstelle zu vielen anderen Informationssystemen eines Einzelhandelsbetriebs dar.

Lagerbestandsführung

Das Lager ist die Drehscheibe, an der sich die Bereiche Vertrieb, Einkauf, Disposition sowie Finanzbuchführung treffen. Stets aktuelle und aufbereitete Informationen zum Lager, die durch die EDV zur Verfügung gestellt werden, sind von großer Bedeutung für einen ungestörten Betriebsablauf.

Die Aufgabe eines EDV-Systems für diesen Bereich besteht zunächst einmal darin, die Bestände artikelgenau zu verwalten. Die automatische Bestandsführung nach Artikeln bildet die Basis für alle weiteren Lagerauswertungen. Die Bestände können häufig auch mit Unterteilungen (Größen, Farben usw.) geführt werden. Auch die Führung verschiedener bzw. örtlich getrennter Lager ist oft möglich.

Programmsysteme für das Lager, die eine optimale Bestandsführung erlauben, helfen nicht nur, die Kapitalbindung zu verringern, sondern erhöhen auch den Servicegrad des Unternehmens. Kundinnen und Kunden können schneller und zuverlässiger bedient werden, der gesamte Betriebsablauf wird transparenter.

Flexible Programmsysteme für das Lager ermöglichen es,
- Überbestände rechtzeitig zu erkennen,
- Bestände ohne Einschränkung des Servicegrades auf ein Minimum zu reduzieren und auch auf diesem niedrigen Niveau zu halten,
- auch später noch festzustellen, wann und von wem welche Artikel zu welchen Konditionen bezogen wurden.

LERNFELD 7

> **BEISPIEL**
>
> Im Lebensmitteleinzelhandel ist die Gefahr des Verderbens groß. Das Vermeiden von Überbeständen ist hier besonders wichtig.

Durch die ständige Verfolgung der Lagerbestandsveränderungen können aussagekräftige und aktuelle Lagerkennzahlen angeboten werden, die Entscheidungshilfen im Zielkonflikt zwischen Lagerreduktion und Lieferservice darstellen.

Im Rahmen von Warenwirtschaftssystemen besteht häufig eine vollständige Integration der EDV-Systeme für den Wareneingangs-/Einkaufsbereich und das Lagerwesen. Das bedeutet, dass alle Daten, die entweder durch die Bestellbestätigung oder bei der Wareneingangserfassung eingegeben wurden, automatisch der Lagerdatei hinzugefügt werden. Auf diese Weise werden der Zeitaufwand und die Fehlerhäufigkeit von Mehrfacherfassungen deutlich vermindert.

Inventur[1]

Programmsysteme für das Lagerwesen helfen sehr häufig auch bei der Organisation und Durchführung der Inventur. Durch das ständige Erfassen aller Lagerzu- und -abgänge wird die Durchführung einer **permanenten Inventur** ermöglicht. Zwar kann eine permanente Inventur eine physische Inventur nicht vollständig ersetzen, da Faktoren wie z. B. Lagerschwund nur manuell eingegeben werden können. Für einen ständigen Einblick in die kompletten Lagerbestände schafft sie jedoch eine unverzichtbare Grundlage.

Die EDV-gestützten Warenwirtschaftssysteme können aus der permanenten Lagerbestandsfortschreibung heraus **Inventurlisten** erstellen. Sie enthalten die Soll-Bestände und sind somit die Grundlage für die Erfassung der Inventurdifferenzen. Verwendet man mobile Datenerfassungsgeräte, die die codierten Artikel im Lager direkt erfassen, werden die festgestellten Ist-Bestände in der EDV automatisch mit den gespeicherten Soll-Beständen verglichen. Aus diesen Informationen werden mögliche Bestandsdifferenzen ermittelt und daraus eine **Inventurdifferenzliste** erstellt.

Ein besonders flexibles Instrument für die Geschäftsleitung können Programmsysteme für das Lagerwesen bei der Inventurbewertung werden. Bei der Bestandsbewertung ist besonders problematisch, dass in vielen Unternehmen der Lagerbestand einen nicht unwesentlichen Faktor darstellt, mit dem im Rahmen gesetzlicher Bestimmungen auch das gesamte Betriebsergebnis beeinflusst wird. Abhängig von den mithilfe der Lagerprogramme durchgeführten Bewertungsverfahren können die Bestände einen höheren oder niedrigeren Wert aufweisen.

Mobile Datenerfassungsgeräte (MDE)

Für EDV-gestützte Warenwirtschaftssysteme bedeutsam werden auch mobile (bewegliche) Datenerfassungsgeräte. Dies sind kleine, taschenrechnerähnliche Geräte, mit denen an den Einsatzorten Lager, Wareneingang und Verkauf Daten in computergerechter Form gesammelt, gespeichert und an eine EDV-Anlage weitergeleitet werden. Bei diesen netz- und ortsunabhängigen Datenerfassungsgeräten wird die Mobilität durch ein geringes Volumen und Gewicht sowie durch den Einsatz von Batterien bzw. Akkus zur Energieversorgung gewährleistet. Die Eingabe der Daten kann entweder manuell (per Hand) über eine Tastatur oder optisch mithilfe eines Lesestiftes erfolgen, wofür die Daten jedoch in Form eines Strichcodes vorliegen müssen.

Die mobile Datenerfassung kommt in mehreren Bereichen der Warenwirtschaft zum Einsatz. Im Bereich des Lagers benutzt man die Geräte für die Erfassung von Warenbestandsdaten im Rahmen der Inventur. Die erfassten Daten lassen sich dann direkt – also zeit- und kostensparend – in die EDV einspielen. Im Bestellwesen wird die Abwicklung der Bestellungen zwischen Handelsbetrieben bzw. zwischen Handel und Industrie erleichtert. Die Bestelldaten werden dabei vom bestellenden Handelsbetrieb vor Ort, z. T. sogar am Regal, in das Erfassungsgerät eingegeben. Zur Übertragung der dezentral erfassten Daten kann die Vielzahl der Übertragungsnetze, die zur Verfügung stehen, genutzt werden. Im größeren Umfang wird die Datenfernübertragung z. B. auch im öffentlichen Fernsprechwählnetz angewandt. Verschiedene Geräte ermöglichen in diesem Zusammenhang die Umwandlung der in den Erfassungsgeräten gespeicherten Daten in eine Form, die wie das gesprochene Wort über die Telefon-

---

[1] siehe auch Lernfeld 8

leitungen übertragen werden kann. Auf der Empfangsseite erfolgt eine Rückumsetzung, damit die Daten in die EDV-Anlage eingegeben werden können.

Die Auswirkungen der mobilen Datenerfassung auf die Warenwirtschaft liegen in einer Effizienzsteigerung und in einer Beschleunigung der Informations- und Kommunikationsprozesse im Vergleich zu den herkömmlichen Möglichkeiten (Brief/Telefon/Telefax). So mussten z. B. Bestellungen bisher entweder langsam über Papiermedien oder aufwendig abgewickelt werden. Durch die mobile Datenerfassung ergeben sich daher mehrere Vorteile. Die schnellen Bestellungen ermöglichen kürzere Lieferzeiten, die Datenerfassungs- und Datenübermittlungskosten sinken usw.

MDE-Einsatzbereiche	
Filial-Anwendung	Außendienst-Anwendung
– Auftragsdatenerfassung	– Tourenplanung
– Artikelstammpflege	– Wegeoptimierung
– Bestellabwicklung mit allen Sonderfunktionen	– Speichern individueller Kundenstammdaten
– Inventurerfassung	– Unterstützung der Konditionsfindung
– Wareneingangskontrolle, z. B. mit EAN-Überprüfung (GTIN)	– Überprüfung des lagermäßig lieferbaren Sortiments während der Datenkommunikation
– Speichern von historischen Daten (Vortages-, Vorwochenbestellung)	– Spesenberichte

MDE-Gerät

Verwaltung von Lagerplätzen

Effektive Programmpakete für den Lagerbereich sollten dem Benutzer bzw. der Benutzerin anzeigen können, welche Lagerplätze zum Abfragezeitpunkt als freie Lagerplätze zur Verfügung stehen. Dabei kann die Zuweisung der Artikel zu ihren Lagerplätzen entweder nach dem festen oder dem chaotischen Lagerordnungsverfahren erfolgen.

Abfragen und Statistiken

Fast alle Programmsysteme für das Lagerwesen enthalten umfassende Auskunftssysteme, die dem Einzelhandelsbetrieb das mühselige Ermitteln von Informationen (z. B. die Suche in unterschiedlichen Karteien und Unterlagen) abnehmen. Direkt am Bildschirm oder auf einer ausgedruckten Liste sind „auf Knopfdruck" alle wichtigen Daten verfügbar: Lagerdauer, Umschlagshäufigkeit und Lieferbereitschaft sowie Bestände und Verfügbarkeiten. Diese wesentlichen Kennzahlen entscheiden in manchen Fällen über Ausmusterung oder verstärkten Einkauf.

Handhabung des Warenflusses

In vielen Einzelhandelslagern besteht ein Nachholbedarf bei der Automatisierung der Handhabungs- und Warenflusstechnik. Vom reinen Handbetrieb über die Mechanisierung beispielsweise mit Gabelstaplern zur Teilautomatisierung mit Förderbändern bis zur Automatisierung eines Lagers kann die Entwicklung gehen. Einige Programmsysteme für das Lagerwesen können eine Optimierung innerbetrieblicher Transportvorgänge durchführen. Voraussetzung für solche intelligenten Lagersysteme sind

- die Aufrüstung konventioneller Arbeitsmittel durch Sensorik (Messfühler u. Ä.) und Steuerungstechnik oder
- der Einsatz mobiler Roboter.

Steuerungskonzept für die Automatisierung des Warenflusses im Lager

Die EDV verwaltet den Warenfluss im Lager und steuert die Lagergeräte (z. B. Stückgutförderer, Regalbediengeräte, fahrerlose Transportsysteme).

LERNFELD 7

Im Automatisierungsstadium bewegen sich die Transportmittel bedienungslos und über Daten zielgesteuert: Bei Ein- und Auslagerungen erhält die Lagermaschine von der EDV die Koordinaten des Lagerfaches, aus dem beispielsweise ein Behälter zu entnehmen ist. Bei der Kommissionierung, wo die aus dem Lager entnommenen Materialien zu Versandgebinden zusammengestellt werden, ist eine Automatisierung ähnlich der Gepäckverteilung auf Flughäfen möglich. Die Lagerbehälter, die mit einem maschinenlesbaren Code versehen sein müssen, wandern z. B. auf Transportbändern an Lesestationen vorbei, werden nach den Kommissionierungsvorgaben selektiert (ausgewählt) und an Sortierplätzen abgelegt. Der innerbetriebliche Transport von und zu den Lagerorten kann zudem durch fahrerlose Transporteinheiten automatisiert werden. Sie werden durch in den Boden verlegte Induktionskabel geführt; Voraussetzungen dazu sind allerdings entsprechende Codierungen von Transporteinheiten und Empfangsorten.

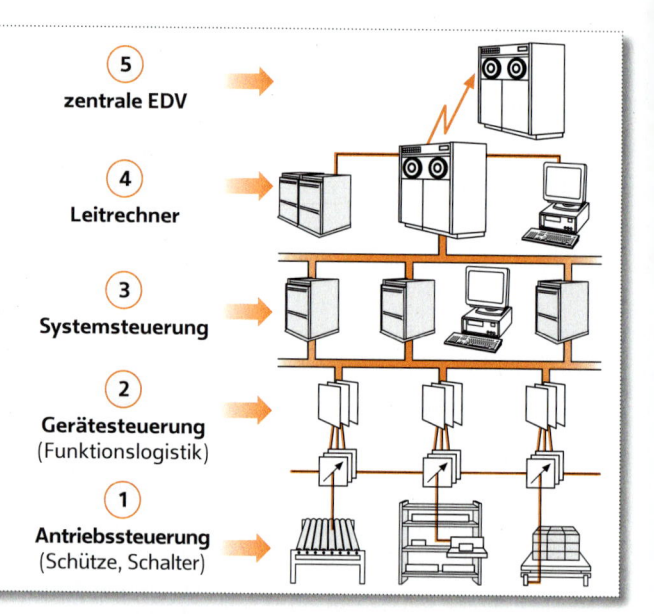

5 zentrale EDV
4 Leitrechner
3 Systemsteuerung
2 Gerätesteuerung (Funktionslogistik)
1 Antriebssteuerung (Schütze, Schalter)

AUFGABEN

1. Erläutern Sie die Bedeutung der Lagerbestandsführung im Rahmen der EDV in Einzelhandelsbetrieben.

2. Warum fassen EDV-gestützte Warenwirtschaftssysteme sehr häufig den Einkaufsbereich und das Lagerwesen zusammen?

3. Wie können EDV-Systeme für das Lager die Inventur unterstützen?

4. Nach welchen Verfahren können Programmsysteme für das Lagerwesen den Artikeln Lagerplätze zuweisen?

5. Welche Vorteile hat ein automatisches Lager?

6. In welchen Bereichen werden mobile Datenerfassungsgeräte im Betrieb angewandt?

7. Die Ambiente Warenhaus AG wickelt ihre regelmäßige Warendisposition über die mobile Datenerfassung (MDE) ab.

   Welcher besondere Vorteil ergibt sich daraus?

   a) MDE hilft erheblich bei der Programmerstellung des Warenwirtschaftssystems.
   b) MDE erleichtert die Datenerfassung und -übertragung.
   c) MDE speichert die Daten immer langfristig.
   d) MDE sichert ohne zusätzliche Maßnahmen Dispositionsdaten entsprechend dem Datenschutz.
   e) MDE gibt die Umschlagshäufigkeit der einzelnen Artikel ein.

8. Um die Arbeiten im Lager zu vereinfachen, werden künftig elektronische Erfassungsgeräte anstelle von Lagerfachkarten eingesetzt.

   Welche Information können Sie **nicht** von der Lagerfachkarte in das mobile elektronische Erfassungsgerät übernehmen?

   a) Artikelbezeichnung   d) Meldebestand
   b) Lagerort   e) Höchstbestand
   c) Fach   f) Verkaufspreis

AKTIONEN

1. Untersuchen Sie: Welche der in diesem Kapitel genannten Aufgaben der Datenverarbeitung im Lager erfüllt
   a) das in Ihrem Ausbildungsbetrieb verwendete Programmpaket für den Lagerbereich,
   b) das beiliegende Warenwirtschaftssystem?

2. Rufen Sie Ihr Warenwirtschaftssystem auf.
   a) Erläutern Sie am Beispiel des Artikels **„Die große Spielesammlung"**, wie der Meldebestand zustande kommt.
   b) Ermitteln Sie den Höchstbestand des Artikels.

c) Überprüfen Sie die verschiedenen Angaben zum Warenbestand des Artikels.
d) Ermitteln Sie, wie hoch momentan die Lagerumschlaggeschwindigkeit ist.
e) Führen Sie einen Kassiervorgang durch: Ein Kunde kauft 225 Stück des Artikels, um sie als Spende an verschiedene Kinderheime zu schicken.
f) Überprüfen Sie, wie sich die Angaben zum Warenbestand geändert haben.
Überlegen Sie, welche Folgen Sie daraus ziehen müssen.
g) Überprüfen Sie, wie sich die Lagerumschlagsgeschwindigkeit geändert hat.

3. In dieser Aktion geht es um die Auswertung des vergangenen Unterrichtsverlaufs für ein erfolgreiches Lernen in der Zukunft.

Viel kann man auch aus der Analyse eines gerade beendeten Lernfeldes lernen: Sie sollten die einzelnen Lernabschnitte und die Arbeit im Lernfeld insgesamt reflektieren. Aus der Auswertung des Unterrichtsverlaufs der vergangenen Zeit können Sie Rückschlüsse auf und Konsequenzen für eine erfolgreiche Arbeit in der Zukunft ziehen.
- Beantworten Sie den folgenden Fragebogen.
- Vergleichen und besprechen Sie die Ergebnisse anschließend mit den Mitgliedern Ihrer Arbeitsgruppe.
- Versuchen Sie aus Ihren Ergebnissen und aus den Rückmeldungen der anderen Arbeitsgruppenmitglieder Konsequenzen für Ihr Lernverhalten im weiteren Verlauf Ihrer Ausbildung zu erzielen.

Bei der Besprechung des Fragebogens in der Arbeitsgruppe sollte Folgendes immer beachtet werden:

1. Sind Sie zufrieden mit dem Ergebnis Ihrer Arbeitsgruppe?
2. Gab es Schwierigkeiten bei der Informationsbeschaffung?
3. Was ist besonders gut gelaufen?
4. Was ist besonders schlecht gelaufen?
5. War die Arbeit intensiv und ohne Ablenkung?
6. Wie beurteilen Sie die Arbeit in Ihrer Gruppe (Ausmaß der Beteiligung, dominierende oder „störende" Personen)?
7. Wo konnten Sie Lernzuwächse (Fach-, Methoden- und Sozialkompetenz) erzielen?
8. Was sollte in Ihrem Lernverhalten und in dem der Arbeitsgruppe in Zukunft verbessert werden?

- Formulieren Sie Ihre Rückmeldung sachlich und konstruktiv, sodass sie für andere annehmbar und nicht verletzend ist.
- Bekommen Sie Rückmeldung, nehmen Sie eine eventuelle Kritik nicht persönlich, sondern fassen Sie sie als persönliche Anregung auf.

ZUSAMMENFASSUNG

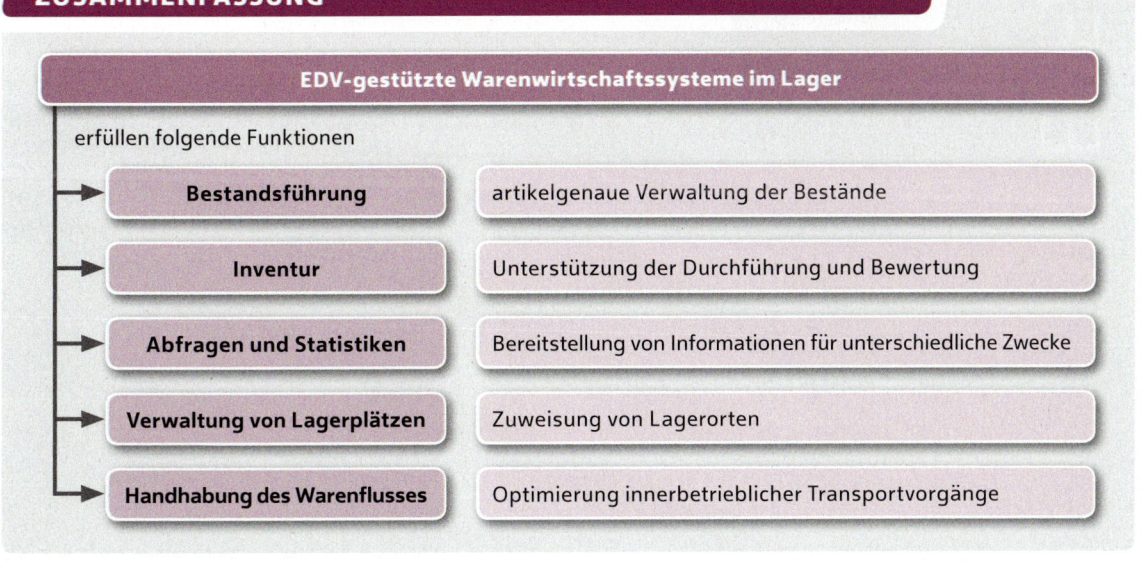

EDV-gestützte Warenwirtschaftssysteme im Lager

erfüllen folgende Funktionen

Bestandsführung	artikelgenaue Verwaltung der Bestände
Inventur	Unterstützung der Durchführung und Bewertung
Abfragen und Statistiken	Bereitstellung von Informationen für unterschiedliche Zwecke
Verwaltung von Lagerplätzen	Zuweisung von Lagerorten
Handhabung des Warenflusses	Optimierung innerbetrieblicher Transportvorgänge

GESCHÄFTSPROZESSE
ERFASSEN UND KONTROLLIEREN

8

LERNFELD 8

Geschäftsprozesse erfassen und kontrollieren

Lernsituation

Aktiva	Bilanz der Ambiente Warenhaus AG zum 31.12.20..		Passiva
I. Anlagevermögen		I. Eigenkapital	551.800,00
1. Bebaute Grundstücke	230.000,00	II. Fremdkapital	
2. Gebäude	540.000,00	1. Darlehen	440.000,00
3. Fuhrpark	80.000,00	2. Verbindlichkeiten a. LL	270.000,00
4. Betriebs- und Geschäftsausstattung	23.000,00	3. Sonstige Verb. ggü. Finanzbehörden	7.000,00
5. Büromöbel	8.000,00		
II. Umlaufvermögen			
1. Waren	276.000,00		
2. Forderungen a. LL	42.000,00		
3. Bank	43.000,00		
4. Postbank	9.000,00		
5. Kasse	17.800,00		
	1.268.800,00		1.268.800,00

Alle Kolleginnen und Kollegen sind im Urlaub, und Lars Panning ist in der Buchführung der Ambiente Warenhaus AG derzeit allein verantwortlich für die Erfassung der folgenden Fälle:

1. Ein neuer Schreibtisch für das Backoffice wird für 2.000,00 € per Banküberweisung angeschafft.
2. Waren im Wert von 12.000,00 € werden auf Ziel gekauft.
3. Ein alter Lieferwagen wird für 10.000,00 € bar verkauft.
4. Auf das Bankkonto werden die Tageseinnahmen in Höhe von 14.500,00 € eingezahlt.
5. Es werden Gehälter in Höhe von 13.000,00 € vom Bankkonto gezahlt.
6. Waren werden in Höhe von 9.000,00 € auf Ziel verkauft.
7. Es wird ein Grundstück im Wert von 50.000,00 € mit darauf gebautem Gebäude (Wert: 300.000,00 €) gekauft. Die Finanzierung erfolgt über ein Darlehen bei dem Bankhaus Delfs.
8. Auf dem Bankkonto gehen Zahlungen in Höhe von 34.000,00 € aufgrund von bereits erfassten Rechnungen aus Warenverkäufen ein.
9. Für Büromaterialien werden 200,00 € bar gezahlt.
10. Die Grundsteuer für ein Betriebsgrundstück in Höhe von 250,00 € wird vom Postbankkonto bezahlt.
11. Die Zinsen für ein Darlehen in Höhe von 3.000,00 € und die Tilgung in Höhe von 4.000,00 € werden dem Bankkonto belastet.
12. Es wird ein neuer Lieferwagen für 50.000,00 € angeschafft. 1/5 des Kaufpreises werden direkt per Überweisung gezahlt. Die Restzahlung erfolgt auf Ziel.
13. Für die Reparatur von Kassensystemen werden 2.000,00 € in Rechnung gestellt.
14. Ein Bescheid über Kfz-Steuer in Höhe von 500,00 € geht ein.
15. Die Reparatur der Kassensysteme wird in Höhe von 2.000,00 € vom Bankkonto gezahlt.
16. Die Kfz-Steuer in Höhe von 500,00 € wird vom Postbankkonto gezahlt.
17. Mieteinnahmen für untervermietete Ladenräume gehen in Höhe von 12.000,00 € auf dem Bankkonto ein.
18. Eine Rechnung des Steuerberaters über 400,00 € geht ein.
19. Ein sonstiger Erlös aus einer Vermittlung geht bar in Höhe von 10.000,00 € ein.

Gehen Sie davon aus, dass dies alle Geschäftsfälle in diesem Wirtschaftsjahr sind.

1. Erstellen Sie einen Plan, welche Tätigkeiten in der Buchführung erforderlich werden.
2. Arbeiten Sie Ihren Arbeitsablauf ab. Ermitteln Sie dabei den Erfolg, den das Unternehmen erzielt hat, und erstellen Sie die Schlussbilanz.

LERNFELD 8

KAPITEL 1
Wir informieren uns über die Grundlagen des Rechnungswesens und der Buchführung

Britta Krombach ist zum ersten Mal in der Abteilung Rechnungswesen eingesetzt. Zur Einarbeitung beauftragt die Sachbearbeiterin Frau Fritsche sie damit, dass sie sich darüber informiert, was man unter „Rechnungswesen" versteht und warum es so etwas eigentlich gibt.

1. Geben Sie an, welche Bereiche das Rechnungswesen beinhaltet.
2. Beschreiben Sie die Inhalte der einzelnen Teilbereiche an.
3. Nennen Sie die Grundsätze ordnungsgemäßer Buchführung, die bei der Bearbeitung der Ein- und der Ausgangsrechnung zu beachten sind.

INFORMATION

Aufgabenbereiche des Rechnungswesens

Das Rechnungswesen ist in einem Unternehmen von besonderer Bedeutung, weil hier die Werteströme des Unternehmens erfasst werden. Daher sind größere Unternehmen in der Regel so organisiert, dass sie eine separate Abteilung *Rechnungswesen* führen. Grundsätzlich kann man sagen, dass das betriebliche Rechnungswesen für die sachgemäße Aufbereitung der relevanten Unternehmenszahlen zuständig ist.

BEISPIEL
Relevante Unternehmenszahlen sind z. B. Umsatzstatistiken, Geldbestände in der Kasse, Höhe des Vermögens und der Schulden, Bilanzen, Gewinne/Verluste, Deckungsbeiträge, Kosten und Leistungen, Preise und Preiskalkulationen, Zahlungstermine, Kreditverträge usw.

Es gibt sowohl innerhalb als auch außerhalb eines Unternehmens Anspruchsgruppen (= Stakeholder), z. B. Personen, Institutionen und Gruppen, die an diesen Zahlen interessiert sind:

Interne Stakeholder:
- Eigentümer, Geschäftsführung, Management
- Abteilungen
- einzelne Mitarbeitende
- Sonstige

Externe Stakeholder:
- Banken, Versicherungen
- Kundinnen und Kunden, Lieferer
- Staat, Finanzamt
- Aktionäre
- Gläubiger
- Sonstige

BEISPIEL
Zur Bezahlung der Eingangsrechnung muss ein neuer Kredit aufgenommen werden, den die Deutsche Bank der Ambiente Warenhaus AG geben soll. Somit hat die Deutsche Bank ein Interesse an dem Geschäftsfall des Einkaufs.

Eine weitere Anspruchsgruppe sind die Shareholder, die Anteilseigner. Sie halten Unternehmensanteile (z. B. in Form von Aktien) und haben daher Interesse an der Wertentwicklung des Unternehmens.

Aus den aufzubereitenden Unternehmenszahlen und den Anspruchsgruppen lassen sich drei verschiedene Aufgaben des Rechnungswesens ableiten:[1]

- **Dokumentationsaufgabe**
  Alle Verfahren, die im Unternehmen Geld- und Leistungsströme beeinflussen, werden in Form von Belegen nach den Grundsätzen ordnungsgemäßer Buchführung („GoB") zeitlich geordnet und erfasst. Dies erfolgt in erster Linie, um den rechtlichen Anforderungen zu entsprechen und gegenüber Gläubigern Rechenschaft abzulegen. Daher handelt es sich hier um das **externe Rechnungswesen**.
- **Kontroll- und Planungsaufgabe**

---
[1] vgl. Wöhe, Günter/Döring, Ulrich: Einführung in die Allgemeine Betriebswirtschaftslehre. München: Vahlen 2013, S. 693 f.

LERNFELD 8

In der Regel werden Kontrollsysteme aufgebaut, damit die Unternehmensleitung jederzeit das Erreichen von gesetzten Zielen kontrollieren kann. Die aufbereiteten Zahlen sind die Grundlage für unternehmerische Entscheidungen und Planungen (Dispositionsaufgabe). Es handelt sich hierbei um das **interne Rechnungswesen**, da die Zahlen vorrangig für die Unternehmensleitung und deren Entscheidungen Relevanz haben.

- **Rechenschaftslegungs- und Informationsaufgabe**
  Diese Aufgabe bezieht sich auf Anspruchsgruppen außerhalb des Unternehmens. So können gesetzliche Vorschriften beispielsweise dem Staat (durch das Finanzamt) einen Einblick in die Gewinnsituation gewährleisten. Diese Daten sind vom Rechnungswesen entsprechend aufzubereiten.

Häufig wird das Rechnungswesen in Unternehmen in vier Teilbereiche eingeteilt. In diesen Teilbereichen werden die oben genannten Aufgaben des Rechnungswesens bewältigt. Die Teilbereiche sind nicht unabhängig voneinander zu betrachten, sondern es ergeben sich immer wieder Schnittstellen zwischen den Bereichen.

Das Erstellen von Statistiken ist ein Teilbereich des Rechnungswesens.

Teilbereiche des Rechnungswesens			
Buchführung und Bilanz	**Kosten- und Leistungsrechnung**	**Statistik und Vergleichsrechnung**	**Planungsrechnung**
BEISPIELE	BEISPIELE	BEISPIELE	BEISPIELE
• Kontieren • Buchen • Inventar • Bilanz • Erfolgsrechnung	• kurzfristige Erfolgsrechnung • Kostenstellenrechnung • Kostenüberwachung • Entscheidungsgrundlage	• Soll-Ist-Vergleich • Betriebs- und Zeitvergleich • Auswertung und Überwachung der Ergebnisse	• Berechnung des zu erwartenden Betriebsergebnisses • Einschätzung der betrieblichen Entwicklung • Planzahlen erstellen (z. B. Finanz-, Investitions-, Beschaffungspläne)

BEISPIEL

Die Abteilung Rechnungswesen bereitet eine Umsatzstatistik des Kunden Fred Meiners auf. Dazu werden alle Rechnungen (auch die aus dem Einstieg) eines Jahres zusammengefasst. Die Verkaufsabteilung benötigt diese Statistik, um für das jährliche Verkaufsgespräch mit den Kunden strategische Entscheidungen treffen zu können. Der Teilbereich Rechnungswesen liefert also grundlegende Daten als Voraussetzung für Kontroll- und Planungsaufgaben.

In diesem Lernfeld wird nur der Teilbereich der Buchführung und Bilanz, also das interne Rechnungswesen, betrachtet.

Ordnungsgemäße Buchführung

Gesetzliche Bestimmungen

Alle Kaufleute sind verpflichtet, Bücher zu führen (§ 238 HGB). Die Buchführungspflicht und die damit verbundenen Vorgaben ergeben sich insbesondere aus den folgenden Gesetzen:

- **HGB (Handelsgesetzbuch)**
  Im HGB ist das Handelsrecht geregelt, das für Kaufleute gilt.
- **AO (Abgabenordnung)**
  In der AO ist das Verfahrensrecht für die Besteuerung in Deutschland geregelt.

LERNFELD 8

- **StGB (Strafgesetzbuch)**
  Nach § 283b StGB kann eine Verletzung der Buchführungspflicht mit Freiheitsstrafen bis zu zwei Jahren oder Geldstrafe geahndet werden.
- **EStG (Einkommensteuergesetz)**
  Im EStG sind z. B. die Besonderheiten der Gewinnermittlung für ertragsteuerliche Zwecke geregelt.
- **UStG (Umsatzsteuergesetz)**
  Das UStG enthält die gesetzlichen Regelungen zur Umsatzsteuer.

Nachfolgend sind Auszüge aus dem HGB und der AO aufgeführt:

Handelsgesetzbuch (HGB) – Auszüge
§ 238 Buchführungspflicht
(1) Jeder Kaufmann ist verpflichtet, Bücher zu führen und in diesen seine Handelsgeschäfte und die Lage seines Vermögens nach den Grundsätzen ordnungsmäßiger Buchführung ersichtlich zu machen. Die Buchführung muss so beschaffen sein, dass sie einem sachverständigen Dritten innerhalb angemessener Zeit einen Überblick über die Geschäftsvorfälle und über die Lage des Unternehmens vermitteln kann. Die Geschäftsvorfälle müssen sich in ihrer Entstehung und Abwicklung verfolgen lassen.
[...]

§ 239 Führung der Handelsbücher
[...]
(3) Eine Eintragung oder eine Aufzeichnung darf nicht in einer Weise verändert werden, dass der ursprüngliche Inhalt nicht mehr feststellbar ist. Auch solche Veränderungen dürfen nicht vorgenommen werden, deren Beschaffenheit es ungewiss lässt, ob sie ursprünglich oder erst später gemacht worden sind.

§ 257 Aufbewahrung von Unterlagen Aufbewahrungsfristen
(1) Jeder Kaufmann ist verpflichtet, die folgenden Unterlagen geordnet aufzubewahren:
1. Handelsbücher, Inventare, Eröffnungsbilanzen, Jahresabschlüsse, Einzelabschlüsse nach § 325 Abs. 2a, Lageberichte, Konzernabschlüsse, Konzernlageberichte sowie die zu ihrem Verständnis erforderlichen Arbeitsanweisungen und sonstigen Organisationsunterlagen [...].
4. Belege für Buchungen in den von ihm nach § 238 Abs. 1 zu führenden Büchern (Buchungsbelege).

Abgabenordnung (AO) – Auszüge
§ 140 Buchführungs- und Aufzeichnungspflichten nach anderen Gesetzen
(1) Wer nach anderen Gesetzen als den Steuergesetzen Bücher und Aufzeichnungen zu führen hat, die für die Besteuerung von Bedeutung sind, hat die Verpflichtungen, die ihm nach den anderen Gesetzen obliegen, auch für die Besteuerung zu erfüllen.

§ 141 Buchführungspflicht bestimmter Steuerpflichtiger
(1) Gewerbliche Unternehmer sowie Land- und Forstwirte, die nach den Feststellungen der Finanzbehörde für den einzelnen Betrieb
1. einen Gesamtumsatz im Sinne des § 19 Absatz 3 Satz 1 des Umsatzsteuergesetzes von mehr als 800.000 € im Kalenderjahr oder
2. *(weggefallen)*
[...]
4. einen Gewinn aus Gewerbebetrieb von mehr als 80.000 € im Wirtschaftsjahr oder
[...]

§ 145 Allgemeine Anforderungen an Buchführung und Aufzeichnungen
(1) Die Buchführung muss so beschaffen sein, dass sie einem sachverständigen Dritten innerhalb angemessener Zeit einen Überblick über die Geschäftsvorfälle und über die Lage des Unternehmens vermitteln kann. Die Geschäftsvorfälle müssen sich in ihrer Entstehung und Abwicklung verfolgen lassen. [...]

§ 146 Ordnungsvorschriften für die Buchführung und für Aufzeichnungen
(1) Die Buchungen und die sonstigen Aufzeichnungen sind **vollständig, richtig, zeitgerecht und geordnet** vorzunehmen. **Kasseneinnahmen und Kassenausgaben** sollen **täglich** festgehalten werden.
[...]
(3) Die Buchungen und die sonst erforderlichen Aufzeichnungen sind in einer lebenden Sprache vorzunehmen. Wird eine andere als die deutsche Sprache verwendet, so kann die Finanzbehörde Übersetzungen verlangen. Werden Abkürzungen, Ziffern, Buchstaben oder Symbole verwendet, muss im Einzelfall deren Bedeutung eindeutig festliegen. [...]
(5) Die Bücher oder die sonst erforderlichen Aufzeichnungen können auch in der geordneten Ablage von Belegen bestehen oder auf Datenträgern geführt werden, soweit diese Formen der Buchführung einschließlich des dabei angewandten Verfahrens den **Grundsätzen ordnungsmäßiger Buchführung** entsprechen [...].

§ 147 Ordnungsvorschriften für die Aufbewahrung von Unterlagen
(1) Die folgenden Unterlagen sind **geordnet aufzubewahren**:
1. Bücher und Aufzeichnungen, Inventare, Jahresabschlüsse, Lageberichte, die Eröffnungsbilanz sowie die zu ihrem Verständnis erforderlichen Arbeitsanweisungen und sonstigen Organisationsunterlagen,

2. die empfangenen Handels- oder Geschäftsbriefe,
3. Wiedergaben der abgesandten Handels- oder Geschäftsbriefe,
4. Buchungsbelege,
4a. Unterlagen nach Artikel 15 Absatz 1 und Artikel 163 des Zollkodex der Union,
5. sonstige Unterlagen, soweit sie für die Besteuerung von Bedeutung sind.

(2) Mit Ausnahme der Jahresabschlüsse und der Eröffnungsbilanz [...] können die in Absatz 1 aufgeführten Unterlagen auch als Wiedergabe auf einem Bildträger oder auf anderen Datenträgern aufbewahrt werden, wenn dies den Grundsätzen ordnungsmäßiger Buchführung entspricht.
[...]
(3) Die in **Absatz 1 Nr. 1, 4 und 4a aufgeführten Unterlagen sind zehn Jahre, die sonstigen in Absatz 1 aufgeführten Unterlagen sechs Jahre** aufzubewahren, sofern nicht in anderen Steuergesetzen kürzere Aufbewahrungsfristen zugelassen sind. [...]

Gemäß dem Handelsgesetzbuch sind Kaufleute verpflichtet, Bücher zu führen (§ 238 HGB).
Kaufleute sind gem. § 1 ff HGB unter anderem:
- Istkaufleute, die ein Handelsgewerbe betreiben
- Kannkaufleute, deren Unternehmen freiwillig in das Handelsregister eingetragen wurde
- Formkaufleute, als Personengesellschaften (z. B. OHG, KG) und Kapitalgesellschaften (z. B. GmbH, UG, AG).

BEISPIEL
Die Ambiente Warenhaus AG ist aufgrund ihrer Rechtsform eine Handelsgesellschaft (vgl. § 3 AktG) und somit Kaufmann im Sinne von § 6 Abs. 1 HGB. Daraus ergibt sich die Buchführungspflicht gem. § 238 HGB für die Ambiente Warenhaus AG.

Für kleine Einzelunternehmen kann sich aus § 241a HGB eine Befreiung von der handelsrechtlichen Buchführungspflicht ergeben, wenn sie an zwei aufeinanderfolgenden Geschäftsjahren maximal 800.000,00 € Umsatz und 80.000,00 € Gewinn erzielen. Für Neugründungen gilt dies bereits, wenn am ersten Abschlussstichtag nach der Gründung die Grenzen nicht überschritten werden.
Sofern ein Unternehmen nach dem Handelsrecht buchführungspflichtig ist, hat es diese Verpflichtung auch für steuerliche Zwecke zu erfüllen. Dies ergibt sich aus § 140 AO und wird derivative (abgeleitete) Buchführungspflicht genannt, da sich die Buchführungspflicht im Steuerrecht aus anderen Vorschriften ableitet.
Eine rein steuerrechtliche Buchführungspflicht ergibt sich außerdem aus § 141 AO. Demnach sind Gewerbetreibende (und Land- und Forstwirte) buchführungspflichtig, wenn sie Umsätze über 800.000,00 € oder einen Gewinn über 80.000,00 € erzielen. Hier gilt die Pflicht bereits bei einmaligem Überschreiten der Grenzen. Die Verpflichtung Bücher zu führen beginnt ab dem Wirtschaftsjahr, das dem Wirtschaftsjahr folgt, in dem die Finanzverwaltung das Unternehmen zur Buchführung verpflichtet.
Es gibt also Konstellationen, in denen ein Unternehmen zwar nach dem Steuerrecht, nicht aber nach dem Handelsrecht buchführungspflichtig ist. Unternehmen, die nicht zur Buchführung verpflichtet sind, ermitteln ihren Gewinn dennoch auf eine für sachverständige Dritte nachvollziehbare Methode. Sie führen eine etwas vereinfachte Einnahmen-Überschuss-Rechnung durch. Hier werden (vereinfacht gesagt) Betriebsausgaben von den Betriebseinnahmen abgezogen.

Grundsätze ordnungsgemäßer Buchführung (GoB)
Aus den oben stehenden gesetzlichen Bestimmungen lassen sich folgende GoB zusammenfassen:
- Jeder Kaufmann ist verpflichtet, Bücher zu führen (§ 238 HGB).
- Eine Eintragung oder eine Aufzeichnung darf nicht in einer Weise verändert werden, dass der ursprüngliche Inhalt nicht mehr feststellbar ist.
- Ein sachverständiger Dritter muss die Buchführung innerhalb einer angemessenen Zeit nachvollziehen können (§ 238 HGB, § 145 AO).
- Die Buchungen und die sonstigen Aufzeichnungen sind vollständig, richtig, zeitgerecht und geordnet vorzunehmen. Kasseneinnahmen und Kassenausgaben sollen täglich festgehalten werden (§ 146 AO).
- 10 Jahre aufzubewahren sind: Bücher und Aufzeichnungen, Inventare, Jahresabschlüsse, Lageberichte, die Eröffnungsbilanz sowie die zum Verständnis erforderlichen Arbeitsanweisungen und sonstigen Organisationsunterlagen, Buchungsbelege (§ 147 AO)
- 6 Jahre aufzubewahren sind: die empfangenen Handels- oder Geschäftsbriefe, Wiedergaben der abgesandten Handels- oder Geschäftsbriefe, sonstige Unterlagen, soweit sie für die Besteuerung von Bedeutung sind (§ 257 HGB).
- Die Aufbewahrungsfristen gelten, sofern nicht in anderen Steuergesetzen kürzere Aufbewahrungsfristen zugelassen sind.

LERNFELD 8

Wenn gegen die GoB verstoßen wird, kann es mehrere Folgen haben, z. B.:
- Soweit die Finanzbehörde die Besteuerungsgrundlagen nicht ermitteln oder berechnen kann, hat sie diese zu schätzen. Dabei sind alle Umstände zu berücksichtigen, die für die Schätzung von Bedeutung sind (§ 162 AO).
- Freiheitsstrafe oder Geldstrafe (§ 370 AO, § 331 HGB, § 283b StGB)

AUFGABEN

1. Erläutern Sie, was Sie unter dem betrieblichen Rechnungswesen verstehen.
2. Es gibt verschiedene externe Anspruchsgruppen, die ein Interesse an den Unternehmenszahlen einer Firma haben. Nennen Sie drei externe Interessengruppen und erläutern Sie, warum diese Gruppen ein Interesse haben.
3. Unter den Anspruchsgruppen ist auch die Gruppe der Gläubiger. Welche Person, Gruppe oder Institution kann Gläubiger sein?
4. Aus den aufzubereitenden Unternehmenszahlen und den Anspruchsgruppen lassen sich drei verschiedene Aufgaben des Rechnungswesens ableiten. Erläutern Sie mit eigenen Worten, was Sie unter der Dokumentationsaufgabe, der Kontroll- und Planungsaufgabe sowie der Rechenschaftslegungs- und Informationsaufgabe verstehen.
5. Nennen Sie fünf Geschäftsfälle.
6. Nennen Sie zwei Hauptgründe, warum die Ambiente Warenhaus AG nicht auf eine ordnungsgemäße Buchführung verzichten kann.
7. Erläutern Sie, ob die Ambiente Warenhaus AG laut Handelsgesetzbuch (HGB) zur Buchführung verpflichtet ist.
8. Nennen Sie Aspekte, die eine ordnungsgemäße Buchführung im Sinne der § 238 HGB und § 145 AO ausmachen.
9. Ist es der Ambiente Warenhaus AG ohne Weiteres möglich, Eintragungen in den Büchern zu verändern oder zu löschen? Begründen Sie Ihre Entscheidung.
10. Erläutern Sie, was die Ambiente Warenhaus AG gemäß § 146 AO bei Kasseneinnahmen und Kassenausgaben beachten muss.
11. Erläutern Sie die Aufbewahrungsfristen gemäß § 147 AO.
12. Geben Sie die Umstände an, unter denen die Ambiente Warenhaus AG Unterlagen auf Datenträgern aufbewahren kann.
13. Kreuzen Sie an: Bis zu welchem Zeitpunkt müssen Sie die Bilanz und das Inventar aus dem Jahr 2025 gemäß den Bestimmungen des HGB mindestens aufbewahren?
    a) bis 31. Dezember 2055
    b) bis 31. Dezember 2035
    c) bis 31. Dezember 2031
    d) bis 31. Dezember 2028
14. Die Ambiente Warenhaus AG will sich ein neues EDV-System kaufen. Prüfen Sie, in welchen Fällen gegen die Grundsätze ordnungsgemäßer Buchführung verstoßen würde.
    a) Sie haben die Rechnung versehentlich falsch gebucht. Sie geben die Stornobuchung ins System ein und buchen dann den Vorgang neu.
    b) Sie zahlen das neue EDV-System aus der Kasse bar. Die Belege werden direkt in die Kasse gelegt.
    c) Sie zahlen die Rechnung für die Installation ebenfalls bar aus der Kasse. Der Beleg soll erst in der kommenden Woche in die Kasse gelegt werden, weil dann ein neuer Monat beginnt.
    d) Sie rechnen damit, dass Sie dieses System fünf Jahre nutzen können. Entsprechend legen Sie nur ein Fünftel des Betrages in die Kasse.
    e) Sie scannen die Rechnung ein, speichern diese als Datei und vernichten dann die Original-Rechnung.
15. Welche der folgenden Aussagen entsprechen den Grundsätzen ordnungsgemäßer Buchführung?
    a) Wir kalkulieren unsere Einkaufspreise monatlich.
    b) Keine Buchung ohne Beleg.
    c) Buchungsbelege werden nummeriert und geordnet aufbewahrt.
    d) Den Kundinnen und Kunden werden Zahlungsziele eingeräumt.
    e) Tägliche Aufzeichnung der Kasseneinnahmen und -ausgaben.

LERNFELD 8

AKTION

Es ist schön, wenn man die wichtigsten Informationen auf einen Blick hat. Erstellen Sie in Gruppen eine aussagekräftige Darstellung, die einen der folgenden Bereiche genauer beschreibt:
- Aufgaben des Rechnungswesens
- Teilbereiche des Rechnungswesens
- Grundsätze ordnungsgemäßer Buchführung

Nutzen Sie für die Recherche zu Ihrer Erstellung auch Onlinequellen.

Erstellen Sie ein Plakat mit einer digitalen Anwendung zu Ihrem Aufgabenteil.

Stellen Sie Ihr Gruppenergebnis in der Klasse vor.

ZUSAMMENFASSUNG

Rechnungswesen
= zuständig für die sachgemäße Aufbereitung der relevanten Unternehmenszahlen

Aufgaben
- Dokumentation
- Kontrolle und Planung
- Rechenschaftslegung und Information

Teilbereiche
- Buchführung und Bilanz
- Kosten- und Leistungsrechnung
- Statistik und Vergleichsrechnung
- Planungsrechnung

Ordnungsgemäße Buchführung

Gesetzliche Bestimmungen in
- HGB (Handelsgesetzbuch)
- AO (Abgabenordnung)
- StGB (Strafgesetzbuch)
- EStG (Einkommensteuergesetz)
- UStG (Umsatzsteuergesetz)

Grundsätze ordnungsgemäßer Buchführung
- Buchführungspflicht
- Bei Veränderungen muss der ursprüngliche Inhalt erkennbar bleiben.
- Sachverständige Dritte müssen die Buchführung nachvollziehen können.
- Buchungen und sonstige Aufzeichnungen müssen vollständig, richtig, zeitgerecht und geordnet sein.
- Aufbewahrungsfristen belegabhängig 10 oder 6 Jahre

LERNFELD 8

KAPITEL 2
Wir erschließen die Notwendigkeit von Belegen und die Geld- und Güterströme im Unternehmen

Britta Krombach und Lars Panning werden in der Abteilung Rechnungswesen der Ambiente Warenhaus AG eingesetzt. Lars bekommt von der Sachbearbeiterin Frau Fritsche vier Belege vorgelegt.

Lars soll sich zunächst einmal überlegen, was das überhaupt für Belege sind, warum diese Belege geschrieben wurden und welche Werteströme in Verbindung mit diesen Belegen entstanden sind.

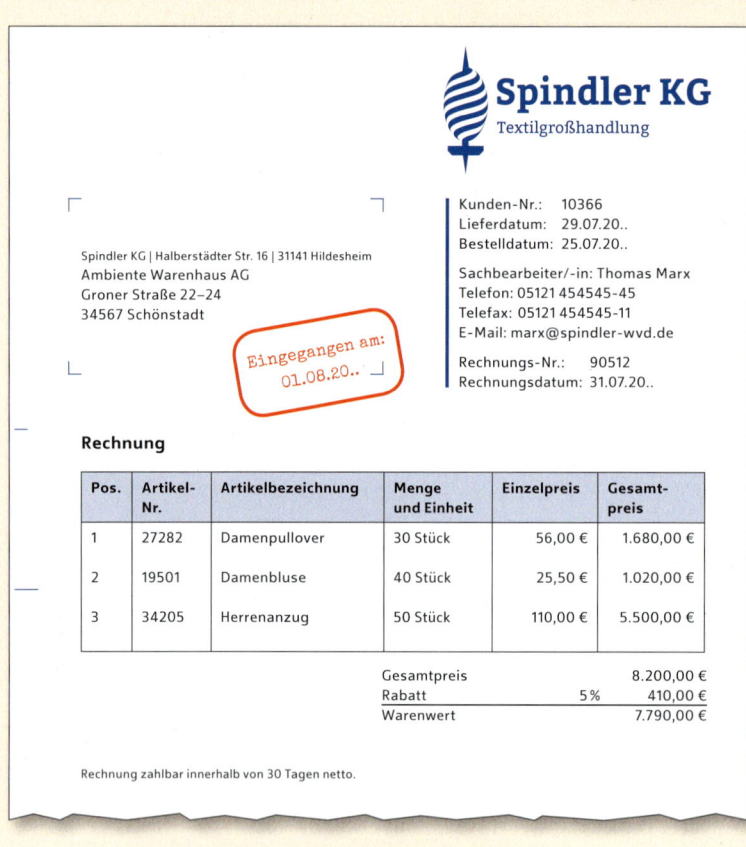

Spindler KG
Textilgroßhandlung

Spindler KG | Halberstädter Str. 16 | 31141 Hildesheim

Ambiente Warenhaus AG
Groner Straße 22–24
34567 Schönstadt

Kunden-Nr.: 10366
Lieferdatum: 29.07.20..
Bestelldatum: 25.07.20..

Sachbearbeiter/-in: Thomas Marx
Telefon: 05121 454545-45
Telefax: 05121 454545-11
E-Mail: marx@spindler-wvd.de

Rechnungs-Nr.: 90512
Rechnungsdatum: 31.07.20..

Eingegangen am: 01.08.20..

Rechnung

Pos.	Artikel-Nr.	Artikelbezeichnung	Menge und Einheit	Einzelpreis	Gesamtpreis
1	27282	Damenpullover	30 Stück	56,00 €	1.680,00 €
2	19501	Damenbluse	40 Stück	25,50 €	1.020,00 €
3	34205	Herrenanzug	50 Stück	110,00 €	5.500,00 €

Gesamtpreis		8.200,00 €
Rabatt	5 %	410,00 €
Warenwert		7.790,00 €

Rechnung zahlbar innerhalb von 30 Tagen netto.

Ambiente Warenhaus AG
Groner Straße 22–24, 34567 Schönstadt
Telefon: 05121 839001
USt-ID: DE 121287018

Artikel-Nr.	Artikel	Betrag
27282	Damenpullover	85,00 €
19501	Damenbluse	80,00 €
34205	Herrenanzug	135,00 €
	Summe EUR	300,00 €

xxxxxxxxxxxxxxxxxxxxxxxxxxxxxx

Bar	300,00 €
Rückgeld	0,00 €

Vielen Dank für Ihren Einkauf!

26.07.20..   14:14:48

Autohaus Bach

Telefon: 0511 1234-56
Telefax: 0511 1234-57
E-Mail: marx@bach-wvd.de

Autohaus Bach · Birkenwald 44 · 30449 Hannover

Ambiente Warenhaus AG
Herr Rischmüller
Groner Straße 22–24
34567 Schönstadt

Kunden-Nr.: 19875
Lieferdatum: 12.10.20..
Bestelldatum: 28.07.20..
Sachbearbeiter/-in: Herr Marx

Rechnungs-Nr.: 86970
Rechnungsdatum: 14.10.20..

Rechnung

Pos.	Artikel-Nr.	Artikelbezeichnung	Menge und Einheit	Einzelpreis	Gesamtpreis
1	125125	PKW Kolf Sport Neuwagen	1	33.320,00 €	33.320,00 €

Gesamtpreis	33.230,00 €

Rechnungsbetrag zahlbar innerhalb von 14 Tagen netto.

Ambiente Warenhaus AG

Telefon: 05121 839001
Telefax: 05121 839002
Internet: www.ambiente-warenhaus-wvd.de
E-Mail: sonntag@ambiente-warenhaus-wvd.de

Ambiente Warenhaus AG / Groner Straße 22–24 / 34567 Schönstadt

Fred Meiners
Holzstr. 45
31135 Hildesheim

Kunden-Nr.: 10607
Lieferdatum: 26.07.20..
Bestelldatum: 24.07.20..
Sachbearbeiter/-in: Herr Sonntag

Rechnungs-Nr.: 3008
Rechnungsdatum: 24.07.20..

Rechnung

Pos.	Artikel-Nr.	Artikelbezeichnung	Menge und Einheit	Einzelpreis	Gesamtpreis
1	900009	PKW Modell Kolf gebraucht, 196.000 km	1	4.000,00 €	4.000,00 €

Gesamtpreis	4.500,00 €

Rechnungsbetrag zahlbar innerhalb von 14 Tagen netto.

LERNFELD 8

1. Beschreiben Sie die Unterschiede der vorliegenden Belege.
2. Geben Sie an, was für Geschäftsfälle den Belegen zugrunde liegen.
3. Beschreiben Sie die Werteströme, die den vier Belegen zugrunde liegen.

INFORMATION

Notwendigkeit von Belegen

In einem Unternehmen gibt es viele verschiedene Belege. Belege sind die Grundlage, um ein Unternehmen letztlich gut zu leiten und die Buchführung nach den gesetzlichen Bestimmungen ordnungsgemäß zu führen. Das ist auch in § 238 HGB festgehalten:

> **Auszug aus § 238 HGB Buchführungspflicht**
>
> (1) Jeder Kaufmann ist verpflichtet, Bücher zu führen und in diesen seine Handelsgeschäfte und die Lage seines Vermögens nach den Grundsätzen ordnungsmäßiger Buchführung ersichtlich zu machen. Die Buchführung muss so beschaffen sein, dass sie einem sachverständigen Dritten innerhalb angemessener Zeit einen Überblick über die Geschäftsvorfälle und über die Lage des Unternehmens vermitteln kann. Die Geschäftsvorfälle müssen sich in ihrer Entstehung und Abwicklung verfolgen lassen.

Daraus lässt sich unter anderem folgender **Grundsatz ordnungsgemäßer Buchführung ableiten**:

> Keine Buchung ohne Beleg.

Die gesetzlich vorgeschriebene Buchführungspflicht wird mithilfe von Belegen durchgeführt. Belege werden immer dort eingesetzt, wo sich die Vermögenssituation eines Unternehmens verändert.

> **DEFINITION**
> Ein **Geschäftsfall** ist ein Vorgang, bei dem in irgendeiner Weise die Werte oder das Vermögen des Unternehmens verändert werden.

Belege erfüllen drei Funktionen (= Aufgaben):

- **Dokumentationsfunktion**
  Durch Belege werden alle Geschäftsfälle schriftlich festgehalten und somit dokumentiert.
- **Ordnungsfunktion**
  Belege helfen, die Abläufe in einem Unternehmen gut zu organisieren und zu gliedern.
- **Beweisfunktion**
  Bei Problemen zwischen verschiedenen Geschäftsparteien dienen Belege häufig als Beweise bei Unklarheiten und Streitigkeiten.

Belegarten

Bei den Belegen werden verschiedene Belegarten unterschieden. So gibt es zum einen **Eigenbelege**, die vom eigenen Unternehmen selbst erstellt wurden.

> **BEISPIEL 1**
> Der Kassenbeleg eines Kunden über insgesamt 300,00 € ist ein Eigenbeleg. Er wurde von einem Mitarbeiter an der Kasse der Ambiente Warenhaus AG erstellt und der Kundin direkt nach der Zahlung gegeben.

Eigenbelege werden einerseits für den Schriftverkehr mit Geschäftspartnern erstellt. Andererseits benötigt ein Betrieb diese Belege auch für innerbetriebliche Vorgänge (z. B. Belege bei Privatentnahmen des Unternehmers oder Materialentnahmescheine). Innerbetriebliche Eigenbelege werden immer erstellt, wenn es zu Wertveränderungen kommt, aber kein Beleg vorhanden ist.

Außerdem gibt es auch **Fremdbelege** in einem Unternehmen. Diese werden von fremden Unternehmen oder betriebsfremden Personen erstellt.

LERNFELD 8

BEISPIEL 2
Die Eingangsrechnung ist von einem Lieferer der Ambiente Warenhaus AG, der Firma Spindler KG, erstellt worden.

Wenn ein Fremdbeleg nicht zu erhalten ist, muss nach dem Steuerrecht ein **Ersatzbeleg** ausgestellt werden. Streng genommen handelt es sich dann wieder um einen Eigenbeleg.

BEISPIEL 3
Gründe für einen fehlenden Fremdbeleg sind beispielsweise der Verlust eines Beleges, nicht festgehaltenes Trinkgeld oder eine fehlende Quittung nach einer Taxifahrt.

BEISPIELE (siehe Ausgangssituation)
Eingangsrechnung von der Spindler KG
Es liegt die Eingangsrechnung der Firma Spindler KG über einen Rechnungsbetrag von 7.790,00 € vor. Die Ambiente Warenhaus AG hat hier am 25.07.20.. Damen- und Herrenbekleidung bestellt. Diese Textilien wurden am 29.07.20.. geliefert. Die Spindler KG hat die Rechnung am 31.07.20.. geschrieben und am 01.08.20.. ist die Rechnung bei der Ambiente Warenhaus AG eingegangen.

Ausgangsrechnung (Kassenbeleg)
Die Ambiente Warenhaus AG hat einem Kunden am 26.07.20.. einen Kassenbeleg über den Betrag von 300,00 € geschrieben. Der Kunde hat einen Damenpullover, eine Damenbluse und einen Herrenanzug bei der Ambiente Warenhaus AG gekauft und sofort bar bezahlt.

Erkennen von Werteströmen auf Basis von Belegen

Ein sehr wichtiger Punkt bei der Bearbeitung bzw. der Buchung von Belegen ist es, den Wertestrom zu erkennen, der hinter dem vorliegenden Beleg steht.

Wenn man erkennt, welcher Vorgang hinter einem Beleg steht, erleichtert dies das spätere Kontieren und Buchen in der Abteilung Rechnungswesen.

Es werden aber vor allem auch die Werteströme deutlich, die mit diesen Vorgängen verbunden werden.

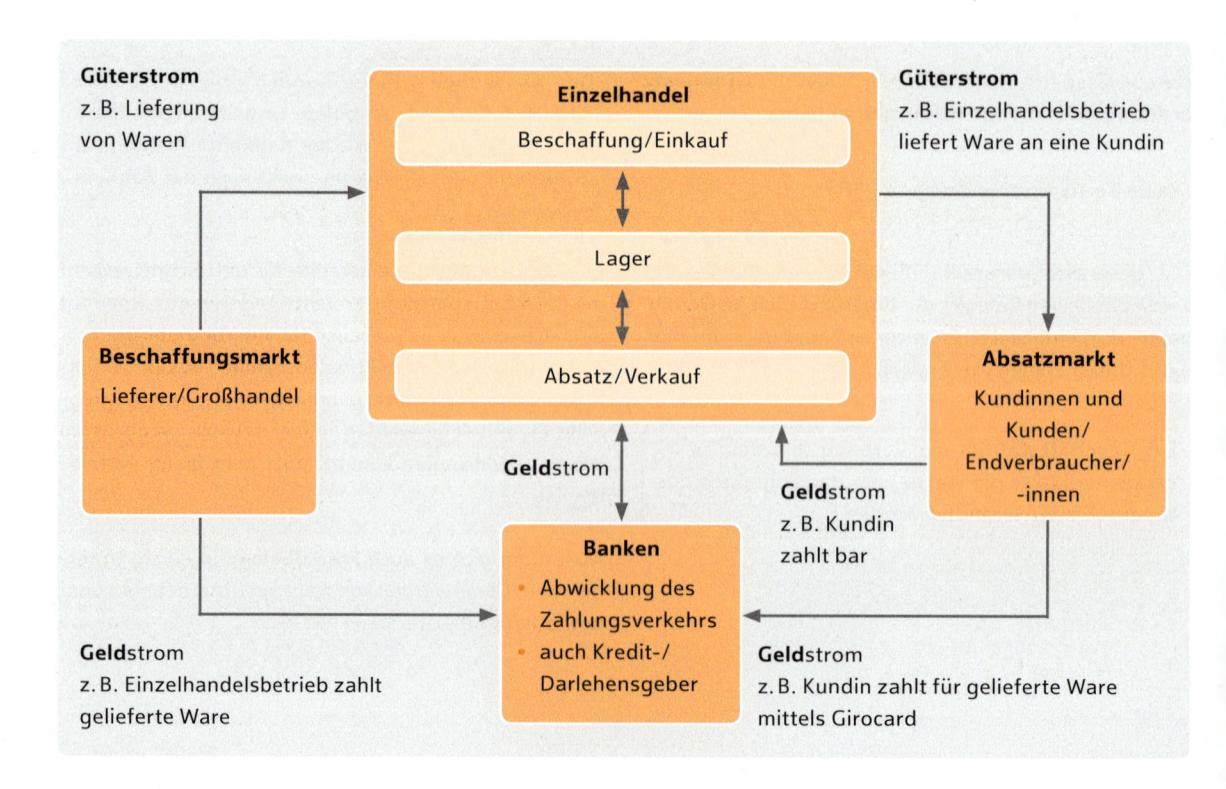

Güterstrom
z. B. Lieferung von Waren

Güterstrom
z. B. Einzelhandelsbetrieb liefert Ware an eine Kundin

Einzelhandel
- Beschaffung/Einkauf
- Lager
- Absatz/Verkauf

Beschaffungsmarkt
Lieferer/Großhandel

Absatzmarkt
Kundinnen und Kunden/Endverbraucher/-innen

Geldstrom

Geldstrom
z. B. Kundin zahlt bar

Banken
- Abwicklung des Zahlungsverkehrs
- auch Kredit-/Darlehensgeber

Geldstrom
z. B. Einzelhandelsbetrieb zahlt gelieferte Ware

Geldstrom
z. B. Kundin zahlt für gelieferte Ware mittels Girocard

Diese Werteströme werden dann als Geschäftsfall in der Abteilung Rechnungswesen buchhalterisch festgehalten.

> **DEFINITION**
> **Werteströme** sind Geschäftsprozesse in Unternehmen, die unterschiedliche Werte (Vermögen) in dem Unternehmen beeinflussen. Dabei wird zwischen Güterströmen und Geldströmen unterschieden.

Geschäftsprozesse können zum einen Aktivitäten beinhalten, die mit dem eigentlichen (direkten) Leistungsprozess (hier der Handel mit Textilien) zu tun haben. Zum anderen können Geschäftsprozesse aber auch nur indirekt am Leistungsprozess beteiligt sein. Dies wird beispielsweise beim Kauf und Verkauf eines Firmen-Pkw deutlich. Der Pkw wird benötigt, um den eigentlichen Leistungsprozess durchführen zu können. Er wirkt aber nur indirekt auf den Prozess.

In der Grafik auf Seite 132 sind die Werteströme des Leistungsprozesses dargestellt. Der Wertestrom, bei dem Güter und Dienstleistungen ausgetauscht werden, nennt sich **Güterstrom**. Klassisch sind das die Waren, die zunächst vom Großhandel zum Einzelhandel gehen und anschließend vom Einzelhandel an die Kundinnen und Kunden (Endverbraucherinnen und Endverbraucher) weitergeliefert werden. Diese Güter oder Dienstleistungen müssen gezahlt werden. Dieser Fluss von Geldern, der in der Regel über die Kreditinstitute (Banken) abgewickelt wird, nennt sich **Geldstrom**.

Auch innerhalb des Einzelhandels kann es sowohl zu Güter- als auch Geldströmen kommen. Zwischen den Abteilungen können beispielsweise Waren ausgetauscht werden, die dann unternehmensintern wertmäßig berechnet werden.

AUFGABEN

1. Ein Grundsatz ordnungsgemäßer Buchführung lautet: „Keine Buchung ohne Beleg". Erläutern Sie diesen Grundsatz kurz mit eigenen Worten.
2. Belege erfüllen drei Funktionen. Nennen und erläutern Sie diese Funktionen kurz mit eigenen Worten.
3. Erklären Sie der neben Ihnen sitzenden Person mit eigenen Worten, welche Werteströme es in Ihrem Unternehmen gibt. Nehmen Sie dazu auch Unterscheidungen zwischen Geld- und Güterströmen vor.

AKTIONEN

1. Nachfolgend sind vier Belege dargestellt.
   a) Um welche Belegart handelt es sich dabei jeweils?
   b) Beschreiben Sie kurz den Wertestrom, der hinter diesem Beleg steht.

LERNFELD 8

Beleg 1

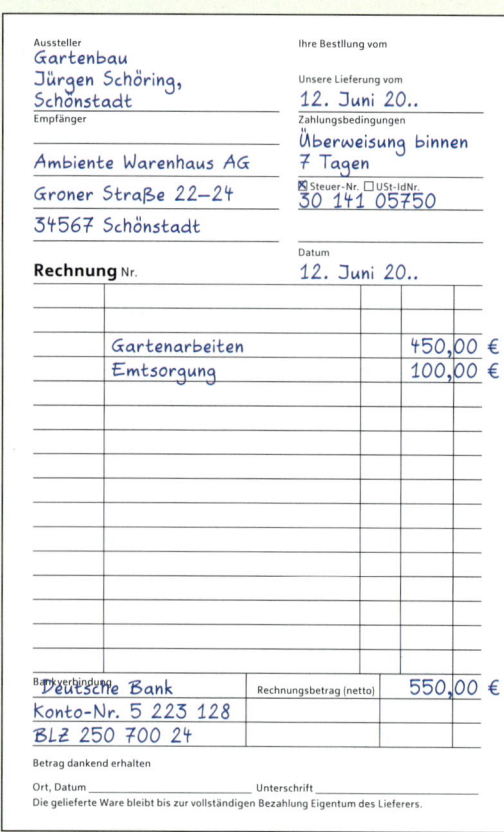

Aussteller
Gartenbau
Jürgen Schöring,
Schönstadt

Empfänger
Ambiente Warenhaus AG
Groner Straße 22–24
34567 Schönstadt

Ihre Bestellung vom

Unsere Lieferung vom
12. Juni 20..

Zahlungsbedingungen
Überweisung binnen 7 Tagen

☒ Steuer-Nr. ☐ USt-IdNr.
30 141 05750

Rechnung Nr.

Datum 12. Juni 20..

Gartenarbeiten	450,00 €
Entsorgung	100,00 €

Bankverbindung
Deutsche Bank
Konto-Nr. 5 223 128
BLZ 250 700 24

Rechnungsbetrag (netto) 550,00 €

Betrag dankend erhalten
Ort, Datum _____ Unterschrift _____
Die gelieferte Ware bleibt bis zur vollständigen Bezahlung Eigentum des Lieferers.

Beleg 2

Spengler & Sohn OHG
Lahnstraße 14 · 35578 Wetzlar
Steuernr.: 4714511 322 · USt-IdNr.: DE337926621

Spengler & Sohn · Lahnstr. 14 · 35578 Wetzlar
Ambiente Warenhaus AG
Groner Straße 22–24
34567 Schönstadt

Kunden-Nr.: 10 109
Lieferdatum: 10.06.20..
Bestelldatum: 03.06.20..
Sachbearbeiter/-in: Frau Mohns
Rechnungs-Nr.: 1020/06
Lieferdatum: 10.06.20..
Rechnungsdatum: 10.06.20..

Rechnung

Pos.	Einheit	Artikel	Menge	Preis je Einheit/€	Betrag/€
1	St.	Herrenfreizeithemd, Art.-Nr. 4537	100	8,10	810,00
		– 15 % Rabatt			121,50
					688,50
		+ Versandkosten			10,00
		Rechnungsbetrag			698,50

Zahlung: Innerhalb von vier Wochen ab Rechnungsdatum, bei Zahlung innerhalb 7 Werktagen gewähren wir Ihnen 1,5 % Skonto.

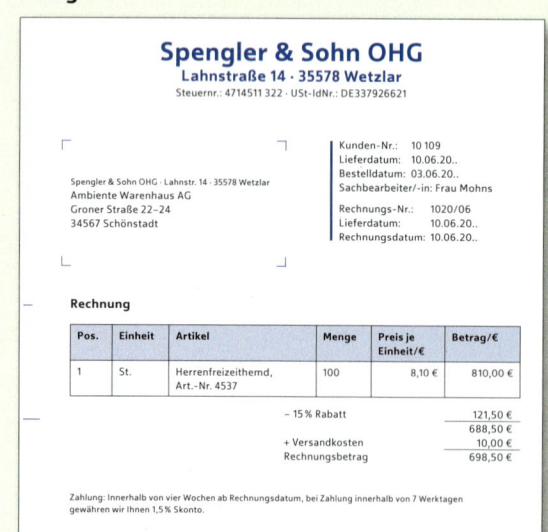

Beleg 3

Ambiente Warenhaus AG
Groner Straße 22–24, 34567 Schönstadt
Telefon: 05121 839001
USt-ID: DE 121287018

Artikel-Nr.	Artikel	Betrag
36405	Herrensocken	16,16 €

xxxxxxxxxxxxxxxxxxxxxxxxxxx

Bar 20,00 €
Rückgeld 3,84 €

Vielen Dank für Ihren Einkauf!

28.07.20..   12:43:17

Beleg 4

Quittung Nr. 448

Netto ___ € ___ ct
+ ___ % USt ___ € ___ ct
Gesamt 98,00 €

Gesamtbetrag € in Worten
— achtundneunzig — Cent wie oben
(Im Gesamtbetrag sind ___ % Umsatzsteuer enthalten)

von Lars Panning

für Gartenarbeiten

richtig erhalten zu haben, bestätigt

Ort Schönstadt Datum 20..-11-19

Buchungsvermerke | Stempel/Unterschrift des Empfängers
Michael Hoffmann

2. Informieren Sie sich über verschiedene Belege, die in Ihrem Unternehmen buchhalterisch erfasst und bearbeitet werden. Vergleichen Sie Ihre Belege mit den Belegen Ihres Banknachbarn. Halten Sie die Gemeinsamkeiten und die Unterschiede schriftlich fest.

LERNFELD 8

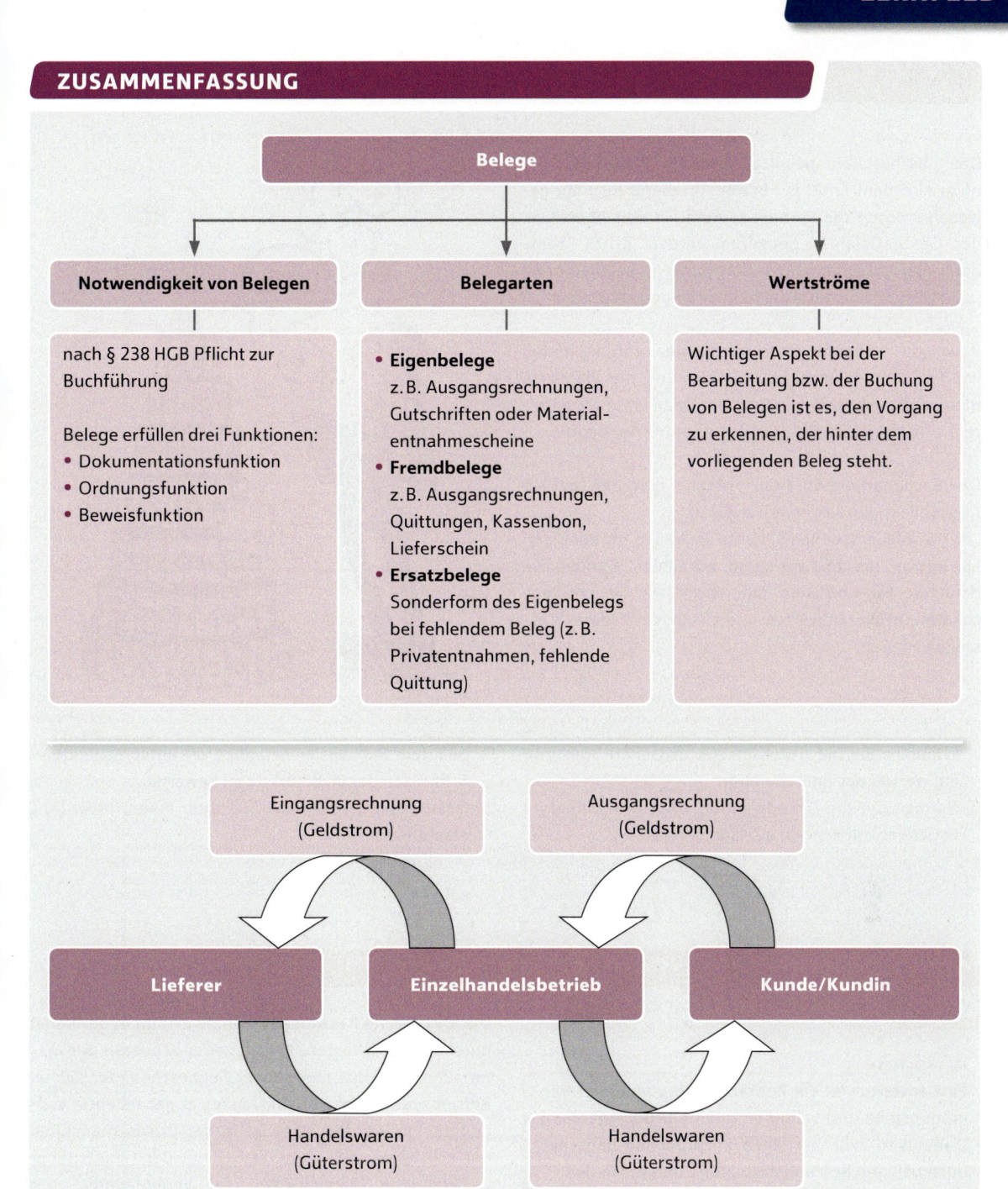

ZUSAMMENFASSUNG

Belege

Notwendigkeit von Belegen

nach § 238 HGB Pflicht zur Buchführung

Belege erfüllen drei Funktionen:
- Dokumentationsfunktion
- Ordnungsfunktion
- Beweisfunktion

Belegarten

- **Eigenbelege**
  z. B. Ausgangsrechnungen, Gutschriften oder Materialentnahmescheine
- **Fremdbelege**
  z. B. Ausgangsrechnungen, Quittungen, Kassenbon, Lieferschein
- **Ersatzbelege**
  Sonderform des Eigenbelegs bei fehlendem Beleg (z. B. Privatentnahmen, fehlende Quittung)

Wertströme

Wichtiger Aspekt bei der Bearbeitung bzw. der Buchung von Belegen ist es, den Vorgang zu erkennen, der hinter dem vorliegenden Beleg steht.

Eingangsrechnung (Geldstrom)		Ausgangsrechnung (Geldstrom)
Lieferer	**Einzelhandelsbetrieb**	**Kunde/Kundin**
Handelswaren (Güterstrom)		Handelswaren (Güterstrom)

LERNFELD 8

KAPITEL 3
Wir erstellen ein Inventar

Das Geschäftsjahr bei der Ambiente Warenhaus AG neigt sich dem Ende zu. In der Abteilung Rechnungswesen müssen die Vorbereitungen für den Abschluss des Geschäftsjahres getroffen werden. Britta Krombach und Lars Panning sollen daher die Kolleginnen und Kollegen aus der Abteilung aktiv unterstützen.

Bevor die endgültigen Aufstellungen vorgenommen werden können, müssen die Soll- und die Ist-Werte miteinander abgeglichen werden. Dazu ist unter anderem eine körperliche Bestandsaufnahme notwendig.

Die Sachbearbeiterin Frau Fritsche gibt den beiden Auszubildenden folgenden Auftrag:
„Britta und Lars, gehen Sie bitte ins Lager, um zunächst alle Artikel, die dort vorliegen, zu zählen. Bringen Sie dann die Inventurlisten mit, damit wir die entsprechenden Artikel bewerten und ein Inventar daraus erstellen können."

1. Erläutern Sie die Unterschiede zwischen Soll- und Ist-Werten bei einer Inventur.
2. Nennen Sie die Gründe dafür, dass die Artikel im Lager gezählt werden müssen.
3. Erläutern Sie, was es bedeutet, die entsprechenden Artikel aus der Inventurliste zu bewerten.
4. Erläutern Sie kurz, was Sie unter einem Inventar verstehen.

INFORMATION

Inventur

DEFINITION
Eine **Inventur** ist die Bestandsaufnahme aller Vermögensteile und Schulden in einem Unternehmen. Dabei wird zwischen einer körperlichen und einer buchmäßigen Bestandsaufnahme unterschieden.

Aus den Werten der Inventur wird ein Inventar abgeleitet und aufgestellt. Die Notwendigkeit zur Erstellung eines Inventars ergibt sich aus § 240 HGB.
Nach § 141 AO muss eine Bestandsaufnahme (Inventur) mindestens einmal jährlich erfolgen.

Die körperliche Bestandsaufnahme erfolgt in der Regel durch Zählen, Wiegen, Messen oder Schätzen der materiellen Vermögensteile. Jeder Gegenstand, der sich im Betriebsvermögen befindet, muss in der Inventur aufgenommen werden. Dies ist in der Praxis manchmal nur schwer zu erreichen. Daher hat der Gesetzgeber verschiedene Möglichkeiten der Vereinfachung der Inventur zugelassen. Zur Durchführung werden meist Inventurlisten ausgestellt, in denen die gezählten Werte festgehalten werden.

LERNFELD 8

BEISPIEL
Britta Krombach und Lars Panning haben von Frau Fritsche eine Inventurliste bekommen, in die sie die Mengen der Artikel aus dem Verkaufslager eintragen sollen.

Artikelnummer	Bezeichnung	Bewertung	Soll-Bestand	Ist-Bestand	Wert
4023007373126	Baumwoll-Sakko gefüttert	22,00 €	104		
4024010404159	Boxershorts, Gr. L 100% Baumwolle	4,55 €	47		
4022006262097	Damen-Leder-Gürtel	24,00 €	563		
4024010100037	Damenpullover „Elle"	18,00 €	54		

Immaterielle Vermögensteile (z. B. Kontostand laut Kontoauszug) werden buchmäßig erfasst (= **Buchinventur**), d.h., durch Belege, andere Aufzeichnungen oder auch durch Einholen von Informationen (z. B. bei Banken, Lieferern oder Kundinnen und Kunden) ermittelt.
Die Bewertung der Vermögensgegenstände ist sehr komplex. Es gibt einige gesetzliche Regelungen.

Grundsätzlich gilt, dass die Waren zu den Anschaffungs- oder Herstellungskosten bewertet werden sollten und bei veralteten oder beschädigten Waren ein niedrigerer Wert angesetzt werden muss. Es gilt das Vorsichtsprinzip (§ 252 Abs. 1 Nr. 4 HGB).

BEISPIEL
Im Verkaufslager bei der Ambiente Warenhaus AG werden alle Artikel zu durchschnittlichen Einkaufspreisen bewertet.

Artikelnummer	Bezeichnung	Bewertung	Soll-Bestand	Ist-Bestand	Wert
4023007373126	Baumwoll-Sakko gefüttert	22,00 €	104	108	2.369,00 €
4024010404159	Boxershorts, Gr. L 100% Baumwolle	4,55 €	47	47	213,85 €
4022006262097	Damen-Leder-Gürtel	24,00 €	563	568	13.632,00 €
4024010100037	Damenpullover „Elle"	18,00 €	54	54	972,00 €

Inventar

Aus den gewonnenen Inventurwerten wird ein Inventar aufgestellt.

> **DEFINITION**
> Das **Inventar** ist die ausführliche Aufstellung des Vermögens, der Schulden sowie des Eigenkapitals (Reinvermögen) in Tabellenform.

Das Inventar ist in drei Teile gegliedert:
A. Vermögen
B. Schulden
C. Reinvermögen (Eigenkapital)

A. Vermögen
Das Vermögen ist wiederum in Anlage- und Umlaufvermögen unterteilt.

I. Anlagevermögen
Anlagevermögen ist langfristig im Unternehmen eingesetztes Vermögen, welches notwendig für den gesamten Geschäftsbetrieb ist. Langfristig heißt, dass dieses Vermögen eine betriebsgewöhnliche Nutzungsdauer von über einem Jahr hat. Dazu gehören z. B.:

- Grundstücke und Bauten
- Anlagen und Maschinen
- Fuhrpark
- Betriebs- und Geschäftsausstattung

II. Umlaufvermögen

Das Umlaufvermögen befindet sich nur kurz- bis mittelfristig im Unternehmen und verändert häufig (z.T. täglich) seinen Bestand. Dazu gehören z.B.:

- Waren
- Forderungen
- Bankguthaben
- Kassenbestände

Die Positionen des Vermögens sind entsprechend der Sortierung bei der Bilanz nach steigender Liquidität geordnet, d.h., wie schnell sie „zu Geld" gemacht werden können. Daher steht das Anlagevermögen vor dem Umlaufvermögen und stehen innerhalb des Umlaufvermögens die Waren vor den Kassenbeständen.

B. Schulden

Zu den Schulden gehören langfristige und kurzfristige Schulden.

I. Langfristige Schulden

Hierzu gehören z.B.:

- Hypotheken
- Darlehen

II. Kurzfristige Schulden

Hierzu gehören z.B.:

- Verbindlichkeiten aus Lieferungen und Leistungen
- Verbindlichkeiten aus Steuern
- Sonstige Verbindlichkeiten

Die Positionen der Schulden sind entsprechend der Sortierung bei der Bilanz nach Fälligkeit geordnet. Deshalb stehen die langfristigen Verbindlichkeiten vor den kurzfristigen Verbindlichkeiten.

C. Reinvermögen (Eigenkapital)

Es berechnet sich als Differenz aus:

> C. Reinvermögen (Eigenkapital) =
> A. Vermögen − B. Schulden

Man kann das Reinvermögen als das Kapital bezeichnen, das das Unternehmen selbst am Ende eines Geschäftsjahres einsetzt.

Inventare müssen gem. § 257 HGB mindestens zehn Jahre geordnet aufbewahrt werden.

LERNFELD 8

BEISPIEL

Inventar
der Ambiente Warenhaus AG, Schönstadt, zum 31. Dez. 20..

	€	€
A. Vermögen		
I. Anlagevermögen		
1. Bebaute Grundstücke		60.000,00
2. Betriebsgebäude (Anlage 1)		
– Ladengeschäft Schönstadt	180.000,00	
– Verwaltungsgebäude	260.000,00	
– Lagerhalle	80.000,00	520.000,00
3. Fuhrpark		40.000,00
4. Betriebs- und Geschäftsausstattung		68.000,00
II. Umlaufvermögen		
1. Waren		
– Parfüm (Anlage 2)	150.000,00	
– Sportartikel (Anlage 3)	120.000,00	
– Schmuck und Accessoires (Anlage 4)	45.000,00	
– Kleidung (Anlage 5)	285.000,00	600.000,00
2. Forderungen a. LL		
– Fa. Tina Bachmann	27.000,00	
– Fa. ELKO AG	12.000,00	
– Fa. Spindler KG	7.000,00	46.000,00
3. Kassenbestand		7.600,00
4. Bankguthaben		
– Commerzbank	62.000,00	
– Deutsche Bank	80.000,00	142.000,00
Summe des Vermögens		**1.483.600,00**
B. Schulden		
I. Langfristige Schulden		
1. Hypothek der Commerzbank	377.000,00	
2. Darlehen der Commerzbank	120.000,00	497.000,00
II. Kurzfristige Schulden		
1. Verbindlichkeiten aus Lieferungen und Leistungen		
– Active Tex GmbH	43.000,00	
– Textila KG	33.000,00	76.000,00
2. Sonstige Verbindlichkeiten		25.000,00
Summe der Schulden		**598.000,00**
C. Ermittlung des Eigenkapitals		
Summe des Vermögens		1.483.600,00
– Summe der Schulden		–598.000,00
= Reinvermögen (Eigenkapital)		**885.600,00**

LERNFELD 8

AUFGABEN

1. Erläutern Sie, was man unter einer Inventur versteht.
2. Verdeutlichen Sie jeweils an einem Beispiel, was bei der Aufstellung eines Inventars unter der Ordnung des Vermögens „nach steigender Liquidität" und der Ordnung der Schulden „nach Fälligkeit" zu verstehen ist.
3. Erläutern Sie den Unterschied zwischen dem Anlage- und dem Umlaufvermögen.
4. Gegeben sind die Inventurdaten zum Geschäftsjahresende der Ambiente Warenhaus AG für die rechtlich selbstständigen Filialen I. und II.
   a) Ordnen Sie die Vermögenswerte nach steigender Liquidität und die Schulden nach Fälligkeit.
   b) Erstellen Sie jeweils ein Inventar für die Werte aus den beiden Filialen.
   c) Erstellen Sie auf Basis des aufgestellten Inventars jeweils eine Bilanz.

	I.	II.
Hypothek der Sparkasse	2.650.000,00 €	1.855.000,00 €
Darlehen der Commerzbank	950.000,00 €	665.000,00 €
Bankguthaben		
– Commerzbank	46.700,00 €	32.690,00 €
– Sparkasse	76.300,00 €	53.410,00 €
Betriebs- und Geschäftsausstattung	454.000,00 €	340.500,00 €
Betriebsstoffe (Anlage 3)	45.000,00 €	33.750,00 €
Forderungen a. LL		
– Fa. Schneider KG	244.000,00 €	183.000,00 €
– Fa. Stolco eG	377.000,00 €	282.750,00 €
– Fa. Adlatus GmbH	512.000,00 €	384.000,00 €
Fuhrpark	840.000,00 €	630.000,00 €
Gebäude (Anlage 1)		
– Verwaltungsgebäude	756.000,00 €	567.000,00 €
– Verkaufshalle	912.000,00 €	684.000,00 €
Grundstücke	4.595.000,00 €	3.446.250,00 €
Kassenbestand	6.500,00 €	4.550,00 €
Ladenausstattung (Anlage 2)	945.600,00 €	709.200,00 €
Verbindlichkeiten a. LL		
– Dynamo GmbH	532.000,00 €	372.400,00 €
– Pagro AG	398.800,00 €	358.920,00 €
– Tankert AG	144.000,00 €	100.800,00 €
Waren		
– Sportartikel (Anlage 4)	650.000,00 €	487.500,00 €
– Gartenartikel (Anlage 5)	445.600,00 €	334.200,00 €
– Sonstige Waren (Anlage 6)	350.000,00 €	262.500,00 €

LERNFELD 8

AKTIONEN

1. Informieren Sie sich in Ihrem Unternehmen über die Arbeitsschritte bei der Durchführung einer Inventur. Bereiten Sie eine Präsentation vor, in der Sie die wesentlichen Schritte darstellen.

2. Britta Krombach und Lars Panning haben eine Inventur im Textillager durchgeführt und sollen nun die ausgefüllte Inventurliste auswerten. Erfassen Sie die Daten in Excel und ergänzen Sie die Inventurliste um die drei Spalten: Ist-Wert, Soll-Wert und Inventurdifferenz.

   a) Berechnen Sie die Ist-Werte, indem Sie die einzelnen Ist-Mengen mit den Bewertungspreisen (Bewertung in Euro) multiplizieren.
   b) Berechnen Sie die Soll-Werte, indem Sie die einzelnen Soll-Mengen mit den Bewertungspreisen (Bewertung in Euro) multiplizieren.
   c) Bestimmen Sie die Inventurdifferenzen der einzelnen Artikel.
   d) Welcher Artikel hat die höchste Inventurdifferenz?
   e) Bestimmen Sie den Gesamtwert der im Textillager vorliegenden Artikel.

GTIN	Bezeichnung	Bewertung	Soll-Bestand	Ist-Bestand
4023007373126	Baumwoll-Sakko gefüttert	48,00 €	1042	1045
4024010404159	Boxershorts, Gr. L 100% Baumwolle	12,40 €	470	470
4022006262097	Damen-Ledergürtel	3,35 €	5635	5640
4024010100037	Damenpullover „Elle"	15,00 €	540	540
4024010404166	Holzfällerhemden, Farbe sortiert	23,00 €	288	290
4021003131085	Hosenanzug	21,00 €	685	687
4021004141052	Jacquard-Blazer	17,80 €	300	295
4022005252068	Jeansrock	12,00 €	700	700
4020102200081	Jeansweste mit Pailletten	18,20 €	479	479
4022005252075	Jerseykleid	24,40 €	100	100
4024010404180	Jogginganzug	17,50 €	1885	1884
4023007373119	Kette mit Anhänger	8,50 €	1890	1890
4022005500046	Klima-Aktiv-Jacke	65,00 €	1240	1240
4021003131078	Lederblazer, Porc-Velours	48,50 €	459	459
4021002200010	Multifunktionsjacke	38,00 €	938	940
4021002125030	Nadelstreifenanzug mit Weste	78,00 €	100	100
4023007373140	Strickjacke 100% Baumwolle	16,20 €	1465	1465
4021003131030	Stufenrock mit Spitzensaum	17,00 €	3985	3984
4021003131023	Wellness Mikrofaseranzug	67,20 €	185	200
SUMME				

LERNFELD 8

ZUSAMMENFASSUNG

Inventur
= Bestandsaufnahme aller Vermögensteile und Schulden in einem Unternehmen

↓

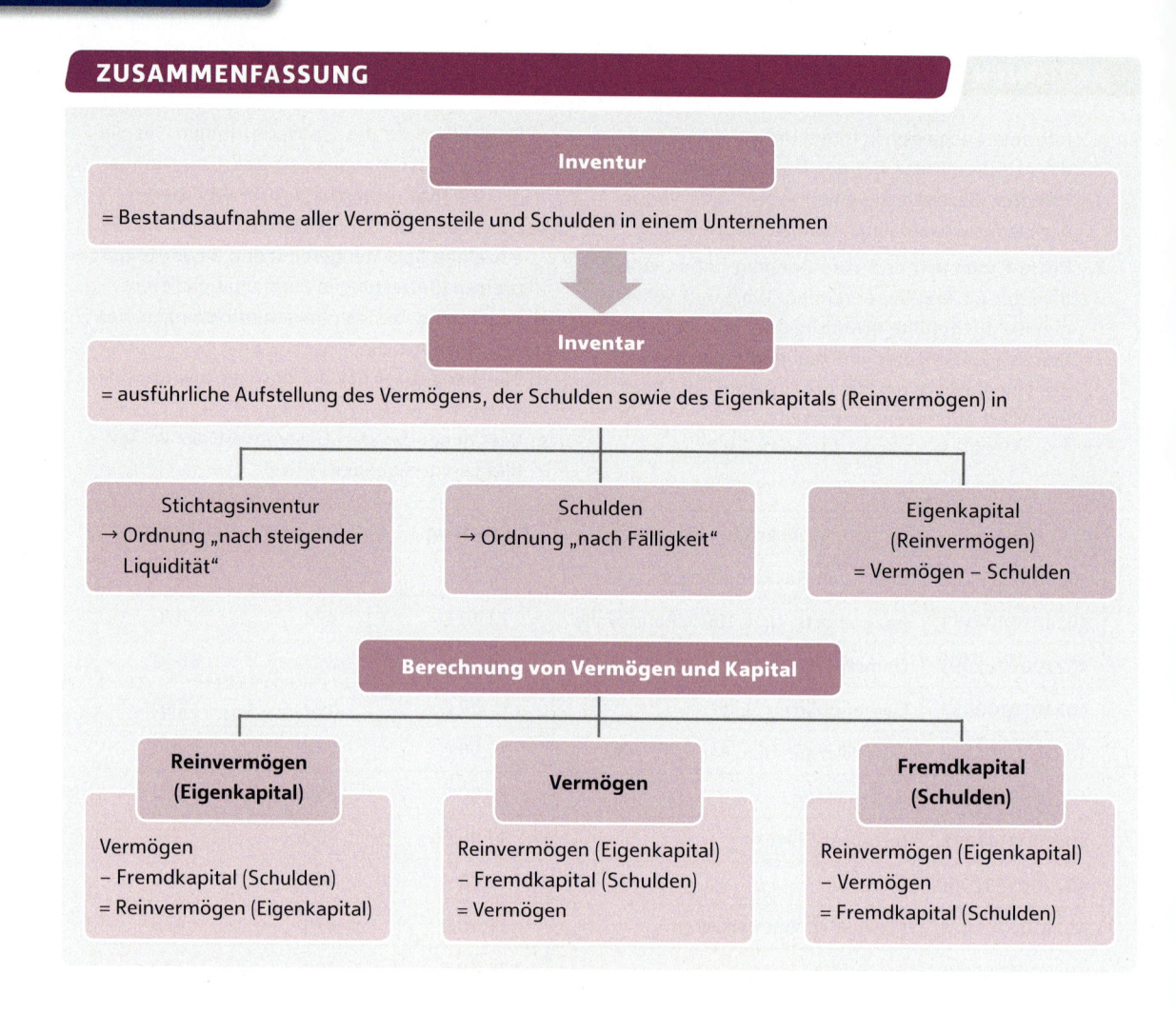

Inventar
= ausführliche Aufstellung des Vermögens, der Schulden sowie des Eigenkapitals (Reinvermögen) in

- Stichtagsinventur
  → Ordnung „nach steigender Liquidität"
- Schulden
  → Ordnung „nach Fälligkeit"
- Eigenkapital (Reinvermögen)
  = Vermögen – Schulden

Berechnung von Vermögen und Kapital

- **Reinvermögen (Eigenkapital)**
  Vermögen
  – Fremdkapital (Schulden)
  = Reinvermögen (Eigenkapital)

- **Vermögen**
  Reinvermögen (Eigenkapital)
  – Fremdkapital (Schulden)
  = Vermögen

- **Fremdkapital (Schulden)**
  Reinvermögen (Eigenkapital)
  – Vermögen
  = Fremdkapital (Schulden)

KAPITEL 4
Wir lernen Inventurvereinfachungsverfahren kennen

26. Februar:
Britta Krombach sitzt nach dem Feierabend mit ihrem Freund Lukas Schmeling in einem Café.

Britta Krombach: „... und morgen führe ich das erste Mal in meiner Ausbildung eine Inventur durch, hat mir mein Abteilungsleiter gesagt."

Lukas Schmeling: „Hä? Da hast du bestimmt was falsch verstanden .... Die Inventur wird doch immer am Jahresende durchgeführt!"

Britta Krombach: „Nein, morgen ist Inventur! Das wurde ganz deutlich gesagt."

Beurteilen Sie die Situation.

LERNFELD 8

INFORMATION

Inventurverfahren

Grundsätzlich erfolgt die Inventur auf zwei verschiedene Arten:

- Eine **körperliche Inventur** wird durchgeführt bei körperlichen Gegenständen des Vermögens. Dies können zum Beispiel Waren, Gegenstände der Betriebs- und Geschäftsausstattung oder der Fuhrpark sein. Eine körperliche Inventur erfolgt zu einem bestimmten Zeitpunkt durch Messen, Wiegen, Zählen.

- Eine **Buchinventur** erstreckt sich auf nicht körperliche Gegenstände sowohl des Vermögens als auch der Schulden. Dies können unter anderem das Bankguthaben, Forderungen, aber auch Darlehen und Verbindlichkeiten sein. Die Buchinventur wird im Rahmen der Inventurausfälle angewendet, die nicht mit den Methoden der körperlichen Inventur (messen, wiegen, zählen) dargestellt werden können. Solche immateriellen Vermögens- und Schuldwerte werden aufgrund buchhalterischer Aufzeichnungen (Saldenlisten der Lieferer- und Kundenkonten) oder anderer Belege (Kontoauszüge) erfasst.

Inventurvereinfachungsverfahren

In vielen Unternehmen ist die körperliche Bestandsaufnahme sehr aufwendig. So ist es für viele Unternehmen oft problematisch, direkt am letzten Tag des Geschäftsjahres (z.B. am 31.12.) die Inventur durchzuführen. Auch lassen sich bestimmte Stoffe und Waren nicht einfach zählen, wiegen oder messen (z.B. die Sandmenge in einer Sandgrube).

Daher hat der Gesetzgeber nach § 241 HGB verschiedene Möglichkeiten der Inventurvereinfachung zugelassen, die mehr Flexibilität (= Beweglichkeit) bei der Zeitplanung bringen, und zwar
- die Stichtagsinventur
- die zeitlich verlegte Inventur
- die permanente Inventur

In der nachfolgenden Übersicht sind die wesentlichen Merkmale dieser Inventurvereinfachungsverfahren dargestellt.

Inventurvereinfachungsverfahren

Stichtagsinventur	Zeitlich verlegte Inventur	Permanente Inventur
• Inventur am Bilanzstichtag (z.B. am 31.12.)	• Inventur 10 Tage vor oder nach dem Bilanzstichtag (= **zeitnahe Inventur**) oder	• Inventur ganzjährig, meist durch Fortschreibung mithilfe der EDV
Vorteil	• 3 Monate vor bis 2 Monate nach dem Bilanzstichtag	• Belege müssen nachprüfbar sein.
• keine Wertfortschreibung oder Wertrückrechnung notwendig	**Vorteil**	• Jeder Artikel muss einmal pro Jahr „gezählt" werden.
Nachteile	• bessere Zeiteinteilung möglich (hohe Flexibilität)	**Vorteil**
• großer Arbeitsaufwand in kurzer Zeit	**Nachteil**	• sehr hohe Flexibilität
• ggf. Schließung des Unternehmens notwendig	• Wertfortschreibung oder Wertrückrechnung notwendig	**Nachteile**
		• permanentes Buchführen
		• ggf. Anschaffung eines Warenwirtschaftssystems notwendig

LERNFELD 8

Eine weitere Möglichkeit, die Inventur zu vereinfachen, bietet in einigen Fällen die **Stichprobeninventur**:

> **Auszug aus § 241 HGB**
> (1): „Bei der Aufstellung des Inventars darf der Bestand der Vermögensgegenstände nach Art, Menge und Wert auch mit Hilfe anerkannter mathematisch-statistischer Methoden auf Grund von Stichproben ermittelt werden. Das Verfahren muss den Grundsätzen ordnungsmäßiger Buchführung entsprechen. Der Aussagewert des auf diese Weise aufgestellten Inventars muss dem Aussagewert eines auf Grund einer körperlichen Bestandsaufnahme aufgestellten Inventars gleichkommen."

Unter einer **Wertfortschreibung** oder **Wertrückrechnung** ist die Ermittlung des tatsächlichen Bestands am Bilanzstichtag zu verstehen. Wenn bei einer zeitlich verlegten Inventur nicht am Bilanzstichtag selbst gezählt wird, müssen alle Zu- und Abgänge zwischen Inventur- und Bilanzstichtag einbezogen werden. Dabei ist zwischen einer Inventur vor und einer Inventur nach dem Bilanzstichtag zu unterscheiden.

Wenn vor dem Bilanzstichtag eine Inventur durchgeführt wird, müssen Einkäufe (Zugänge) dazugerechnet und Verkäufe (Abgänge) abgezogen werden von der Inventurmenge.

BEISPIEL

Inventur vor dem Bilanzstichtag

Lars hat bei der Inventur am 25. November (Bilanzstichtag 31. Dezember) 5640 Ledergürtel gezählt. Bis zum 31. Dezember sind aber noch 2320 Ledergürtel verkauft worden und 1500 Ledergürtel neu geliefert worden.

Rechnung:
Inventur 5640 Ledergürtel
+ Einkäufe 1500 Ledergürtel
− Verkäufe 2320 Ledergürtel
= Bestand 4820 Ledergürtel

Wenn **nach** dem Bilanzstichtag eine Inventur durchgeführt wird, müssen Einkäufe (Zugänge) abgezogen und Verkäufe (Abgänge) dazugerechnet werden von der Inventurmenge.

BEISPIEL

Inventur nach dem Bilanzstichtag

Eine Mitarbeiterin hat bei der Inventur am 20.01. des neuen Jahres (Bilanzstichtag 31.12. des Vorjahres) 5640 Ledergürtel gezählt. Zwischen Inventurtag und dem **31.12.** sind aber noch 2320 Ledergürtel verkauft worden und 1500 Ledergürtel neu geliefert worden

Rechnung:
Inventur 5640 Ledergürtel
− Einkäufe 1500 Ledergürtel
+ Verkäufe 2320 Ledergürtel
= Bestand 6460 Ledergürtel

AUFGABEN

1. Nennen Sie die Unterschiede zwischen der zeitnahen und der zeitlich verlegten Inventur.
2. Erläutern Sie die Unterschiede zwischen der körperlichen Inventur und der Buchinventur.
3. Erläutern Sie die permanente Inventur.
4. Welche Inventurart liegt jeweils vor?
    a) Inventur 3 Monate vor oder 2 Monate nach dem Bilanzstichtag
    b) verteilte Inventur auf das komplette Geschäftsjahr
    c) Inventur 10 Tage vor oder nach dem Bilanzstichtag
    d) Erfassen der Werte durch Aufzeichnungen, Dokumente und Belege
    e) Inventur am Bilanzstichtag
    f) messen, zählen und wiegen der Waren und Gegenstände
5. Erläutern Sie die Stichprobeninventur.

LERNFELD 8

AKTION

a) Informieren Sie sich über das Inventurverfahren, das in Ihrem Ausbildungsbetrieb angewendet wird.
b) Fragen Sie Kolleginnen und Kollegen nach möglichen Schwierigkeiten und/oder Problemen, Differenzen usw. und auch nach den Gründen dafür.
c) Bereiten Sie eine kurze Vorstellung für Ihre Klasse vor.

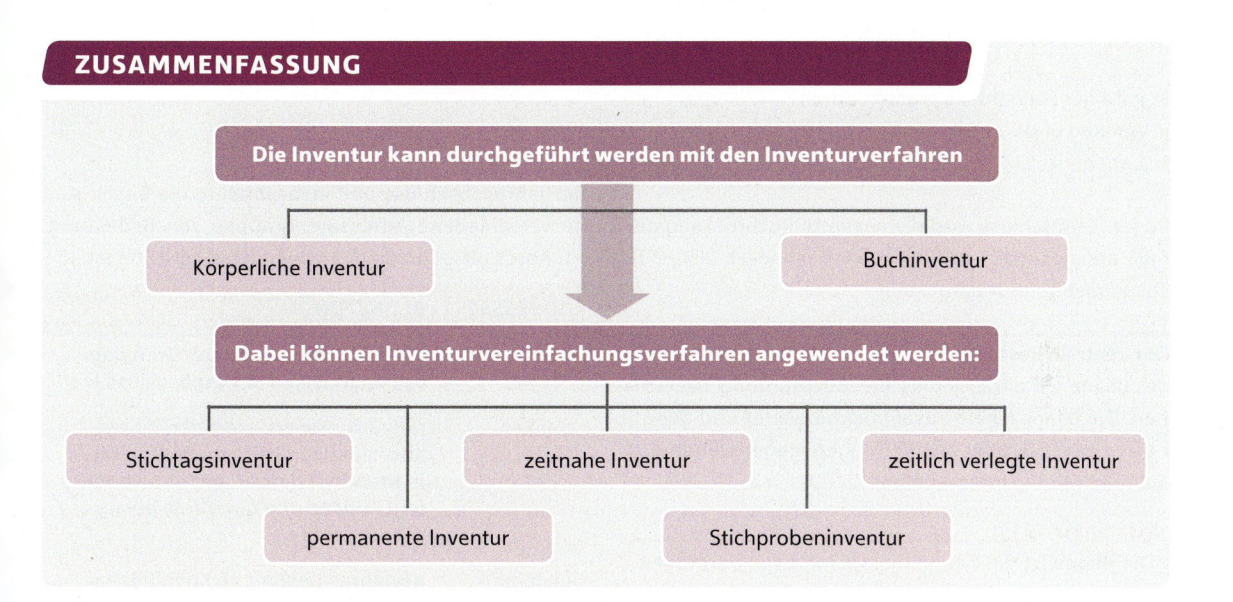

ZUSAMMENFASSUNG

Die Inventur kann durchgeführt werden mit den Inventurverfahren
- Körperliche Inventur
- Buchinventur

Dabei können Inventurvereinfachungsverfahren angewendet werden:
- Stichtagsinventur
- zeitnahe Inventur
- zeitlich verlegte Inventur
- permanente Inventur
- Stichprobeninventur

KAPITEL 5
Wir erkennen die Bilanz als Grundlage der Buchführung

Bilanz der Ambiente Warenhaus AG zum 31.12.20..

AKTIVA		PASSIVA	
A. Anlagevermögen		A. Eigenkapital	885.600,00
1. Bebaute Grundstücke	400.000,00	B. Fremdkapital	
2. Betriebsgebäude	180.000,00	I. Langfristige Verbindlichkeiten	
3. Fuhrpark	40.000,00	1. Hypotheken	377.000,00
4. Betriebs- und Geschäftsausstattung	68.000,00	2. Darlehen	120.000,00
B. Umlaufvermögen		II. Kurzfristige Verbindlichkeiten	
1. Waren	600.000,00	1. Verbindlichkeiten a. LL	76.000,00
2. Forderungen a. LL	46.000,00	2. Sonstige Verbindlichkeiten	25.000,00
3. Bank	142.000,00		
4. Kasse	7.600,00		
	1.483.600,00		1.483.600,00

H. Rischmüller   Schönstadt, 17. Mai 20..

1. Nennen Sie die Personen, Personengruppen oder Einrichtungen, die Interesse an einer solchen Aufstellung haben.
2. Notieren Sie die Dinge, die Ihnen an der Gliederung, dem Aufbau und den Inhalten der Bilanz auffallen.

LERNFELD 8

INFORMATION

Bilanz

Ein Unternehmen erstellt zum Abschluss eines jeden Geschäftsjahres einen sogenannten Jahresabschluss. Der Jahresabschluss besteht aus folgenden Bestandteilen:
- Bilanz
- Gewinn- und Verlustrechnung

Er wird gegebenenfalls ergänzt durch
- Anhang und
- Lagebericht.

Im Jahresabschluss wird die gesamte Buchführung gemäß den gesetzlichen Regeln (insbesondere des HGB) zusammengefasst dargestellt.

Der zentrale Bestandteil ist die Bilanz. Somit kann man die Bilanz als ein Ergebnis der Buchführung bezeichnen. Die Bilanz ist ein zusammengefasster und geordneter Überblick über alle Vermögensgegenstände und Schulden eines Unternehmens.

> **DEFINITION**
> Die **Bilanz** ist die Gegenüberstellung von Vermögen und Kapital eines Unternehmens zu einem bestimmten Zeitpunkt.

Eine Bilanz wird am Ende eines jeden Wirtschaftsjahres aufgestellt. Ein Wirtschaftsjahr ist der Zeitraum, für den ein Unternehmen regelmäßig Abschlüsse erstellt. Die meisten Unternehmen erstellen Abschlüsse für die Zeit vom 01.01. eines Jahres bis zum 31.12. desselben Jahres. In diesen Fällen entspricht das Wirtschaftsjahr dem Kalenderjahr. Abweichungen sind möglich.

> **BEISPIEL**
> Die Meier GmbH erstellt den Abschluss auf den 31.10.20... Das Wirtschaftsjahr geht also vom 01.11. eines jeden Jahres bis zum 31.10. des Folgejahres. Es handelt sich um ein abweichendes Wirtschaftsjahr.

Der Begriff Bilanz ist von dem italienischen Begriff *bilancia*, Waage, hergeleitet. Der Name sagt schon aus, dass in der Buchführung ein ständiges Gleichgewicht herrschen muss wie auf einer Waage. Eine Bilanz hat, wie eine Waage, zwei Seiten und beide Seiten sind wertmäßig gleich groß.

Die Bilanz ist in **T-Konten-Form** dargestellt. Ein T-Konto ist die übliche Darstellungsform von Konten im Rahmen des Hauptbuchs1 der Buchführung. Die Bilanz sieht wie folgt aus:

AKTIVA	Bilanz	PASSIVA

Adressatenkreis

Der Jahresabschluss und insbesondere die Bilanz sind für verschiedene Adressatengruppen von Bedeutung. Ein Adressat ist jemand, an den etwas gerichtet ist.

ADRESSAT	BEDEUTUNG
Finanzamt	setzt die Steuern auf der Grundlage der Angaben im Jahresabschluss fest.
Banken	nutzen unter anderem den Jahresabschluss zur Prüfung der Bonität (= Kreditwürdigkeit) der Kundinnen und Kunden und gewähren entsprechend Kredite.
Lieferer	gewähren bestimmte Konditionen nur zahlungsfähigen Kundinnen und Kunden.
Gesellschafter	erhalten ihre Gewinnanteile unter anderem bemessen an den Gewinnen, die im Jahresabschluss ausgewiesen werden.
Arbeitnehmerinnen und Arbeitnehmer	können aus Jahresabschlüssen zum Beispiel Rückschlüsse für Gehaltsverhandlungen und über die Sicherheit des Arbeitsplatzes ziehen.
Staat	ist u. a. daran interessiert, dass es insbesondere großen Unternehmen wirtschaftlich gutgeht.

Rechtliche Vorschriften

§ 242 HGB verpflichtet alle buchführungspflichtigen Kaufleute zur Aufstellung einer Bilanz. Die Bilanz muss gemäß § 247 HGB Anlage- und Umlaufvermögen, Eigenkapital, Schulden sowie Rechnungsabgrenzungsposten gesondert ausweisen. Sie muss außerdem hinreichend aufgegliedert sein (Einzelheiten siehe unten). Aus § 266 HGB ergibt sich die genaue Gliederung der Bilanz. Um die Beweiskraft der Buchführung hinreichend lange zu gewährleisten, müssen Bilanzen gemäß § 257 HGB zehn Jahre aufbewahrt werden.

Eine Bilanz muss mit Ort, Datum und Unterschrift des Unternehmers versehen werden.

Exkurs: Bilanzarten

Es gibt verschiedene Arten von Bilanzen. Die herkömmliche Bilanz ist die Handelsbilanz. Sie wird im Rahmen der Ausbildung näher betrachtet.

- **Handelsbilanz**
  Eine Bilanz, die ein Unternehmen aufgrund der handelsrechtlichen Vorschriften (insb. HGB) erstellen muss.

- **Steuerbilanz**
  Eine Bilanz, die ein Unternehmen aufgrund von steuerrechtlichen Vorschriften erstellen muss. Bei vielen Unternehmen gleicht sie der Handelsbilanz.

- **Einheitsbilanz**
  Wenn die Steuerbilanz und die Handelsbilanz nicht voneinander abweichen, dann bezeichnet man die erstellte Bilanz als Einheitsbilanz. Sie erfüllt die Zwecke sowohl der handelsrechtlichen als auch der steuerrechtlichen Vorschriften.

- **Eröffnungsbilanz**
  Wenn ein Unternehmen gegründet wird, müssen alle Vermögenswerte und Schulden sowie das Eigenkapital in Form einer Eröffnungsbilanz zusammengestellt werden.

- **Schlussbilanz**
  Als Schlussbilanz wird die Bilanz bezeichnet, die Unternehmen bei Beendigung ihrer geschäftlichen Tätigkeiten aufstellen müssen. In der Umgangssprache werden häufig alle Bilanzen auf das Ende eines Wirtschaftsjahres als Schlussbilanz bezeichnet.

- **Sonderbilanz**
  In Personengesellschaften kommt es vor, dass für die einzelnen Gesellschafter (Mitunternehmer) Sonderbilanzen erstellt werden müssen.

- **Ergänzungsbilanz**
  Im Falle von Gesellschafterwechseln bei Personengesellschaften müssen häufig Ergänzungsbilanzen aufgestellt werden, um die Vermögenswerte korrekt zu erfassen.

- **Konzernbilanz**
  Wenn mehrere Unternehmen oder Gesellschaften wirtschaftlich eine Einheit bilden, dann muss grundsätzlich jede einzelne Gesellschaft einen Jahresabschluss mit eigener Bilanz erstellen. Diese Jahresabschlüsse werden vereinheitlicht und im Konzernabschluss zu einer Konzernbilanz zusammengetragen.

Aktivseite der Bilanz

Auf der linken Seite der Bilanz sind alle Vermögensgegenstände eines Unternehmens dargestellt. Diese Seite heißt Aktivseite und die Vermögensgegenstände bzw. Bilanzpositionen heißen Aktiva.

Die Aktivseite gibt Auskunft darüber, wie ein Unternehmen die zur Verfügung stehenden finanziellen Mittel verwendet (Mittelverwendung).

BEISPIEL

Wird ein neues Kassensystem angeschafft, so steht dieses als Vermögensgegenstand in der Bilanzposition „Kassensysteme" auf der Aktivseite.

Die Aktiva sind in zwei Gruppen unterteilt, das **Anlagevermögen** und das **Umlaufvermögen**. Zum Anlagevermögen gehören Vermögensgegenstände, die dazu bestimmt sind, dem Betrieb dauerhaft zu dienen. Dies trifft zum Beispiel auf das Betriebsgrundstück, die Produktionsmaschinen, aber auch auf die Büroeinrichtungen zu. Dem Umlaufvermögen werden Vermögensgegenstände zugeordnet, die nicht dauerhaft dem Betrieb dienen sollen. Das bedeutet, dass zum Beispiel Waren, aber auch vorhandenes Bargeld und Forderungen zum Umlaufvermögen zählen. Diese Gruppen sind wiederum ebenfalls unterteilt.

Die gesamte Aktivseite ist von oben nach unten nach zunehmender Flüssigkeit der Vermögensgegenstände gegliedert. Kann man einen Gegenstand leicht verkaufen, so liegt eine hohe Flüssigkeit vor. Der Gegenstand steht also in einer der unteren Bilanzpositionen.

BEISPIEL

Waren sollen in Unternehmen bei Nachfrage durch den Kunden sofort verkauft werden. Der Verkauf ist leicht durchzuführen. Somit verfügen Waren über eine hohe Flüssigkeit und werden in einer unteren Bilanzposition geführt.

Umgekehrt steht ein Gegenstand, den man nur mit viel Aufwand verkaufen kann, in einer der oberen Bilanzpositionen der Aktivseite.

LERNFELD 8

> **BEISPIEL**
>
> Ein Grundstück lässt sich nur schwer verkaufen. Es kann lange dauern, bis man einen Käufer gefunden hat. Zudem sind beim Verkauf formelle Vorschriften einzuhalten. Ein Grundstück hat also eine geringe Flüssigkeit. Es ist nicht leicht zu Geld zu machen, somit steht es in einer oberen Bilanzposition.

In der letzten Zeile der Bilanz wird auf der Aktivseite die Summe des Vermögens dargestellt. Diese Zahl nennt man auch Bilanzsumme.

Die Gliederung sieht z. B. wie folgt aus:

AKTIVA	Bilanz der Ambiente Warenhaus AG zum 31.12.20..		PASSIVA
A. Anlagevermögen			
1. Bebaute Grundstücke	400.000,00		
2. Betriebsgebäude	180.000,00		
3. Fuhrpark	40.000,00		
4. Betriebs- und Geschäftsausstattung	68.000,00		
B. Umlaufvermögen			
1. Waren	600.000,00		
2. Forderungen a. LL	46.000,00		
3. Bank	142.000,00		
4. Kasse	7.600,00		
	1.483.600,00		

(zunehmende Flüssigkeit der Vermögensgegenstände ↓)

Passivseite der Bilanz

Auf der rechten Seite der Bilanz sind alle **Schulden (Fremdkapital)** und das **Eigenkapital** eines Unternehmens dargestellt. Die Passivseite zeigt, woher das Kapital im Unternehmen stammt, nennt also die Mittelherkunft. Diese Seite heißt Passivseite und die einzelnen Positionen heißen Passiva.

Die Passivseite gibt Auskunft über die Herkunft der finanziellen Mittel, die im Unternehmen vorhanden sind. Die Summe der Passiva bezeichnet man als Kapital. Sie ist genauso groß wie die Summe der Aktiva. Also ist in einem Unternehmen so viel Vermögen vorhanden, wie Eigenkapital und Schulden gegenüberstehen.

> **BEISPIEL**
>
> Ein Lieferwagen wird angeschafft und mit einem Kredit finanziert. Der Lieferwagen wurde mit fremdem Kapital bezahlt. Der Lieferwagen wird auf der Aktivseite erfasst (= Mittelverwendung) und der Kredit wird auf der Passivseite in der Position „Verbindlichkeiten gegenüber Kreditinstituten" erfasst (= Mittelherkunft).

Es gibt grundsätzlich zwei Quellen, aus denen die finanziellen Mittel eines Unternehmens stammen können:

- Das Kapital wird aus den erwirtschafteten Gewinnen oder dem Vermögen des Unternehmens beschafft. Es handelt sich dann um Eigenkapital.
- Das Kapital wird von Fremden zur Verfügung gestellt (z. B. Banken oder Lieferer). Es handelt sich dann um Fremdkapital.

Die Passivseite ist daher in diese zwei Gruppen unterteilt. Die Verbindlichkeiten, also das Fremdkapital, sind nach zunehmender Fälligkeit geordnet. Das heißt, es werden im Fremdkapital zunächst die Verbindlichkeiten mit langer Laufzeit ausgewiesen. Hierbei handelt es sich zum Beispiel um Hypotheken oder Darlehen zur Finanzierung von Grundstücken oder größeren Anschaffungen, die eine lange Laufzeit haben. Die Verbindlichkeiten mit kurzer Laufzeit werden später ausgewiesen. Hier handelt es sich zum Beispiel um die Verbindlichkeiten gegenüber den Lieferern, die in der Regel innerhalb weniger Wochen bezahlt werden müssen.

Freiräume, die auf einer Seite der Bilanz dadurch entstehen, dass eine Seite mehr Positionen hat als die andere Seite, werden durch eine sogenannte *Buchhalternase* gefüllt.

In der letzten Zeile der Bilanz wird auf der Passivseite der Bilanz die Summe des vorhandenen Kapitals ausgewiesen. Der Wert heißt auch hier Bilanzsumme. Die Bilanzsumme auf der Passivseite ist ebenso groß wie die Bilanzsumme auf der Aktivseite.

Formel:

Vermögen − Schulden = Eigenkapital

Eigenkapital

Das Eigenkapital lässt sich aufgrund des Aufbaus der Bilanz errechnen. Es ist die Differenz (= Unterschied) zwischen dem vorhandenen Vermögen und den Schulden, also dem Fremdkapital, eines Unternehmens.

Der Wert des Vermögens ist die Bilanzsumme, also der Wert, der als Summe unter der Aktivseite angeführt wird. Den Wert der Schulden errechnet man durch Addition der Fremdkapitalpositionen der Passivseite der Bilanz, also z. B. Hypotheken, Darlehen, Verbindlichkeiten aus Lieferungen und Leistungen usw.

Bilanz der Ambiente Warenhaus AG zum 31.12.20..

AKTIVA		PASSIVA	
A. Anlagevermögen		A. Eigenkapital	885.600,00
1. Bebaute Grundstücke	400.000,00		
2. Betriebsgebäude	180.000,00	B. Fremdkapital	
3. Fuhrpark	40.000,00	I. Langfristige Verbindlichkeiten	
4. Betriebs- u. Geschäfts-		1. Hypotheken	377.000,00
ausstattung	68.000,00	2. Darlehen	120.000,00
		II. Kurzfristige Verbindlichkeiten	
B. Umlaufvermögen		1. Verbindlichkeiten a. LL	76.000,00
1. Waren	600.000,00	2. Sonstige Verbindlichkeiten	25.000,00
2. Forderungen a. LL	46.000,00		
3. Bank	142.000,00		
4. Kasse	7.600,00		
	1.483.600,00		**1.483.600,00**

A. Eigenkapital 885.600,00 → Eigenkapital

B. Fremdkapital → Gliederung nach Fälligkeit der Schulden

AUFGABEN

1. Erklären Sie, warum die Bilanz die Grundlage der Buchführung darstellt.

2. a) Nennen Sie die verschiedenen Bilanzarten.
   b) Geben Sie an, welche der Bilanzen Sie nach Ihrer Einschätzung im Unterricht im Lernfeld 8 betrachten werden.
   c) Begründen Sie kurz Ihre Antwort zu b).

3. a) Nennen Sie Personen/Einrichtungen, die Interesse an der Bilanz eines Unternehmens haben.
   b) Begründen Sie mit eigenen Worten, warum
   - Arbeitnehmende
   - Kundinnen und Kunden
   - Banken
   - der Staat

   Interesse an der Bilanz eines Unternehmens haben.

4. a) Ordnen Sie folgende Vermögensgegenstände nach ihrer Flüssigkeit und erstellen Sie die Aktivseite der Bilanz.
   - Verpackungsmaterial   7.500,00 €
   - BGA   32.000,00 €
   - Kasse   850,00 €
   - Bebaute Grundstücke   320.000,00 €
   - Bank   9.600,00 €
   - Waren   71.500,00 €
   - Fuhrpark   86.000,00 €
   - Forderungen a. LL   18.700,00 €
   - Betriebsgebäude   215.000,00 €

   b) Ordnen Sie folgende Positionen nach ihrer Fälligkeit und erstellen Sie die Passivseite der Bilanz.
   - kurzfr. Darlehen   7.400,00 €
   - Hypotheken   375.000,00 €
   - Verbindlichkeiten a. LL 19.700,00 €
   - Eigenkapital

LERNFELD 8

c) Berechnen Sie die Höhe des Eigenkapitals und vervollständigen Sie die Bilanz.

5. Ordnen Sie die folgenden Begriffe dem Anlage- oder Umlaufvermögen sowie dem Fremd- oder Eigenkapital zu.
   - Waren
   - Grundschuld bei der Sparkasse Schönstadt
   - Betriebs- und Geschäftsausstattung
   - Betriebsgrundstück
   - Verbindlichkeit gegenüber der Spindler KG
   - Ladenausstattung
   - Gewinn, den der Unternehmer erwirtschaftet

6. Erstellen Sie mit den folgenden Werten die Bilanz des Unternehmens. Berechnen Sie das Eigenkapital selbst. Beachten Sie die Formvorschriften.

Betriebsgebäude	177.500,00 €
Waren	63.300,00 €
Bebaute Grundstücke	67.000,00 €
Kasse	240,00 €
Verb. ggü. Kreditinstituten (kurzfr.)	124.500,00 €
Ladenausstattung	57.000,00 €
Bank	12.700,00 €
Verbindlichkeiten a. LL	17.860,00 €
Forderungen a. LL	3.600,00 €
BGA	16.250,00 €
Fuhrpark	31.200,00 €

AKTIONEN

1. Erstellen Sie das Schema einer Bilanz und tragen Sie die folgenden Begriffe sinnvoll ein:
   - Fremdkapital
   - Anlagevermögen
   - Eigenkapital
   - Umlaufvermögen
   - Bilanzsumme

   Beachten Sie dabei die Formvorschriften.

2. Machen Sie sich im Internet auf die Suche nach der Bilanz eines DAX-Konzerns Ihrer Wahl. Finden Sie auf der Homepage den letzten veröffentlichten Jahresabschluss und notieren Sie folgende Dinge:
   a) Bilanzsumme
   b) Anlagevermögen
   c) Umlaufvermögen
   d) Eigenkapital
   e) Fremdkapital
   f) Jahresüberschuss

ZUSAMMENFASSUNG

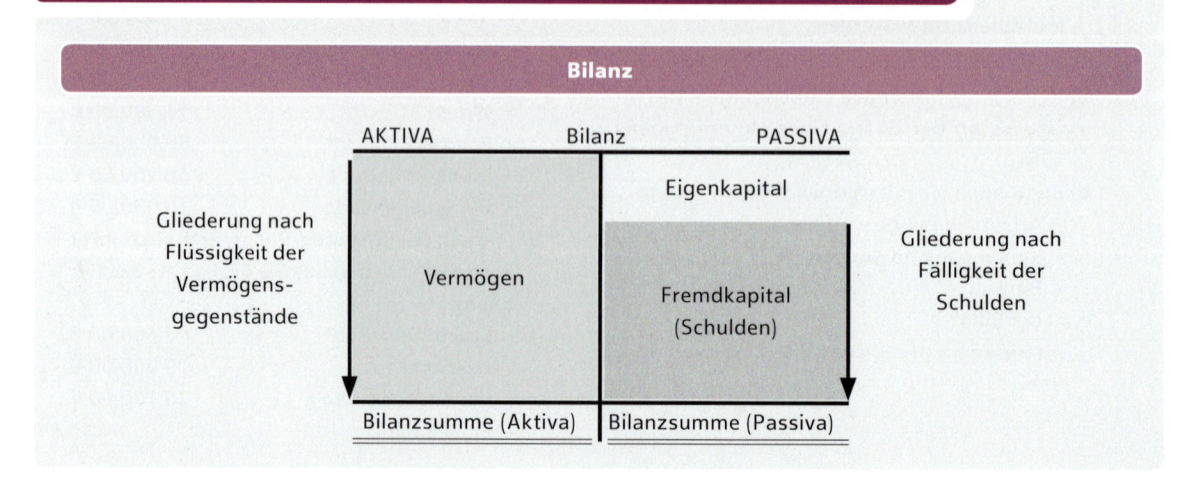

Bilanz

AKTIVA	Bilanz	PASSIVA
Gliederung nach Flüssigkeit der Vermögensgegenstände	Vermögen	Eigenkapital
		Fremdkapital (Schulden)
		Gliederung nach Fälligkeit der Schulden
Bilanzsumme (Aktiva)		Bilanzsumme (Passiva)

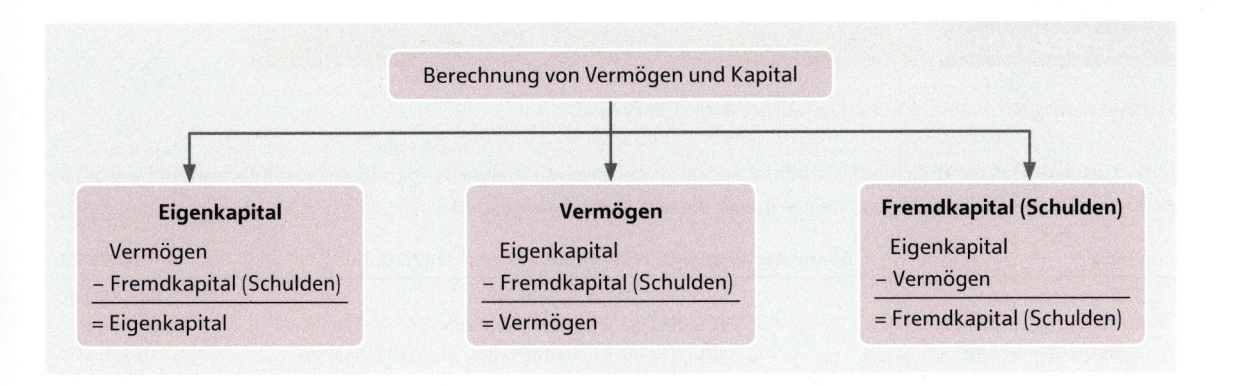

LERNFELD 8

```
                  Berechnung von Vermögen und Kapital
         ┌───────────────────────┼───────────────────────┐
         ▼                       ▼                       ▼
   Eigenkapital              Vermögen          Fremdkapital (Schulden)
   
   Vermögen                 Eigenkapital            Eigenkapital
   – Fremdkapital (Schulden) – Fremdkapital (Schulden) – Vermögen
   = Eigenkapital           = Vermögen              = Fremdkapital (Schulden)
```

KAPITEL 6
Wir erkennen Bilanzveränderungen durch Geschäftsfälle

Britta Krombach und Lars Panning haben erneut die Eingangsrechnung vom Autohaus Bach über einen Pkw von 33.320,00 € vor sich liegen. Die Rechnung soll nun vom Bankkonto bezahlt werden.

1. Beschreiben Sie kurz den Sachverhalt, der dem Beleg ursprünglich zugrunde liegt.
2. Geben Sie an, welche Bilanzpositionen sich aufgrund des Geschäftsfalls verändern.
3. Geben Sie an, wie sich die einzelnen Bilanzpositionen verändern.
4. Nennen Sie die vorliegende Form der Bilanzveränderung.
5. Geben Sie an, wie sich diese Bilanzveränderung auf die Bilanzsumme auswirkt.
6. Erläutern Sie, ob die Ambiente Warenhaus AG durch diesen Geschäftsfall ihr Vermögen erhöht hat.
7. Geben Sie an, wie sich der Sachverhalt auf das Fremdkapital der Ambiente Warenhaus AG ausgewirkt hat.

Autohaus Bach

Telefon: 0511 1234-56
Telefax: 0511 1234-57
E-Mail: marx@bach-wvd.de

Autohaus Bach · Birkenwald 44 · 30449 Hannover

Ambiente Warenhaus AG
Herrn Rischmüller
Groner Straße 22–24
34567 Schönstadt

Kunden-Nr.:	19875
Lieferdatum:	12.10.20..
Bestelldatum:	28.07.20..
Sachbearbeiter/-in:	Herr Marx
Rechnungs-Nr.:	86970
Rechnungsdatum:	14.10.20..

Rechnung

Pos.	Artikel-Nr.	Artikelbezeichnung	Menge und Einheit	Einzelpreis	Gesamtpreis
1	125125	PKW Kolf Sport Neuwagen	1	33.320,00 €	33.320,00 €
Gesamtpreis					33.320,00 €

Rechnungsbetrag zahlbar innerhalb von 14 Tagen netto.

LERNFELD 8

INFORMATION

Auswirkungen von Geschäftsfällen auf die Bilanz

Jeder Geschäftsfall wirkt sich auf die Bilanz aus. Man nennt diese Auswirkungen Bilanzveränderungen. Es gibt vier Arten von Bilanzveränderungen. Sie werden in diesem Kapitel vorgestellt.

AKTIVA	Bilanz der Ambiente Warenhaus AG zum 31.12.20..		PASSIVA
A. Anlagevermögen		A. Eigenkapital	885.600,00
1. Bebaute Grundstücke	400.000,00	B. Fremdkapital	
2. Betriebsgebäude	180.000,00	I. Langfristige Verbindlichkeiten	
3. Fuhrpark	40.000,00	1. Hypotheken	377.000,00
4. Betriebs- und Geschäftsausstattung	68.000,00	2. Darlehen	120.000,00
B. Umlaufvermögen		II. Kurzfristige Verbindlichkeiten	
1. Waren	600.000,00	1. Verbindlichkeiten a. LL	76.000,00
2. Forderungen a. LL	46.000,00	2. Sonstige Verbindlichkeiten	25.000,00
3. Bank	142.000,00		
4. Kasse	7.600,00		
	1.483.600,00		**1.483.600,00**

Der im Einstieg dargestellte Geschäftsfall kann verkürzt ausgedrückt werden als: „Zahlung einer Verbindlichkeit in Höhe von 33.320,00 € vom Bankkonto".

Die Auswirkungen dieses Geschäftsfalls auf die Bilanz können wie folgt dargestellt werden.

AKTIVA	Bilanz der Ambiente Warenhaus AG zum 31.12.20..			PASSIVA
A. Anlagevermögen			A. Eigenkapital	885.600,00
1. Bebaute Grundstücke		400.000,00	B. Fremdkapital	
2. Betriebsgebäude		180.000,00	I. Langfristige Verbindlichkeiten	
3. Fuhrpark		40.000,00	1. Hypotheken	377.000,00
4. Betriebs- und Geschäftsausstattung		68.000,00	2. Darlehen	120.000,00
B. Umlaufvermögen			II. Kurzfristige Verbindlichkeiten	
1. Waren		600.000,00	1. Verbindlichkeiten a. LL	76.000,00
2. Forderungen a. LL		46.000,00	– Abgang	–33.320,00
3. Bank			= neuer Bestand	42.680,00
– Abgang	142.000,00		2. Sonstige Verbindlichkeiten	25.000,00
= neuer Bestand	–33.320,00	108.680,00		
4. Kasse		7.600,00		
		1.450.280,00		**1.450.280,00**

Aus der Bilanz erkennt man, dass bei der Ambiente Warenhaus AG die Bilanzposition Bank im Wert um 33.320,00 € (im Vergleich zur Bilanz zu Beginn des Kapitels) gesunken ist.

Die Verbindlichkeiten a. LL sind auch weniger geworden, da die Ambiente Warenhaus AG nun Verbindlichkeiten (Schulden) in Höhe von 33.320,00 € gegenüber dem Autohaus Bach bezahlt hat. Durch den Geschäftsfall hat sich die Bilanzsumme von 1.483.600,00 € auf 1.450.280,00 € verringert.

Bilanzveränderungen

Durch die Bezahlung des Pkw haben sich sowohl die Aktivseite als auch die Passivseite der Bilanz verringert. Diese Bilanzveränderung heißt **Aktiv-Passiv-Minderung**. Insgesamt gibt es vier Formen von Bilanzveränderungen, die im Folgenden kurz dargestellt werden.

Die Umsatz- und Vorsteuer werden dabei aus Vereinfachungsgründen nicht betrachtet.

- **Aktiv-Passiv-Mehrung**
  Durch einen Geschäftsfall nehmen Aktivpositionen und Passivpositionen in gleicher Höhe zu. Die Bilanzsumme erhöht sich. Man nennt dies eine Bilanzverlängerung.

  > **BEISPIEL**
  >
  > Kauf eines Autos von einer Privatperson für 12.000,00 € auf Ziel.
  > Auswirkung auf folgende Bilanzpositionen:
  > Fuhrpark (Aktivseite)   + 12.000,00 €
  > Verbindlichkeiten a. LL
  > (Passivseite)   + 12.000,00 €

- **Aktiv-Passiv-Minderung**
  Durch einen Geschäftsfall nehmen eine Aktivposition und eine Passivposition in gleicher Höhe ab. Die Bilanzsumme verringert sich. Man nennt dies eine Bilanzverkürzung.

  > **BEISPIEL**
  >
  > Bezahlung einer Liefererrechnung in Höhe von 10.000,00 € durch Banküberweisung.
  > Auswirkung auf folgende Bilanzpositionen:
  > Verbindlichkeiten a. LL
  > (Passivseite)   − 10.000,00 €
  > Bank (Aktivseite)   − 10.000,00 €

- **Aktivtausch**
  Durch einen Geschäftsfall erhöht sich ein Aktivkonto, während sich ein anderes Aktivkonto vermindert. Die Bilanzsumme bleibt gleich.

  > **BEISPIEL**
  >
  > Verkauf eines gebrauchten Bürostuhls für 500,00 € bar.
  > Auswirkung auf folgende Bilanzpositionen:
  > BGA (Aktivseite)   − 500,00 €
  > Kasse (Aktivseite)   + 500,00 €

- **Passivtausch**
  Durch einen Geschäftsfall erhöht sich ein Passivkonto, während sich ein anderes Passivkonto vermindert. Die Bilanzsumme bleibt gleich.

  > **BEISPIEL**
  >
  > Bezahlung einer Liefererrechnung in Höhe von 15.000,00 € durch Aufnahme eines Bankdarlehens.
  > Auswirkung auf folgende Bilanzpositionen:
  > Verbindlichkeiten a. LL
  > (Passivseite)   − 15.000,00 €
  > Verbindlichkeiten ggü. KI
  > (Passivseite)   + 15.000,00 €

Die erläuterten Bilanzveränderungen sind nur Umschichtungen auf der Vermögensebene des Unternehmens. Es ergeben sich keine Änderungen des Eigenkapitals des Unternehmens.

AUFGABEN

1. Geben Sie an, um welche Art von Bilanzveränderung es sich bei den folgenden Geschäftsfällen handelt. Geben Sie auch die Höhe der Veränderung der jeweiligen Bilanzposition an.
   a) Kauf einer Registrierkasse für 2.000,00 € auf Ziel.
   b) Verkauf eines Herrenanzugs für 500,00 € gegen Barzahlung.
   c) Begleichung der Rechnung für die Registrierkasse aus a) durch Banküberweisung.
   d) Kauf eines unbebauten Grundstücks für 40.000,00 € durch Aufnahme eines langfristigen Darlehens bei der Sparkasse.
   e) Verkauf eines alten Lieferwagens für 10.000,00 € auf Rechnung.
   f) Die bereits in der Buchführung erfasste Rechnung für die Lieferung einer kompletten Ladeneinrichtung über 200.000,00 € kann nur durch Aufnahme eines Darlehens bei der Sparkasse getilgt werden.

2. Nennen Sie jeweils zwei Geschäftsfälle, die
   a) eine Aktiv-Passiv-Mehrung,
   b) eine Aktiv-Passiv-Minderung,
   c) einen Aktivtausch,
   d) einen Passivtausch in der Bilanz verursachen.

LERNFELD 8

AKTION

Bilden Sie Gruppen mit maximal vier Personen.

Erstellen Sie auf einem Aufgabenzettel/in einer Datei eine Bilanz für ein Unternehmen und erstellen Sie vier Geschäftsfälle, die sich auf diese Bilanz auswirken.

Erstellen Sie auf einem gesonderten Zettel/in einer gesonderten Datei eine Musterlösung für Ihre Geschäftsfälle und schließlich die geänderte Bilanz, die sich nach den vier Geschäftsfällen ergibt.

Geben Sie nun Ihren Aufgabenzettel/Ihre Datei einer anderen Gruppe zur Bearbeitung.

Schließlich präsentiert jede Gruppe ihre Lösungsvorschläge in der Klasse. Die Gruppe, die die Aufgaben erstellt hat, kontrolliert die Ergebnisse.

ZUSAMMENFASSUNG

Arten der Bilanzveränderung

1. Aktiv-Passiv-Mehrung
Zugang auf Aktivkonto und Zugang auf Passivkonto → Bilanzverlängerung
2. Aktiv-Passiv-Minderung
Abgang auf Aktivkonto und Abgang → Bilanzverkürzung
3. Aktivtausch
Ein Aktivkonto nimmt zu, ein anderes Aktivkonto nimmt ab → Bilanzsumme unverändert
4. Passivtausch
Ein Passivkonto nimmt zu, ein anderes Passivkonto nimmt ab → Bilanzsumme unverändert

---

KAPITEL 7
Wir informieren uns über die Arbeitsabläufe in der Buchführung

Frau Fritsche gibt Britta Krombach und Lars Panning den Auftrag, sich über die grundlegenden Abläufe in der Buchführung zu informieren, damit sie für weitere Aufgaben eingesetzt werden können.

Geben Sie an, welche Tätigkeiten in der Buchführung über das Geschäftsjahr gesehen notwendig sind.

LERNFELD 8

INFORMATION

Grundlagen

Die Bilanz am Schluss eines Wirtschaftsjahres bildet die Grundlage für die Buchführung des neuen Jahres. Die Werte in der Eröffnungsbilanz auf den 01.01. eines Wirtschaftsjahres entsprechen den Werten auf den 31.12. des vorangegangenen Wirtschaftsjahres. Diese Werte werden zur Eröffnung der Buchführung verwendet.

Die Buchführung besteht aus zwei Büchern. Im **Hauptbuch** werden die Werteströme in Kontenform sachlich geordnet.

Grundbuch

Das **Grundbuch** ordnet die Werteströme in zeitlicher Reihenfolge in Form von Buchungssätzen. Der Unternehmer kann anhand einer Buchungsnummer stets den Beleg zu einer Buchung finden. Umgekehrt kann er mithilfe eines Beleges überprüfen, ob dieser im Grundbuch erfasst wurde.

Hauptbuch

Im Hauptbuch werden die Werteströme nach sachlichen Aspekten auf Konten erfasst. Die Konten werden als T-Konten oder Sachkonten bezeichnet. Alle Geschäftsfälle eines Unternehmens werden im Hauptbuch sachlich sortiert. Das bedeutet, dass der Unternehmer schnell einen Überblick über alle Geschäftsfälle eines bestimmten Kontos hat. Ein Konto im Hauptbuch ist immer überschrieben mit der Kontonummer und der Bezeichnung des Kontos. Es hat zwei Seiten, die als Soll und Haben bezeichnet werden.

> **BEISPIEL**
>
> Um einen Überblick über die Entwicklung des Fuhrparks eines Geschäftsjahres zu erhalten, muss das Unternehmen nur auf das Sachkonto „Fuhrpark" blicken. Dort sind alle Bewegungen auf dem Konto Fuhrpark inklusive der Gesamtsumme zu finden. Außerdem kann in den meisten Buchführungsprogrammen auch der Vorjahreswert als Vergleich angezeigt werden.

> **DEFINITION**
>
> Das **Hauptbuch** ist die sachliche Organisation aller Sachkonten (Bestandskonten und Erfolgskonten) der Geschäftsbuchführung. Durch Abschluss der einzelnen Konten lassen sich der Gewinn oder Verlust sowie die (Schluss-)Bilanz ermitteln.

Soll	Kontonummer und -bezeichnung	Haben

Arbeitsabläufe in der Buchführung

Die Buchführung selbst erfolgt immer in einer festgelegten Reihenfolge. In diesem Kapitel werden die einzelnen Schritte kurz vorgestellt. In den folgenden Kapiteln werden sie genau betrachtet und durchgeführt.

1. Eröffnung der Konten

Zunächst muss die Buchführung zu Beginn eines jeden Wirtschaftsjahres eröffnet werden. Hierfür werden die Bestände der Schlussbilanz des vorangegangenen Wirtschaftsjahres in die Buchführung übernommen. Dies erfolgt, indem die Bestände über ein Eröffnungsbilanzkonto (EBK) in der Buchführung erfasst werden.

2. Laufende Buchungen

Anschließend werden die Geschäftsfälle des laufenden Wirtschaftsjahres zeitnah in Grund- und Hauptbuch erfasst (laufende Buchungen). Im Grundbuch erfolgt die Erfassung in Form von Buchungssätzen in zeitlicher

LERNFELD 8

Reihenfolge. Im Hauptbuch erfolgt die Erfassung auf sogenannten T-Konten nach einer sachlichen Logik.

3. Abschluss der Konten
Zum Schluss des Wirtschaftsjahres werden die Konten abgeschlossen. Es wird ein Schlussbilanzkonto (SBK) erstellt.

4. Aufstellen der Schlussbilanz
Die Werte aus dem SBK werden in die Schlussbilanz übertragen. Hierbei ist die Gliederung gemäß § 266 HGB einzuhalten.

AUFGABEN

1. Erläutern Sie kurz mit eigenen Worten die Unterscheidung von Grund- und Hauptbuch der Buchführung.
2. Nennen Sie die Arbeitsabläufe in der Buchführung.
3. Beschreiben Sie mit eigenen Worten die Arbeitsabläufe in der Buchführung.

AKTION

Stellen Sie die Arbeitsabläufe in der Buchführung in einem Flussdiagramm digital dar.

ZUSAMMENFASSUNG

Grundbuch
- zeitlich sortiert
- Buchungssätze

Hauptbuch
- sachlich sortiert
- Kontenform (T-Konten)

Arbeitsabläufe in der Buchführung

Eröffnung der Konten (EBK) → Laufende Buchungen → Abschluss der Konten (SBK) → Aufstellen der Schlussbilanz

LERNFELD 8

KAPITEL 8
Wir lösen die Bilanz in Bestandskonten auf

Frau Fritsche gibt Britta und Lars die folgende Bilanz mit dem Auftrag, sich diese anzusehen und daraus die Buchführung des neuen Wirtschaftsjahres zu eröffnen.

AKTIVA	Bilanz der Ambiente Warenhaus AG zum 31.12.20..		PASSIVA
A. Anlagevermögen		A. Eigenkapital	885.600,00
1. Bebaute Grundstücke	400.000,00	B. Fremdkapital	
2. Betriebsgebäude	180.000,00	I. Langfristige Verbindlichkeiten	
3. Fuhrpark	40.000,00	1. Hypotheken	377.000,00
4. Betriebs- und Geschäftsausstattung	68.000,00	2. Darlehen	120.000,00
B. Umlaufvermögen		II. Kurzfristige Verbindlichkeiten	
1. Waren	600.000,00	1. Verbindlichkeiten a. LL	76.000,00
2. Forderungen a. LL	46.000,00	2. Sonstige Verbindlichkeiten	25.000,00
3. Bank	142.000,00		
4. Kasse	7.600,00		
	1.483.600,00		1.483.600,00

H. Rischmüller   Schönstadt, 17. Mai 20..

1. Erklären Sie, wie die Bilanz auf den 31.12. des vorangegangenen Wirtschaftsjahres mit der Buchführung des neuen Wirtschaftsjahres zusammenhängt.

2. Geben Sie an, wie Sie vorgehen müssen, um die Buchführung des neuen Wirtschaftsjahres zu eröffnen.

INFORMATION

Eröffnung der Konten

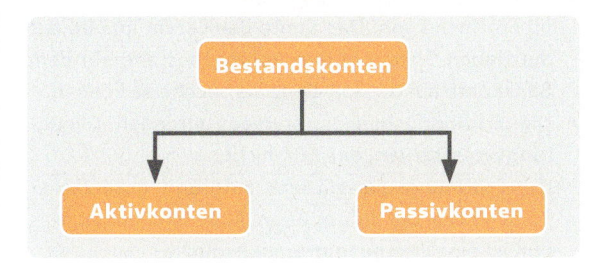

Konten, die sich aus den Aktivpositionen ergeben, heißen **aktive Bestandskonten** (Aktivkonten).

Konten, die sich aus Passivpositionen ergeben, heißen **passive Bestandskonten** (Passivkonten).

Die Schlussbilanz aus dem vorangegangenen Wirtschaftsjahr wird bei der Einrichtung der neuen Buchführung als **Eröffnungsbilanz** bezeichnet.

Zu Beginn des Wirtschaftsjahres wird die Buchführung eröffnet. Es wird zu jeder Bilanzposition aus der Schlussbilanz des vorangegangenen Wirtschaftsjahres ein Bestandskonto eröffnet.

Die folgende Grafik zeigt, welche Arbeitsschritte im Rechnungswesen gerade behandelt werden. Die Arbeitsschritte, die aktuell behandelt werden, sind orange eingefärbt. Die bereits bekannten Arbeitsschritte sind grün eingefärbt und die Arbeitsschritte, die noch unbekannt sind, sind rot eingefärbt.

```
        Bestandskonten
         /          \
    Aktivkonten   Passivkonten
```

LERNFELD 8

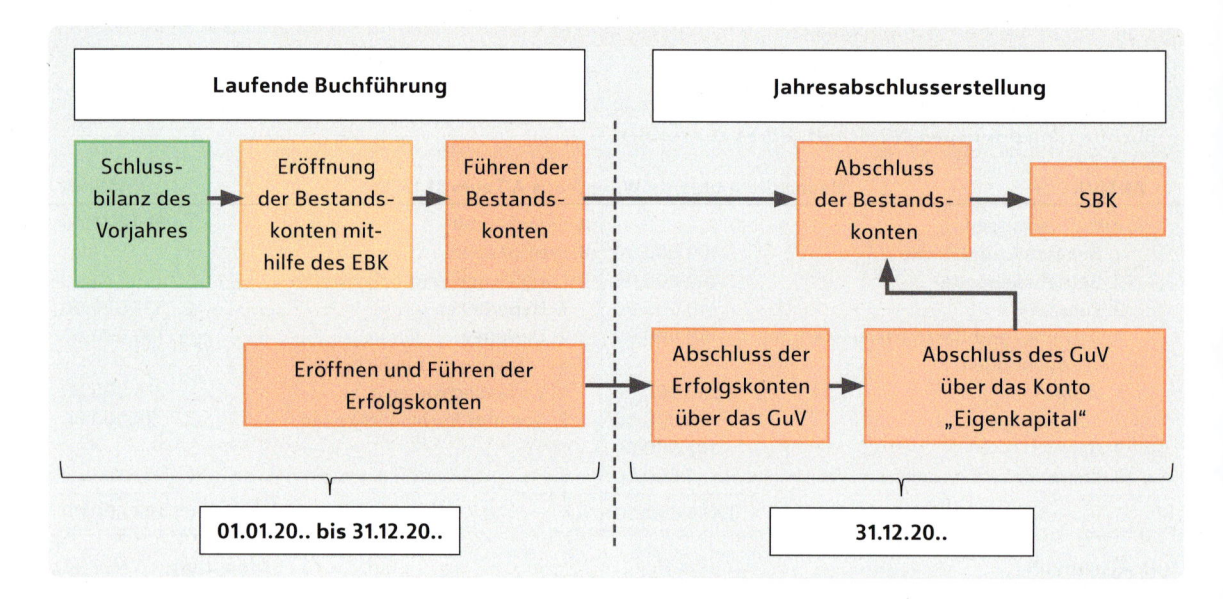

Laufende Buchführung

Schlussbilanz des Vorjahres → Eröffnung der Bestandskonten mithilfe des EBK → Führen der Bestandskonten

Eröffnen und Führen der Erfolgskonten

01.01.20.. bis 31.12.20..

Jahresabschlusserstellung

Abschluss der Bestandskonten → SBK

Abschluss der Erfolgskonten über das GuV → Abschluss des GuV über das Konto „Eigenkapital"

31.12.20..

> **DEFINITION**
> Ein **Bestandskonto** ist ein aus einer Einzelposition der Bilanz hergeleitetes Konto. Es wird in T-Konto-Form geführt. Für jede einzelne Bilanzposition wird ein Bestandskonto eröffnet.

Die Eröffnung der einzelnen Bestandskonten erfolgt durch Eröffnungsbuchungen.

- Anfangsbestände eines aktiven Bestandskontos stehen im Soll.
- Anfangsbestände eines passiven Bestandskontos stehen im Haben.

Bei der Eröffnung der Konten ist es notwendig, dass auch hier die Grundprinzipien der doppelten Buchführung eingehalten werden. Dazu gehört es, dass jeder Buchung eine Gegenbuchung gegenübersteht.
Daher muss parallel zu den Eintragungen in den Aktiv- und Passivkonten eine Gegenbuchung erfasst werden. Die Gegenbuchung erfolgt auf dem Eröffnungsbilanzkonto. Das Konto wird vereinfacht als „EBK" bezeichnet. Es hat nur den Zweck, die ordnungsgemäße Eröffnung der Buchführung, also der Bestandskonten, zu gewährleisten. Das Eröffnungsbilanzkonto entspricht dem gespiegelten Schlussbilanzkonto.

> **BEISPIEL**
> Das Konto „Bebaute Grundstücke" wird mit 400.000,00 € im Soll eröffnet. Die Gegenbuchung in Höhe von 400.000,00 € wird auf dem Eröffnungsbilanzkonto im Haben vorgenommen. Vor den Betrag wird die Kontenbezeichnung des eröffneten Kontos „Bebaute Grundstücke" geschrieben.

Unterschiede zwischen Eröffnungsbilanz und Eröffnungsbilanzkonto (EBK)

- Das Eröffnungsbilanzkonto, als EBK abgekürzt, ist das Spiegelbild der Eröffnungsbilanz.
- Das EBK ist „gespiegelt", damit man die Konten richtig eröffnen kann. Das Konto Bank steht im EBK auf der Haben-Seite, um den Anfangsbestand auf dem Bankkonto auf die Soll-Seite verbuchen zu können.
- Die Eröffnungsbilanz unterliegt strengen Gliederungsvorschriften, das EBK nicht.
- Die Eröffnungsbilanz dient aufgrund gesetzlicher Vorschriften der Information Außenstehender. Das EBK ist eine interne Informationsquelle.

Aktiva	Eröffnungsbilanz zum	Passiva
I. ANLAGEVERMÖGEN 1. Bebaute Grundstücke 2. Betriebsgebäude 3. Fuhrpark 4. BGA	II. EIGENKAPITAL	
	III. FREMDKAPITAL 1. Hypotheken 2. Darlehen 3. Verbindl. a. LL 4. Sonstige Verbindlichkeiten	
II. UMLAUFVERMÖGEN 1. Forderungen a. LL 2. Sonstige Forderungen 3. Bank 4. Kasse		

Ort und Datum

Unterschrift

LERNFELD 8

Aktiva	Eröffnungsbilanzkonto	Passiva
Eigenkapital	Bebaute Grundstücke	
Verbindl. a. LL	Betriebsgebäude	
Darlehen	Forderungen a. LL	
Hypotheken	Kasse	
Sonstige Verbindlichkeiten	BGA	
	Fuhrpark	
	Sonstige Forderungen	
	Bank	

Auflösung der Bilanz in Konten

Das Vorgehen bei der Erfassung von Geschäftsfällen im Hauptbuch erfolgt in folgender Reihenfolge:

1. Für jeden Wert aus dem Schlussbilanzkonto des Vorjahres wird ein Konto im Hauptbuch (T-Konto) erstellt.[1]
2. Aktivkonten werden auf dem T-Konten-Blatt auf der linken Seite untereinander aufgelistet. Die Passivkonten werden auf der rechten Seite untereinander aufgeführt.
3. Die Eröffnung der Konten erfolgt dadurch, dass der Anfangsbestand (AB) in die Konten übernommen wird. Bei Aktivkonten wird der Anfangsbestand im Soll aufgeführt. Bei Passivkonten wird der Anfangsbestand im Haben aufgeführt.
4. Die Gegenbuchung erfolgt auf dem Eröffnungsbilanzkonto (EBK).

Die Auflösung der Bilanz in die Konten erfolgt dadurch, dass aus jeder Bilanzposition der Wert auf das entsprechende Sachkonto eingetragen wird. In der Praxis werden die Werte in das Hauptbuch oft automatisch durch die Buchführungssoftware des Unternehmens (des Steuerberaters) übertragen.

Auf der Aktivseite wird beispielsweise die Bilanzposition „Grundstücke" als entsprechendes **aktives Bestandskonto** (Aktivkonto) aufgeführt. Die Bilanzposition „Eigenkapital" wird als entsprechendes **passives Bestandskonto** (Passivkonto) aufgeführt. Genauso wird dies auch mit allen anderen Bilanzpositionen durchgeführt. Das Eigenkapital ist der Differenzbetrag zwischen den Beständen der Aktivkonten und den Beständen der (übrigen) Passivkonten. Die übrigen Passivkonten werden auch als Fremdkapitalkonten bezeichnet.

S	Aktivkonto	H		S	Passivkonto	H
Anfangsbestand						Anfangsbestand

Auflösung der Bilanz in Konten

Bilanz der Ambiente Warenhaus AG zum 31.12.20..

AKTIVA			PASSIVA
A. Anlagevermögen		A. Eigenkapital	885.600,00
1. Bebaute Grundstücke	400.000,00	B. Fremdkapital	
2. Betriebsgebäude	180.000,00	I. Langfristige Verbindlichkeiten	
3. Fuhrpark	40.000,00	1. Hypotheken	377.000,00
4. Betriebs- und Geschäftsausstattung	68.000,00	2. Darlehen	120.000,00
B. Umlaufvermögen		II. Kurzfristige Verbindlichkeiten	
1. Waren	600.000,00	1. Verbindlichkeiten a. LL	76.000,00
2. Forderungen a. LL	46.000,00	2. Sonstige Verbindlichkeiten	25.000,00
3. Bank	142.000,00		
4. Kasse	7.600,00		
	1.483.600,00		1.483.600,00

H. Rischmüller   Schönstadt, 17. Mai 20..

---

[1] Aus Vereinfachungsgründen werden die Unterschiede zwischen Schlussbilanzkonto und Schlussbilanz an dieser Stelle noch nicht behandelt.

LERNFELD 8

Aktivkonten

S	Bebaute Grundstücke	H
EBK 400.000,00		

S	Betriebsgebäude	H
EBK 180.000,00		

S	Fuhrpark	H
EBK 40.000,00		

S	BGA	H
EBK 68.000,00		

S	Waren	H
EBK 600.000,00		

S	Forderungen a. LL	H
EBK 46.000,00		

S	Bank	H
EBK 142.000,00		

S	Kasse	H
EBK 7.600,00		

Passivkonten

S	Eigenkapital	H
		EBK 885.600,00

S	Hypotheken	H
		EBK 377.000,00

S	Darlehen	H
		EBK 120.000,00

S	Verbindlichkeiten a. LL	H
		EBK 76.000,00

S	Sonstige Verbindlichkeiten	H
		EBK 25.000,00

Soll	EBK		Haben
Eigenkapital	885.600,00	Bebaute Grundstücke	400.000,00
Hypotheken	377.000,00	Betriebsgebäude	180.000,00
Darlehen	120.000,00	Fuhrpark	40.000,00
Verbindlichkeiten a. LL	76.000,00	Betriebs- und Geschäftsausstattung	68.000,00
Sonstige Verbindlichkeiten	25.000,00	Waren	600.000,00
		Forderungen a. LL	46.000,00
		Bank	142.000,00
		Kasse	7.600,00
	1.483.600,00		1.483.600,00

LERNFELD 8

AUFGABEN

1. Erläutern Sie mit eigenen Worten die Vorgehensweise bei der Eröffnung der Buchführung.

2. Eröffnen Sie aus der folgenden Schlussbilanz die Buchführung und erstellen Sie das Eröffnungsbilanzkonto (EBK).

Anfangsbestände	
Bebaute Grundstücke	100.000,00
Betriebsgebäude	210.000,00
Fuhrpark	60.000,00
BGA	12.000,00
Waren	95.000,00
Forderungen a. LL	9.000,00
Bank	3.500,00
Kasse	1.200,00
Eigenkapital	?
Darlehen	80.000,00
Verbindlichkeiten a. LL	34.000,00
Sonstige Verbindlichkeiten	7.000,00

3. Eröffnen Sie aus der folgenden Schlussbilanz die Buchführung und erstellen Sie das Eröffnungsbilanzkonto (EBK).

Anfangsbestände	
Eigenkapital	?
Waren	134.000,00
Forderungen a. LL	19.000,00
Fuhrpark	53.000,00
BGA	17.000,00
Kasse	3.200,00
Sonstige Verbindlichkeiten	2.800,00
Bank	7.000,00
Darlehen	128.000,00
Verbindlichkeiten a. LL	43.000,00

4. Eröffnen Sie aus der folgenden Schlussbilanz die Buchführung und erstellen Sie das Eröffnungsbilanzkonto (EBK).

Anfangsbestände	
BGA	3.000,00
Darlehen	158.000,00
Bank	5.300,00
Kasse	800,00
Eigenkapital	?
Betriebsgebäude	75.000,00
Fuhrpark	12.000,00
Verbindlichkeiten a. LL	45.000,00
Waren	78.000,00
Forderungen a. LL	12.000,00
Sonstige Verbindlichkeiten	17.000,00
Bebaute Grundstücke	20.000,00

AKTION

Suchen Sie sich einen Partner oder eine Partnerin.

Lesen Sie die folgende Zusammenfassung. Bei Verständnisproblemen schlagen Sie ggf. noch einmal im Informationstext nach.

Formulieren Sie jeweils drei Fragen, die mithilfe der Zusammenfassung beantwortet werden können.

Formulieren Sie Ihre Fragen auf Moderationskarten.
Erstellen Sie auch Antwortkarten.

Finden Sie sich mit einem anderen Partnerteam zusammen und bearbeiten Sie gegenseitig die Fragestellungen des anderen Teams.

Verbessern Sie - wenn nötig - Ihre Antworten.

LERNFELD 8

ZUSAMMENFASSUNG

S	Schlussbilanzkonto (SBK) des Vorjahres		H
Bebaute Grundstücke	100.000,00	Eigenkapital	140.000,00
Betriebsgebäude	200.000,00	Darlehen	200.000,00
Fuhrpark	20.000,00	Verbindlichkeiten a. LL	50.000,00
BGA	10.000,00	Sonstige Verbindlichkeiten	10.000,00
Waren	50.000,00		
Forderungen a. LL	10.000,00		
Bank	9.000,00		
Kasse	1.000,00		
	400.000,00		**400.000,00**

⬇ **Eröffnung der Bestandskonten**

	Aktivkonten				Passivkonten	
S	Bebaute Grundstücke	H		S	Eigenkapital	H
EBK	100.000,00				EBK	140.000,00
...				...		

⬇ **Parallele Erstellung des Eröffnungsbilanzkontos**

S	Eröffnungsbilanzkonto (EBK)		H
Eigenkapital	140.000,00	Bebaute Grundstücke	100.000,00
Darlehen	200.000,00	Betriebsgebäude	200.000,00
Verbindlichkeiten a. LL	50.000,00	Fuhrpark	20.000,00
Sonstige Verbindlichkeiten	10.000,00	BGA	10.000,00
		Waren	50.000,00
		Forderungen a. LL	10.000,00
		Bank	9.000,00
		Kasse	1.000,00
	400.000,00		**400.000,00**

KAPITEL 9
Wir erfassen laufende Buchungen im Hauptbuch

LERNFELD 8

Frau Fritsche gibt Britta Krombach einen Auszug aus der Buchführung mit den aktuellen Beständen der Konten zum 02.09.20.. und einen Beleg. Britta soll nun die Geschäftsfälle im Hauptbuch erfassen.

S	Bestände auf den Konten zum 02.09.20..		H
Fuhrpark	17.000,00	Eigenkapital	8.300,00
BGA	8.500,00	Darlehen	40.000,00
Waren	23.000,00	Verbindlichkeiten a. LL	23.000,00
Forderungen a. LL	17.500,00	Sonstige Verbindlichkeiten	7.000,00
Bank	10.350,00		
Kasse	1.950,00		
	78.300,00		78.300,00

Kontoauszug vom 02.09.20.. – 05.09.20.. **Grün & Gut Bank** – BLZ 226 100 33

Konto-Nr.	Auszug	Blatt	Geschäftsstelle	Währung	Soll	**Alter Kontostand**	Haben
063620900	15	1	GG Schönstadt 0845/3981	EUR			10.350,00
Buchungstag	Wir haben für Sie gebucht				Belastung		Gutschrift
02.09.	Darlehen 34092, Tilgung 09/20..				2.000,00		
02.09.	Textila AG, Rg. 34092				3.570,00		
03.09.	Exclusiva GmbH, Rg. 23913						238,00
05.09.	Silke Bachmann e. K., Rg. 23783 vom 08.08.20..						400,00
	Neuer Kontostand:						5.418,00

Ambiente Warenhaus AG
Groner Straße 22–24,
34567 Schönstadt

Autohaus Bach

Telefon: 0511 1234-56
Telefax: 0511 1234-57
E-Mail: marx@bach-wvd.de

Autohaus Bach · Birkenwald 44 · 30449 Hannover

Ambiente Warenhaus AG
Herrn Rischmüller
Groner Straße 22–24
34567 Schönstadt

Kunden-Nr.:	19875
Lieferdatum:	12.10.20..
Bestelldatum:	28.07.20..
Sachbearbeiter/-in:	Herr Marx
Rechnungs-Nr.:	86970
Rechnungsdatum:	14.10.20..

Rechnung

Pos.	Artikel-Nr.	Artikelbezeichnung	Menge und Einheit	Einzelpreis	Gesamtpreis
1	125125	PKW Kolf Sport Neuwagen	1	33.320,00 €	33.320,00 €
		Gesamtpreis			33.320,00 €

Rechnungsbetrag zahlbar innerhalb von 14 Tagen netto.

1. Erläutern Sie, was man unter „Hauptbuch" versteht.
2. Geben Sie die Geschäftsfälle an, die in den Belegen abgebildet werden.
3. Erfassen Sie die Geschäftsfälle im Hauptbuch.

LERNFELD 8

INFORMATION

Laufende Buchungen

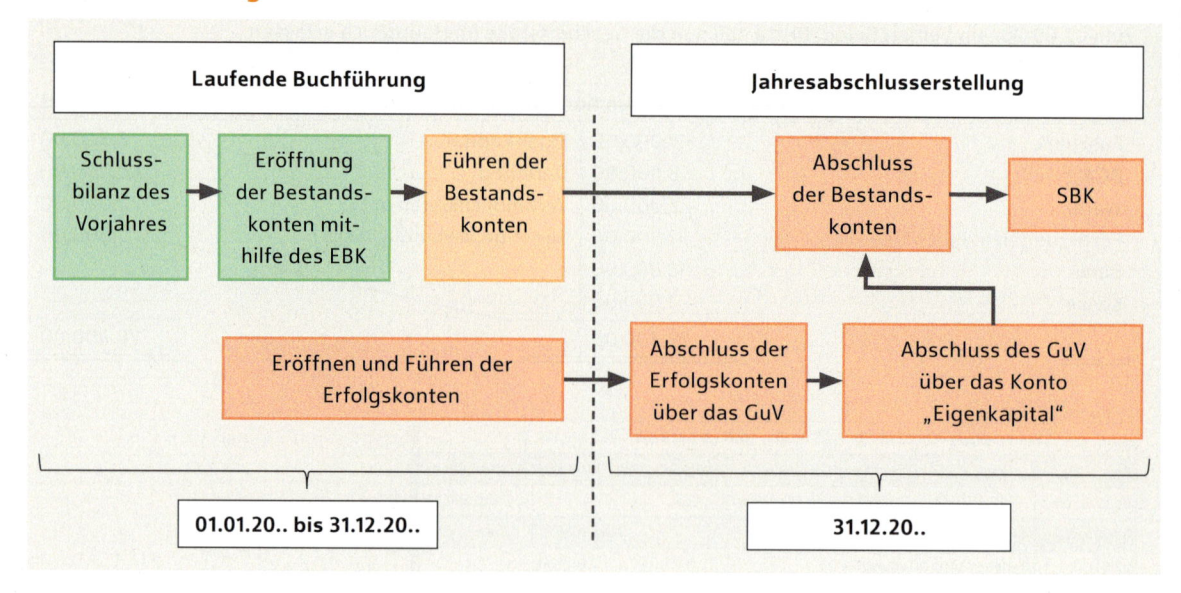

```
                Laufende Buchführung                  |        Jahresabschlusserstellung
                                                      |
  Schluss-      Eröffnung      Führen der             |   Abschluss
  bilanz des   der Bestands-   Bestands-    ────────► der Bestands-  ──► SBK
  Vorjahres →  konten mit-  →  konten       |         konten
               hilfe des EBK                |              ▲
                                            |              |
                Eröffnen und Führen der     |   Abschluss der     Abschluss des GuV
                Erfolgskonten            ───┼─► Erfolgskonten ──► über das Konto
                                            |   über das GuV      „Eigenkapital"
                                            |
              01.01.20.. bis 31.12.20..     |           31.12.20..
```

Nachdem die Konten eröffnet wurden, können die laufenden Werteströme, die sich in einem Unternehmen ergeben (Geschäftsfälle), erfasst werden. Die Buchführung ist nun „einsatzbereit". Die Erfassung der laufenden Buchungen erfolgt hier zunächst im Hauptbuch.

Erfassen von Geschäftsfällen im Hauptbuch (T-Konto)

Das Erfassen von Geschäftsfällen im Hauptbuch erfolgt rein schematisch. Die Konten sind sachlich sortiert. Jede Position aus der Bilanz wird auf einem gesonderten Konto im Hauptbuch geführt. Um Aufwendungen und Erträge nachvollziehbar zu gliedern, werden auch sie auf gesonderten Konten im Hauptbuch erfasst (Details werden später behandelt). Das Schema wird im Folgenden vorgestellt.

Auf aktiven Bestandskonten wird das Vermögen des Unternehmens dargestellt. Das bestehende Vermögen und die Vermögenszugänge werden im Soll gebucht, während die Vermögensabgänge im Haben gebucht werden.

Soll	Aktives Bestandskonto	Haben
EBK/Anfangsbestand		Abgänge
Zugänge		

Auf passiven Bestandskonten wird das Kapital des Unternehmens dargestellt, also das Eigen- und Fremdkapital (Schulden). Das bestehende Kapital und die Kapitalzugänge (z. B. Kreditaufnahme) werden im Haben gebucht, während die Minderung der passiven Bestandskonten im Soll gebucht wird.

Soll	Passives Bestandskonto	Haben
Abgänge		EBK/Anfangsbestand
		Zugänge

Jeder Buchungssatz wird im Hauptbuch mit einer Buchungsnummer versehen. Diese Buchungsnummer ergibt sich in der Praxis aus dem System und der Erfassung der Geschäftsfälle im Grundbuch. Die Erfassung im Grundbuch wird in den folgenden Kapiteln dargestellt.[1]

Mithilfe von vier Fragen kann beantwortet werden, welche Konten bei der Erfassung eines Geschäftsfalles angesprochen werden.

Die Zugänge auf den Bestandskonten werden im weiteren Verlauf des Kapitels zur Verdeutlichung in grüner Farbe dargestellt. Die Abgänge werden in roter Farbe dargestellt.

---

1 Sofern keine anderen Informationen vorliegen, werden die Geschäftsfälle mit Nr. 1 beginnend durchnummeriert.

LERNFELD 8

BEISPIEL

Beispiel 1
Kauf eines neuen Pkw für 33.320,00 € auf Ziel. (= Eingangsrechnung)

1. Welche Konten werden berührt?	Fuhrpark	Verb. a. L
2. Um was für Konten handelt es sich?	Aktiv	Passiv
3. Wie verändert sich der Bestand auf den Konten?	+	+
4. Erfolgt die Buchung im Soll oder im Haben?	Soll	Haben

Die Übertragung in das Hauptbuch sieht wie folgt aus:

S	Fuhrpark	H		S	Verbindlichkeiten a. LL	H
EBK	40.000,00				EBK	76.000,00
1. Verb. a. LL	33.320,00				1. Fuhrpark	33.320,00

Beispiel 2
Kauf eines Wasserspenders für das Personal für 500,00 € gegen Barzahlung (= Eingangsrechnung).

1. Welche Konten werden berührt?	BGA	Kasse
2. Um was für Konten handelt es sich?	Aktiv	Aktiv
3. Wie verändert sich der Bestand auf den Konten?	+	–
4. Erfolgt die Buchung im Soll oder im Haben?	Soll	Haben

Die Übertragung in das Hauptbuch sieht wie folgt aus:

S	BGA	H
EBK	68.000,00	
2. Verb. a. LL	500,00	

S	Kasse	H		
EBK	7.600,00	2. BGA	500,00	

Beispiel 3
Bezahlung einer Verbindlichkeit gegenüber einem Lieferer in Höhe von 2.380,00 € vom Bankkonto.

1. Welche Konten werden berührt?	Bank	Verb. a. LL
2. Um was für Konten handelt es sich?	Aktiv	Passiv
3. Wie verändert sich der Bestand auf den Konten?	–	–
4. Erfolgt die Buchung im Soll oder im Haben?	Haben	Soll

Die Übertragung in das Hauptbuch sieht wie folgt aus:

S	Bank	H		S	Verbindlichkeiten a. LL	H
EBK	142.000,00	3. Verb. a. LL 2.380,00		3. Bank 2.380,00	EBK	76.000,00
					1. Fuhrpark	33.320,00

LERNFELD 8

Beispiel 4
Eine Verbindlichkeit gegenüber einem Lieferer in Höhe von 5.000,00 € muss aufgrund von Zahlungsschwierigkeiten in ein kurzfristiges Darlehen umgewandelt werden.

	Verb. a. LL	Kurzfr. Bankverb.
1. Welche Konten werden berührt?	Verb. a. LL	Kurzfr. Bankverb.
2. Um was für Konten handelt es sich?	Passiv	Passiv
3. Wie verändert sich der Bestand auf den Konten?	–	+
4. Erfolgt die Buchung im Soll oder im Haben?	Soll	Haben

Die Übertragung in das Hauptbuch sieht wie folgt aus:

S	Verbindlichkeiten a. LL			H
3. Bank	2.380,00	EBK	76.000,00	
4. Darlehen	5.000,00	1. Fuhrpark	33.320,00	

S	Darlehen			H
		EBK	120.000,00	
		4. Verb. a. LL	5.000,00	

AUFGABEN

1. Erklären Sie die Unterschiede zwischen aktiven und passiven Bestandskonten.
2. Nennen Sie fünf Beispiele für aktive und drei für passive Bestandskonten.
3. a) Eröffnen Sie die Buchführung im Hauptbuch mithilfe des EBK.
   b) Erfassen Sie die Geschäftsfälle im Hauptbuch.

Anfangsbestände	
BGA	13.000,00
Darlehen	87.500,00
Bank	7.600,00
Kasse	1.950,00
Eigenkapital	?
Betriebsgebäude	57.000,00
Fuhrpark	12.000,00
Verbindlichkeiten a. LL	32.800,00
Waren	56.000,00
Forderungen a. LL	35.000,00
Sonstige Verbindlichkeiten	4.000,00
Bebaute Grundstücke	30.000,00

Geschäftsfälle

1. Eine Forderung in Höhe von 400,00 € wird per Banküberweisung gezahlt.
2. Die Ambiente Warenhaus AG kauft einen neuen Pkw für 20.000,00 € auf Ziel.
3. Die Tilgung für ein Darlehen in Höhe von 900,00 € wird vom Bankkonto abgebucht.
4. Ein neuer Schreibtisch wird angeschafft. Der Kaufpreis in Höhe von 1.000,00 € wird direkt bar bezahlt.
5. Ein alter PC wird verkauft. Der Kaufpreis in Höhe von 300,00 € wird sofort bar bezahlt.
6. Ein Kunde zahlt eine Rechnung in Höhe von 1.400,00 € per Banküberweisung.
7. Die Ambiente Warenhaus AG bezahlt eine Verbindlichkeiten gegenüber der Green Mary GmbH in Höhe von 4.300,00 € per Banküberweisung.
8. Aus der Kasse werden 1.000,00 € auf das Bankkonto eingezahlt.
9. Eine Kundin zahlt den Kaufpreis für einen Hosenanzug in Höhe von 700,00 € bar an der Kasse.
10. Die Ambiente Warenhaus AG kauft bei der Wervollst AG Herrenhemden für 3.000,00 € auf Ziel ein.

11. Ein alter Lieferwagen wird für 5.000,00 € auf Ziel verkauft.

12. Die Herrenhemden aus Sachverhalt 10. werden vom Bankkonto bezahlt.

AKTION

Erstellen Sie in einem Team zu dritt einen Learningsnack über die Inhalte dieses Kapitels mithilfe der Homepage https://www.learningsnacks.de/ Stellen Sie den Learningsnack der Klasse zur Verfügung.

Spielen Sie die Learningsnacks der anderen Teams zur Wiederholung.

ZUSAMMENFASSUNG

Vorgehen beim Geschäftsfall:

Hauptbuch

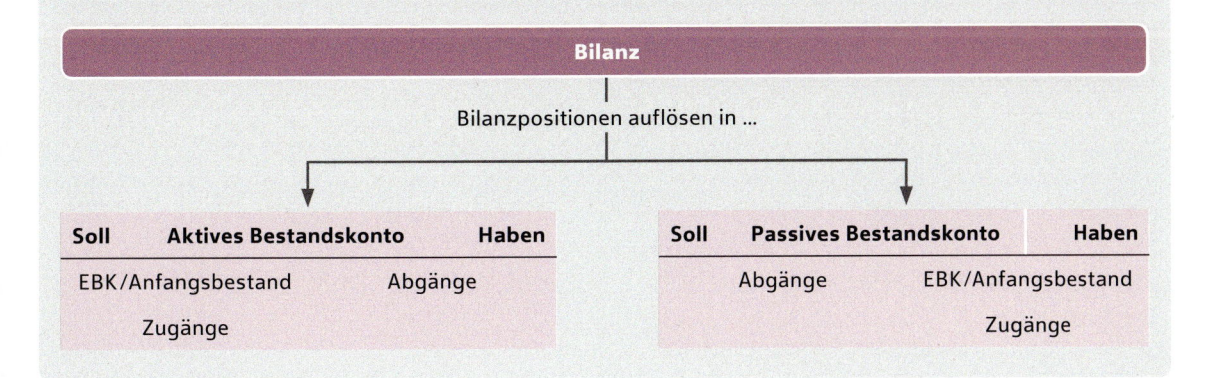

Eröffnungsbilanz zum 01.01.20..

AKTIVA		PASSIVA	
Unbebaute Grundstücke	820.000,00	Eigenkapital	854.000,00
Betriebs- und Geschäftsaustattung	183.750,00	Darlehen	220.000,00
Waren	99.000,00	Verbindlichkeiten a. LL	91.600,00
Forderungen a. LL	43.000,00		
Bank	16.000,00		
Kasse	3.850,00		
	1.165.600,00		1.165.600,00

Bilanz

Bilanzpositionen auflösen in …

Soll	Aktives Bestandskonto	Haben
EBK/Anfangsbestand		Abgänge
Zugänge		

Soll	Passives Bestandskonto	Haben
Abgänge		EBK/Anfangsbestand
		Zugänge

LERNFELD 8

KAPITEL 10
Wir erfassen Geschäftsfälle im Grundbuch (Buchungssatz)

Nachdem Britta Krombach die Belege in das Hauptbuch der Buchführung überführt hat, hat Frau Fritsche nun einen neuen Auftrag für sie. Britta soll die Daten aus dem Hauptbuch in das Grundbuch der Buchführung überführen und die dazugehörigen Buchungssätze bilden.

S	Fuhrpark		H
EBK	25.500,00		
1. Verb. a. LL	20.000,00		

S	BGA		H
EBK	8.500,00		

S	Waren		H
EBK	23.000,00		

S	Forderungen a. LL		H
EBK	17.500,00	4. Bank	238,00
		5. Bank	400,00

S	Bank		H
EBK	10.350,00	2. Darlehen	2.000,00
4. Fordg. a. LL	238,00	3. Verb. a. LL	3.570,00
5. Fordg. a. LL	400,00		

S	Kasse		H
EBK	1.950,00		

S	Eigenkapital		H
		EBK	8.300,00

S	Darlehen		H
2. Bank	2.000,00	EBK	40.000,00

S	Verbindlichkeiten a. LL		H
3. Bank	3.570,00	EBK	23.000,00
		1. Fuhrpark	20.000,00

S	Sonstige Verbindlichkeiten		H
		EBK	7.000,00

1. Erläutern Sie, was man unter dem Grundbuch der Buchführung versteht.
2. Bilden Sie die Eröffnungsbuchungen im Grundbuch für die dargestellten Konten.
3. Bilden Sie die laufenden Buchungssätze im Grundbuch für die auf den Konten abgebildeten Geschäftsfälle.

INFORMATION

Grundbuch

Die Vermögenslage des Unternehmens ändert sich durch jeden Wertestrom. Selbst bei kleinen Unternehmen kommen pro Jahr Tausende Werteströme zusammen. Die dazugehörigen Belege müssen in der Belegbearbeitung erfasst und schließlich gebucht werden.

Die Buchung auf T-Konten im Hauptbuch wurde im letzten Kapitel behandelt. Zusätzlich erfolgt die Buchung jedes Geschäftsfalls in Form eines Buchungssatzes im Grundbuch.

Die Buchungen im Grundbuch sind zeitlich (chronologisch) geordnet. Das Grundbuch wird auch als Primanota, Buchungsjournal oder Journal bezeichnet.

Grundbuch:

Datum	Beleg Nr.	Buchungssatz (Kontonummer/Kontenbezeichnung)	Soll	Haben

LERNFELD 8

Laufende Buchungen

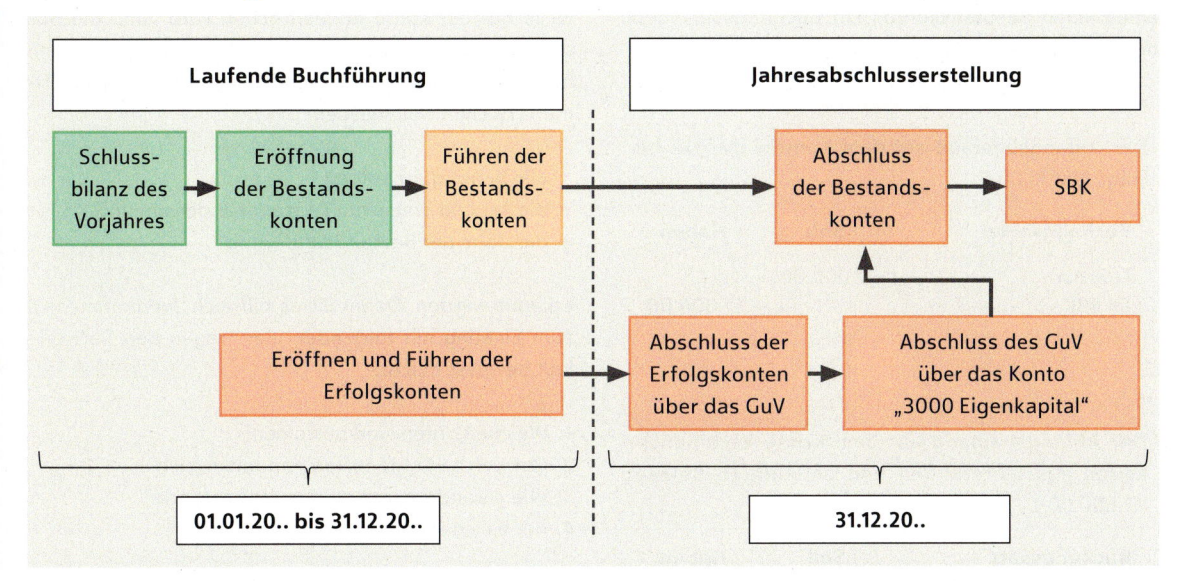

Laufende Buchführung

Schlussbilanz des Vorjahres → Eröffnung der Bestandskonten → Führen der Bestandskonten

Eröffnen und Führen der Erfolgskonten

Jahresabschlusserstellung

Abschluss der Bestandskonten → SBK

Abschluss der Erfolgskonten über das GuV → Abschluss des GuV über das Konto „3000 Eigenkapital"

01.01.20.. bis 31.12.20..

31.12.20..

Die Eröffnung der Konten zu Beginn des Wirtschaftsjahres erfolgt nicht nur im Hauptbuch, sondern auch im Grundbuch. Sobald die Eröffnungsbuchungen gemacht sind, können die laufenden Werteströme, die sich in einem Unternehmen ergeben (Geschäftsfälle), erfasst werden. Die Buchführung ist nun „einsatzbereit". Die Eröffnung eines aktiven Bestandskontos erfolgt durch den Buchungssatz:

Buchungssatz	Soll	Haben
Aktivkonto an EBK		

Die Eröffnung eines passiven Bestandskontos erfolgt durch den Buchungssatz:

Buchungssatz	Soll	Haben
EBK an Passivkonto		

Es handelt sich hierbei um sogenannte einfache Buchungssätze, da im Soll und im Haben jeweils nur ein Konto angesprochen wird.

Einfacher Buchungssatz

Alle Geschäftsfälle werden im Grundbuch der Buchführung festgehalten. Dies geschieht in Form eines Buchungssatzes. Der Buchungssatz ist eine Kurzform der Darstellung der Geschäftsfälle. Für jeden Geschäftsfall wird ein Buchungssatz gebildet. Die Buchungssätze werden in zeitlicher Reihenfolge im Journal (Primanota) abgebildet.

> **DEFINITION**
> Ein **einfacher Buchungssatz** besteht nur aus einer Soll- und einer Haben-Position.

Ein einfacher Buchungssatz ist wie folgt aufgebaut:

Buchungssatz	Soll	Haben
Soll an Haben *Buchungstext*	Betrag (€)	Betrag (€)

Folgende Grundsätze müssen beim Buchungssatz beachtet werden:

- Zuerst wird die Soll-Buchung aufgeschrieben.
- In die nächste Zeile wird das Wort an geschrieben.
- In dieselbe Zeile wird dann die Haben-Buchung eingetragen.
- Die Beträge werden entsprechend rechts in die Spalte *Soll* oder die Spalte *Haben* eingetragen.
- Beträge werden immer rechtsbündig geschrieben.
- €-Zeichen werden nicht verwendet.
- Zwei Nachkommastellen werden angeführt.

Die Beträge in Soll und Haben sind immer gleich groß.

Die Übertragung im Hauptbuch erfolgt in der Buchführung ebenfalls. In der Praxis wird diese Übertragung direkt durch die Buchführungssoftware gemacht.

LERNFELD 8

Bei einer Eröffnungsbuchung wird für die Eröffnung eines jeden Bestandskontos ein Buchungssatz gebildet.

BEISPIEL: Eröffnung Aktivkonto

Der Anfangsbestand auf dem Konto Fuhrpark beträgt 17.000,00 €.

Buchungssatz	Soll	Haben
Fuhrpark	17.000,00	
an EBK		17.000,00

BEISPIEL: Eröffnung Passivkonto

Der Anfangsbestand auf dem Konto Verbindlichkeiten aus Lieferungen und Leistungen beträgt 43.600,00 €.

Buchungssatz	Soll	Haben
EBK	43.600,00	
an Verbindl. a. LL		43.600,00

Da bei der Eröffnung der Konten neben dem EBK jeweils nur ein Konto angesprochen wird, sind die Buchungen im Grundbuch relativ einfach zu bilden. Wenn man jedoch laufende Geschäftsfälle eines Unternehmens buchen will, müssen

- alle benötigten Konten,
- die Art und Weise der Bestandsänderung und
- die Höhe der Bestandsänderung

erkannt werden. Daher ist es hilfreich, wenn man sich zum Einstieg mit folgenden vier Fragen den Sachverhalt bewusst macht:

1. Welche Konten sind betroffen?
2. Um welche Kontenarten handelt es sich?
3. Wie verändern sich die Kontenbestände?
4. Auf welcher Kontenseite ist zu buchen?

Die folgende Abbildung kann hier hilfreich bei der Beantwortung der Fragen sein:

Soll	Aktives Bestandskonto	Haben
EBK/Anfangsbestand		Abgänge
Zugänge		

Soll	Passives Bestandskonto	Haben
Abgänge		EBK/Anfangsbestand
		Zugänge

Im **Hauptbuch** sieht der Sachverhalt so aus:

BEISPIEL

Beispiel 1
Die Auszubildende Britta Krombach bringt 2.000,00 € Bargeld aus der Kasse zur Bank.
Um einen Buchungssatz zu diesem Geschäftsfall zu bilden, gehen Sie wie bereits bekannt vor:

1. Welche Konten sind betroffen?	Bank	Kasse
2. Um welche Kontenarten handelt es sich?	Aktivkonto	Aktivkonto
3. Wie verändern sich die Kontenbestände?	Zugang	Abgang
4. Auf welcher Kontenseite ist zu buchen?	Soll	Haben

Buchungssatz	Soll	Haben
Bank	2.000,00	
an Kasse		2.000,00
Einzahlung bar auf das Bankkonto		

Erläuterungen:
- Sowohl beim Konto „Bank" als auch beim Konto „Kasse" handelt es sich um aktive Bestandskonten. Zugänge werden somit im Soll eingetragen. Daher steht das Konto „Bank" im Soll, da 2.000,00 € eingezahlt werden.
- Abgänge eines aktiven Bestandskontos werden im Haben gebucht, daher steht das Konto „Kasse" im Haben.

LERNFELD 8

- Aus der Festlegung, dass „Soll an Haben" gebucht wird, kann man dann den Buchungssatz Bank an Kasse ableiten.

S	Bank	H		S	Kasse	H
AB	142.000,00			AB	7.600,00	1. Bank 2.000,00
1. Kasse	2.000,00					

Beispiel 2

Die Ambiente Warenhaus AG überweist vom Bankkonto den Rechnungsbetrag in Höhe von 1.190,00 € an die Diamond GmbH.

1. Welche Konten sind betroffen?	Bank	Verbindlichkeiten aus LuL
2. Um welche Kontenarten handelt es sich?	Aktivkonto	Passivkonto
3. Wie verändern sich die Kontenbestände?	Abgang	Abgang
4. Auf welcher Kontenseite ist zu buchen?	Haben	Soll

Darstellung im Grundbuch:

Buchungssatz	Soll	Haben
Verbindlichkeiten a. LL an Bank *Zahlung einer Liefererrechnung*	1.190,00	1.190,00

Darstellung im Hauptbuch:

S	Bank			H	S	Verbindlichkeiten a. LL	H
AB	142.000,00	2. Verb. a. LL	1.190,00		2. Bank	1.190,00	AB 76.000,00
1. Kasse	2.000,00						

Zusammengesetzter Buchungssatz

Im Geschäftsleben gibt es häufig Geschäftsfälle, die mehr als nur eine Soll- und eine Haben-Buchung erforderlich machen.

> **DEFINITION**
> Ein Buchungssatz, der aus mehr als zwei Buchungspositionen besteht, wird **zusammengesetzter Buchungssatz** genannt.

Zu einem Buchungssatz für die Buchung einer Eingangsrechnung sind in der Regel mindestens drei Buchungspositionen erforderlich.

BEISPIEL: Zusammengesetzter Buchungssatz
Der Kaufpreis für einen neuen Pkw in Höhe von 33.320,00 € wird in Höhe von 8.320,00 € bar bezahlt. Der Restkaufpreis wird auf Rechnung gezahlt.

Um diesen Buchungssatz aufzustellen, sind wieder die vier Fragen wichtig. Diese werden für das oben stehende Beispiel wie folgt beantwortet:

Nr.	Konto	Konto
1	Fuhrpark	Verb. a. LL
2	A	P
3	+	+
4	S	H

A = aktives Bestandskonto – = Abgang
P = passives Bestandskonto S = Soll
+ = Zugang H = Haben

Somit lautet der Buchungssatz:

Buchungssatz	Soll	Haben
Fuhrpark an Verb. a. LL an Kasse	33.320,00	25.000,00 8.320,00

LERNFELD 8

Bei der Aufstellung des zusammengesetzten Buchungssatzes ist darauf zu achten, dass die gebuchten Beträge in Soll und Haben übereinstimmen.

Aus Vereinfachungsgründen wird beim Erstellen des Buchungssatzes auf den Buchungstext verzichtet. In der Praxis wird der Buchungssatz im Kontierungsstempel auf dem Beleg vermerkt.

Im nachfolgenden Beispiel der Bezahlung der oben genannten Rechnung soll die Herangehensweise beim Aufstellen des Buchungssatzes noch einmal dargestellt werden.

Gebucht		
Konto	**Soll**	**Haben**
Fuhrpark	33.320,00	
an Verb. a. LL		25.000,00
an Kasse		8.320,00
Datum: 03.08.20..	Kürzel: Zu	

BEISPIEL

Die Ambiente Warenhaus AG bezahlt nach 30 Tagen den offenen Rechnungsbetrag über 25.000,00 € durch Banküberweisung. Es werden die oben stehenden Fragen wie folgt beantwortet:

1.	Verb. a. LL	Bank
2.	P	A
3.	–	–
4.	S	H

Somit lautet der Buchungssatz:

Buchungssatz	**Soll**	**Haben**
Verb. a. LL an Bank	25.000,00	25.000,00

Alle Buchungen einer Abrechnungsperiode müssen in chronologischer Reihenfolge ins Grundbuch eingetragen werden.

BEISPIEL

Datum	Nr.	Buchungssatz	Soll	Haben
01.08.	1	Fuhrpark an Verbindlichkeiten a. LL an Kasse	33.320,00	25.000,00 8.320,00
...	...	... ...	...	...
31.08.	...	Verbindlichkeiten a. LL an Bank	25.000,00	33.320,00

AUFGABEN

1. Geben Sie die Buchungssätze zu den folgenden Geschäftsfällen an.
   1. Auf dem Bankkonto gehen 238,00 € für einen auf Rechnung verkauften Anzug ein.
   2. Ein Darlehen wird in Höhe von 500,00 € vom Bankkonto getilgt.
   3. Eine Liefererrechnung wird vom Bankkonto gezahlt, Rechnungsbetrag: 3.570,00 €.
   4. Für die Kasse werden 1.000,00 € vom Bankkonto abgehoben.
   5. Zur Verstärkung des betrieblichen Kapitals wird ein Kredit in Höhe von 20.000,00 € aufgenommen. Der Betrag wird auf dem Bankkonto gutgeschrieben.
   6. Kauf eines Transporters von einer Privatperson für 7.000,00 €.
   7. Verkauf eines unbebauten Grundstücks für 60.000,00 €.

2. Geben Sie an, welche Geschäftsfälle den folgenden Buchungssätzen zugrunde liegen.
   a) Bank an Kasse 200,00
   b) Hypotheken an Bank 500,00
   c) Kasse an Forderungen a. LL 595,00
   d) Verbindlichkeiten a. LL an Bank 4.760,00
   e) Bank an Unbebaute Grundstücke 120.000,00
   f) Bank an Darlehen 30.000,00

3. Geben Sie die Buchungssätze für die folgenden Geschäftsfälle an.
   1. Kauf eines neuen Büroschranks für 2.000,00 € auf Ziel.
   2. Verkauf eines alten Regals für 100,00 € gegen Banküberweisung.
   3. Vom Bankkonto werden 200,00 € zum Auffüllen des Kassenbestandes abgehoben.
   4. Eine bereits erfasste Liefererrechnung in Höhe von 2.023,00 € wird per Banküberweisung beglichen.
   5. Eine neue Registrierkasse wird für 860,00 € auf Ziel gekauft.
   6. Einkauf von Hosenanzügen für 7.000,00 € auf Ziel.
   7. Tilgung einer Darlehensschuld in Höhe von 3.000,00 € durch Banküberweisung.
   8. Einkauf von Büromöbeln im Wert von 2.000,00 €. Es werden 200,00 € sofort als Anzahlung bar geleistet. Der Rest wird per Banküberweisung gezahlt.
   9. Ein alter Transporter wird für 6.000,00 € auf Ziel verkauft.
   10. Barkauf von neuen Schaufensterpuppen für 952,00 €.

4. Geben Sie an, welche Geschäftsfälle den folgenden Buchungssätzen zugrunde liegen.

1.	Waren	an Verb. a. LL	3.000,00	3.000,00
2.	Forderungen a. LL	an BGA	1.000,00	1.000,00
3.	Unbebaute Grundstücke	an Bank	20.000,00	20.000,00
4.	BGA	an Kasse	500,00	500,00
5.	Forderungen a. LL	an Fuhrpark	8.330,00	8.330,00
6.	Kasse	an Bank	500,00	500,00
7.	Darlehen	an Bank	1.000,00	1.000,00

5. Erstellen Sie die Buchungssätze zu den folgenden Geschäftsfällen im Grundbuch.
   1. Kauf eines Bürostuhls bar, 535,50 €.
   2. Barkauf von Betriebsstoffen, 900,00 €.
   3. Kunde zahlt Rechnung durch Banküberweisung, 4.800,00 €.
   4. Aufnahme eines Darlehens bei der Bank, 12.500,00 €.
   5. Postbanküberweisung auf das Bankkonto, 8.200,00 €.
   6. Barabhebung vom Bankkonto, 1.200,00 €.
   7. Bezahlung einer Liefererrechnung durch Postbanküberweisung, 4.500,00 €.
   8. Umwandlung einer Lieferschuld in eine Darlehensschuld, 14.000,00 €.
   9. Kauf eines gebrauchten Pkw gegen Rechnung, 5.200,00 €.
   10. Tilgung einer Darlehensschuld durch Banküberweisung, 1.500,00 €, und Postbanküberweisung, 3.500,00 €.
   11. Aufnahme einer Hypothek bei der Bank, 40.000,00 €.
   12. Kauf eines Grundstücks durch Banküberweisung, 90.000,00 €.
   13. Kauf von einer Verpackungsmaschine (2.800,00 €) und einem Kassensystem (4.200,00 €) auf Ziel.
   14. Zahlung einer Liefererrechnung durch Postbanküberweisung (4.000,00 €), bar (2.000,00 €) und Banküberweisung 10.800,00 €.
   15. Kunde zahlt Rechnung durch Postbanküberweisung, 19.800,00 €.

LERNFELD 8

16. Kauf einer neuen Ladentheke auf Ziel, brutto 34.034,00 €.
17. Bareinkauf eines gebrauchten Schreibtisches, 300,00 €.
18. Bezahlung der Rechnung aus Fall 13 durch Banküberweisung.
19. Einkauf von Waren auf Ziel, netto 6.500,00 €.
20. Bareinzahlung auf das Bankkonto, 2.000,00 €.

6. Bilden Sie die Buchungssätze im Grundbuch für die Geschäftsfälle aus der Aufgabe 3 aus Kapitel 8.9.

7. Zu Beginn eines Geschäftsjahres gibt es in einem Unternehmen folgende Anfangsbestände:

Anfangsbestände	
Betriebsgebäude	200.000,00 €
BGA	25.000,00 €
Kasse	4.000,00 €
Bank	5.100,00 €
Forderungen a. LL	1.000,00 €
Waren	19.600,00 €
Verbindlichkeiten a. LL	8.720,00 €
Darlehen	3.000,00 €
Hypotheken	25.000,00 €
Eigenkapital	?

a) Bilden Sie für die folgenden Geschäftsfälle die Buchungssätze im Grundbuch.
b) Eröffnen Sie die Konten im Hauptbuch.
c) Nehmen Sie die Buchungen für die Geschäftsfälle im Hauptbuch vor.
d) Schließen Sie die Konten im Hauptbuch ordnungsgemäß ab.
e) Erstellen Sie die Schlussbilanz.

Geschäftsfälle

1. Es werden 400,00 € Bargeld auf das Bankkonto eingezahlt.
2. Es wird ein Computer für 1.000,00 € angeschafft.
3. Wareneinkauf auf Ziel 3.300,00 €.
4. Ein Kunde bezahlt bar mit 400,00 €.
5. Ein Teil der Hypothekenschuld in Höhe von 660,00 € wird durch Banküberweisung getilgt.
6. Ware wird bar eingekauft für 1.940,00 €.
7. Verbindlichkeiten in Höhe von 3.720,00 € werden in ein Darlehen umgewandelt.

8.

Anfangsbestände	
Betriebsgebäude	200.000,00 €
Betriebs- und Geschäftsausstattung	58.000,00 €
Kasse	5.200,00 €
Waren	33.000,00 €
Bank	15.000,00 €
Forderungen a. LL	21.850,00 €
Verbindlichkeiten a. LL	11.500,00 €
Darlehen	16.000,00 €
Hypotheken	18.300,00 €
Eigenkapital	287.250,00 €

a) Bilden Sie für die folgenden Geschäftsfälle die Buchungssätze im Grundbuch.
b) Erstellen Sie die Eröffnungsbilanz.
c) Eröffnen Sie die Konten im Hauptbuch.
d) Nehmen Sie die Buchungen für die Geschäftsfälle im Hauptbuch vor.
e) Schließen Sie die Konten im Hauptbuch ordnungsgemäß ab.
f) Erstellen Sie die Schlussbilanz.

Geschäftsfälle

1. Kauf eines Ladenregals gegen Rechnung   3.500,00 €
2. Ein Teil des Darlehens wird durch Banküberweisung getilgt   1.000,00 €
3. Ein Kunde zahlt einen Rechnungsbetrag über   3.000,00 €
   in bar   1.200,00 €
   durch Banküberweisung   1.800,00 €
4. Wareneinkauf auf Ziel   2.500,00 €
5. Eine Liefererrechnung wird durch Banküberweisung beglichen   1.850,00 €
6. Wareneinkauf bar   2.500,00 €
7. Bareinzahlung auf das Bankkonto   800,00 €

LERNFELD 8

8. Kauf eines Lagergebäudes
   im Wert von   26.000,00 €
   durch Banküberweisung   5.000,00 €
   in bar   2.000,00 €
   Eintragung einer Hypothek   19.000,00 €

9. Ein Kunde durch Bankscheck
   eine Rechnung über   10.000,00 €
10. Barabhebung vom Bankkonto   1.500,00 €

AKTION

Erstellen Sie in kleinen Gruppen eine Übungsaufgabe für Ihre Klasse. Verwenden Sie dazu ein Textverarbeitungsprogramm (z. B. Word) oder ein Tabellenkalkulationsprogramm (z. B. Excel).
Die Aufgabe startet mit den Anfangsbeständen und beinhaltet mindestens 10 selbst erstellte Geschäftsfälle.

Erstellen Sie in der Gruppe auch eine digitale Musterlösung.

Lassen Sie die Aufgabe von einer anderen Gruppe bearbeiten. Besprechen Sie gemeinsam die Ergebnisse.

ZUSAMMENFASSUNG

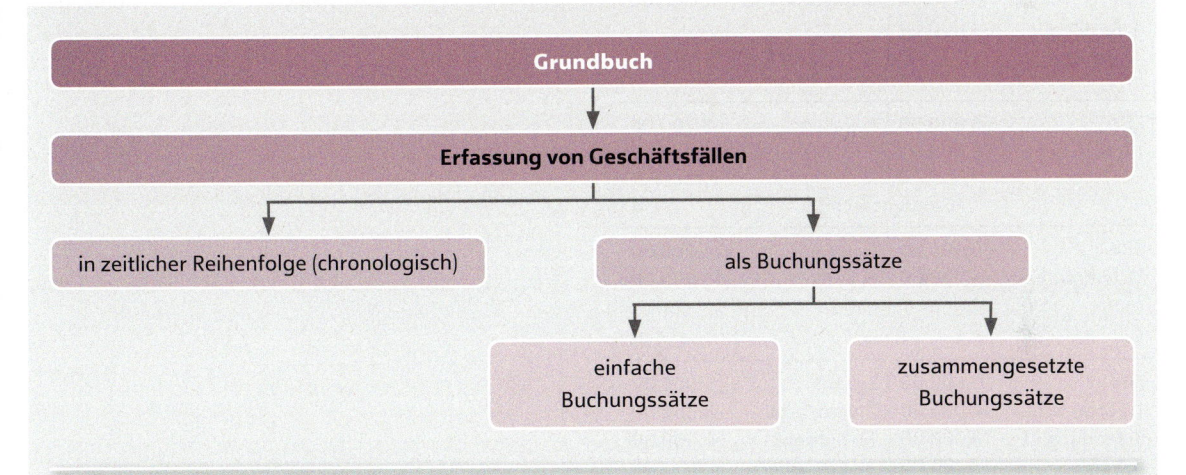

Grundbuch
↓
Erfassung von Geschäftsfällen
- in zeitlicher Reihenfolge (chronologisch)
- als Buchungssätze
  - einfache Buchungssätze
  - zusammengesetzte Buchungssätze

Buchungssatz „Soll an Haben"

Aufbau

Buchungssatz	Soll	Haben
Soll	Betrag (€)	
an Haben *Buchungstext*		Betrag (€)

- Beträge/Summen der Soll- und Haben-Seite müssen gleich groß sein
- Auch mehr als zwei Buchungspositionen möglich (= zusammengesetzter Buchungssatz)

Die vier Fragen zur Erstellung eines Buchungssatzes:
1. Welche Konten sind betroffen?
2. Um welche Kontenart handelt es sich (aktives oder passives Bestandskonto)?
3. Wie verändern sich die Kontenbestände (Zugang oder Abgang)?
4. Auf welcher Kontenseite ist zu buchen?

LERNFELD 8

KAPITEL 11
Wir schließen Konten im Hauptbuch (mit SBK) ab

Die folgenden Bestandskonten der Buchführung der Ambiente Warenhaus AG sollen nun abgeschlossen werden, um eine Schlussbilanz auf das Ende Wirtschaftsjahres zu erstellen:

S	Bebaute Grundstücke	H
EBK	80.000,00	
12.	150.000,00	

S	Betriebsgebäude	H
EBK	57.000,00	
12.	250.000,00	

S	Fuhrpark	H
EBK	12.000,00	11. Fordg. a. LL. 5.000,00
2. Verb. a. LL	20.000,00	

S	BGA	H
EBK	13.000,00	5. Kasse 300,00
4. Kasse	1.000,00	

S	Waren	H
EBK	56.000,00	9. Kasse 3.200,00
10. Verb. a. LL	3.000,00	

S	Forderungen a. LL	H
EBK	35.000,00	1. Bank 14.000,00
11. Fuhrpark	5.000,00	6. Bank 18.000,00

S	Bank	H
EBK	57.600,00	3. Bank 900,00
1. Fordg. a. LL.	14.000,00	7. Verb. a. LL 4.300,00
6. Fordg. a. LL.	18.000,00	12. Betriebs- 50.000,00
8. Kasse	3.100,00	gebäude

S	Kasse	H
EBK	4.950,00	4. BGA 1.000,00
5. BGA	300,00	8. Bank 3.100,00
9. Waren	3.200,00	

S	Eigenkapital	H
		EBK 191.250,00

S	Darlehen	H
3. Bank	900,00	EBK 87.500,00
		12. Grdstk./Geb. 350.000,00

S	Verbindlichkeiten a. LL	H
7. Bank	4.300,00	EBK 32.800,00
		2. Fuhrpark 20.000,00
		10. Waren 3.000,00

S	Sonstige Verbindlichkeiten	H
		EBK 4.000,00

1. Erläutern Sie, warum die Konten am Ende des Wirtschaftsjahres abgeschlossen werden müssen.

2. Schließen Sie die Konten im Grund- und Hauptbuch ab und erstellen Sie die Schlussbilanz der Ambiente Warenhaus AG.

LERNFELD 8

INFORMATION

Vorgehen beim Jahresabschluss

So wie die Buchführung zu Beginn eines Wirtschaftsjahres aus der Schlussbilanz des Vorjahres eröffnet wird, muss sie zum Ende eines Wirtschaftsjahres auch wieder abgeschlossen und zu einer Schlussbilanz zusammengefasst werden.

Hierzu werden die Bestandskonten über das Schlussbilanzkonto abgeschlossen. Das Schlussbilanzkonto (SBK) ist die Basis für den Jahresabschluss und die folgende Zusammenfassung der Bestände. Das Ergebnis ist die Schlussbilanz für das abgelaufene Wirtschaftsjahr.

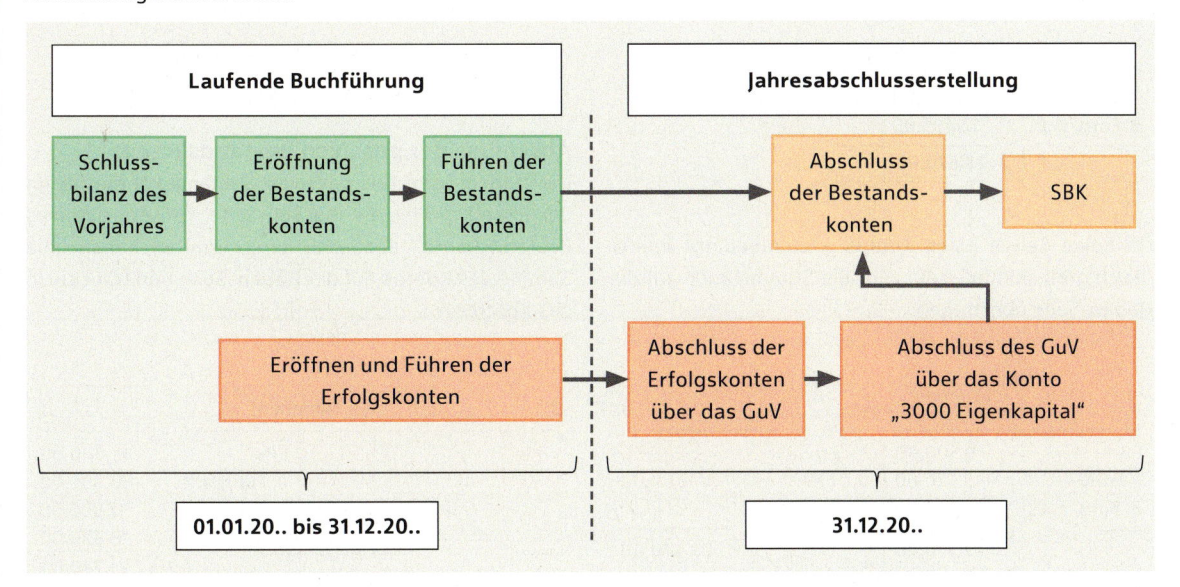

Laufende Buchführung

Schlussbilanz des Vorjahres → Eröffnung der Bestandskonten → Führen der Bestandskonten

Eröffnen und Führen der Erfolgskonten

01.01.20.. bis 31.12.20..

Jahresabschlusserstellung

Abschluss der Bestandskonten → SBK

Abschluss der Erfolgskonten über das GuV → Abschluss des GuV über das Konto „3000 Eigenkapital"

31.12.20..

Abschluss der Bestandskonten

Am Ende des Wirtschaftsjahres werden die Bestandskonten über das Konto „Schlussbilanzkonto" (SBK) abgeschlossen. Der Abschluss erfolgt einerseits im Hauptbuch (auf dem T-Konto) und zusätzlich als Buchungssatz im Grundbuch.

Schlussbilanzkonto

Das Schlussbilanzkonto ist nicht mit der Schlussbilanz gleichzusetzen, da das SBK das Ergebnis der internen Buchführung ist, während die Schlussbilanz vorrangig für externe Anspruchsgruppen des Unternehmens bestimmt ist Im Folgenden werden die Inhalte des Schlussbilanzkontos (SBK) und die Unterschiede und Gemeinsamkeiten mit der Schlussbilanz dargestellt.

	SBK	Schlussbilanz
Umfang	ausführlich (eine Position je Bestandskonto)	zusammengefasst zu Bilanzpositionen
Gliederung	keine Vorschriften (einfaches T-Konto)	gem. §§ 247, 266 HGB (Kontenform mit klar geregelter Gliederung)
Bezeichnung der Kontenseiten	Soll und Haben	Aktiva und Passiva
Konten-/Bilanzsumme	übereinstimmend	
Eigenkapital	übereinstimmend	
Einzelpositionen	meistens mehrere Einzelpositionen	zumeist weniger Einzelpositionen

LERNFELD 8

Abschluss der aktiven Bestandskonten

Die Soll-Seite der aktiven Bestandskonten ist (in der Regel) größer als die Haben-Seite.

Um ein aktives Bestandskonto abzuschließen, ermittelt man die Summe des Kontos auf der Soll-Seite und trägt sie in das Konto ein.

BEISPIEL

S	Bank		H
EBK	9.500,00	2. Verb. a. LL	2.500,00
1. BGA	3.570,00	4. Darlehen	7.000,00
3. Ford. a. LL	12.495,00		
	① 23.570,00		

Da beide Seiten eines Kontos systembedingt immer gleich groß sein müssen, wird die Summe auch auf die Haben-Seite übertragen.

BEISPIEL

S	Bank		H
EBK	9.500,00	2. Verb. a. LL	2.500,00
1. BGA	3.570,00	4. Darlehen	7.000,00
3. Ford. a. LL	12.495,00		
	23.570,00	② ➔	23.570,00

Der auf der Haben-Seite fehlende Betrag, der sich ergibt, wenn man alle Positionen auf der Haben-Seite (Vermögensabgänge) von der Summe des Kontos abzieht, wird als Saldo bezeichnet.

Der ermittelte Saldo wird auf der Haben-Seite des aktiven Bestandskontos eingetragen. Die Beträge auf der Haben-Seite ergeben nun die zuvor ermittelte Summe. Soll und Haben sind gleich groß. Der ermittelte Saldo des Kontos wird auf die Soll-Seite des Schlussbilanzkontos übertragen. Das aktive Bestandskonto ist im Hauptbuch abgeschlossen.

BEISPIEL

S	Bank		H
EBK	9.500,00	2. Verb. a. LL	2.500,00
1. BGA	3.570,00	4. Darlehen	7.000,00
3. Ford. a. LL	12.495,00	5. SBK ③	14.070,00
	23.570,00		23.570,00

Der dazugehörige Buchungssatz lautet:

Buchungssatz	Soll	Haben
SBK an Aktivkonto		

Bezogen auf das vorliegende Beispiel lautet der Buchungssatz also:

Buchungssatz	Soll	Haben
SBK an Bank	23.570,00	23.570,00

Abschluss der passiven Bestandskonten

Die Haben-Seite der passiven Bestandskonten ist (in der Regel) größer als die Soll-Seite. Um ein passives Bestandskonto abzuschließen, ermittelt man die Summe des Kontos auf der Haben-Seite und trägt sie in das Konto ein.

BEISPIEL

S	Darlehen		H
1. Bank	2.500,00	EBK	12.000,00
3. Bank	3.500,00	2. Fuhrpark	53.550,00
		4. BGA	17.850,00
		5. BGA	8.330,00
		①	91.730,00

Da beide Seiten eines Kontos systembedingt immer gleich groß sein müssen, wird die Summe auch auf die Soll-Seite übertragen.

BEISPIEL

S	Darlehen		H
1. Bank	2.500,00	EBK	12.000,00
3. Bank	3.500,00	2. Fuhrpark	53.550,00
		4. BGA	17.850,00
		5. BGA	8.330,00
	91.730,00	② ⬅	91.730,00

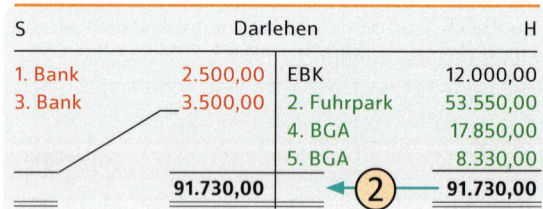

Der auf der Soll-Seite fehlende Betrag, der sich ergibt, wenn man alle Positionen auf der Soll-Seite von der Summe des Kontos abzieht, wird als Saldo bezeichnet.

Der ermittelte Saldo wird auf der Soll-Seite des passiven Bestandskontos eingetragen. Die Beträge auf der Soll-Seite ergeben nun die zuvor ermittelte Summe. Soll und Haben sind gleich groß. Der ermittelte Saldo des Kontos wird auf die Haben-Seite des Schlussbilanzkontos übertragen. Das passive Bestandskonto ist im Hauptbuch abgeschlossen.

BEISPIEL

S	Darlehen		H
1. Bank	2.500,00	EBK	12.000,00
3. Bank	3.500,00	2. Fuhrpark	53.550,00
6. SBK	85.730,00	4. BGA	17.850,00
		5. BGA	8.330,00
	91.730,00		91.730,00

Der dazugehörige Buchungssatz lautet:

Buchungssatz	Soll	Haben
Passivkonto an SBK		

Bezogen auf das vorliegende Beispiel lautet der Buchungssatz also:

Buchungssatz	Soll	Haben
Darlehen	91.730,00	
an SBK		91.730,00

Schlussbilanzkonto (SBK)

Auf dem Schlussbilanzkonto (SBK) erfolgt am Jahresende eine zusammenfassende Gegenüberstellung des Vermögens auf der Soll-Seite und des Kapitals auf der Haben-Seite. Da jedes vorhandene Vermögen entweder durch Eigen- oder Fremdkapital finanziert sein muss, müssen beide Seiten systemlogisch gleich groß sein.

Nach dem Abschluss der aktiven Bestandskonten ist die Soll-Seite zusammenzurechnen und die Summe des SBK einzutragen. Gleiches ist nach dem Abschluss aller passiven Bestandskonten auf der Haben-Seite vorzunehmen. Die Summe des Schlussbilanzkontos muss auf beiden Seiten gleich groß sein.

S	Schlussbilanzkonto	H
Vermögen	Fremdkapital (Schulden)	
	Eigenkapital	
Summe	Summe	

Schlussbilanz

Die Werte der einzelnen Konten werden vollständig und nicht zwingend gegliedert im SBK dargestellt. Es erfolgt dann eine Überführung der einzelnen Werte aus dem Schlussbilanzkonto in die gesetzlich geforderte Form der Schlussbilanz.

In der Schlussbilanz werden nicht nur Positionen aus dem Schlussbilanzkonto zusammengefasst, sondern auch die Gliederungsvorschriften des § 266 HGB beachtet. Die Grundzüge hierzu wurden bereits im Kapitel 8.5 behandelt.

Aktiva	Schlussbilanz zum	Passiva
I. ANLAGEVERMÖGEN 1. Bebaute Grundstücke 2. Betriebsgebäude 3. Fuhrpark 4. BGA II. UMLAUFVERMÖGEN 1. Forderungen a. LL 2. Sonstige Forderungen 3. Bank 4. Kasse		II. EIGENKAPITAL III. FREMDKAPITAL 1. Hypotheken 2. Darlehen 3. Verbindl. a. LL 4. Sonstige Verbindlichkeiten
Ort und Datum		Unterschrift

Aktiva	Schlussbilanzkonto	Passiva
Bebaute Grundstücke Betriebsgebäude Forderungen a. LL Kasse BGA Fuhrpark Sonstige Forderungen Bank		Eigenkapital Verbindl. a. LL Darlehen Hypotheken Sonstige Verbindlichkeiten

LERNFELD 8

AUFGABEN

1. Nehmen Sie zu der folgenden Aussage eines Schülers begründet Stellung: „Ob ich das nun SBK oder Schlussbilanz nenne, ist doch egal. Das ist doch sowieso dasselbe."

2. a) Schließen Sie die folgenden Konten ab. Übertragen Sie dafür die Konten in Ihr Heft. Erstellen Sie die Schlussbilanz zum 31.12.20..
   b) Erläutern Sie, welche Geschäftsfälle hinter den Buchungen 2., 5., 6. und 9. stehen.
   c) Erläutern Sie die Entwicklung des Eigenkapitalkontos in Aufgabenteil a) mit eigenen Worten.

Soll	Bebaute Grundstücke		Haben
EBK	75.000,00	5. Ford. a. LL	10.000,00
4. Bank	7.500,00	9. Ford. a. LL	8.000,00

Soll	Betriebsgebäude		Haben
EBK	138.000,00	5. Ford. a. LL	58.600,00

Soll	Fuhrpark		Haben
EBK	87.000,00		
2. Verb. a. LL	18.800,00		

Soll	BGA		Haben
EBK	23.500,00		
1. Darlehen	41.200,00		
7. Kasse	1.200,00		

Soll	Forderungen a. LL		Haben
EBK	17.800,00	6. Bank	81.634,00
5. Grdstk.	10.000,00		
5. Gebäude	58.600,00		
9. Grdstk.	8.000,00		

Soll	Bank		Haben
EBK	13.600,00	3. Darlehen	2.000,00
6. Ford. a. LL	81.634,00	4. Grdstk.	7.500,00
		8. Verb. a. LL	12.800,00

Soll	Kasse		Haben
EBK	2.700,00	7. BGA	1.200,00

Soll	Eigenkapital		Haben
		EBK	90.800,00

Soll	Darlehen		Haben
3. Bank	2.000,00	EBK	222.700,00
		1. BGA	41.200,00

Soll	Verbindlichkeiten a. LL		Haben
8. Bank	12.800,00	EBK	44.100,00
		2. Fuhrpark	18.800,00

3. Die Ambiente Warenhaus AG weist zu Beginn eines Geschäftsjahres folgende Anfangsbestände aus:

Anfangsbestände			
Bebaute Grundstücke	795.000,00	Bank	16.800,00
Betriebsgebäude	615.000,00	Kasse	3.700,00
BGA	167.000,00	Eigenkapital	?
Waren	185.000,00	Darlehen	180.000,00
Maschinen	47.000,00	Hypotheken	340.000,00
Forderungen a. LL	64.500,00	Verbindlichkeiten a. LL	85.000,00
Sonstige Forderungen	12.000,00	Sonstige Verbindlichkeiten	7.000,00

a) Erstellen Sie eine ordnungsgemäße Eröffnungsbilanz zum 01.01.20..
b) Nehmen Sie die Eröffnungsbuchungen im Grund- und Hauptbuch vor.
c) Buchen Sie die folgenden Geschäftsfälle im Hauptbuch.
   1. Kauf einer EDV-Anlage durch Banküberweisung, 15.946,00 €.
   2. Kauf von Waren auf Ziel, 12.000,00 €.
   3. Aufnahme eines kurzfristigen Kredits bei der Bank, 40.000,00 €.
   4. Kunde zahlt seine Rechnung:
      bar 4.000,00 €
      Banküberweisung 17.500,00 €
   5. Kauf eines Grundstücks durch Banküberweisung, 25.000,00 €.
   6. Kauf von Waren auf Ziel, 15.000,00 €.
   7. Bezahlung der Rechnung zu Fall 2 durch Banküberweisung.
   8. Bareinzahlung auf das Bankkonto, 3.000,00 €.
   9. Bareinkauf eines Bürostuhls, 595,00 €.
   10. Zahlung einer Liefererrechnung durch Banküberweisung, 8.400,00 €.
d) Schließen Sie die Konten im Grund- und Hauptbuch ab.

LERNFELD 8

AKTIONEN

1. Die Ambiente Warenhaus AG weist zu Beginn eines Geschäftsjahres folgende Anfangsbestände aus:

Anfangsbestände			
Bebaute Grundstücke	125.000,00	Bank	16.000,00
Betriebsgebäude	395.000,00	Kasse	3.850,00
BGA	83.750,00	Eigenkapital	?
Waren	144.000,00	Hypotheken	340.000,00
Maschinen	6.000,00	Darlehen	220.000,00
Forderungen a. LL	43.000,00	Verbindlichkeiten a. LL	91.600,00
Fuhrpark	85.000,00	Sonstige Verbindlichkeiten	7.000,00

a) Erstellen Sie eine ordnungsgemäße Eröffnungsbilanz zum 01.01.20..
b) Eröffnen Sie die Konten im Hauptbuch. Erstellen Sie dabei auch das Eröffnungsbilanzkonto und geben Sie die dazugehörigen Buchungssätze an.
c) Nehmen Sie die Buchungen für die nachfolgenden Belege im Grundbuch vor.
d) Nehmen Sie die Buchungen für die Belege im Hauptbuch vor.
e) Schließen Sie die Konten im Hauptbuch ab und erstellen Sie die Schlussbilanz.

Beleg 1

Bankhaus Delfs		226 400 10		**Kontoauszug**
	Konto-Nr.	Auszug-Nr.	Datum	Alter Kontostand
Buch.-Tag	Tag der Wertstellung	**0489002428**		20..-01-05	16.000,00 €
20..-01-03	20..-01-03	Darlehen Nr. 2345			50.000,00 € +
				Neuer Kontostand	
				66.000,00 € +	

Herrn, Frau, Fa.
Ambiente Warenhaus AG
Groner Straße 22–24
34567 Schönstadt

BIC DELDEST
IBAN DE43 2264 0010 0006 3436 82

LERNFELD 8

Beleg 2

Vernesse GmbH

Vernesse GmbH | Neuer Weg 27 | 26135 Oldenburg
Ambiente Warenhaus AG
Groner Straße 22–24
34567 Schönstadt

Kunden-Nr.:   14059
Lieferdatum: 20..-01-05
Bestelldatum: 20..-01-03

Sachbearbeiter/-in: Frau Lafrenz
Telefon: 04361 21077-33
Telefax: 04361 21077-30
E-Mail: lafrenz@vernesse-wvd.de

Rechnungs-Nr.:   4567
Rechnungsdatum: 20..-01-06

Rechnung

Pos.	Artikel-Nr.	Artikelbezeichnung	Menge und Einheit	Einzelpreis	Gesamtpreis
1	094356	Stoffwaren, blau	10	952,00 €	9.520,00 €
2	094357	Stoffwaren, grau	17	595,00 €	10.115,00 €

Gesamtpreis   19.635,00 €

Beleg 3

Bankhaus Delfs		226 400 10		**Kontoauszug**
	Konto-Nr.	Auszug-Nr.	Datum	Alter Kontostand
Buch.-Tag	Tag der Wertstellung	**0489002428**	20..-01-07	77.000,00 €
20..-01-09	20..-01-09	Kauf Grundstück, Vertrag 568, G. Marner		40.000,00 € –
				Neuer Kontostand
				37.000,00 € +
Herrn, Frau, Fa. Ambiente Warenhaus AG Groner Straße 22–24 34567 Schönstadt			BIC DELDEST IBAN DE43 2264 0010 0006 3436 82	

LERNFELD 8

Beleg 4

Bankhaus Delfs			226 400 10		**Kontoauszug**
		Konto-Nr.	Auszug-Nr.	Datum	Alter Kontostand
Buch.-Tag	Tag der Wertstellung	0489002428		20..-01-12	37.000,00 €
20..-01-10	20..-01-10	Vernesse GmbH, RG-NR. 4567, Kd-Nr. 14059			19.635,00 € –
					Neuer Kontostand 17.365,00 € +
Herrn, Frau, Fa. Ambiente Warenhaus AG Groner Straße 22–24 34567 Schönstadt				BIC DELDEST IBAN DE43 2264 0010 0006 3436 82	

Beleg 5

Bankhaus Delfs			226 400 10		**Kontoauszug**
		Konto-Nr.	Auszug-Nr.	Datum	Alter Kontostand
Buch.-Tag	Tag der Wertstellung	0489002428		20..-01-16	17.365,00 €
20..-01-14	20..-01-14	Silke Bachmann, Rg-Nr. 3456			11.000,00 € –
					Neuer Kontostand 6.365,00 € +
Herrn, Frau, Fa. Ambiente Warenhaus AG Groner Straße 22–24 34567 Schönstadt				BIC DELDEST IBAN DE43 2264 0010 0006 3436 82	

Beleg 6

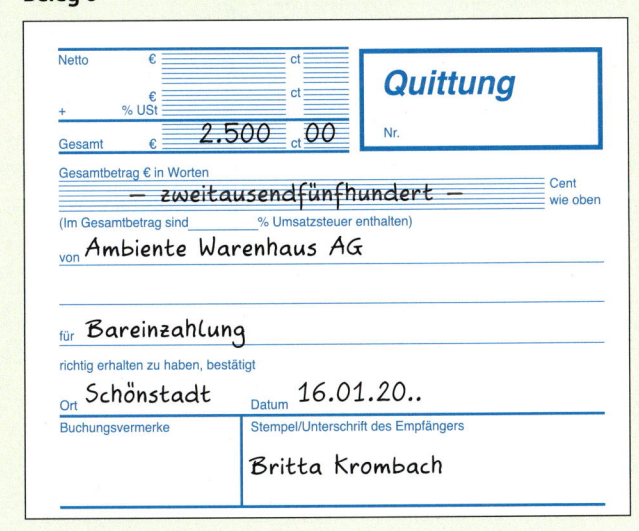

Quittung

Netto € ___ ct
+ ___ % USt € ___ ct
Gesamt € 2.500 ct 00
Nr. ___

Gesamtbetrag € in Worten
— zweitausendfünfhundert —   Cent wie oben
(Im Gesamtbetrag sind ___ % Umsatzsteuer enthalten)

von Ambiente Warenhaus AG

für Bareinzahlung

richtig erhalten zu haben, bestätigt
Ort Schönstadt   Datum 16.01.20..

Buchungsvermerke | Stempel/Unterschrift des Empfängers
Britta Krombach

LERNFELD 8

Beleg 7

Autohaus Bach

Telefon: 0511 1234-56
Telefax: 0511 1234-57
E-Mail: ginger@bach-wvd.de

Autohaus Bach · Birkenwald 44 · 30449 Hannover

Ambiente Warenhaus AG
Herrn Rischmüller
Groner Straße 22–24
34567 Schönstadt

Kunden-Nr.:	19875
Lieferdatum:	05.01.20..
Bestelldatum:	20.11.20..
Sachbearbeiter/-in:	Frau Ginger
Rechnungs-Nr.:	490443
Rechnungsdatum:	16.01.20..

Rechnung

Pos.	Artikel-Nr.	Artikelbezeichnung	Menge und Einheit	Einzelpreis	Gesamtpreis
1	943000	Mini Car	1	15.232,00 €	15.232,00 €
		Gesamtpreis			15.232,00 €

Rechnungsbetrag zahlbar innerhalb von 30 Tagen netto.

Beleg 8

Vogel Bürotechnik

Vogel Bürotechnik · Florastraße 19 · 12163 Berlin

Ambiente Warenhaus AG
Groner Straße 22–24
34567 Schönstadt

Kunden-Nr.: 90345
Lieferdatum: 20..-01-18
Bestelldatum: 20..-01-04

Sachbearbeiter/-in: Herr Seim
Telefon: 030 76512-55
Telefax: 030 76512-50
E-Mail: daniel.seim@vogel-buerotechnik-wvd.de

Rechnungs-Nr.: 00905
Rechnungsdatum: 20..-01-20

Rechnung

Pos.	Artikel-Nr.	Artikelbezeichnung	Menge und Einheit	Einzelpreis	Gesamtpreis
1	353094	EDV-Anlage Speedport 9000	1 Stück	10.234,00 €	10.234,00 €
		Gesamtpreis			10.234,00 €

Rechnungsbetrag zahlbar innerhalb von 10 Tagen netto.

---

2. Schließen Sie in einer digitalen Form die Konten aus der Aktion des vorherigen Kapitels ab und erstellen Sie die Schlussbilanz.

LERNFELD 8

ZUSAMMENFASSUNG

Abschluss Aktivkonto

Hauptbuch

S	Aktivkonto	H
AB		Abgänge
Zugänge		SBK
Summe		Summe

Abschluss Passivkonto

Hauptbuch

S	Passivkonto	H
Abgänge		AB
SBK		Zugänge
Summe		Summe

Schlussbilanzkonto

Hauptbuch

S	Schlussbilanzkonto	H
Vermögen		Fremdkapital (Schulden)
		Eigenkapital
Summe		Summe

LERNFELD 8

KAPITEL 12
Wir erfassen Geschäftsfälle auf Erfolgskonten im Grund- und Hauptbuch

Britta Krombach und Lars Panning haben die Ausgangsrechnung an die Firma Universa AG über einen Rechnungsbetrag von 1.000,00 € vor sich liegen. Sie haben den Beleg mit einem Kontierungsstempel versehen und bekommen nun den Auftrag, die Rechnung zu buchen.

Frau Fritsche, Sachbearbeiterin in der Abteilung Rechnungswesen bei der Ambiente Warenhaus AG, macht die beiden Auszubildenden darauf aufmerksam, dass es sich hier nicht um einen Verkauf handelt.

Ambiente Warenhaus AG

Ambiente Warenhaus AG / Groner Straße 22–24 / 34567 Schönstadt

Universa AG
Am Brink 10
34329 Nieste

Telefon: 05121 839001-23
Telefax: 05121 839002
Internet: www.ambiente-warenhaus-wvd.de
E-Mail: k.wilhelm@ambiente-warenhaus-wvd.de

Kunden-Nr.:	23766
Lieferdatum:	22.09.20..
Bestelldatum:	19.09.20..
Sachbearbeiter/-in:	Kirsten Wilhelm
Rechnungs-Nr.:	19546
Rechnungsdatum:	25.09.20..

Rechnung

Pos.	Bezeichnung der Leistung	Gesamtpreis
1	Vermittlungsprovision	1.000,00 €
Gesamtpreis		1.000,00 €

---

1. Begründen Sie, warum sich auf der Ausgangsrechnung an die Universa AG kein Eingangsstempel befindet.
2. Nennen Sie die Konten, auf denen die Rechnung bei der Ambiente Warenhaus AG gebucht werden muss.
3. Erläutern Sie, was in den Kontierungsstempel eingetragen werden muss.

LERNFELD 8

INFORMATION

Erfolgskonten

Bei der Erfassung einer Ausgangsrechnung ist neben der Beachtung der Bestandskonten eine weitere Kontenart von Bedeutung: die **Erfolgskonten**.

Eine Buchung auf einem Erfolgskonto wirkt sich im Gegensatz zu Bestandskonten auf das Eigenkapital eines Unternehmens aus. Die Buchung hat somit Einfluss auf den Gewinn im Unternehmen.

Es gibt zwei Arten von Erfolgskonten:

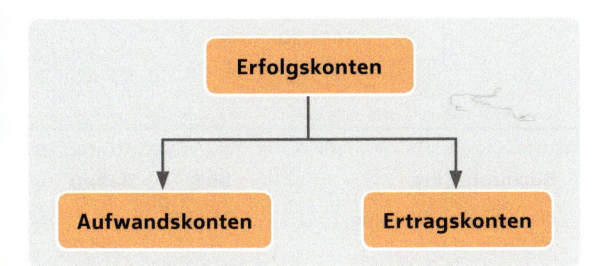

- Aufwandskonten
- Ertragskonten

Buchungen auf den Ertragskonten (Erträge) wirken positiv auf das Eigenkapital und erhöhen den Gewinn.

Buchungen auf Aufwandskonten (Aufwendungen) wirken negativ auf das Eigenkapital und reduzieren den Gewinn.

BEISPIELE für Erträge

- Warenverkauf
- Mieterträge
- Zinserträge
- Provisionserträge

BEISPIELE für Aufwendungen

- Ausgangsfrachten
- Löhne und Gehälter
- Abschreibungen
- Mieten und Pachten
- Bürobedarf
- betriebliche Steuern

Erfolgskonten werden auch als **Unterkonten des Eigenkapitals** bezeichnet. Daher werden die Eintragungen auf den Erfolgskonten im Hauptbuch in gleicher Weise vorgenommen wie beim Eigenkapitalkonto. Da das Eigenkapitalkonto ein passives Bestandskonto ist, gilt:

- Mehrungen im Haben
- Minderungen im Soll

BEISPIEL

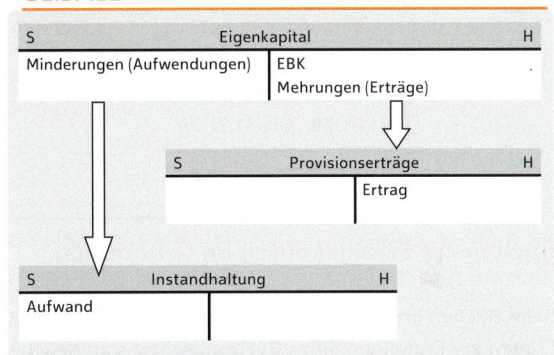

S	Eigenkapital		H
Minderungen (Aufwendungen)	EBK		
	Mehrungen (Erträge)		

S	Provisionserträge		H
	Ertrag		

S	Instandhaltung		H
Aufwand			

Daraus lassen sich folgende **Buchungsregeln** ableiten:
→ Erträge werden im Haben und
→ Aufwendungen im Soll
gebucht!

LERNFELD 8

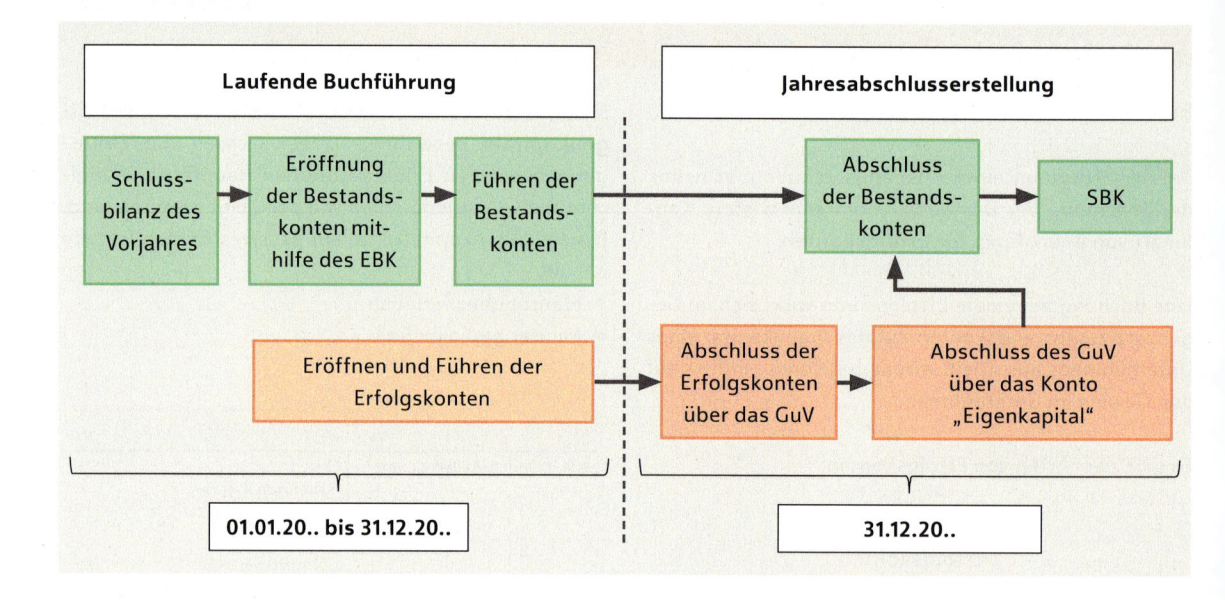

Laufende Buchführung: Schlussbilanz des Vorjahres → Eröffnung der Bestandskonten mithilfe des EBK → Führen der Bestandskonten

Jahresabschlusserstellung: Abschluss der Bestandskonten → SBK

Eröffnen und Führen der Erfolgskonten → Abschluss der Erfolgskonten über das GuV → Abschluss des GuV über das Konto „Eigenkapital" → Abschluss der Bestandskonten

01.01.20.. bis 31.12.20.. | 31.12.20..

Buchen auf Erfolgskonten im Grundbuch

Beim Buchen im Grundbuch sind grundsätzlich die vier Fragen zur Erstellung eines Buchungssatzes zu beachten.

Des Weiteren ist der oben genannte Grundsatz, dass Erträge im Haben und Aufwendungen im Soll gebucht werden, anzuwenden.

BEISPIEL Ertragskonto/Grundbuch

Die Ambiente Warenhaus AG sendet der Universa AG eine Rechnung über 1.000,00 €. Der Buchungssatz lautet somit:

Buchungssatz	Soll	Haben
Forderungen a. LL an Sonstige Umsatzerlöse	1.000,00	1.000,00

Aus dem Beispiel ist ersichtlich, dass das Ertragskonto „Sonstige Umsatzerlöse" im Haben gebucht wird.[1]

Die Forderungen gegenüber dem Kunden Universa AG sind gestiegen. Diese Mehrung auf dem aktiven Bestandskonto „Forderungen a. LL" wird im Soll gebucht.

BEISPIEL Aufwandskonto/Grundbuch

Eine Maschine wird repariert. Der Dienstleister stellt der Ambiente Warenhaus AG daraufhin 357,00 € in Rechnung.

Buchungssatz	Soll	Haben
Fremdinstandhaltung an Verb. a. LL	357,00	357,00

Aus dem Beispiel ist ersichtlich, dass das Aufwandskonto „Fremdinstandhaltung" im Soll gebucht wird. Die Verbindlichkeiten gegenüber dem Dienstleister sind somit gestiegen. Diese Mehrung auf dem passiven Bestandskonto „Verbindlichkeiten a. LL" wird im Haben gebucht.

Buchen auf Erfolgskonten im Hauptbuch

Das Führen von Erfolgskonten im Hauptbuch ist ähnlich vorzunehmen wie das Führen der Bestandskonten. Das Eintragen der Geschäftsfälle aus dem Grundbuch in das Hauptbuch wird in gleicher Weise vorgenommen.

BEISPIEL Ertragskonto/Hauptbuch

Aus der Vermittlung an die Universa AG ist folgender Buchungssatz gegeben.

Buchungssatz	Soll	Haben
Forderungen a. LL an Sonstige Umsatzerlöse	1.000,00	1.000,00

S	Sonstige Umsatzerlöse		H
		Ford. a. LL	1.000,00

---

[1] Vorsteuer und Umsatzsteuer werden aus Vereinfachungsgründen noch nicht gesondert erfasst. Die Thematik wird an späterer Stelle behandelt.

Aus dem Beispiel ist zu erkennen, dass das Ertragskonto „Sonstige Umsatzerlöse" keinen Anfangsbestand hat und dass Buchungen aus dem Grundbuch direkt auf das Konto übertragen werden.

> Es gilt weiterhin der Grundsatz:
> → Erträge im Haben

Die Gegenbuchung erfolgt – wie bereits bekannt – auf dem Konto „Forderungen aus Lieferungen und Leistungen".

BEISPIEL Aufwandskonto/Hauptbuch

Die in Rechnung gestellten Reparaturen in Höhe von 357,00 € werden im Hauptbuch auf dem Konto wie folgt gebucht:

Buchungssatz	Soll	Haben
Fremdinstandhaltung	357,00	
an Verb. a. LL		357,00

S	Fremdinstandhaltung	H
Verb. a. LL 357,00		

Aus dem Beispiel ist zu erkennen, dass das Aufwandskonto „Fremdinstandhaltung" keinen Anfangsbestand hat und dass Buchungen aus dem Grundbuch direkt auf das Konto übertragen werden.

> Es gilt weiterhin der Grundsatz:
> → Aufwendungen im Soll

Im Laufe eines Geschäftsjahres werden für alle erfolgswirksamen Geschäftsfälle die notwendigen Erfolgskonten angelegt. So kann es in der Praxis zu vielen unterschiedlichen Aufwendungen und Erträgen kommen. Für jede Aufwands- und Ertragsart wird ein eigenes Konto (vgl. Kontenrahmen) angelegt.

Vorgehen beim Jahresabschluss

Zu Beginn des Jahres werden mit den Werten aus der Schlussbilanz des Vorjahres die Konten (Bestandskonten) eröffnet. Im Verlauf des Geschäftsjahres werden die Bestands- und Erfolgskonten geführt. Um am Jahresende den Jahresabschluss mit der Schlussbilanz und der Gewinn- und Verlustrechnung zu erstellen, müssen alle Konten wieder abgeschlossen werden.

Beim Abschluss der Konten sollte in einer bestimmten Reihenfolge vorgegangen werden:
1. Abschluss der Erfolgskonten (Aufwands- und Ertragskonten) über das Gewinn- und Verlustkonto
2. Abschluss des Gewinn- und Verlustkontos über das Eigenkapitalkonto)
3. Abschluss der Bestandskonten inklusive des Eigenkapitalkontos über das SBK

Die nachfolgende Grafik verdeutlicht den Prozess der laufenden Buchführung und die Vorgehensweise am Ende des Wirtschaftsjahres noch einmal bildlich:

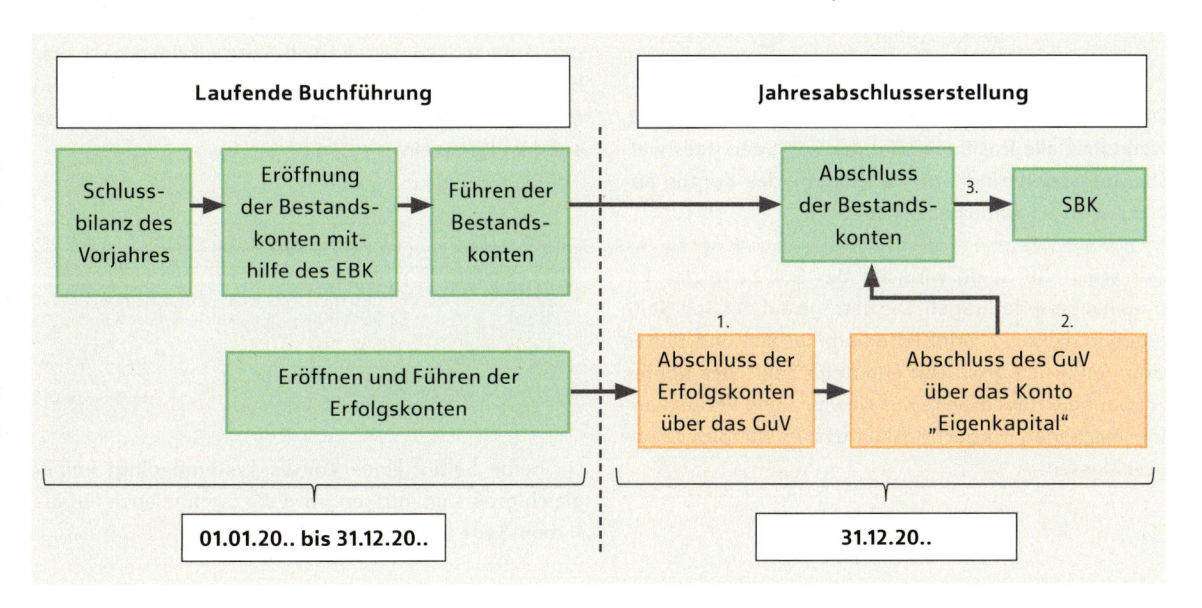

LERNFELD 8

Die Erfolgskonten sind Unterkonten des Eigenkapitalkontos. Sie werden über das Gewinn- und Verlustkonto (GuV) abgeschlossen. Dieses Konto stellt eine Zusammenfassung aller Aufwendungen und Erträge eines Unternehmens dar.

Ertragskonten

Erträge werden im Haben gebucht. Somit ist auf den Ertragskonten die Haben-Seite größer als die Soll-Seite. Um ein Ertragskonto abzuschließen, ermittelt man die Summe der Haben-Seite und trägt diese auf dem Konto ein.

BEISPIEL

S	Sonstige Umsatzerlöse		H
	1. Ford. a. LL	10.340,00	
	2. Bank	19.000,00	
	3. Ford. a. LL	21.500,00	
	4. Bank	9.500,00	
	①	60.340,00	

Da beide Seiten eines Kontos systembedingt immer gleich groß sein müssen, wird die Summe auch auf die Soll-Seite übertragen.

BEISPIEL

S	Sonstige Umsatzerlöse		H
	1. Ford. a. LL	10.340,00	
	2. Bank	19.000,00	
	3. Ford. a. LL	21.500,00	
	4. Bank	9.500,00	
60.340,00 ← ②		60.340,00	

Der auf der Soll-Seite fehlende Betrag, der sich ergibt, wenn man alle Positionen auf der Soll-Seite (falls welche vorhanden sind) von der Summe des Kontos abzieht, wird als Saldo bezeichnet.

Der ermittelte Saldo wird auf der Soll-Seite des Ertragskontos eingetragen. Die Beträge auf der Soll-Seite ergeben die zuvor ermittelte Summe. Soll und Haben sind nun gleich groß. Der ermittelte Saldo des Kontos wird auf die Haben-Seite des Gewinn- und Verlustkontos übertragen. Das Ertragskonto ist im Hauptbuch abgeschlossen.

BEISPIEL

S	Sonstige Umsatzerlöse		H
5. GuV	60.340,00	1. Ford. a. LL	10.340,00
③		2. Bank	19.000,00
		3. Ford. a. LL	21.500,00
		4. Bank	9.500,00
	60.340,00		60.340,00

Im Grundbuch wird der Abschluss der Ertragskonten durch folgende Buchung nachvollzogen:

Nr.	Buchungssatz	Soll	Haben
	Ertragskonto an GuV		

Auf das obige Beispiel angewendet, lautet die Abschlussbuchung:

BEISPIEL: Abschluss im Grundbuch

Nr.	Buchungssatz	Soll	Haben
5	Sonstige Umsatzerlöse an GuV	60.340,00	60.340,00

Aufwandskonten

Aufwandskonten werden im Hauptbuch spiegelbildlich zu den Ertragskonten abgebildet. Der Abschluss der Aufwandskonten erfolgt somit umgekehrt zum Abschluss der Ertragskonten.

Aufwendungen werden im Soll gebucht. Somit ist auf den Aufwandskonten die Soll-Seite größer als die Haben-Seite. Um ein Aufwandskonto abzuschließen, ermittelt man die Summe der Soll-Seite und trägt diese auf dem Konto ein.

BEISPIEL

S	Fremdinstandhaltung		H
1. Verb. a. LL	7.790,00		
2. Bank	12.500,00		
3. Verb. a. LL	3.500,00		
①	23.790,00		

Da beide Seiten eines Kontos systembedingt immer gleich groß sein müssen, wird die Summe auch auf die Haben-Seite übertragen.

BEISPIEL

S	Fremdinstandhaltung		H
1. Verb. a. LL	7.790,00		
2. Bank	12.500,00		
3. Verb. a. LL	3.500,00		
	23.790,00	② →	23.790,00

Der auf der Haben-Seite fehlende Betrag, der sich ergibt, wenn man alle Positionen auf der Haben-Seite (falls welche vorhanden sind) von der Summe des Kontos abzieht, wird als Saldo bezeichnet.

Der ermittelte Saldo wird auf der Haben-Seite des Aufwandskontos eingetragen. Die Beträge auf der Haben-Seite ergeben die zuvor ermittelte Summe. Soll und Haben sind nun gleich groß. Der ermittelte Saldo des Kontos wird auf die Soll-Seite des Gewinn- und Verlustkontos übertragen. Das Aufwandskonto ist im Hauptbuch abgeschlossen.

BEISPIEL: Abschluss im Hauptbuch

S	Fremdinstandhaltung		H
1. Verb. a. LL	7.790,00	4. GuV	23.790,00
2. Bank	12.500,00		③
3. Verb. a. LL	3.500,00		
	23.790,00		23.790,00

Im Grundbuch wird der Abschluss der Aufwandskonten durch folgende Buchung nachvollzogen:

Nr.	Buchungssatz	Soll	Haben
	GuV an Aufwandskonto		

Da es sich lediglich um eine Abschlussbuchung handelt und die Gewinnauswirkung bei der laufenden Erfassung der Aufwendungen erfolgt ist, ergibt sich nicht erneut eine Gewinnauswirkung. Auf das obige Beispiel angewendet, lautet die Abschlussbuchung:

BEISPIEL: Abschluss im Grundbuch

Nr.	Buchungssatz	Soll	Haben
4	GuV an Fremdinstandhaltung	23.790,00	23.790,00

Gewinn- und Verlustkonto

Auf dem Gewinn- und Verlustkonto werden am Jahresende die Abschlusssalden sämtlicher Erträge und Aufwendungen des Unternehmens zusammengetragen. Der Saldo des Kontos bildet dann den Gewinn oder den Verlust des Unternehmens ab. Das Gewinn- und Verlustkonto selbst ist ein Unterkonto des Eigenkapitalkontos. Es wird daher über das Konto „Eigenkapital" abgeschlossen. Dies ist damit zu erklären, dass ein erwirtschafteter Gewinn das Eigenkapital des Unternehmens erhöht und ein eventueller Verlust das Eigenkapital mindert. Das Fremdkapital wird durch das Betriebsergebnis nicht berührt.

Auf der Soll-Seite des Gewinn- und Verlustkontos werden alle Aufwendungen angeführt. Auf der Haben-Seite werden alle Erträge angeführt.

(Positiver) Gewinn

Bei einem erwirtschafteten Gewinn (Normalfall) sind die Erträge (Haben-Seite) größer als die Aufwendungen (Soll-Seite). Aus der Differenz von Haben (Erträge) – Soll (Aufwendungen) ergibt sich somit eine positive Zahl, der Gewinn des Unternehmens. Der Gewinn ist also der Saldo des GuV-Kontos auf der Soll-Seite. Dort wird er eingetragen und über das Eigenkapital abgeschlossen.

Hauptbuch:

S	Gewinn- und Verlustkonto (GuV)	H
Aufwendungen		Erträge
Gewinn		
Summe		Summe

Grundbuch:

Nr.	Buchungssatz	Soll	Haben
	GuV an Eigenkapital		

Durch die Buchung verändert sich das Eigenkapital. Es nimmt um den gebuchten Betrag zu.

LERNFELD 8

BEISPIEL

S	GuV		H
Zinsaufw.	380,00	Sonstige	
Löhne	14.800,00	Umsatzerlöse	60.340,00
Fremdin-standhaltung	23.790,00	Mieterträge	450,00
Reisekosten	150,00		
Bürobedarf	300,00		
Eigenkapital	21.370,00		
	60.790,00		**60.790,00**

Verlust (negativer Gewinn)

Bei einem Verlust sind die Aufwendungen (Soll-Seite) größer als die Erträge (Haben-Seite). Aus der Differenz von Soll minus Haben ergibt sich somit eine negative Zahl, der Verlust (oder negative Gewinn) des Unternehmens. Der Verlust ist also der Saldo des GuV-Kontos auf der Haben-Seite. Dort wird er eingetragen und über das Eigenkapital abgeschlossen.

Hauptbuch:

S	Gewinn- und Verlustkonto (GuV)		H
Aufwendungen		Erträge	
		Verlust	
Summe		Summe	

Grundbuch:

Nr.	Buchungssatz	Soll	Haben
	Eigenkapital an GuV		

Durch die Buchung verändert sich das Eigenkapital. Es nimmt um den gebuchten Betrag ab.

Vorgehensweise beim Abschluss des GuV-Kontos

1. Ermittlung der Summen von Aufwendungen sowie Erträgen
2. Ermittlung des Saldos
   - Erträge > Aufwendungen = positiver Gewinn
   - Erträge < Aufwendungen = negativer Gewinn (Verlust)
   - Buchung des Gewinns/des Verlustes auf das Konto „Eigenkapital"

AUFGABEN

1. Erläutern Sie die Unterschiede zwischen einem Bestandskonto und einem Erfolgskonto.
2. Warum werden Aufwendungen im Soll und Erträge im Haben gebucht?
3. Schließen Sie die folgenden Konten ab und ermitteln Sie den Erfolg des Unternehmens auf dem Gewinn-und Verlustkonto. Geben Sie auch die dazugehörigen Abschlussbuchungen an.

a)

S	Zinsaufwendungen		H
8. Bank	4.630,00		

S	Fremdinstandhaltung		H
2. Verb. a. LL	3.120,00		
9. Bank	2.680,00		
12. Verb. a. LL	11.333,00		

S	Löhne		H
4. Bank	12.400,00		

S	Mieterträge		H
		1. Kasse	17.500,00
		5. Bank	7.430,00

S	Vertriebsprovisionen	H	S	sonstige Erlöse	H
6. Verb. a. LL	8.790,00			3. Kasse	6.800,00
10. Bank	7.430,00			7. Bank	38.560,00
11. Bank	2.222,00				

b)

S	Zinsaufwendungen	H	S	außerordentliche Aufwendungen	H
2. Bank	780,00		8. Verb. a. LL	3.120,00	
9. Bank	751,00		14. Verb. a. LL	11.333,00	

S	Löhne	H	S	Mieterträge	H
5. Bank	7.800,00			1. Bank	38.600,00
9. Bank	3.600,00			6. Kasse	4.230,00
15. Kasse	300,00			11. Bank	28.996,00
				18. Bank	57.000,00

S	Fremdinstandhaltung	H	S	sonstige Erlöse	H
3. Verb. a. LL	98.670,00			1. Kasse	4.100,00
10. Bank	14.963,00			6. Bank	9.760,00
13. Bank	5.333,00			12. Bank	18.678,00
				16. Bank	3.800,00

4.

Anfangsbestände			
Gebäude	100.000,00	Kasse	600,00
Geschäftsausstattung	8.000,00	Bank	10.000,00
Waren	23.000,00	Eigenkapital	?
Forderungen a. LL	15.000,00	Verbindlichkeiten a. LL	8.000,00

Kontenplan: Außer den oben aufgeführten Bestandskonten sowie dem Eröffnungs- und Schlussbilanzkonto sind zu führen die

Erfolgskonten: Aufwendungen für Reinigungsmaterial, Löhne, Grundsteuer, Mieterträge, Zinserträge, Provisionserträge, Gewinn und Verlust.

a) Bilden Sie für die folgenden Geschäftsfälle die Buchungssätze im Grundbuch.
b) Erstellen Sie die Eröffnungsbilanz.
c) Eröffnen Sie die Konten im Hauptbuch.
d) Nehmen Sie die Buchungen für die Geschäftsfälle im Hauptbuch vor.
e) Schließen Sie die Konten im Hauptbuch ordnungsgemäß ab.
f) Erstellen Sie die Schlussbilanz.
   Zu verwendende Erfolgskonten:
   Provisionen, Porto- und Telekommunikationskosten, Grundsteuer, Lohnkosten, Zinserträge, Provisionserträge, Mieterträge

LERNFELD 8

Geschäftsfälle:

1. Die Bank schreibt uns Zinsen gut — 50,00 €
2. Einkauf von Waren auf Ziel — 1.200,00 €
3. Wir bezahlen Provision durch Banküberweisung — 1.000,00 €
4. Ein Kunde zahlt bar — 800,00 €
5. Überweisung für Briefporto durch die Bank — 200,00 €
6. Rechnungstellung einer Provisionsleistung an Kunden — 1.500,00 €
7. Barzahlung Grundsteuer — 180,00 €
8. Eingang Überweisung für Miete — 750,00 €
9. Zahlung Lohn an Kraftwagenfahrer durch die Bank — 2.680,00 €
10. Bareinzahlung Bank — 1.000,00 €

AKTION

Der Ambiente Warenhaus AG liegen folgende drei Belege vor:

Beleg 1

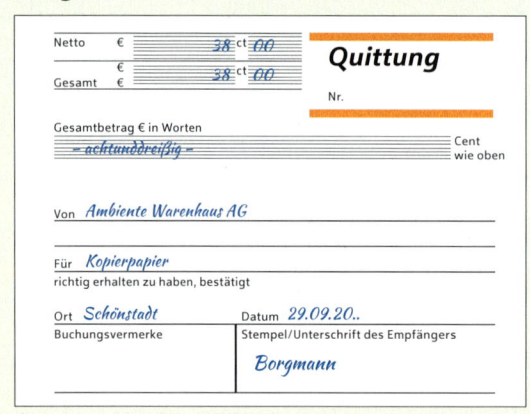

Quittung

Netto € 38 ct 00
Gesamt € 38 ct 00
Nr.

Gesamtbetrag € in Worten
– achtunddreißig – | Cent wie oben

Von: Ambiente Warenhaus AG

Für: Kopierpapier

richtig erhalten zu haben, bestätigt

Ort: Schönstadt   Datum: 29.09.20..

Buchungsvermerke | Stempel/Unterschrift des Empfängers
Borgmann

Beleg 2

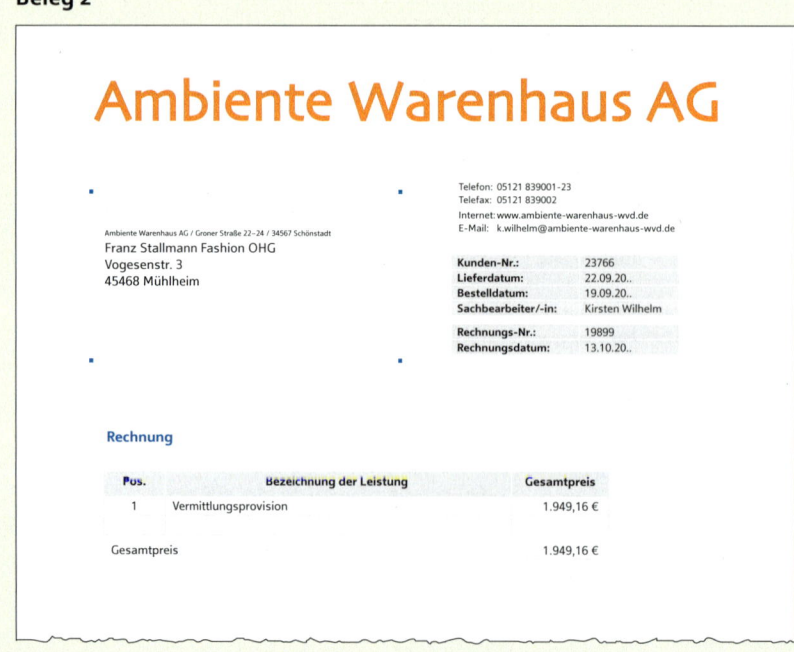

Ambiente Warenhaus AG

Ambiente Warenhaus AG / Groner Straße 22–24 / 34567 Schönstadt

Franz Stallmann Fashion OHG
Vogesenstr. 3
45468 Mühlheim

Telefon: 05121 839001-23
Telefax: 05121 839002
Internet: www.ambiente-warenhaus-wvd.de
E-Mail: k.wilhelm@ambiente-warenhaus-wvd.de

Kunden-Nr.: 23766
Lieferdatum: 22.09.20..
Bestelldatum: 19.09.20..
Sachbearbeiter/-in: Kirsten Wilhelm

Rechnungs-Nr.: 19899
Rechnungsdatum: 13.10.20..

Rechnung

Pos.	Bezeichnung der Leistung	Gesamtpreis
1	Vermittlungsprovision	1.949,16 €

Gesamtpreis — 1.949,16 €

LERNFELD 8

Beleg 3

Bankhaus Delfs			226 400 10		Konto-Auszug
	Konto-Nr.	Auszug-Nr.		Datum	Alter Kontostand
Buch.-Tag	Tag der Wertstellung	063620900		28.09.20..	4.235,70 €
26.09.20..	26.09.20..	Miete für Lagerhalle			1.200,00 € –
27.09.20..	27.09.20..	Fracht (Spedition Mechsner)			280,00 € –
27.09.20..	27.09.20..	Zinsgutschrift			14,30 € +
					Neuer Kontostand
					2.770,00 € +
Herrn, Frau, Fa.					
Ambiente Warenhaus AG			BIC	DELDEST	
Groner Straße 22–24			IBAN	DE43 2264 0010 0006 3436 82	
34567 Schönstadt					

a) Erstellen Sie ein Grundbuch und buchen Sie die Belege auf den entsprechenden Bestands- und Erfolgskonten.

b) Erstellen Sie im Hauptbuch die relevanten Erfolgskonten und buchen Sie die in a) erstellten Buchungssätze.
Hinweis: Bitte nur die Erfolgskonten beachten!

ZUSAMMENFASSUNG

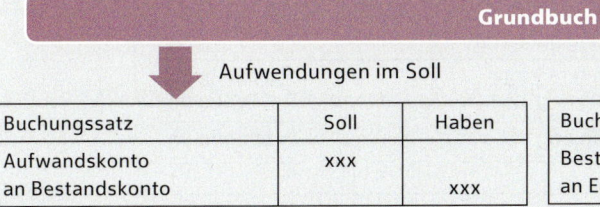

Grundbuch

Aufwendungen im Soll

Buchungssatz	Soll	Haben
Aufwandskonto	xxx	
an Bestandskonto		xxx

Erträge im Haben

Buchungssatz	Soll	Haben
Bestandskonto	xxx	
an Ertragskonto		xxx

Hauptbuch

Soll	EBK		Haben
Eigenkapital	854.000,00	Bebaute Grundstücke	820.000,00
Darlehen	220.000,00	BGA	183.750,00
Verbindlichkeiten a. LL	91.600,00	Waren	99.000,00
		Forderungen a. LL	43.000,00
		Bank	16.000,00
		Kasse	3.850,00
	1.165.600,00		1.165.600,00

S	Eigenkapital		H
Aufwendungen (Minderungen)		EBK	854.000,00
		Erträge (Mehrungen)	

LERNFELD 8

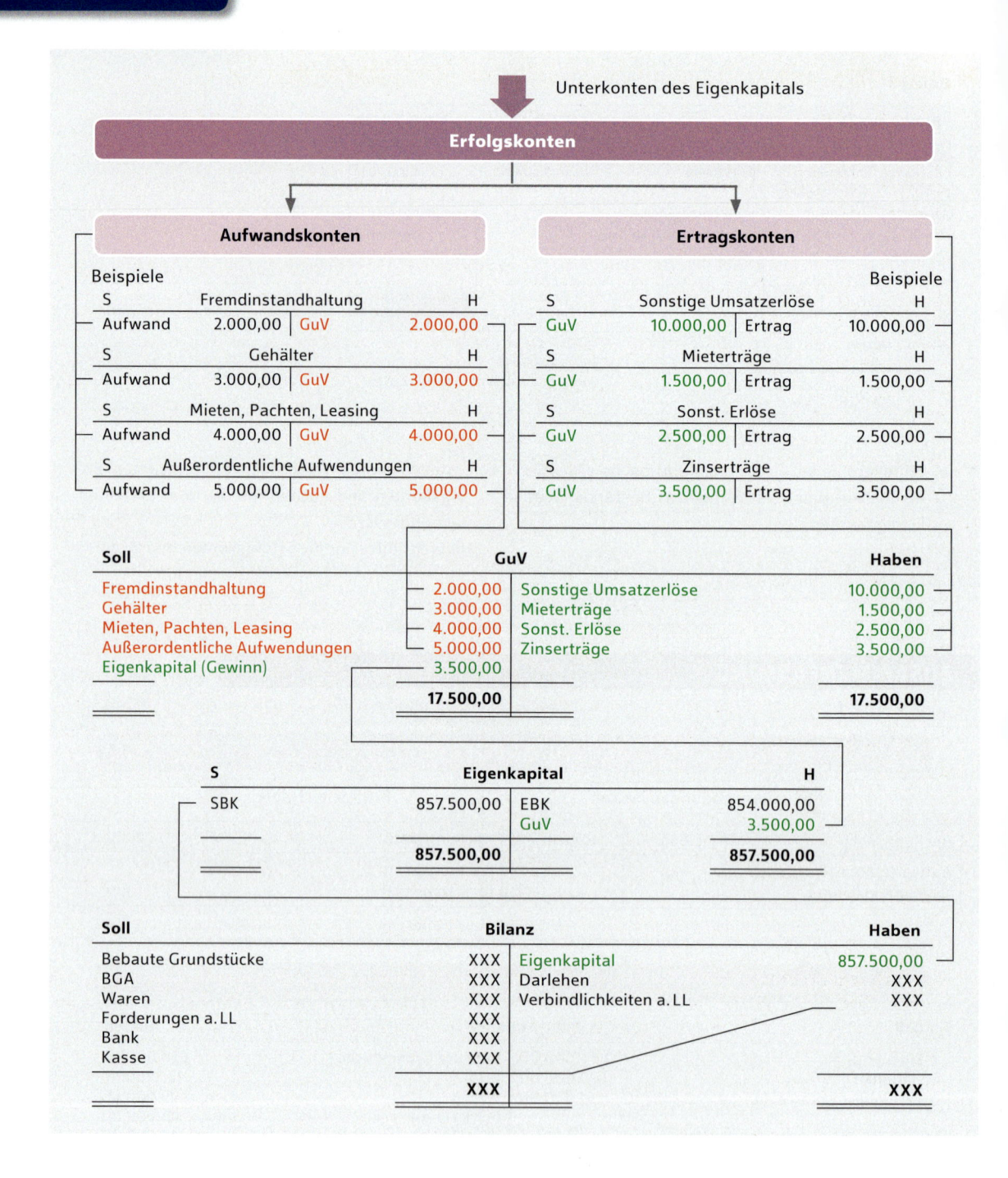

Unterkonten des Eigenkapitals

Erfolgskonten

Aufwandskonten

Beispiele

S	Fremdinstandhaltung	H
Aufwand	2.000,00	GuV 2.000,00

S	Gehälter	H
Aufwand	3.000,00	GuV 3.000,00

S	Mieten, Pachten, Leasing	H
Aufwand	4.000,00	GuV 4.000,00

S	Außerordentliche Aufwendungen	H
Aufwand	5.000,00	GuV 5.000,00

Ertragskonten

Beispiele

S	Sonstige Umsatzerlöse	H
GuV	10.000,00	Ertrag 10.000,00

S	Mieterträge	H
GuV	1.500,00	Ertrag 1.500,00

S	Sonst. Erlöse	H
GuV	2.500,00	Ertrag 2.500,00

S	Zinserträge	H
GuV	3.500,00	Ertrag 3.500,00

Soll	GuV		Haben
Fremdinstandhaltung	2.000,00	Sonstige Umsatzerlöse	10.000,00
Gehälter	3.000,00	Mieterträge	1.500,00
Mieten, Pachten, Leasing	4.000,00	Sonst. Erlöse	2.500,00
Außerordentliche Aufwendungen	5.000,00	Zinserträge	3.500,00
Eigenkapital (Gewinn)	3.500,00		
	17.500,00		**17.500,00**

S	Eigenkapital		H
SBK	857.500,00	EBK	854.000,00
		GuV	3.500,00
	857.500,00		**857.500,00**

Soll	Bilanz		Haben
Bebaute Grundstücke	XXX	Eigenkapital	857.500,00
BGA	XXX	Darlehen	XXX
Waren	XXX	Verbindlichkeiten a. LL	XXX
Forderungen a. LL	XXX		
Bank	XXX		
Kasse	XXX		
	XXX		**XXX**

LERNFELD 8

KAPITEL 13
Wir berechnen Waren- und Umsatzkennziffern

Britta Krombach und Lars Panning bekommen von Martin Freiberg, Leiter der Abteilung Rechnungswesen, die GuV des gerade abgeschlossenen Geschäftsjahres der Abteilung Herrenmode vorgelegt.

Herr Freiberg möchte, dass die beiden Auszubildenden den Erfolg der Abteilung für das abgelaufene Geschäftsjahr untersuchen. Dazu sollen sie den Warenrohgewinn und den Warenreingewinn bestimmen.

S		GuV		H
Aufwendungen f. Waren	961.000,00	Umsatzerlöse f. Waren		1.694.000,00
Frachten und Fremdlager	36.400,00			
Fremdinstandhaltung	8.560,00			
Löhne	487.900,00			
Abschreibungen	68.200,00			
Mieten	38.200,00			
Büromaterial	6.450,00			
Zinsaufwendungen	28.690,00			
EK	58.600,00			
	1.694.000,00			1.694.000,00

Herr Freiberg hat eine Skizze der Verkaufsfläche und einige Daten dazu mitgebracht. Die Daten der Umsätze je Warengruppe stammen aus dem EDV-gestützten Warenwirtschaftssystem.

Grundriss 2. Obergeschoss

Gesamtfläche Herrenmode: 500 m²
davon
Anzüge, Jacken, Mäntel 100 m²
Hemden, Pullover, Krawatten,
Schuhe 70 m²
Sport, Outdoor, Casual, Schuhe 280 m²
Unterwäsche, Socken, Strümpfe 50 m²

Umsätze pro Warengruppe
Anzüge, Jacken, Mäntel 508.200,00 €
Hemden, Pullover, Krawatten,
Schuhe 423.500,00 €
Sport, Outdoor, Casual, Schuhe 677.600,00 €
Unterwäsche, Socken, Strümpfe 84.700,00 €

Britta und Lars sind zurzeit beide an der Kasse im Bereich Herrenmode im 2. Obergeschoss der Ambiente Warenhaus AG eingesetzt. Lars arbeitet an Kasse 1 und Britta an Kasse 2.

Herr Freiberg hat auch die Kassenberichte der beiden vom gestrigen Tag mitgebracht:

Kassenbericht von Lars Panning
Ambiente Warenhaus AG
Kassenbericht vom 22.05.20.., 18:34 Uhr
Kasse 1,
Kassierer: PAN
Kunden 88
Artikel 161
Kassenzeit in Std. 4
Umsatz 7.245,00 €

Kassenbericht von Britta Krombach
Ambiente Warenhaus AG
Kassenbericht vom 22.05.20.., 18:34 Uhr
Kasse 2, (Servicekasse)
Kassierer: KRO
Kunden 31
Artikel 104
Kassenzeit in Std. 4
Umsatz 8.840,00 €

LERNFELD 8

Herr Freiberg möchte von den Auszubildenden wissen, wie hoch die Umsätze pro Verkaufsfläche sind und welche Umsatzkennzahlen sich aus den Kassenberichten ermitteln lassen.

1. Nennen Sie die Zahlen, die wichtig sind, um den Warenrohgewinn und den Warenreingewinn zu bestimmen.
2. Nennen Sie die Vorteile eines EDV-gestützten Warenwirtschaftssystems bei der Datenanalyse.
3. Erläutern Sie, warum Herr Freiberg überhaupt an diesen Kennzahlen interessiert ist.

INFORMATION

Warenkonten

Da Waren im Einzelhandel sehr oft ein- und verkauft werden, ist eine Abbildung aller dieser Geschäftsfälle auf dem Konto „Waren" unübersichtlich. Außerdem werden Waren zu einem höheren Preis verkauft, als sie eingekauft werden. Der Handel mit Waren ist also erfolgswirksam, da in der Regel ein Gewinn erzielt wird.

Aus diesen und vielen anderen Gründen werden die Wareneinkäufe zu Einkaufspreisen auf dem Aufwandskonto „Aufwendungen für Waren" erfasst. Die Warenverkäufe werden zu Verkaufspreisen auf dem Ertragskonto „Umsatzerlöse für Waren" erfasst. Beide Konten werden am Ende des Wirtschaftsjahres über das Gewinn- und Verlustkonto abgeschlossen.

Genauer werden diese Konten und die Vorgehensweisen im Lernfeld 11 betrachtet.

Sind die Umsatzerlöse höher als die Aufwendungen für Waren, erzielt das Unternehmen einen Rohgewinn. Sind die Aufwendungen für Waren höher als die Umsatzerlöse, wird ein Rohverlust erzielt.

Wareneinsatz

Das Geschäft mit Handelswaren ist in Einzelhandelsbetrieben ein wesentliches Tätigkeitsfeld. Dazu gehören neben den Warenverkäufen und der Warenlagerung auch die Wareneinkäufe.

Für das Unternehmen ist eine sehr wichtige Kennzahl der Wareneinsatz. Man kann sagen, dass der Wareneinsatz die Anzahl bzw. der Wert der Waren ist, die im Laufe eines Geschäftsjahres an die Kunden verkauft wurden. Mit anderen Worten sind das die Einkäufe der Waren unter Berücksichtigung des Bestandes am Jahresanfang und am Jahresende. Somit berechnet sich der Wareneinsatz wie folgt:

> Jahresanfangsbestand der Waren
> + Wareneinkäufe eines Geschäftsjahres
> – Jahresendbestand der Waren
> = **Wareneinsatz**

BEISPIEL

Die Ambiente Warenhaus AG hatte einen Anfangsbestand an Waren im Wert von 430.000,00 €. Im Laufe des Jahres wurden Waren im Wert von 2.800.000,00 € eingekauft. Am Ende des Geschäftsjahres beträgt der Warenbestand 270.000,00 €.

Der Wareneinsatz wird wie folgt berechnet:

Jahresanfangsbestand der Waren	430.000,00 €
+ Wareneinkäufe eines Geschäftsjahres	2.800.000,00 €
– Jahresendbestand der Waren	270.000,00 €
= **Wareneinsatz**	**2.960.000,00 €**

Wareneinsatz, Rohgewinn und Reingewinn

Rohgewinn

Für Einzelhandelsunternehmen hat der Rohgewinn besondere Bedeutung. Der Rohgewinn lässt sich nicht nur für alle Waren eines Sortiments, sondern auch für Warengruppen oder einzelne Waren berechnen. Dadurch lassen sich beispielsweise auch Preise einzelner Artikel besser kalkulieren und analysieren. Der Rohgewinn gibt Anhaltspunkte dazu, ob noch Spielräume für Preisveränderungen oder auch in der Kostenstruktur des Unternehmens oder einer Warengruppe vorhanden sind. Da im Rohgewinn noch nicht alle Aufwendungen berücksichtigt sind, kann ein positiver Rohgewinn insgesamt trotzdem zu einem Verlust führen.

Der **Rohgewinn** setzt sich grundsätzlich zusammen aus der Summe der Umsatzerträge abzüglich der Summe des Wareneinsatzes (Einkaufswert der verkauften Waren). Nicht berücksichtigt sind sonstige Aufwendungen wie Gehälter, Post und Telekommunikation oder Werbung, die noch gedeckt werden müssen.

Formel für den Rohgewinn

Umsatzerlöse
− Wareneinsatz (Aufwendungen für Waren)
= Rohgewinn

Rohgewinn in % (Handelsspanne):

$$\frac{\text{Rohgewinn} \cdot 100}{\text{Umsatz}} = \text{Handelsspanne}$$

BEISPIEL

Im vergangenen Geschäftsjahr sind folgende Beträge aus der GuV der Ambiente Warenhaus AG abzulesen:

Umsatzerlöse für Waren	1.694.000,00 €
− Wareneinsatz	961.000,00 €
= Rohgewinn	**733.000,00 €**

Rohgewinn in % (Handelsspanne):

$$\frac{\text{Rohgewinn} \cdot 100}{\text{Umsatz}} = \text{Handelsspanne}$$

$$\frac{733.000 \cdot 100}{1.694.000} = 43,3\%$$

Reingewinn

Im Gegensatz zum Rohgewinn berücksichtigt der **Reingewinn** alle Kosten und alle Erlöse. Der Rohgewinn wird daher auch als Jahresüberschuss bezeichnet.

Formel für den Reingewinn

Alle Erträge
− alle Aufwendungen
= Reingewinn

Alle Erträge = Umsatzerträge + sonst. Erträge

Alle Aufwendungen = Wareneinsatz + sonst. Aufwendungen

BEISPIEL

Aus dem vergangenen Geschäftsjahr sind folgende Beträge aus der GuV der Ambiente Warenhaus AG abzulesen:

Umsatzerlöse für Waren	1.694.000,00 €
− Wareneinsatz	961.000,00 €
− sonst. Aufwendungen	674.400,00 €
= Reingewinn	**58.600,00 €**

Aus den Beispielen ist zu erkennen, dass trotz des hohen Rohgewinns der Reingewinn vergleichsweise niedrig sein kann. Die Handlungskosten spielen dabei eine große Rolle. Handlungskosten sind die Kosten der gewöhnlichen Tätigkeit im Handel (z. B. Löhne, Mieten, Büromaterial). Diese müssen neben dem Wareneinsatz auch noch mindestens gedeckt sein, damit ein Einzelhandelsunternehmen keinen Verlust macht. Bei der Preiskalkulation wird daher meist ein sogenannter **Handlungskostenzuschlagssatz** berechnet.

Veränderung von Rohgewinn und Reingewinn

Die Geschäftsführung eines Einzelhandelsunternehmens stellt sich häufig die Frage, wie sich die Kennzahlen Rohgewinn und Reingewinn positiv beeinflussen lassen. Hier gibt es vor allem zwei Möglichkeiten:

1. Verkaufspreise erhöhen
2. Einkaufspreise reduzieren

BEISPIEL

Würden durch eine gute Einkaufspolitik und gutes Geschick der Einkaufsabteilung die Aufwendungen für Waren statt bei 961.000,00 € bei 900.000,00 € liegen, dann würde sich der Rohgewinn in % wie folgt darstellen:

Umsatzerlöse für Waren	1.694.000,00 €
− Wareneinsatz	900.000,00 €
= Rohgewinn	**794.000,00 €**

$$\frac{794.000 \cdot 100}{1.694.000} = 46,9\% \text{ (Handelsspanne)}$$

Durch die Reduzierung der Aufwendungen für Waren würde der Rohgewinn in % von 43,3 % auf 46,9 % steigen.

Da aber ein Einzelhandelsunternehmen in Konkurrenz zu anderen Unternehmen steht, sind diese Maßnahmen nur schwer zu erreichen.

LERNFELD 8

Umsatzkennziffern

Um Umsatzkennziffern zu bestimmen, hat das EDV-gestützte Warensystem eine besondere Bedeutung. Mithilfe eines EDV-gestützten Warenwirtschaftssystems können Datenanalysen deutlich schneller durchgeführt werden. Die Datenerfassung geschieht durch eine artikelgenaue Aufnahme an der Kasse. Aus dem Warenwirtschaftssystem sind beispielsweise zu entnehmen:

- Informationen zu Umsätzen von Artikel-/gruppe pro Tag oder im Zeitvergleich,
- Umsätze pro Mitarbeiterin und Mitarbeiter, pro Abteilung, pro Tag usw.

Umsatzkennziffern zur Verkaufsfläche

Auf der Verkaufsfläche sind die Waren meist nach Warengruppen sortiert. So sind beispielsweise in einer Drogerie alle Reinigungsartikel (= Warengruppe) in der Nähe eines bestimmten Bereichs der Verkaufsfläche einsortiert. Für die Geschäftsführung kann es interessant sein, mit welchen Artikelgruppen der größte Umsatz erzielt wurde oder wie hoch der Umsatz pro Verkaufsfläche (= Flächenproduktivität) war. So kann man vergleichen, ob auf der Verkaufsfläche für Reinigungsmittel mehr Umsatz erzielt wurde als auf der Verkaufsfläche mit Hygienemitteln.

Formel für den Umsatz je Verkaufsfläche (Flächenproduktivität)

$$\frac{\text{Umsatz der Verkaufsfläche}}{\text{Verkaufsfläche in m}^2} = \text{Flächenproduktivität}$$

BEISPIEL

Bei der Ambiente Warenhaus AG wurden die Umsätze auf den einzelnen Verkaufsflächen (siehe Ausgangsbeispiel) durch die Fläche geteilt mit folgendem Ergebnis:

Umsatz pro Verkaufsfläche	
Anzüge, Jacken, Mäntel	5.082,00 €
Hemden, Pullover, Krawatten, Schuhe	6.050,00 €
Sport, Outdoor, Casual, Schuhe	2.420,00 €
Unterwäsche, Socken, Strümpfe	1.694,00 €

Die Unternehmensleitung kann nun untersuchen, ob die Verkaufsfläche nicht zu klein oder zu groß ist oder ob die Kosten für die Raummiete angemessen sind. Außerdem kann man zur Personalplanung etwas sagen. Beispielsweise kann man Informationen gewinnen, ob zu viel oder zu wenig Personal auf dieser Verkaufsfläche eingesetzt werden.

Umsatzkennziffern zur Kasse

Durch das EDV-gestützte Warenwirtschaftssystem in Verbindung mit einem modernen Kassensystem lassen sich auch Informationen zur Arbeit an der Kasse bekommen. Dazu zählen

- Anzahl Kundinnen und Kunden
- Anzahl Artikel
- Kassenzeit in Stunden
- Brutto- und Nettoumsatz

Diese Informationen können pro Stunde, pro Tag, pro Monat oder pro Jahr bestimmt werden.

Formel für den Umsatz pro Stunde

$$\frac{\text{Umsatz (netto)}}{\text{Stunden}} = \text{Umsatz pro Stunde}$$

Formel für den Umsatz pro Artikel

$$\frac{\text{Umsatz (netto)}}{\text{Anzahl Artikel}} = \text{Umsatz pro Artikel}$$

Formel für den Umsatz pro Kunde/Kundin

$$\frac{\text{Umsatz (netto)}}{\text{Anzahl Kunden}} = \text{Umsatz pro Kunde/Kundin}$$

LERNFELD 8

BEISPIEL

Herr Freiberg möchte wissen, wie hoch der Umsatz pro Stunde, pro Artikel und pro Kunde bzw. Kundin am 22.05.20.. bei Lars Panning und Britta Krombach war (siehe Ausgangsbeispiel). Er hat bei Lars und Britta folgenden Umsatz pro Stunde bestimmt:

Lars:
7.245,00 €/4 Std. = 1.811,25 €/Stunde
7.245,00 €/161 Artikel = 45,00 €/Artikel
7.245,00 €/88 Kunde = 82,33 €/Kunde

Britta:
8.840,00 € /4 Std. = 2.210,00 €/Stunde
8.840,00 €/104 Artikel = 85,00 €/Artikel
8.840,00 €/31 Kunde = 285,16 €/Kunde

Die Ergebnisse können wichtig sein für zukünftige Entscheidungen in einem Einzelhandelsunternehmen. Wenn beispielsweise an einer Kasse sehr viel Umsatz erzielt wird mit sehr vielen Kundinnen und Kunden, muss darüber nachgedacht werden, ob nicht eine zusätzliche Kasse eingerichtet werden sollte (und umgekehrt).

AUFGABEN

1. Die Begriffe *Rohgewinn* und *Reingewinn* haben für ein Einzelhandelsunternehmen eine hohe Bedeutung. Beantworten Sie folgende Fragen:
   a) Was wird unter dem Begriff *Rohgewinn* verstanden?
   b) Was wird unter dem Begriff *Reingewinn* verstanden?
   c) Warum ist die Kennzahl *Rohgewinn* für ein Unternehmen so bedeutsam?

2. Im Einstieg dieses Kapitels stehen eine GuV, die Umsätze je Warengruppe und die Kassenberichte von Britta Krombach und Lars Panning. Stellen Sie zu nachfolgenden Aufgaben den ausführlichen Lösungsweg dar.
   a) Bestimmen Sie den Warenrohgewinn für das vergangene Geschäftsjahr in Euro und Prozent.
   b) Bestimmen Sie den Warenreingewinn für das vergangene Geschäftsjahr in Euro.
   c) Bestimmen Sie die Umsätze pro Verkaufsfläche (siehe Skizze und Angaben zur Fläche).
   d) Bestimmen Sie für den Kassenbericht von Lars Panning und Britta Krombach jeweils
      - den Umsatz pro Stunde
      - den Umsatz pro Artikel
      - den Umsatz pro Kunde
   e) Interpretieren Sie zu c) und d) jeweils die Ergebnisse.

3. Nennen Sie mindestens drei wesentliche Informationen, die Sie einem EDV-gestützten Warenwirtschaftssystem entnehmen können.

4. Bestimmen Sie den Rohgewinn sowie den Reingewinn für die nachfolgende GuV.

S	GuV		H
Aufwendungen f. Waren	65.500,00	Umsatzerlöse für Waren	98.500,00
Fremdinstandhaltung	1.500,00	Zinserträge	800,00
Gehälter	22.500,00		
Mieten	2.600,00		
Büromaterial	200,00		
Zinsaufwendungen	2.000,00		
Eigenkapital	5.000,00		
	99.300,00		99.300,00

5. Der Verkaufsraum in der Abteilung Damenoberbekleidung bei der Ambiente Warenhaus AG hat 450 m² bei einem Jahresumsatz von 2.250.000,00 €. Der Verkaufsraum der Abteilung Damenblusen und Pullover hat 180 m² bei einem Jahresumsatz von 980.000,00 €. Wie hoch ist der durchschnittliche Jahresumsatz je m² Verkaufsfläche in den beiden Abteilungen?

LERNFELD 8

6. Bestimmen Sie den Rohgewinn sowie den Reingewinn für die nachfolgende GuV.

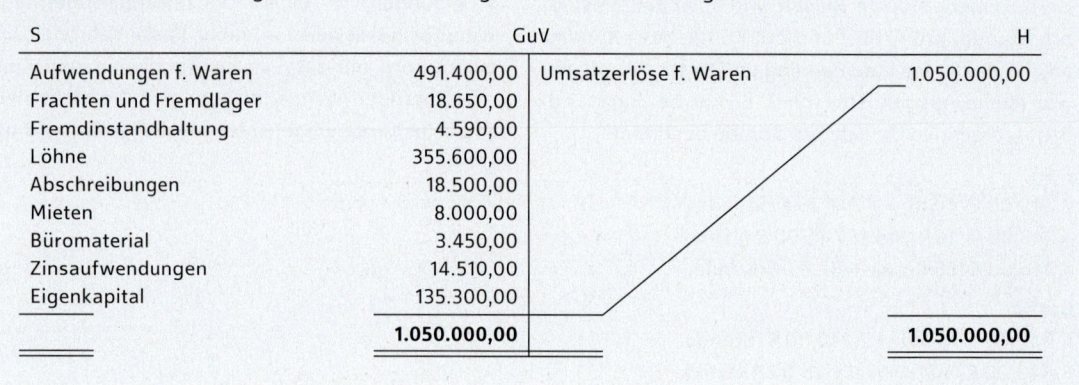

S	GuV		H
Aufwendungen f. Waren	491.400,00	Umsatzerlöse f. Waren	1.050.000,00
Frachten und Fremdlager	18.650,00		
Fremdinstandhaltung	4.590,00		
Löhne	355.600,00		
Abschreibungen	18.500,00		
Mieten	8.000,00		
Büromaterial	3.450,00		
Zinsaufwendungen	14.510,00		
Eigenkapital	135.300,00		
	1.050.000,00		1.050.000,00

AKTION

Erstellen Sie in Partnerteams mithilfe der Homepage https://learningapps.org/ ein Lernspiel über die Inhalte dieses Kapitels für Ihre Mitschülerinnen und Mitschüler.

Verschaffen Sie sich zunächst einen genauen Überblick über die möglichen Formate der Lernspiele und eventuell vorhandene Lernspiele zu der Thematik.

Nachdem Sie das Lernspiel fertiggestellt haben, stellen Sie es der Klasse zur Verfügung. Spielen Sie selbst die Lernspiele der anderen Partnerteams.

ZUSAMMENFASSUNG

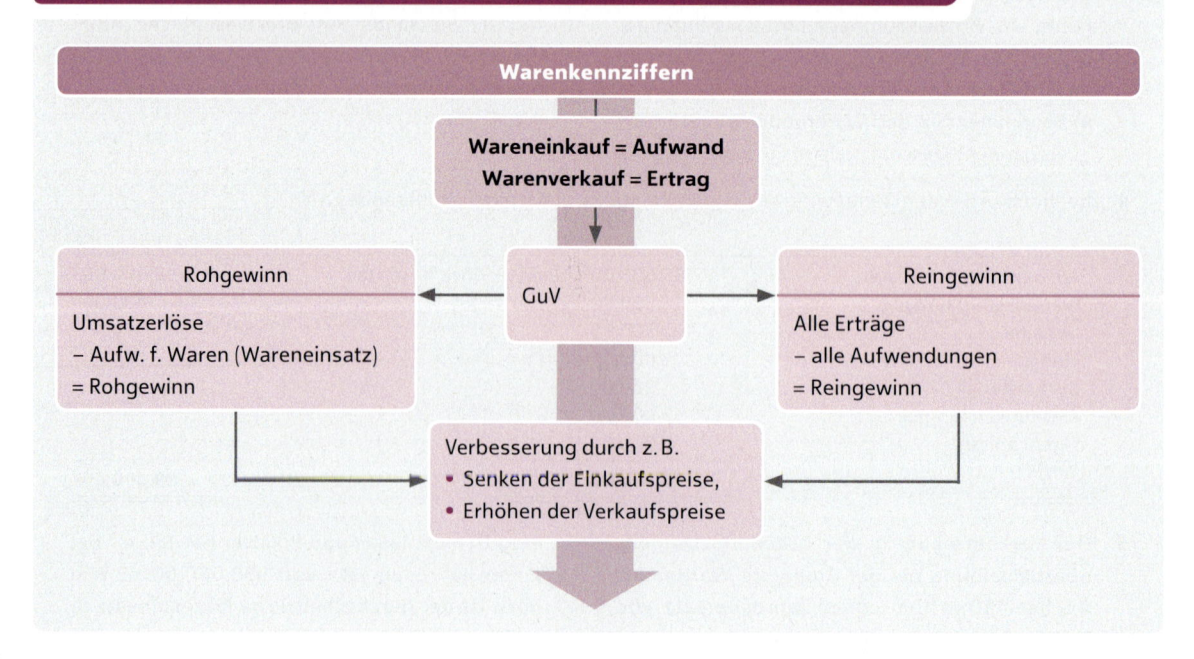

Warenkennziffern

Wareneinkauf = Aufwand
Warenverkauf = Ertrag

GuV

Rohgewinn
Umsatzerlöse
– Aufw. f. Waren (Wareneinsatz)
= Rohgewinn

Reingewinn
Alle Erträge
– alle Aufwendungen
= Reingewinn

Verbesserung durch z. B.
- Senken der Einkaufspreise,
- Erhöhen der Verkaufspreise

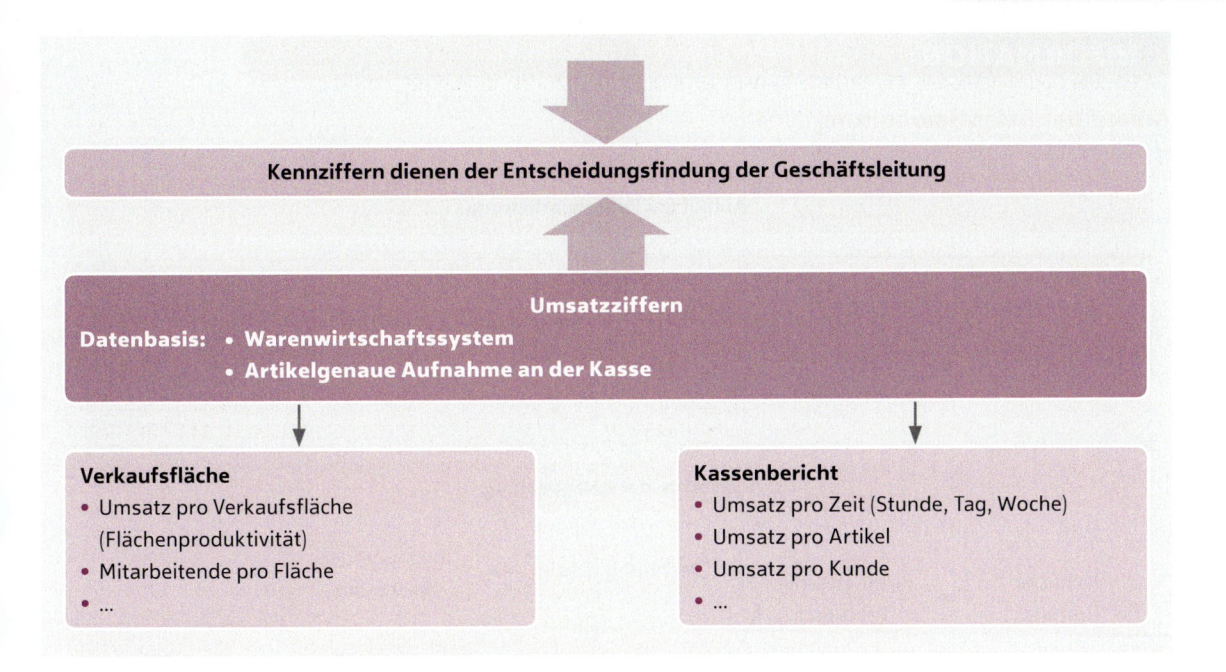

Kennziffern dienen der Entscheidungsfindung der Geschäftsleitung

Umsatzziffern
Datenbasis:
- Warenwirtschaftssystem
- Artikelgenaue Aufnahme an der Kasse

Verkaufsfläche
- Umsatz pro Verkaufsfläche (Flächenproduktivität)
- Mitarbeitende pro Fläche
- ...

Kassenbericht
- Umsatz pro Zeit (Stunde, Tag, Woche)
- Umsatz pro Artikel
- Umsatz pro Kunde
- ...

KAPITEL 14
Wir planen die Belegbearbeitung (inkl. Belegprüfung)

Die abgebildete Rechnung ist bei der Ambiente Warenhaus AG eingegangen. Lars Panning wird damit beauftragt, die notwendigen Bearbeitungsschritte vorzunehmen.

Spindler KG – Textilgroßhandlung

Spindler KG | Halberstädter Str. 16 | 31141 Hildesheim
Ambiente Warenhaus AG
Groner Straße 22–24
34567 Schönstadt

Kunden-Nr.: 10366
Lieferdatum: 29.07.20..
Bestelldatum: 25.07.20..

Sachbearbeiter/-in: Herr Marx
Telefon: 05121 454545-45
Telefax: 05121 454545-11
E-Mail: marx@spindler-wvd.de

Rechnungs-Nr.: 90512
Rechnungsdatum: 31.07.20..

Eingegangen am: 01.08.20..

Rechnung

Pos.	Artikel-Nr.	Artikelbezeichnung	Menge und Einheit	Einzelpreis	Gesamtpreis
1	27282	Damenpullover	30 Stück	56,00 €	1.680,00 €
2	19501	Damenbluse	40 Stück	25,50 €	1.020,00 €
3	34205	Herrenanzug	50 Stück	110,00 €	5.500,00 €

Gesamtpreis		8.200,00 €
Rabatt	5 %	410,00 €
Warenwert		7.790,00 €
Umsatzsteuer	19 %	1.480,10 €
Rechnungsbetrag		**9.270,10 €**

Rechnung zahlbar innerhalb von 30 Tagen netto.
Bei Zahlung innerhalb von 7 Werktagen gewähren wir 1,5 % Skonto.

1. Erläutern Sie, warum es sinnvoll ist, Bearbeitungsvorgänge beim Eingang einer Rechnung zu organisieren und zu vereinheitlichen.
2. Geben Sie an, welche Bearbeitungsschritte mit einer eingehenden Rechnung vorzunehmen sind.

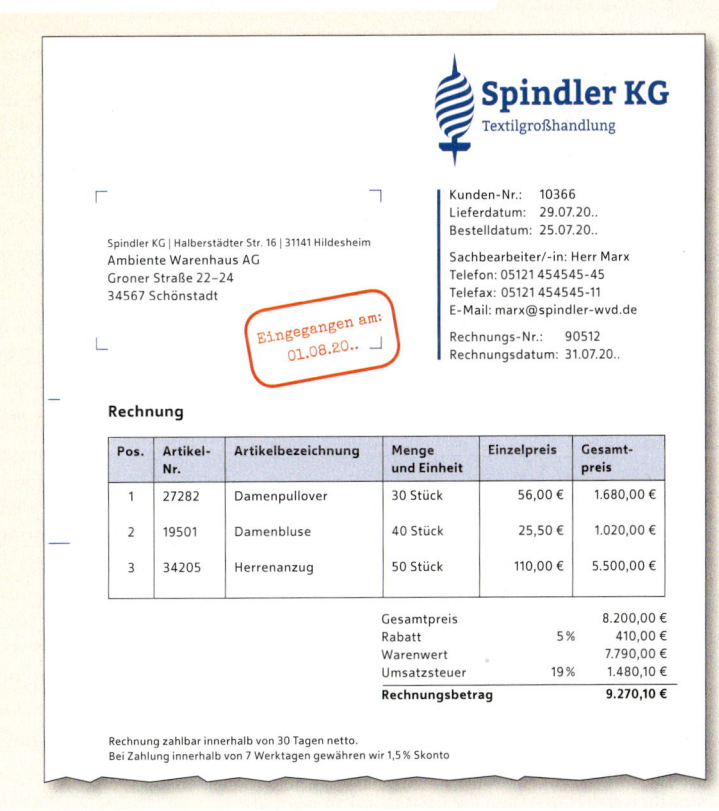

LERNFELD 8

INFORMATION

Ablauf der Belegbearbeitung

Ablauf der Belegbearbeitung

Belegeingang aus Einkauf und Verkauf → Prüfen → Sortieren → (Vor-)Kontieren → Buchen → Ablage

Schritte der Belegprüfung

Sachliche Prüfung → Rechnerische Prüfung → Rechnung richtig → Buchung der Rechnung

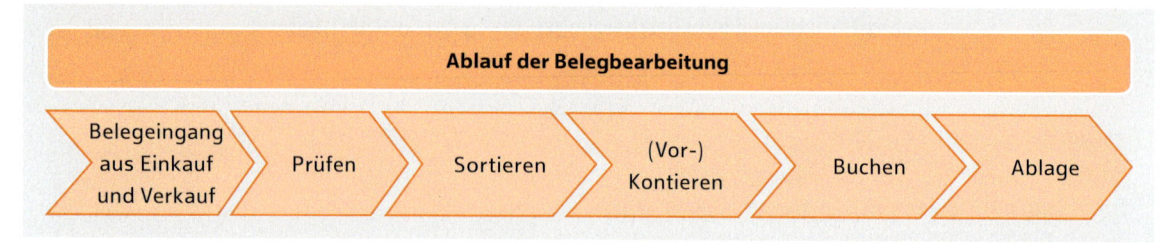

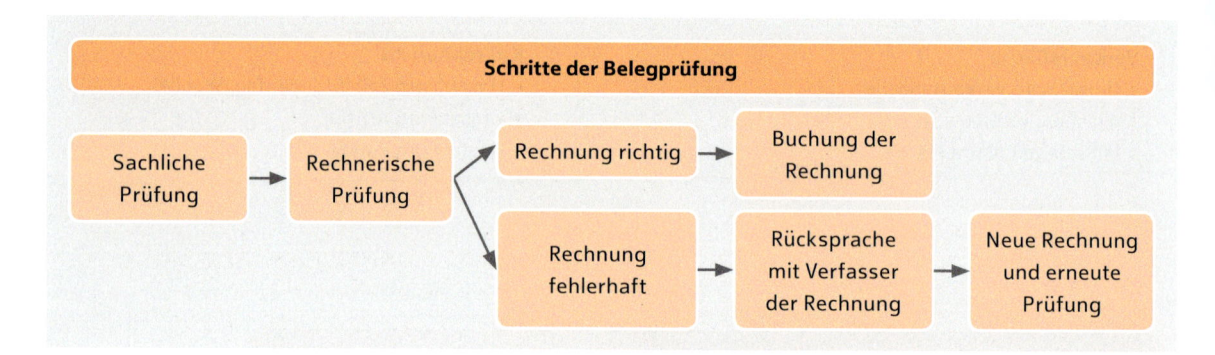

Rechnung fehlerhaft → Rücksprache mit Verfasser der Rechnung → Neue Rechnung und erneute Prüfung

Prüfen

Jede Eingangsrechnung eines Unternehmens wird vor der Bezahlung überprüft. Der Geldstrom zum Kunden wird somit überwacht. Die Belegprüfung stellt sicher, dass die bestellten Waren gemäß den Bedingungen des Angebots geliefert wurden. Die Prüfung erfolgt nach einem festgelegten Prozess. Den Prozess der Belegprüfung (und Belegbearbeitung) erstellt jedes Unternehmen für sich.

Die Überprüfung beinhaltet häufig zwei Schritte. Zunächst erfolgt die Prüfung der sachlichen Richtigkeit der Rechnung. Als Nächstes erfolgt die rechnerische Überprüfung und schließlich die Bezahlung der Rechnung. Für eine sorgfältige Belegprüfung müssen alle der Rechnung zugrundeliegenden Dokumente vorliegen. Dies sind insbesondere die Bestellung und der Lieferschein. Bezieht sich eine Bestellung ausdrücklich auf ein konkretes Angebot, muss auch dieses Angebot zur Belegprüfung herangezogen werden.

Prüfungsinhalt	Prüfungshandlung
• Wurde die gelieferte Ware/Dienstleistung überhaupt bestellt?	• Abgleich mit Bestellung (z. B. Auftrags-/Bestellnummer)
• Stimmen Art und Umfang der gelieferten Ware/erbrachten Dienstleistung?	• Abgleich mit Bestellung und Lieferschein (z. B. Artikelnummer, Anzahl, Gewicht, Größe)
• Werden die richtigen Einzelpreise ausgewiesen?	• Abgleich mit Bestellung
• Wurden die Liefer-/Leistungsvereinbarungen eingehalten?	• Abgleich mit Bestellung (gegebenenfalls Angebot)
• Erfüllt die Rechnung die umsatzsteuerlichen Anforderungen an eine ordnungsgemäße Rechnung?	• Abgleich mit § 14 Abs. 4 UStG (und eventuell Sondervorschriften) siehe Exkurs Umsatzsteuer in der Belegprüfung

Sachliche Prüfung

Die sachliche Prüfung der Rechnung wird in den meisten Unternehmen von der Person gemacht, die die Bestellung vorgenommen hat. Bei der Prüfung der sachlichen Richtigkeit einer Rechnung wird der Beleg hinsichtlich der folgenden Gesichtspunkte geprüft:

Wenn die zuständige Person die sachliche Richtigkeit feststellt, notiert sie dies direkt auf dem Beleg (z. B. Stempel: „sachlich richtig") und versieht den Prüfungsvermerk mit einer Unterschrift/einem Kürzel.

Rechnerische Prüfung

Bei der rechnerischen Prüfung einer Eingangsrechnung wird die Berechnung der Positionen überprüft. Hierzu werden die in Rechnung gestellten Verkaufspreise, die Umsatzsteuer, mögliche Rabatte und die Berücksichtigung eventueller Anzahlungen geprüft.

BEISPIEL

Lars muss bei der Prüfung der Rechnung der Spindler KG folgende Beträge prüfen:

- 30 Stk. · 56,00 € = 1.680,00 €
  40 Stk. · 25,50 € = 1.020,00 €
  50 Stk. · 110,00 € = 5.500,00 €
  folgt: 1.680,00 € + 1.020,00 € + 5.500,00 € = 8.200,00 €

- Rabatt: $8.200,00\ € \cdot \frac{5}{100} = 410,00\ €$

- Warenwert:
  8.200,00 € − 410,00 € = 7.790,00 €

- USt: $7.790,00\ € \cdot \frac{19}{100} = 1.480,10\ €$

- Überweisungsbetrag:
  7.790,00 € + 1.480,10 € = 9.270,10 €

Bei Skontonutzung kommen folgende Berechnungen hinzu:

- Skonto: $9.270,10\ € \cdot \frac{1,5}{100} = 139,05\ €$

- Überweisungsbetrag:
  9.270,10 € − 139,05 € = 9.131,05 €

Nach der abschließenden Prüfung erhält die Eingangsrechnung den Vermerk „rechnerisch richtig" und die verantwortliche Person zeichnet diesen Vermerk ab. Der Vermerk erfolgt direkt auf der Rechnung. Häufig wird die erforderliche Buchung in der Buchhaltung des Unternehmens auch sofort vorgenommen.

Exkurs: Grundlagen der Umsatzsteuer in der Belegprüfung

Unternehmen können sich die gezahlten Umsatzsteuerbeträge als Vorsteuer vom Finanzamt erstatten lassen (sog. Vorsteuerabzug). Um diese Erstattung in Anspruch zu nehmen, muss dem Unternehmen jedoch eine ordnungsgemäße Rechnung im Sinne von § 14 Abs. 4 UStG vorliegen. Eine solche Rechnung muss grundsätzlich folgende Angaben enthalten:

- Vollständiger Name und Anschrift des leistenden Unternehmens sowie des Leistungsempfängers
- Steuernummer oder Umsatzsteuer-Identifikationsnummer des leistenden Unternehmens
- Ausstellungsdatum
- Rechnungsnummer (fortlaufend und einmalig)
- Menge und Art der gelieferten Gegenstände oder Umfang und Art der erbrachten sonstigen Leistung
- Zeitpunkt der Lieferung oder sonstigen Leistung
- Entgelt, das heißt der Nettopreis
- anzuwendender Steuersatz (7 %, 19 % oder Hinweis auf Steuerbefreiung)

Erleichterungen gibt es zum Beispiel bei:
- Rechnungen über Kleinbeträge bis 250,00 € brutto (§ 33 UStDV)
- Fahrausweisen, die als Rechnungen gelten (§ 34 UStDV)
- Rechnungen in besonderen Fällen § 14a UStG

In bestimmten Fallgruppen schuldet der Leistungsempfänger die Umsatzsteuer (§§ 13b, 14a UStG). Somit enthalten die Rechnungen keine ausgewiesene Umsatzsteuer. Solche Fälle sind zum Beispiel Bauleistungen, Leistungen von Schrotthändlern, bestimmte Leistungen von ausländischen Unternehmen.

Berechnung der Umsatzsteuer

Bei der Berechnung der Umsatzsteuer muss zunächst der Sachverhalt richtig erkannt werden. Anschließend muss das folgende Berechnungsschema beachtet werden.

	Prozent	BEISPIEL
Nettowert	100 %	300,00 €
+ 19 % Umsatzsteuer	+ 19 %	+ 57,00 €
= Bruttowert	= 119 %	= 357,00 €

Die Prozentwerte bleiben bei diesem Berechnungsschema immer gleich. Der Nettowert beträgt stets 100 %. Der Bruttowert beträgt stets 119 %. Eine Ausnahme bilden Umsätze, die nur mit dem ermäßigten Steuersatz belegt sind. Hier beträgt die Umsatzsteuer nur 7 % und somit entspricht der Bruttowert 107 %.

LERNFELD 8

BEISPIEL 1

Die Ambiente Warenhaus AG verkauft einen Anzug für 500,00 € netto.

Die Umsatzsteuer darauf wird wie folgt berechnet:

$500{,}00\ € \cdot \dfrac{19}{100} = 95{,}00\ €$

Der Bruttowert lässt sich ähnlich berechnen:

$500{,}00\ € \cdot \dfrac{119}{100} = 595{,}00\ €$

Bei der Berechnung handelt es sich lediglich um eine Anwendung der Prozentrechnung. Eine andere Möglichkeit zur Berechnung sieht wie folgt aus:

Berechnung der Umsatzsteuer:
500,00 € · 0,19 = 95,00 €

Berechnung des Bruttowertes:
500,00 € · 1,19 = 595,00 €

Ist in einer Rechnung nur der Bruttobetrag angegeben, so ist die Umsatzsteuer aus diesem Betrag herauszurechnen.

BEISPIEL 2

Die Ambiente Warenhaus AG verkauft einen Gürtel für einen Rechnungsbetrag von 47,60 € inklusive 19 % USt.

Es handelt sich um eine Kleinbetragsrechnung. Daher ist die Umsatzsteuer nicht gesondert ausgewiesen.

Dem Beleg ist zu entnehmen, dass 19 % Umsatzsteuer enthalten sind. Es muss wie folgt gerechnet werden:

Berechnung des Nettowerts:

$47{,}60\ € \cdot \dfrac{100}{119} = 40{,}00\ €$

Berechnung der Umsatzsteuer:

$47{,}60\ € \cdot \dfrac{19}{119} = 7{,}60\ €$

Eine andere Möglichkeit, den Nettowert zu berechnen, sieht wie folgt aus:

Berechnung des Nettowerts:
47,60 € : 1,19 = 40,00 €

Folgen der Belegprüfung

Werden im Rahmen der Belegprüfung sachliche und/oder rechnerische Fehler in der Rechnung festgestellt, kontaktiert man möglichst schnell den Aussteller der Rechnung. Die Fehler werden besprochen. Dies erfolgt in der Regel telefonisch. Das Unternehmen, das die Rechnung ausgestellt hat, wird dann zur Ausstellung einer neuen, fehlerfreien Rechnung aufgefordert. Es sollte geklärt werden, wie mit dem offenen Rechnungsbetrag und den Skontofristen verfahren wird.

Ausgangsrechnungen

Die Überprüfung von Ausgangsrechnungen ist nicht so weit verbreitet wie die Prüfung von Eingangsrechnungen. Es werden keine Vermerke auf der Rechnung vorgenommen, die die Prüfungshandlungen dokumentieren. Die korrekte Ausstellung von Rechnungen ist jedoch wichtig, damit die Kundinnen und Kunden das Unternehmen als zuverlässigen Handelspartner wahrnehmen und die Rechnungen in ihrem Unternehmen problemlos bearbeiten können. Hierzu gehört, dass das Unternehmen die Umsatzsteuer, die es in Rechnung stellt, korrekt ausweist. Das Unternehmen muss Rechnungen ausstellen, die den Anforderungen des § 14 Abs. 4 UStG entsprechen.

Sortieren

Im Anschluss an die Belegprüfung erfolgt die Sortierung der Belege. Eine Möglichkeit der Sortierung ist die Sortierung nach der Belegart. Hierbei werden zumeist die Eingangsrechnungen (Kreditorenbelege) von den Ausgangsrechnungen (Debitorenbelege) strikt getrennt. Dies ist darin begründet, dass ihre weitere buchhalterische Erfassung unterschiedlich ist. Eine Sortierung nach Eigen- und Fremdbelegen ist auch denkbar.

(Vor-)Kontieren

Die (Vor-)Kontierung ist eine erste vorläufige Bearbeitung des Belegs durch die Stelle, an der der Beleg eingeht. Der Bearbeiter bringt einen Kontierungsstempel auf dem Beleg an und vermerkt, auf welchen Konten der Geschäftsfall gebucht werden soll (= Vorkontierung). Dieser Schritt erleichtert der Buchhaltungsabteilung die weitere Bearbeitung des Belegs. Die vorgenommene Kontierung wird überprüft und in der Regel dann gebucht.

LERNFELD 8

BEISPIEL

Gebucht		
Konto	Soll	Haben
2000 Waren	7.790,00	
2600 Vorsteuer	1.480,10	
an 4400 Verb. a. LL		9.270,10
Datum:	Kürzel:	

BEISPIEL

Gebucht		
Konto	Soll	Haben
2000 Waren	7.790,00	
2600 Vorsteuer	1.480,10	
an 4400 Verb. a. LL		9.270,10
Datum: 01.08.20..	Kürzel: LP	

Buchen

Buchen ist die Erfassung des Belegs in der Buchhaltung, das heißt die Eingabe des Buchungssatzes in die Buchhaltung. Der Buchungssatz wird durch die Erfassung im Grund- und Hauptbuch abgebildet. Die Buchung wird mit einem Buchungsvermerk auf dem Beleg bestätigt.

Ablage

Im Anschluss an die Erfassung in der Buchführung wird jeder Beleg gemäß dem Ablagesystem des Unternehmens abgelegt. Das Ablagesystem ist von Unternehmen zu Unternehmen unterschiedlich. Die Ablage kann zum Beispiel nach Kreditoren, Debitoren, Konten oder auch chronologisch (= in zeitlicher Reihenfolge) erfolgen. Belege, Kontoauszüge und Rechnungen sowie die Buchhaltung müssen gem. § 147 Abs. 3 S. 1 Abgabenordnung (AO) in der Regel zehn Jahre aufbewahrt werden.

Mit der ordnungsgemäßen Ablage ist die Belegbearbeitung abgeschlossen.

AUFGABEN

1. Nennen Sie die Prüfungen, die im Rahmen der sachlichen Belegprüfung vorgenommen werden.
2. Erläutern Sie die Prüfungen, die im Rahmen der rechnerischen Belegprüfung erfolgen.
3. Erläutern Sie, wie verfahren werden sollte, wenn sich im Rahmen der Belegprüfung Probleme ergeben.
4. Nennen Sie die Schritte der Belegbearbeitung in der richtigen Reihenfolge.
5. Erläutern Sie, warum die zeitnahe Prüfung von Eingangsrechnungen wichtig ist und begründen Sie, warum diese unbedingt vor der Zahlung erfolgen sollte.
6. Geben Sie an, welche Informationen einem Kontierungsstempel entnommen werden können.
7. Nennen Sie die Anforderungen an eine ordnungsgemäße Rechnung.
8. Berechnen Sie die Umsatzsteuer nach dem allgemeinen Steuersatz auf die folgenden Nettobeträge:
   a) 200,00 €   b) 750,00 €
   c) 12.000,00 €   d) 140.000,00 €
   e) 15,00 €   f) 7.500,00 €
9. Berechnen Sie die Umsatzsteuer nach dem ermäßigten Steuersatz auf die folgenden Nettobeträge:
   a) 200,00 €   b) 1.500,00
   c) 5.600,00   d) 32.000,00 €
   e) 7,00 €   f) 143.000,00 €
10. Berechnen Sie die Umsatzsteuer nach dem allgemeinen Steuersatz aus den folgenden Bruttobeträgen:
    a) 238,00 €   b) 1.011,50 €
    c) 3.570,00 €   d) 32.725,00 €
    e) 14,28 €   f) 89.250,00 €

LERNFELD 8

11. Berechnen Sie die Umsatzsteuer nach dem ermäßigten Steuersatz aus den folgenden Bruttobeträgen:

   a) 321,00 €
   b) 10.165,00 €
   c) 727,60 €
   d) 369.150,00 €
   e) 24,61 €
   f) 38.787,50 €

AKTIONEN

1. Erstellen Sie in Partnerarbeit mithilfe von einem Textverarbeitungsprogramm einen Beleg, der (versteckte) Fehler enthält.
   Lassen Sie den Beleg von einem anderen Partnerteam sachlich und rechnerisch prüfen, während Sie den Beleg von diesem Team prüfen.

2. Machen Sie sich in Ihrem Ausbildungsbetrieb auf die Suche nach fehlerhaften Belegen. Lassen Sie sich die Fehler erläutern. Stellen Sie die Problematik und die Lösung, die im Betrieb gefunden wurde, vor.

ZUSAMMENFASSUNG

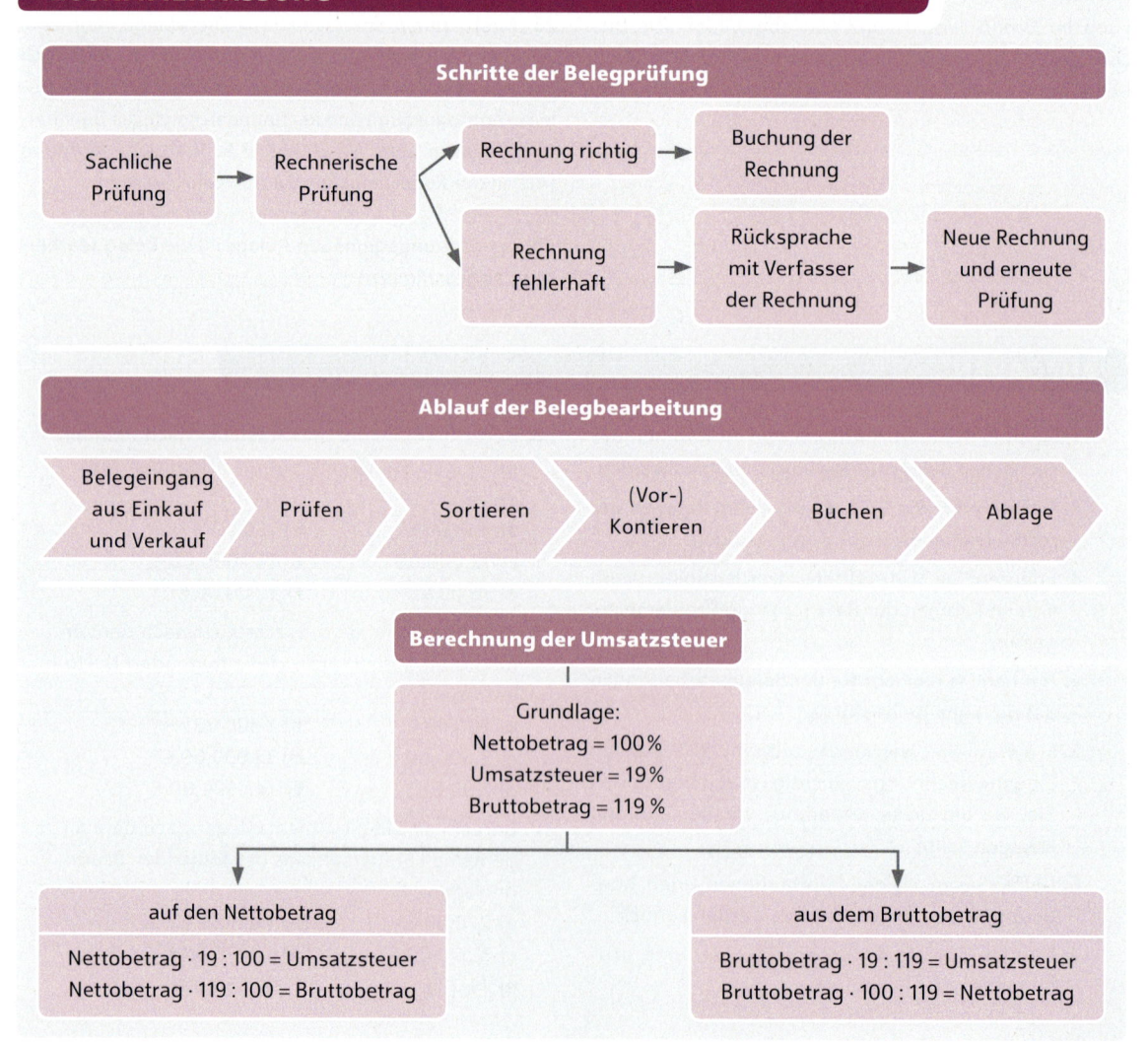

Schritte der Belegprüfung

Sachliche Prüfung → Rechnerische Prüfung → Rechnung richtig → Buchung der Rechnung

Rechnerische Prüfung → Rechnung fehlerhaft → Rücksprache mit Verfasser der Rechnung → Neue Rechnung und erneute Prüfung

Ablauf der Belegbearbeitung

Belegeingang aus Einkauf und Verkauf → Prüfen → Sortieren → (Vor-) Kontieren → Buchen → Ablage

Berechnung der Umsatzsteuer

Grundlage:
Nettobetrag = 100 %
Umsatzsteuer = 19 %
Bruttobetrag = 119 %

auf den Nettobetrag
Nettobetrag · 19 : 100 = Umsatzsteuer
Nettobetrag · 119 : 100 = Bruttobetrag

aus dem Bruttobetrag
Bruttobetrag · 19 : 119 = Umsatzsteuer
Bruttobetrag · 100 : 119 = Nettobetrag

LERNFELD 8

KAPITEL 15
Wir bereiten Daten statistisch und grafisch auf

Herr Freiberg, Leiter der Abteilung Rechnungswesen bei der Ambiente Warenhaus AG, hat Umsätze verschiedener Filialen für das erste Halbjahr vor sich liegen. Er bittet die beiden Auszubildenden Britta Krombach und Lars Panning, diese Daten übersichtlicher aufzubereiten.

Er möchte gerne Diagramme haben. Dabei sollen folgende Vorgaben beachtet werden:

- Es soll jeweils ein Diagramm erstellt werden, das die Umsätze jeder Filiale und den monatlichen Gesamtumsatz wiedergibt.
- Es soll jeweils ein Liniendiagramm erstellt werden, das die Umsätze einer Filiale im Zeitverlauf der ersten 6 Monate darstellt.
- In einem Kreisdiagramm für jeden Monat sollen die jeweiligen Anteile einer Filiale in Prozent dargestellt werden.
- Es soll ein Säulendiagramm erstellt werden, das die Summe aller Umsätze für die ersten 6 Monate darstellt.
- Es soll ein Balkendiagramm mit den durchschnittlichen Umsätzen jeder einzelnen Filiale erstellt werden.

Herr Freiberg gibt den beiden noch einen Tipp: „Erstellen Sie das doch mit einem Tabellenkalkulationsprogramm."

	Umsätze der Filialen in Euro					
	Januar	**Februar**	**März**	**April**	**Mai**	**Juni**
Köln	1.090.000,00 €	1.180.000,00 €	1.305.000,00 €	1.530.000,00 €	1.660.000,00 €	1.170.000,00 €
Hamburg	1.245.000,00 €	1.560.000,00 €	1.620.000,00 €	1.430.000,00 €	1.690.000,00 €	1.210.000,00 €
Frankfurt	1.650.000,00 €	1.825.000,00 €	1.965.000,00 €	1.880.000,00 €	1.735.000,00 €	1.440.000,00 €
Schönstadt	2.035.000,00 €	2.220.000,00 €	2.190.000,00 €	2.415.000,00 €	2.360.000,00 €	2.185.000,00 €

1. Erläutern Sie die Unterschiede zwischen einem Linien-, Säulen- und Kreisdiagramm.
2. Beschreiben Sie, für welche Fragestellung die jeweiligen Diagramme sich am besten eignen.

INFORMATION

Berechnen von Daten

Das EDV-gestützte Warenwirtschaftssystem enthält eine Reihe von Daten. Das sind beispielsweise

- Umsatzdaten
- Artikeldaten
- Kundendaten
- Liefererdaten
- Stammdaten
- Lagerdaten
- usw.

Damit diese Daten gut analysiert werden können, müssen sie entsprechend aufbereitet werden. Dazu ist es notwendig, bestimmte Berechnungen durchzuführen. Diese sind abhängig von der Fragestellung.

BEISPIEL 1

Herr Freiberg möchte den Gesamtumsatz der vier Filialen für die jeweiligen Monate darstellen. Deshalb muss er beispielsweise die vier Umsätze der Filialen addieren.

Beispiel für Januar:
1.090.000 € + 1.245.000 € + 1.650.000 €
+ 2.035.000 € = 4.930.000 €

LERNFELD 8

BEISPIEL 2

Herr Freiberg möchte den durchschnittlichen Umsatz im Monat Januar pro Filiale feststellen.

$$\frac{4.930.000}{4} = 1.505.000 \text{ €}$$

Es kann noch viele andere Fragestellungen geben, die auch weitere Berechnungen erfordern. Hier soll nur ein Teilbereich abgebildet werden.

Die Berechnung solcher Daten kann mithilfe von Tabellenkalkulationsprogrammen (z. B. Excel) erfolgen. So gibt es beispielsweise für das Addieren von mehreren Zahlen die Funktion „Summe" oder für das Berechnen des Durchschnitts die Funktion „Mittelwert".

Mit Excel Daten visualisieren (bildlich darstellen)

Mit Excel können die Werte einer Tabelle auf vielfältige Weise übersichtlich als Grafik dargestellt werden. Excel bietet für die grafische Gestaltung verschiedene Diagrammtypen zur Auswahl an, die sich noch jeweils weiter variieren lassen. Solche Diagramme sind wichtig für Präsentationen, da sie Tabellendaten grafisch wirkungsvoller und übersichtlicher darstellen als reine Zahlenreihen.

BEISPIEL eines Arbeitsablaufs

Britta Krombach möchte die Umsätze jeder Filiale und den monatlichen Gesamtumsatz als Balkendiagramm anzeigen. Sie geht von der Tabelle aus, die sie gerade angelegt hat.

- Zunächst gibt sie die Daten in Excel so ein, wie sie von Herrn Freiberg geliefert wurden (oder sie kopiert die Datei entsprechend).
- Sie markiert mit der Maus die erste Spalte mit den Städten und die Spalte mit allen Umsätzen von Januar.
- Sie ruft Einfügen – Diagramme – Balken auf.
- Sie wählt in der sich dann öffnenden Auswahlbox die gewünschte Art des Balkendiagramms aus.
- Anschließend kann das Diagramm noch auf vielfältige Weise gestaltet werde, indem man durch Rechtsklick auf das Diagramm das entsprechende Kontextmenü aufruft.

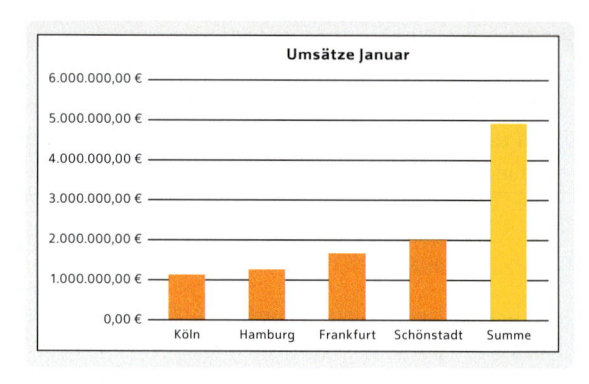

Diagrammarten

Ein Diagramm wird verwendet, um Werte wie
- Größenverhältnisse,
- Zahlenreihen
- oder Bestandsgrößen

leichter erfassen und vor allem optisch ansprechender präsentieren zu können. Der Vorteil von Diagrammen liegt darin, dass sie das Verständnis für die enthaltenen Informationen erhöhen: Leicht kann man daraus Vergleiche, Trends oder Muster ablesen.

Alle der im Folgenden aufgeführten Diagrammarten veranschaulichen die Zusammenhänge zwischen zwei Messgrößen.

Liniendiagramme

Möchte man Veränderungen über einen bestimmten Zeitraum zeigen, eignen sich besonders gut Liniendiagramme. Sie stellen also Trends oder Zeitreihen dar.

BEISPIEL 1

Es soll jeweils ein Liniendiagramm erstellt werden, das die Umsätze der Filiale Köln im Zeitverlauf der ersten 6 Monate darstellt.

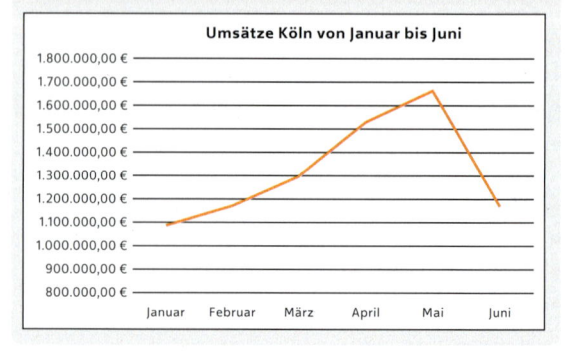

Die zwei abhängigen Werte (z. B. Monat, Kosten) ergeben Punkte. Diese werden miteinander durch Linien verbunden. Dies können Geraden – dann liegt das eigentliche Liniendiagramm vor – oder Kurven – dann spricht man auch von Kurvendiagrammen – sein.

Kreisdiagramme

Das Kreisdiagramm wird oft auch **Tortendiagramm** genannt. Mit einem solchen Diagramm kann man sehr gut den Anteil eines Einzelwerts an einem Gesamtwert zeigen. Die Werte werden dabei in Tortenstücken ähnelnden Kreissegmenten dargestellt, um die Größenverhältnisse der Anteile deutlich aufzuzeigen. Der ganze Kreis entspricht 100 Prozent; die Tortenstücke zeigen, wie die einzelnen Positionen im Verhältnis zueinander und zum Gesamtwert stehen. Mit einem Tortendiagramm kann man also die Struktur eines Gesamtwerts deutlich machen.

BEISPIEL 2

In einem Kreisdiagramm für jeden Monat sollen die jeweiligen Anteile einer Filiale in Prozent dargestellt werden.

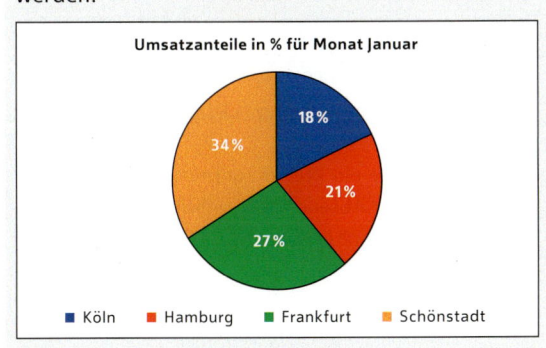

Umsatzanteile in % für Monat Januar

- Köln: 18 %
- Hamburg: 21 %
- Frankfurt: 27 %
- Schönstadt: 34 %

Säulendiagramme

Bei einem Säulendiagramm werden einzelne Werte durch Säulen dargestellt. Deren Höhe zeigt die Ausprägung der einzelnen Werte. Ein Säulendiagramm wird in der Regel verwendet, um Werte verschiedener Kategorien zu vergleichen.

BEISPIEL 3

Es soll ein Säulendiagramm erstellt werden, das die Summe aller Umsätze für die ersten 6 Monate darstellt.

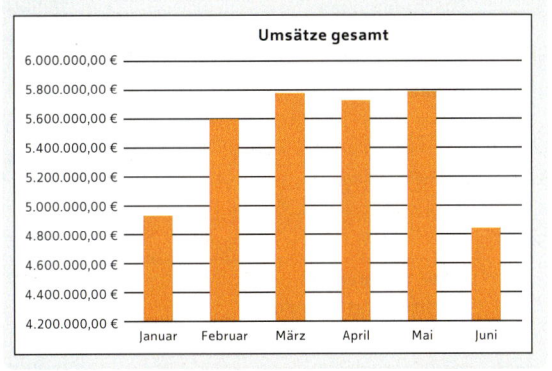

Umsätze gesamt (Januar, Februar, März, April, Mai, Juni)

Ein Balkendiagramm ist eine Sonderform des Säulendiagramms, bei der die x- und y-Achse vertauscht werden.

BEISPIEL 4

Es soll ein Balkendiagramm mit den durchschnittlichen Umsätzen jeder einzelnen Filiale erstellt werden.

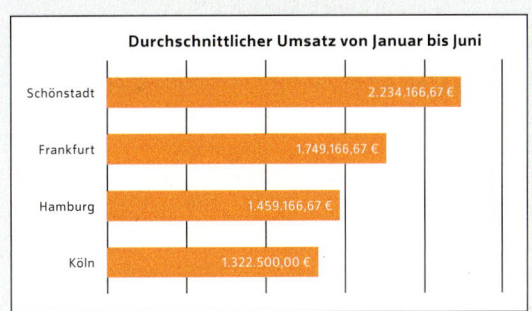

Durchschnittlicher Umsatz von Januar bis Juni

- Schönstadt: 2.234.166,67 €
- Frankfurt: 1.749.166,67 €
- Hamburg: 1.459.166,67 €
- Köln: 1.322.500,00 €

AUFGABEN

1. Erklären Sie mit eigenen Worten folgende Begriffe:
   a) Liniendiagramm
   b) Kreisdiagramm
   c) Säulendiagramm
   d) Balkendiagramm

2. Erläutern Sie mit eigenen Worten, wann man die Diagramme aus Aufgabe 1 anwenden kann.

3. Es liegen die beiden GuV-Rechnungen der Abteilung Herrenmode und der Abteilung Damenmode vor.

S	GuV Herrenmode		H
Aufw. f. Waren	491.400,00	Umsatzerl. f. Waren	1.050.000,00
Frachten und Fremdlager	18.650,00		
Fremdinstandhaltung	4.590,00		
Löhne	355.600,00		
Abschreibungen	18.500,00		
Mieten	8.000,00		
Büromaterial	3.450,00		
Zinsaufw.	14.510,00		
EK	135.300,00		
	1.050.000,00		1.050.000,00

S	GuV Damenmode		H
Aufw. f. Waren	425.000,00	Umsatzerl. f. Waren	780.000,00
Frachten und Fremdlager	12.800,00		
Fremdinstandhaltung	8.900,00		
Löhne	234.000,00		
Abschreibungen	12.800,00		
Mieten	4.500,00		
Büromaterial	1.400,00		
Zinsaufw.	24.500,00		
EK	56.100,00		
	780.000,00		780.000,00

a) Erstellen Sie ein Säulendiagramm, in dem alle Aufwendungen der Abteilung Herrenmode sinnvoll abgebildet sind.

b) Erstellen Sie jeweils ein Säulendiagramm jeder Abteilung. Jedes Diagramm soll die Umsätze und den Gewinn (EK) gegenüberstellen.

c) Erstellen Sie ein Kreisdiagramm, das den Gewinn beider Abteilungen enthält. Beschriften Sie die „Torten" in Prozent.

LERNFELD 8

AKTION

Bei der Ambiente Warenhaus AG wurden in den vergangenen zwei Geschäftsjahren für das erste Halbjahr folgende Daten ermittelt:

	Kundenzählung		Umsatzentwicklung	
	Vorjahr	Aktuelles Jahr	Vorjahr	Aktuelles Jahr
Januar	185.000	191.000	3.500.000 €	3.200.000 €
Februar	148.000	147.000	2.700.000 €	2.600.000 €
März	214.000	234.000	4.050.000 €	4.100.000 €
April	222.000	212.000	4.200.000 €	3.900.000 €
Mai	206.000	240.000	4.150.000 €	4.400.000 €
Juni	250.000	257.000	5.000.000 €	5.050.000 €
Gesamt	1.225.000	1.281.000	23.600.000 €	23.250.000 €

a) Erstellen Sie ein Liniendiagramm zur Kundenzählung mit dem Vorjahr und dem aktuellen Jahr.

b) Interpretieren (Erläutern) Sie die Ergebnisse zur Kundenzählung.

c) Erstellen Sie ein Liniendiagramm zur Umsatzentwicklung mit dem Vorjahr und dem aktuellen Jahr.

d) Interpretieren Sie die Ergebnisse zur Umsatzentwicklung.

e) Nehmen Sie weitere Interpretationen vor, die die Kundenzahl und die Umsatzentwicklung betreffen.

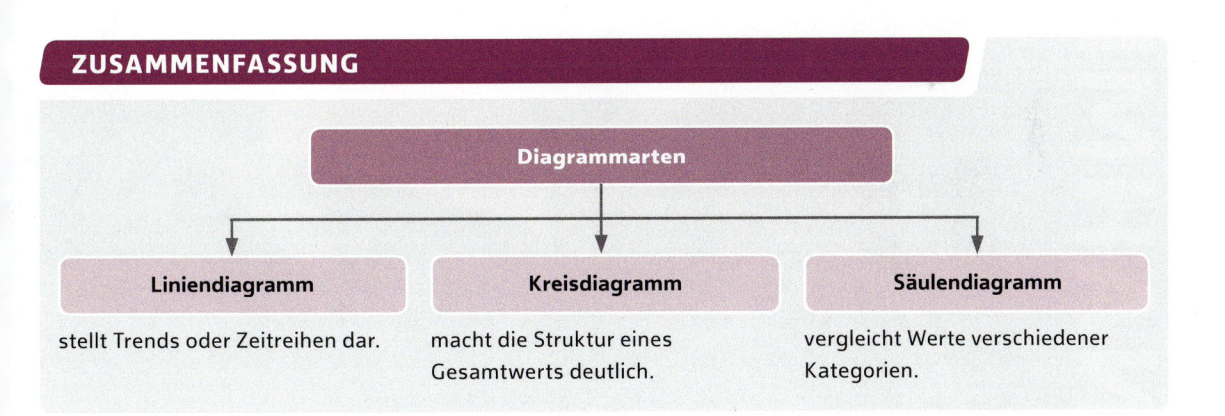

ZUSAMMENFASSUNG

Diagrammarten

- **Liniendiagramm** stellt Trends oder Zeitreihen dar.
- **Kreisdiagramm** macht die Struktur eines Gesamtwerts deutlich.
- **Säulendiagramm** vergleicht Werte verschiedener Kategorien.

PREISPOLITISCHE MASSNAHMEN VORBEREITEN UND DURCHFÜHREN

9

LERNFELD 9

Preispolitische Maßnahmen vorbereiten und durchführen

Lernsituation

Die Larstadt AG ist die größte Mitbewerberin der Ambiente Warenhaus AG in Schönstadt. Durch die folgende Preisaktion versucht die Larstadt AG, Kundinnen und Kunden zu gewinnen und ihren Umsatz zu erhöhen:

Besteck-Garnitur LINDAU
68-teilig, für 12 Personen
Cromargan
im Aluminium-Koffer
~~621,70* €~~
349,00 €

Besteck-Garnitur CAPRICCIO
30-teilig, für 10 Personen
Cromargan
im Geschenkkarton
~~292,20* €~~
99,00 €

Besteck-Garnitur BRÜSSEL
68-teilig, für 12 Personen
Cromargan
im Geschenkkarton
~~756,90* €~~
299,00 €

Mikrofaser-Top
Mit Spaghettiträgern,
in vielen modischen Farben
Gr. 38–48
nur in Ihrer Filiale erhältlich
9,95 €

Krempel-Jeans
Stretch-Denim mit
dekorativen Gürtelschlaufen
Gr. 36–46
nur in Ihrer Filiale erhältlich
35,95 €

Feinstrick-Pulli
Edle Viskose-
Mischung,
rosé,
3/4 Arm
19,95 €

Die Leiterin des Funktionsbereichs Verkauf/Absatz der Ambiente Warenhaus AG, Bärbel Hauck, weiß, dass sich die Preisaktion der Larstadt AG negativ auf den Umsatz der Ambiente Warenhaus AG auswirken kann, wenn die Ambiente Warenhaus AG auf diese Aktion nicht angemessen reagiert.

Frau Hauck bittet deshalb die Auszubildenden Britta Krombach, Robin Labitzke, Anja Maibaum und Lars Panning, eine Preisaktion der Ambiente Warenhaus AG vorzubereiten.

Versetzen Sie sich in die Rolle von Britta Krombach, Robin Labitzke, Anja Maibaum oder Lars Panning und erarbeiten Sie gemeinsam mit drei Schülerinnen und Schülern Ihrer Klasse ein Konzept für diese Preisaktion.

1. Wählen Sie dazu aus der Artikelübersicht des Warenwirtschaftssystems der Ambiente Warenhaus AG Artikel für eine Preisaktion aus.
2. Ermitteln Sie die Bezugs- und Selbstkostenpreise für diese Artikel. Nutzen Sie dazu das Warenwirtschaftssystem.
3. Legen Sie die Verkaufspreise für diese Artikel fest.
4. Gestalten Sie eine Anzeige für die Preisaktion.
5. Bereiten Sie die Preisauszeichnung der Aktionsartikel vor.

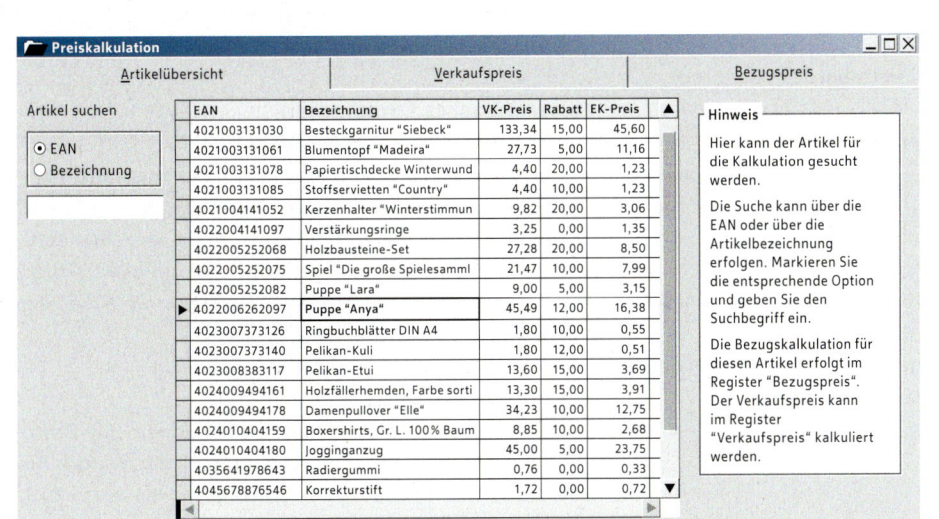

Bei der Lösung des Arbeitsauftrags helfen Ihnen die Informationen in den folgenden Kapiteln.

Preiskalkulation

Artikelübersicht | Verkaufspreis | Bezugspreis

Artikel suchen
○ EAN
○ Bezeichnung

EAN	Bezeichnung	VK-Preis	Rabatt	EK-Preis
4021003131030	Besteckgarnitur "Siebeck"	133,34	15,00	45,60
4021003131061	Blumentopf "Madeira"	27,73	5,00	11,16
4021003131078	Papiertischdecke Winterwund	4,40	20,00	1,23
4021003131085	Stoffservietten "Country"	4,40	10,00	1,23
4021004141052	Kerzenhalter "Winterstimmun	9,82	20,00	3,06
4022004141097	Verstärkungsringe	3,25	0,00	1,35
4022005252068	Holzbausteine-Set	27,28	20,00	8,50
4022005252074	Spiel "Die große Spielesamml	21,47	10,00	7,99
4022005252082	Puppe "Lara"	9,00	5,00	3,15
4022006262097	Puppe "Anya"	45,49	12,00	16,38
4023007373126	Ringbuchblätter DIN A4	1,80	10,00	0,55
4023007373140	Pelikan-Kuli	1,80	12,00	0,51
4023008383117	Pelikan-Etui	13,60	15,00	3,69
4024009494161	Holzfällerhemden, Farbe sorti	13,30	15,00	3,91
4024009494178	Damenpullover "Elle"	34,23	10,00	12,75
4024010404159	Boxershirts, Gr. L. 100% Baum	8,85	10,00	2,68
4024010404180	Jogginganzug	45,00	5,00	23,75
4035641978643	Radiergummi	0,76	0,00	0,33
4045678876546	Korrekturstift	1,72	0,00	0,72

Hinweis

Hier kann der Artikel für die Kalkulation gesucht werden.

Die Suche kann über die EAN oder über die Artikelbezeichnung erfolgen. Markieren Sie die entsprechende Option und geben Sie den Suchbegriff ein.

Die Bezugskalkulation für diesen Artikel erfolgt im Register "Bezugspreis". Der Verkaufspreis kann im Register "Verkaufspreis" kalkuliert werden.

LERNFELD 9

KAPITEL 1
Wir beachten Einflussgrößen auf die Preisgestaltung

Uwe Otte, Leiter der Abteilung Beschaffung der Ambiente Warenhaus AG, bekommt am Morgen folgenden Artikel vorgelegt:

> Die internationalen Baumwollpreise liegen seit Beginn des Vorjahres in einem deutlichen Aufwärtstrend. Dass die Preise so steigen, liegt vor allem an immer geringeren Rohstoffvorräten und daran, dass weltweit ein großes Kaufinteresse an Baumwolle besteht. Wirtschaftsfachleute gehen davon aus, dass zu Beginn diesen Jahres seit Langem zum ersten Mal die Marke von 0,70 USD pro lb (sprich: Pfund; 1 lb = 0,454 kg) überschritten wird. Voraussagen (Prognosen) zufolge wird sich dieser Preis in den folgenden Monaten auf dieser Höhe einpendeln, denn die Baumwollproduzenten (= Hersteller) liefern geringere Mengen, aber die Konsumenten haben ein ansteigendes Interesse am Kauf der Baumwolle. Die Fachleute erwarten, dass die Lagerbestände weltweit stark zurückgehen.

1. Geben Sie an, was Sie unter einem „Markt" verstehen.
2. Überlegen Sie, warum der Preis von Baumwolle steigt.
3. Erläutern Sie, welche Folgen die Preissteigerung des Weltmarktpreises für Baumwolle für die Ambiente Warenhaus AG hat.

INFORMATION

Einflussgrößen auf die Gestaltung der Verkaufspreise

Bei der Festlegung der Verkaufspreise muss der Einzelhandelsbetrieb die Kostensituation seines Unternehmens berücksichtigen. Grundsätzlich müssen die Verkaufspreise langfristig die Gesamtkosten (Einstandspreise zuzüglich Handlungskosten) des Einzelhandelsunternehmens decken.

Der Einzelhandelsbetrieb muss bei der Preisgestaltung eine innerbetriebliche Kostensituation beachten. Aber auch außerbetriebliche Einflussgrößen sind wichtig. Zu den außerbetrieblichen Einflussgrößen gehören:

- die Preisempfehlungen der Hersteller
- das verfügbare Einkommen der Kundinnen und Kunden
- das Verhalten der Kundinnen und Kunden
- die Konkurrenzsituation
- die gesamtwirtschaftliche Entwicklung (Marktformen und Konjunktur)
- gesetzliche Bestimmungen, z. B. Regelungen des Gesetzes gegen den unlauteren Wettbewerb

Preisempfehlungen des Herstellers

> **DEFINITION**
> **Preisempfehlungen** des Herstellers sind Empfehlungen an den Handel, seine Waren zu diesen Preisen zu verkaufen. Der Handel ist an diese Empfehlungen nicht gebunden. Sie sind unverbindlich.

Unverbindliche Preisempfehlungen des Herstellers sind gesetzlich zulässig. Eine verbindliche Preisbindung durch den Hersteller ist gesetzlich nur bei Verlagserzeugnissen sowie bei verschreibungspflichtigen Pharmaerzeugnissen erlaubt.

Verfügbares Einkommen der Kundinnen und Kunden

Das verfügbare Einkommen der Kundinnen und Kunden beeinflusst die Preise eines Einzelhandelsbetriebes. Wenn der Kundenkreis eines Einzelhandelsbetriebes nur über ein geringes Einkommen verfügt, wird der Einzelhandelsbetrieb in erster Linie Waren der unteren Preislage führen.

Kundenverhalten

Die Reaktion der Kundinnen und Kunden auf Preisänderungen ist abhängig von der Art der Waren. Bei Waren des Grund- und Gewohnheitsbedarfs (z. B. Fleisch, Gemüse, Milch) und Produktionsgütern reagieren Kundinnen und Kunden wesentlich stärker auf Preisänderungen als bei Prestigewaren (z. B. Schmuck, Pelzwaren) oder Waren des Hobbybedarfs. Damit eignen sich Waren des Grund- und Gewohnheitsbedarfs eher für Preisaktionen als Prestige- und Luxusprodukte.

Konkurrenzsituation

Die Preispolitik eines Unternehmens wird von der Konkurrenzsituation (= Wettbewerbssituation) auf dem Markt beeinflusst.

> **DEFINITION**
> In der Betriebswirtschaft ist ein **Markt** das Aufeinandertreffen von Angebot und Nachfrage nach einem Gut oder einer Dienstleistung.

Die Hauptaufgabe des Markts ist es, das Angebot und die Nachfrage auszugleichen. Ein Hauptinstrument dabei ist der Preis.

Unternehmen machen ihre preispolitischen Maßnahmen oft von den erwarteten Preisreaktionen der Konkurrenz (Mitwettbewerber) abhängig. Sie verzichten teilweise auf Maßnahmen der Preispolitik, wenn sie damit rechnen, dass ihre Kokurrenzunternehmen eine Preissenkung auch durchführen, um ihren Marktanteil zu halten.

Marktformen

Auf einem Markt können Waren von vielen, wenigen oder nur einem Anbieter angeboten und von vielen, wenigen oder nur einem Nachfrager nachgefragt werden. Typische **Marktformen** für den Einzelhandel sind die vollständige Konkurrenz und das Angebotsoligopol.

Marktformen nach Zahl der Teilnehmenden				
		Zahl der Anbieter		
		einer	wenige	viele
Zahl der Nachfrager	einer	zweiseitiges Monopol	beschränktes Nachfragemonopol	Nachfragemonopol
	wenige	beschränktes Angebotsmonopol	zweiseitiges Oligopol	Nachfrageoligopol
	viele	Angebotsmonopol	Angebotsoligopol	Polypol

- **Monopol**
  Ein Monopol ist immer dann gegeben, wenn es entweder nur einen Anbieter oder nur einen Nachfrager (oder einen Anbieter und einen Nachfrager) gibt. Mögliche Monopole können staatliche Monopole sein (z. B. Stadtwerke), gesetzliche Monopole (etwa durch den Schutz von Patenten) oder natürliche Monopole durch die besondere geografische Lage (z. B. Diamantenvorkommen in Afrika).

  – Beim **Angebotsmonopol** besteht aufgrund der hohen Marktmacht der Anbieter eine Tendenz (= Entwicklung) zu hohen Preisen.
  – Beim **Nachfragemonopol** besteht aufgrund der hohen Marktmacht der Nachfrager eine Tendenz zu niedrigen Preisen.

- **Oligopol**
  Befinden sich nur wenige Anbieter oder wenige Nachfrager auf dem Markt, so wird von einem Oligopol gesprochen. Ein Oligopolist hat einen vergleichsweise hohen Marktanteil und dadurch immer noch eine hohe Marktmacht. Beim Angebotsoligopol ist der Marktanteil eines Anbieters so groß, dass seine preispolitischen Maßnahmen den Absatz der Mitbieter fühlbar beeinflussen. In diesem Fall muss dieser Anbieter damit rechnen, dass seine Mitanbieter seine preispolitischen Maßnahmen mit Gegenmaßnahmen (z. B. ebenfalls mit Preissenkungen) beantworten.

LERNFELD 9

- **Polypol**
  Wenn einer großen Zahl von Anbietern eine große Zahl von Nachfragern gegenübersteht, spricht man von einem Polypol. Es herrscht eine sogenannte **vollständige Konkurrenz**. Bei der vollständigen Konkurrenz ist der Einfluss des einzelnen Anbieters auf das Zustandekommen des Marktpreises so gering, dass von ihm vorgenommene Preisänderungen keine Auswirkungen auf die Mitwettbewerber haben.

Konjunktur

Neben Wetterlagen oder neuen Technologien beeinflusst auch die Konjunktur den Preis. Dies lässt sich durch die vier Phasen des Konjunkturzyklusses verdeutlichen:

In Phase 1, dem **Aufschwung**, findet eine Erholung und/oder eine Expansion (Ausweitung) statt, die Preise steigen und auch das Angebot.

In der Phase 2, der **Hochkonjunktur** oder dem Boom, sind alle Produktionsfaktoren ausgelastet, die Nachfrage ist höher als die Produktionsmenge, die Preise steigen noch langsam, das Angebot stagniert. Es verändert sich also nicht.

Im **Abschwung** (Phase 3) kommt es zu einem Rückgang der Nachfrage und des Angebotes, weil hohe Preise und hohe Zinsen die Wirtschaft „gebremst" haben (= Rezession). Nun werden die Preise fallen.

In der Phase 4 des **Tiefstands** bzw. der Depression ist der Tiefpunkt im Konjunkturzyklus erreicht. Es herrschen Massenarbeitslosigkeit, ein niedriger Investitionswille und wenig Konsum bzw. Nachfrage. Hier ist auch der Tiefpunkt der Preise erreicht. Nun folgt wieder Phase 1.

Die Preisbildung auf dem vollkommenen Markt

Bei der Preisbildung spielen sehr viele Einflussgrößen eine Rolle. Grundsätzlich ist der Preis ein Zusammenspiel von Angebot und Nachfrage.

> Angebot und Nachfrage regeln den Preis.

Eine wichtige Einflussgröße bei der Preisbildung ist die Anzahl der Marktteilnehmer. Im Folgenden wird die Preisbildung auf dem **vollkommenen Markt** (vollständige Konkurrenz) betrachtet.

Ein vollkommener Markt ist in einem Polypol gegeben. Das heißt, es existieren sehr viele Anbieter und sehr viele Nachfrager.

In der volkswirtschaftlichen Theorie werden weitere Annahmen für eine vollkommenen Markt getroffen, um die sehr viel komplexere Wirklichkeit der Preisbildung in einem Modell zu veranschaulichen.

Merkmale des vollkommenen Marktes

- Sämtliche Marktteilnehmer (Anbieter und Nachfrager) haben völlige Markttransparenz (Marktübersicht).
- Die Produkte sind homogen, das heißt, sie unterscheiden sich nicht in Art, Aufmachung oder Qualität.
- Sämtliche Reaktionen der Marktteilnehmer auf veränderte Marktsituationen treten sofort, ohne zeitliche Verzögerung ein.
- Es gibt keine räumlichen und zeitlichen Unterschiede, das heißt, Anbieter und Nachfrager treffen sich am selben Ort zur selben Zeit (Punktmarkt).
- Die Marktteilnehmer haben keine Präferenzen (Vorlieben) in Bezug auf die Person (z. B. freundlich/unfreundlich), auf die Sache (z. B. besserer Service), auf die Zeit (z. B. unterschiedliche Öffnungszeiten) oder auf den Raum (z. B. der „Laden nebenan").

BEISPIEL

Auf dem Wochenmarkt weiß Frau Schlaumann genau, wie hoch an den einzelnen Ständen die Gemüsepreise sind. Ihr ist auch bekannt, dass alle Gemüsestände die gleiche Qualität anbieten. Sie hat auch keine Vorlieben oder Sympathien gegenüber einem Händler oder einer Händlerin. Heute will sie 20 kg Kartoffeln kaufen und geht zufällig zu einem Stand. Diese erhöhte Nachfrage hätte auf einem vollkommen Markt direkt eine Preiserhöhung der Kartoffeln zur Folge.

In der Wirklichkeit ist es natürlich nicht so, dass die Merkmale des vollkommenen Markts immer gegeben sind. Käuferinnen und Käufer haben in der Regel Präferenzen (= Vorlieben) und können nicht immer den ganzen Markt überblicken. Außerdem unterscheiden sich die Produkte durchaus in der Qualität, sie sind also nicht homogen (= nicht gleich in der Qualität). Der Kauf auf dem Wochenmarkt hat auch keinen direkten Preisanstieg zur Folge.

Anbieter- und Nachfrageverhalten im vollkommenen Markt

Die privaten Haushalte handeln bei ihrer Nachfrage nach dem Prinzip der **Nutzenmaximierung**. Dies bedeutet, dass sie eine größtmögliche Bedürfnisbefriedigung mit ihrem begrenzten Einkommen erreichen wollen. Daher sind sie bestrebt, ihre Einkäufe so günstig wie möglich zu tätigen. Daraus folgt:
- Je höher der Preis, desto niedriger ist die Nachfrage.
- Je niedriger der Preis, desto höher ist die Nachfrage.

Die Anbieter, das heißt die Unternehmen, verfolgen das Ziel der **Gewinnmaximierung**. Sie möchten daher ihre Waren und Dienstleistungen so hoch wie möglich anbieten. Daraus folgt:
- Je höher der Preis, desto größer ist das Angebot.
- Je niedriger der Preis, desto geringer ist das Angebot.

BEISPIEL
Die Ambiente Warenhaus AG hat das Anbieter- und Nachfrageverhalten auf dem Baumwollmarkt analysiert. Dabei wurden in Bezug auf das wöchentliche Angebot und die wöchentliche Nachfrage auf dem deutschen Markt folgende Werte ermittelt:

Preis in US-$	Nachfragemenge in 1 000 lb (Pfund)	Angebotsmenge in 1 000 lb (Pfund)
0,30	98	10
0,40	90	20
0,50	83	30
0,60	75	40
0,70	68	50
0,80	60	60
0,90	53	70
1,00	45	80
1,10	38	90
1,20	30	100

Dieser Zusammenhang lässt sich auch grafisch in einem Koordinatensystem darstellen:

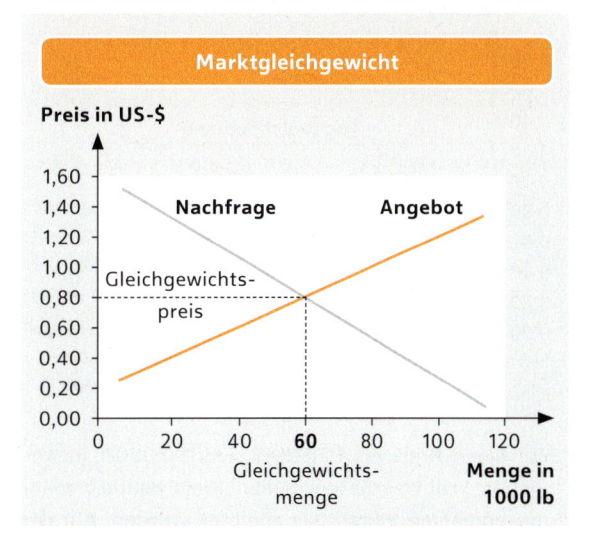

Marktgleichgewicht

Im Koordinatensystem ist zu erkennen, wo der Gleichgewichtspreis und die Gleichgewichtsmenge sind, nämlich genau dort, wo sich Angebotskurve und Nachfragekurve schneiden (Marktgleichgewicht). Alle Anbieter auf dem deutschen Markt, die bereit sind, zum Gleichgewichtspreis von 0,80 US-$ ihre Baumwolle zu verkaufen, können ihre gesamte Produktion absetzen. Ebenso können bei diesem Preis alle Nachfrager, die bereit sind, den Preis zu zahlen, ihre gewünschte Menge Baumwolle kaufen. Es wird auch davon gesprochen, dass für die Anbieter und Nachfrager im vollkommenen Markt der **Preis ein Datum** ist. Dies bedeutet, dass weder Anbieter noch Nachfrager direkten Einfluss auf den Preis ausüben können.

Anbieter- und Nachfrageverhalten abseits des Gleichgewichtspreises
- **Angebotsüberhang**
  Was passiert mit den Anbietern, die Baumwolle zum höheren Preis, z. B. für 1,20 US-$, anbieten? Was passiert mit den Nachfragern, die bereit wären, einen höheren Preis zu zahlen (z. B. 1,20 US-$)? Dieser Sachverhalt ist auf der untenstehenden Grafik dargestellt.

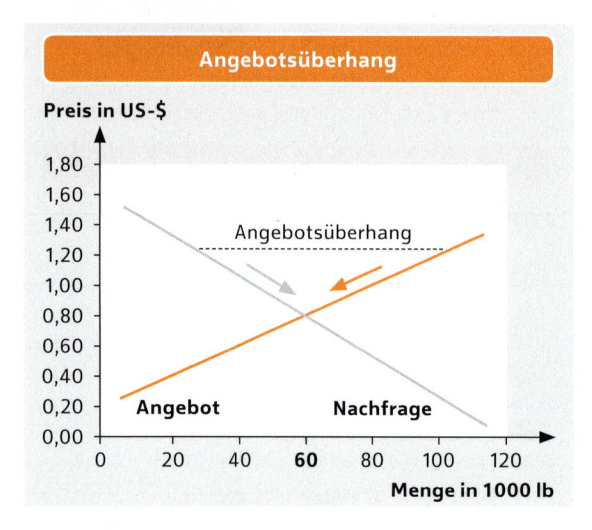

LERNFELD 9

Angebotsüberhang

[Diagramm: Preis in US-$ (0,00–1,80) über Menge in 1000 lb (0–120). Angebotskurve steigend, Nachfragekurve fallend, Schnittpunkt bei ca. 60. Angebotsüberhang oberhalb des Gleichgewichts markiert.]

Bei einem Preis von 1,20 US-$ sind 100.000 lb im Angebot, weil bei diesem hohen Preis deutlich mehr Unternehmen Baumwolle anbieten würden. Auf der anderen Seite steht nur eine nachgefragte Menge von 30.000 lb. Daraus ergibt sich ein Überangebot (Angebotsüberhang/Nachfragelücke) in Höhe von 70.000 lb. Diese Mengen werden die Unternehmen zu dem Preis nicht verkaufen können. Sie müssen die Preise senken (blauer Pfeil). Die Preissenkung hat zur Folge, dass mehr und mehr nachgefragt wird (grauer Pfeil). Schließlich treffen sich die Angebots- und Nachfragemenge wieder im Marktgleichgewicht.

- **Nachfrageüberhang**
Was passiert mit den Anbietern, die Baumwolle zum niedrigeren Preis, z. B. für 0,40 US-$, anbieten? Was passiert mit den Nachfragern, die nur bereit wären, einen niedrigeren Preis zu zahlen (z. B. 0,40 US-$)? Dieser Sachverhalt ist auf der untenstehenden Grafik dargestellt.

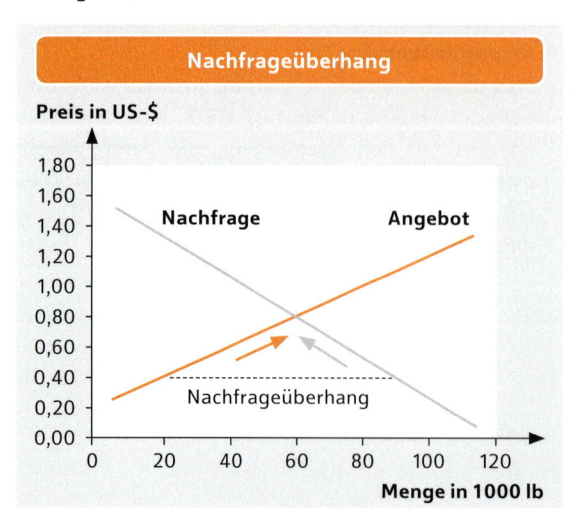

Nachfrageüberhang

[Diagramm: Preis in US-$ (0,00–1,80) über Menge in 1000 lb (0–120). Nachfragekurve fallend, Angebotskurve steigend. Nachfrageüberhang unterhalb des Gleichgewichts markiert.]

Bei einem Preis von 0,40 US-$ werden nur 20.000 lb von den Unternehmen angeboten, weil dieser Preis deutlich zu niedrig ist für die meisten Unternehmen, z. B. können viele hier ihre Produktionskosten nicht decken. Die nachgefragte Menge beträgt zugleich 90.000 lb. Daraus ergibt sich eine deutlich höhere Nachfrage, als angeboten wird (Nachfrageüberhang/Angebotslücke), in Höhe von 70.000 lb. Durch den Nachfrageüberhang werden die Unternehmen die Preise erhöhen (blauer Pfeil), wodurch mehr Anbieter auf den Markt kommen. Der erhöhte Preis hat einen Nachfragerückgang zur Folge (grauer Pfeil). Schließlich treffen sich die Angebots- und Nachfragemenge wieder im Marktgleichgewicht.

Änderungen der Angebotssituation

Auf den Märkten kommt es aufgrund verschiedenster Einflüsse häufig zu Veränderungen des Angebots oder der Nachfrage. Zunächst geht es um Angebotsverschiebungen.

BEISPIEL
Aufgrund einer weltweit günstigen Wetterlage ist die Baumwollernte sehr gut ausgefallen. Dadurch wird das Angebot an Baumwolle höher ausfallen, was in der Folge niedrigere Preise bedeutet.

In der Grafik „Angebotsverschiebungen" auf der nächsten Seite ist das Ausgangsangebot mit A_0 dargestellt. Wenn nun aufgrund einer guten Ernte das Angebot steigt, verschiebt sich die Angebotskurve nach rechts (A_1). Der neue, gesunkene Gleichgewichtspreis befindet sich nun bei P_1 und die neue, gestiegene Gleichgewichtsmenge bei X_1.

BEISPIEL
Da im größten Anbauland für Baumwolle, China, im letzten Jahr eine Dürre herrschte, ist das Angebot in diesem Jahr deutlich geringer. Ein Preisanstieg ist die Folge.

Die Angebotskurve verschiebt sich bei einem geringeren Angebot nach links (A_2). Der neue, gestiegene Gleichgewichtspreis befindet sich nun bei P_2 und die neue, geringere Gleichgewichtsmenge bei X_2.

LERNFELD 9

Angebotsverschiebungen

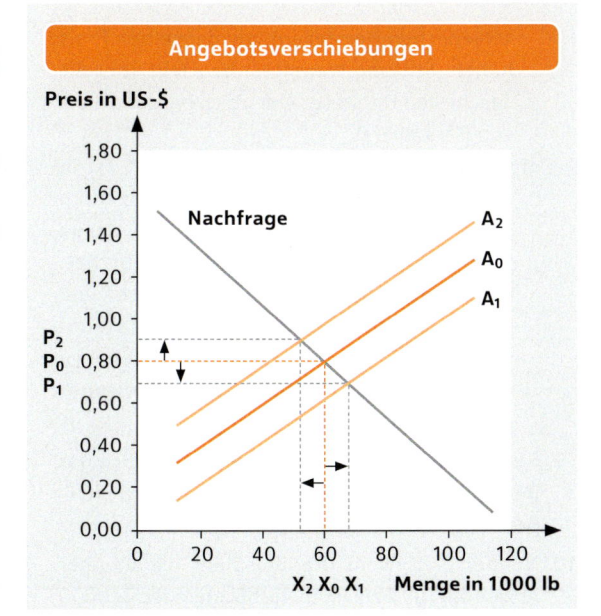

(Grafik: Preis in US-$ gegen Menge in 1000 lb, mit Nachfragekurve und Angebotskurven A_0, A_1, A_2; Gleichgewichtspreise P_0, P_1, P_2 und Mengen X_0, X_1, X_2)

In der Grafik „Nachfrageverschiebungen" ist die Ausgangsnachfrage mit N_0 dargestellt. Wenn nun aufgrund einer neuen Produktentwicklung die Nachfrage nach Baumwolle sinkt, verschiebt sich die Nachkurve nach links (N_1). Der neue, gesunkene Gleichgewichtspreis befindet sich nun bei P_1 und die neue, ebenfalls geringere Gleichgewichtsmenge bei X_1.

BEISPIEL

Die neue Baumwolljacke „Cooly" ist ein weltweiter Trendsetter geworden. Dadurch steigt die Nachfrage nach Baumwolle in nahezu allen Ländern.

Die Nachfragekurve verschiebt sich nun nach rechts (N_2). Der neue, gestiegene Gleichgewichtspreis befindet sich nun bei P_2 und die neue, ebenfalls gestiegene Gleichgewichtsmenge bei X_2.

Änderungen der Nachfragesituation

Es können ebenso Veränderungen der Nachfrage entstehen, die dann eine Verschiebung der Nachfragekurve zur Folge haben.

BEISPIEL

Es ist ein neuer künstlicher Stoff entwickelt worden, der die Qualitätseigenschaften von Baumwolle enthält, aber deutlich günstiger ist. Dadurch kaufen viele Kundinnen und Kunden, die vorher Baumwolle gekauft haben, nun diesen neuen Stoff.

→ Die Nachfrage an Baumwolle geht zurück.

Nachfrageverschiebungen

(Grafik: Preis in US-$ gegen Menge in 1000 lb, mit Nachfragekurven N_0, N_1, N_2 und Angebotskurve; Gleichgewichtspreise P_0, P_1, P_2 und Mengen X_0, X_1, X_2)

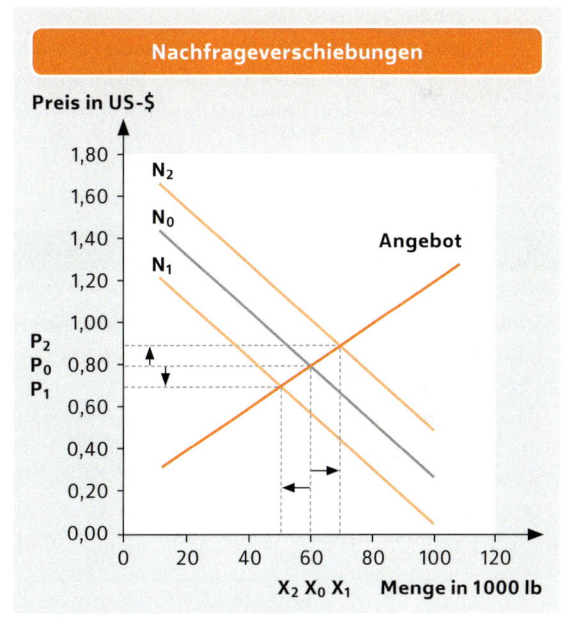

AUFGABEN

1. Benennen Sie die Größen, die die Festsetzung der Verkaufspreise eines Unternehmens beeinflussen.
2. Bei welchen der folgenden Waren verhalten sich Kundinnen und Kunden beim Einkauf besonders preisbewusst? Begründen Sie Ihre Meinung.
   a) Büroeinrichtungen
   b) modische Kleidung
   c) Brot
   d) Waschmittel
   e) Schmuck
   f) Pkw
   g) Schuhe
   h) Unterwäsche
   i) Gemüsekonserven
   j) Fotoapparate
3. Erläutern Sie die Auswirkungen, wenn auf einem Wochenmarkt mit drei Gemüsehändlern der Händler Runge die Tomaten permanent zum halben Preis anbieten würde.

LERNFELD 9

4. Erklären Sie, welche Marktform Sie dem deutschen Automarkt zuordnen würden.
5. Nennen Sie für jede der neun Marktformen ein Beispiel.
6. Grenzen Sie die Begriffe *Monopol*, *Oligopol* und *Polypol* voneinander ab.
7. Erläutern Sie, welche Bedingungen dem Modell des vollkommenen Marktes zugrunde liegen.
8. Untersuchen Sie, welche Bedingungen des vollkommenen Marktes nicht erfüllt sind. Begründen Sie.
   a) Florian geht in die Fußgängerzone, um noch schnell für seine Oma zum Geburtstag einen Dampfkochtopf zu kaufen. Da er keine Zeit hat, wählt er das zweite Geschäft, das auf seinem Weg liegt. Das erste Geschäft hatte schon Ladenschluss.
   b) Julia möchte für ihre bevorstehende Fahrradtour eine Fahrradtasche kaufen. Sie informiert sich im Internet über zwei Taschen von unterschiedlichen Herstellern, die denselben Preis haben. Stiftung Warentest beurteilt aber die Tasche von Hersteller A deutlich besser als die von Hersteller B.
   c) Die Nachfrage nach Badebekleidung ist in diesem Sommer aufgrund des schlechten Wetters deutlich zurückgegangen. Tim, der im Herbst einen Spanienurlaub gebucht hat, möchte noch ein „Schnäppchen" machen und eine günstige Badehose kaufen. Erstaunt stellt er fest, dass die Preise für Badehosen trotz schlechter Nachfrage nicht zurückgegangen sind.
9. Stellen Sie das Marktgleichgewicht grafisch dar und erläutern Sie die Größen „Gleichgewichtspreis" und „Gleichgewichtsmenge".
10. Nennen Sie jeweils drei Beispiele, die zu einer Angebots- und zu einer Nachfrageverschiebung führen können.

AKTION

In der untenstehenden Tabelle ist das Verhalten von Anbietern und Nachfragern eines Produkts am Markt dargestellt.

Preis in €	Nachfrage in Stück	Angebot in Stück
40,00	220	0
50,00	200	20
60,00	180	40
70,00	160	60
80,00	140	80
90,00	120	100
100,00	100	120
110,00	80	140
120,00	60	160
130,00	40	180
140,00	20	200

a) Stellen Sie diesen Sachverhalt grafisch dar.
b) Kennzeichnen Sie in der Grafik den Gleichgewichtspreis und die Gleichgewichtsmenge.
c) Ermitteln Sie die Mengendifferenz bei einem Preis von 50,00 €. Liegt ein Angebots- oder ein Nachfrageüberhang vor?
d) Ermitteln Sie die Mengendifferenz bei einem Preis von 130,00 €. Liegt ein Angebots- oder ein Nachfrageüberhang vor?
e) Stellen Sie die ermittelten Werte aus c) und d) zeichnerisch dar.
f) Wohin werden sich Gleichgewichtspreis und Gleichgewichtsmenge entwickeln, wenn sich die Nachfragekurve nach rechts verschiebt?
g) Wohin werden sich Gleichgewichtspreis und Gleichgewichtsmenge entwickeln, wenn sich die Angebotskurve nach rechts verschiebt?

LERNFELD 9

ZUSAMMENFASSUNG

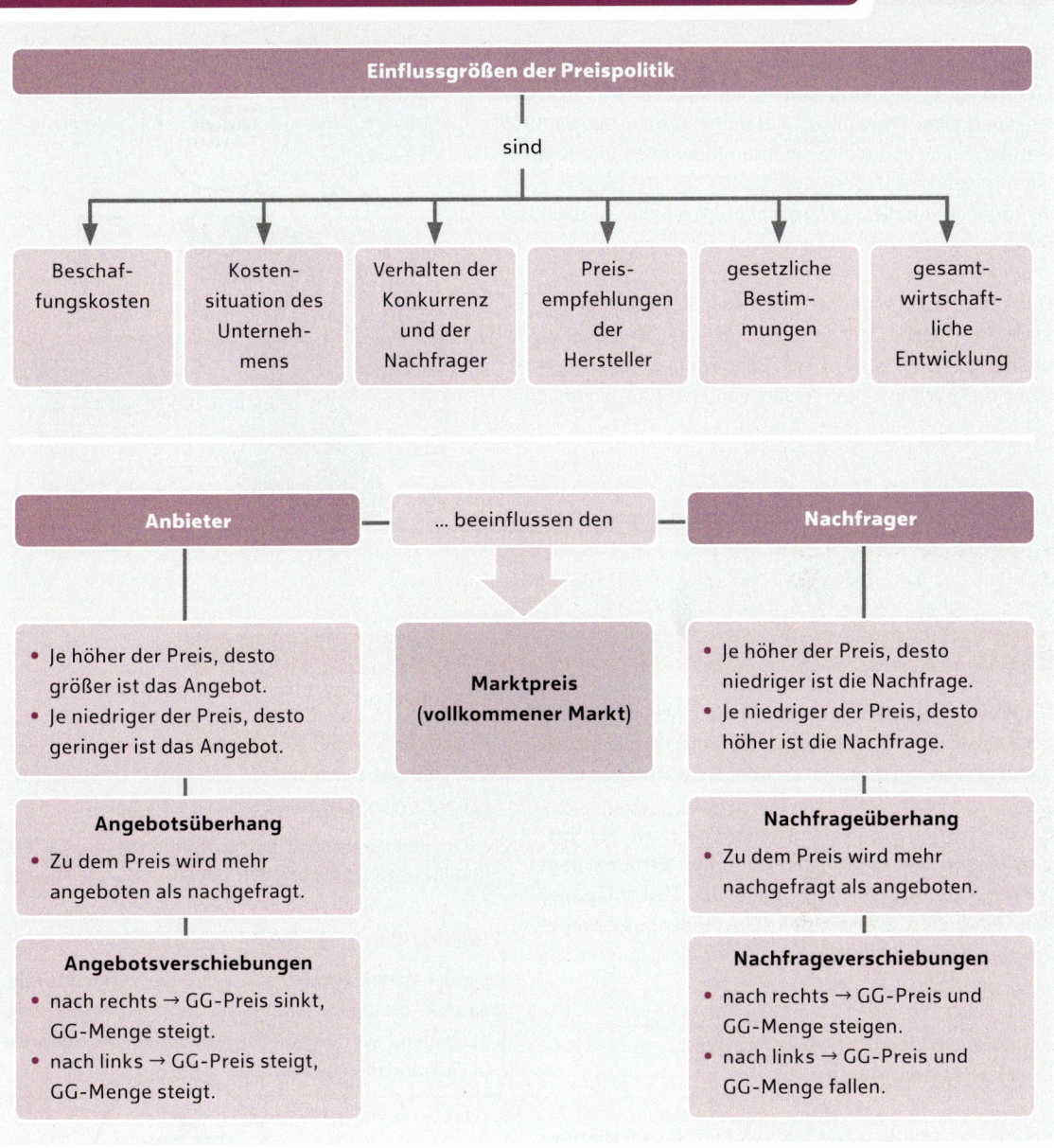

Einflussgrößen der Preispolitik

sind

- Beschaffungskosten
- Kostensituation des Unternehmens
- Verhalten der Konkurrenz und der Nachfrager
- Preisempfehlungen der Hersteller
- gesetzliche Bestimmungen
- gesamtwirtschaftliche Entwicklung

… beeinflussen den → **Marktpreis (vollkommener Markt)**

Anbieter
- Je höher der Preis, desto größer ist das Angebot.
- Je niedriger der Preis, desto geringer ist das Angebot.

Angebotsüberhang
- Zu dem Preis wird mehr angeboten als nachgefragt.

Angebotsverschiebungen
- nach rechts → GG-Preis sinkt, GG-Menge steigt.
- nach links → GG-Preis steigt, GG-Menge steigt.

Nachfrager
- Je höher der Preis, desto niedriger ist die Nachfrage.
- Je niedriger der Preis, desto höher ist die Nachfrage.

Nachfrageüberhang
- Zu dem Preis wird mehr nachgefragt als angeboten.

Nachfrageverschiebungen
- nach rechts → GG-Preis und GG-Menge steigen.
- nach links → GG-Preis und GG-Menge fallen.

LERNFELD 9

KAPITEL 2
Wir kalkulieren Verkaufspreise und wenden unterschiedliche Preisstrategien an

Die Ambiente Warenhaus AG bezieht Badetücher von ihrem Lieferer zu einem Bezugspreis von 10,00 € je Stück. Sie kalkuliert diese Ware mit 30 % Handlungskosten sowie 19 % Umsatzsteuer und bietet sie ihren Kundinnen und Kunden zum Bruttoverkaufspreis von 22,46 € an. Bei diesem Preis verkauft sie von dieser Ware monatlich durchschnittlich 100 Stück.

Der Leiter der Ambiente-Warenhaus-AG-Filiale in Schönstadt, Herr Rischmüller, überlegt, ob er den Bruttoverkaufspreis auf 21,50 € senken soll. Bei diesem Preis erwartet er einen durchschnittlichen Absatz von 130 Stück monatlich.

Wie würden Sie anstelle von Herrn Rischmüller entscheiden?

INFORMATION

Die **Preispolitik** umfasst alle Entscheidungen, die sich mit der Festsetzung der Preise für die vom Einzelhandelsunternehmen angebotenen Leistungen beschäftigen.

Bei der Festlegung der Verkaufspreise muss die Kostensituation des Einzelhandelsbetriebs berücksichtigt werden. Grundsätzlich müssen die Verkaufspreise langfristig die Gesamtkosten (Einstandspreise zuzüglich Handlungskosten) decken.

Ermittlung des Verkaufspreises (Verkaufskalkulation)

Bei der Preisbildung werden von Einzelhandelsbetrieben Verfahren eingesetzt, die einfach und wirtschaftlich anzuwenden sind. Die drei wesentlichen Grundformen der Preisbildung im Handel sind
- **Vorwärtskalkulation** (= progressive Preisbildung),
- **Rückwärtskalkulation** (= retrograde Preisbildung),
- **Differenzkalkulation** (= Differenzpreisbildung).

Vorwärtskalkulation

Die Vorwärtskalkulation wird von Einzelhandelsbetrieben bei der Preisbildung angewandt, wenn es für eine Ware keinen feststehenden Absatzmarktpreis gibt.

BEISPIELE

- Einer im Ausland eingekauften Ware stehen keine im Inland hergestellten, unmittelbar vergleichbaren Waren gegenüber.
- Ein Händler handelt mit Spezialprodukten, für die keine am Markt bekannten Verkaufspreise existieren.

DEFINITION

Bei der **Vorwärtskalkulation** wird der **Verkaufspreis**, zu dem die Ware mindestens verkauft werden soll, ausgehend von einem **vorgegebenen Bezugspreis** (= Einstandspreis) berechnet.

LERNFELD 9

BEISPIEL

Die Ambiente Warenhaus AG bezieht Herrenoberhemden zum Bezugspreis von 30,00 € je Stück. Sie kalkuliert den Bruttoverkaufspreis mit 50 % Handlungskosten, 5 % Gewinn und 19 % Umsatzsteuer.

	Bezugspreis (Einstandspreis)	30,00 €	
+	50 % Handlungskosten	15,00 €	①
=	Selbstkostenpreis	45,00 €	②
+	5 % Gewinn	2,25 €	③
=	Nettoverkaufspreis	47,25 €	④
+	19 % Umsatzsteuer	8,98 €	⑤
=	**Bruttoverkaufspreis**	**56,23 €**	⑥

① **Handlungskosten**

$$= \frac{\text{Bezugspreis} \cdot \text{Handlungskosten (\%)}}{100 \%}$$

$$= \frac{30{,}00 \, € \cdot 50 \,\%}{100 \,\%} = \underline{15{,}00 \, €}$$

② **Selbstkostenpreis**

= Bezugspreis + Handlungskosten
= 30,00 € + 15,00 € = <u>45,00 €</u>

③ **Gewinn**

$$= \frac{\text{Selbstkostenpreis} \cdot \text{Gewinn (\%)}}{100 \%}$$

$$= \frac{45{,}00 \, € \cdot 5 \,\%}{100 \,\%} = \underline{2{,}25 \, €}$$

④ **Nettoverkaufspreis**

= Selbstkostenpreis + Gewinn
= 45,00 € + 2,25 € = <u>47,25 €</u>

⑤ **Umsatzsteuer**

$$= \frac{\text{Nettoverkaufspreis} \cdot \text{Umsatzsteuer (\%)}}{100 \%}$$

$$= \frac{47{,}25 \, € \cdot 19 \,\%}{100 \,\%} = \underline{8{,}98 \, €}$$

⑥ **Bruttoverkaufspreis**

= Nettoverkaufspreis + Umsatzsteuer
= 47,25 € + 8,98 € = <u>56,23 €</u>

Der Bruttoverkaufspreis beträgt 56,23 €.

Vereinfachte Verfahren der Vorwärtskalkulation

Wenn die Bruttoverkaufspreise für das gesamte Sortiment, einzelne Warengruppen oder Warenarten eines Einzelhandelsbetriebs mit gleichen Zuschlägen für Handlungskosten, Gewinn und Umsatzsteuersatz kalkuliert werden, kann man diese Zuschlagssätze zu einem einzigen Zuschlagssatz (= **Kalkulationszuschlag**) zusammenfassen. Dadurch wird die Preisberechnung erheblich vereinfacht.

Ermittlung des Kalkulationszuschlags

DEFINITION

Der **Kalkulationszuschlag** ist die Differenz zwischen Bezugspreis (Einstandspreis) und Bruttoverkaufspreis, ausgedrückt in Prozent des Bezugspreises (Bezugspreis = 100 %).

BEISPIEL

Die Ambiente Warenhaus AG bezieht Herrenoberhemden zum Bezugspreis von 30,00 € je Stück und bietet sie zum Bruttoverkaufspreis von 48,00 € je Stück an.

a)
	Bruttoverkaufspreis	48,00 €
./.	Bezugspreis	30,00 €
=	Differenz	18,00 €

b) 30,00 € = 100 %
18,00 € = x %

$$= \frac{18{,}00 \, € \cdot 100 \,\%}{30{,}00 \, €} = \underline{\mathbf{60 \,\%}}$$

Der Kalkulationszuschlag beträgt 60 %.

Kalkulationszuschlag

$$= \frac{(\text{Bruttoverkaufspreis} \,./.\, \text{Bezugspreis}) \cdot 100 \,\%}{\text{Bezugspreis}}$$

Man kann den Kalkulationszuschlag auch berechnen, wenn nur die einzelnen Zuschlagssätze bekannt sind. In diesem Fall wird der Bezugspreis = 100,00 € gesetzt.

BEISPIEL

Die Ambiente Warenhaus AG kalkuliert die Bruttoverkaufspreise für die Warenart Herrenoberhemden mit 50 % Handlungskosten, 5 % Gewinn und 19 % Umsatzsteuer. Die Auszubildende Britta Krombach erhält den Auftrag, den Kalkulationszuschlag für die Warenart Herrenoberhemden zu ermitteln.

a)
	Bezugspreis (Einstandspreis)	100,00 €
+	50 % Handlungskosten	50,00 €
=	Selbstkostenpreis	150,00 €
+	5 % Gewinn	7,50 €
=	Nettoverkaufspreis	157,50 €
+	19 % Umsatzsteuer	29,93 €
=	**Bruttoverkaufspreis**	**187,43 €**

LERNFELD 9

b) Bruttoverkaufspreis .... 187,43 €
    ./. Bezugspreis .... 100,00 €
    = **Differenz** .... **87,43 €**

c) 100,00 € = 100 %
   87,43 € =   x %

   $$x = \frac{87,43 \text{ €} \cdot 100 \text{ \%}}{100,00 \text{ €}} = \underline{\underline{87,43 \text{ \%}}}$$

Der Kalkulationszuschlag beträgt 87,43 %.

Anwendung des Kalkulationszuschlags

Ist der Kalkulationszuschlag für eine Warengruppe oder Warenart ermittelt worden, kann die Verkaufskalkulation in einem Rechenschritt durchgeführt werden.

> **BEISPIEL**
>
> Die Ambiente Warenhaus AG kalkuliert alle Artikel der Warenart Herrenoberhemden mit einem Kalkulationszuschlag von 87,43 %. Der Auszubildende Robin Labitzke erhält den Auftrag, den Bruttoverkaufspreis für ein Herrenoberhemd zu ermitteln, das zum Bezugspreis von 40,00 € eingekauft wurde.
>
> a) 100,00 % = 40,00 €
>   87,43 % =   x €
>
> $$x = \frac{40,00 \text{ €} \cdot 87,43 \text{ \%}}{100,00 \text{ \%}} = \underline{\underline{34,97 \text{ €}}}$$
>
> b) Bezugspreis .... 40,00 €
>   + 87,43 % Kalkulationszuschlag ...... 34,97 €
>   = **Bruttoverkaufspreis** .... **74,97 €**
>
> **Der Bruttoverkaufspreis beträgt 74,97 €.**

> **Bruttoverkaufspreis**
> **= Bezugspreis + Kalkulationszuschlag**

Ermittlung des Kalkulationsfaktors

Die Verkaufskalkulation kann durch die Anwendung des **Kalkulationsfaktors** weiter vereinfacht werden.

> Zur Ermittlung des Kalkulationsfaktors wird der Bruttoverkaufspreis durch den Bezugspreis geteilt.

> **BEISPIEL**
>
> Der Auszubildende Robin Labitzke soll den Kalkulationsfaktor für die Warenart Herrenoberhemden ermitteln. Die Ambiente Warenhaus AG kalkuliert diese Warenart mit einem Kalkulationszuschlag von 87,43 %.

a) Bezugspreis .... 100,00 €
    + 87,43 % Kalkulationszuschlag ...... 87,43 €
    = **Bruttoverkaufspreis** .... **187,43 €**

b) **Kalkulationsfaktor**

   $$\frac{187,43 \text{ €}}{100,00 \text{ €}} = \underline{\underline{1,8743}}$$

Der Kalkulationsfaktor beträgt 1,8743.

> **Kalkulationsfaktor**
> $$= \frac{\text{Bruttoverkaufspreis}}{\text{Bezugspreis}}$$

Anwendung des Kalkulationsfaktors

Um den Bruttoverkaufspreis mithilfe des Kalkulationsfaktors zu ermitteln, muss man den Bezugspreis mit dem Kalkulationsfaktor multiplizieren.

> **BEISPIEL**
>
> Die Ambiente Warenhaus AG kalkuliert Damenblusen mit einem Kalkulationsfaktor von 1,852. Die Auszubildende Anja Maibaum erhält den Auftrag, den Bruttoverkaufspreis für eine Bluse zu kalkulieren, die zum Bezugspreis von 50,00 € eingekauft wurde.
>
> **Bruttoverkaufspreis**
> = 50,00 € · 1,852 = **92,60 €**
>
> **Der Bruttoverkaufspreis beträgt 92,60 €.**

Rückwärtskalkulation

Die Rückwärtskalkulation wird von Einzelhandelsbetrieben dann angewandt, wenn der Verkaufspreis einer Ware durch die Verkaufspreise der Konkurrenz oder aufgrund gesetzlicher Preisvorschriften vorgegeben ist.

> **DEFINITION**
>
> Bei der **Rückwärtskalkulation** wird der Bezugspreis (= Einstandspreis), zu dem die Ware höchstens eingekauft werden darf, ausgehend von einem **vorgegebenen Verkaufspreis** berechnet.

LERNFELD 9

BEISPIEL

Jeans der Marke Lumex 203 können von der Ambiente Warenhaus AG aufgrund der Konkurrenzsituation höchstens zu einem Bruttoverkaufspreis von 129,92 € je Stück verkauft werden. Der Einkäufer der Ambiente Warenhaus AG, Herr Otte, ermittelt den Bezugspreis, zu dem er die Hosen höchstens einkaufen darf, damit sich der Handel mit diesen Jeans für die Ambiente Warenhaus AG lohnt. Er kalkuliert dabei mit 50 % Handlungskosten, 5 % Gewinn und 19 % Umsatzsteuer.

	Bezugspreis (Einstandspreis) ..	69,32 €	⑥
+	50 % Handlungskosten	34,66 €	⑤
=	Selbstkostenpreis	103,98 €	④
+	5 % Gewinn	5,20 €	③
=	Nettoverkaufspreis	109,18 €	②
+	19 % Umsatzsteuer..........	20,74 €	①
=	**Bruttoverkaufspreis**	**129,92 €**	

① **Umsatzsteuer**

$$= \frac{\text{Bruttoverkaufspreis} \cdot \text{Umsatzsteuer (\%)}}{(100\ \% + \text{Umsatzsteuer [\%]})}$$

$$= \frac{129{,}92\ € \cdot 19\ \%}{(100\ \% + 19\ \%)} = \underline{20{,}74\ €}$$

② **Nettoverkaufspreis**

= Bruttoverkaufspreis ./. Umsatzsteuer
= 129,92 € ./. 20,74 € = 109,18 €

③ **Gewinn**

$$= \frac{\text{Nettoverkaufspreis} \cdot \text{Gewinn (\%)}}{(100\ \% + \text{Gewinn [\%]})}$$

$$= \frac{109{,}18\ € \cdot 5\ \%}{(100\ \% + 5\ \%)} = \underline{5{,}20\ €}$$

④ **Selbstkostenpreis**

= Nettoverkaufspreis ./. Gewinn
= 109,18 € ./. 5,20 € = 103,98 €

⑤ **Handlungskosten**

$$= \frac{\text{Selbstkostenpreis} \cdot \text{Handlungskosten (\%)}}{(100\ \% + \text{Handlungskosten [\%]})}$$

$$= \frac{103{,}98\ € \cdot 50\ \%}{(100\ \% + 50\ \%)} = \underline{34{,}66\ €}$$

⑥ **Bezugspreis**

= Selbstkostenpreis ./. Handlungskosten
= 103,98 € ./. 34,66 € = 69,32 €

Der Bezugspreis (= Einstandspreis) für die Jeanshosen darf höchstens 69,32 € betragen.

Vereinfachtes Verfahren der Rückwärtskalkulation

Die Berechnung des aufwendbaren Bezugspreises bei vorgegebenem **Bruttoverkaufspreis** lässt sich durch die Anwendung des **Kalkulationsabschlags** vereinfachen. Bei vorgegebenem **Nettoverkaufspreis** lässt sich die Berechnung des aufwendbaren Bezugspreises durch die Anwendung der **Handelsspanne** vereinfachen.

Ermittlung des Kalkulationsabschlags

DEFINITION

Der **Kalkulationsabschlag** ist die Differenz zwischen Bezugspreis (Einstandspreis) und Bruttoverkaufspreis, ausgedrückt in Prozent des Bruttoverkaufspreises (Bruttoverkaufspreis = 100 %).

BEISPIEL

Die Ambiente Warenhaus AG kalkuliert die Bruttoverkaufspreise für die Warenart Bettwaren mit 40 % Handlungskosten, 10 % Gewinn und 19 % Umsatzsteuer.

a)
	Bezugspreis (Einstandspreis)	100,00 €
+	40 % Handlungskosten	40,00 €
=	Selbstkostenpreis	140,00 €
+	10 % Gewinn	14,00 €
=	Nettoverkaufspreis	154,00 €
+	19 % Umsatzsteuer	29,26 €
=	**Bruttoverkaufspreis**	**183,26 €**

b)
	Bruttoverkaufspreis	183,26 €
./.	Bezugspreis	100,00 €
=	**Differenz**	**83,26 €**

c) 183,26 € = 100 %
   83,26 € =   x %

$$x = \frac{83{,}26\ € \cdot 100\ \%}{183{,}26\ €} = \underline{\mathbf{45{,}4\ \%}}$$

Der Kalkulationsabschlag beträgt 45,4 %.

Kalkulationsabschlag

$$= \frac{(\text{Bruttoverkaufspreis ./. Bezugspreis}) \cdot 100\ \%}{\text{Bruttoverkaufspreis}}$$

Anwendung des Kalkulationsabschlags

Ist der Kalkulationsabschlag für eine Warenart ermittelt worden, lässt sich der Bezugspreis ausgehend vom Bruttoverkaufspreis in einem Schritt errechnen.

LERNFELD 9

BEISPIEL

Spannbetttücher der Marke Exklusiv können von der Ambiente Warenhaus AG höchstens zu einem Bruttoverkaufspreis von 34,80 € verkauft werden. Der Leiter des Funktionsbereichs Beschaffung der Ambiente Warenhaus AG, Herr Otte, ermittelt den Bezugspreis, zu dem die Spannbetttücher höchstens eingekauft werden können. Er kalkuliert dabei mit einem Kalkulationsabschlag von 45,4 %.

a) 100,0 % = 34,80 €
   45,4 % = x €

$$x = \frac{34{,}80\ €\ \cdot\ 45{,}4\ \%}{100{,}00\ \%} = \underline{15{,}80\ €}$$

b) Bruttoverkaufspreis . . . . 34,80 €
   ./. 45,4 % Kalkulationsabschlag . . . . . 15,80 €
   = **Bezugspreis** . . . . 19,00 €

Der Bezugspreis darf höchstens 19,00 € betragen.

Bezugspreis
= Bruttoverkaufspreis ./. Kalkulationsabschlag

Ermittlung der Handelsspanne

DEFINITION

Die **Handelsspanne** ist die Differenz zwischen Bezugspreis (Einstandspreis) und Nettoverkaufspreis, ausgedrückt in Prozent des Nettoverkaufspreises (Nettoverkaufspreis = 100 %).

BEISPIEL

Die Ambiente Warenhaus AG kalkuliert die Nettoverkaufspreise für die Warenart Bettwaren mit 40 % Handlungskosten und 10 % Gewinn.

a) Bezugspreis (Einstandspreis) . . . . . . 100,00 €
   + 40 % Handlungskosten . . . . 40,00 €
   = Selbstkostenpreis . . . . 140,00 €
   + 10 % Gewinn . . . . 14,00 €
   = Nettoverkaufspreis . . . . 154,00 €

b) Nettoverkaufspreis . . . . 154,00 €
   ./. Bezugspreis . . . . 100,00 €
   = **Differenz** . . . . 54,00 €

c) 154,00 € = 100 %
   54,00 € = x %

$$x = \frac{54{,}00\ €\ \cdot\ 100\ \%}{154{,}00\ €} = \underline{35{,}06\ \%}$$

Die Handelsspanne beträgt 35,06 %.

Handelsspanne

$$= \frac{(\text{Nettoverkaufspreis}\ ./.\ \text{Bezugspreis})\ \cdot\ 100\ \%}{\text{Nettoverkaufspreis}}$$

Anwendung der Handelsspanne

Ist die Handelsspanne für eine Warenart ermittelt worden, lässt sich der Bezugspreis ausgehend vom Nettoverkaufspreis in einem Schritt errechnen.

BEISPIEL

Bettbezüge der Marke Exklusiv können von der Ambiente Warenhaus AG höchstens zu einem Nettoverkaufspreis von 30,00 € verkauft werden. Der Leiter des Funktionsbereichs Beschaffung der Ambiente Warenhaus AG, Herr Otte, ermittelt den Bezugspreis, zu dem die Bettbezüge höchstens eingekauft werden können. Er kalkuliert dabei mit einer Handelsspanne von 35,06 %.

a) 100,00 % = 30,00 €
   35,06 % = x €

$$x = \frac{30{,}00\ €\ \cdot\ 35{,}06\ \%}{100{,}00\ \%} = \underline{10{,}52\ €}$$

b) Nettoverkaufspreis . . . . 30,00 €
   ./. 35,06 % Handelsspanne . . . . 10,52 €
   = **Bezugspreis** . . . . 19,48 €

Der Bezugspreis darf höchstens 19,48 € betragen.

Bezugspreis
= Nettoverkaufspreis ./. Handelsspanne

Differenzkalkulation

Die Differenzkalkulation wendet ein Einzelhandelsbetrieb an, wenn er den Verkaufspreis und den Einstandspreis einer Ware wenig oder gar nicht beeinflussen kann. Die Kalkulation dient in diesem Fall dazu, festzustellen, ob es sich lohnt, die Ware in das Sortiment aufzunehmen oder im Sortiment zu belassen.

LERNFELD 9

> **OH!** DIE DINGER MÜSSEN FÜR 52,90 € VERKAUFT WERDEN...

> **DEFINITION**
> Bei der **Differenzkalkulation** wird der **Gewinn,** der sich durch den Verkauf einer Ware erzielen lässt, bei **vorgegebenem Bezugspreis** (= Einstandspreis) **und Verkaufspreis** ermittelt.

BEISPIEL

Die Ambiente Warenhaus AG kann Walkfrottiertücher bei einem Lieferer zum Bezugspreis von 5,00 € je Stück beziehen. Aufgrund der Konkurrenzsituation kann sie die Frottiertücher zum Bruttoverkaufspreis von 11,60 € je Stück verkaufen.

Die Mitarbeiterin im Funktionsbereich Beschaffung der Ambiente Warenhaus AG, Frau Lorenz, prüft, ob sich die Aufnahme dieses Artikels in das Sortiment lohnt. Sie kalkuliert mit 50 % Handlungskosten und 19 % Umsatzsteuer.

	Bezugspreis (Einstandspreis)	5,00 €	
+	50 % Handlungskosten	2,50 €	①
=	Selbstkostenpreis	7,50 €	②
+	Gewinn	2,25 €	⑤
=	Nettoverkaufspreis	9,75 €	④
+	19 % Umsatzsteuer	1,85 €	③
=	Bruttoverkaufspreis	11,60 €	

① **Handlungskosten**

$$= \frac{\text{Bezugspreis} \cdot \text{Handlungskosten (\%)}}{100\,\%}$$

$$= \frac{5{,}00\,€ \cdot 50\,\%}{100\,\%} = \underline{2{,}50\,€}$$

② **Selbstkostenpreis**
= Bezugspreis + Handlungskosten
= 5,00 € + 2,50 € = $\underline{7{,}50\,€}$

③ **Umsatzsteuer**

$$= \frac{\text{Bruttoverkaufspreis} \cdot \text{Umsatzsteuer (\%)}}{(100\,\% + \text{Umsatzsteuer [\%]})}$$

$$= \frac{11{,}60\,€ \cdot 19\,\%}{(100\,\% + 19\,\%)} = \underline{1{,}85\,€}$$

④ **Nettoverkaufspreis**
= Bruttoverkaufspreis ./. Umsatzsteuer
= 11,60 € ./. 1,85 € = $\underline{9{,}75\,€}$

⑤ **Gewinn**
= Nettoverkaufspreis ./. Selbstkostenpreis
= 9,75 € ./. 7,50 € = $\underline{2{,}25\,€}$

Mit den Walkfrottiertüchern kann die Ambiente Warenhaus AG bei den gegebenen Bezugs- und Verkaufspreisen einen **Gewinn von 2,25 €** je Stück erzielen. Die Aufnahme dieses Artikels in das Sortiment der Ambiente Warenhaus AG ist damit lohnend.

Mischkalkulation

Die Marktsituation (Preise der Konkurrenz, Kundenverhalten) zwingt Einzelhändlerinnen und Einzelhändler häufig, Artikel ihres Sortiments mit unterschiedlichen Handelsspannen zu kalkulieren:

- einige Artikel mit einer Handelsspanne, die nicht zur Deckung der Handlungskosten und zur Erwirtschaftung eines angemessenen Gewinns ausreicht (**Ausgleichsnehmer**),
- andere Artikel mit einer überdurchschnittlichen Handelsspanne zum Ausgleich der Ausgleichsnehmer (**Ausgleichsträger**).

Dieses Verfahren nennt man **Misch- oder Ausgleichskalkulation**.

BEISPIEL

	Artikel 1 (Ausgleichs-nehmer)	Artikel 2 (Ausgleichs-träger)
Einstandspreis	100,00 €	140,00 €
+ Handlungskosten	40,00 €	60,00 €
= Selbstkostenpreis	140,00 €	200,00 €
Nettoverkaufspreis	130,00 €	210,00 €
Überschuss/Fehlbetrag	−10,00 €	+10,00 €

Ausgleichsnehmer sind häufig Artikel, bei denen sich die Käuferinnen und Käufer sehr preisbewusst verhalten. Das sind insbesondere Waren des lebensnotwendigen und täglichen Bedarfs und Artikel mit aufgedruckten Preisempfehlungen, durch deren Unterbietung der Handelsbetrieb seine Preiswürdigkeit verdeutlichen kann.

Als Ausgleichsträger eignen sich besonders Artikel, bei denen sich die Kundinnen und Kunden weniger preisbewusst verhalten, weil sie bei diesen Artikeln nur einen geringen Marktüberblick haben. Das ist häufig bei Waren des aperiodischen und gehobenen Bedarfs der Fall, z.B. bei Wohnzimmereinrichtungen, hochwertiger Kleidung.

Sonderangebote

> Während bei der Mischkalkulation bestimmte Artikel langfristig mit geringen Spannen kalkuliert werden, werden bei Sonderangeboten einzelne normal kalkulierte Waren für kurze Zeit zu vergleichsweise niedrigen Preisen angeboten.

Sonderangebote dienen dazu,
- die Preiswürdigkeit des Sortiments der Anbieterin oder des Anbieters zu verdeutlichen,
- den Verkauf von möglichen Ladenhütern zu beschleunigen und damit zusätzliche Kosten (Lagerkosten, Kapitalbindung, Verderb) zu vermeiden.

Gelegentlich werden Sonderangebote auch dazu benutzt, die Liquiditätslage der Anbieterin oder des Anbieters kurzfristig zu verbessern.

Preisdifferenzierung

> Preisdifferenzierung liegt vor, wenn ein Unternehmen die gleiche Ware oder Dienstleistung zu unterschiedlichen Preisen anbietet. Ziel der Preisdifferenzierung ist es, sich mit der Preisstellung unterschiedlichen Marktgegebenheiten anzupassen.

Formen der Preisdifferenzierung sind
- die räumliche Preisdifferenzierung,
- die personelle Preisdifferenzierung,
- die zeitliche Preisdifferenzierung,
- die mengenmäßige Preisdifferenzierung.

Bei der **räumlichen Preisdifferenzierung** wird die gleiche Ware an verschiedenen Orten zu verschiedenen Preisen angeboten.

BEISPIEL
Ein Filialunternehmen bietet seine Waren an Orten mit vielen Konkurrenzbetrieben günstiger an als an Orten ohne Konkurrenzbetriebe.

Bei der **personellen Preisdifferenzierung** wird die gleiche Ware unterschiedlichen Kundengruppen zu unterschiedlichen Preisen angeboten.

BEISPIEL
Ein Händler gibt Ware an Handwerkerinnen und Handwerker preiswerter ab als an andere Kundinnen und Kunden.

Bei der **zeitlichen Preisdifferenzierung** wird die gleiche Ware oder Dienstleistung zu verschiedenen Zeiten zu unterschiedlichen Preisen angeboten.

BEISPIEL
Zur zeitlichen Preisdifferenzierung gehören verbilligte Angebote von Saisonwaren außerhalb der Saison (z.B. günstigere Preise für Kohle und Heizöl im Sommer).

Bei der **mengenmäßigen Preisdifferenzierung** wird bei Abnahme größerer Mengen einer Ware ein günstigerer Preis gewährt.

BEISPIEL
Eine 100-Gramm-Tafel Schokolade kostet 0,60 €. Beim Kauf von fünf Tafeln dieser Schokolade bezahlt der Kunde nur 0,50 € je Tafel.

Rabattgewährung

Der einmal von einer Einzelhändlerin oder einem Einzelhändler festgelegte Preis für eine Ware kann durch die Gewährung von Rabatten (als prozentuale Abschläge) oder Naturalrabatten verändert werden.

> Rabatte (als prozentuale Abschläge) sind Nachlässe von einheitlich festgelegten Bruttopreisen.

LERNFELD 9

Sie können u. a. gewährt werden
- für die Abnahme größerer Mengen (Mengenrabatt),
- an langjährige Kundinnen und Kunden (Treuerabatt),
- an Händlerinnen, Händler und Produktionsbetriebe (Wiederverkäuferrabatt),
- an Betriebsangehörige (Personalrabatt),
- für vorzeitige Zahlung (Skonto),
- wenn die Kundin oder der Kunde am Ende eines Jahres einen bestimmten Mindestumsatz erreicht oder überschritten hat (Bonus).

Naturalrabatte sind Rabatte, die in Form von Waren gewährt werden. Sie können in Form einer Draufgabe oder Dreingabe gewährt werden.

Bei der **Draufgabe** muss die Kundin oder der Kunde die bestellte Waren bezahlen und erhält zusätzliche Ware gratis. Bei der **Dreingabe** muss die Kundin oder der Kunde nur einen Teil der gewünschten Ware bezahlen, der Rest ist gratis.

BEISPIEL

Ein Kunde kauft 120 Flaschen Wein. Die Einzelhändlerin gewährt einen Naturalrabatt von 10 Flaschen.

Draufgabe: Kunde wünscht 120 Flaschen, Kunde erhält 130 Flaschen, Kunde bezahlt 120 Flaschen.

Dreingabe: Kunde wünscht 120 Flaschen. Kunde erhält 120 Flaschen, Kunde bezahlt 110 Flaschen.

AUFGABEN

1. Der Bezugspreis für einen Artikel beträgt 227,50 €, der Nettoverkaufspreis 399,00 €.
   Wie viel Prozent beträgt die Handelsspanne?

2. Eine Ware soll für 151,80 € verkauft werden. Der Kalkulationsfaktor beträgt 1,765.
   Wie viel Euro darf der Einstandspreis der Ware höchstens betragen?

3. In einem Betrieb wird mit 40 % Handlungskosten, 6 % Gewinn und 7 % Umsatzsteuer kalkuliert.
   a) Wie groß ist der Kalkulationsfaktor?
   b) Wie viel Prozent beträgt die Handelsspanne?
   c) Wie viel Prozent beträgt der Kalkulationszuschlag?
   d) Wie viel Prozent beträgt der Kalkulationsabschlag?

4. Der Bezugspreis eines Artikels beträgt 27,80 €. Die Handelsspanne des Betriebs wurde mit 33 1/3 % ermittelt.
   Wie viel Euro beträgt der Nettoverkaufspreis für diesen Artikel?

5. Eine Kalkulation für einen Büroschreibtisch enthält folgende Beträge:
   Listenpreis .... 840,00 €
   Bareinkaufspreis .... 798,00 €
   Bezugspreis .... 820,00 €
   Selbstkostenpreis .... 984,00 €
   Nettoverkaufspreis .... 1.082,00 €
   Bruttoverkaufspreis .... 1.287,58 €

   a) Wie viel Prozent beträgt der Kalkulationszuschlag?
   b) Wie viel Prozent beträgt die Handelsspanne?
   c) Wie groß ist der Kalkulationsfaktor?
   d) Wie viel Prozent beträgt der Kalkulationsabschlag?

6. Der Bezugspreis einer Ware beträgt 42,00 €, der Kalkulationsfaktor 1,54.
   Wie viel Euro beträgt der Bruttoverkaufspreis?

7. Für eine Ware beträgt der Nettoverkaufspreis 171,00 €.
   Wie viel Euro darf der Bezugspreis höchstens betragen, wenn mit einer Handelsspanne von 30 % kalkuliert wird?

8. Ein Einzelhändler erhält ein Angebot über eine Ware. Der Listenpreis ist mit 160,00 € pro Stück angegeben. Sein Lieferer gewährt ihm 4 % Rabatt und 2 % Skonto. Die Bezugskosten für 100 Stück betragen 35,00 €. Der Einzelhändler kalkuliert mit 10 % Handlungskosten, 10 % Gewinn und 19 % Umsatzsteuer.
   Zu welchem Bruttoverkaufspreis kann er die Ware anbieten?

9. Der Bezugspreis für eine Ware beträgt 200,00 €. Die Händlerin kalkuliert mit einem Kalkulationszuschlag von 35 %.
   Wie viel Euro beträgt der Bruttoverkaufspreis?

LERNFELD 9

10. Der Bruttoverkaufspreis einer Ware beträgt 276,08 €. Der Einzelhändler kalkuliert mit 10 % Gewinn, 30 % Handlungskosten und 19 % Umsatzsteuer.

    Wie viel Euro darf der Bezugspreis höchstens betragen?

11. Eine Lebensmitteleinzelhändlerin kalkuliert die Artikel der Warengruppe Nährmittel mit einem Kalkulationszuschlag von 70 %.

    Mit wie viel Prozent Gewinn kalkuliert sie, wenn sie mit 20 % Handlungskosten und 7 % Umsatzsteuer rechnet?

12. Der Bruttoverkaufspreis für einen Blu-Ray-Player beträgt 700,00 €, sein Selbstkostenpreis 450,00 €.

    Mit welchem Kalkulationsfaktor wurde kalkuliert, wenn mit einem Handlungskostenzuschlag von 30 % gerechnet wurde?

13. Der Bruttoverkaufspreis für ein Paar Herrensocken beträgt 5,80 €. Die Ambiente Warenhaus AG hat diesen Artikel mit einem Kalkulationsfaktor von 1,52 kalkuliert.

    Wie viel Euro beträgt der Bezugspreis für diesen Artikel?

14. Ein Elektrogerätehändler kauft bei einem Hersteller 20 Gefrierschränke zum Einstandspreis von 420,00 € je Stück.

    Wie viel Euro beträgt der Bruttoverkaufspreis je Stück, wenn der Elektrogerätehändler die Gefrierschränke mit einem Kalkulationszuschlag von 60 % kalkuliert?

15. Aufgrund der Konkurrenzsituation kann ein Einzelhändler für einen Artikel nur einen Bruttoverkaufspreis von 99,06 € fordern.

    Welcher Bezugspreis ergibt sich für ihn als Preisobergrenze, wenn er mit 20 % Handlungskosten, 10 % Gewinn und 19 % Umsatzsteuer kalkuliert?

16. Eine Sanitärhandlung bietet eine Badewanne zum Bruttoverkaufspreis von 204,16 € an.

    Wie viel Euro beträgt der Bezugspreis für die Wanne, wenn die Sanitärhandlung mit einer Handelsspanne von 30 % und 19 % Umsatzsteuer kalkuliert?

17. Ein Rundfunk- und Fernsehhändler bietet ein Fernsehgerät, das er zum Einstandspreis von 850,00 € eingekauft hat, zum Nettoverkaufspreis von 920,00 € an.

    Wie viel Euro beträgt sein Verlust, wenn er das Fernsehgerät mit 30 % Handlungskosten kalkuliert hat?

18. Ein Einzelhandelsbetrieb verkauft eine Ware, die er zum Einstandspreis von 1.025,00 € bezogen hat, zum Nettoverkaufspreis von 1.650,00 €. Dabei kalkuliert er mit 40 % Handlungskosten.

    Wie viel Prozent beträgt seine Gewinnspanne?

19. Die Ambiente Warenhaus AG bezieht Damenblusen zum Einstandspreis von 24,40 € je Stück. Der Handlungskostenzuschlag beträgt 35 %.

    Wie viel Prozent Gewinn bleiben der Ambiente Warenhaus AG, wenn sie aus Wettbewerbsgründen nur einen Nettoverkaufspreis von 38,00 € je Stück verlangen kann?

20. a) Was versteht man unter Mischkalkulation?

    b) Warum wenden Handelsbetriebe bei der Preisgestaltung die Mischkalkulation an?

21. Nennen Sie Artikel im Sortiment Ihres Ausbildungsbetriebs, die sich als Ausgleichsträger eignen.

22. Welche Artikel Ihres Ausbildungsbetriebs sind häufig Ausgleichsnehmer?

23. Welche Ziele verfolgen Einzelhandelsbetriebe mit Sonderangeboten?

24. Um welche Formen der Preisdifferenzierung handelt es sich in den folgenden Fällen?

    a) Skier werden im Sommer zu günstigeren Preisen angeboten als zur Weihnachtszeit.

    b) Der Preis für eine Normalpackung beträgt 2,58 €. Der Preis für eine Doppelpackung beträgt nur 4,98 €.

    c) Die Obst- und Gemüsehandlung „Frischkauf" bietet in ihrer Münchener Zweigniederlassung Blumenkohl für 2,00 € je Kopf an. In ihrer Görlitzer Zweigniederlassung verlangt sie nur 1,50 € je Kopf.

25. Beim Kauf von zehn Apfelsinen erhalten Kundinnen und Kunden in einem Supermarkt eine Apfelsine gratis.

    Um welche Rabattart handelt es sich in diesem Fall?

LERNFELD 9

AKTIONEN

1. Das Warenhaus Larstadt bietet in seiner Damenoberbekleidungsabteilung die folgenden Artikel preisgünstig an:
   - Damenblazer in Bouclé-Optik, Gr. 36–46, zum Preis von 49,95 €
   - Denim-Blazer, Gr. 36–46, zum Preis von 45,95 €
   - Jacke im aktuellen Trench-Stil, Gr. 36–46, zum Preis von 59,95 €
   - Baumwoll-Stretch-Hose zum Preis von 29,95 €
   - Krempel-Jeans zum Preis von 39,95 €

   Die Ambiente Warenhaus AG möchte mit einer Sonderaktion auf das Angebot ihres Mitbewerbers Larstadt reagieren. Die Leiterin des Funktionsbereichs Verkauf bittet die Auszubildenden Anja Maibaum und Lars Panning, eine entsprechende Sonderaktion vorzubereiten.

   Versetzen Sie sich in die Rolle von Anja Maibaum oder Lars Panning.

   a) Entwickeln Sie ein schlüssiges Konzept für die Sonderaktion.
   b) Präsentieren Sie das Konzept Ihren Mitschülerinnen und Mitschülern.

2. a) Informieren Sie sich über aktuelle Sonderangebote Ihres Ausbildungsbetriebs.
   b) Informieren Sie sich über Gründe für diese Sonderangebote.
   c) Stellen Sie die Ergebnisse in Ihrer Klasse vor. Benutzen Sie dabei ein Präsentationsmittel Ihrer Wahl.

3. Seit der Abschaffung des Rabattgesetzes werden in sehr vielen Einzelhandelsunternehmen in erheblichem Umfang Rabattaktionen durchgeführt. Diese Rabattaktionen bieten Einzelhandelsunternehmen Chancen und Risiken.

   Führen Sie eine Pro-und-Kontra-Diskussion zum Thema „Rabattaktionen im Einzelhandel" durch.

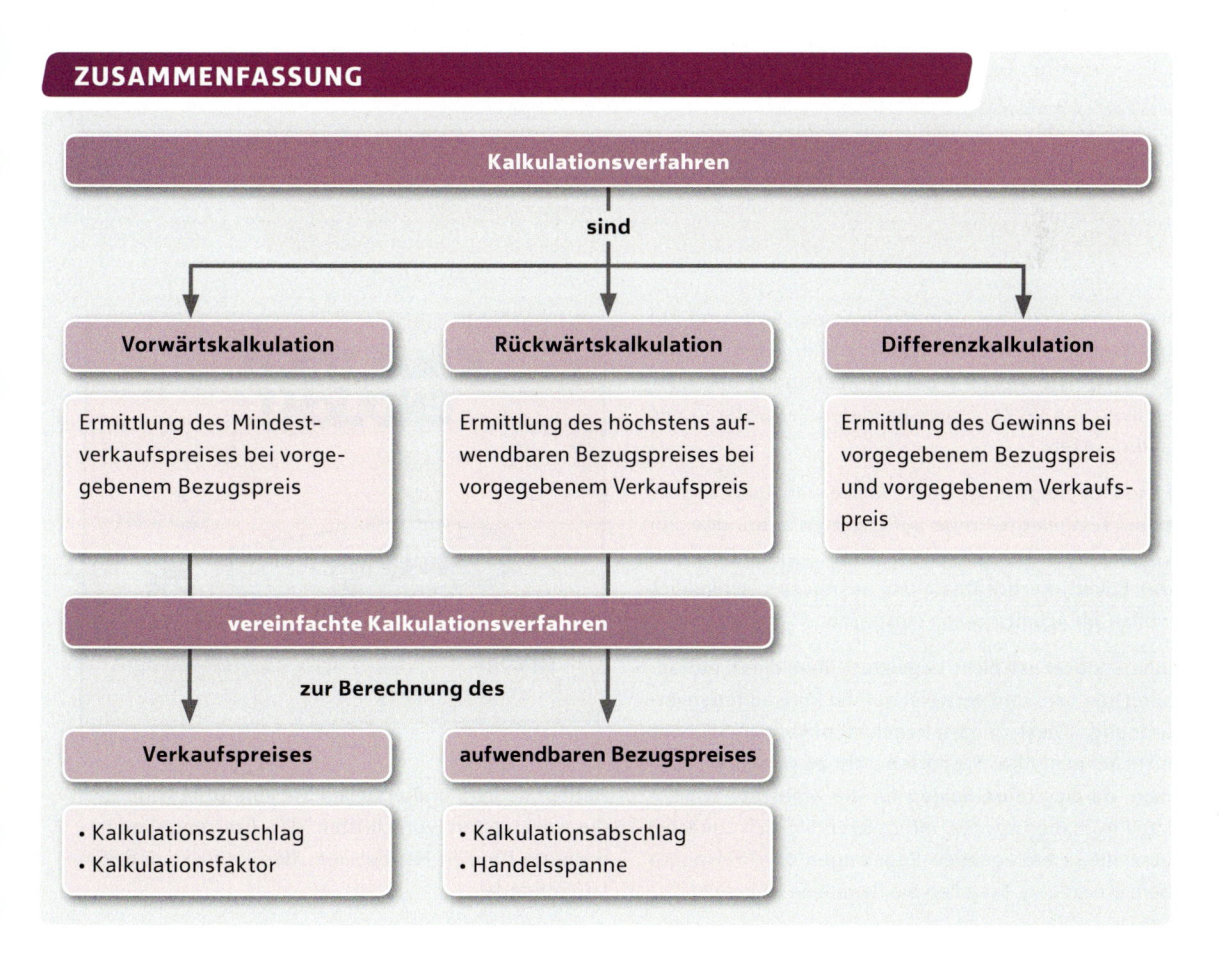

ZUSAMMENFASSUNG

Kalkulationsverfahren

sind

- **Vorwärtskalkulation**
  Ermittlung des Mindestverkaufspreises bei vorgegebenem Bezugspreis

- **Rückwärtskalkulation**
  Ermittlung des höchstens aufwendbaren Bezugspreises bei vorgegebenem Verkaufspreis

- **Differenzkalkulation**
  Ermittlung des Gewinns bei vorgegebenem Bezugspreis und vorgegebenem Verkaufspreis

vereinfachte Kalkulationsverfahren

zur Berechnung des

- **Verkaufspreises**
  - Kalkulationszuschlag
  - Kalkulationsfaktor

- **aufwendbaren Bezugspreises**
  - Kalkulationsabschlag
  - Handelsspanne

LERNFELD 9

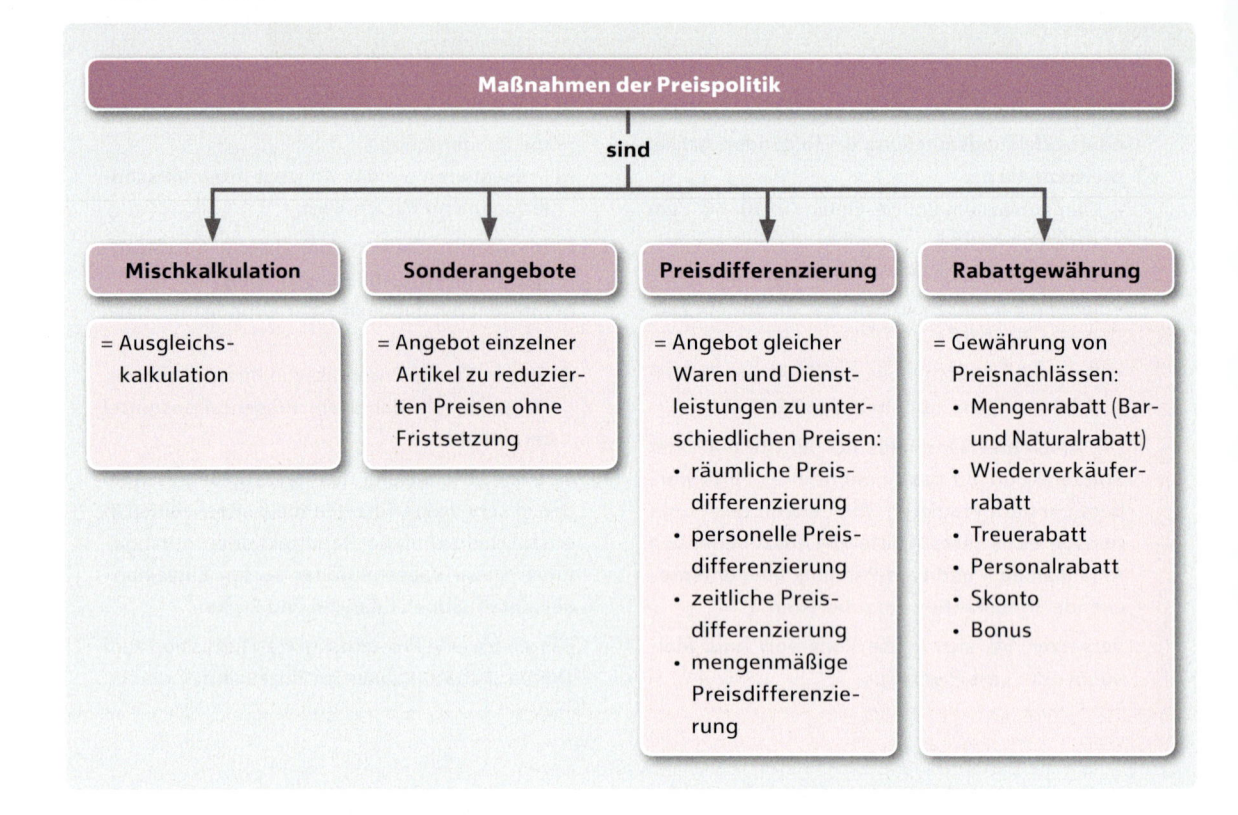

Maßnahmen der Preispolitik

sind

Mischkalkulation
= Ausgleichskalkulation

Sonderangebote
= Angebot einzelner Artikel zu reduzierten Preisen ohne Fristsetzung

Preisdifferenzierung
= Angebot gleicher Waren und Dienstleistungen zu unterschiedlichen Preisen:
- räumliche Preisdifferenzierung
- personelle Preisdifferenzierung
- zeitliche Preisdifferenzierung
- mengenmäßige Preisdifferenzierung

Rabattgewährung
= Gewährung von Preisnachlässen:
- Mengenrabatt (Bar- und Naturalrabatt)
- Wiederverkäuferrabatt
- Treuerabatt
- Personalrabatt
- Skonto
- Bonus

KAPITEL 3
Wir beachten die rechtlichen Vorschriften für die Preisgestaltung

Bisher hat sich Lars Panning in seiner Abteilung gut geschlagen. Er soll nun Julia Langner – die Leiterin eines Warenbereichs – bei der Festlegung und Darstellung von Verkaufspreisen in den Verkaufsräumen unterstützen.

Er soll für einige eingekaufte Artikel von Julia Langner schon festgelegte Preise auf Etiketten anbringen. Für Lars ist eigentlich ganz klar: „Einfach einen Preis auf das Etikett: Fertig! Das muss ausreichen, schließlich wollen wir Arbeitskosten einsparen …."

Julia Langner ist nicht begeistert über diese Auffassung von Lars und verweist auf die Preisangabenverordnung: „Diese ganzen Regelungen können Sie noch nicht kennen. Aber Sie dürfen nicht zu vorschnell handeln, da dies teure Folgen für die Ambiente Warenhaus AG haben könnte. Informieren Sie sich zunächst über die grundlegenden Regelungen der Preisangabenverordnung. Erstellen Sie dann eine Übersicht."

Helfen Sie Lars und erstellen Sie eine Übersicht über die wichtigsten Vorschriften der Preisangabenverordnung für den Handel über das Internet und den Ladenhandel.

LERNFELD 9

INFORMATION

Für jeden Artikel müssen in Geschäften und auf Internetseiten die Verkaufspreise angegeben werden. Die Mitarbeitenden müssen dabei verschiedene Entscheidungen treffen:
- Mit welchem Preis biete ich einen Artikel an?
- Sind alle rechtlichen Vorschriften bei der Angabe des Preises beachtet worden?
- Wie platziere ich die Preisangabe möglichst verkaufswirksam auf der Internetseite?

Preisempfehlungen des Herstellers

Preisempfehlungen des Herstellers sind unverbindliche Empfehlungen an den Handel, zu diesen Preisen zu verkaufen. Der Handel ist an diese Empfehlung nicht gebunden.

Unverbindliche Preisempfehlungen sind gesetzlich zulässig. Eine verbindliche Preisbindung durch den Hersteller ist gesetzlich nur bei Verlags- und Pharmaerzeugnissen erlaubt.

Preisdifferenzierung und Kundendiskriminierung

In der Vergangenheit haben Webshops eine Art von Preisdifferenzierung betrieben, die jetzt nicht mehr erlaubt ist. Sie haben ausländische Kundinnen und Kunden in einen besonderen Webshop speziell für Kundinnen und Kunden aus dem Ausland umgeleitet. Dort wurden erheblich höhere Preise verlangt. Eine Verordnung der EU verbietet nun eine solche Ungleichbehandlung bei den Preisen aufgrund von Wohnort oder Herkunft der Kundinnen und Kunden. Ein Verbot einer solchen künstlichen Marktsegmentierung zulasten der Kundinnen und Kunden soll verhindern, dass ausländische Käuferinnen und Käufer von den für inländische geltenden Angeboten ausgeschlossen werden.

BEISPIEL

Die Holländerin Svantje Cruiff möchte in einem deutschen Webshop eine Geschirrspülmaschine zu einem günstigen Preis kaufen. Der Webshop darf den Kauf nicht ablehnen. Möchte er den Geschirrspüler nicht nach Amsterdam schicken, muss er der Käuferin die Möglichkeit einräumen, die Lieferung selbst zu organisieren oder sogar die Ware selbst abzuholen.

Rechtliche Vorgaben für die Preisgestaltung: Die Preisangabenverordnung

Allgemeine Regeln der Preisangabenverordnung

In der Preisangabenverordnung ist festgelegt, dass jeder Einzelhandelsbetrieb seine Waren mit Preisen auszeichnen muss.

Die Preisangabenverordnung soll die Verbraucherinnen und Verbraucher schützen: Sie sollen den Preis für ein Produkt oder eine Dienstleistung ohne Weiteres feststellen können. Dadurch können sie diesen Produktpreis mit anderen Preisen direkt vergleichen. Zudem soll ihnen einen Marktüberblick ermöglicht werden. Die Preisangabenverordnung gilt nur im Geschäftsverkehr mit Letztverbraucherinnen und Letztverbrauchern. Als einen „Letztverbraucher" versteht die Preisangabenverordnung jede Person, die ein Produkt oder eine Dienstleistung kauft und diese lediglich für sich verwendet. Die Ware darf also nicht weiterverkauft werden.

Ziele der Preisangabenverordnung sind vor diesem Hintergrund also:
- Im Interesse der Marktteilnehmenden soll das Marktverhalten geregelt werden.
- Konsumentinnen und Konsumenten sollen die Möglichkeit haben, Preisvergleiche durchführen zu können.
- Es soll sichergestellt werden, dass Verbraucherinnen und Verbraucher eine vollständige und sachlich zutreffende Information über der Höhe des Preises für eine Ware oder Dienstleistung erhalten.
- Verbraucherinnen und Verbraucher sollen auf den ersten Blick sehen können, was sie tatsächlich am Ende zu zahlen haben.

Die Preisangabenverordnung will für die Kundinnen und Kunden also Preisklarheit und Preiswahrheit erreichen. Ein Preis muss in der Werbung oder beim Angebot
- leicht erkennbar,
- deutlich lesbar
- und eindeutig zugeordnet sein.

BEISPIELE

- Für die Ambiente Warenhaus AG bedeutet dies, dass das Angebot und der Preis auf den Internetseiten einander klar zugeordnet werden können.

LERNFELD 9

> - Die Ambiente Warenhaus AG versieht in ihrem stationären Bereich alle den Kundinnen und Kunden zum Verkauf präsentierten Waren gemäß der Preisangabenverordnung mit einem Preis. Dies betrifft alle Waren innerhalb des Verkaufsraums, egal, ob sie ausgestellt sind oder – auch zur Selbstbedienung – in Regalen ausliegen. Die Ambiente Warenhaus AG achtet auch bei Ausstellung der Waren in Schaufenstern oder Schaukästen auf eine korrekte Preisauszeichnung. Auch Waren vor dem Geschäft (also außerhalb des Verkaufsraums, z. B. auf Ständern) werden ausgezeichnet.

Im Onlinehandel muss berücksichtigt werden, dass diese Voraussetzungen nicht erfüllt sind, wenn erst ein Mouse-over den Grundpreis sichtbar macht bzw. ein zusätzlicher Link angeklickt werden muss.

Die Preisangabenverordnung verlangt, dass den Kundinnen und Kunden immer der **Endpreis** angezeigt wird. Der Endpreis (Bruttopreis) setzt sich zusammen aus

- Preis (Nettopreis),
- Umsatzsteuer und
- weiteren Preisbestandteilen.

Für die Kundinnen und Kunden soll also sofort zu erkennen sein, was sie am Ende insgesamt zahlen müssen.

Folgende Angaben sind bei der Preisauszeichnung gesetzlich vorgeschrieben:

- Bruttoverkaufspreis: Dieser Preis, der für die Ware insgesamt zu zahlen ist, setzt sich aus dem Nettoverkaufspreis und der Umsatzsteuer zusammen.
- Mengeneinheit des Artikels

BEISPIEL

- 1 l
- 2,5 kg
- 10 m
- 100 Stück

- Der Grundpreis einer Ware: Dies ist der Preis je Mengeneinheit einschließlich der Umsatzsteuer und sonstiger Preisbestandteile. Der Grundpreis muss nicht angegeben werden, wenn der Grundpreis dem Gesamtpreis entspricht. Für ein besseres Nachvollziehen von Preisen durch die Verbraucherinnen und Verbraucher müssen grundsätzlich 1 kg oder 1 l als verbindliche Mengeneinheiten für die Angabe des Grundpreises genutzt werden.

- Handelsübliche Warenbezeichnung bzw. Gütebezeichnung: Unter „handelsüblich" versteht man eine Bezeichnung, die für die ausgezeichneten Artikel allgemein im Geschäftsleben verwendet wird.

Aussagen der Preisangabenverordnung zur Werbung mit Preisermäßigungen

Wird bei einer Werbung mit Preisermäßigungen ein vorheriger Verkaufspreis angegeben, richtet sich dieser nach dem niedrigsten Gesamtpreis, den der Einzelhandelsbetrieb in den letzten 30 Tagen für diese Ware von seinen Kundinnen und Kunden gefordert hat. Diese Gegenüberstellung der Preise kann direkt oder durch einen prozentualen Abzug erfolgen. Diese Regelung gilt sowohl für Waren in stationären Einzelhandelsgeschäften als auch für Waren im Onlinehandel.

Bei Verstößen gegen die Preisangabenverordnung muss ein Einzelhandelsunternehmen zwei Gefahren befürchten:

- Abmahngefahr: Fehler in der Preisauszeichnung können Gründe dafür sein, um von der Konkurrenz, von Verbraucherschutzverbänden oder Wettbewerbsvereinen eine Abmahnung zu erhalten. Diese fordern dazu auf, die mangelhafte Preisauszeichnung in Zukunft zu unterlassen. Sie stellen dem Einzelhandelsbetrieb die durch die Abmahnung entstandenen Kosten in Rechnung.
- Ordnungsgelder: Liegt ein nachweisbarer Verstoß gegen die Regelungen der Preisangabenverordnung vor, kann der Staat ein Einzelhandelsunternehmen auch mit einer Zahlung von Ordnungsgeldern bis zu einer Höhe von 25.000,00 € bestrafen.

Konsequenzen der Preisangabenverordnung für Webshops

Die allgemeinen Regeln der Preisangabenverordnung gelten auch für Webshops. Folgende Besonderheiten müssen jedoch zusätzlich beachtet werden:

- Auch für Webshops gilt, dass sie Endverbraucherinnen und Endverbrauchern Endpreise nennen. Sie müssen die Kundinnen und Kunden auch drauf hinweisen, dass die geforderten Endpreise Umsatzsteuer und sonstige Preisbestandteile enthalten.

BEISPIEL

Die Ambiente Warenhaus AG gibt ihren Kundinnen und Kunden den folgenden Hinweis: „Alle von uns angegebenen Preise sind Endpreise inkl. MwSt. zzgl. Liefer-/Versandkosten."

LERNFELD 9

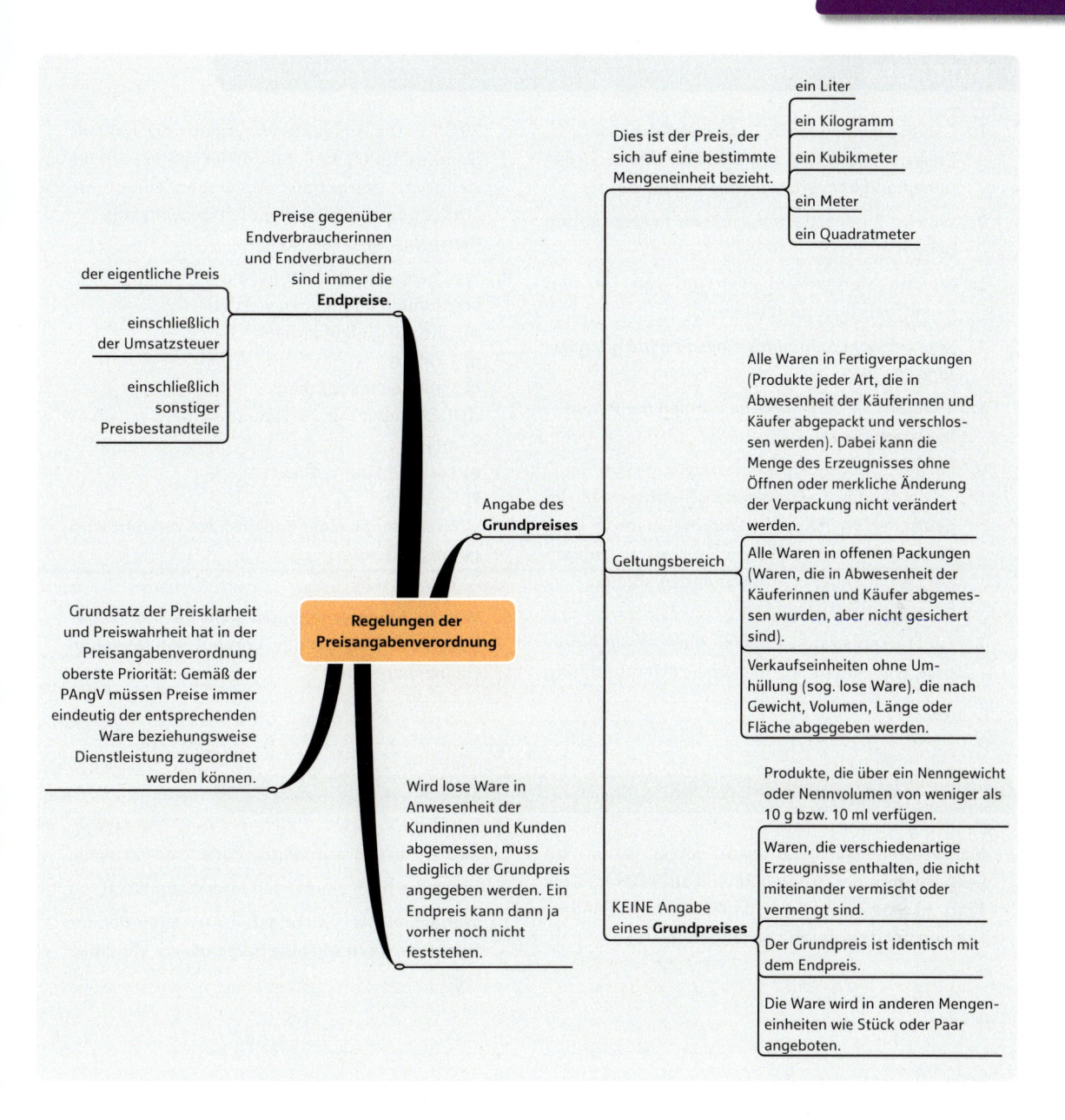

Regelungen der Preisangabenverordnung

Grundsatz der Preisklarheit und Preiswahrheit hat in der Preisangabenverordnung oberste Priorität: Gemäß der PAngV müssen Preise immer eindeutig der entsprechenden Ware beziehungsweise Dienstleistung zugeordnet werden können.

Preise gegenüber Endverbraucherinnen und Endverbrauchern sind immer die Endpreise.
- der eigentliche Preis
- einschließlich der Umsatzsteuer
- einschließlich sonstiger Preisbestandteile

Angabe des Grundpreises
Dies ist der Preis, der sich auf eine bestimmte Mengeneinheit bezieht.
- ein Liter
- ein Kilogramm
- ein Kubikmeter
- ein Meter
- ein Quadratmeter

Geltungsbereich
- Alle Waren in Fertigverpackungen (Produkte jeder Art, die in Abwesenheit der Käuferinnen und Käufer abgepackt und verschlossen werden). Dabei kann die Menge des Erzeugnisses ohne Öffnen oder merkliche Änderung der Verpackung nicht verändert werden.
- Alle Waren in offenen Packungen (Waren, die in Abwesenheit der Käuferinnen und Käufer abgemessen wurden, aber nicht gesichert sind).
- Verkaufseinheiten ohne Umhüllung (sog. lose Ware), die nach Gewicht, Volumen, Länge oder Fläche abgegeben werden.

KEINE Angabe eines Grundpreises
- Produkte, die über ein Nenngewicht oder Nennvolumen von weniger als 10 g bzw. 10 ml verfügen.
- Waren, die verschiedenartige Erzeugnisse enthalten, die nicht miteinander vermischt oder vermengt sind.
- Der Grundpreis ist identisch mit dem Endpreis.
- Die Ware wird in anderen Mengeneinheiten wie Stück oder Paar angeboten.

Wird lose Ware in Anwesenheit der Kundinnen und Kunden abgemessen, muss lediglich der Grundpreis angegeben werden. Ein Endpreis kann dann ja vorher noch nicht feststehen.

- Fallen Versandkosten an, müssen diese mit ihrer Höhe angegeben werden. Dies kann in einigen Fällen nicht möglich sein. Der Webshop muss dann den Endverbraucherinnen und Endverbrauchern über einen Link zu einer Seite mit den entsprechenden Informationen führen. Mit den dort angegebenen Daten müssten die Endverbraucherinnen und Endverbraucher noch vor der Einleitung des Bestellvorgangs die Höhe der Versandkosten selber leicht berechnen können.
- Endpreise müssen direkt bei Bildern oder Beschreibungen der Produkte dargestellt werden. Auch müssen Angaben gemacht werden, ob Umsatzsteuer oder weitere Preisbestandteile im Preis enthalten sind.
- Wenn im Webshop ein Artikel mit seinem Gewicht, Volumen, Fläche oder Länge angeboten wird, muss auch dessen Grundpreis in unmittelbarer Nähe zum Endpreis aufgeführt werden.

> Nach der Preisangabenverordnung ist es nicht zulässig, die Versandkosten lediglich in den AGB anzugeben oder am Ende einer Seite, wenn nicht beim Angebot darauf hingewiesen wurde.

AUFGABEN

1. Geben Sie an, wie ein Einzelhandelsbetrieb die Preise seiner Waren gegenüber Endverbraucherinnen und Endverbrauchern angeben muss.
2. Welche Eigenschaften müssen Preisangaben haben?
3. Welche Mengeneinheiten müssen für den Grundpreis angeführt werden?
4. Was versteht man unter einer Preisdifferenzierung?
5. Erläutern Sie verschiedene Formen der Preisdifferenzierung.
6. Ein französischer Freizeitpark zwingt seine deutschen Kundinnen und Kunden, Eintrittskarten im deutschen Webshop des Unternehmens zu kaufen statt im französischen Onlineshop, in dem Karten günstiger erworben werden können. Beurteilen Sie diesen Fall.
7. Ein Markenhersteller liefert Ware an die Ambiente Warenhaus AG mit der Preisempfehlung 79,99 €. Die Ambiente Warenhaus AG verkauft die Ware für 69,99 €. Kurze Zeit später wird die Ambiente Warenhaus AG wegen eines Verstoßes gegen die Preisempfehlung verklagt. Beurteilen Sie diesen Fall.
8. Welche Preise müssen nach der Preisangabenverordnung angegeben werden?
    a) Tüte mit Tiefkühlerbsen
    b) 1 l Milch
    c) Kaffeesahnedöschen
    d) Packungen mit 20 Stück Haushaltsschwämmen
    e) Körbchen mit Erdbeeren
    f) Spülmittel
    g) Fisch, der an einer Bedientheke verkauft wird
    h) Präsentkörbe
    i) Tuchgewebe
9. Welche Sonderregelungen sieht die Preisangabenverordnung für den Verkauf von Waren in Onlineshops vor?

AKTION

Man versteht erst dann etwas richtig, wenn man versucht, es einer anderen Person zu erklären. Dies führt zu einer erneuten gründlichen Auseinandersetzung mit dem gerade behandelten Thema.

1. Suchen Sie sich einen Partner oder eine Partnerin.
2. Lesen Sie noch einmal den Informationstext.
3. Wandeln Sie die wichtigsten Aussagen des Informationstextes in eine gemeinsame Mindmap um.

ZUSAMMENFASSUNG

Vorschriften der Preisangabenverordnung

Forderung an Preisangaben
- deutlich lesbar
- leicht erkennbar
- dem Angebot deutlich zugeordnet

Inhalt
- Endpreis (Bruttoverkaufspreis)
- Grundpreis
- Gütebezeichnung

KAPITEL 4
Wir nutzen das Warenwirtschaftssystem für preispolitische Maßnahmen

LERNFELD 9

EDV-gestützte Warenwirtschaftssysteme stellen neben vielen anderen Auswertungen z. T. auch Preislagen- und Altersstatistiken zur Verfügung:

Paul Winkelmann, Abteilungsleiter Herrenoberbekleidung der Ambiente Warenhaus AG, lässt sich eine Statistik für die Hauptwarengruppe Herrenanzüge ausdrucken.

```
              PREISLAGENSTATISTIK  MONAT 07           STAND 10.07.
              HAUPTWARENGRUPPE 10    HERRENANZUEGE

PREISLAGE    V E R K A U F         LUG   L A G E R    BESTELLTE MENGEN NACH     LAGER+  ------ALTERSGLIEDERUNG DES LAGERBESTANDES------
                                                        LIEFERTERMIN             BE-      1/4 JAHR      1/2 JAHR     BIS 1 JAHR   UEB. 1 JAHR
 VON   BIS  ---MONAT--- ---JAHR---                                               
 EUR   EUR  MENGE %WGR  MENGE %WGR       MENGE  %WGR  FAELL. -1MON -2MON SPAET. STELLT MENGE %3STD  MENGE %8STD  MENGE %3STD  MENGE %8STD

  75-  99     1   1,3    18    2,1   2,8   14   2,0     0     0     0     0     14      0   0,0      0   0,0      2  14,3     12  85,7
 100- 199     3   2,5    24    2,9   2,6   23   3,1    15    35    27    24    124      0   0,0     15  63,8      6  24,5      2  11,7
 200- 299     8   7,8   103   12,4   3,2   70   9,5    28    41    49    43    231     19  26,7     36  52,1     11  16,2      4   5,0
 300- 399    29  28,4   219   26,3   2,6  205  27,8    12    23    14    13    267     71  34,5     87  42,6     39  18,9      8   4,0
 400- 499    40  38,4   298   35,7   2,7  269  36,6     9    21     4     4    307    100  37,3    106  39,4     41  15,2     22   8,1
 500- 699    19  12,9   146   17,5   2,7  131  17,8    12    27    18    16    204     41  31,2     68  51,9     15  11,3      7   5,7
 700-         3   2,7    26    3,1   2,8   24   3,2     2    16     4     3     49      8  33,8     12  49,5      4  16,7      0   0,0
SUMME/      103         834         2,7  736          78   163   116   103   1196    239  32,5    324  44,0    118  16,0     55   7,5
DURCHSCHNITT
```

Durch die Preislagenstatistik kann die Ambiente Warenhaus AG zwei Fragen klären:
- Welche Preislage läuft in welcher Warengruppe am besten?
- Entspricht der Anteil der Preislage am Lagerbestand den Umsätzen?

Die Altersstatistik gibt dagegen Auskunft über die aktuelle Altersgliederung des Lagerbestands.

1. Stellen Sie fest, wie die Altersstatistik für preispolitische Maßnahmen herangezogen werden kann.
2. Untersuchen Sie, wie Warenwirtschaftssysteme preispolitische Maßnahmen unterstützen.

INFORMATION

Für Einzelhandelsunternehmen ist die Kalkulation ein unverzichtbares Instrument der Existenzsicherung: Jederzeit müssen im Bereich der Preisfindung die richtigen Entscheidungen getroffen werden.

Optimale Entscheidungen im Bereich der Preispolitik von Einzelhandelsunternehmen basieren auf umfassenden Informationen, wie sie rationell und wirtschaftlich durch neueste Informationstechnologien bereitgestellt werden. Um verlässlich zu kalkulieren, gibt es verschiedene Wege: Einer davon ist der **Aufbau eines Kalkulationssystems mithilfe von PC-Programmen** in eigener Regie. Auf vielen PCs sind Tabellenkalkulationen wie MS-Excel bereits vorhanden.

Der zweite, komfortablere und auch professionellere Weg führt über den **Einsatz spezieller Kalkulationsmodule in einem modularen Warenwirtschaftssystem**. Eine solche Lösung kann über ihre angestammte Aufgabe, die Preisfindung, hinaus noch weitere wichtige Funktionen erfüllen. Dabei geht es darum, die Steuerung des Warenflusses vom Wareneingang über Lagerung bis zum Verkauf weitgehend zu automatisieren, um unproduktive Umwege zu vermeiden.

Die laufende Speicherung und Integration aller relevanten Daten ermöglicht betriebswirtschaftlich fundierte Aussagen über den aktuellen Unternehmenserfolg. Veränderungen der Ertragssituation oder der Erfolg von Preisaktionen werden nur im gezielten Rückblick sichtbar, was natürlich keine Fehler rückgängig machen kann, aber vielleicht deren Wiederholung verhindert. Aus betriebswirtschaftlicher Sicht werden demnach die Leistungsfähigkeit und die Bedeutung einer Kalkulationssoftware maßgeblich durch die Einbindung in die Warenwirtschaft mitbestimmt.

Die Hauptaufgabe der Warenwirtschaftssysteme im Bereich der Preispolitik ist die **Preisfindung**. Bei der Kalkulation der Verkaufspreise müssen viele Größen

LERNFELD 9

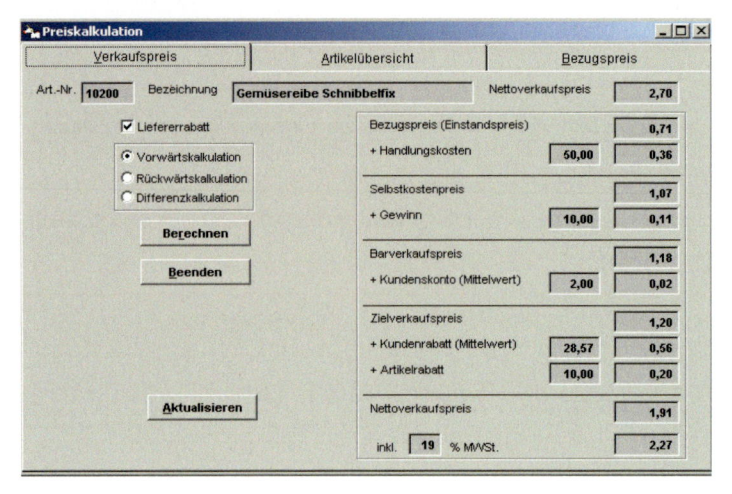

Preiskalkulation am PC

berücksichtigt werden. Es müssen z. B. Kosten, Umsatzsteuern, Gewinne, Umsätze, Marktchancen usw. beachtet werden, um die richtigen Verkaufspreise zu ermitteln. Die Software liefert alle benötigten Daten in jeder gewünschten Form. Anschließend werden alle Kalkulationen schnell und komfortabel durchgeführt.

Zur Begründung weiterer preispolitischer Entscheidungen liefern EDV-gestützte Warenwirtschaftssysteme Informationen in mehrfacher Hinsicht.

So informiert das Warenwirtschaftssystem im Rahmen der kurzfristigen Erfolgsrechnung warengruppen- oder artikelgenau über die durchschnittlich erzielte Handelsspanne. Es bietet damit dem Einzelhandelsbetrieb eine **laufende Kontrolle**, ob in dem Unternehmen bisher kosten- und gewinndeckend kalkuliert worden ist.

Bei vielen Artikeln besteht ein Kalkulationsspielraum, der nicht immer genutzt wird. Der Einzelhandelsbetrieb muss sich also fragen: Wo liegt die **Obergrenze des Verkaufspreises**, ohne dass Umsatz und Gewinn negativ beeinflusst werden? Der infrage kommende Artikel wird durch das Warenwirtschaftssystem über mehrere Perioden hinweg mit einem unterschiedlichen Verkaufspreis (und Gewinn) ermittelt. Gerade bei hochpreisigen und hochwertigen Artikeln, die nicht so sehr im Preisbewusstsein der Kunden und Kundinnen verankert sind, sollte durch Untersuchungen der richtige Preis ausgelotet werden. Jede vertretbare Erhöhung des Verkaufspreises bei gleichbleibenden Kosten bedeutet einen wesentlichen Beitrag zur Erfolgssicherung des Unternehmens.

EDV-gestützte Warenwirtschaftssysteme geben auch wertvolle Hinweise für eine geeignete Mischkalkulation (**Kompensationskalkulation**). Es wird deutlich, welche Artikel mit einer sehr hohen Stückspanne belegt werden können, um niedrig kalkulierte Artikel zu unterstützen (z. B. Sonderangebote oder Ladenhüter, die verramscht werden sollen).

Mit EDV-gestützten Warenwirtschaftssystemen lassen sich ferner **Sonderangebote** genau kontrollieren. Sonderangebote sollen Kunden in den Laden ziehen. Sie dienen also hauptsächlich dazu, den Gesamtumsatz eines Betriebs anzuheben. Solche Sonderaktionen müssen gut vorbereitet sein:

- sorgfältige Auswahl der infrage kommenden Artikel,
- exakte Preiskalkulation,
- günstiger Platz, an dem die Ware präsentiert wird, und
- gut vorbereitete Werbeaktion.

Über diese notwendigen Maßnahmen darf jedoch die Rentabilität der Sonderangebote nicht außer Acht gelassen werden. Hier können Verluste entstehen, die auf die Dauer untragbar sind und auch durch Mehrumsatz in anderen Sortimentsgruppen nicht ausgeglichen werden. Das Unternehmen muss sich daher die Frage stellen: Wie hoch muss die Umsatzzunahme beim betreffenden Artikel sein, um die Verringerung der Handelsspanne bei diesem Artikel wieder auszugleichen?

Heute in meiner Lieblingseisdiele: der Erdbeerbecher ist der beste des Universums. Für den würde ich sogar neun Euro statt sieben Euro hinlegen.

Warum wird der Erdbeerbecher aber nicht für neun Euro angeboten? Eventuell wäre ich dann der einzige Gast, der diesen Eisbrecher kaufen würde – von meinen Bestellungen allein kann das Eiscafé nicht leben.

Der Inhaber muss auf dem Markt wie alle anderen Anbieter auch bestehen. Und dazu muss er die Preisbildung beachten. Und ihm ist klar, dass auf dem Markt gilt: mit jedem Euro, den er bei der Kalkulation auf den Verkaufspreis draufschlägt, wird die Gruppe der möglichen Kunden kleiner, und die Gefahr, dass ich meinen Erdbeerbecher hier nicht mehr genießen kann, größer.

Das Warenwirtschaftssystem kann die erforderliche Umsatzzunahme für jeden Artikel errechnen.

```
SONDERANGEBOTSBERICHT    PERIODE 1                            FILIALE:  0001
ARTIKEL-NR. BEZEICHNUNG  VK-PREIS    VK-STCK    BESTAND VK    UMSATZ    LAG.%
INTERNE NR.              EK-PREIS    BESTAND    BESTAND EK    GEWINN    ERZ.%
                         SOND.PREIS  VK-STCK    UMSATZSONDERPR.

  40128474 DEOSTIFT       2,49        136         34,88       299,64    22,11
     10035                1,689        16         27,17        44,12    14,73
                          2,19        130        284,70

  54490109 COLA           0,49        501         46,01       226,65    22,08
     10025                0,335       107         35,85        48,57    21,43
                          0,45        471        211,95

4000417029003 SCHOKOLADE  1,19        111         43,29       122,19    19,37
     10015                0,895        39         34,91        15,89    13,00
                          1,09         99        107,91
```

Sonderangebote können auch Umsatz- und Ertragsverluste bei vergleichbaren Artikeln, die nicht in die Aktion einbezogen wurden, mit sich bringen. Es ist deshalb zu empfehlen, bei Sonderaktionen nicht nur den eigentlichen Aktionsartikel zu beobachten, sondern auch die vergleichbare Ware durch ein Warenwirtschaftssystem zu kontrollieren. Dadurch lassen sich evtl. Umsatz- und Ertragsverluste auch des vergleichbaren Sortiments feststellen und somit die Gesamtauswirkung des Sonderangebots besser beurteilen.

Warenwirtschaftssysteme zeigen auch auf, bei welchen Sortimentsteilen bzw. Artikeln **Preisnachlässe** zu gewähren sind, weil z. B. Verderb oder technische bzw. modische Veralterung droht: Es kann eine Liste gedruckt werden, die genau Auskunft über das Alter der Artikel im Sortiment gibt. Der Einzelhandelsbetrieb kann somit eine genaue **Altwarenkontrolle** vornehmen und entsprechende Maßnahmen treffen.

Schließlich lässt sich durch Warenwirtschaftssysteme auch die **Wirksamkeit psychologischer Preisgestaltungsprinzipien** sehr leicht überprüfen. Es wird untersucht, ob glatte Preise (z. B. 30,00 €) verkaufswirksamer sind als gebrochene (29,90 €) oder ob die Endziffer des Preises (z. B. 0,95 oder 0,99) Einfluss auf die Verkaufswirksamkeit hat.

AUFGABEN

1. Welche Vorteile bringt die Berechnung der Verkaufspreise durch ein EDV-gestütztes Warenwirtschaftssystem?
2. Warum versuchen Einzelhandelsbetriebe, die Obergrenze von Verkaufspreisen auszuloten?
3. Welche Rolle spielen EDV-gestützte Warenwirtschaftssysteme für die Mischkalkulation?
4. Warum müssen Sonderangebote durch EDV-gestützte Warenwirtschaftssysteme genau kontrolliert werden?
5. Führen Sie auf, welche Rolle EDV-gestützte Warenwirtschaftssysteme bei der Gewährung von Preisnachlässen spielen.
6. Wie überprüfen Warenwirtschaftssysteme die Wirksamkeit psychologischer Preisgestaltungsprinzipien?

AKTIONEN

1. Führen Sie für den Artikel „Jogginganzug" eine Berechnung des Verkaufspreises durch.
   Kalkulieren Sie mithilfe eines Warenwirtschaftssystems oder mit einer selbst erstellten Excel-Tabelle.
   Sie rechnen bei diesem Artikel jetzt mit einem Handlungskostenzuschlag von 35 % und möchten einen Gewinnzuschlag von 15 % erzielen. Der Bezugspreis beträgt aufgrund einer Preissenkung nur noch 10,00 €. (Die für den Rechnungsverkauf vorgegebenen Werte für Kundenskonto sowie Kunden- und Artikelrabatt übernehmen Sie.)
   Stellen Sie fest, welcher Ladenpreis zunächst vorgeschlagen wird.

LERNFELD 9

2. Der Mitbewerber der Ambiente Warenhaus AG, der Warenhauskonzern Larstadt, bietet den Artikel Blumentopf „Madeira" für 24,00 € an. Aufgrund vieler positiver Kundenmeinungen soll dieser Artikel weiterhin im Sortiment der Ambiente Warenhaus AG bleiben. Morgen hat sich der Vertreter des Lieferers angesagt. Unser Ziel wird sein, den Artikel zum gleichen Preis wie Larstadt anzubieten.

   a) Stellen Sie zunächst fest, zu welchem Ladenpreis die Ambiente Warenhaus AG den Artikel momentan verkauft.

   b) Führen Sie eine Rückwärtskalkulation durch: Wie hoch darf der Bezugspreis maximal sein, um beim gleichen Verkaufspreis wie Larstadt einen Handlungskostenzuschlag von 30 % und einen Gewinnzuschlag von 5 % zu erzielen?

3. Die Ambiente Warenhaus AG erhält für den Artikel „Ringbuchblätter A4" ein Angebot des neuen Lieferers Mittermaier. Er bietet den Artikel frei Haus zu einem Listenpreis von 0,70 € an. Er gewährt 30 % Rabatt sowie 3 % Skonto.

   Berechnen Sie mithilfe des Warenwirtschaftssystems den Bezugspreis.

ZUSAMMENFASSUNG

EDV-gestützte Warenwirtschaftssyteme unterstützen preispolitische Maßnahmen:

- Hinweise für Mischkalkulation
- Vorschläge für Preisnachlässe
- Wirksamkeit psychologischer Preisgestaltungsprinzipien
- Sonderangebotskontrolle
- schnelle und komfortable Preisfindung
- Ermittlung der Obergrenze des Verkaufspreises
- laufende Kontrolle der bisherigen Kalkulation

BESONDERE VERKAUFSSITUATIONEN BEWÄLTIGEN

10

LERNFELD 10

Besondere Verkaufssituationen bewältigen

Lernsituation

Seit Beginn ihrer Ausbildung hat Anja Maibaum inzwischen unzählige Verkaufsgespräche geführt. Da sie sich alle Regeln modernen Verkaufens angeeignet hat und diese in jeder Verkaufsphase beachtet, stellt sie sowohl den Kundinnen und Kunden als auch ihren Ausbildungsbetrieb zufrieden. Mittlerweile hat sie sich auch auf die Spezialfälle im Rahmen von Verkaufshandlungen eingestellt.

1. Ein ausländischer Tourist verlangt auf Englisch einen Artikel Ihres Ausbildungssortiments.
   a) Stellen Sie heraus, was beim Verkauf an Ausländerinnen und Ausländer beachtet werden muss.
   b) Führen Sie ein Verkaufsgespräch durch.

2. Der achtjährige Nils möchte im Beisein seiner Eltern einen Artikel in der Spielwarenabteilung der Ambiente Warenhaus AG einkaufen.
   a) Erläutern Sie die Bedeutung von Kindern und Jugendlichen für Einzelhandelsunternehmen.
   b) Geben Sie an, welche Regeln bei Verkaufsgesprächen mit Kindern und Jugendlichen gelten.
   c) Stellen Sie die rechtliche Problematik beim Verkauf an Kinder und Jugendliche dar.

3. Ein 85-jähriger Kunde betritt Ihr Ausbildungsunternehmen.
   a) Erläutern Sie die Bedeutung von Seniorinnen und Senioren für Einzelhandelsunternehmen.
   b) Geben Sie an, welche Regeln bei Verkaufsgesprächen mit Seniorinnen und Senioren gelten.

4. Planen Sie jeweils ein Rollenspiel, bei dem ein Artikel Ihres Ausbildungssortiments
   a) an Spätkunden,
   b) bei Hochbetrieb,
   c) an Kundinnen und Kunden in Begleitung
   verkauft wird. Beachten Sie dabei alle notwendigen Regeln.

5. Nach einem Verkaufsgespräch beobachtet Anja Maibaum, wie eine Kundin einen Ladendiebstahl begeht. Geben Sie an, wie Anja Maibaum vorgehen muss.

6. Ein Kunde kommt zu Ihnen und reklamiert drei Artikel:
   1. Der erste Artikel wurde vor 5 Monaten gekauft. Aufgrund eines versteckten Mangels ist er nun defekt.
   2. Der zweite Artikel wurde vor 5 Tagen gekauft. Er ist einwandfrei, aber „gefällt" dem Kunden nicht mehr.
   3. Der dritte Artikel wurde vor 3 Jahren gekauft. Eine im Rahmen der 5-jährigen Garantie zugesicherte Eigenschaft ist nicht mehr gegeben.
   a) Zeigen Sie, wodurch sich die drei Fälle unterscheiden.
   b) Klären Sie die rechtliche Situation in allen drei Fällen.
   c) Bereiten Sie ein Rollenspiel vor, in dem Sie unter Beachtung der Regeln der Reklamationsbehandlung das Gespräch mit dem Kunden führen.

LERNFELD 10

KAPITEL 1
Wir erkennen unterschiedliche Kundentypen

Anja Maibaum und Lars Panning unterhalten sich beim Mittagessen in der Kantine über ihre Verkaufserlebnisse:

1. Führen Sie Beispiele für Verkaufsgespräche mit Kundinnen und Kunden auf, die ein spezielles Verhalten Ihrerseits als Verkäufer/Verkäuferin erforderlich machten.

2. Untersuchen Sie, in welche Kundentypen spezielle Kundengruppen eingeteilt werden können.

3. Führen Sie auf, welches Kundenverhalten sich jeweils empfiehlt.

INFORMATION

Kundinnen und Kunden verhalten sich unterschiedlich

Kundinnen und Kunden unterscheiden sich stark in ihren Verhaltensweisen. Erfahrenes Verkaufspersonal erkennt schon in der Kontaktphase, zu welcher Kundenart potenzielle Käuferinnen und Käufer, die zu Beginn des Verkaufsgesprächs vor ihnen stehen, gehören. Solche Kundengruppen zeichnen sich durch typische **Eigenarten** aus. Gute Verkäuferinnen und Verkäufer achten sorgfältig auf das Kundenverhalten und versuchen zu vermeiden, dass Vorurteile und Fehleinschätzungen zu einer falschen Zuordnung von Kundinnen und Kunden führen. Das hätte fatale Auswirkungen auf das Verkaufsgespräch.

Gute Verkäuferinnen und Verkäufer wissen, dass Kundinnen und Kunden individuell bedient werden müssen. Sie haben jedoch auch durch Beobachtung und Erfahrung gelernt, dass es bei der Bedienung verschiedener Kundengruppen allgemeine Regeln gibt. Wenn man seine Kundinnen und Kunden und die Bedürfnisse nicht kennt, so kann Kundenzufriedenheit zwangsläufig nicht entstehen.

Sehr oft wird man Kundinnen und Kunden finden, die nicht eindeutig einer Kundengruppe zuzuordnen sind. Weitgehend herrschen Mischformen vor.

Eine mögliche – unter vielen denkbaren, meistens nach einem groben Raster vorgenommen – Aufteilung von Kundinnen und Kunden in Kundengruppen, die im Detail etwas übertrieben sind, unterscheidet die folgenden Kundenarten:

- **Sichere Kundinnen und Kunden**
  Sichere Kundinnen und Kunden sind normalerweise sachkundig. Sie bringen einen klaren Kaufwunsch vor und vertragen als sachverständige Personen nicht unbedingt Widerspruch oder Belehrungen. Verkäuferinnen und Verkäufer sollten ohne viele Worte auf die Kundenwünsche eingehen. Allerdings wissen sachverständige Kundinnen und Kunden eine Beratung oft auch zu schätzen, wenn ihnen neue bzw. neuartige Waren vorgestellt werden.

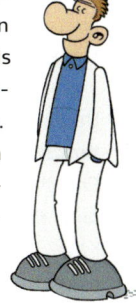

- **Unentschlossene Kundinnen und Kunden**
  Sind Kundinnen und Kunden unentschlossen, sind ihre Kaufwünsche häufig noch unklar. Unentschlossene Kundinnen und Kunden verlassen sich gerne auf den Rat des Verkaufspersonals. Verkäufe-

LERNFELD 10

rinnen und Verkäufer sollten deshalb versuchen, etwaige Bedenken in Erfahrung zu bringen und sie aus dem Weg zu räumen. Solche Kundinnen und Kunden müssen durch die Sicherheit des Verkaufspersonals im Kaufentschluss gestärkt werden. Diesen Kundinnen und Kunden wird eine nicht zu große Auswahl unterschiedlicher Ware vorgezeigt und durch Beratung und Empfehlung die Qual der Wahl abgenommen.

- **Entschlossene Kundinnen und Kunden**
Entschlossene Kundinnen und Kunden betreten sehr zielstrebig die Verkaufsräume und tragen nach kurzer Orientierung kurz und knapp ihre Wünsche vor. Eine aufwendige Beratung ist fehl am Platz, da diese Kundinnen und Kunden wissen, was sie wollen.

- **Eilige Kundinnen und Kunden**
Verhält sich der Verkäufer bzw. die Verkäuferin betont ruhig, werden eilige Kundinnen und Kunden nur noch nervöser und gereizter. Das Verkaufspersonal sollte das gesamte Verkaufsgespräch beschleunigen. Es kann beispielsweise schneller sprechen und die Ware schneller vorlegen.

- **Bedächtige Kundinnen und Kunden**
Entschließen sich Kundinnen und Kunden nur schwer zum Kauf, behandelt sie das Verkaufspersonal dennoch mit großer Geduld und drängt sie nicht. Solche Kundinnen und Kunden wünschen oft eine eingehende Beratung. Zum Ende des Verkaufsgesprächs empfiehlt sich für das Verkaufspersonal die Anwendung von Abschlusstechniken.

- **Schweigsame Kundinnen und Kunden**
Schweigsame Kundinnen und Kunden sind wortkarg und halten sich sprachlich zurück. Das Verkaufspersonal stellt kurze und sachliche Fragen, um das auszugleichen.

- **Misstrauische Kundinnen und Kunden**
Misstrauische Kundinnen und Kunden vertrauen nicht so ohne Weiteres den Beratungen des Verkaufspersonals. Sie fragen öfter zweifelnd nach. Häufig glauben sie sich übervorteilt. Bei der Bedienung sollte das Verkaufspersonal nicht zu viel sprechen, dafür aber umso mehr sachliche Argumente in den Vordergrund stellen. Gerade diese Kundinnen und Kunden sollten Gelegenheit bekommen, die Ware möglichst selbst zu prüfen und zu erproben. Alle Möglichkeiten müssen ausgeschöpft werden, um das Misstrauen der Kundinnen und Kunden zu beseitigen (z.B. Hinweise auf Umtauschrecht, Qualitätsmarke, Garantiezeiten usw.).

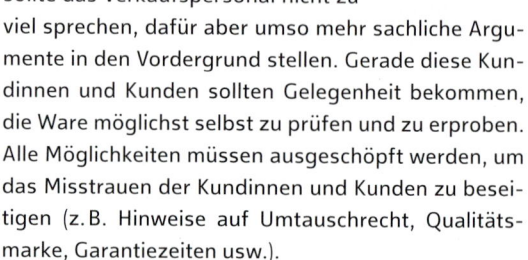

- **Gesprächige Kundinnen und Kunden**
Dieser Kundentyp ist mitteilungsbedürftig. Sein Kaufwunsch wird von einer Vielzahl allgemeiner Themen begleitet. Im Prinzip ist seine Bedienung unproblematisch, wenn auf seine Gesprächigkeit eingegangen wird und er sich damit zufrieden fühlt. Das Verkaufspersonal sollte sich jedoch aus Klatsch über persönliche Dinge heraushalten. Die Kundinnen und Kunden dürfen nicht den zügigen Geschäftsablauf stören: Während des Gesprächs darf der eigentliche Verkaufsvorgang nicht vergessen werden. Bei allzu langer Gesprächsdauer sollte durch Abschlusstechniken das Verkaufsgespräch beendet werden.

LERNFELD 10

- **Rechthaberische Kundinnen und Kunden**
  Einige Kundinnen und Kunden wissen in Verkaufsgesprächen – häufig aus übertriebenem Geltungsbedürfnis – alles besser. Auch wenn es schwerfällt, sollte das Verkaufspersonal sich großmütig verhalten: Es sollte diese Kundinnen und Kunden reden lassen und ihnen so weit wie möglich zustimmen.

- **Unfreundliche Kundinnen und Kunden**
  Die arroganten bis beleidigenden Äußerungen unfreundlicher Kundinnen und Kunden lassen einen erheblichen Mangel an Selbstkritik erkennen. Mit lautstarkem Sprechen begleitet, sollen dadurch häufig Kenntnisse vorgetäuscht oder das Verkaufspersonal eingeschüchtert werden. Gutes Verkaufspersonal zeichnet sich durch Selbstbeherrschung aus. Das Verkaufsgespräch ist mit größter Zurückhaltung und neutraler Höflichkeit zu führen. Durch ein betont sachliches Verhalten sollte den Kundinnen und Kunden signalisiert werden, dass ihre Unfreundlichkeit keinen Eindruck hinterlässt. Lassen Verkäuferinnen und Verkäufer sich in solchen Fällen nicht provozieren, können sie sehr stolz auf sich sein.

- **Freundliche Kundinnen und Kunden**
  Dieser nicht seltene Kundentyp ist für das Verkaufspersonal der angenehmste. Beratungen sind unproblematisch. Die höflich formulierten Wünsche können vom Verkaufspersonal meist ebenso freundlich erfüllt werden.

- **Sachverständige Kundinnen und Kunden**
  Dieser Kundentyp verwendet als Experte Fachbegriffe und teilt dem Verkaufspersonal einen klaren Kaufwunsch mit. Da diese Kundinnen und Kunden sich bereits auskennen, können auch Fachbegriffe verwendet werden. In der Verkaufsargumentation reicht die Nennung von Produktmerkmalen aus.

- **Sparsame Kundinnen und Kunden**
  Dieser Kundentyp achtet nur auf den günstigsten Preis. Zudem hält er alle Preise generell für zu hoch. Das Verkaufspersonal sollte bei der Warenvorlage den Schwerpunkt auf preisgünstigere Ware legen und besonders auf Sonderangebote hinweisen.

Kundentypen

> **DEFINITION**
>
> Unter **Kundentypen** versteht man Gruppen von Kundinnen und Kunden des Einzelhandelsunternehmens, die sich hinsichtlich des **Lebensstils** unterscheiden.

Gehören Kundinnen und Kunden also einem bestimmten Kundentyp an, haben sie ähnliche

- Interessen,
- Einstellungen,
- Einkaufsverhalten
- Werte,
- Meinungen und
- Persönlichkeitsmerkmale

wie andere Kundinnen und Kunden, die zu dieser Gruppe gehören. Das Erkennen des jeweiligen Kundentyps ist wichtig für die spezielle Ansprache dieser Kundinnen und Kunden in Verkaufsgesprächen, ist aber auch für die Sortimentsbildung und Werbung von Bedeutung.

Kundentypen lassen sich bilden
- nach formalen demografischen Kriterien,
- nach dem Einkaufsverhalten der Kundinnen und Kunden
- oder nach sozialen Milieus, zu denen die Kundinnen und Kunden gehören.

Es gibt grundlegende Typologiebildungen, die die Basis für branchenorientierte Kundentypologien darstellen, an denen sich dann die Zielgruppenpolitik der Einzelhandelsunternehmen orientieren kann.

LERNFELD 10

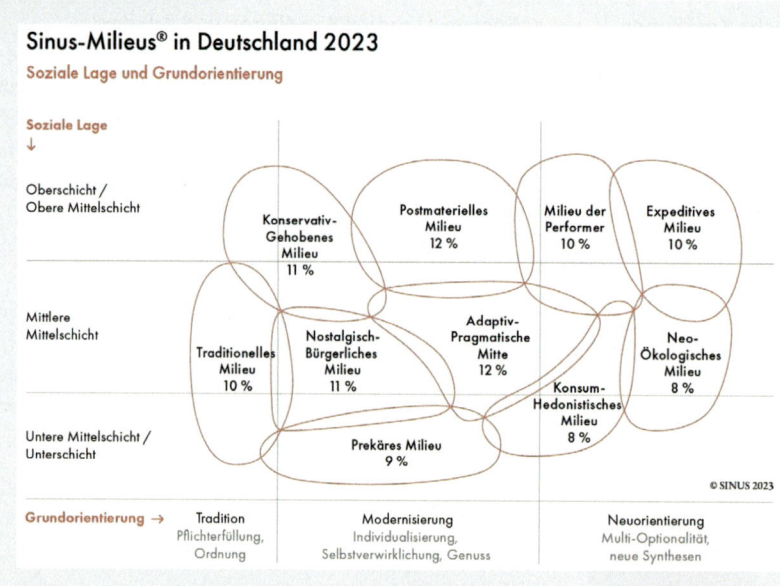

Sinus-Milieus® in Deutschland 2023
Soziale Lage und Grundorientierung

Soziale Lage ↓

- Oberschicht / Obere Mittelschicht
- Mittlere Mittelschicht
- Untere Mittelschicht / Unterschicht

Milieus:
- Konservativ-Gehobenes Milieu 11 %
- Postmaterielles Milieu 12 %
- Milieu der Performer 10 %
- Expeditives Milieu 10 %
- Traditionelles Milieu 10 %
- Nostalgisch-Bürgerliches Milieu 11 %
- Adaptiv-Pragmatische Mitte 12 %
- Neo-Ökologisches Milieu 8 %
- Konsum-Hedonistisches Milieu 8 %
- Prekäres Milieu 9 %

© SINUS 2023

Grundorientierung →
- Tradition: Pflichterfüllung, Ordnung
- Modernisierung: Individualisierung, Selbstverwirklichung, Genuss
- Neuorientierung: Multi-Optionalität, neue Synthesen

Es gibt sehr viele Kundentypologien. Eine sehr bekannte Kundentypologie stellen die Sinus-Milieus dar. Die Kundinnen und Kunden werden nach ihrem Lebensstil unterschie-den und den einzelnen Milieus zugeordnet.

Von oben nach unten: nach sozialer Lage in Schichten, auf der Grundlage von Alter, Bildung, Beruf und Einkommen

Von links nach rechts: nach der Grundorientierung, in einem Spannungsbogen von traditionell bis postmodern

Oben sind die gesellschaftlichen Leitmilieus angesiedelt, am linken Rand die traditionellen Milieus, in der Mitte die Mainstream-Milieus und rechts die hedonistischen (am Genuss orientierten) Milieus. Das Modell der Sinus-Milieus wird laufend an die soziokulturellen Veränderungen in der Gesellschaft angepasst. Denn Entwicklungen wie die Flexibilisierung der Arbeit, die Lockerung klassischer Familienstrukturen, die Digitalisierung des Alltags oder die veränderte Verteilung des Wohlstandes führen dazu, dass sich Lebensstile und Werte ändern. Handelsunternehmen benötigen solche Informationen, um ihre Zielgruppen identifizieren und punktgenau ansprechen zu können.

In Anlehnung an Materialien der Sinus Sociovision GmbH, Heidelberg

Milieu	Beschreibung
Konservativ-Gehobenes Milieu	Die alte strukturkonservative Elite: klassische Verantwortungs-und Erfolgsethik sowie Exklusivitäts- und Statusansprüche; Wunsch nach Ordnung und Balance; Selbstbild als Fels in der Brandung postmoderner Beliebigkeit; Erosion der gesellschaftlichen Führungsrolle
Postmaterielles Milieu	Engagiert-souveräne Bildungselite mit postmateriellen Wurzeln: Selbstbestimmung und -entfaltung sowie auch Gemeinwohlorientierung; Verfechter von Post-Wachstum, Nachhaltigkeit, diskriminierungsfreien Verhältnissen und Diversität; Selbstbild als gesellschaftliches Korrektiv
Milieu der Performer	Die effizienzorientierte und fortschrittsoptimistische Leistungselite: globalökonomisches und liberales Denken; gesamtgesellschaftliche Perspektive auf der Basis von Eigenverantwortung; Selbstbild als Stil-und Konsum-Pioniere; hohe Technik-und Digital-Affinität
Expeditives Milieu	Die ambitionierte kreative Bohème: Urban, hip, digital, kosmopolitisch und vernetzt; auf der Suche nach neuen Grenzen und unkonventionellen Erfahrungen, Lösungen und Erfolgen; ausgeprägte Selbstdarstellungskompetenz, Selbstbild als postmoderne Elite
Neo-Ökologisches Milieu	Die Treiber der globalen Transformation: Optimismus und Aufbruchsmentalität bei gleichzeitig ausgeprägtem Problembewusstsein für die planetaren Herausforderungen; offen für neue Wertesynthesen: Disruption und Pragmatismus, Erfolg und Nachhaltigkeit, Party und Protest; Selbstbild als progressive Realisten; Umwelt- und klimasensibler Lebensstil
Adaptiv-Pragmatische Mitte	Der moderne Mainstream: Anpassungs-und Leistungsbereitschaft, Nützlichkeitsdenken, aber auch Wunsch nach Spaß und Unterhaltung; starkes Bedürfnis nach Verankerung und Zugehörigkeit; wachsende Unzufriedenheit und Verunsicherung aufgrund der gesellschaftlichen Entwicklung; Selbstbild als flexible Pragmatiker
Konsum-Hedonistisches Milieu	Die auf Konsum und Entertainment fokussierte (untere) Mitte: Spaßhaben im Hier und Jetzt; Selbstbild als cooler Lifestyle-Mainstream; starkes Geltungsbedürfnis; berufliche Anpassung vs. Freizeit-Eskapismus; zunehmend genervt vom Diktat der Nachhaltigkeit und Political Correctness

Prekäres Milieu	Um Orientierung und Teilhabe bemühte Unterschicht: Dazugehören und Anschlusshalten an Lebensstandard der breiten Mitte, aber Häufung sozialer Benachteiligungen und Ausgrenzungen; Gefühl des Abgehängtseins, Verbitterung und Ressentiments; Selbstbild als robuste Durchbeißer
Nostalgisch-Bürgerliches Milieu	Die harmonieorientierte (untere) Mitte: Wunsch nach gesicherten Verhältnissen und einem angemessenen Status; Selbstbild als Mitte der Gesellschaft, aber wachsende Überforderung und Abstiegsängste; gefühlter Verlust gelernter Regeln und Gewissheiten; Sehnsucht nach alten Zeiten
Traditionelles Milieu	Die Sicherheit und Ordnung liebende ältere Generation: verhaftet in der kleinbürgerlichen Welt bzw. traditionellen Arbeiterkultur; anspruchslose Anpassung an die Notwendigkeiten; steigende Akzeptanz der neuen Nachhaltigkeitsnorm; Selbstbild als rechtschaffene kleine Leute

Quelle: SINUS Markt- und Sozialforschung GmbH: Sinus-Milieus® Deutschland. 2024. https://www.sinus-institut.de/sinus-milieus/sinus-milieus-deutschland [21.07.2024].

Eine andere bekannte Kundentypologie unterscheidet Schnäppchenjäger, Qualitätskäufer und Smartshopper bei den Kundinnen und Kunden.

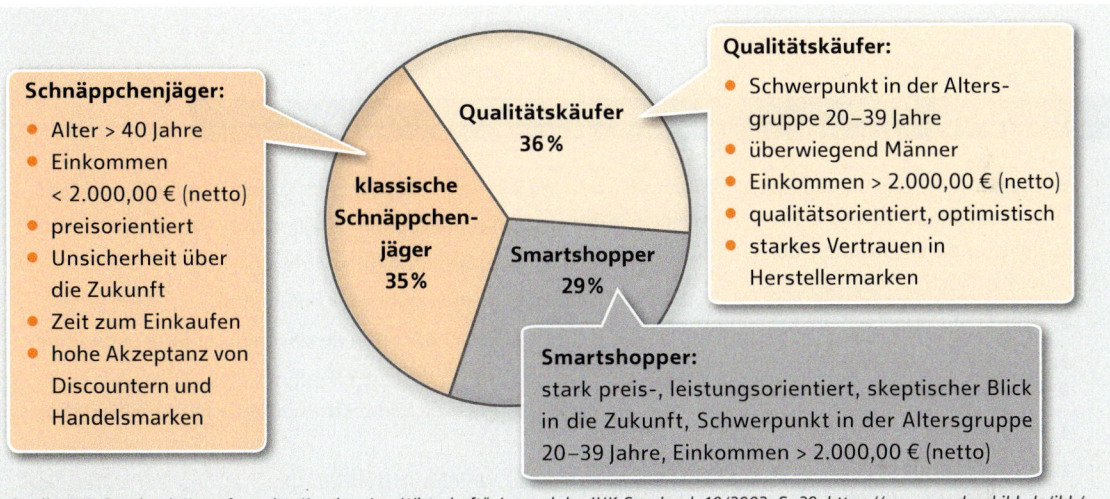

Schnäppchenjäger:
- Alter > 40 Jahre
- Einkommen < 2.000,00 € (netto)
- preisorientiert
- Unsicherheit über die Zukunft
- Zeit zum Einkaufen
- hohe Akzeptanz von Discountern und Handelsmarken

Qualitätskäufer: 36 %

klassische Schnäppchenjäger 35 %

Smartshopper 29 %

Qualitätskäufer:
- Schwerpunkt in der Altersgruppe 20–39 Jahre
- überwiegend Männer
- Einkommen > 2.000,00 € (netto)
- qualitätsorientiert, optimistisch
- starkes Vertrauen in Herstellermarken

Smartshopper:
stark preis-, leistungsorientiert, skeptischer Blick in die Zukunft, Schwerpunkt in der Altersgruppe 20–39 Jahre, Einkommen > 2.000,00 € (netto)

Quelle: IHK Saarland: Kampf um den Kunden. In: „Wirtschaft", Journal der IHK Saarland, 10/2003, S. 29. https://www.saarland.ihk.de/ihk/statistik/statistikseiten/statistik_oktober_03.pdf 05.11.2024]. (verändert).

Einzelhandel: Smarte Kunden – harte Kunden?
Billig ist heute angesagt in Deutschland, denn: Geiz ist geil.

Für ein Tablet möchte man nicht mehr als 800,00 € zahlen, ansonsten schaut man bei einem Discounter. Die Familienkutsche nehmen wir nur mit einem Rabatt von 30%. Da gibt's ja noch die Direktimporteure aus Dänemark, zu denen wir sonst gehen würden.

Früher musste die Familie in schwierigen Zeiten ernährt und es musste gespart werden, da viele nur über ein geringes Einkommen verfügten. Doch dann erschienen Discounter wie Lidl und Aldi auf dem Markt. Diese sorgten dafür, dass Luxusgüter immer erschwinglicher wurden. Viele Kundinnen und Kunden gewöhnten sich immer mehr an, bestmögliche Warenqualität zum günstigsten Preis zu kaufen. In diesem Zusammenhang sprechen Einzelhandelsunternehmen von Smart Shoppern. Der Begriff Smart Shopper steht für eine Art „schlauen" Käufer, für den besonders das Preis-Leistungs-Verhältnis von Waren wichtig ist.

Sie informieren sich bewusst über die Artikel, die sie kaufen möchten. Sie verfügen daher über eine große Informationsbreite in den Bereichen Preise, Angebote, Marken und Qualität. Ein weiteres Merkmal dieser Käufer ist auch, dass sie einerseits möglichst günstig einzukaufen versuchen (zum Beispiel Lebensmittel) beim Discounter, andererseits sich aber auch größere Ausgaben für den Kauf höherwertiger Ware leisten.

Smart Shopper sind nicht zu verwechseln mit Schnäppchenjägerinnen und Schnäppchenjägern, die wenig Geld zur Verfügung haben und deshalb bewusst nach günstigen Angeboten aus dem unteren Preissegmenten suchen. Für den Einzelhandel relevant ist die Tatsache, dass immer mehr Kundinnen und Kunden sich mittlerweile zu Smart Shoppern entwickelt haben. Viele Verkäuferinnen und Verkäufer fürchten Verkaufsgespräche mit ihnen.

LERNFELD 10

Neues Kundenverhalten im Einzelhandel		
Smartshopper	**Auswirkungen auf den Einzelhandel**	**Instrumente von Smartshoppern**
• **s**elbstbewusst • **m**arkenorientiert • **a**ufgeklärt • **r**abattorientiert • **t**aktlos → Kundinnen und Kunden, die bestmögliche Qualität zum niedrigstmöglichen Preis kaufen möchten	• Immer mehr Kundinnen und Kunden werden zu Smartshoppern. • Rendite im Handel sinkt. • Markentreue sinkt. • Immer mehr Kundinnen und Kunden haben einen totalen Marktüberblick und reagieren sofort auf jede Preisänderung (homo oeconomicus).	• Auktionen (Ebay) • Coshopping; Powershopping • Fabrikverkauf • Factory-Outlet-Center • Kundenkarten • Preisagenturen • Schnäppchenführer • Verbraucherportale • Verbraucherzentrale • Mobiles Informieren vor dem Kauf mit Smartphones

AUFGABEN

1. Warum sollte das Verkaufspersonal schon in der Kontaktphase darauf achten, zu welcher Kundengruppe ein Kunde oder eine Kundin eventuell gehört?
2. Führen Sie verschiedene Kundengruppen auf.
3. Wie sollte man sich gegenüber unfreundlichen Kundinnen und Kunden verhalten?
4. a) Welche Kundengruppe wird hier beschrieben? „Diese Kundengruppe würde sich am liebsten dafür entschuldigen, dass sie auf die Welt gekommen ist. Sie bedauert es sehr, in der Rolle des Einkäufers oder der Einkäuferin zu sein. Sie ist leicht zu irritieren, insgesamt sehr zurückhaltend und wird oft rot."
   b) Wie sollten sich Verkäuferinnen und Verkäufer verhalten?
5. Wonach lassen sich Kundentypologien bilden?
6. Kennzeichnen Sie die Kundentypen
   a) des Qualitätskäufers,
   b) des „Schnäppchenjägers".
7. Welche Merkmale zeichnen „smarte" Kundinnen und Kunden aus?
8. Mit welchen Instrumenten arbeiten Smartshopper?
9. Welche Auswirkungen hat das Verhalten von Smartshoppern auf den Einzelhandel?
10. Welche Vorteile bringt der Einsatz von Tablets im Verkauf?
11. Erläutern Sie den Begriff „Multichannel-Strategie".

LERNFELD 10

AKTIONEN

1. a) Erstellen Sie in Einzelarbeit mithilfe selbst mitgebrachter oder zur Verfügung gestellter Materialien eine Collage, die eine Kundengruppe und deren Verhalten darstellen soll.

   Collage erstellen

   Die Collage ist eine gestalterisch-künstlerische Methode, mit der viele Fragestellungen ideen- und abwechslungsreich bearbeitet werden können. Damit ist die Collage ein Verfahren der produktiven Informationsbearbeitung. Aus alten Zeitschriften, Zeitungen, Bildern usw. wird ein neues Werk erstellt, indem Teile entnommen und neu geordnet, gruppiert und bebildert werden.

   Mit Collagen können Sie
   - Begriffe erklären,
   - Ereignisse kommentieren,
   - Fragen stellen,
   - Antworten geben,
   - Aussagen ergänzen, korrigieren, kontrastieren,
   - gegenwärtige Sichtweisen und Stimmungen ausdrücken.

   Vorgehensweise bei der Erstellung:
   1. **Aufgabenstellung:**
      Bestimmen Sie das Thema und das Ziel der Collage.
   2. **Vorbereitung:**
      Besorgen Sie alte Zeitungen, Zeitschriften, Kataloge, Prospekte, Tapeten, Scheren, Klebstoff usw.
   3. **Durchführung:**
      In Einzel-, Gruppen- oder Partnerarbeit erstellen Sie aus dem vorher besorgten Material die Collage.
   4. **Auswertung:**
      Die Hersteller der Collage erläutern und kommentieren ihr Werk.
   ---

   b) Fragen Sie Ihre Klasse, welche Kundengruppe Sie darstellen wollten.
   c) Anschließend stellen Sie selbst Ihre Collage vor. Gehen Sie besonders darauf ein, wie Sie die Merkmale der von Ihnen ausgewählten Kundengruppe dargestellt haben.

2. a) Führen Sie in Partnerarbeit als Rollenspiel ein Verkaufsgespräch mit einer Kundin/einem Kunden einer bestimmten Kundengruppe auf. Die Person, die einen Kunden/eine Kundin darstellt, soll die Merkmale der Kundengruppe herausstellen. Die Verkäuferin/der Verkäufer soll ein Verhalten spielen, wie der entsprechende Kunde/die entsprechende Kundin angemessen behandelt werden kann.

   b) Fragen Sie Ihre Mitschülerinnen und Mitschüler, welche Kundengruppe sie darstellen wollten.

3. Das Hauptproblem in der weltweiten Riesendatenbank WWW ist, dass man oft **keine genauen Adressen** hat, um die Dokumente anzusteuern, die die benötigten Informationen enthalten. Die Lösung dieses Problems sind Suchmaschinen.

Arten von Suchmaschinen

Reine Suchmaschinen
- Datenbank in Form eines Stichwortverzeichnisses
- Nach Eingabe eines Stichwortes wird
  - der Titel der Internetseite,
  - ein „abstract" (eine Zusammenfassung oder Inhaltsangabe),
  - ein Hyperlink (Adressverweis), der direkt zu der betreffenden Seite führt,

  präsentiert.

➤ www.google.de

Kataloge
- Redaktionell bearbeitete Verzeichnisse, die thematisch vorsortierte Informationen anbieten.
- Von allgemeinen Kategorien auf der Eingangsseite kann man über verschiedene Hierarchiestufen das spezielle Themengebiet mit den gesuchten Informationen ansteuern.

➤ www.yahoo.de

Metasuchmaschinen
- Suchmaschinen, die mithilfe einer zentralen Eingabemaske mehrere einzelne Suchmaschinen abfragen.

➤ www.metager.de

LERNFELD 10

Suchmaschinen sind Werkzeuge, um Daten und Informationen im Internet **schnell** finden zu können. Eine Suchmaschine kann man sich vorstellen als eine Art Datenbank, die Stichworte (Zusammenfassungen/Inhaltsangaben) zu verfügbaren Informationen im Internet enthält: Sie sammelt Hyperlinks, die nach Eingabe von Suchbegriffen direkt zu den betreffenden Seiten führen.

Als Instrumente von Smartshoppern gelten u. a.:
- Powershopping
- Auktionen
- Preisagenturen
- Factory-Outlet-Center
- Verbraucherportale

a) Wählen Sie für Ihre Gruppe einen der Begriffe aus.

b) Informieren Sie sich im Internet über die Bedeutung der Begriffe.

c) Erstellen Sie in Gruppenarbeit eine Wandzeitung, die den Begriff anschaulich erläutert.

d) Bereiten Sie sich darauf vor, den jeweils anderen Gruppen Ihre Wandzeitung vorzustellen.

4. Vor allem junge Kundinnen und Kunden nutzen mobile Geräte wie Smartphones oder Tablets zur Vorabinformation bei einem beabsichtigten Kauf.

a) Lesen Sie die Studie über das mobile Informieren unter der Internetadresse http://shopbetreiber-blog.de/2014/02/10/mobile-commerce-informieren-statt-kaufen/.

b) Erstellen Sie eine Mindmap, die die wichtigsten Merkmale des mobilen Informierens vor einem Kauf enthält.

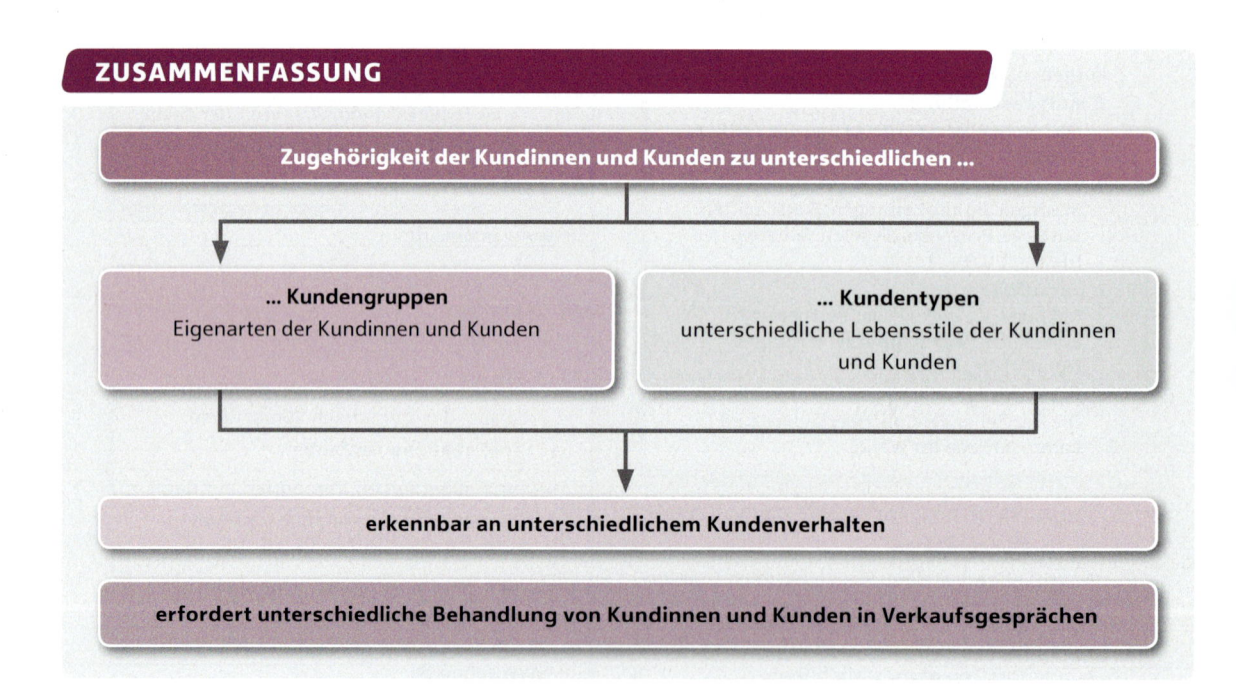

ZUSAMMENFASSUNG

Zugehörigkeit der Kundinnen und Kunden zu unterschiedlichen ...

... Kundengruppen
Eigenarten der Kundinnen und Kunden

... Kundentypen
unterschiedliche Lebensstile der Kundinnen und Kunden

erkennbar an unterschiedlichem Kundenverhalten

erfordert unterschiedliche Behandlung von Kundinnen und Kunden in Verkaufsgesprächen

LERNFELD 10

KAPITEL 2
Wir beachten spezielle Kundengruppen

Bärbel Hauck, zuständig für den Funktionsbereich Absatz/Verkauf, entdeckt im Internet den folgenden Artikel:

Ob große Läden und Stores oder kleine Geschäfte wie Friseure oder Buchhandlungen, vielen Unternehmern ist klar, dass auch die Kunden von morgen schon heute im Fokus stehen sollten – beispielsweise durch Spielangebote in Kinderecken.

Kinderspielecken für mehr Kundenzufriedenheit

Kinderecken – attraktiv gestaltet – können Eltern ein entspanntes Einkaufen ermöglichen. Sie verbringen im Idealfall mehr Zeit im Laden, da ihre Kinder gut aufgehoben sind. Dies gilt speziell für Geschäfte, die keine kinderaffinen Waren anbieten.

In einem kinderfreundlichen Laden erzeugen die Mitarbeiter und vor allem die Ausstattung und Ladeneinrichtung der Kinderspielecken ein angenehmes Klima für die Kleinen und deren Eltern. Jedem wird bewusst ein eigener Raum im Geschäft zugewiesen – dies kann sowohl kurz- wie auch langfristige Vorteile bringen.

Dazu gehören zum Beispiel
- eine entspannte Ruhe im Shop,
- eine höhere Kundenzufriedenheit,
- eine verlängerte Verweildauer im Laden,
- ein höherer Pro-Kopf-Umsatz,
- eine erhöhte und verkaufsfördernde Markenwahrnehmung sowie
- ein daraus resultierender Wettbewerbsvorteil.

Tatsächlich kann das zufrieden spielende Kind in der Kinderspielecke der gebrandete und markenbewusste Kunde von morgen sein. Durch positiv gesetzte Assoziationen und Verhaltensmarker vermittelt man Kindern ein Bild vom eigenen Laden, das möglicherweise im Gedächtnis bleibt.

Und je angenehmer diese Bilder sind, desto wahrscheinlicher hält der kleine Kunde auch als großer dem Store die Treue. Durch das Branden der Kinderecke und des angebotenen Spielzeugs auf die eigenen Laden- oder Kaufhausmarken wird auch visuell ein Wiedererkennungswert vermittelt. [...]

Quelle: storefitting.com: Spiel und Spaß – Kinderspielecken im Einzelhandel. In: www.storefitting.com. 28.05.2020. https://www.storefitting.com/de/story/kinderspielecken-im-einzelhandel [23.07.2024].

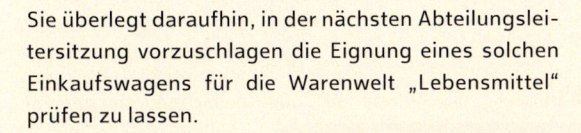

Sie überlegt daraufhin, in der nächsten Abteilungsleitersitzung vorzuschlagen die Eignung eines solchen Einkaufswagens für die Warenwelt „Lebensmittel" prüfen zu lassen.

1. Stellen Sie fest, welche Maßnahmen in Einzelhandelsunternehmen getroffen werden können, um mit Eltern und Kindern in einer angenehmen Atmosphäre Verkaufsgespräche durchführen zu können.
2. Führen Sie Beispiele dafür auf, wie Ihr Ausbildungsunternehmen mit verschiedenen Maßnahmen auf spezielle Kundengruppen reagiert.

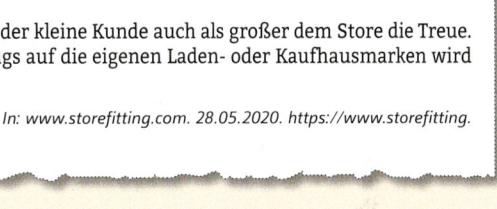

INFORMATION

Die meisten Verkaufsgespräche laufen in der Praxis ohne besondere Probleme ab. Es gibt jedoch immer wieder Situationen, die sich als schwierig herausstellen. Das Verkaufspersonal muss sich in Verkaufsgesprächen deshalb auf bestimmte Anlässe (z. B. Hochbetrieb, Geschenkverkäufe) oder spezielle Kundengruppen (z. B. Ausländerinnen und Ausländer, Kinder und Jugendliche, Seniorinnen und Senioren, Kundinnen und Kunden in Begleitung) besonders vorbereiten und einstellen.

Kinder und Jugendliche

Kinder und Jugendliche stellen für den Einzelhandel eine äußerst wichtige Kundengruppe dar. Das nicht nur, weil diese Zielgruppe heute schon als Kundinnen und Kunden für die Einzelhandelsunternehmen eine wichtige Rolle spielt, sondern auch, weil sie die Kundinnen und Kunden von morgen umfasst. Darüber hinaus haben Kinder und Jugendliche erheblichen Einfluss auf die Kaufentscheidungen ihrer Eltern.

LERNFELD 10

Kinder sind wichtige Kaufentscheider.

Mehrere Untersuchungen zeigen, dass sich viele Einzelhandelsunternehmen und Verkäuferinnen und Verkäufer dieser Tatsache offenbar nicht immer bewusst sind und der wichtigen Kundengruppe Kinder und Jugendliche nicht gerecht werden.

BEISPIEL

Kinder und Eltern berichteten in Interviews immer wieder davon, dass Kindern und Jugendlichen in vielen Geschäften ein grundsätzliches und vielfach kränkendes Misstrauen entgegengebracht wird. Kinder werden hier offenbar vielfach nur als potenzielle Ladendiebe und Störenfriede betrachtet, die man nicht gerne und vielfach auch nicht freundlich bedient.

Auch wenn Kinder und Jugendliche in der Regel nur mit kleineren Geldbeträgen in die Geschäfte kommen, verfügen sie doch insgesamt über eine gewaltige Kaufkraft.

BEISPIEL

Zum monatlichen Taschengeld von knapp 14,50 € bei den Sechs- bis Neunjährigen kommen die Geldgeschenke von Omas und Tanten – im Durchschnitt 32,00 € zum Geburtstag und 38,00 € zu Weihnachten. Mit wachsendem Alter steigert sich das persönliche Budget des Nachwuchses erheblich. Nach Schätzungen des Werbefachblattes „werben & verkaufen" addiert sich bei Kindern und Jugendlichen die Kaufkraft auf 18 Milliarden Euro im Jahr.

Im Gegensatz zu erwachsenen Kundinnen und Kunden ist für Kinder und Jugendliche das folgende Verhalten typisch:
- Sie sind zum Teil schüchtern und unsicher.
- Sie können sich nicht immer eindeutig ausdrücken.

„Einkaufsautos" werden von Kindern, die ihre Eltern beim Einkauf begleiten, gern genutzt.

Markenartikel
Von Kindern gewünscht, von Eltern gekauft

	So viel Prozent der 10- bis 13-Jährigen finden die Marke wichtig bei	Bei so viel Prozent der 10- bis 13-Jährigen wird der Markenwunsch meistens erfüllt
Sportschuhen	82,0 %	58,4 %
Handys/Smartphones	77,0	37,1
Bekleidung	75,6	61,5
Taschen/Rucksäcken	70,4	56,3
Spielkonsolen/Handhelds	67,3	31,9
Schulsachen, Stiften, Füllern	58,9	55,4
Essen und Trinken	53,9	62,2
Spielsachen	51,9	41,4
Duschgel, Shampoo, Creme	43,3	36,1
Fahrrädern	39,0	20,8

Befragung von 2007 Kindern zwischen 6 und 13 Jahren und jeweils einem Elternteil in Deutschland zwischen Februar und April 2020
Quelle: Kinder Medien Monitor 2020 © Globus 14613

Wie wichtig sind Kindern Markenartikel? Ergebnisse dazu liefert eine neue Studie von fünf führenden Verlagshäusern. Für den Kinder Medien Monitor 2020 wurden über 2000 Doppelinterviews mit je einem Kind zwischen sechs und 13 Jahren und einem Elternteil geführt.

LERNFELD 10

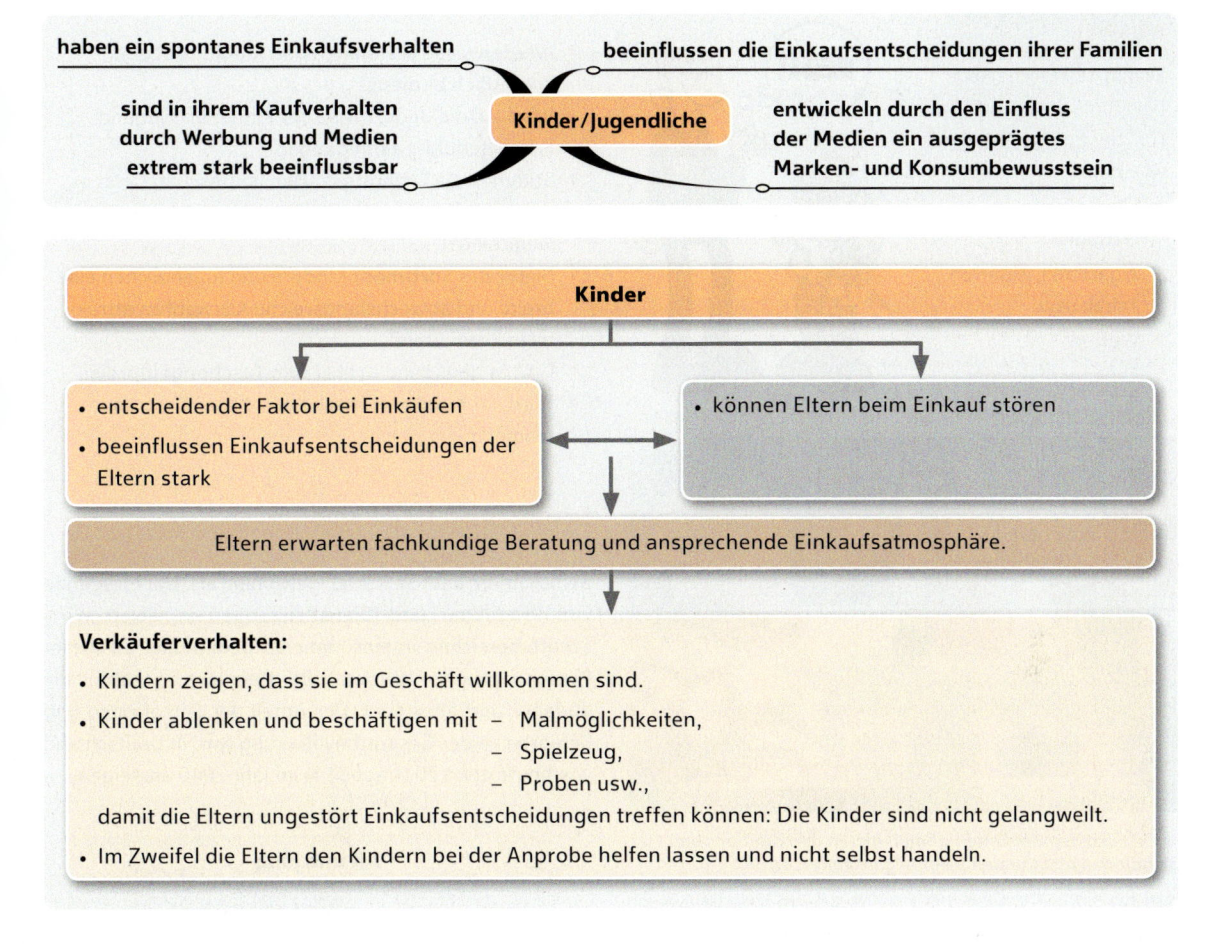

	Kinder/Jugendliche	
haben ein spontanes Einkaufsverhalten		beeinflussen die Einkaufsentscheidungen ihrer Familien
sind in ihrem Kaufverhalten durch Werbung und Medien extrem stark beeinflussbar		entwickeln durch den Einfluss der Medien ein ausgeprägtes Marken- und Konsumbewusstsein

Kinder

- entscheidender Faktor bei Einkäufen
- beeinflussen Einkaufsentscheidungen der Eltern stark

- können Eltern beim Einkauf stören

Eltern erwarten fachkundige Beratung und ansprechende Einkaufsatmosphäre.

Verkäuferverhalten:
- Kindern zeigen, dass sie im Geschäft willkommen sind.
- Kinder ablenken und beschäftigen mit – Malmöglichkeiten,
  – Spielzeug,
  – Proben usw.,
damit die Eltern ungestört Einkaufsentscheidungen treffen können: Die Kinder sind nicht gelangweilt.
- Im Zweifel die Eltern den Kindern bei der Anprobe helfen lassen und nicht selbst handeln.

- Ihnen fehlt häufig eine ausreichende Warenkenntnis.
- Sie verfügen noch nicht über ausreichend Erfahrung.
- Sie sind sehr markenbewusst.

Jugendliche kaufen gern Marken; Auswahlgründe:
- Marke hat Kultstatus.
- Marke hat hohes Ansehen.
- Marke definiert Zugehörigkeit zu einer Gruppe, der man angehören möchte.

Qualität und Preis sind nachrangig.

Im Umgang mit Kindern und Jugendlichen sollten deshalb folgende Regeln gelten:
- Kinder und Jugendliche sollten immer genauso freundlich wie Erwachsene begrüßt werden. So bekannt, sollte man Kinder mit dem Vornamen ansprechen, um Vertrauen aufzubauen bzw. Hemmungen zu vermindern (Achtung bei älteren Jugendlichen). Die jungen Käufer müssen spüren, dass sie willkommen sind.
- Von Vorteil ist es auch, vor allem Kinder auf ihre Erlebniswelt anzusprechen.

BEISPIEL
- Womit spielst du denn?
- Kannst du mir den Namen deines Teddys nennen?

- Den Kindern und Jugendlichen muss Verständnis und Geduld entgegengebracht werden.
- Die Beratung muss dem Kind bzw. Jugendlichen angemessen erfolgen. Die Verkaufsargumente müssen also individuell formuliert sein.
- Ist bei einem von vornherein feststehenden Kaufwunsch des Kindes die Ware nicht vorrätig, sollte zwar ein Alternativangebot gemacht werden. Die Eltern sollten jedoch gefragt werden, ob sie damit einverstanden sind.
- Gerade bei kleineren Kindern sollte genau beobachtet werden, ob das Rückgeld auch sicher eingesteckt wird. Damit die verkauften Produkte unbeschädigt nach Hause kommen, sollten sie angemessen eingepackt werden.
- Beim Verkauf von Waren an Kinder und Jugendliche müssen verschiedene rechtliche Vorschriften beachtet werden.

LERNFELD 10

BEISPIEL

Es gibt gesetzliche Abgabeverbote an Jugendliche für bestimmte Waren, wie u. a.:
- alkoholische Getränke
- Zigaretten, Zigarren, Tabak usw.
- Waffen
- Feuerwerkskörper

- Werden diese Kundinnen und Kunden gut und **freundlich bedient**?
- Wird auf die Bedürfnisse der Kinder und Jugendlichen geduldig eingegangen?
- Stimmen die **Öffnungszeiten** im Geschäft? (Hat es dann geöffnet, wenn Kinder und Jugendliche unterwegs sind?)
- Bietet das **Sortiment** Kindern und Jugendlichen eine breite und abwechslungsreiche Auswahl an attraktiven Produkten?
- Gibt es genügend Artikel zum **Taschengeldpreis**?
- Wird auf **Kundenwünsche** aus dieser Zielgruppe reagiert?

Seniorinnen und Senioren

Seniorinnen und Senioren gewinnen als Nachfragende von Produkten und Dienstleistungen in vielen Wirtschaftsbereichen immer mehr an Bedeutung. Zu dieser Personengruppe werden alle Personen gezählt, die 60 Jahre und älter sind. Der Anteil der Seniorinnen und Senioren an der Gesamtbevölkerung wird in Deutschland von heute etwa 20 % auf 34 % im Jahr 2040 ansteigen.

Viele Einzelhandelsunternehmen bieten den Kindern ihrer Kundinnen und Kunden Spielmöglichkeiten an.

Nur wer volljährig, also 18 Jahre alt ist, ist voll geschäftsfähig. Grundsätzlich müssen die Erziehungsberechtigten Kaufverträge, die Jugendliche im Alter von 7 bis 17 Jahren abschließen, genehmigen. Solange das noch nicht geschehen ist, sind die Kaufverträge „schwebend unwirksam".

Nur im Rahmen der freien Verwendung des Taschengeldes („**Taschengeldparagraf**"; § 110 BGB) kann ohne Einwilligung der Erziehungsberechtigten etwas gekauft werden. Die Vorschrift hat bei den Kleingeschäften des täglichen Lebens (Essen, Kleidung, Musik-CDs usw.) ganz erhebliche Bedeutung. Die Wertgrenze, bis zu der Rechtsgeschäfte des Minderjährigen ohne Weiteres wirksam sind, dürfte in etwa bei maximal 100,00 € (z. B. kleine Stereoanlage) liegen, wobei es nach der Rechtsprechung stets auf die Umstände des Einzelfalles ankommt.

Wird ein Einzelhandelsunternehmen der Zielgruppe Kinder und Jugendliche gerecht?
- Stimmt die **Kundenansprache** für diese Zielgruppe?
- Kommen Kinder und Jugendliche gern in das Geschäft?

Alt und jung
Bevölkerung Deutschlands nach Altersgruppen*, Anteile in Prozent

	80 und älter	75 bis 80	70 bis 75	65 bis 70	60 bis 65	jünger als 60
Sachsen-Anhalt	8	6	5	8	8	65 %
Thüringen	8	6	5	8	8	66
Sachsen	9	6	5	7	7	66
Mecklenburg-Vorp.	8	5	4	8	8	66
Brandenburg	8	6	4	7	8	67
Saarland	8	5	5	7	8	68
Schleswig-Holstein	7	5	5	6	7	70
Niedersachsen	7	5	5	6	7	71
Rheinland-Pfalz	7	4	5	6	7	71
Deutschland	7	5	4	6	7	72
Nordrhein-Westf.	7	4	4	6	7	72
Bremen	7	5	5	5	6	73
Hessen	6	4	5	6	7	73
Baden-Württemb.	7	4	4	5	7	73
Bayern	6	4	4	5	7	73
Berlin	6	5	4	5	6	75
Hamburg	6	4	4	4	5	77

*am 31.12.2019 — Werte gerundet/rundungsbedingte Differenz
dpa • 101806 — Quelle: Statistisches Bundesamt

Wenn in Hamburg 77 % der Bevölkerung jünger als 60 Jahre ist, bedeutet dies im Umkehrschluss, dass 23 % der Hamburger über 60 Jahre alt sind. Fast jeder vierte Hamburger gehört also zur Kundengruppe der Senioren. In anderen Bundesländern gehören erheblich mehr Menschen zu dieser Kundengruppe. In Sachsen-Anhalt ist es sogar schon fast jeder dritte. Ein Blick in die Zukunft: 2040 muss die Hälfte der Bevölkerung für die Pflege beziehungsweise Erziehung der anderen Hälfte aufkommen.

Aus dieser demografischen Entwicklung heraus können für den Einzelhandel Perspektiven und Chancen, aber andererseits auch Risiken entstehen, auf die jeweils im Verkauf reagiert werden muss. Gefahren für Einzelhandelsunternehmen ergeben sich vor allem dann, wenn diese Zielgruppe mit ihren speziellen Bedürfnissen vernachlässigt wird.

Bei Verkaufsgesprächen mit älteren Kundinnen und Kunden sollte Folgendes beachtet werden:
- Ältere Kundinnen und Kunden möchten gerne namentlich angesprochen werden. Zudem kommunizieren sie gern.
- Sie bevorzugen kleine Mengen von Artikeln bzw. kleine Packungsgrößen.
- Verkaufsgespräche dauern manchmal länger als normal. Dafür sollte das Verkaufspersonal Verständnis zeigen und entsprechend Geduld aufbringen.

Seniorinnen und Senioren – eine wichtige und kaufkräftige Kundengruppe

- Gerade Seniorinnen und Senioren sind nicht nur am Produkt, sondern verstärkt auch am Service interessiert.
- Senioren und Seniorinnen sollte man auf Artikel hinweisen, die leicht zu bedienen sind.
- Senioren und Seniorinnen, bei denen das Hör- und Sehvermögen nachlassen, sollte geholfen werden.

BEISPIELE
- Bei schwerhörigen Kundinnen und Kunden laut, etwas langsamer und deutlich sprechen.
- Sehschwachen Kundinnen und Kunden Informationen auf der Ware vorlesen.

- Ältere Kundinnen und Kunden beurteilen Geschäfte häufig nach der Freundlichkeit des Verkaufspersonals.

BEISPIELE
Seniorinnen und Senioren freuen sich über
- das Anbieten von Sitzplätzen,
- das Einpacken von Waren,
- das Tragen schwerer Einkaufstaschen,
- Serviceleistungen wie telefonische Bestellannahme oder Ins-Haus-Lieferservice.

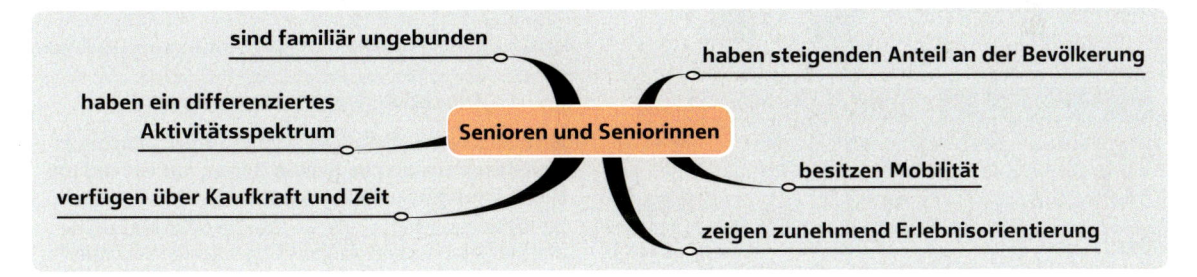

Senioren und Seniorinnen
- sind familiär ungebunden
- haben ein differenziertes Aktivitätsspektrum
- verfügen über Kaufkraft und Zeit
- haben steigenden Anteil an der Bevölkerung
- besitzen Mobilität
- zeigen zunehmend Erlebnisorientierung

Ausländer und Ausländerinnen

In Deutschland gibt es mittlerweile rund 4,5 Millionen ausländische Arbeitnehmerinnen und Arbeitnehmer. Fast jede dritte dieser Personen hat ihren Arbeitsplatz in einem Industrieunternehmen. Über 20 % dieser Personen sind als Dienstleistende tätig. Handel und Kfz-Gewerbe beschäftigen etwa 20 % der ausländischen Arbeitskräfte. In den letzten Jahren sind auch Migrantinnen und Migranten aus verschiedenen Ländern nach Deutschland gezogen. Diese sind vom Einzelhandel ebenfalls als Kundengruppe zu beachten.

Es besteht zudem eine große Verbindung zwischen Fremdenverkehr und Einzelhandel. Sind ausländische Touristinnen und Touristen einmal am Zielort angelangt, geben sie dort mehr Geld in Einzelhandelsgeschäften aus als beispielsweise in der Gastronomie.

Ausländische Kundinnen und Kunden sind zum Teil mit dem deutschen Warenangebot nicht vertraut. Sie haben auch häufig Sprachprobleme. Es ist klar, dass das Verkaufspersonal Verständnis für die Situation, Tradition, Religion und Mentalität der ausländischen Kundinnen und Kunden aufbringen sollte.

LERNFELD 10

Beim Verkauf an ausländische Kundinnen und Kunden sollte beachtet werden:
- Bei Verkaufsgesprächen sollte langsam und deutlich in einwandfreiem Deutsch gesprochen werden.
- Um die Verständlichkeit zu erhöhen, sollten bei der Warenvorlage möglichst alle Sinne angesprochen werden.
- Verkäuferinnen und Verkäufer sollten sich – wenn möglich – Fremdsprachenkenntnisse aneignen. Grundkenntnisse in Englisch gehören heute zum Standardrepertoire erfolgreicher Verkäuferinnen und Verkäufer. Für die exportorientierte Wirtschaft ist die interkulturelle Verständigung mithilfe von Fremdsprachen überlebenswichtig. Nur Deutsch sprechende Mitarbeiterinnen und Mitarbeiter können einem Unternehmen auf lange Sicht enorme Reibungsverluste und finanzielle Einbußen einbringen.

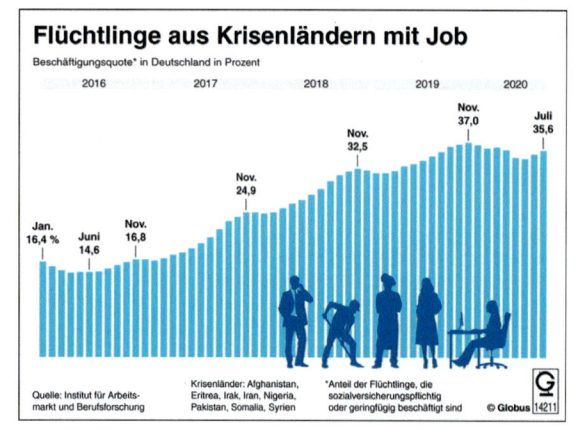

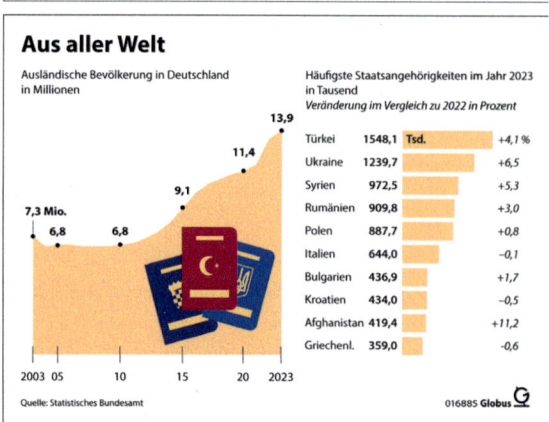

Sie wollen ein Produkt oder einen Service bei einer Zielgruppe bewerben, die sich nicht entlang von Geschlecht, Milieu- oder Altersgrenzen definieren lässt, sondern primär durch die ethnische Herkunft? [...]

Was ist nun zu berücksichtigen, wenn es darum geht, für eine so definierte Zielgruppe eine Kommunikationskampagne zu entwickeln? Die größte Gefahr im Ethnomarketing liegt darin, an der Zielgruppe vorbei zu arbeiten oder, schlimmer noch, sie durch Unsensibilität zu beleidigen. [...]

Was haben wir neu erfahren oder bestätigt gefunden?

- Familie ist vielen Türken in Deutschland wichtiger als den Deutschen ohne Migrationshintergrund. Gemeinschaft ist wichtiger Teil der Kultur und sollte in der Motivwelt berücksichtigt werden.
- Der soziale Zusammenhalt innerhalb der Community ist stark, und häufig sind die Hausärztin oder der Anwalt der Familie ebenfalls türkischstämmig. Da überrascht es auch nicht, dass Mund-zu-Mund-Propaganda im Vergleich einen hohen Stellenwert im Informationsverhalten hat.
- Die große Mehrheit bezeichnet sich als Muslime. Ein Kopftuch ist jedoch keine fixe Norm.
- Die jüngeren Generationen der Türken in Deutschland sprechen fließend Deutsch, wohingegen sich vor allem die Großelterngeneration, erst recht im spezifisch medizinischen Kontext, mit der Sprache schwerer tut. [...]

Quelle: Rhein, Stefan: Ethnomarketing: Wie Sie auch ethnische Gruppen in der Marketingkommunikation zielsicher erreichen. In: www.spiritlink.de. 27.05.2020. https://www.spiritlink.de/blog/ethnomarketing-ethnische-gruppen-in-der-marketingkommunikation-zielsicher-erreichen [21.07.2024].

„Die soll erst mal Deutsch lernen!"

Mit diesen Worten ließ die Verkäuferin einer Supermarktkette ihre ausländische Kundin stehen, mit der sie kurz zuvor eine Auseinandersetzung gehabt hatte.

Zu Recht beschwerte sich die Kundin beim Marktleiter, und als dieser der noch immer aufgebrachten Verkäuferin ein versöhnendes Gespräch mit der Kundin in einem Nebenraum vorschlug, weigerte sich die Mitarbeiterin: „Mit dieser Person gehe ich in keinen Raum!"

Der Supermarkt kündigte daraufhin das Arbeitsverhältnis mit der Verkäuferin fristlos.

Gegen diese fristlose Kündigung zog die Verkäuferin vor das hessische Landesarbeitsgericht. Das Gericht befand jedoch, dass unhöfliches Verhalten gegen ausländische Kunden die fristlose Kündigung rechtfertigen könne, zumal die Klägerin eine Klärung und Entschuldigung abgelehnt habe.

Supermarkt und Klägerin einigten sich auf einen Vergleich: Die ehemalige Angestellte akzeptierte die sofortige Kündigung, und der Supermarkt erklärte sich bereit, ihr aus „sozialen Gründen" eine Abfindung zu zahlen.

LERNFELD 10

Ausschnitte aus einem Verkaufsgespräch mit einem ausländischen Kunden

Phase des Verkaufsgesprächs	Shop Assistant	Verkäufer/Verkäuferin	Customer	Kunde/Kundin
Kontaktphase	Guten Morgen!		Good Morning! Do you speak English?	Guten Morgen! Sprechen Sie Englisch?
	Yes of course! May (can) I help you?	Ja, natürlich! Darf (kann) ich Ihnen helfen?		
			I am looking for a raincoat.	Ich suche einen Regenmantel.
Bedarfsermittlung	What size do you take?	Welche Größe haben Sie?		
			Medium (small, large, extra large, size 48) please.	Medium (small, large, extra large, Größe 48) bitte.
	What colour do you prefer?	Welche Farbe bevorzugen Sie?		
			Yellow or blue.	Gelb oder Blau.
Warenvorlage	How do you like this one?	Wie gefällt Ihnen denn dieser?		
			That is alright. I would like to try it on.	Der ist in Ordnung. Ich würde ihn gern anprobieren.
Argumentationsphase	Feel the material. The raincoat is made with waterproof, windproof and breathable Goretex-fabrics. The weather is no longer a topic to discuss for you.	Fühlen Sie einmal das Material. Der Regenmantel ist mit wasserfestem, windundurchlässigem und atmungsaktivem Goretex-Gewebe. Das Wetter ist damit kein Thema mehr für Sie.		
			You are right, but I am afraid the raincoat is too narrow across the shoulders.	Sie haben recht, aber ich fürchte, der Regenmantel ist um die Schultern herum etwas zu eng.
	Why don't you try a large size?	Nehmen Sie doch die Größe L.		
Preisnennung			How much is it?	Wie viel kostet er?
	It costs 250,00 €.	Er kostet 250,00 €.		
Einwandbehandlung			I had thought more of a raincoat for approximately 150,00 €.	Ich hatte mehr an einen Regenmantel für 150,00 € gedacht.
	Yes, but it is a real bargain: The regular price of this raincoat is more than 400,00 € ...	Ja, aber der ist ein richtiges Schnäppchen. Dieser Regenmantel kostet sonst über 400,00 € ...		
Herbeiführen des Kaufentschlusses	Can I take the raincoat to the cash desk for you?	Kann ich den Regenmantel für Sie zur Kasse mitnehmen?		
			Yes, I think I take it.	Ja, ich glaube, ich nehme ihn.
Kaufabschluss	Goodbye!	Auf Wiedersehen!		
			Bye-bye.	Auf Wiedersehen!

LERNFELD 10

Vielfalt in Deutschland

Im Jahr 2022 lebten in Deutschland 13,4 Millionen Ausländerinnen und Ausländer. Davon in diesen Bundesländern:

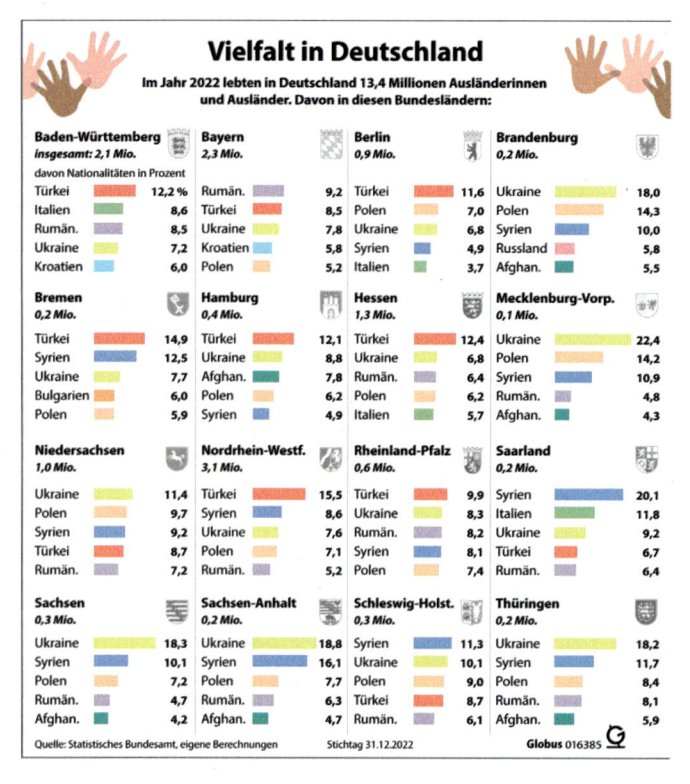

Baden-Württemberg insgesamt: 2,1 Mio.
davon Nationalitäten in Prozent
- Türkei 12,2 %
- Italien 8,6
- Rumän. 8,5
- Ukraine 7,2
- Kroatien 6,0

Bayern 2,3 Mio.
- Rumän. 9,2
- Türkei 8,5
- Ukraine 7,8
- Kroatien 5,8
- Polen 5,2

Berlin 0,9 Mio.
- Türkei 11,6
- Polen 7,0
- Ukraine 6,8
- Syrien 4,9
- Italien 3,7

Brandenburg 0,2 Mio.
- Ukraine 18,0
- Polen 14,3
- Syrien 10,0
- Russland 5,8
- Afghan. 5,5

Bremen 0,2 Mio.
- Türkei 14,9
- Syrien 12,5
- Ukraine 7,7
- Bulgarien 6,0
- Polen 5,9

Hamburg 0,4 Mio.
- Türkei 12,1
- Ukraine 8,8
- Afghan. 7,8
- Polen 6,2
- Syrien 4,9

Hessen 1,3 Mio.
- Türkei 12,4
- Polen 6,8
- Rumän. 6,4
- Polen 6,2
- Italien 5,7

Mecklenburg-Vorp. 0,1 Mio.
- Ukraine 22,4
- Polen 14,2
- Syrien 10,9
- Rumän. 4,8
- Afghan. 4,3

Niedersachsen 1,0 Mio.
- Ukraine 11,4
- Polen 9,7
- Syrien 9,2
- Türkei 8,7
- Rumän. 7,2

Nordrhein-Westf. 3,1 Mio.
- Türkei 15,5
- Syrien 8,6
- Ukraine 7,6
- Polen 7,1
- Rumän. 5,2

Rheinland-Pfalz 0,6 Mio.
- Türkei 9,9
- Ukraine 8,3
- Rumän. 8,2
- Syrien 7,5
- Polen 7,4

Saarland 0,2 Mio.
- Syrien 20,1
- Italien 11,5
- Ukraine 9,2
- Türkei 6,7
- Rumän. 6,4

Sachsen 0,3 Mio.
- Ukraine 18,3
- Syrien 10,1
- Polen 7,2
- Rumän. 4,7
- Afghan. 4,2

Sachsen-Anhalt 0,2 Mio.
- Ukraine 18,8
- Syrien 16,1
- Polen 7,7
- Rumän. 6,3
- Afghan. 4,7

Schleswig-Holst. 0,3 Mio.
- Syrien 11,3
- Ukraine 10,1
- Polen 9,0
- Türkei 8,7
- Afghan. 6,1

Thüringen 0,2 Mio.
- Ukraine 18,2
- Syrien 11,7
- Polen 8,4
- Rumän. 8,1
- Afghan. 5,9

Quelle: Statistisches Bundesamt, eigene Berechnungen. Stichtag 31.12.2022. Globus 016385

Neue Kundengruppen

Neben den aufgeführten speziellen Kundengruppen entwickeln sich ständig neue Nachfragestrukturen im Einzelhandel, die die Unternehmen kennen und genau beobachten müssen: Ein Einzelhandelsunternehmen kann nur dann erfolgreich sein, wenn es alle Verkaufstätigkeiten auf die Bedürfnisse der unterschiedlichen Kundengruppen ausrichtet. Durch

- die Verkleinerung der durchschnittlichen Haushaltsgrößen,
- den wachsenden Anteil berufstätiger Frauen,
- die Pluralisierung der Lebensstile,
- Verschiebungen in der Bevölkerungsstruktur entstehen neue Konsumentengruppen mit eigenem Konsumverhalten. Die mögliche Zugehörigkeit von Kunden zu solchen Gruppen muss sowohl in der Verkaufsargumentation als auch im Bereich des Marketings immer beachtet werden (vgl. auch Kap. 10.1).

BEISPIEL

Ist die Zugehörigkeit von Kundinnen und Kunden zu einer Konsumentengruppe erkannt, kann sich das Einzelhandelsunternehmen gut auf sie einstellen:

- Welche Probleme und Bedürfnisse möchten diese Angehörigen einer Kundengruppe mit dem Kauf von Produkten in den verschiedenen Sortimentsbereichen lösen bzw. befriedigen?
- Welche Wünsche und Anregungen für Verbesserungen werden von ihnen genannt?
- Zeigen die Angehörigen einer Kundengruppe in den verschiedenen Produktgruppen deutliche Präferenzen für bestimmte Hersteller und Marken?
- Welche Zusatzartikel und Serviceleistungen wünschen sich diese Konsumentinnen und Konsumenten?

AUFGABEN

1. Warum sind Kinder und Jugendliche für den Einzelhandel eine äußerst wichtige Zielgruppe?
2. Was bedeutet der Taschengeldparagraf?
3. Wie werden Kinder und Jugendliche in Verkaufsgesprächen behandelt?
4. Zeigen Sie Merkmale der Zielgruppe „Seniorinnen und Senioren" auf.
5. Was sollte bei Verkaufsgesprächen mit Seniorinnen und Senioren beachtet werden?
6. Welche Rolle spielt die Warenvorlage bei Verkaufsgesprächen mit Ausländerinnen und Ausländern?
7. Ein ausländisches Ehepaar, das kaum Deutsch spricht, möchte einen erklärungsbedürftigen Artikel kaufen. Worauf sollte das Verkaufspersonal bei der Bedienung achten?
8. Ausländische Touristinnen und Touristen sind ein entscheidender Wirtschaftsfaktor.
   a) Wie viele ausländische Touristinnen und Touristen übernachten jährlich in der Bundesrepublik?
   b) Wie viele ausländische Touristinnen und Touristen übernachten jährlich in Ihrem Bundesland?
9. Was versteht man unter „Ethno-Marketing"?

LERNFELD 10

10. Beurteilen Sie die folgenden Aussagen.
    a) Zeigt man Ausländerinnen und Ausländern Ware anschaulich, kann das fehlende Sprachkenntnisse ersetzen.
    b) Kinder beeinflussen häufig die Kaufentscheidung der Eltern.

AKTIONEN

1. a) Bereiten Sie sich auf die Durchführung eines Rollenspiels vor. Lassen Sie sich dazu von Ihrer Lehrerin/Ihrem Lehrer jeweils eine Rolle zuteilen.
   Rollenspiel:
   - **Herbert Mörsch**
     Sie sind Herbert Mörsch, 35 Jahre alt, Bauingenieur und Vater Ihres 5 Jahre alten Sohnes Nils. Sie achten beim Einkauf auf Qualität und Preis der Ware. Heute sind Sie mit Ihrem Sohn unterwegs, um ihm ... zu kaufen. Daher wenden Sie sich an die Verkäuferin Simone Naumann der Ambiente Warenhaus AG.
   - **Nils Mörsch**
     Sie sind Nils Mörsch, 5 Jahre alter Sohn des Bauingenieurs Herbert Mörsch. Als klassischer Vertreter Ihrer Altersgruppe sind Sie:
     – neugierig, wollen alles anfassen,
     – quirlig,
     – ungehalten, wenn Sie sich längere Zeit langweilen.
   - **Simone Naumann**
     Sie sind Simone Naumann, 18 Jahre alt, Verkäuferin in der Abteilung ... der Ambiente Warenhaus AG. Ihre Aufgabe ist es, den Kundinnen und Kunden beim Kauf behilflich zu sein und beratend zur Seite zu stehen.
   b) Führen Sie das Rollenspiel durch.
   c) Beobachten Sie jeweils genau das Verkäuferverhalten. Wichtig: An welcher Stelle sind Probleme für Verkäuferinnen und Verkäufer aufgetaucht?

2. a) Bilden Sie in Ihrer Klasse mehrere Gruppen.
   b) Stellen Sie für eine der speziellen Kundengruppen die für diese geltenden Verkaufsregeln übersichtlich auf einer Wandzeitung dar. Versuchen Sie die Regeln zu visualisieren.
   c) Stellen Sie den anderen Gruppen Ihre Wandzeitung vor.

3. In jeder Phase des Verkaufsgesprächs werden von Verkäufern typische Formulierungen verwendet. Erstellen Sie einen solchen Katalog mit entsprechenden Sätzen in Englisch.

   Nutzen Sie als Hilfe dazu das in Ihrer Klasse eingeführte Englischbuch. Unterstützung können Sie auch im Internet finden. Unter https://translate.google.com/ können Sie englische Entsprechungen für deutsche Begriffe nachschlagen oder sogar ganze Sätze ins Englische übersetzen lassen (manchmal nicht ganz korrekt, aber fast immer verständlich).

4. Führen Sie ein Rollenspiel durch:

   Ein ausländischer Kunde ohne Deutschkenntnisse betritt Ihr Geschäft. Sie verkaufen ihm – unter Beachtung aller Phasen – in einem Verkaufsgespräch auf Englisch einen Artikel Ihres Ausbildungssortiments.
   a) Erstellen Sie in Partnerarbeit ein Drehbuch für dieses Verkaufsgespräch. Verwenden Sie dazu das in Ihrer Klasse eingeführte Englischbuch bzw. das Internet (vgl. Aktion 3).
   b) Führen Sie das Rollenspiel vor.
   c) Halten Sie bei den anderen Rollenspielen fest,
      – ob die Verkaufsphasen verkaufstechnisch einwandfrei durchgeführt worden sind,
      – ob das Rollenspiel für Sie neue Formulierungen enthält, die Sie in Verkaufsgesprächen verwenden können.

LERNFELD 10

ZUSAMMENFASSUNG

Kinder/Jugendliche — Seniorinnen und Senioren — Ausländerinnen und Ausländer

↓

Spezielle Kundengruppen

↓

erfordern:
- spezielles Vorgehen in Verkaufsgesprächen.
- Beachtung bestimmter Eigenschaften.

KAPITEL 3
Wir beachten interkulturelle Besonderheiten

Kurz nach Feierabend. Anja Maibaum und Robin Labitzke tauschen sich über den Tag aus:

Anja Maibaum: „Ich hatte heute einige spannende Erlebnisse mit ausländischen Kundinnen und Kunden!"

Robin Labitzke: „Echt, du auch? Erzähl mal!"

Anja Maibaum: „Ein asiatischer Kunde, ich glaube, er kam aus Japan, wollte einen defekten Artikel reklamieren, den er vor Kurzem von uns gekauft hat. Anstatt gleich zur Sache zu kommen, hat er erst mal lange Small Talk gemacht. Meine sonstigen Kundinnen und Kunden machen in solchen Fällen immer sofort direkte Ansagen wie ,So geht das nicht!' – und fertig. Aber dieser Kunde sagte irgendwann eigentlich eher so nebenbei: ,Ich denke, da muss nachgebessert werden.'"

Robin Labitzke: „Auch ich hatte einen chinesischen Kunden in einem Verkaufsgespräch. Das verlief deutlich länger als mit einem deutschen Kunden. Klappte erst ganz gut. Komischerweise kam es dann zum Abbruch des Verkaufsgesprächs, als ich ihm mit einem Handzeichen signalisierte, dass der Anzug ihm gut stehen würde ..."

1. Erläutern Sie, warum es in den beiden Verkaufsgesprächen zu Schwierigkeiten gekommen ist.
2. Geben Sie an, welche Fehler im Einzelnen gemacht wurden.
3. Machen Sie eventuell Vorschläge für ein besseres Verhalten.

LERNFELD 10

INFORMATION

Jeden Tag treffen Menschen in beruflichen Situationen auf andere Menschen. Bei Menschen, die durch gleiche oder ähnliche kulturelle Einflüsse, Stimmungen und Erwartungen geprägt sind, geschieht das in der Regel in einer verständnisvollen und konfliktarmen Atmosphäre. Schwierigkeiten entstehen jedoch oft, wenn Personen aus unterschiedlichen Kulturkreisen aufeinandertreffen: Je mehr die kulturellen Einflüsse der beteiligten Personen voneinander abweichen, umso mehr kann es zur Entstehung interkultureller Konfliktsituationen kommen. Gerade in Verkaufsgesprächen ist es wichtig, beim Aufeinandertreffen von kulturell verschiedenen Personen angemessen handeln zu können.

> **BEISPIEL**
>
> Nicht selten werden Verkaufsgespräche mit ausländischen Kundinnen und Kunden durchgeführt. Oft werden aber auch auf der Einkaufsseite des Unternehmens Verhandlungen mit ausländischen Lieferern geführt. In beiden Fällen ist es wichtig, interkulturelle Besonderheiten zu kennen und darauf angemessen reagieren zu können.

Wenn im Geschäftsleben kulturelle Besonderheiten nicht ausreichend beachtet werden, kann dies viele Nachteile haben:
- Missverständnisse können die betriebliche Arbeit stören.
- Das Gegenüber kann nachhaltig verärgert werden.
- Dies kann sogar zur Ablehnung des oder der anderen führen.
- Die Geschäftsbeziehungen werden gestört.
- Es kommt zu finanziellen Einbußen.
- Es droht ein Scheitern der geschäftlichen Verbindungen.

Der Kontakt zu Mitarbeitenden und Kundinnen und Kunden mit unterschiedlicher kultureller Prägung in oder außerhalb eines Unternehmens wird in Zukunft sehr stark zunehmen. Deshalb wird es für Unternehmen immer wichtiger, dass ihre Mitarbeitenden mit interkulturellen Konfliktsituationen angemessen umgehen können. Dazu müssen sie das Erkennen, das Vermeiden und den Umgang mit solchen interkulturellen Konfliktsituationen lernen.

Grundregeln für den Umgang mit Personen anderer Kulturkreise

Zurücknahme der eigenen Person
In jedem Fall ist es hilfreich, die eigene Person etwas zurückzunehmen. Man sollte also nicht offensiv die Meinung vertreten, dass die eigenen Ansichten und die eigene Lebensweise die allein gültigen sind.

Respekt vor anderen Personen
Damit einher geht die Achtung von Personen aus fremden Kulturkreisen. Sie empfinden dies als Wertschätzung und werden dementsprechend positiv reagieren.

Bereitschaft zum interkulturellen Lernen
Vor diesem Hintergrund sollte jeder bereit sein, interkulturell zu lernen. Darunter versteht man, dass sich Menschen unterschiedlicher Kulturen im Umgang miteinander bemühen, das kulturelle Orientierungssystem des jeweils anderen zu verstehen. Dadurch wird immer das Verständnis sowohl für fremde Kulturen als auch der eigenen Kultur verstärkt.

Informationen einholen über die Besonderheiten der anderen Kultur
Vor Reisen ins Ausland sollte man sich über die kulturellen Besonderheiten und die dort üblichen Sitten informieren. Dies gilt auch für den Kontakt mit ausländischen Kundinnen und Kunden im Einzelhandel. Von der Beschaffung solcher Informationen kann der Erfolg oder Misserfolg der Reise bzw. eines Verkaufsgesprächs entscheidend abhängen. Es ist also wichtig
- zu verstehen, was die Eigenschaften der jeweiligen Kultur sind,
- zu wissen, welches in unserem Kulturkreis normale Verhalten in anderen Kulturkreisen negativ gesehen wird bzw. umgekehrt.

Kulturdimensionen

Zur Erfassung kultureller Unterschiede verwendet man das Modell der Kulturdimensionen. Unter Kulturdimensionen versteht man Vergleichskriterien, um Gemeinsamkeiten und Unterschiede von Landeskulturen darzustellen. Durch Verwendung von Kulturdimensionen können Landeskulturen klassifiziert und dadurch besser untersucht und verstanden werden.

LERNFELD 10

Als Kulturdimensionen können unterschieden werden:

- direkte und indirekte Kommunikation
- Sach- oder Beziehungsorientierung
- Kollektivismus und Individualismus
- Femininität und Maskulinität
- Grad der Risikobereitschaft und Unsicherheitsvermeidung
- hohe oder geringe Ausprägung der Machtdistanz
- monochrone oder polychrone Kulturen

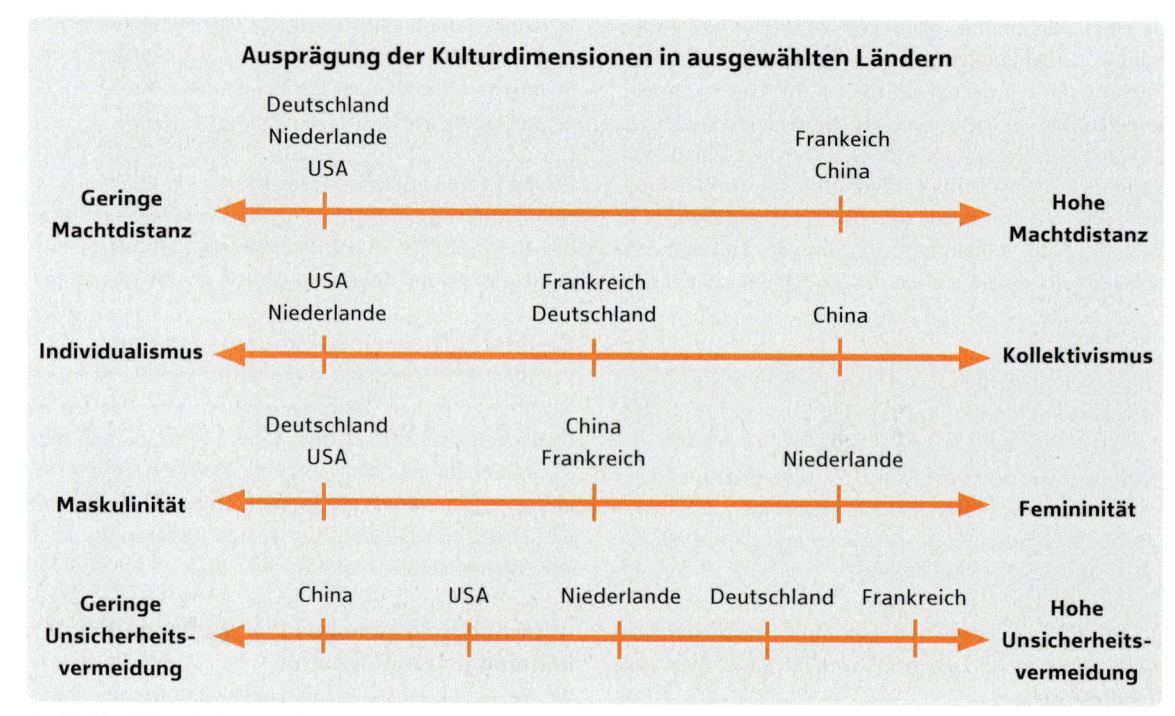

Ausprägung der Kulturdimensionen in ausgewählten Ländern

Geringe Machtdistanz	←——————————————→	Hohe Machtdistanz
Deutschland, Niederlande, USA		Frankreich, China

Individualismus	←——————————————→	Kollektivismus
USA, Niederlande	Frankreich, Deutschland	China

Maskulinität	←——————————————→	Femininität
Deutschland, USA	China, Frankreich	Niederlande

Geringe Unsicherheitsvermeidung	←——————————————→	Hohe Unsicherheitsvermeidung
China	USA	Niederlande, Deutschland, Frankreich

Quelle: Vgl. Böhm, Ursina: Interkulturell kompetent? In: lift-report, Fachaufsätze 2/2004.

Direkte und indirekte Kommunikation

Verschiedene Landeskulturen unterscheiden sich durch die Art der Kommunikation. In einigen Ländern wird mehr die **direkte** Kommunikation bevorzugt: Informationen oder Anweisungen werden deutlich geäußert. Es werden klare Positionen bezogen, Kritik wie auch Zustimmung werden offen ausgesprochen, auch wenn dadurch ein sozialer Konflikt riskiert wird. Dies wird in Kauf genommen, da die direkte Kommunikation zu mehr Wahrheit und Klarheit führen kann.

BEISPIEL
Im Rahmen der direkten Kommunikation wird ein Gespräch geführt, um ein vorher festgelegtes Ziel zu erreichen:
„Ich habe um dieses Gespräch gebeten, weil ich mit der Qualität Ihrer Ware nicht zufrieden bin."

Weil man keine Zeit verschwenden will, wird also ein sehr direkter Weg gewählt.

In Kulturen, deren Mitglieder **indirekt** kommunizieren, werden Botschaften und Mitteilungen verschlüsselt weitergegeben. Aus dem Bedürfnis, soziale Harmonie zu wahren, werden direkte Stellungnahmen vermieden. Andere Personen werden nicht angegriffen.

BEISPIEL
In Kulturen, die die indirekte Kommunikation bevorzugen, wird das Gesprächsziel viel eher beiläufig und über Umwege angestrebt. Die Kommunikation dauert länger, ist unverbindlich und enthält wenig Fakten.

16 Möglichkeiten, auf Japanisch „Nein" zu sagen

1. Ein unbestimmtes „Nein"
2. Ein unbestimmtes und zweideutiges „Ja" oder „Nein"
3. Schweigen
4. Eine Gegenfrage
5. Abschweifende Antworten
6. Das Verlassen des Raumes
7. Lügen (doppelsinnige Antwort oder Vorschieben eines Vorwandes, z.B. Krankheitsfall, frühere Verpflichtung etc.)
8. Kritik an der Frage selbst üben
9. Die Frage ablehnen
10. Ein bedingtes „Nein"
11. „Ja, aber"
12. Die Antwort aufschieben („Wir schreiben Ihnen")
13. Im Innern denkt man „Ja", nach außen sagt man „Nein"
14. Im Innern denkt man „Nein", nach außen sagt man „Ja"
15. Sich entschuldigen
16. Verwendung eines Wortes, das dem englischen „Nein" entspricht – wird meist nur beim Ausfüllen amtlicher Fragebogen und nicht im Gespräch benutzt

Quelle: Engelen, Andreas, Tholen, Eva: Interkulturelles Management, 1. Auflage, Stuttgart: Schäffer-Poeschel 2014, S. 29.

Kulturdimension	
Direkte Kommunikation	**Indirekte Kommunikation**
Europäerinnen und Europäer sind bei Konflikten bestrebt, den Sachverhalt möglichst deutlich darzulegen, um Klarheit zu schaffen. • Deutschland • Skandinavien	Asiatinnen und Asiaten z.B. versuchen die Konfliktursache undeutlich zu machen, weil in erster Linie die Harmonie zwischen den Beteiligten wiederhergestellt werden muss. • Asien, • Lateinamerika, • Afrika, arabische Länder, • romanische Länder, • osteuropäische Staaten

In Kulturen, die indirekte Kommunikation bevorzugen, werden viele Dinge nicht direkt zur Sprache gebracht.

Sachorientierung oder Beziehungsorientierung

Viele Kulturen unterscheiden sich durch unterschiedliche Auffassungen der Geschäftsbeziehungen: in Landeskulturen, bei denen die **Sachorientierung** im Vordergrund steht, legt man Wert darauf, sachlich zu diskutieren. Es herrscht eine klare Trennung zwischen Privat- und Berufsleben. Für den Aufbau von Geschäftsbeziehungen ist die Entwicklung einer persönlichen Bindung nicht wichtig. Bei der Zusammenarbeit spielen persönliche Sympathien und Abneigungen keine große Rolle.

BEISPIEL
In Deutschland herrscht wie in vielen westlichen Kulturen die Sachorientierung vor: In Verhandlungen wird der Abschluss eines Projekts, eines Vertrags oder eines Geschäfts angestrebt.

In anderen Kulturen steht die **Beziehungsorientierung** im Vordergrund: Erst wenn eine persönliche Beziehung aufgebaut wurde, arbeiten die Geschäftspartnerinnen und -partner zusammen.

BEISPIEL
Besprechungen oder Verhandlungen dienen zunächst einmal dem Kennenlernen und dem Aufbau einer persönlichen Beziehung. Erst wenn eine gemeinsame Basis geschaffen wurde, wird ein Abschluss angestrebt.

LERNFELD 10

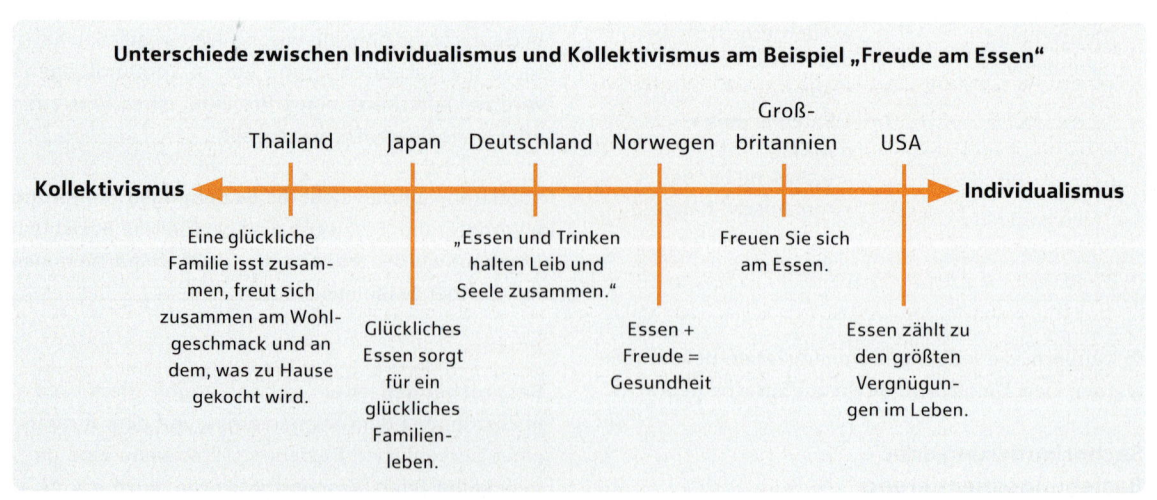

Kulturdimension	
Sachorientierung	Beziehungsorientierung
• Deutschland • USA	• Italien • Spanien • Mexiko • Brasilien

Bei durch **Kollektivismus** geprägten Landeskulturen ist die Gemeinschaftsorientierung das entscheidende Merkmal. Dem oder der Einzelnen geht es gut, wenn es der Gruppe gut geht. Das Wohl der einzelnen Person wird dem der Gruppe untergeordnet. Die Gemeinschaft bietet Schutz und Unterstützung, fordert aber auch große Loyalität.

BEISPIEL

- Für Menschen aus Nordeuropa oder Nordamerika gilt das Prinzip „Zeit ist Geld". Sie wollen schnell zur Sache kommen.
- Menschen aus Asien, Afrika oder Arabien möchten ihr Gegenüber zuerst einmal als Person kennenlernen und einschätzen können. Erst nach Aufbau einer Beziehung denken sie an geschäftliche Dinge.

Individualismus oder Kollektivismus

Viele Landeskulturen unterscheiden sich auch darin, wie die Rolle des oder der Einzelnen gegenüber der Gruppe gesehen wird.

In Landeskulturen, in denen der **Individualismus** im Vordergrund steht, gilt die Selbstverwirklichung des oder der Einzelnen als eines der höchsten Ziele. Die Unabhängigkeit, die Privatsphäre und die Persönlichkeit des oder der Einzelnen genießen einen sehr hohen Stellenwert. Der Gruppe geht es gut, wenn es Einzelpersonen gutgeht.

Kulturdimension	
Individualismus	Kollektivismus
Beziehungen zwischen Menschen sind lockerer, da individuelle Freiheit, freie Persönlichkeitsentwicklung, Selbstbestimmung und Verantwortung in der gesellschaftlichen Ordnung einen hohen Stellenwert haben. • USA • Großbritannien • Australien • Frankreich • Schweiz • Niederlande • Belgien • Deutschland	In kollektivistischen Kulturen spielt die Integration in zahlreiche soziale Netzwerke eine besonders wichtige Rolle. Charakteristisch sind gegenseitige Abhängigkeit, hoher Stellenwert von Gruppeninteressen und Vermeidung von direkter Konfrontation (Harmoniestreben). • China • Japan • Argentinien • Singapur • Guatemala • Mexiko • Portugal

Unterschiede zwischen Individualismus und Kollektivismus am Beispiel „Freude am Essen"

Kollektivismus ← Thailand — Japan — Deutschland — Norwegen — Großbritannien — USA → **Individualismus**

- **Thailand:** Eine glückliche Familie isst zusammen, freut sich zusammen am Wohlgeschmack und an dem, was zu Hause gekocht wird.
- **Japan:** Glückliches Essen sorgt für ein glückliches Familienleben.
- **Deutschland:** „Essen und Trinken halten Leib und Seele zusammen."
- **Norwegen:** Freuen Sie sich am Essen.
- **Großbritannien:** Essen + Freude = Gesundheit
- **USA:** Essen zählt zu den größten Vergnügungen im Leben.

Quelle: Müller, Stefan, Gelbrich, Katja: Interkulturelles Marketing, München: Vahlen 2004, S. 665.

BEISPIEL

- „The American Dream" – die Möglichkeit sich aus eigener Arbeitskraft vom Tellerwäscher zum Millionär hochzuarbeiten – ist ein Symbol für den Individualismus, wie er in den USA gelebt wird und in dem berühmten Song „My Way" von Frank Sinatra zum Ausdruck kommt.
- Für die kollektivistisch ausgeprägte Gesellschaft Chinas ist das Sprichwort „Der Nagel, der herausragt, wird in das Brett gehämmert" kennzeichnend. In einer solchen Gesellschaft steht die Gruppe als Gesamtheit im Vordergrund und ist wichtiger als die Selbstverwirklichung der Gruppenmitglieder.

Hohe oder geringe Ausprägung der Machtdistanz

Verschiedene Landeskulturen unterscheiden sich dadurch, inwieweit die einzelnen Menschen Ungleichheiten zwischen Hierarchiestufen akzeptieren. Es geht um die Frage, wie viel Respekt eine Person vor einem Menschen in einer höheren Position hat. Je höher die Machtdistanz ist, umso weniger ist es erlaubt, offene Kritik zu üben.

In Landeskulturen mit einer hohen Ausprägung der Machtdistanz werden hierarchische Strukturen anerkannt. In Organisationen und Unternehmen wird häufiger ein eher autoritärer Führungsstil angewendet.

Dagegen wird dort, wo die Machtdistanz niedriger ausgeprägt ist, eine weitgehende Gleichheit der Machtverteilung angestrebt. So sind Organisationsstrukturen eher flach gehalten, Entscheidungen werden eher delegiert.

Kulturdimension	
Hohe Ausprägung der Machtdistanz	**Niedrige Ausprägung der Machtdistanz**
• Japan • Singapur • Frankreich • Spanien • Guatemala	• Skandinavien • Großbritannien • Österreich • Niederlande

BEISPIEL

Wenn ein deutscher Chef ein chinesisches Team mit niedriger Machtdistanz leitet – was sich bei deutschen Teams als sehr erfolgreich erwiesen hat –, wird er viel delegieren und seine Mitarbeitenden eigenverantwortlich arbeiten lassen. Er wird wenig kontrollieren. Da China jedoch ein Land mit hoher Machtdistanz ist, wird er bei einem chinesischen Team vermutlich scheitern. Chinesische Mitarbeitende sind eine hohe Machtdistanz gewohnt. Sie könnten das Führungsverhalten des Chefs als Schwäche auslegen.

Ein Beispiel für Probleme unterschiedlicher Machtdistanz in einem internationalen Unternehmen

Herr Gomez arbeitet für ein südamerikanisches Unternehmen. Er ist als Führungskraft seinen Mitarbeitenden hierarchisch deutlich übergeordnet und fällt die wichtigsten Entscheidungen selbstständig. Seine Mitarbeitenden erwarten von ihm klare Anweisungen. Herr Gomez bezieht ein hohes Einkommen; Privilegien und Statussymbole (Auto, Club) unterstreichen die hervorgehobene Bedeutung seiner Position. Seit Kurzem hat Herr Gomez einen neuen Vorgesetzten, Herrn Palmblad aus Schweden, der sich in vielen Fragen mit ihm abstimmt und ihn verhältnismäßig wenig spüren lässt, dass er sein Vorgesetzter ist.

Herr Gomez ist darüber zwar etwas verunsichert, führt aber die Offenheit seines Vorgesetzten im Wesentlichen auf die eigenen Leistungen zurück und ist mit sich sehr zufrieden. Auch nach außen hin kann Herr Gomez seine starke Rolle im Unternehmen immer wieder dokumentieren, da sein neuer Vorgesetzter bei gemeinsamen Auftritten eher im Hintergrund bleibt und ihm den Vortritt lässt. Allerdings wundert sich Herr Gomez darüber, dass Herr Palmblad bei wichtigen Entscheidungen auch die Meinung von Herrn Fernandez, einem untergeordneten Mitarbeiter von Herrn Gomez, einholt. Herr Gomez überlegt, wie er damit umgehen soll. Nach seiner Erfahrung wird durch dieses Vorgehen seine eigene Position gegenüber den Mitarbeitenden untergraben. Auch Herr Fernandez scheint nicht recht zu wissen, wie er sich angesichts dieser neuen Mitsprachemöglichkeit verhalten soll.

Einerseits genießt er seine neue Bedeutung, andererseits fragt er sich, inwieweit er das Verhalten von Herrn Palmblad als Schwäche sehen muss.

LERNFELD 10

Beteiligter	Stellung in der Unternehmenshierarchie	Aussage
Herr Palmblad (Schweden)	1. Hierarchieebene im Unternehmen	„Schade, ich hätte von den beiden mehr Einsatz und Kooperationsbereitschaft erwartet, wo ich doch mit so gutem Beispiel vorangegangen bin!"
Herr Gomez (Venezuela)	2. Hierarchieebene im Unternehmen	„Endlich werden meine Fähigkeiten und Leistungen gesehen und anerkannt. Aber warum fragt er eigentlich immer meinen Untergebenen, Herrn Fernandez, nach seiner Meinung?"
Herr Fernandez (Venezuela)	3. Hierarchieebene im Unternehmen	„So einen merkwürdigen Chef hatte ich noch nie. Muss ganz schön unsicher sein, der Schwede. Hoffentlich nimmt mir das Herr Gomez nicht übel!"

Quelle: vgl. Axel Dreyer: Kulturtourismus. München: Oldenbourg 2000, S. 212 und Stefan Müller, Katja Gelbrich: Interkulturelles Marketing, München: Vahlen 2004.

Monochrone oder polychrone Kulturen

Mitglieder einer monochronen Kultur erledigen Aufgaben nacheinander. Die nächste Beschäftigung wird erst dann begonnen, wenn die erste abgeschlossen ist. Die Mitglieder dieser Kultur messen der Zeit und der Privatsphäre einen hohen Wert bei. Die Zeit dient ihnen dazu, den Alltag zu ordnen und in strukturierte Bahnen zu lenken. Pünktlichkeit ist von großer Bedeutung, die Zeitplanung in monochronen Kulturen ist sehr exakt.

In polychronen Kulturen führen die Mitglieder oft mehrere Aufgaben nebeneinander aus. In solchen Gesellschaften werden viele Dinge gleichzeitig erledigt; neue Aufgaben werden also angefangen, ohne die alten vorher abgeschlossen zu haben. Zeit hat für die Mitglieder einer solchen Kultur keine große Bedeutung. Planungen werden häufiger geändert. Diese Gesellschaften legen sehr viel Wert auf Kommunikation und Beziehungen.

Kulturdimension	
Monochron	**Polychron**
• Deutschland • USA • Kanada • Mitteleuropa • Nordeuropa • Japan • China	• Südeuropa • Osteuropa • Mittelamerika • Südamerika • Afrika • Naher Osten • Indien

BEISPIEL

- In monochronen Kulturen fällt man durch Unpünktlichkeit sehr leicht negativ auf.

- In polychronen Kulturen geht der Geschäftspartner bzw. die Geschäftspartnerin im Groben davon aus, dass er oder sie selbst und die anderen doch alle genügend Zeit zur Verfügung haben.

Hohe oder niedrige Unsicherheitsvermeidung

In Gesellschaften mit hoher Unsicherheitsvermeidung wird Ungewissheit als Bedrohung empfunden. Dadurch entsteht ein allgemeines Bedürfnis nach informellen Regeln und formellen Vorgaben. Man möchte unvorhersehbare Situationen vermeiden. Um Ordnung und Struktur in solchen Gesellschaften aufrecht zu halten, wird andersartiges Verhalten bestraft.

In den Kulturen, in denen eine niedrige Unsicherheitsvermeidung vorherrscht, gibt es überwiegend die Einstellung, dass Ungewissheit eine normale Erscheinung im Leben ist. Diese Gesellschaften sind erheblich risikobereiter und innovationsfreudiger (offen gegenüber Neuerungen) als andere. Regeln werden nur dort aufgestellt, wo sie absolut notwendig erscheinen. Man ist sich einig, dass man viele Probleme auch ohne formelle Regeln lösen kann.

Kulturdimension	
Hohe Unsicherheitsvermeidung	**Niedrige Unsicherheitsvermeidung**
• Japan • Guatemala • China • Frankreich	• Nordeuropa • Großbritannien • Hongkong

BEISPIEL

In Kulturen mit hoher Unsicherheitsvermeidung gibt es am Arbeitsplatz sehr viele ungeschriebene, aber auch geschriebene Regeln, die den Arbeitsablauf bestimmen. Herrscht in einer Kultur dagegen eine niedrigere Unsicherheitsvermeidung vor, ruft dies einen großen Widerwillen hervor: dort werden eher flexible Regelungen und Strukturen angestrebt.

Kulturdimension	
Maskulinität	**Femininität**
• Japan • Deutschland	• Niederlande • Skandinavien

BEISPIEL

Aggressives Auftreten ist eher in maskulinen Kulturen anzutreffen als in den eher auf Bescheidenheit und Mitgefühl ausgerichteten femininen Kulturen. Ein angriffslustiges Verkaufsverhalten auf Kosten anderer – wie z. B. vergleichende Werbung auf amerikanische Art – wird in femininen Gesellschaften überwiegend negativ aufgenommen.

Maskulinität oder Femininität

Eine Kultur gilt als maskulin, wenn die Rollen der Geschlechter emotional klar gegeneinander abgegrenzt sind:

Männer haben bestimmt, hart und materiell orientiert zu sein. Frauen dagegen müssen bescheidener, sensibler sein und Wert auf Lebensqualität legen.

Maskuline Kulturen erwarten von Männern Leistung, Erfolg und Stärke. In einer femininen Kultur überschneiden sich Rollen der Geschlechter emotional: Sowohl Frauen als auch Männer sollen bescheiden und feinfühlig sein und Wert auf Lebensqualität legen. Merkmale femininer Kulturen sind Ausgewogenheit zwischen Arbeit und Privatleben, Kooperationsbereitschaft und Bescheidenheit.

Langfristige oder kurzfristige Orientierung

Verschiedene Kulturen unterscheiden sich dadurch, wie groß der zeitliche Planungszeitraum einer Kultur ist.

Kurzfristig orientierte Kulturen bevorzugen kurzfristig erreichbare Ziele. Sie weisen unter anderem folgende Merkmale auf:
- Ungeduld
- Erwartung schneller Gewinne
- Geringe Sparsamkeit

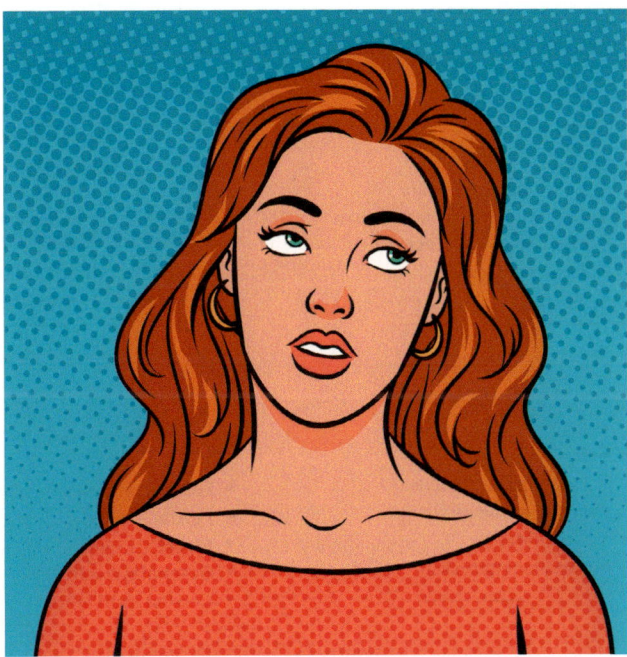

Eine solche aggressive werbung ist eher in maskulinen Kulturen anzutreffen. Frauen werden dort mit einem bescheidenen auftreten gezeigt.

LERNFELD 10

Solche Gesellschaften sind gegenwarts- oder vergangenheitsorientiert.

Für langfristig orientierte Kulturen sind Merkmale typisch wie z. B.
- Ausdauer,
- Fleiß,
- Sparsamkeit,
- Erfüllung sozialer Pflichten.

In langfristig orientierten Kulturen steht das Erreichen langfristiger Ziele im Vordergrund. Sie sind viel mehr zukunftsorientiert.

Kulturdimension	
Langfristige Orientierung	**Kurzfristige Orientierung**
• China • Brasilien • Thailand	• Deutschland • USA • Schweden

BEISPIEL

In Lateinamerika, aber auch in vielen Mittelmeerländern, gehören körperliche Berührungen selbst bei Geschäftsgesprächen dazu. Dies gilt auch für arabische Länder: Dort ist dies jedoch nur von Mann zu Mann oder von Frau zu Frau erlaubt. Skandinavier, Japaner oder Chinesen empfinden dagegen die Einhaltung eines großen Abstands als normal.

Unterschiede in der Ausprägung der Körpersprache

Kulturelle Unterschiede drücken sich auch in der Körpersprache aus. In einigen Ländern werden Körperkontakt, Abstand und Orientierung bei Gesprächen, Mimik und Gestik anders gedeutet als in Deutschland.

BEISPIEL

- „Wenn wir jetzt etwas ändern, dann wird sich das in 10 Jahren rentieren …" steht für eine langfristige Orientierung, die auf die Zukunft ausgerichtet ist.
- „Das machen wir schon immer so!" ist eher kennzeichnend für eine Kultur einer kurzfristigen Orientierung: Hier hat die Vergangenheit in Form von Traditionen ein besonderes Gewicht.

Kulturdimension	
Starke Ausprägung der Körpersprache	**Niedrigere Ausprägung der Körpersprache**
• Mittelamerika • Südamerika • Arabische Länder • Afrikanische Kulturen • Südeuropa • Osteuropa • Indien	• Nordeuropa • Mitteleuropa • Nordamerika • China • Japan

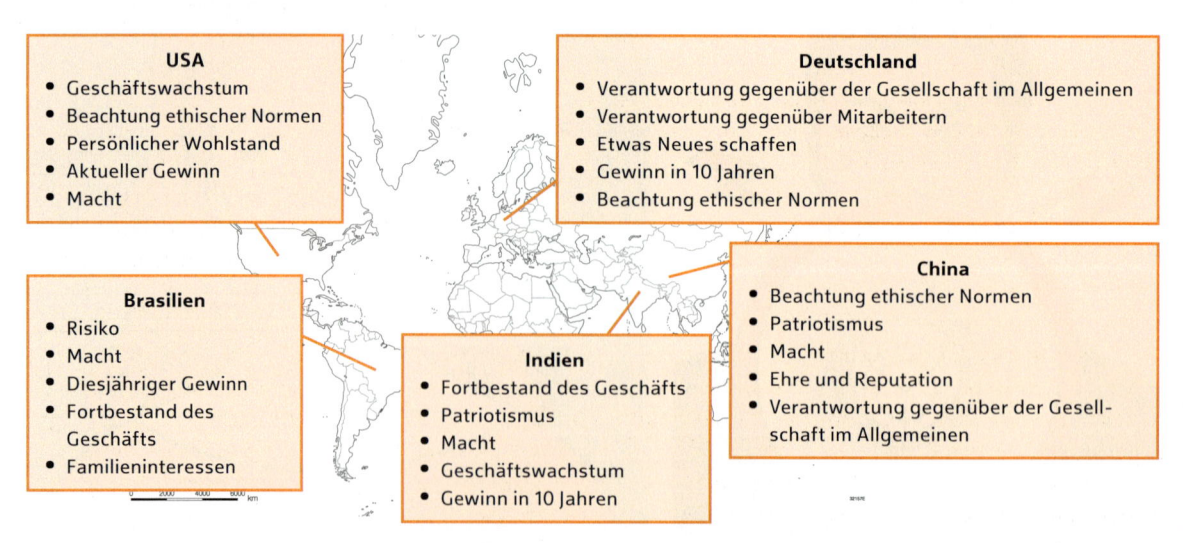

USA
- Geschäftswachstum
- Beachtung ethischer Normen
- Persönlicher Wohlstand
- Aktueller Gewinn
- Macht

Deutschland
- Verantwortung gegenüber der Gesellschaft im Allgemeinen
- Verantwortung gegenüber Mitarbeitern
- Etwas Neues schaffen
- Gewinn in 10 Jahren
- Beachtung ethischer Normen

Brasilien
- Risiko
- Macht
- Diesjähriger Gewinn
- Fortbestand des Geschäfts
- Familieninteressen

Indien
- Fortbestand des Geschäfts
- Patriotismus
- Macht
- Geschäftswachstum
- Gewinn in 10 Jahren

China
- Beachtung ethischer Normen
- Patriotismus
- Macht
- Ehre und Reputation
- Verantwortung gegenüber der Gesellschaft im Allgemeinen

Ziele von Unternehmen in verschiedenen nationalen Kulturen
Quelle: Engelen, Andreas, Tholen, Eva: Interkulturelles Management, 1. Auflage, Stuttgart: Schäffer-Poeschel 2014, S. 105.

LERNFELD 10

Verhalten ausländischer Kundinnen und Kunden und Geschäftspartnerinnen und Geschäftspartner

Oft gilt im Ausland das, was in Deutschland als gutes Verhalten angesehen wird, als Verstoß gegen die gute Etikette. Deshalb sollte man bei Verkaufsgesprächen mit Kundinnen und Kunden aus dem Ausland über die dort geltenden Verhaltensregeln und Bräuche informiert sein: Kann man das Verhalten des Kunden oder der Kundin nachvollziehen, lassen sich Verkaufsgespräche leichter durchführen.

Die zwei Hauptregeln für allgemeines Verhalten gegenüber ausländischen Kundinnen und Kunden oder Geschäftspartnerinnen und -partnern sind:
- Man sollte Kundinnen und Kunden oder Geschäftspartnerinnen und -partnern gegenüber seinen Respekt bezeugen. Dies hat mit Sicherheit Auswirkung auf einen positiven Verlauf des Gesprächs.
- Es empfiehlt sich zu beobachten, wie sich das Gegenüber verhält, und es ihm anschließend gleichzutun.

Vor allem in den folgenden im Geschäftsleben häufig vorkommenden Situationen gibt es oft entscheidende Unterschiede zwischen den Kulturkreisen:

Begrüßung
In Deutschland gilt das Händeschütteln als ganz normaler Bestandteil einer Begrüßung. In vielen europäischen Ländern dagegen findet das Händeschütteln in weitaus geringerer Stärke statt. In vielen asiatischen Ländern entfällt das Händeschütteln komplett. Stattdessen wird es durch eine Verbeugung ersetzt: Je tiefer dabei die Vorbeugung ausfällt, desto höher ist die Wertschätzung des Gegenübers.

Austausch von Visitenkarten
Weltweit gilt, dass Visitenkarten sich immer in einwandfreiem Zustand befinden müssen. Unterschiede gibt es im Hinblick auf eine korrekte Übergabe.
- Empfehlenswert ist eine zweisprachige Visitenkarte. Ist die Visitenkarte z. B. in englischer Sprache gehalten, wird dem Geschäftspartner bzw. der Geschäftspartnerin so das Verständnis erleichtert.
- In islamischen Ländern sollte darauf geachtet werden, die Visitenkarten nur mit der rechten Hand zu übergeben. Dagegen werden in südostasiatischen Ländern die Visitenkarten immer mit beiden Händen entgegengenommen bzw. übergeben.
- In Ländern, die sehr starken Wert auf Hierarchien legen, möchten Geschäftspartnerinnen und -partner häufig nur mit Personen, die eine hohe Position innehaben, verhandeln. Die Visitenkarte sollte also eine für den Geschäftspartner oder die Geschäftspartnerin akzeptable Position anzeigen.

Das Wichtigste bei der ersten Begegnung zwischen Geschäftsleuten in Japan: Austausch von Visitenkarten

Geschenke
Ein besonderes Augenmerk sollte man auf die Auswahl von Geschenken legen. Hier kann es zu einigen Missverständnissen zwischen den Kulturen kommen.

> **BEISPIEL**
> - Blumen als Geschenk sind in China nicht akzeptabel. Dort dienen sie dazu, Tote zu ehren.
> - In islamischen Ländern sind alkoholische Getränke, z. B. eine Flasche Wein als Mitbringsel, nicht erlaubt.
> - Das Geschenk darf keinen zu hohen Wert haben. Dies könnte als Bestechungsversuch aufgefasst werden.

Pünktlichkeit
In Deutschland ist Pünktlichkeit selbstverständlich. In einigen Ländern (z. B. in Südamerika) verschieben sich jedoch Termine oft etwas. Dies wird dort als völlig normal angesehen. Hier gilt auch die Regel, dass man niemals zu früh kommen sollte.

Gespräche
Häufig wird man mit seinen Gesprächspartnerinnen und -partnern nicht nur über geschäftliche Themen reden, es kommt auch zu einem privaten Austausch. Ohne Probleme können in der Regel Bereiche wie
- Familie,
- Reisen,
- Sport,
- Musik und Kunst,

LERNFELD 10

angesprochen werden. Dagegen sollten Reizthemen (Politik, Religion, Krankheiten, negative Erlebnisse im Gastland) vermieden werden.

Das Gesicht wahren lassen

Vor allem in China und anderen asiatischen Ländern ist es wichtig, das Gegenüber auch in unangenehmen Situationen nicht das Gesicht verlieren zu lassen: Eine der wichtigsten Verhaltensregeln im Ausland ist es, das Gegenüber nicht durch eigene Handlungen oder Worte in eine aus seiner Sicht schwierige und peinliche Situation zu bringen. Es sollte darauf geachtet werden, dass vieles, was Deutsche als normal empfinden, für Gesprächspartnerinnen und -partner aus einer anderen Kultur – die viel Wert auf eine harmonische Beziehung legen – beschämend wirken könnte.

> **BEISPIEL**
>
> In vielen asiatischen Ländern zählt es zu den absoluten Todsünden, Vorgesetzte auf Fehler hinzuweisen. Selbst kritische Fragen können zum Gesichtsverlust führen, wenn der Chef oder die Chefin keine Antwort weiß.

AUFGABEN

1. Welche Nachteile kann das Nichtbeachten kultureller Unterschiede haben?
2. Was sind Kulturdimensionen?
3. Ordnen Sie die folgenden Aussagen einer Kulturdimension zu:
   a) „Ohne gemeinsame Basis keine gemeinsamen Geschäfte!"
   b) „Was anders ist, ist gefährlich."
   c) „Immer eins nach dem anderen."
   d) „Schnaps ist Schnaps und Dienst ist Dienst."
   e) „Ich bin gekommen, weil ich mit der Qualität Ihres Produkts nicht zufrieden bin."
   f) „Das haben wir immer schon so gemacht."
   g) „Leben um zu arbeiten!"
4. Welche Kulturdimension wird in den folgenden Aussagen beschrieben?
   a) „In Kulturen wie der amerikanischen, aber auch in Großbritannien, Schweden und Dänemark stellen Risiken eher eine Herausforderung als eine Bedrohung dar. Nicht zuletzt sind z. B. amerikanische Banken dafür bekannt, dass sie z. B. Kredite einfach vergeben und damit selbstverständlich ein erhöhtes Risiko eingehen.
   b) Je geringer die Ausprägung dieser Kulturdimension ist, umso stärker wird von gleich zu gleich gehandelt und auf Respektsäußerungen verzichtet. Dann darf auch gelacht werden: Der Franzose Jean Baptiste Bernadotte wurde 1818 schwedischer König und versuchte seine Antrittsrede auf Schwedisch zu halten. Die Schweden fanden das so erheiternd, dass sie lachten. Bernadotte hat nie wieder versucht, schwedisch zu sprechen.
   c) „Arbeiten um zu leben", „Konflikte werden beigelegt, indem man miteinander verhandelt und nach einem Kompromiss sucht" und „Sympathie mit den Schwachen", sind drei Merkmale dieser Kulturdimension.
   d) Erwarten Sie in Ländern mit dieser Kulturdimension nicht unbedingt, dass Sie eine Entscheidung in einer Besprechung bekommen. Anderswo nehmen dazu Entscheider an Besprechungen teil. Diese sind hier nicht immer vertreten.
   e) Themen aus der direkten geschäftlichen Beziehung genießen Vorrang vor persönlichen Angelegenheiten und der Schilderung privater Lebensumstände.
5. Wie können interkulturelle Konflikte vermieden werden?
6. Was versteht man unter dem Begriff „Gesichtsverlust"?
7. Welche Kulturdimension liegt in den folgenden Fällen in welcher Ausprägung vor?
   a) In einer solchen Gesellschaft stehen die Interessen einer einzelnen Person über denen der Gruppe.
   b) In Ländern, in denen diese Kulturdimension vorherrscht, ist die Rollenverteilung zwischen Männern und Frauen eher gleichwertig aufgeteilt. Männer sind genauso für Haushalt und Familie zuständig und Frauen dürfen und sollen Karriere machen.

c) Unbekannte (ungeregelte) Situationen erzeugen bei den Mitgliedern der Gesellschaft Unbehagen bis hin zu Angst. Es wird versucht, mithilfe von Analysen und Plänen Unbekanntes bzw. Unsicheres vorhersehbar und kontrollierbar zu machen. Es besteht eine hohe Regelorientierung.
d) In verschiedenen Kulturen ist es üblich, dass Entscheidungsprozesse in Organisationen von „oben nach unten" verlaufen und diesen Entscheidungen nicht widersprochen wird.

8. In der letzten Zeit ist zu den bisherigen Kulturdimensionen eine neue hinzugekommen: Die Kulturdimension „Genuss/Zurückhaltung" beschreibt, wie innerhalb einer Gesellschaft mit der freien Auslebung der eigenen Bedürfnisse umgegangen wird.

Welche Ausprägung dieser neuen Kulturdimension liegt in dem folgenden Fall vor? Gesellschaftsmitglieder dürfen ihre Bedürfnisse weitgehend nach ihrem eigenen Willen frei ausleben. Die Gesellschaft ist gekennzeichnet durch
- eine genussorientierte Freizeitgestaltung,
- bunte Kleidung,
- einen optimistischen Blick auf die Welt,
- offene Sexualität.

AKTIONEN

1. Mit dem Selbsttest unter der Internetadresse *https://www.testedich.de/wissenstests/geografie-erdkunde/geografie-erdkunde-allgemein/quiz36/1429094098/selbsttest-bin-ich-interkulturell-kompetent* lernt man seine eigenen interkulturellen Fähigkeiten ein wenig besser kennen.

2. Bearbeiten Sie interaktiv die Übungen 1 und 2 unter *http://www.mig-komm.eu/uebungen_interkulturelles*

3. Mehr zum Thema interkulturelles Verständnis können Sie den Filmbeiträgen unter *https://www.youtube.com/watch?v=WLr9HrCPXxg* und *https://www.youtube.com/watch?v=3pkW5xRvWHY* entnehmen.

4. Gesten, die man international vermeiden sollte, lernt man hier mithilfe eines Quiz unter dem Titel „Quiz: Andere Länder – andere Gesten" kennen:
https://www.wissen.de/wissenstest/quiz-andere-lander-andere-gesten
Diese Aufgabe sollten Sie bearbeiten, um die kulturellen Besonderheiten unterschiedlicher Länder kennenzulernen.

5. Die Wochenzeitung „DIE ZEIT" stellt hier in einem sehr informativen Artikel dar, worauf es bei Geschäftsgesprächen in zwölf Ländern ankommt.
Gehen Sie zu der Internetadresse *http://www.zeit.de/2012/38/interkulturelle-kompetenzen-karriere*.
Entscheiden Sie sich für ein Land: Stellen Sie die Besonderheiten des Landes auf einem Wandplakat dar. Präsentieren Sie Ihr Wandplakat.

LERNFELD 10

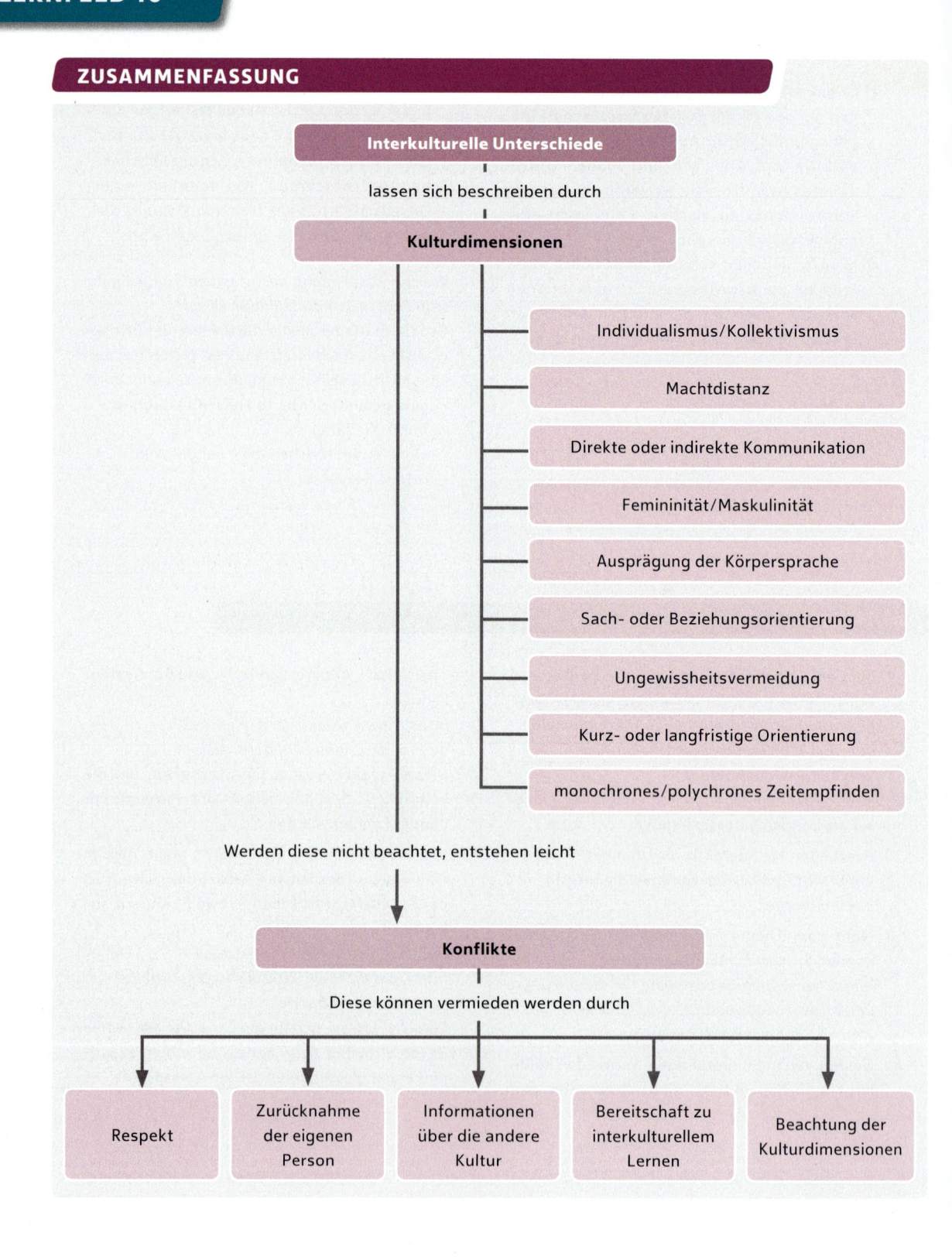

ZUSAMMENFASSUNG

Interkulturelle Unterschiede

lassen sich beschreiben durch

Kulturdimensionen

- Individualismus/Kollektivismus
- Machtdistanz
- Direkte oder indirekte Kommunikation
- Femininität/Maskulinität
- Ausprägung der Körpersprache
- Sach- oder Beziehungsorientierung
- Ungewissheitsvermeidung
- Kurz- oder langfristige Orientierung
- monochrones/polychrones Zeitempfinden

Werden diese nicht beachtet, entstehen leicht

Konflikte

Diese können vermieden werden durch

- Respekt
- Zurücknahme der eigenen Person
- Informationen über die andere Kultur
- Bereitschaft zu interkulturellem Lernen
- Beachtung der Kulturdimensionen

LERNFELD 10

KAPITEL 4
Wir führen Verkaufsgespräche in besonderen Verkaufssituationen

In der Abteilung Herrenkonfektion der Ambiente Warenhaus AG: Der Verkäufer Roland Zschornak sortiert gerade neu eingetroffene Jacken auf einen Ständer, als zielstrebig ein Paar mittleren Alters auf ihn zukommt.

Frau Schröder:	„Guten Morgen, junger Mann."
Roland Zschornak:	„Guten Morgen, was kann ich für Sie tun?"
Herr Schröder:	„Ich suche einen Blouson für mich."
Roland Zschornak:	„Haben Sie an etwas Bestimmtes gedacht?"
Frau Schröder:	„Mein Mann hätte gerne eine elegante Jacke."
Roland Zschornak *(dabei auf einzelne Jacken weisend):*	„Hier haben wir etwas Passendes; seriös und in gedeckten Farben. Damit sind Sie auch bei festlichen Anlässen gut gekleidet."
Herr Schröder:	„Eigentlich hatte ich an ein etwas sportlicheres Modell gedacht; etwas bunter dürfte es auch sein."
Frau Schröder:	„Aber Hans Werner, das passt doch wohl kaum zu deiner Position! Willst du etwa im Büro wie einer von diesen Gebrauchtwagenhändlern aussehen?"
Herr Schröder:	„Aber ich habe doch schon so viele dunkle Jacken im Schrank, etwas Sportliches und Bequemeres fehlt mir noch."
Roland Zschornak:	„Soll ich Ihnen vielleicht einige Sportjacken zeigen?"
Frau Schröder:	„Bloß nicht, auf keinen Fall!"
Herr Schröder:	„Ja gerne!"
Roland Zschornak *(ungehalten):*	„Ja, was denn nun, wie jetzt?"
Frau Schröder:	„Mein Mann ist kein sportlicher Typ und Schwarz steht ihm sehr gut. Er möchte jetzt eine von diesen dunklen Jacken anprobieren."
(Frau Schröder nimmt eine Jacke aus dem Ständer und reicht sie ihrem Mann.)	„Die passt doch sehr gut zu dir!"
Herr Schröder:	„Aber …"
Roland Zschornak:	„Meinen Sie nicht, dass Ihr Mann besser weiß, welche Jacke zu ihm passt?"

1. Untersuchen Sie kritisch das Verhalten des Verkäufers. Welche Fehler unterlaufen dem Verkäufer in diesem Verkaufsgespräch?
2. Erarbeiten Sie gemeinsam mit einer Partnerin oder einem Partner Verbesserungsvorschläge.

LERNFELD 10

INFORMATION

Geschenkverkäufe

Die Bundesbürgerinnen und Bundesbürger geben im Schnitt etwa 350,00 € im Jahr für Geschenke aus. Das ist natürlich eine große Verkaufschance für Einzelhandelsunternehmen. Geschenkverkäufe bereiten dann keine Schwierigkeiten, wenn die Kundinnen und Kunden genau wissen, was sie schenken wollen. Auch wenn die Kundinnen und Kunden schon bestimmte Vorstellungen, Vorschläge oder Ideen haben, kann das Verkaufspersonal die Verkaufsgespräche relativ leicht durchführen.

Viel problematischer sind Kundinnen und Kunden, die nicht genau wissen, was sie schenken sollen. Das Verkaufspersonal muss solchen Kundinnen und Kunden Geschenkvorschläge machen, sonst verlassen diese in den meisten Fällen das Geschäft, ohne etwas gekauft zu haben. Diese Kundinnen und Kunden erwarten nämlich vom Verkaufspersonal Anregungen und Vorschläge für interessante Geschenke.

Das Verkaufspersonal sollte bei Geschenkverkäufen folgende Punkte beachten:

- Statt unschlüssige Kundinnen und Kunden aufzufordern, sich in Ruhe umzusehen, sollten ihnen gezielt Geschenkvorschläge unterbreitet werden.
- Zunächst sollte in Erfahrung gebracht werden, wer der oder die Beschenkte ist. Daraus lassen sich in der Regel viele Informationen ziehen. Mit offenen Fragen (W-Fragen) bekommt man dann weitere Informationen über die Empfängerin oder den Empfänger des Geschenkes.

BEISPIEL

- Wenn eine etwa 25-jährige Frau zu Beginn eines Verkaufsgesprächs äußert: „Ich suche ein Geschenk für meinen Freund", hat man mindestens die Information über Geschlecht und etwaiges Alter des Beschenkten. Daraus ergeben sich andere Geschenkvorschläge, als wenn die Frau gesagt hätte: „Ich weiß nicht, was ich meinem Großvater schenken soll ..."
- Anschließend sollte versucht werden, Wünsche, Interessen und Hobbys des oder der Beschenkten herauszubekommen:
  - „Welches Hobby hat denn Ihre Tochter?"
  - „Welche Interessen hat Ihr Mann?"

- Das Verkaufspersonal sollte sich von vornherein schon Gedanken machen, welche Artikel des von ihnen betreuten Sortiments sich als Geschenke eignen. Haben sie diese Kenntnisse, fällt es leicht, den Kundinnen und Kunden Vorschläge zu machen.
- Die Verkäuferinnen und Verkäufer sollten relativ schnell mehrere Artikel vorlegen. Dabei sollten sie auf die Reaktionen der Kundinnen und Kunden achten, um das passende Geschenk – was Idee und Preis betrifft – zu finden.
- Favorisieren Kundinnen und Kunden einen Geschenkvorschlag, ist aber noch unsicher, kann auf die Umtauschmöglichkeit (und die entsprechenden Regelungen des Einzelhandelsunternehmens) hingewiesen werden. Häufig erleichtert das die Kaufentscheidung.
- Können sich Kundinnen und Kunden trotz aller Bemühungen des Verkaufspersonals nicht entscheiden, kann man ihn auch über die Möglichkeit von Geschenkgutscheinen informieren.
- Nach Abschluss des Verkaufsgesprächs sollte das Verkaufspersonal den Kundinnen und Kunden anbieten, den Artikel als Geschenk zu verpacken. Vor dem Einpacken müssen unbedingt die Preisetiketten entfernt werden.

Spätkundinnen und -kunden

Als Spätkundinnen und -kunden bezeichnet man Käuferinnen und Käufer, die kurz vor Ladenschluss in das Geschäft kommen.
Anlässe für solche Spätkäufe können sein:
- Die Kundinnen und Kunden mussten selbst lange arbeiten.
- Aufgrund von Verkehrsproblemen kamen die Kundinnen und Kunden verspätet zum Einkauf.
- unvorhergesehene Ereignisse, die die Kundinnen und Kunden ungeplant zu Nachfragern werden lassen

BEISPIEL

Klaus Mayer fiebert dem Fußballendspiel, das abends übertragen wird, entgegen. Um 19:00 Uhr guckt seine Frau noch eine Quizsendung. Bei der 1-Million-Euro-Frage fällt der Fernseher aus: Ein Bauteil ist durchgeschmort. Kurz entschlossen fährt Klaus Mayer in die Innenstadt. Um 19:54 Uhr spricht er in der Unterhaltungselektronikabteilung der Ambiente Warenhaus AG einen Verkäufer an.

- Gedankenlosigkeit bzw. mangelhafte Zeiteinteilung aufseiten der Kundinnen und Kunden
- manchmal Kundinnen und Kunden ohne Feingefühl

LERNFELD 10

Spätkundinnen und -kunden

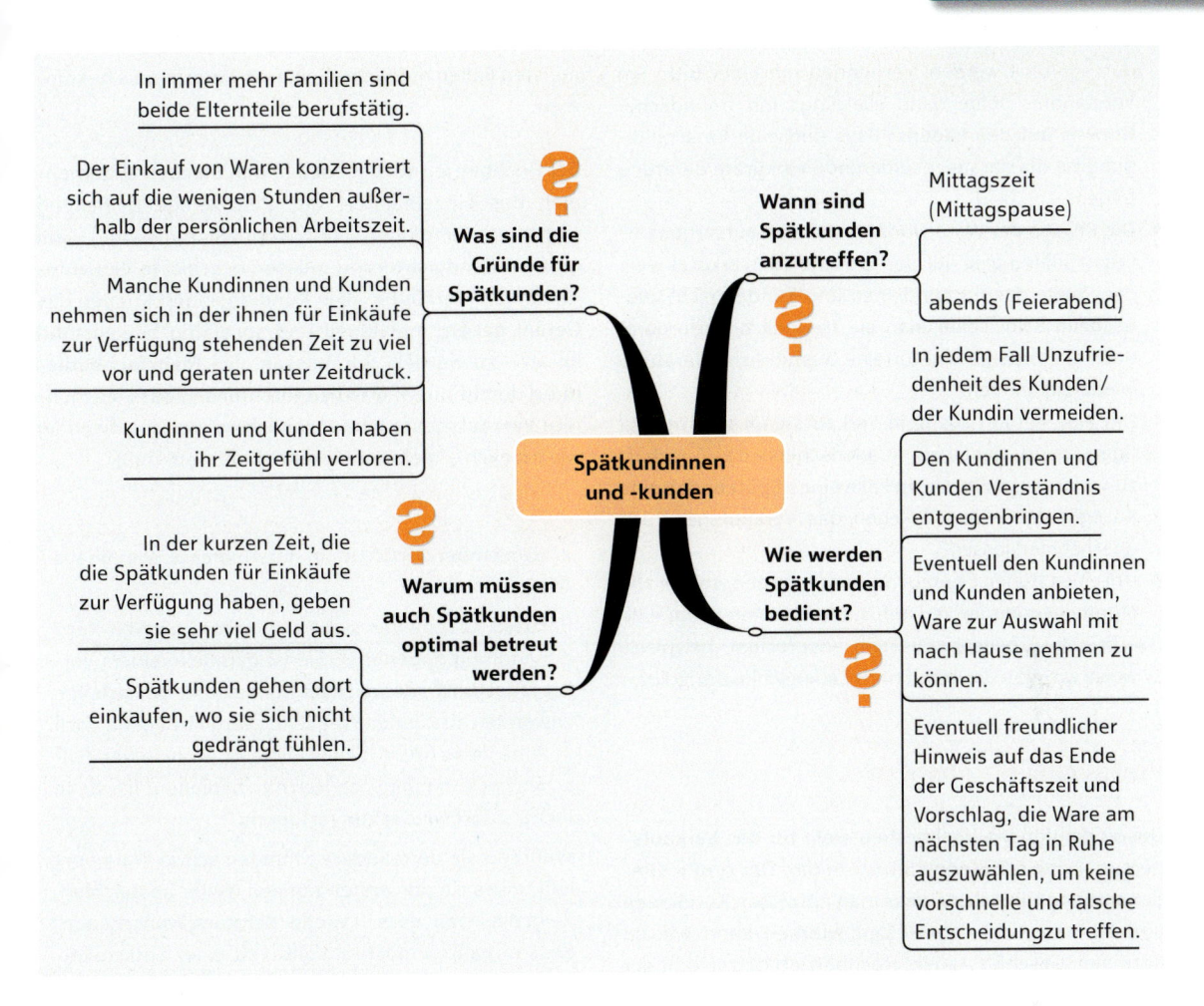

Was sind die Gründe für Spätkunden?
- In immer mehr Familien sind beide Elternteile berufstätig.
- Der Einkauf von Waren konzentriert sich auf die wenigen Stunden außerhalb der persönlichen Arbeitszeit.
- Manche Kundinnen und Kunden nehmen sich in der ihnen für Einkäufe zur Verfügung stehenden Zeit zu viel vor und geraten unter Zeitdruck.
- Kundinnen und Kunden haben ihr Zeitgefühl verloren.

Wann sind Spätkunden anzutreffen?
- Mittagszeit (Mittagspause)
- abends (Feierabend)

Warum müssen auch Spätkunden optimal betreut werden?
- In der kurzen Zeit, die die Spätkunden für Einkäufe zur Verfügung haben, geben sie sehr viel Geld aus.
- Spätkunden gehen dort einkaufen, wo sie sich nicht gedrängt fühlen.

Wie werden Spätkunden bedient?
- In jedem Fall Unzufriedenheit des Kunden/der Kundin vermeiden.
- Den Kundinnen und Kunden Verständnis entgegenbringen.
- Eventuell den Kundinnen und Kunden anbieten, Ware zur Auswahl mit nach Hause nehmen zu können.
- Eventuell freundlicher Hinweis auf das Ende der Geschäftszeit und Vorschlag, die Ware am nächsten Tag in Ruhe auszuwählen, um keine vorschnelle und falsche Entscheidung zu treffen.

Die meisten Spätkundinnen und -kunden sind sehr entschlussfreudig und kaufbereit. Diese Verkaufschancen sollten Verkäuferinnen und Verkäufer in jedem Fall nutzen. Eine gute Kundenbetreuung in solchen Fällen wird von den Käuferinnen und Käufern sehr geschätzt (und spricht sich auch herum, was für das Image des Unternehmens positiv ist). Deshalb ist es selbstverständlich, dass Kundinnen und Kunden, die sich beim Ladenschluss noch nicht für den Kauf eines Artikels entschieden haben, weiter bedient werden.

Da einerseits eine gute Kundenbetreuung von Spätkundinnen und -kunden im Interesse des Einzelhandelsunternehmens liegt, andererseits aber die Mitarbeiterinnen und Mitarbeiter sich auch erholen müssen und ein Recht auf ihren Feierabend haben, sollte Folgendes beachtet werden:
- Das Verkaufspersonal sollte in jedem Fall Verständnis für die Situation der Spätkundinnen und -kunden aufbringen und sie freundlich bedienen.
- Die Phasen der Kontaktaufnahme und der Bedarfsermittlung sollten wie in normalen Verkaufsgesprächen

So sollte man nicht auf Spätkäuferinnen und -käufer reagieren.

LERNFELD 10

durchgeführt werden. Verbunden mit einer Bitte um Verständnis sollte dann allerdings ein freundlicher Hinweis auf den Ladenschluss und eine Entschuldigung für die daraus resultierende verkürzte Beratung folgen.

- Die Phasen der Warenvorlage und Verkaufsargumentation sollten also auf das Wesentliche verkürzt werden. Sollte das für Kundinnen und Kunden nicht ausreichend sein, sollte man sie freundlich auffordern, doch ein anderes Mal für eine ausführliche Beratung wiederzukommen.
- Hat eine Person aus dem Verkaufsteam einen wichtigen Grund, genau zum Ladenschluss das Geschäft zu verlassen, sollte sie im Falle eines Spätkunden eine Kollegin oder einen Kollegen das Verkaufsgespräch übernehmen lassen.
- Um einen frühen Feierabend zu bekommen, sollten alle Mitarbeitenden im Verkauf, z. B. einer Abteilung, eine effiziente Arbeitsorganisation absprechen, beispielsweise wie man die Arbeit nach Ladenschluss erledigt.

Verkauf bei Hochbetrieb

Das Verkaufen bei Hochbetrieb stellt für das Verkaufspersonal eine schwierige Situation dar. Der große Kundenandrang führt dazu, dass man einzelnen Kundinnen und Kunden nicht so viel Zeit widmen kann wie an normalen Geschäftstagen. Hochbetrieb herrscht in der Regel

- vor Feiertagen (die gesamte Adventszeit) wie Weihnachten und Ostern sowie vor Festen,
- an den Wochenenden,
- nach Feierabend (also ab ca. 16:30 Uhr),
- bei Schlussverkäufen,
- bei Aktionen und Sonderveranstaltungen,
- bei starker saisonaler Nachfrage.

BEISPIEL

Nach dem ersten Schnee Mitte November ist der Kundenandrang in der Sportabteilung (Schlitten usw.) und der Abteilung für Autozubehör (Winterreifen/Türschlossenteiser) stark angestiegen.

Grundsätzlich sollte auch bei starkem Kundenandrang versucht werden, alle Kundinnen und Kunden einzeln zu bedienen. Es dürfte (auch den Kundinnen und Kunden) klar sein, dass in solchen Situationen keine ausführlichen Verkaufsgespräche, sondern eher kurze Beratungen mit zeitlich nicht aufwendigen Hinweisen durchgeführt werden. Dafür kann man sich bei Kundinnen und Kunden entschuldigen und wird in den meisten Fällen mit Sicherheit auch Verständnis bekommen.

Bei Hochbetrieb wird jedoch in den meisten Unternehmen des Einzelhandels die gleichzeitige Bedienung mehrerer Kundinnen und Kunden notwendig. Bei großem Kundenandrang müssen geschickte Verkäuferinnen und Verkäufer allen Kundinnen und Kunden das Gefühl geben, individuell und sorgfältig bedient und beraten zu werden: Sie müssen eine **Mehrfachbedienung** durchführen. Das bedeutet für sie, dass sie mehrere Verkaufsgespräche – zeitlich so wenig aufwendig wie möglich – gleichzeitig führen müssen.

BEISPIEL

21. Dezember, 18:00 Uhr in der Ambiente Warenhaus AG:

Barbara Kesemeyer sieht sich einem großen Kundenandrang gegenüber. Sie ist gerade in einem Verkaufsgespräch, der nächste Kunde naht. Um sich ihm zuwenden zu können, sagt sie: „Vergleichen Sie doch in Ruhe diese drei Artikel! Dürfte ich wohl in der Zwischenzeit anfangen, den Herrn zu bedienen? Ich stehe Ihnen sofort wieder zur Verfügung."

Während sie dem anderen Kunden schon Ware vorlegt, muss sie den ersten Kunden weiter beobachten. Zeigt dieser an, dass er wieder Beratung wünscht oder dass er kaufen möchte, sollte mit einer Entschuldigung das zweite Verkaufsgespräch unterbrochen werden, um ihm wieder zur Verfügung zu stehen: „Entschuldigung, ich bin gleich wieder bei Ihnen …"

Generell sollten Verkäuferinnen und Verkäufer folgendes Verhalten bei Hochbetrieb zeigen:

- Fast alle Kundinnen und Kunden reagieren empfindlich, wenn sie nicht der Reihe nach bedient werden. Ist die Reihe unübersehbar, wird am besten nachgefragt, welche Kundinnen und Kunden die nächsten sind.

BEISPIEL

„Wen darf ich jetzt bedienen?"

- Eilige Kundinnen und Kunden sollten nur dann vorgezogen werden, wenn den wartenden oder gerade bedienten Kundinnen und Kunden die Bevorzugung durch das Verkaufspersonal erklärt werden kann. Es wird um Einverständnis gebeten. Der Verkauf muss schnell abgewickelt werden.
- Aufmerksames Verkaufspersonal wird gelegentlich von sich aus um bevorzugte Bedienung von

Kundinnen und Kunden bitten, wenn es Schwerbehinderte, werdende Mütter oder alte Menschen im Geschäft bei Hochbetrieb warten sieht.
- Wenn Kundinnen und Kunden sich zum Kauf entschlossen haben, muss das Verkaufspersonal dafür sorgen, dass diese Kundinnen und Kunden schnell zahlen und die Ware erhalten können. Die Kundinnen und Kunden dürfen aber nach dem Abschluss des Verkaufsvorgangs nicht den Eindruck gewinnen, dass man nun für sie keine Zeit mehr habe.

Eine gute Vorbereitung auf den Hochbetrieb hilft den Kundenandrang besser zu bewältigen. Die vermehrte Einführung des Vorwahl- und Selbstbedienungsprinzips erleichtert die Doppelbedienung sehr. Das sich im Hintergrund haltende und beobachtende Verkaufspersonal kann dann von vornherein mehrere Kundinnen und Kunden zugleich beraten. Das Unternehmen kann außerdem weitere Kassen öffnen oder zusätzliches Personal einsetzen. Das Verkaufspersonal sollte darauf achten, dass alle Tätigkeiten, die nicht zur Beratung gehören (Auffüllung der Regale/Ware verkaufsfertig machen usw.), so weit wie möglich schon vor der Hochbetriebsphase erledigt worden sind. Viele Kundinnen und Kunden haben es bei Hochbetrieb eilig. Sie sind deshalb auf schnellen Service ohne Wartezeiten und ein übersichtliches, leicht zu erfassendes Angebot im Geschäft angewiesen. Hier müssen sich die Produkte über die Warenpräsentation so weit wie möglich selbst verkaufen, denn Zeit für Beratungs- oder Verkaufsgespräche gibt es kaum.

Kundinnen und Kunden in Begleitung

Sehr oft werden Kundinnen und Kunden von anderen Personen begleitet. Dafür gibt es verschiedene Gründe:
- Den meisten Spaß macht vielen Kundinnen und Kunden der Einkauf, wenn sie vom Lebenspartner bzw. der Lebenspartnerin oder (einem oder mehreren) Freunden bzw. Freundinnen begleitet werden. Der gemeinsame Einkauf stellt ein Vergnügen dar.
- In einigen Fällen werden Begleiter aus Unsicherheit mitgenommen.
- Die ganze Familie entscheidet häufig über hochwertige und langlebige Anschaffungen.
- Beabsichtigen Kundinnen und Kunden einen Artikel zu kaufen, mit dem sie sich fachlich nicht auskennen, bringen sie gern sachverständige Expertinnen und Experten mit. Diese von den Kundinnen und Kunden akzeptierten Personen sollen bei der Auswahl beraten und vor einem unüberlegten Kauf bewahren. Sie sollen also die Sicherheit geben, keinen Fehleinkauf vorzunehmen.
- Gefällt beim Geschenkkauf für eine dritte Person das Geschenk sowohl den Kundinnen und Kunden als auch den Begleitpersonen, steigt die Wahrscheinlichkeit, dass den Beschenkten der ausgewählte Artikel gefällt.

Das Verkaufspersonal muss in Situationen, in denen Kundinnen und Kunden Begleitpersonen mitbringen, auch diese besonders beachten und beobachten: Die Begleitpersonen haben in der Regel einen mehr oder weniger großen Einfluss auf Kundinnen und Kunden. Da die Begleitpersonen die Kundinnen und Kunden kennen, sollten sie nach Möglichkeit in die Verkaufsgespräche einbezogen werden. Sie können wertvolle Hinweise für einen erfolgreichen Verkaufsabschluss geben. Deshalb sollten für die Mitarbeiterinnen und Mitarbeiter im Verkauf die folgenden Regeln gelten:

- **Sachkundige Begleitpersonen** erkennt man daran, dass sie die mit der Ware verbundenen Fachausdrücke beherrschen oder in der Phase der Warenvorlage die Ware richtig handhaben. Das Verkaufspersonal sollte deren Fachkenntnis uneingeschränkt anerkennen. Positive Äußerungen über die Ware sollten zur Unterstützung der eigenen Verkaufsargumentation herangezogen werden, Einwände dagegen vorsichtig entkräftet werden.

LERNFELD 10

Regeln für die Behandlung sachkundiger Begleitpersonen:

- Stellen Sie Ihre Fachkenntnis unauffällig unter Beweis.
- Beschränken Sie Ihre Argumente auf das Wesentliche.
- Was Sie nicht wissen, verschleiern Sie auch nicht.
- Beziehen Sie die Expertinnen und Experten mit ein.
- Gewinnen Sie das Vertrauen der Begleitpersonen, sie werden vielleicht künftige Kundinnen und Kunden.
- Sind Sie den Expertinnen und Experten nicht gewachsen, lassen Sie die Ware sprechen, holen Sie eventuell eine Person aus Ihrem Team hinzu.

- **Interessierte Begleitpersonen,** die aktiv am Verkaufsgespräch teilnehmen, sollten in die Verkaufsgespräche einbezogen werden, wodurch die Abschlusswahrscheinlichkeit gesteigert wird. Sind die Begleitpersonen nicht sachverständig, sollten sie in keinem Fall bloßgestellt werden, sondern höflich und unauffällig berichtigt werden.

- **Passiven Begleitpersonen** sollte durch freundliche körpersprachliche Signale (z. B. Lächeln) gezeigt werden, dass sie die Aufmerksamkeit des Verkaufspersonals besitzen. Die Begleitpersonen müssen also so versorgt werden, dass sie die eigentlichen Kundinnen und Kunden während des Verkaufsgesprächs nicht ablenken. Die Kundinnen und Kunden müssen sie gut aufgehoben wissen.

BEISPIELE

Das Verkaufspersonal sollte

- Begleiterinnen und Begleiter auf Sitzgelegenheiten hinweisen,
- Lektüre anbieten,
- Kindern Mal- oder Bastelutensilien an die Hand geben oder ihnen – falls vorhanden – eine Spielecke zeigen. Für die Betreuung kleinerer Kinder eventuell ein Teammitglied hinzuziehen.

Bei **Kindern** als Begleitperson sollte beachtet werden, dass es ihnen bei lang andauernden Verkaufsgesprächen langweilig werden kann. Oft machen sie sich dann selbstständig und gehen auf Entdeckungsreise. In vielen Fällen fangen sie auch an zu quengeln. Als vorbeugende Maßnahmen sollte man Beschäftigungsmöglichkeiten für die kleineren Kinder anbieten.

- Die **Begleitpersonen** sind **Partnerinnen und Partner im Verkaufsgespräch** und nicht Gegnerinnen und Gegner. Sie werden ebenso ernst genommen wie die Kundinnen und Kunden und ebenso freundlich und aufmerksam behandelt. Sind sich die Kundinnen und Kunden und ihre Begleitpersonen nicht einig, sollte das Verkaufspersonal nicht Partei ergreifen oder versuchen, beide gegeneinander auszuspielen.

LERNFELD 10

AUFGABEN

1. Führen Sie verschiedene Artikel Ihres Sortiments auf, die sich als Geschenke eignen.
2. Nennen Sie Gründe für Spätkäufe.
3. Wie bedient man Spätkundinnen und -kunden?
4. Geben Sie mögliche Hochbetriebszeiten an, die in Ihrem Ausbildungsunternehmen auftreten können.
5. a) Woran erkennt man sachkundige Begleitpersonen?
   b) Wie verhält man sich diesen gegenüber?
6. Wie sollte das Verkäuferverhalten aussehen, wenn die Begleitpersonen am Verkaufsgespräch nicht interessiert sind?
7. Das Ehepaar Müller kauft gemeinsam ein. Während des Verkaufsgesprächs treten unterschiedliche Auffassungen zwischen den Ehepartnern auf. Wie sollte sich der Verkäufer bzw. die Verkäuferin verhalten?
8. Beurteilen Sie die folgende Aussage.
   Begleitpersonen sind an Verkaufsgesprächen generell nicht interessiert, weil sie die Ware immer sehr genau kennen.
9. In einem Einzelhandelsgeschäft herrscht starker Kundenandrang. Mehrere Kundinnen und Kunden warten auf eine Beratung.
   a) Wie sollte man sich gegenüber diesen wartenden Kundinnen und Kunden verhalten?
   b) Ein Kunde ist sehr ungeduldig. Machen Sie einen Formulierungsvorschlag, wie dieser Kunde angesprochen werden könnte.

AKTIONEN

1. Bei einem Mitbewerber der Ambiente Warenhaus AG hat man nicht unbedingt Verständnis für die Kundenorientierung bei Verkaufsgesprächen mit speziellen Kundengruppen oder in besonderen Verkaufssituationen. Das zeigt ein Ausschnitt aus der internen Dienstanweisung für das Verkaufspersonal:

   > [...]
   > 7. Es gehört zu Ihrer Pflicht, im Sinne individueller Kundenbetreuung bestimmte Kunden gegenüber anderen vorzuziehen. Charmante junge Damen z.B. danken es Ihnen, zum Platznehmen aufgefordert worden zu sein. Ältere Personen haben Verständnis für diese Kavalierspflicht.
   > 8. Kurz vor Dienstschluss auftauchenden Kunden machen Sie durch einen betont unlustigen Gesichtsausdruck und durch eine möglichst schnelle Abfertigung am besten klar, dass es besser wäre, künftig früher zu kommen.
   > 9. Hartnäckigen Spätkunden zeigt man durch Öffnen der Eingangstür, Schließen der Schalter und kräftiges Gähnen an, dass Dienstschluss ist. Sollte der Kunde diese Anzeichen ignorieren, kann die Skala der Aufforderungen zum schnellstmöglichen Verlassen des Geschäftslokals bis zum stilvollen Gebrauch des Götzzitats gesteigert werden.
   > [...]

   a) Wenden Sie die „Kopfstandmethode" an, indem Sie die oben angeführte Dienstanweisung ergänzen und erweitern.
   Die Ausgangsfrage ist, was Verkäuferinnen und Verkäufer bei Verkaufsgesprächen mit speziellen Kundengruppen oder in besonderen Verkaufssituationen machen können, um Kundinnen und Kunden zu vergraulen.
   Formulieren Sie Ihre Antworten in Form von weiteren Punkten der Dienstanweisung.
   b) Suchen Sie für jede Formulierung eine positive Gegenlösung.

2. a) Arbeiten Sie in einem Dreier-Team (nach Möglichkeit aus der gleichen Branche).
   b) Entwerfen Sie in **Stichworten** als Rollenspiel ein Verkaufsgespräch zwischen einem Verkäufer oder einer Verkäuferin Ihrer Branche und einem Kunden oder einer Kundin. Das Rollenspiel soll die Verkaufssituation und eine entsprechende Problemlösung durch das Verkaufspersonal darstellen.
   c) Führen Sie zu dritt das Verkaufsgespräch möglichst frei vor.

LERNFELD 10

Situation A:
Hochbetrieb in einem Einzelhandelsgeschäft. Ein Verkäufer berät gerade eine Kundin. Er bemerkt, dass ein weiterer Kunde beraten werde möchte.

Situation B:
19:55 Uhr. Eine Kundin möchte noch bedient werden.

3. a) Bereiten Sie sich auf die Durchführung eines Rollenspiels vor. Lassen Sie sich dazu von Ihrer Lehrerin/Ihrem Lehrer jeweils eine Rolle zuteilen.

Rollenspiel

– **Marie-Luise Heinemann**

Sie sind Marie-Luise Heinemann, 45 Jahre alt, Hausfrau und Mutter von zwei Kindern. Sie wohnen mit Ihrer Familie in der Vorstadt und haben sich diesen Vormittag für einen Einkaufsbummel freigenommen. Da Sie schon seit Längerem für Ihren Haushalt ein … benötigen, suchen Sie zum Einkauf dieser Ware die Ambiente Warenhaus AG gemeinsam mit Ihrer Freundin Rosalinde Nolte auf. Sie soll Ihnen beim Kauf beratend zur Seite stehen.

– **Rosalinde Nolte**

Sie sind Rosalinde Nolte, 46 Jahre alt, Mutter einer erwachsenen Tochter. Gelegentlich arbeiten Sie zur Aushilfe im Geschäft Ihres Ehemannes mit. Daher verfügen Sie über gute Warenkenntnisse. Heute besuchen Sie mit Ihrer Freundin Marie-Luise die Ambiente Warenhaus AG, um sie dort beim Einkauf zu beraten.

– **Ingo Höper**

Sie sind Ingo Höper, 19 Jahre alt, Verkäufer in der Abteilung … der Ambiente Warenhaus AG. Ihre Aufgabe ist es, den Kundinnen und Kunden beim Kauf behilflich zu sein und beratend zur Seite zu stehen.

b) Führen Sie das Rollenspiel durch.

c) Beobachten Sie jeweils genau das Verkäuferverhalten. Wichtig vor allem ist dabei, an welcher Stelle Probleme für den Verkäufer oder die Verkäuferin aufgetaucht sind.

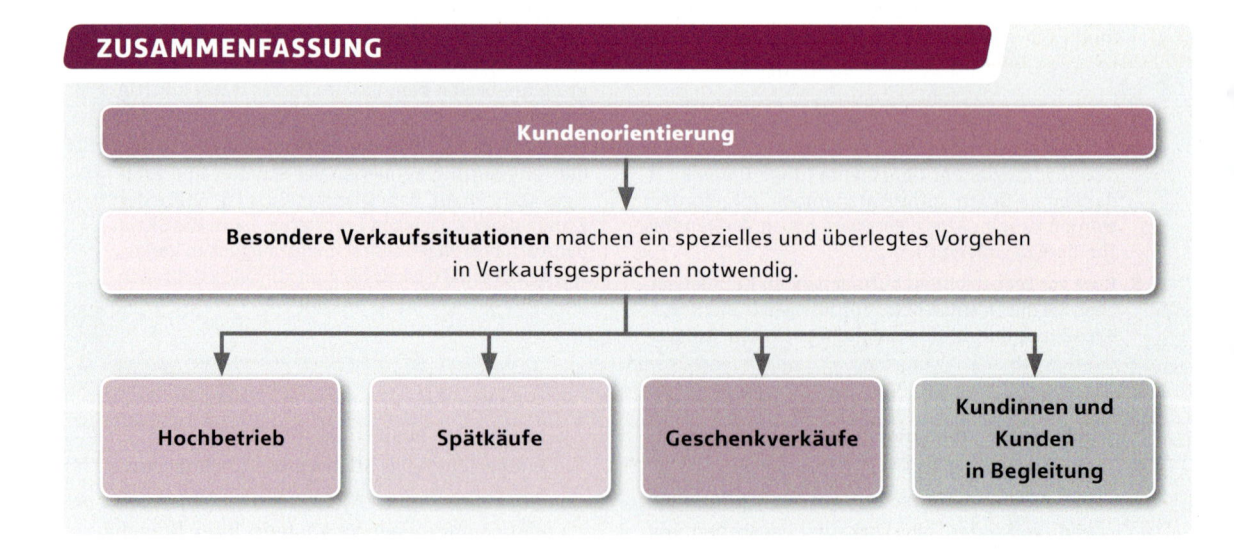

ZUSAMMENFASSUNG

Kundenorientierung

Besondere Verkaufssituationen machen ein spezielles und überlegtes Vorgehen in Verkaufsgesprächen notwendig.

- Hochbetrieb
- Spätkäufe
- Geschenkverkäufe
- Kundinnen und Kunden in Begleitung

KAPITEL 5

LERNFELD 10

Wir nutzen digitale Technik in Verkaufsgesprächen mit unterschiedlichen Kundentypen

Stolz zeigt Anja Maibaum Robin Labitzke ihr neues Tablet und sagt:

Anja Maibaum: „Das ist echt klasse, dieses Tablet. Hast du deins auch schon bekommen?"

Robin Labitzke: „Hä, Tablet? Wovon sprichst du?"

Anja Maibaum: „Na, jeder bei uns im Verkauf bekommt jetzt ein Tablet …"

Robin Labitzke: „Aha. Und wozu soll das gut sein?"

Anja Maibaum: „Im Einzelhandel können wir diese mobilen Endgeräte im Verkauf doch vielfältig einsetzen."

Robin Labitzke: „Wir präsentieren den Kundinnen und Kunden damit also unseren Webshop?"

Anja Maibaum: „Mit den Tablets können wir deutlich mehr als nur unseren Onlineshop präsentieren. Wir können sie auch sehr gut auf der Verkaufsfläche nutzen."

Geben Sie an, welche Stellung mobile Endgeräte wie Tablets im stationären Einzelhandel haben können.

INFORMATION

Die Anforderungen der unterschiedlichen Kundentypen an das Sortiment eines Unternehmens werden immer vielfältiger. Damit die Kundinnen und Kunden umfassend beraten werden können, muss das Verkaufspersonal Zugriff auf so viele Informationen über die Ware wie möglich haben. Hierbei können sie von digitalen Technologien unterstützt werden.

Immer häufiger verwenden in diesem Zusammenhang Einzelhandelsunternehmen auch Tablets und andere mobile Endgeräte im Verkauf. Diese bieten vielfältige und zahlreiche Einsatzmöglichkeiten. Es geht dabei um die Übernahme von bereits schon immer durchgeführten Tätigkeiten im Einzelhandel – zum Beispiel kann damit kassiert werden –, aber auch um die Einführung völlig neuer Anwendungsmöglichkeiten (so kann zum Beispiel schnell und bequem nach Informationen gesucht werden).

Tablets haben viele Vorteile:
- Das Verkaufspersonal kann in Verkaufsräumen schnell auf sie zurückgreifen, weil sie sehr handlich sind.
- Im Vergleich zu Personalcomputern benötigen Tablets nur kurze Zeit zum Hochfahren (Booten) und sind somit schnell verfügbar.
- Für den Nutzer sind Tablets leicht verständlich und bedienbar.
- Tablets sind vielseitig einsetzbar: Es besteht ein riesiges Angebot an Programmen und Apps.

Einbindung von E-Commerce-Funktionalitäten in das Ladengeschäft

Verkäuferinnen und Verkäufer im Ladengeschäft werden mit Videokamera und Headsets ausgerüstet. Damit können sie mit Kundinnen und Kunden im Internet kommunizieren. Diesen können alle Funktionen und Details so vorgeführt werden, als ob sie direkt im Geschäft wären. Das Einkaufserlebnis im Internet kann sich so dem des Ladengeschäfts annähern.

LERNFELD 10

BEISPIEL

Patrick Amelsberg möchte einen Sportschuh kaufen und besucht gerade den Onlineshop der Ambiente Warenhaus AG. Die Ambiente Warenhaus AG bietet den Service an, sich mit einem Verkäufer oder einer Verkäuferin im Ladengeschäft verbinden zu lassen. Hierfür drückt Patrick Amelsberg einen bestimmten Button auf der Internetseite. Der Verkäufer oder die Verkäuferin trägt eine Datenbrille, die Video- und Audioaufnahmen überträgt und mit der er oder sie auch die Stimme des Kunden hören kann, während er per Livestream durch den Laden geführt wird und ihm die Produkte präsentiert werden. Dabei erklärt die Verkäuferin oder der Verkäufer, welche Produkte auch online bestellt werden können. Als kompetenter Touchpoint für Onlinekunden erweitert das Einzelhandelsunternehmen so seinen Handlungsspielraum.

Mithilfe einer App auf einem Tablet und einer Datenbrille können Kundinnen und Kunden Produktinformationen, wie Allergene und Inhaltsstoffe, abrufen.

Tablets in Verkaufsgesprächen

Immer mehr Einzelhandelsunternehmen gehen dazu über, ihr Verkaufspersonal mit Tablets auszustatten. Das bringt verschiedene Vorteile:

Bessere Beratung durch das Verkaufspersonal

Mit einem Tablet werden die Beratungsmöglichkeiten des Verkäufers oder der Verkäuferin gegenüber den Kundinnen und Kunden ausgeweitet: Das Verkaufspersonal bekommt genaue Produktbeschreibungen in Wort und Bild, wie z. B. über
- verfügbare Größen und Farben,
- Produktvarianten,
- ausführliche Pflegehinweise,
- Bewertungen von Verbraucherschutzorganisationen oder anderen Kundinnen und Kunden
- sowie Vorschläge zu ergänzenden oder alternativen Waren.

Über die Kundenkarte ist auch die Einkaufsgeschichte des Kunden oder der Kundin bekannt, und so kann der Beratungs- und Verkaufsvorgang mit passenden Tipps oder auch weiteren Produktempfehlungen angereichert werden.

BEISPIEL

Wenn ein Geschäft 10000 Produkte führt, ist es für das Verkaufspersonal nicht mehr möglich, über alle diese Produkte genau Bescheid zu wissen. Die Kundinnen und Kunden sind heute aber vom Onlineshopping sehr umfassende Informationen zu Produkten gewohnt. Sie erwarten diese Informationen also auch von den Verkäuferinnen und Verkäufern. Tablets stellen eine gute Möglichkeit dar, den Mitarbeitenden schnell Zugriff auf die nötigen Informationen zu bieten.

Auf den Tablets installierte Software kann das Verkaufspersonal im Verkaufsgespräch unterstützen. Solche „Guided-" bzw. „Assisted-selling"-Programme führen über eine vorgegebene Struktur und die dazugehörenden Fragestellungen durch den Verkaufsprozess.

Assisted selling
Der Verkäufer oder die Verkäuferin wird mit Informationen für jede Phase des Verkaufsgesprächs versorgt.

Guided selling
Das Programm steuert mit entsprechenden Fragen den Ablauf des Verkaufsgesprächs.

Tablets als zusätzliches Mittel der Warenpräsentation

Mithilfe von Tablets kann den Kundinnen und Kunden die Ware besser erlebbar gemacht werden. Die Möglichkeiten der Warenpräsentation und Kundenansprache erweitern sich. Kundinnen und Kunden können verschiedene Vorteile eines Artikels visuell gezeigt und demonstriert werden.

BEISPIEL

In der Ambiente Warenhaus AG wird mit einem Tablet eine Rundum-Ansicht eines Kleidungsstücks an der Kundin Elke Beck gezeigt. Durch diese Spiegelfunktion bekommt sie einen besseren Eindruck, ob ihr das Kleidungsstück steht. Auf Wunsch kann der Verkäufer Elke Beck auch ein Foto davon auf ihr Handy schicken.

Tablets zur personalisierten Kundenansprache

Verschiedene digitale Technologien versuchen, die Interessen, Wünsche und Bedürfnisse der Kundinnen und Kunden zu verstehen. Ziel ist es, die Kommunikation mit dem Verkaufspersonal personalisierter zu gestalten.

BEISPIEL

Wenn die Verkäuferinnen und Verkäufer mit Tablets ausgestattet sind, können sie während der Verkaufsgespräche die Einkaufsgeschichte der Kundinnen und Kunden und Einzelheiten der sie interessierenden Produkte abrufen. Die Kundinnen und Kunden können sich dadurch individuell angesprochen fühlen und erhalten passgenaue Angebote. Das Verkaufspersonal kann den Kundinnen und Kunden Artikel vorschlagen, die diese noch nicht kennen, aber eine hohe Bedeutung aufweisen.

Bei der personalisierten Kundenansprache hat der Datenschutz eine ganz starke Bedeutung.

Tablets zur Erweiterung des Sortiments

Das Tablet ist ein unkompliziertes und vielseitiges Instrument, um das Sortiment des stationären Geschäfts auszuweiten. Das Verkaufspersonal hat die Möglichkeit, fehlende Artikel aus anderen Filialen, einem Zentrallager oder direkt beim Lieferer zu bestellen.

BEISPIEL

Das sofort verfügbare Sortiment bei Sportschuhen ist in einer Filiale der Ambiente Warenhaus AG begrenzt. Ein Sportschuh, der dem Kunden Adrian Sieg gefällt, fehlt gerade. Dennoch präsentiert eine Verkäuferin das gesuchte Model am Tablet. Adrian Sieg wird angeboten:
- Bestellung des Artikels aus dem Zentrallager
- Wahlweise:
- Schnellster Versand zum Kunden: Adrian Sieg wird um die gewünschte Lieferzeit gebeten.
- Reservierung des Sportschuhs in dieser oder einer anderen Filiale zur Anprobe oder zum Abholen.

Diese Erweiterung der Auswahl, die ein Geschäft anbieten kann, wird „endloses Verkaufsregal" (endless aisle) genannt: Sie sorgt dafür, dass Kundinnen und Kunden im Geschäft auch das kaufen können, was gerade nicht am Lager ist.

Nutzung des Tablets im Rahmen einer Multichannel-Strategie

Früher wurde Ware von einem stationären Einzelhandelsgeschäft nur über den Laden vertrieben. Ein modernes Unternehmen nutzt heute jedoch eine Vielzahl unterschiedlicher Vertriebskanäle, um seine Kundinnen und Kunden zu erreichen. Dieses Vorgehen nennt man **Multichannel-Strategie**. Unter einem Channel versteht man einen Vertriebskanal.

BEISPIEL

Die Ambiente Warenhaus AG bietet Ware neuerdings nicht nur über ihre Filialen, sondern auch über den eigenen Onlineshop und über Online-Plattformen wie ebay oder Amazon an.

Tablets im Verkauf ermöglichen es, die Vertriebskanäle miteinander zu verknüpfen. Das hat den Vorteil, dass man die bisherigen Kundinnen und Kunden besser erreichen und neue gewinnen kann. Für das Unternehmen ist es weiterhin vorteilhaft, dass über das Tablet Informationen über Waren in den anderen Vertriebskanälen verfügbar sind. Aber auch die Kostenstruktur des Einzelhandelsunternehmens verbessert sich.

BEISPIEL

Die Ambiente Warenhaus AG, die ihre Waren über mehrere Kanäle vertreibt, muss insgesamt weniger Kosten aufbringen als verschiedene getrennt agierende Einzelhandelsunternehmen, die nur jeweils einen der Kanäle nutzen.

Nutzung der Tablets als Kasse

Tablets können oft auch als mobile Kasse benutzt werden. Dies kann z. B. in Spitzenzeiten hilfreich sein. Die wichtigste Transaktion ist hierbei die Abwicklung des Bezahlvorgangs. Auch die Erledigung von Reklamationen und Warenrücknahmen kann mit dem Tablet erfolgen. Das Bezahlen an Tablets im Einzelhandel wird oft auch als „counter free checkout" bezeichnet. Ein weiterer Fachausdruck dafür ist das „line busting". Dieser Begriff spielt auf den Vorteil von Tablets an, in Drangzeiten einen Abbau von Schlangen an den Kassen zu ermöglichen. Ein weiterer Vorteil der Tablets als Kassen ist, dass keine Verkaufsfläche verloren geht (wenn man Verkaufsflächen gegen Kassenfläche austauscht). Für die Kundinnen und Kunden entfällt nach der Beratung zudem der Ortswechsel zur Kasse.

Wenn ein Einzelhandelsunternehmen sein Verkaufspersonal mit Tablets ausstattet, müssen mehrere Probleme bedacht werden:

LERNFELD 10

- Mit Tablets ist sehr leicht eine elektronische Zahlung möglich. Wie aber ermöglicht man die Zahlung mit Bargeld?
- An normalen Kassen hat das Verkaufspersonal Instrumente zur Verfügung, um die Warensicherungen an den Artikeln zu entfernen. Es muss sichergestellt werden, dass auch die mit dem Tablet kassierenden Mitarbeitenden über die Möglichkeit einer Warensicherungsentfernung verfügen.
- An normalen Kassen wird neben dem Kassiervorgang auch die Ware für die Kundinnen und Kunden zusammengelegt und verpackt. Beim Kassieren mit Tablets muss das Verkaufspersonal einen Ort zur Verfügung haben, wo es das ebenfalls machen kann.
- Der Ausdruck von Kassenbons muss ebenfalls geklärt werden. Verschiedene Einzelhandelsunternehmen experimentieren in diesem Zusammenhang mit elektronischen Kassenbons, die Kundinnen und Kunden per E-Mail zugeschickt bekommen oder die ihnen auf ihrem Kundenkonto automatisch zur Verfügung gestellt werden.

Tablets bieten fundierte Beratungsmöglichkeiten

AUFGABEN

1. Welche Vorteile bringt die Ausstattung von Verkäuferinnen und Verkäufern mit Videokamera und Headsets?
2. Welche Vorteile bringt der Einsatz von Tablets im Verkauf?
3. Unterscheiden Sie zwischen
    a) Assisted selling,
    b) Guided selling.
4. Wie können Tablets die Warenpräsentation unterstützen?
5. Wie kann durch Tablets die Kommunikation zwischen Einzelhandelsunternehmen und Kundinnen und Kunden persönlicher gestaltet werden?
6. Warum spricht man im Hinblick auf den Tablet-Einsatz in Ladengeschäften von „endlosen Verkaufsregalen" bzw. „Verlängerung der Verkaufsregale"?
7. Erläutern Sie den Begriff „Multichannel-Strategie".
8. Welche Aufgaben bei der Anwendung eines Tablets im Verkauf werden in folgenden Fällen angesprochen?
    a) Im Rahmen der Kundenberatung in einem Fachgeschäft für Sicherheitsbedarf werden den Kundinnen und Kunden auf Tablets selbst produzierte Videos zu den Themen „Vorgehen von Einbrechern" und „Einbruchschutz" präsentiert. Weiterhin erfolgt der Zugriff auf Produktinformationen der Hersteller (technische Daten, Produktbeschreibungen, Design, Ausführungen, Videos, Fotos, Preise). Gezeigt werden außerdem beispielsweise die Funktionsweise von Türschließanlagen oder Smart-Home-Anwendungen. Die Informationen können direkt per Mail an die Kundinnen und Kunden versendet werden.
    b) In einer Elektronik-Fachmarktkette werden zur Unterstützung der Verkäuferinnen und Verkäufer im Verkaufsgespräch Produktinformationen und ergänzende Zusatzinformationen in Form von Bildern und Texten gespeichert, die in der Zentrale erstellt werden Kundinnen und Kunden können vor Ort in den Filialen praktisch das gesamte Sortiment der Zentrale über den Onlineshop nutzen und die Produkte bei einem Werktag Vorlauf in die Filiale oder auf Wunsch auch nach Hause liefern lassen. Es kommt also praktisch zu einer Sortimentsverlängerung.

LERNFELD 10

AKTION

Vor allem junge Kundinnen und Kunden nutzen mobile Geräte wie Smartphones oder Tablets zur Vorabinformation bei einem beabsichtigten Kauf.

a) Lesen Sie die Studie über das mobile Informieren unter der Internetadresse

https://shopbetreiber-blog.de/2014/02/10/mobile-commerce-informieren-statt-kaufen/

b) Erstellen Sie eine Mindmap, die die wichtigsten Merkmale des mobilen Informierens vor einem Kauf enthält.

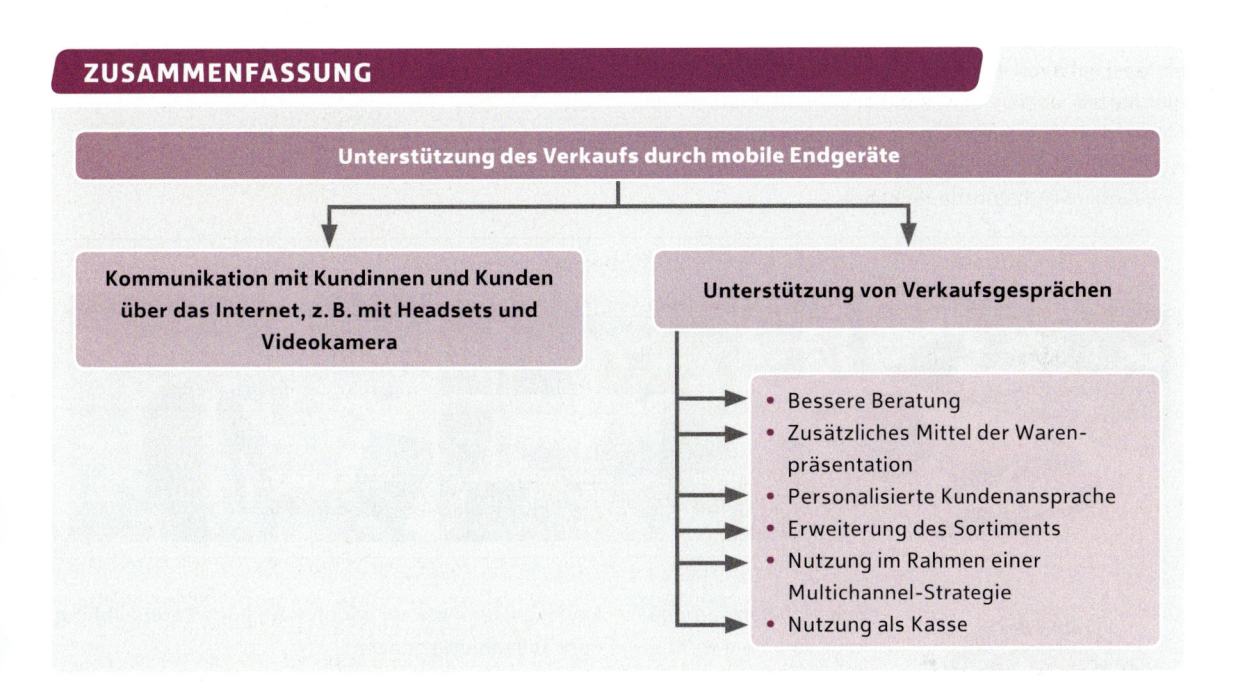

ZUSAMMENFASSUNG

Unterstützung des Verkaufs durch mobile Endgeräte

- Kommunikation mit Kundinnen und Kunden über das Internet, z. B. mit Headsets und Videokamera
- Unterstützung von Verkaufsgesprächen
  - Bessere Beratung
  - Zusätzliches Mittel der Warenpräsentation
  - Personalisierte Kundenansprache
  - Erweiterung des Sortiments
  - Nutzung im Rahmen einer Multichannel-Strategie
  - Nutzung als Kasse

KAPITEL 6
Wir bieten Kundinnen und Kunden die Möglichkeit des Finanzierungskaufs

Britta Krombach ist in einem Verkaufsgespräch mit Herrn Jacobi kurz vor dem Abschluss. Herr Jacobi hat sich für einen modernen Herrenanzug für seine Hochzeit entschieden. Der Anzug soll 1.200,00 € kosten.

Hr. Jacobi: „Besteht die Möglichkeit, dass ich den Anzug nicht sofort direkt bezahlen muss? Wir müssen ja auch die Hochzeitsfeier bezahlen. Das kostet im Moment schon alles eine Menge Geld."

Britta Krombach: „Ja, wir bieten unseren Kundinnen und Kunden die Möglichkeit des Finanzierungskaufs an."

Hr. Jacobi: „Finanzierungskauf? Was bedeutet das denn für mich?"

Britta Krombach: „Im Prinzip ist es ganz einfach. Sie bekommen von uns die Möglichkeit, den Kaufpreis bequem in monatlichen Raten zu bezahlen.

Wir benötigen lediglich ein paar Angaben von Ihnen und gehen die Unterlagen durch."

Hr. Jacobi: „Das hört sich ja gut an. Vielleicht kommen wir so zu einem positiven Ende."

LERNFELD 10

1. Erläutern Sie kurz, was man unter einem Finanzierungskauf versteht.
2. Geben Sie an, welche Angaben von Herrn Jacobi vermutlich benötigt werden.
3. Überlegen Sie, welche Unterlagen Britta mit Herrn Jacobi durchgehen muss.

INFORMATION

Im Geschäftsverkehr ist es bei vielen Einzelhandelsgeschäften üblich, den Kundinnen und Kunden die Möglichkeit des Finanzierungskaufs anzubieten. Dies ist insbesondere bei Gütern der Fall, die teuer sind und eine längere Nutzungsdauer haben.

Finanzierungskauf kommt bei folgenden Gütern oft vor:

Autos   Möbel   Elektronik

Beim Finanzierungskauf vereinbaren Käuferinnen und Käufer und Verkaufspersonal, dass der Kaufpreis ausnahmsweise nicht direkt bei Kauf in einer Summe, sondern in Raten zu erbringen ist. Käuferinnen und Käufer haben keinen rechtlichen Anspruch auf eine Zahlung in Raten, da der Kaufpreis grundsätzlich sofort bei Lieferung fällig ist.

Ein Finanzierungskauf wird häufig auch **Ratenzahlung** oder **Teilzahlung** genannt.

Ablauf eines Finanzierungskaufs

In der Regel wickeln Einzelhandelsgeschäfte einen Finanzierungskauf in Zusammenarbeit mit einer Partnerbank ab. In diesem Fall werden zwei Verträge geschlossen: einerseits der Kaufvertrag zwischen Kunde oder Kundin und Einzelhandelsunternehmen und andererseits ein Kreditvertrag zwischen dem Kunden oder der Kundin und der finanzierenden Partnerbank. Der Ablauf des Finanzierungskaufs sieht dann wie folgt aus:

1. Auswahl des Produkts und Bedarf einer Finanzierung
   ↓
2. Überprüfung der Voraussetzungen für den Finanzierungskauf
   ↓
3. Abschluss des Kaufvertrags (mit dem Einzelhandelsunternehmen)
   ↓

LERNFELD 10

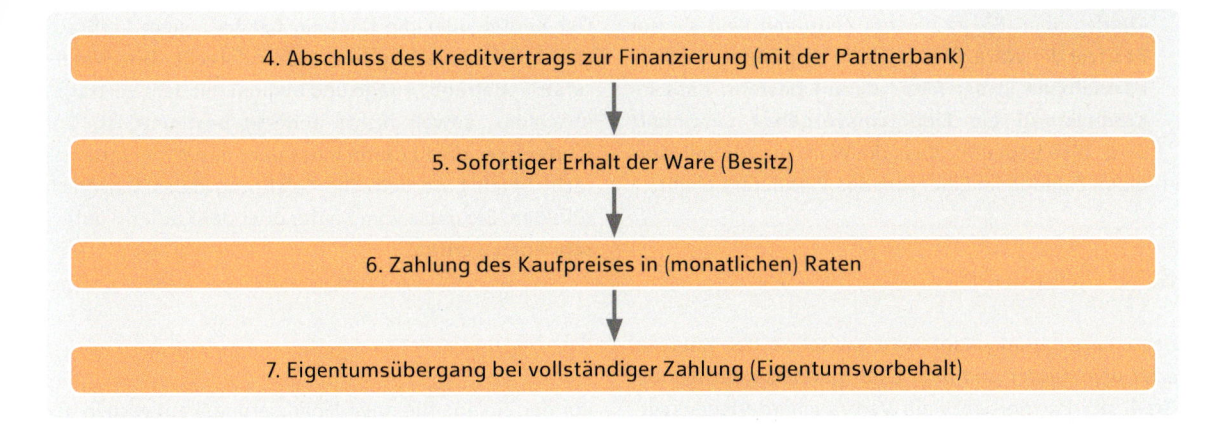

> 4. Abschluss des Kreditvertrags zur Finanzierung (mit der Partnerbank)
>
> 5. Sofortiger Erhalt der Ware (Besitz)
>
> 6. Zahlung des Kaufpreises in (monatlichen) Raten
>
> 7. Eigentumsübergang bei vollständiger Zahlung (Eigentumsvorbehalt)

1. Auswahl des Produkts und Bedarf einer Finanzierung

Der Kunde Herr G. wählt sein Produkt aus. Im Verkaufsgespräch wird bereits deutlich, dass es für ihn schwierig oder unmöglich ist, den Kaufpreis sofort in einer Summe zu zahlen. Dies liegt oft daran, dass es sich um teures Produkt handelt. Manchmal möchten Kundinnen und Kunden auch einen Finanzierungskauf in Anspruch nehmen, weil die Bedingungen hierfür sehr günstig sind (mehr dazu weiter unten).

2. Überprüfung der Voraussetzungen für den Finanzierungskauf

Der Verkäufer, das Einzelhandelsunternehmen, überprüft (im Auftrag der Partnerbank) die Voraussetzungen für einen Finanzierungskauf für Herrn G. Hierzu gehören gesetzliche Anforderungen, eine Bonitätsprüfung (= Prüfung der Kreditwürdigkeit) und Anforderungen, die die finanzierende Partnerbank stellt. Häufig werden zum Beispiel Gehaltsnachweise und ein festes Anstellungsverhältnis (außerhalb der Probezeit) verlangt. Können diese Bedingungen nicht erfüllt werden, verlangt das Kreditinstitut nach anderen Sicherheiten, z. B. Bürgschaften (bei einer Bürgschaft erklärt sich ein Dritter bereit, die Schulden aus dem Kredit zu übernehmen, wenn die kreditnehmende Person nicht zahlen kann).

3. Abschluss des Kaufvertrags (mit dem Einzelhandelsunternehmen)

Der Kaufvertrag über das ausgewählte Produkt wird zwischen dem Kunden Herrn G. und dem Einzelhandelsunternehmen geschlossen.

4. Abschluss des Kreditvertrags (mit der Partnerbank)

Der zweite Vertrag, der regelmäßig bei einem Finanzierungskauf geschlossen wird, ist ein Kreditvertrag zwischen der Partnerbank und dem Kunden Herrn G. Die beiden Verträge sind rechtlich losgelöst voneinander zu betrachten.

5. Sofortiger Erhalt der Ware (Besitz)

Der Kunde Herr G. erhält die Ware sofort und kann sie nutzen wie ein Eigentümer. Sofern er seinen Verpflichtungen aus dem Kreditvertrag nachkommt, erwirbt er auch später das Eigentum an der Ware.

> **Besitzer** einer Sache ist, wer sie gerade in seinem Besitz hat. So ist z. B. ein Mieter gerade der Besitzer der von ihm gemieteten Wohnung.
>
> **Eigentümer** ist, wem die Sache tatsächlich gehört. Die Vermieterin ist also Eigentümerin der von ihr vermieteten Wohnung.

6. Zahlung des Kaufpreises in (monatlichen) Raten

Im Kreditvertrag wird eine Laufzeit und eine Ratenzahlung vereinbart. Im Regelfall zahlen Kundinnen und Kunden den Kaufpreis in monatlichen, gleich großen Raten bis zur vollständigen Tilgung (= Rückzahlung aller Schulden). In der Regel ist der Finanzierungskauf teurer als ein sofortiger Barkauf, weil die Kundinnen und Kunden zusätzlich z. B. noch Zinsen dafür zahlen müssen, dass sie den Ratenkauf in Anspruch nehmen.

7. Eigentumsübergang bei vollständiger Zahlung (Eigentumsvorbehalt)

Das Eigentum an der Ware geht mit vollständiger Zahlung des Kaufpreises auf die Kundinnen und

Kunden über. Bis zu diesem Zeitpunkt sind sie nur Besitzer der Ware. Dies ist darin begründet, dass die Partnerbank in der Regel darauf besteht, dass im Kreditvertrag ein Eigentumsvorbehalt vereinbart wird. Dies bedeutet, dass die Ware bis zur vollständigen Zahlung im Eigentum des Verkäufers bleibt.

Gesetzliche Anforderungen

Beim Finanzierungskauf wird zwischen der Käuferin oder dem Käufer und dem Einzelhandelsunternehmen (bzw. der Partnerbank) ein Verbraucherdarlehensvertrag abgeschlossen. Dieser Vertrag ist in § 491 BGB geregelt. Gemäß § 492 BGB in Verbindung mit Art. 247 Einführungsgesetz zum BGB (EGBGB) werden zahlreiche Voraussetzungen an den Finanzierungsvertrag gestellt.

Für den Vertrag ist die Schriftform vorgesehen. Unter anderem müssen folgende Inhalte in den Vertrag aufgenommen werden:

- Namen und die Anschrift des Darlehensgebers (Einzelhandelsunternehmen oder Partnerbank)
- Namen und die Anschrift des Darlehensnehmers (Kundin oder Kunde)
- Art des Darlehens
- der effektive Jahreszins
- der Nettodarlehensbetrag
- der Sollzinssatz
- die Vertragslaufzeit
- Betrag, Zahl und Fälligkeit der einzelnen Teilzahlungen
- der Gesamtbetrag
- die Auszahlungsbedingungen
- alle sonstigen Kosten, insbesondere in Zusammenhang mit der Auszahlung
- Verzugszinssatz und gegebenenfalls anfallende andere Verzugskosten
- Warnhinweis zu den Folgen ausbleibender Zahlungen
- Bestehen oder Nichtbestehen eines Widerrufsrechts
- Recht des Darlehensnehmers, das Darlehen vorzeitig zurückzuzahlen
- Hinweis auf den Anspruch des Darlehensnehmers auf einen Tilgungsplan nach § 492 Abs. 3 Satz 2 BGB
- einzuhaltende Verfahren bei der Kündigung des Vertrags
- die für den Darlehensgeber zuständige Aufsichtsbehörde
- sämtliche weitere Vertragsbedingungen

Der Käufer oder die Käuferin hat bei einem Verbraucherdarlehensvertrag ein Widerrufsrecht. Die Widerrufsfrist beträgt 14 Tage und beginnt mit dem Vertragsabschluss, soweit nichts anderes bestimmt ist. Der Käufer bzw. die Käuferin muss über das Widerspruchsrecht belehrt werden. Die Belehrung muss schriftlich erfolgen. Sie muss vom Käufer oder der Käuferin unterschrieben werden.

Bonitätsprüfung

Vor der Zusage für einen Finanzierungskauf wird in der Regel überprüft, ob der Kunde oder die Kundin kreditwürdig ist. Hierbei wird zum Beispiel eine Anfrage bei der Schufa Holding AG gestellt. Außerdem wird häufig überprüft, ob sich der Kreditnehmer oder die Kreditnehmerin in einem sicheren und festen Arbeitsverhältnis befindet. Es werden vom Kunden oder von der Kundin eventuell aktuelle Gehaltsnachweise gefordert. Wenn das Kreditinstitut Bedenken hat, fordert es gegebenenfalls Sicherheiten für die Gewährung eines Ratenkredits. Zum Beispiel könnte eine Bürgschaft gefordert werden. Am Ende entscheidet das Kreditinstitut, mit dem der Einzelhandel zusammenarbeitet, ob ein Finanzierungskauf genehmigt wird oder nicht.

Vor- und Nachteile für Käuferinnen und Käufer

Für Käuferinnen und Käufer hat der Finanzierungskauf insbesondere den Vorteil, dass sie den Kaufpreis nicht sofort in einer Summe zahlen müssen. Sie müssen vielmehr vereinbarungsgemäß über einen längeren Zeitraum zeitlich regelmäßige und in der Regel gleichmäßig hohe Raten an den Verkäufer bezahlen, bis der Kaufpreis vollständig getilgt ist. Käuferinnen und Käufer können dadurch größere Anschaffungen tätigen, ohne dass sie im Anschaffungszeitpunkt den gesamten Kaufpreis zahlen müssen und dadurch vielleicht ihre Geldreserven aufbrauchen oder sogar seinen Dispositionskredit bei ihrer Bank in Anspruch nehmen müssen. Die Kundinnen und Kunden können sogar kaufen, ohne dass sie über die dafür nötigen liquiden (flüssigen) Mittel verfügen. Manchmal ist es sinnvoll, eine Anschaffung aufgrund eines günstigen Angebots zu tätigen, obwohl sie gar nicht sofort nötig ist bzw. obwohl das nötige Geld dafür aktuell nicht vorhanden ist (z. B. im Sommerschlussverkauf). Dieses Angebot kann durch den Ratenkauf in Anspruch genommen werden.

Ein wesentlicher Nachteil für die Käuferinnen und Käufer entsteht dadurch, dass der Verkäufer in der Regel einen Teilzahlungszuschlag für die Ratenzahlung verlangt. Der Kaufpreis erhöht sich also durch den Zahlungsaufschub. Der Teilzahlungszuschlag kann auch in Form eines Zinses erfolgen. Ferner wird in der Regel ein Eigentumsvorbehalt bis zur vollständigen Zahlung des Kaufpreises vereinbart. Somit werden die Käuferinnen und Käufer erst bei Zahlung der letzten Rate Eigentümer oder Eigentümerinnen der Ware. Ein weiterer Nachteil besteht darin, dass sich Ratenzahlungsvereinbarungen über einen längeren Zeitraum erstrecken und somit in dieser Zeit weniger Geldmittel für andere Anschaffungen zur Verfügung stehen. Außerdem kann sich durch parallel laufende Ratenzahlungen eine zu hohe monatliche Belastung ergeben, die das Ersparte aufbraucht.

Vor- und Nachteile für das Einzelhandelsunternehmen

Für das Einzelhandelsunternehmen besteht der wesentliche Vorteil darin, dass es den Umsatz vorzeitig erzielen kann. Man verkauft die Ware, obwohl der Käufer oder die Käuferin noch gar nicht das notwendige Geld gespart hat. Bei Finanzierung über eine Partnerbank erhält das Einzelhandelsunternehmen den Kaufpreis sofort von der Bank. Im Falle einer eigenen Abwicklung des Finanzierungskaufs erhält das Einzelhandelsunternehmen das Geld erst durch die monatlichen Ratenzahlungen. Es hat allerdings auch in diesem Fall schon den Anspruch auf den Kaufpreis. Dieser Anspruch wird in der Buchführung bereits als Ertrag ausgewiesen. Der Gewinn des Unternehmens steigt also, obwohl das Geld noch nicht vereinnahmt wurde. Bei der eigenen Kreditwürdigkeit kann dies wiederum vorteilhaft sein.

Ein Finanzierungskauf hat für das Einzelhandelsunternehmen auch Nachteile. Durch den direkt erhöhten Gewinn müssen sofort mehr Steuern gezahlt werden. Tatsächlich fließt das Geld (bei eigenständiger Abwicklung des Finanzierungskaufs) allerdings erst im Laufe der Zeit über die Raten der Kundin oder des Kunden zu. Außerdem trägt das Einzelhandelsunternehmen das Risiko, dass der Kunde oder die Kundin den Zahlungsverpflichtungen nicht mehr nachkommen kann. In einem solchen Fall kann zwar der Gegenstand aufgrund des Eigentumsvorbehaltes zurückgefordert werden, jedoch ist dies oft sehr aufwendig.

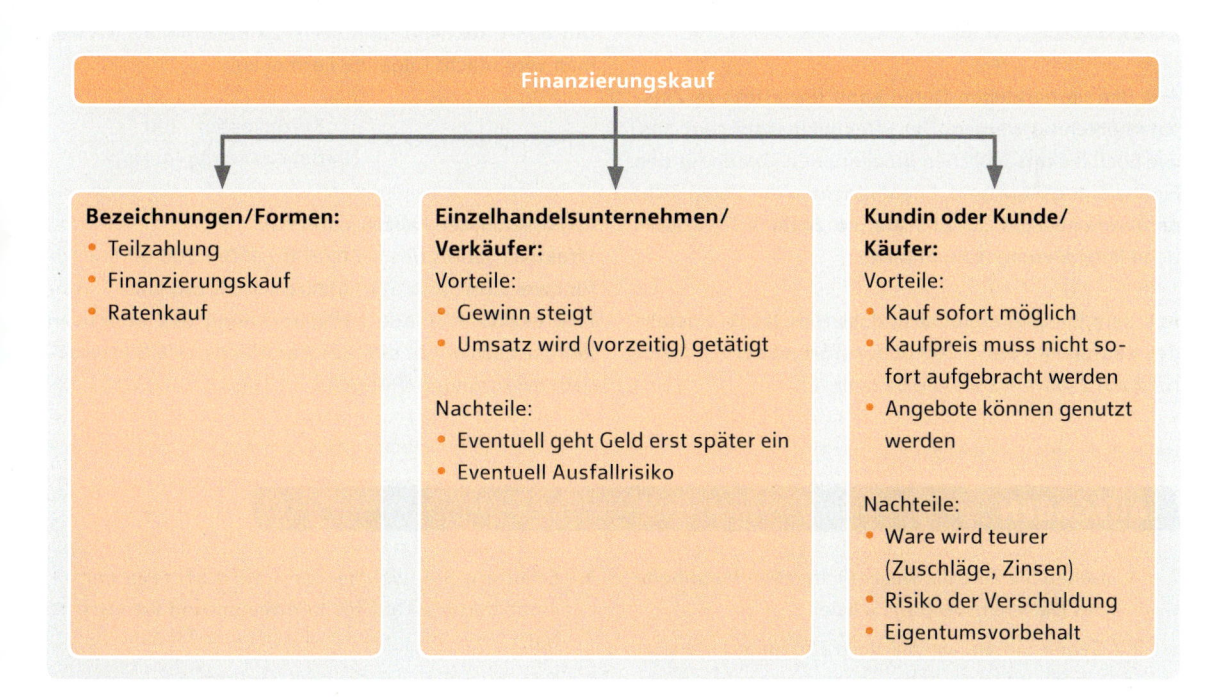

Finanzierungskauf

Bezeichnungen/Formen:
- Teilzahlung
- Finanzierungskauf
- Ratenkauf

Einzelhandelsunternehmen/Verkäufer:
Vorteile:
- Gewinn steigt
- Umsatz wird (vorzeitig) getätigt

Nachteile:
- Eventuell geht Geld erst später ein
- Eventuell Ausfallrisiko

Kundin oder Kunde/Käufer:
Vorteile:
- Kauf sofort möglich
- Kaufpreis muss nicht sofort aufgebracht werden
- Angebote können genutzt werden

Nachteile:
- Ware wird teurer (Zuschläge, Zinsen)
- Risiko der Verschuldung
- Eigentumsvorbehalt

Anzahlung

Häufig wird bei Finanzierungskäufen eine Abschlagszahlung vereinbart. Diese Anzahlung ist sofort fällig und bietet dem Einzelhandelsunternehmen (der Partnerbank) eine Sicherheit. Der Restkaufpreis wird dann in Form der Ratenzahlung getilgt.

LERNFELD 10

Kreditkosten und Monatsrate

Da es sich beim Finanzierungskauf um einen Kredit handelt, ist es wichtig, dass die Kreditkosten berechnet werden. An erster Stelle stehen bei den Kreditkosten natürlich die Zinsen. Ein Kreditinstitut, das einen Verbraucherkredit gewährt, verlangt von dem Kreditnehmer oder von der Kreditnehmerin normalerweise einen Zins. Einige Einzelhandelsunternehmen bieten aus Werbegründen unter bestimmten Umständen auch Finanzierungskäufe an, die 0 % Zinsen vorsehen. Weitere Kreditkosten können zum Beispiel Restschuldversicherungen sein. Bearbeitungskosten dürfen seit 2014 nicht mehr in Rechnung gestellt werden.

BEISPIEL

Die Ambiente Warenhaus AG verkauft Herrn Jacobi den modernen Anzug zum Preis von 1.200,00 € im Rahmen eines Finanzierungskaufs.

Herr Jacobi erhält das Angebot, dass die Kreditsumme von 1.200,00 € bei Teilzahlung mit 2 % verzinst wird. Die Laufzeit beträgt 24 Monate. Hinzu kommt, dass eine Restschuldversicherung abgeschlossen wird. Die Kosten betragen 1 % des Kreditbetrags und werden ebenfalls von Herrn Jacobi gezahlt.

Kosten des Kredits:
Zinsen: 1.200,00 € · 2 % · 2 Jahre = 48,00 €
Restschuldversicherung: 1.200,00 € · 1 % = 12,00 €
Kosten des Kredits: 60,00 €

Herr Jacobi bezahlt also insgesamt für den Finanzierungskauf:
Kaufpreis: 1.200,00 €
Kreditkosten: 60,00 €
Gesamtkosten (= Teilzahlungspreis):   1.260,00 €
Aufgeteilt ergibt sich eine monatliche Rate von   52,50 €

Effektivzins

Aus den vorhandenen Daten kann der effektive Zinssatz berechnet werden. Der Effektivzinssatz sagt aus, wie hoch die tatsächlichen prozentualen Kosten für den Finanzierungskauf sind. Er entspricht in der Regel nicht dem vereinbarten Sollzinssatz, da zusätzliche Kosten beim Finanzierungskauf anfallen.

Aus dem Beispiel ergibt sich, dass Herr Jacobi anstelle des Kaufpreises von 1.200,00 € aufgrund der Finanzierung auf 2 Jahre 1.260,00 € bezahlt.

Um den effektiven Jahreszins zu bestimmen, wendet man vereinfacht folgende Formel an:

$$\text{Effektiver Jahreszins} = \frac{\text{Kreditkosten} \cdot 100}{\text{(Darlehensbetrag (netto))}}$$

Im vorliegenden Fall bedeutet das:
Effektiver Jahreszins = 60,00 € · 100/1.200,00 € = 5 % für zwei Jahre, also 5 % : 2 Jahre = 2,5 % pro Jahr.
Eine exakte Methode zur Berechnung des effektiven Jahreszinses ergibt sich aus der Anlage zu § 6 Preisangabenverordnung (PAngV).

AUFGABEN

1. Geben Sie kurz die wesentlichen Mindestinhalte des Darlehensvertrags wieder.
2. Geben Sie an, welche Verträge beim Finanzierungskauf in der Regel abgeschlossen werden.
3. Erläutern Sie den Ablauf eines Finanzierungskaufs mit Einbeziehung einer Partnerbank.
4. Erläutern Sie, welche Vor- und Nachteile der Finanzierungskauf für Kundinnen und Kunden hat.
5. Erläutern Sie, welche Vor- und Nachteile der Finanzierungskauf für das Einzelhandelsunternehmen hat.

LERNFELD 10

6. Stefan Zeisig kauft am Dienstag, den 07.04.20.. bei einem Möbelhaus ein neues Schlafzimmer für 5.000,00 €. Das Schlafzimmer ist im Angebot und um 30 % reduziert. Daher möchte er es unbedingt kaufen. Stefan Zeisig möchte auf das Angebot des Finanzierungskaufs zurückkommen. Das Möbelhaus bietet ihm eine Ratenzahlung über 36 Monate zu 3,5 % Zinsen an. Für die Abwicklung des Finanzierungskaufs fallen weitere Nebenkosten in Höhe von 300,00 € an.
   a) Wie hat sich das Möbelhaus versichert, damit Stefan Zeisig ein Finanzierungskauf angeboten werden kann?
   b) Ermitteln Sie die Kreditkosten für den Finanzierungskauf.
   c) Berechnen Sie die Höhe der monatlichen Raten, die Stefan Zeisig leisten muss.
   d) Berechnen Sie den effektiven Zinssatz für den Kauf des Schlafzimmers.
   e) Erläutern Sie, warum Stefan Zeisig sich vielleicht trotzdem für einen Finanzierungskauf entscheidet.
   f) Erläutern Sie die Möglichkeit für Stefan Zeisig, wenn er kurz nach dem Abschluss des Finanzierungskaufs von dem Kauf zurücktreten möchte.

AKTION

a) Finden Sie heraus, wie Finanzierungskäufe in Ihrem Ausbildungsbetrieb abgewickelt werden.
b) Erstellen Sie einen Überblick über die Informationen, die von Kundinnen und Kunden verlangt werden, damit ihnen ein Finanzierungskauf angeboten werden kann.
c) Benennen Sie die Partnerbank(en) Ihres Ausbildungsbetriebes zur Abwicklung von Finanzierungskäufen.
d) Erstellen Sie einen Überblick über die aktuellen Konditionen für Finanzierungskäufe in Ihrem Ausbildungsbetrieb.
e) Stellen Sie nun die gesammelten Informationen als Überblick Ihrer Klasse vor.

ZUSAMMENFASSUNG

Ermittlung der monatlichen Rate

Darlehenssumme (Kaufpreis) + Zinsen + Nebenkosten des Kredits = Gesamtkosten (Teilzahlungspreis)

Gesamtkosten (Teilzahlungspreis) ÷ Laufzeit in Monaten = monatliche Teilzahlungsrate

LERNFELD 10

Ermittlung des Effektivzinses (vereinfachte Berechnung)

↓

1. Ermittlung der Kreditkosten

↓

2. Anwendung der Formel: Kreditkosten · 100/Darlehensbetrag

↓

3. Umrechnung des errechneten Zinses auf einen Jahreszins

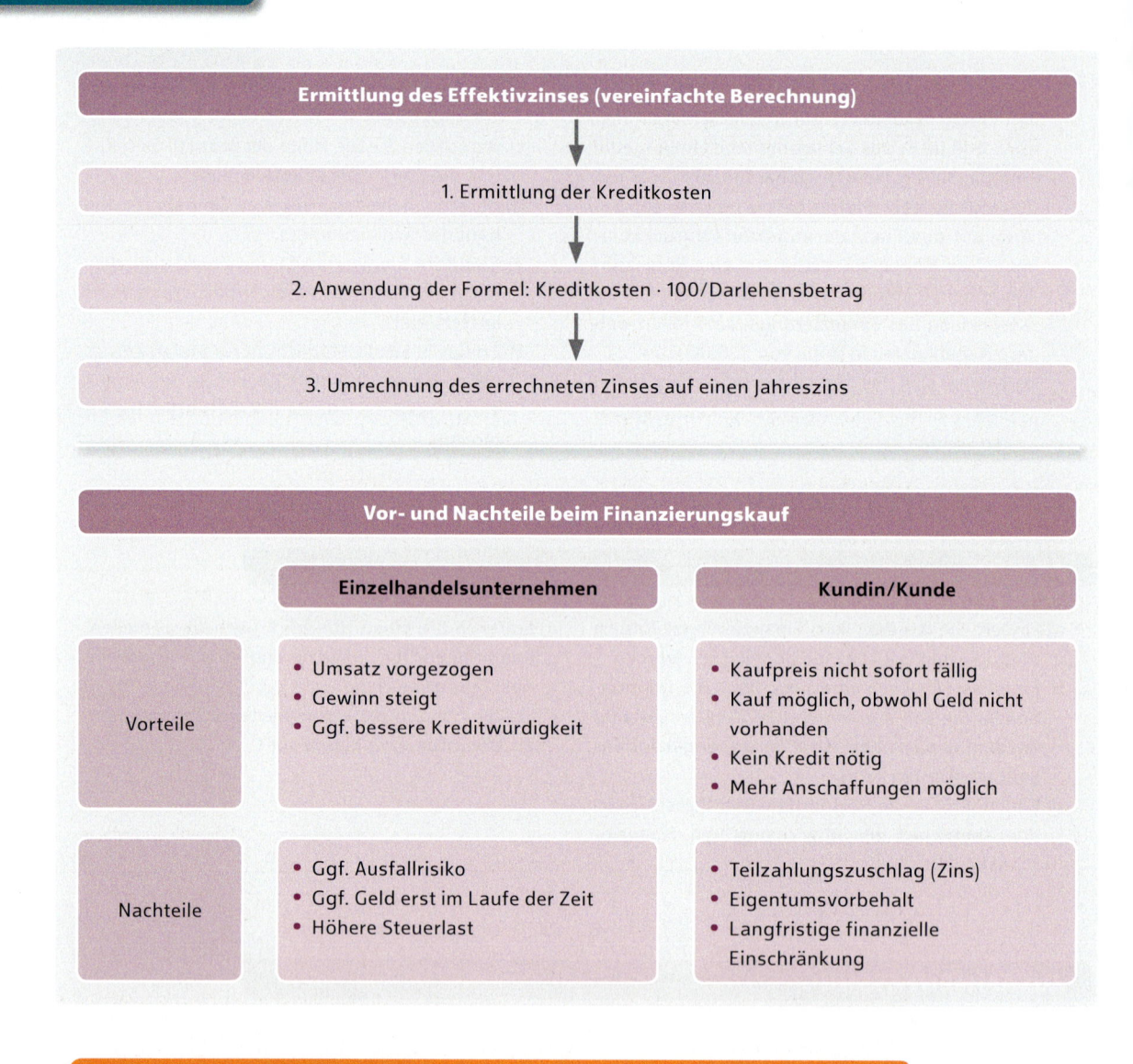

Vor- und Nachteile beim Finanzierungskauf

	Einzelhandelsunternehmen	Kundin/Kunde
Vorteile	• Umsatz vorgezogen • Gewinn steigt • Ggf. bessere Kreditwürdigkeit	• Kaufpreis nicht sofort fällig • Kauf möglich, obwohl Geld nicht vorhanden • Kein Kredit nötig • Mehr Anschaffungen möglich
Nachteile	• Ggf. Ausfallrisiko • Ggf. Geld erst im Laufe der Zeit • Höhere Steuerlast	• Teilzahlungszuschlag (Zins) • Eigentumsvorbehalt • Langfristige finanzielle Einschränkung

KAPITEL 7
Wir versuchen Ladendiebstähle zu verhindern

Bärbel Grosse, Abteilungsleiterin Rechnungswesen der Schönstädter Filiale der Ambiente Warenhaus AG, ist etwas nervös.

Schon auf den ersten Blick erkennt sie, dass bei den letzten Inventurwerten die Differenzen von Soll-Bestand zu Ist-Bestand größer als bei der letzten Inventur ausgefallen sind. Sie beschließt nach Rücksprache mit ihrem Vertreter Roland Zschornak, das Problem bei der nächsten Abteilungsleiterkonferenz zur Sprache zu bringen. Zur Information ihrer Kolleginnen und Kollegen stellt sie die folgenden Zahlen zusammen:

Warengruppe	Soll-Bestand	Ist-Bestand	Differenz	%
Parfüm/Kosmetik	14.500,00 €	14.300,00 €		
Textilien	135.000,00 €	133.460,00 €		
Lebensmittel	87.625,00 €	86.836,38 €		
Papierwaren	9.400,00 €	9.381,20 €		
Sportartikel	19.100,00 €	19.098,09 €		
U.-Elektronik	142.230,00 €	140.381,00 €		
Computer	80.750,00 €	80.305,88 €		
Geschenke	10.400,00 €	10.268,50 €		
Gesamt				

LERNFELD 10

1. Ergänzen Sie die fehlenden Werte in der Tabelle.
2. Überlegen Sie in Partnerarbeit, wie es zu derartigen Abweichungen zwischen Soll-Bestand und Ist-Bestand kommen kann. Notieren Sie sich Ihre Überlegungen stichwortartig.
3. Führen Sie Maßnahmen auf, die solche Inventurdifferenzen verhindern können.

INFORMATION

Ladendiebstahl ist zu einem Massendelikt geworden, das zum Leidwesen des deutschen Einzelhandels weit verbreitet ist. Die durch ihn eintretenden Schäden in Milliardenhöhe müssen letztlich alle Konsumentinnen und Konsumenten zahlen. Die Verluste sowie die Kosten, z. B. für Detektive oder Videoüberwachung, werden bei der Festlegung der Verkaufspreise einkalkuliert.

Ladendiebe und Ladendiebinnen kommen aus allen Altersgruppen und Bevölkerungskreisen. Etwa ein Drittel der Diebstähle wird von Jugendlichen und Kindern begangen. Es wird überwiegend nicht aus wirtschaftlicher Not gestohlen: Ladendiebstahl gehört damit zur sogenannten Wohlstandskriminalität.

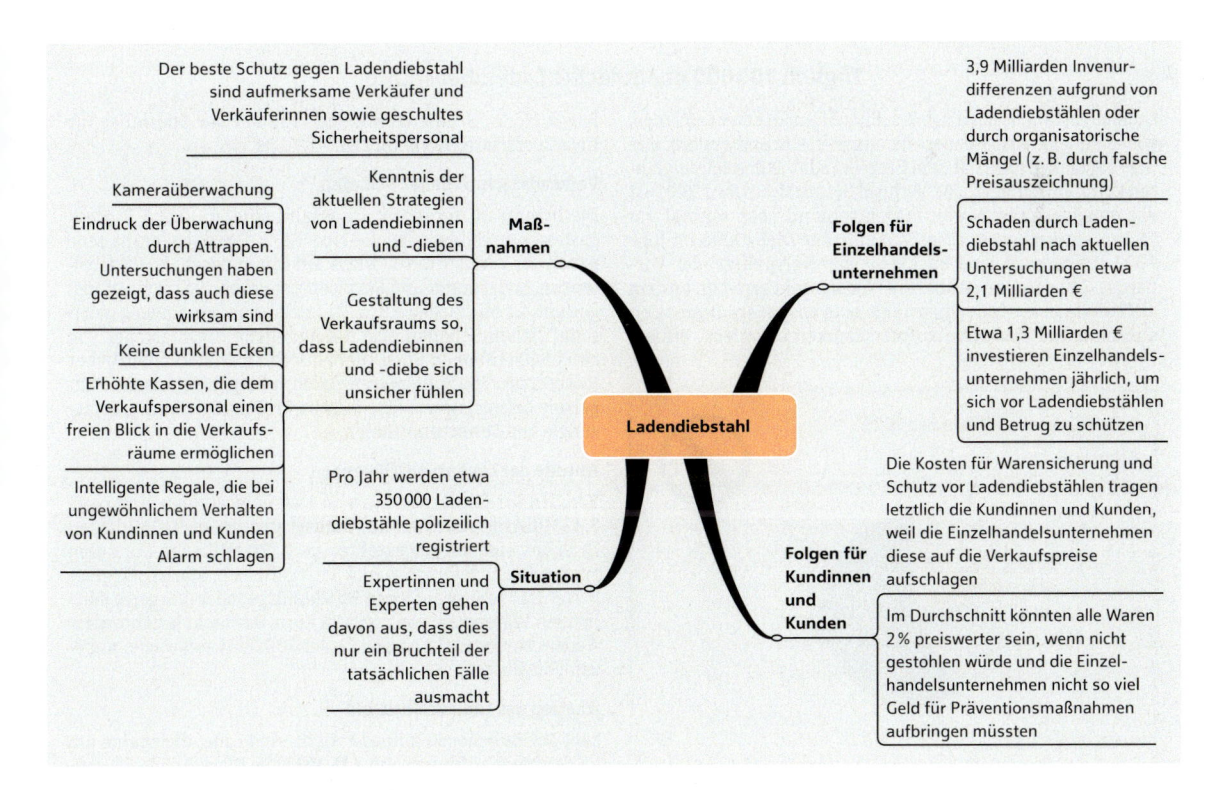

Gründe für Ladendiebstahl: Anspruchsdenken, Leichtsinn, Gelegenheit, Nervenkitzel, Beschaffungskriminalität

Ladendiebstahl

Maßnahmen:
- Der beste Schutz gegen Ladendiebstahl sind aufmerksame Verkäufer und Verkäuferinnen sowie geschultes Sicherheitspersonal
- Kameraüberwachung
- Eindruck der Überwachung durch Attrappen. Untersuchungen haben gezeigt, dass auch diese wirksam sind
- Keine dunklen Ecken
- Erhöhte Kassen, die dem Verkaufspersonal einen freien Blick in die Verkaufsräume ermöglichen
- Intelligente Regale, die bei ungewöhnlichem Verhalten von Kundinnen und Kunden Alarm schlagen
- Kenntnis der aktuellen Strategien von Ladendiebinnen und -dieben
- Gestaltung des Verkaufsraums so, dass Ladendiebinnen und -diebe sich unsicher fühlen

Situation:
- Pro Jahr werden etwa 350 000 Ladendiebstähle polizeilich registriert
- Expertinnen und Experten gehen davon aus, dass dies nur ein Bruchteil der tatsächlichen Fälle ausmacht

Folgen für Einzelhandelsunternehmen:
- 3,9 Milliarden Invenurdifferenzen aufgrund von Ladendiebstählen oder durch organisatorische Mängel (z. B. durch falsche Preisauszeichnung)
- Schaden durch Ladendiebstahl nach aktuellen Untersuchungen etwa 2,1 Milliarden €
- Etwa 1,3 Milliarden € investieren Einzelhandelsunternehmen jährlich, um sich vor Ladendiebstählen und Betrug zu schützen

Folgen für Kundinnen und Kunden:
- Die Kosten für Warensicherung und Schutz vor Ladendiebstählen tragen letztlich die Kundinnen und Kunden, weil die Einzelhandelsunternehmen diese auf die Verkaufspreise aufschlagen
- Im Durchschnitt könnten alle Waren 2 % preiswerter sein, wenn nicht gestohlen würde und die Einzelhandelsunternehmen nicht so viel Geld für Präventionsmaßnahmen aufbringen müssten

LERNFELD 10

Verhinderung von Diebstählen durch die Einzelhandelsunternehmen

- Durch abschreckende Warnungen wie „Ladendiebstahl lohnt sich nicht!" mit gleichzeitiger Angabe der negativen Folgen für den überführten Ladendieb bzw. die Ladendiebin versuchen viele Einzelhandelsgeschäfte der Entwendung von Waren vorzubeugen.
- Ausreichende und gleichmäßige Beleuchtung der Verkaufsräume erschwert Ladendiebstähle.
- Eine geeignete Möblierung (z. B. abschließbare Vitrinen) unterstützen die Diebstahlsbekämpfung.
- Auch Spiegel, Videokameras und andere Überwachungseinrichtungen helfen den Einzelhandelsbetrieben.

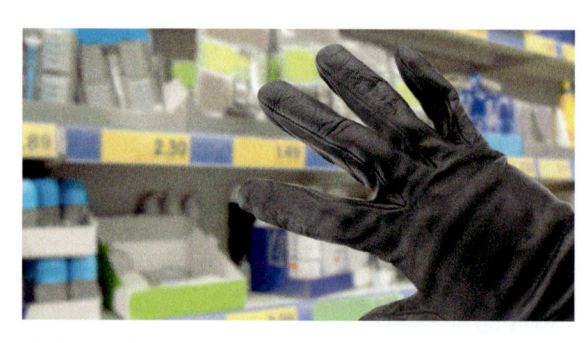

Viele Einzelhandelsunternehmen verfügen über ein ausgeklügeltes System technischer Überwachungs- und Aufzeichnungsanlagen. Mit aufwendiger Technik soll ein höheres Entdeckungsrisiko geschaffen und damit abgeschreckt werden.

Videokameras und Spiegel können sowohl in den Verkaufsräumen als auch an der Kasse Diebstähle verhindern.

Täglich 100 000 unentdeckte Ladendiebstähle

Ladendiebstahl beschäftigt den Einzelhandel schon so lange, wie es ihn gibt. Insbesondere der organisierte und gewerbsmäßige Ladendiebstahl hat dem Einzelhandel in den letzten Jahren zum Teil schmerzliche Verluste beschert. Im Jahr 2023 ist das ohnehin hohe Niveau in Deutschland noch einmal um 15 Prozent gestiegen. „Die Zunahme der Diebstähle im Jahr 2022 stellte noch eine Rückkehr zur ‚Normalität' der Vor-Corona-Zeit dar. Nun ist aber ein Wendepunkt erreicht, an dem die Zunahme der Ladendiebstähle eine besondere Dimension annimmt und besondere Aufmerksamkeit erfordert", erklärt Frank Horst, Studienautor und langjähriger Spezialist für Inventurdifferenzen beim EHI.

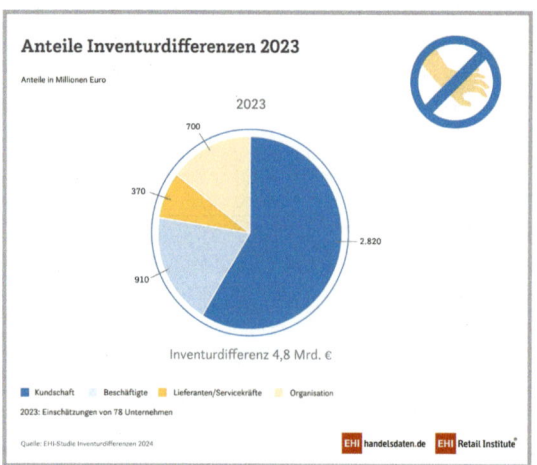

Volkswirtschaftlicher Schaden

Die Inventurdifferenzen* insgesamt sind um fast 5 Prozent gestiegen und liegen bei 4,8 Mrd. Euro. Der darin enthaltene Anteil der Verluste durch Diebstahl von Kundschaft, Mitarbeitenden, Lieferanten und Servicepersonal beläuft sich auf insgesamt 4,1 Milliarden Euro. Das entspricht einem volkswirtschaftlichen Schaden durch entgangene Umsatzsteuer von rund 560 Millionen Euro allein durch Straftaten unehrlicher Kundschaft. 700 Millionen entfallen auf organisatorische Mängel wie beispielsweise eine falsche Preisauszeichnung, Erfassungs- und Bewertungsfehler.

Anteile der Inventurdifferenzen

Von den 4,1 Milliarden Euro an Ladendiebstählen sind rund 2,82 Milliarden Euro der Kundschaft anzulasten, 910 Millionen Euro den eigenen Angestellten und 370 Millionen Euro dem Personal von Lieferanten und Servicefirmen. Statistisch gesehen entfällt damit auf jeden Bundesbürger oder -bürgerin jährlich ein Warenwert von rund 34 Euro, der nicht bezahlt wird. Anders ausgedrückt passiert jeder 200. Einkaufswagen unbezahlt die Kasse.

Anstieg des Ladendiebstahls

Laut Polizeilicher Kriminalstatistik sind Ladendiebstähle um 23,6 Prozent auf insgesamt 426 096 Fälle (Vorjahr 344 669) gestiegen. Sowohl der einfache als auch der schwere Ladendiebstahl** haben zugenommen. Letzterer hat mit 27 452 angezeigten Fällen einen Höchststand erreicht. Allerdings wird längst nicht jeder Ladendiebstahl angezeigt. Aus dem durchschnittlichen Schaden aller angezeigten Diebstähle und dem per Inventur festgestellten Warenschwund im Handel ergibt sich, dass jährlich etwa 24 Millionen Ladendiebstähle im Wert von je 117 Euro unentdeckt bleiben, was rund 100 000 Ladendiebstählen je Verkaufstag entspricht.

Branchenvergleich

Während im Lebensmitteleinzelhandel, bei Drogeriemärkten und im Bekleidungshandel die prozentualen Inventurdifferenzen gestiegen sind, konnten die Baumärkte ihr Niveau halten und alle anderen Branchen die Inventurdifferenzen sogar überwiegend reduzieren. [...]

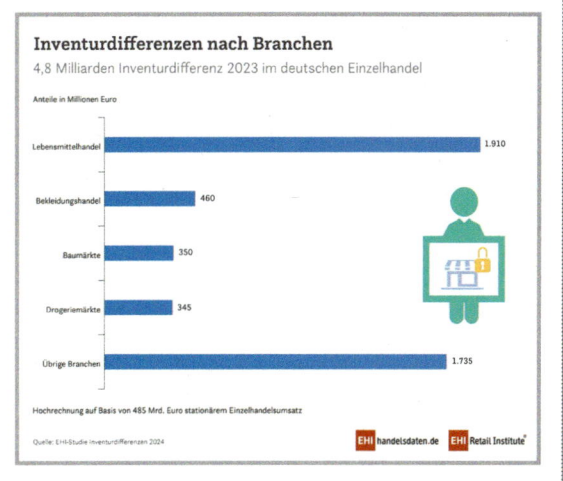

Inventurdifferenzen nach Branchen
4,8 Milliarden Inventurdifferenz 2023 im deutschen Einzelhandel
Anteile in Millionen Euro

Lebensmittelhandel	1.910
Bekleidungshandel	460
Baumärkte	350
Drogeriemärkte	345
Übrige Branchen	1.735

Hochrechnung auf Basis von 485 Mrd. Euro stationärem Einzelhandelsumsatz
Quelle: EHI-Studie Inventurdifferenzen 2024

Quelle: Holtmann, Ute; Horst, Frank: Täglich 100.000 unentdeckte Ladendiebstähle. In: ehi.org. 02.07.2024. https://www.ehi.org/presse/taeglich-100-000-unentdeckte-ladendiebstaehle/ [23.07.2024].

[...] Ein Warensicherungsetikett kaufen bedeutet aber auch sich zu überlegen, auf welche Weise dieses funktionieren soll. Das **mechanische Sicherungsetikett** ist meist mit einer Farbpatrone versehen. Wenn Sie dieses Warensicherungsetikett kaufen, dann sorgen Sie vor allem dafür, dass die Ware für den Dieb nicht mehr brauchbar ist. **Hinweis:** Dieses Etikett lässt sich nur sehr schwer entfernen und muss gewaltsam bearbeitet werden. In diesem Fall löst sich die Farbpatrone auf und die Waren werden beschmutzt.

Oft wird hier auch mit einem Magnet gearbeitet. Damit Sie im Geschäft diesen Magneten entfernen können, brauchen Sie einen **Warensicherung Magnetlöser**. Der Warensicherung Magnetlöser muss einen besonders starken Magneten ablösen können. Wichtig: Möchten Sie, dass das Etikett über einen Magnet gesichert ist, dann müssen Sie auch einen Warensicherung Magnet kaufen. Dieses System gibt es meist in großen Mengen, sodass Sie **gleich ganze Kollektionen ausstatten** können. Wenn Sie den Warensicherung Magnet kaufen möchten, dann lohnt sich zudem der Preisvergleich der verschiedenen Angebote.

Die Warensicherungsantenne kommt dann ins Spiel, wenn Sie ein elektronisches Warensicherungsetikett nutzen möchten. Wenn sich jemand der Ware nähert, dann **löst diese elektronische Lösung einen Alarm aus**, der über die Warensicherungsantenne übertragen wird. Das ist aber eher keine Warensicherung für Kleidung oder Warensicherung für Schuhe. Beides muss probiert werden. Daher eignet sich diese Variante vor allem für Waren, die **nicht von den Kunden berührt werden dürfen**. Nur Sie können den Alarm aufheben und die Produkte dann den Kunden vorstellen.

Bei einer **Warensicherung für Kleidung** oder bei einer Warensicherung für Schuhe kommen eher Warensicherungssysteme zum Einsatz, die Alarm geben, wenn man sie unbezahlt aus dem Geschäft bekommen möchte. Auch die Warensicherung mit Farbpatrone ist sehr beliebt. Wer diese Warensicherung entfernen möchte, der braucht dazu das notwendige System. Die Warensicherung knacken wird auch schwer, wenn man sie nicht findet. Unsichtbar sind beispielsweise **kleine Etiketts, die elektronisch arbeiten** und sich gut an Textil befestigen lassen. Gerade im Einzelhandel ist dies eine Warensicherung gegen Diebstahl, die sehr gerne genutzt wird. Wenn man diese Warensicherung von Kleidung entfernen möchte, muss sie erst einmal gefunden werden.

Quelle: Kriminalberatung.de: Warensicherungssysteme – effektiver Schutz für die Waren. In: www.kriminalberatung.de. 2024. https://www.kriminalberatung.de/warensicherungssystem/ [21.07.2024].

- Vor allem größere Einzelhandelsunternehmen beschäftigen Detektivinnen oder Detektive, die ständig das Geschehen beobachten.
- Um die Aufmerksamkeit zu steigern, vereinbaren viele Handelsunternehmen mit ihren Detektivinnen oder Detektiven – häufig aber auch mit dem Verkaufspersonal – sogenannte Fang- oder Ergreifungsprämien als spezielle Ausprägung des allgemeinen Schadensersatzanspruchs. Zur Zahlung dieser Prämie kann der Ladendieb oder die Ladendiebin bzw. deren gesetzlicher Vertreter oder die gesetzliche Vertreterin zusätzlich verklagt werden.
- Verkaufsorganisatorische Maßnahmen sollten die Vermeidung von Ladendiebstählen unterstützen:
  – Überwachung der Ein- und Ausgänge
  – Hinterlegung von Einkaufstaschen
  – Zwang zur Verwendung von Einkaufswagen oder -körben.

LERNFELD 10

Maßnahmen gegen Ladendiebstähle

Abschreckung
- Hinweisschilder
- Plakate

Überwachung
- Verkaufspersonal
- Detektive/Detektivinnen
- Warensicherungssysteme
- sonstige Überwachungssysteme (Videokameras/Spiegel usw.)

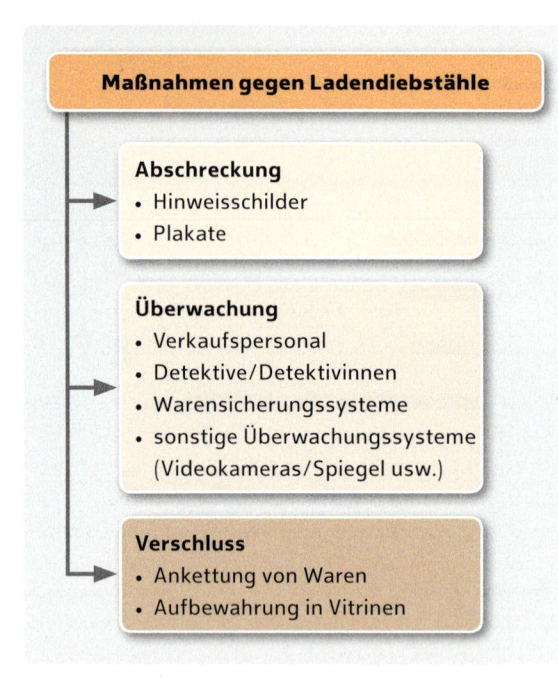

Verschluss
- Ankettung von Waren
- Aufbewahrung in Vitrinen

Verhinderung von Diebstählen durch das Verkaufspersonal

Zur erfolgreichen Bekämpfung von Ladendiebstählen müssen Verkäufer und Verkäuferinnen die wichtigsten Diebstahlmethoden kennen.

Ladendiebinnen und -diebe sind sehr erfinderisch. Manche Methoden sind abhängig von der Ware oder der Branche. Hier eine Auswahl beliebter Tricks:
- Die Diebinnen und Diebe lassen sich in den Geschäftsräumen einschließen, um dann in der Nacht im Geschäft ungestört Waren zu entwenden.
- Betrügerische Kundinnen und Kunden tauschen Etiketten aus oder manipulieren sie.
- Die Ladendiebe und Ladendiebinnen verbergen Waren in mitgebrachten Tragetaschen anderer Geschäfte, in denen sich bereits fremde Artikel befinden.
- Vorsicht auch beim Kassieren: Ladendiebinnen und -diebe bezahlen mit einem größeren Geldschein und verlangen eine sehr schnelle Abwicklung des Kassiervorganges. Dabei wird versucht, das Kassenpersonal zu verwirren, und in betrügerischer Absicht zusätzliches Rückgeld reklamiert. Ein ähnliches Vorgehen: Beim mehrfachen Wechseln größerer Geldscheine sollen Verkäuferinnen und Verkäufer so verwirrt werden, dass zu viel Geld herausgegeben wird.

- Geachtet werden muss vom Verkaufspersonal auf die Vielzahl von Möglichkeiten, die Ladendiebe und -diebinnen nutzen, um gestohlene Ware zu verstecken, z. B.:
  – in Schirmen
  – in und unter Kopfbedeckungen
  – in Zeitungen
  – in Kinderwagen
  – unter (meist weiten) Mänteln

Am besten kann man Ladendiebstähle vermeiden, wenn man verdächtige Kundinnen und Kunden beobachtet. Ladendiebinnen und -diebe werden nur aktiv, wenn sie die Chance – und auch das Gefühl – haben, möglichst lange unbeachtet zu sein. Es dürfte klar sein, dass man auf einen Verdacht hin niemanden beschuldigen darf. In jedem Fall sollte man aber potenzielle Diebinnen und Diebe rechtzeitig und früh genug ansprechen.

BEISPIELE
- „Darf ich Ihnen diesen MP3-Player einmal vorführen?"
- „Finden Sie sich zurecht?"

Dadurch signalisiert man, dass das Verkaufspersonal den Warenbestand überwacht und somit ein großes Risiko besteht, überführt zu werden.

Wer Ladendiebstähle erfolgreich verhindern will, muss zunächst einmal wissen, wie die Diebinnen und Diebe auftreten, mit welchen Tricks sie arbeiten und wie sich ihr Verhalten von dem von ehrlichen Kundinnen und Kunden unterscheidet. Wer etwas stehlen will, interessiert sich vor allem für seine Umwelt, während ehrliche Kundinnen und Kunden die Aufmerksamkeit auf die Ware richten. Deshalb sind beispielsweise Kundinnen und Kunden verdächtig,

LERNFELD 10

- die sich im Laden häufig nervös nach allen Seiten umblicken und sich immer so stellen, dass sie möglichst nicht zu sehen sind,
- die öfter den Standort wechseln,
- die mehrfach zum selben Regal zurückkehren
- die sich so im Verkaufsraum platzieren, dass niemand sieht oder bemerkt, was sie gerade tun,
- die dem Verkaufspersonal bewusst und gezielt bei Annäherung aus dem Weg gehen,
- die direkten Augenkontakt vermeiden,
- die sich weniger für die Ware interessieren und stattdessen misstrauisch und unruhig das Verkaufspersonal oder andere einkaufenden Personen beobachten
- oder die in auffälliger Haltung durch den Laden gehen, weil sie unter der Kleidung etwas verstecken.

Natürlich müssen nicht alle Kundinnen und Kunden, die unruhig im Laden hin und her gehen, auch tatsächlich Ladendiebinnen und -diebe sein. Vielleicht sind sie nur unentschlossen oder suchen Bedienung. Jedes auffällige Kundenverhalten sollte deshalb grundsätzlich dazu führen, dass das Personal im Geschäft die Betreffenden sofort anspricht und sich zumindest nach ihren Wünschen erkundigt, um ihnen dadurch zu zeigen, dass sie bemerkt wurden. Die Begrüßung aller Kundinnen und Kunden sollte ohnehin selbstverständlich sein. Da für die meisten Diebinnen und Diebe das Risiko eine Grenze hat, werden viele auf ihr unredliches Vorhaben verzichten, wenn sie damit rechnen müssen, vom Personal des betreffenden Geschäfts beobachtet zu werden.

Der gesamte Verkaufsraum muss also immer im Auge behalten werden. Auch bei Beschäftigung mit anderen Arbeiten sollten die Kundinnen und Kunden im Blickfeld des Verkaufspersonals bleiben. Eine weitere Maßnahme zur Diebstahlvermeidung ist die Beschränkung der Warenvorlage auf eine überschaubare Warenmenge.

Verhalten nach einem Ladendiebstahl

Wenn ein Diebstahl bemerkt wird, sind folgende Maßnahmen angebracht:
- Dieb oder Diebin auf kurze Distanz folgen und weiter beobachten: Manchmal besinnt er oder sie sich und legt die Ware zurück oder bezahlt sie.
- Unauffällig Kolleginnen und Kollegen oder die Ladenaufsicht alarmieren.
- Kassenzone passieren lassen.
- Diesen Kundinnen und Kunden an der Kasse falls möglich nochmals Gelegenheit geben, die „gestohlene" Ware zu bezahlen, da es vorkommen kann, dass sie die Ware nicht absichtlich, sondern versehentlich eingesteckthat (z. B.: „Sind Sie sicher, dass das auch alles war?").
- Sicherstellen, dass Diebinnen und Diebe das Geschäft nicht verlassen können.
- Dieb oder Diebin ansprechen und zu einem Gespräch ins Büro bitten. Sicherheitshalber sollte man die Person vorausgehen lassen, damit sie die Ware nicht unbemerkt irgendwo hinlegen kann.
- Bei allem diskret vorgehen und ruhig bleiben, also keine Beschimpfungen oder Tätlichkeiten.
- Immer Zeugen oder Zeuginnen zu dem Gespräch hinzuziehen.
- Für den Fall, dass dem Dieb oder der Diebin unverhofft die Flucht gelingt, zuerst Ware sicherstellen.
- Taschenkontrolle nur mit Zustimmung der verdächtigen Person oder durch die Polizei.
- Wenn der Diebstahl zugegeben wird, Protokoll anfertigen (Tatbestand, Zeugenaussage, Personalien usw.).
- Einschaltung der Polizei, vor allem wenn
  - der Dieb oder die Diebin sich nicht ausweisen kann oder will,
  - der Dieb oder die Diebin sich renitent verhält oder lügt,
  - es sich um einen Rückfalldieb handelt,
  - eine Hausdurchsuchung angebracht erscheint,
  - der Wert des gestohlenen Gutes verhältnismäßig hoch ist.
- Besteht Fluchtgefahr oder kann der Ladendieb oder die Ladendiebin nicht eindeutig identifiziert werden, kann dieser oder diese gemäß der Strafprozessordnung vorläufig festgenommen werden. Wenn dies erforderlich ist, kann auch physische Gewalt in angemessenem Ausmaß angewendet werden.

LERNFELD 10

BEISPIEL

In einer Abteilung wird eine des Ladendiebstahls verdächtigte weibliche Person angesprochen. Nach der Beweissicherung wird diese von zwei Mitarbeiterinnen in ein Büro begleitet (wobei eine Mitarbeiterin hinter der verdächtigen Person geht und aufpasst, dass diese keine Beweisstücke ablegen kann). Da sich die Kundin nicht ausweisen möchte und zudem Anstalten trifft, zu fliehen, erklärt eine Verkäuferin ihr gegenüber, dass sie festgenommen ist. Sie hält die Verdächtige am Handgelenk fest. Darüber hinausgehende Gewaltmaßnahmen wären jedoch genauso unangebracht und verboten wie körperliche Durchsuchungen. Dies ist ausschließlich Aufgabe der Polizei. Durchsucht werden dürfen dagegen mitgeführte Taschen oder abgelegte Kleidungsstücke der Verdächtigen (zum Beispiel Mantel oder Jacke) bei hinreichendem und konkretem Verdacht.

- Wird ein ehrlicher Kunde bzw. eine ehrliche Kundin zu Unrecht des Ladendiebstahls verdächtigt, müssen sich das Unternehmen und das Verkaufspersonal umgehend und ausdrücklich entschuldigen.

Folgen für die Ladendiebinnen und -diebe

Nach der Rechtsprechung des Bundesgerichtshofes ist eine vor dem Diebstahl den Mitarbeiterinnen und Mitarbeitern versprochene Fangprämie vom Warendieb in angemessenem Umfang zu erstatten. Als angemessen gilt derzeit ein Betrag von etwa 25,00 €.

- Alle Einzelhandelsunternehmen zeigen in der Regel jeden überführten Ladendieb bzw. jede überführte Ladendiebin schriftlich bei der Polizei an. Diese Verfahrensweise wird konsequent und ohne Abstriche durchgesetzt.

Warenverlust durch Ladendiebstahl ist für alle Einzelhandelsunternehmen ein Problem, und alle versuchen sich so gut es geht davor zu schützen. Dabei ist jedoch nicht alles erlaubt: So ist ein kontrollierender Blick in Tasche oder Rucksack von Kundinnen und Kunden verboten. Eine Taschenkontrolle müssen sich nur auf frischer Tat ertappte Täterinnen und Täter gefallen lassen, doch auch das darf nur die herbeigerufene Polizei.

Eine Videoüberwachung der Verkaufsräume ist üblich und legal – allerdings darf in Umkleidekabinen keine Kamera installiert werden. Auch Kaufhausdetektivinnen und -detektive dürfen ihre Runden drehen. Es gilt jedoch: Einschreiten dürfen sie nur, wenn sie jemanden „in flagranti", also direkt beim Diebstahl, erwischen. Dann kann das Einzelhandelsunternehmen die Täterin oder den Täter so lange aufhalten, bis die Polizei eintrifft und die Person durchsucht. Stellt sich dabei heraus, dass doch nichts gestohlen wurde, kann das für das Einzelhandelsunternehmen teuer werden; Kundinnen und Kunden können dann sogar Schadenersatz verlangen.

- Bei erwachsenen Tatverdächtigen erfolgt eine schriftliche Anhörung durch die Polizei. Anschließend wird das Verfahren an die zuständige Staatsanwaltschaft weitergegeben, die eine abschließende Entscheidung trifft.

Ist das 21. Lebensjahr erreicht, so wird man nach dem Erwachsenen-Strafrecht (§ 242 Strafgesetzbuch) bestraft. Ein Ersttäter bzw. eine Ersttäterin bekommt in den meisten Fällen eine Geldstrafe. Die Höhe der Strafe richtet sich nach dem Einkommen. In der Regel wird das Nettoeinkommen durch 30 Tage geteilt und das ergibt einen Tagessatz. Je nach Schwere der Tat legt das Gericht die Anzahl der Tagessätze fest. Wiederholungstäter müssen zudem mit einem Eintrag ins Führungszeugnis rechnen.

- Bei Minderjährigen (bis zur Vollendung des 18. Lebensjahres) erfolgen über die Erziehungsberechtigten schriftliche Vorladungen durch die Polizei. Hier haben Tatverdächtige dann Gelegenheit, sich persönlich zu ihrem Vergehen zu äußern. Auch dabei erfolgt schließlich eine Abgabe des Verfahrens an die Staatsanwaltschaft.
- Zahlreiche Einzelhandelsunternehmen erteilen in Ausübung ihres Hausrechtes überführten Ladendieben und Ladendiebinnen Hausverbote bis zu einem Jahr. Das bedeutet für die Betroffenen, sich des Hausfriedensbruchs strafbar zu machen, wenn sie das Geschäft in diesem Zeitraum dennoch betreten.

Zur Rechtslage

Vereinfachend fasst man im täglichen Sprachgebrauch mit dem Wort „Ladendiebstahl" Straftaten zusammen, die im Strafgesetzbuch (StGB) als Diebstahl, Diebstahl geringwertiger Sachen (Mundraub), Unterschlagung und Betrug gesondert behandelt werden.

§ 242 StGB Diebstahl

Wer eine fremde bewegliche Sache einem anderen in der Absicht wegnimmt, dieselbe sich rechtswidrig zuzueignen, wird mit Freiheitsstrafe bis zu fünf Jahren oder mit Geldstrafe bestraft.

LERNFELD 10

§ 263 StGB Betrug

Wer in der Absicht, sich [...] einen rechtswidrigen Vermögensvorteil zu verschaffen, das Vermögen anderer dadurch beschädigt, dass er durch Vorspiegelung falscher Tatsachen [...] einen Irrtum erregt oder unterhält, wird mit Freiheitsstrafe bis zu fünf Jahren oder mit Geldstrafe bestraft.

§ 248 a StGB Diebstahl und Unterschlagung geringwertiger Sachen

Der Diebstahl und die Unterschlagung geringwertiger Sachen werden [...] nur auf Antrag verfolgt, es sei denn, dass die Strafverfolgungsbehörde wegen des besonderen öffentlichen Interesses [...] ein Einschreiten von Amts wegen für geboten hält. (Anmerkung: Geringwertig ist eine Sache nach gegenwärtiger Rechtsauffassung, wenn sie einen Wert von ca. 25,00 € nicht überschreitet.)

§ 246 StGB Unterschlagung

Wer eine fremde bewegliche Sache, die er in Besitz oder Gewahrsam hat, sich rechtswidrig zueignet, wird mit Freiheitsstrafe bis zu drei Jahren oder mit Geldstrafe und, wenn die Sache ihm anvertraut ist, mit Freiheitsstrafe bis zu fünf Jahren oder mit Geldstrafe bestraft. Der Versuch ist strafbar.

Zu beachten ist, dass Übereifer beim Festnehmen von Ladendieben und -diebinnen für die Besitzerinnen und Besitzer und für das Verkaufspersonal unangenehme Folgen haben kann, denn das rechtswidrige Festhalten einer Person kann als Freiheitsberaubung bestraft werden:

§ 239 StGB Freiheitsberaubung

Wer widerrechtlich einen Menschen einsperrt oder auf andere Weise des Gebrauchs der persönlichen Freiheit beraubt, wird mit Freiheitsstrafe bis zu fünf Jahren oder mit Geldstrafe bestraft.

Um nicht in den Verdacht der Freiheitsberaubung zu kommen, muss man also vor dem Festhalten von Ladendiebinnen und -dieben auf die Beweisbarkeit dieser Anschuldigung achten. Am besten lässt sich die Diebstahlsabsicht beweisen, wenn man in Selbstbedienungsläden mit der Festnahme wartet, bis der Dieb oder die Diebin die Kasse passiert hat.

Ladendiebe im Interview:
Macht Gelegenheit Diebe?

„Ich habe mein Lieblingsparfüm geklaut, weil es richtig teuer ist. Beim ersten Mal hat das problemlos geklappt, obwohl ich ordentlich Angst hatte. Da hab ich's dann ein paar Tage später gleich wieder gemacht, und da hat mich der Hausdetektiv erwischt. Ich musste dann zur Polizei, ein Strafverfahren wurde aber eingestellt, weil das mein erster Diebstahl war, bei dem ich erwischt wurde. Ich hab im dem Laden jetzt Hausverbot und musste 250 Euro zahlen, das hat wehgetan." **Jana, 22**

„Als ich jünger war, da hab' ich alles geklaut, was nicht niet- und nagelfest war. Bücher, Comics, Werkzeug und einmal sogar einen Koffer. Und dann haben sie mich erwischt. Ich musste übers Wochenende in die Jugendstrafanstalt, das hat mich kuriert. Ich kann nur sagen – lasst das sein, Leute! Heute schäm' ich mich dafür." **Mike, 35**

So gut wie jeder Ladendiebstahl wird zur Anzeige gebracht – Geldstrafe, Sozialarbeit, und „Knast" sind die Folgen, nicht wenige Ladendiebe sind dann vorbestraft. Überall gibt es Kameras, gut getarnt und so gut wie unsichtbar, und viele Geschäfte haben private Detektive oder Überwachungspersonal, die sich inkognito unter die Kunden mischen. Das weiß doch an sich jeder. Warum also kommt es dennoch zu so vielen Diebstählen?

Eine Auswertung unserer Befragungen von Ladendiebinnen und -dieben ergab, dass viele gar nicht mit der festen Absicht zu stehlen in das Geschäft gehen. Erst wenn sie merken, dass sie gänzlich unbeobachtet sind, dass es ihnen leicht gemacht wird, lassen sie Ware in Handtaschen, unter Jacken, in Ärmeln oder in Hosentaschen verschwinden. Warum sie das machen?

„Ach, das gibt mir jedes Mal voll den Kick", „ein tolles Gefühl, die ausgetrickst zu haben", „ich hab' halt kein Geld, um mir das zu kaufen", „die anderen in meiner Clique machen das auch immer, und wenn ich nicht mitmache, bin ich raus" – das sind die am häufigsten genannten Gründe. Auch Mitarbeitende der Geschäfte sind unter den Dieben. „Ich wollte denen das mal heimzahlen, die geben mir gerade mal den Mindestlohn, und ich arbeite wirklich hart bei denen." Gehört haben wir auch: „Die haben doch Kohle ohne Ende, denen tut das nicht weh, wenn ich da mal ein bisschen was umsonst mitnehme."

Gelegenheit macht also die meisten Diebinnen und Diebe – hier unser Appell an die Ladenbesitzer, das Verkaufspersonal dementsprechend zu schulen. Niemand soll Diebinnen und Diebe auf frischer Tat erwischen müssen – am besten, man gibt potenziellen Täterinnen und Tätern gar keine Gelegenheit, sich unbeobachtet zu fühlen, ist aufmerksam, hält Blickkontakt und ist kundenorientiert. Das nützt allen, den „guten" und den weniger guten Kundinnen und Kunden.

LERNFELD 10

Im Laden geklaut
Waren in diesem Wert wurden 2023 in Geschäften in Deutschland gestohlen

- 2,82 Mrd. € von Kunden
- 0,91 von Angestellten
- 0,37 von Lieferanten/Servicekräften

Hochrechnung/Schätzung basierend auf Inventurdifferenzen von Unternehmen im stationären Einzelhandel

Quelle: EHI Retail Institute (Studie: Inventurdiff. 2024)

dpa•107435

AUFGABEN

1. Welche Straftaten fallen im täglichen Sprachgebrauch unter den Begriff „Ladendiebstahl"?

2. Erläutern Sie Maßnahmen, mit denen Einzelhandelsunternehmen Ladendiebstähle verhindern können.

3. Wie funktionieren magnetakustische Diebstahlwarner?

4. Durch welches Verhalten machen sich Kundinnen und Kunden verdächtig?

5. Beschreiben Sie kurz drei Methoden von Ladendiebinnen und -dieben.

6. Wie kann das Verkaufspersonal Ladendiebstähle verhindern?

7. Welche Maßnahmen sind nach einem beobachteten Ladendiebstahl zu ergreifen?

8. Mit welchen Konsequenzen müssen überführte Täterinnen und Täter rechnen?

9. Beurteilen Sie die folgenden Fälle:
   a) Sascha Tippe glaubt, eine Ladendiebin ertappt zu haben. Im Büro fordert er sie mit barschen Worten auf, ihre Einkaufstasche zu öffnen.
   b) Im Textilkaufhaus D & U werden alle Umkleidekabinen von Videokameras überwacht.

10. In der Buchabteilung sieht die Verkäuferin Astrid Bellgrau, wie eine Kundin interessiert in einem Buch blättert, sich kurz und verstohlen umschaut und das Buch in eine größere Einkaufstasche fallen lässt. Astrid Bellgrau zeigt auf die Kundin und schreit: „Hey, Sie da! ... Ja, genau, Sie da. Sie sind erwischt! Auf frischer Tat! Sie haben eben ein Buch gestohlen. Nicht mit mir. Los, ins Büro."
Wie beurteilen Sie das Verhalten der Verkäuferin?

11. Wie schützt man sich in Ihrem Unternehmen gegen Ladendiebstahl?

12. a) Sind in Ihrem Unternehmen schon Ladendiebinnen und -diebe gefasst worden?
    b) Welche Methoden haben die Täterinnen und Täter angewandt?

AKTIONEN

1. Auf der Abteilungsleiterkonferenz wurde einstimmig beschlossen, dass etwas gegen die Inventurdifferenzen unternommen werden soll. Die Abteilungsleiterin Verkauf, Frau Komp, schlägt vor, Warensicherungssysteme zu installieren.

   Der Abteilungsleiter Personal, Klaus Schlie, ist der Ansicht, dass eine Mitarbeiterschulung durchgeführt werden sollte.

   Arbeitsauftrag 1:
   a) Informieren Sie sich mithilfe des Internets über verschiedene Warensicherungssysteme.
   b) Erkunden Sie auf einem Stadtgang, welche Sicherungssysteme in vergleichbaren Einzelhandelsbetrieben vorkommen.
   c) Präsentieren Sie die Ergebnisse Ihren Mitschülerinnen und Mitschülern in geeigneter Form.

   Arbeitsauftrag 2:
   Erarbeiten Sie in der Gruppe Vorschläge für die geplante Personalschulung.
   Beschränken Sie sich dabei auf die folgenden Punkte:
   a) Welchen Beitrag kann das Personal dazu leisten, Ladendiebstähle zu verhindern?
   b) Wie sollen sich Mitarbeiterinnen und Mitarbeiter bei der Beobachtung von Ladendiebstählen verhalten?
   c) Berücksichtigen Sie bei Ihren Überlegungen u. a. die rechtlichen Grundlagen.
   d) Präsentieren Sie die Ergebnisse für Ihre Mitschülerinnen und Mitschülern in geeigneter Form.

2. Teilen Sie Ihre Klasse in fünf Gruppen ein. Jede Gruppe übernimmt die Bearbeitung einer der folgenden Fälle:
   a) Ein Kunde macht sich durch auffälliges Verhalten verdächtig.
   b) Zwei kleine Mädchen stehlen Schokoriegel.
   c) Ein Ladendieb, der von Ihnen gestellt wurde, flüchtet und verlässt das Geschäft.
   d) Nachdem sich eine Kundin längere Zeit in der Buchabteilung der Ambiente Warenhaus AG aufgehalten hat, steckt sie ein Taschenbuch, das Sie vor Kurzem ins Regal eingeräumt hatten, in ihre Jackentasche.
   e) Ein älterer Herr will an der Kasse vorbeigehen, ohne zu bezahlen.

   Arbeitsauftrag 1:
   - Sehen Sie Ihren Fall aus Sicht des Verkaufspersonals. Überlegen Sie sich in Ihrer Gruppe, welches Verhalten in dieser Situation angemessen ist.
   - Bereiten Sie sich darauf vor, Ihren Fall in einem Rollenspiel vorzuführen.
   - Erläutern Sie den anderen Gruppen nach Aufführung des Rollenspiels die Gründe für das gezeigte Verhalten.

   Arbeitsauftrag 2:
   - Beobachten Sie die Rollenspiele der anderen Gruppen daraufhin, ob das Verkäuferverhalten realistisch und angemessen war. Begründen Sie Ihre jeweilige Meinung.

3. Erstellen Sie in Gruppenarbeit mithilfe eines Textverarbeitungsprogramms einen Reader, der über Diebstahlsmethoden informiert. Verwenden Sie als Informationsquellen
   - eigene Erfahrungen und die von Kolleginnen und Kollegen,
   - Materialien der Ausbildungsbetriebe,
   - Materialien aus dem Internet.

4. In der Geschäftsführung der Ambiente Warenhaus AG wird eine Inventurauswertung durchgeführt.
   a) Drucken Sie mithilfe des Warenwirtschaftssystems eine Inventurauswertungsliste aus.
   b) Stellen Sie fest, bei welchem Artikel die größten Inventurdifferenzen vorliegen.
   c) Schlagen Sie Maßnahmen zur Behebung der Inventurdifferenzen vor.

LERNFELD 10

ZUSAMMENFASSUNG

Ladendiebstahl

- **umfasst:**
  - **Diebstahl**
  - **Mundraub** (geringfügige Sachen)
  - **Betrug** (z. B. Etikettentausch)
  - **Unterschlagung**

Maßnahmen gegen Ladendiebstähle

- **Verkaufspersonal:**
  - Kennen der wichtigsten Diebstahlmethoden und -tricks
  - Auffällige oder verdächtige Kundinnen und Kunden beobachten und ansprechen
  - Gesamten Verkaufsraum überblicken
  - Vorlage überschaubarer Warenmengen

- **Unternehmen:**
  - Hinweisschilder und Plakate
  - Detektive/Detektivinnen
  - Warensicherungssysteme
  - Überwachungssysteme wie Videokameras, Spiegel usw.
  - Diebstahl vermeidende Verkaufsorganisationen
  - Anketten bzw. Wegschließen von Waren

Verhalten nach einem Diebstahl

- Möglichst schnell Mitarbeitende und Vorgesetzte benachrichtigen
- Verdächtige ins Büro bitten
- Gespräch immer mit Zeugen bzw. Zeuginnen

KAPITEL 8
Wir handeln situations- und fachgerecht beim Umtausch und bei der Reklamation von Waren[1]

In der Clique von Anja Maibaum, Auszubildende in der Ambiente Warenhaus AG, diskutiert man kontrovers.

Matthias Schröter:

„Schenken ist eine wunderbare Sache, aber Geschmack ist häufig reine Glückssache. Und ebenso häufig hat man leider kein Glück – und dann öffnet der Beschenkte Weihnachten sein Paket und lächelt eher gequält als selig. Jetzt hat man ein Ding auf dem Gabentisch, das keiner haben will – und was jetzt? ...
Umtauschen!, lautet die Devise.
Also: Gleich nach Weihnachten ab ins Geschäft und das Unding auf den Ladentisch gewuchtet, um es zurückzugeben. Aber, ach! Häufig will das Geschäft das Ding nicht mehr (denn es war froh, es vor Weihnachten endlich noch losgeworden zu sein) – und es hat leider auch noch recht."

Anja Maibaum:

„So ganz eindeutig, wie du das gesagt hast, ist die Sache nicht ..."

1. Beurteilen Sie die Rechtslage in diesem Fall.
2. Führen Sie auf, wie sich Verkäuferinnen und Verkäufer
   a) bei einem Umtausch,
   b) bei einer unberechtigten Reklamation,
   c) bei einer berechtigten Reklamation
   verhalten sollten.

---

[1] Ausführungen zu den grundlegenden **gesetzlichen Gewährleistungsansprüchen** sind im Lernfeld 7 zu finden.

LERNFELD 10

INFORMATION

Eine der Haupttätigkeiten der Mitarbeitenden im Einzelhandel ist die Behandlung von Reklamationen der Kundinnen und Kunden.

Um Reklamationen angemessen bearbeiten zu können, müssen Verkäuferinnen und Verkäufer zunächst einmal die rechtlichen Folgen von Reklamationen kennen.

Reklamierende Kundinnen und Kunden sind oft aufgeregt, empfindlich, manchmal sogar verärgert. Durch ein richtiges Verkäuferverhalten können Kundenverluste vermieden werden. Oft ist eine richtige Behandlung von Reklamationen ein Weg zu einer stärkeren Kundenbindung.

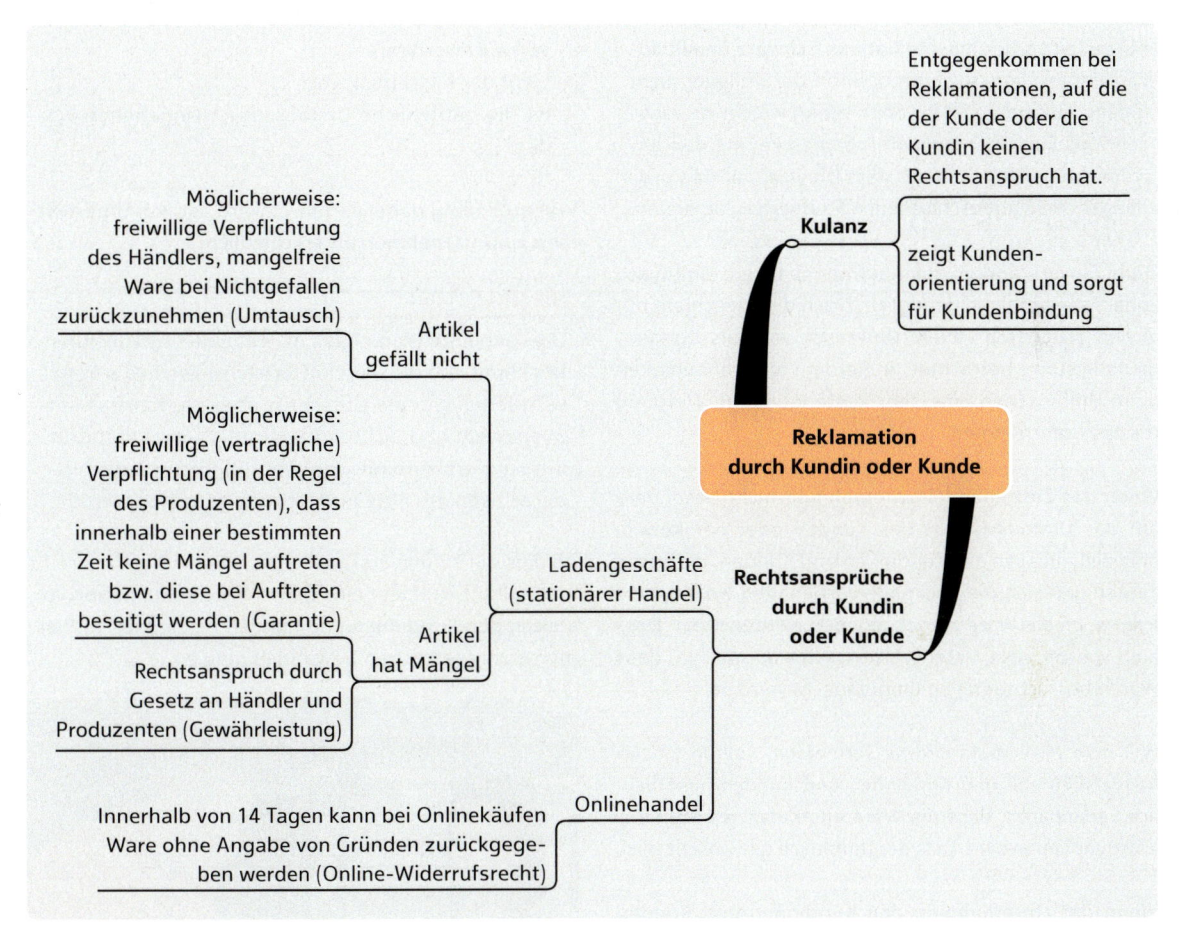

Reklamation durch Kundin oder Kunde

- **Kulanz**: Entgegenkommen bei Reklamationen, auf die der Kunde oder die Kundin keinen Rechtsanspruch hat. Zeigt Kundenorientierung und sorgt für Kundenbindung.
- **Rechtsansprüche durch Kundin oder Kunde**:
  - **Ladengeschäfte (stationärer Handel)**:
    - *Artikel gefällt nicht*: Möglicherweise: freiwillige Verpflichtung des Händlers, mangelfreie Ware bei Nichtgefallen zurückzunehmen (Umtausch)
    - *Artikel hat Mängel*:
      - Möglicherweise: freiwillige (vertragliche) Verpflichtung (in der Regel des Produzenten), dass innerhalb einer bestimmten Zeit keine Mängel auftreten bzw. diese bei Auftreten beseitigt werden (Garantie)
      - Rechtsanspruch durch Gesetz an Händler und Produzenten (Gewährleistung)
  - **Onlinehandel**: Innerhalb von 14 Tagen kann bei Onlinekäufen Ware ohne Angabe von Gründen zurückgegeben werden (Online-Widerrufsrecht)

Umtausch

DEFINITION

Beim Umtausch nimmt das Unternehmen Ware ohne Mangel freiwillig zurück.

Es gibt eine Reihe von Gründen für Umtauschwünsche von Kundinnen und Kunden:

- Einem Kunden oder einer Kundin gefällt der gekaufte Artikel nicht mehr.
- Angehörigen sagt die Ware nicht zu.
- Der Kauf war unüberlegt
- Größe, Form, Farbe usw. der Ware passen nicht.
- Die für einen Dritten gekaufte Ware (Geschenke) ist schon vorhanden, gefällt oder passt nicht.
- Der Kunde sieht den gleichen Artikel günstiger bei einem Konkurrenzunternehmen.

Im deutschen Recht herrscht der Grundsatz, dass einmal geschlossene Verträge eingehalten werden müssen. Ein Rechtsanspruch auf Umtausch einer mangelfreien Ware besteht deshalb nach dem Gesetz nicht.

LERNFELD 10

BEISPIEL

Corinna Schwarz möchte bei der Ambiente Warenhaus AG einen Pullover für ihren 14-jährigen Sohn Birk kaufen. Sie geht zur Kasse. Dadurch macht sie ein Angebot zum Abschluss des Kaufvertrags, das vom Einzelhandelsunternehmen angenommen wird. Corinna Schwarz zahlt den Kaufpreis und bekommt den Pullover von der Verkäuferin in einer Tragetasche übergeben. Damit überträgt die Verkäuferin den Besitz und das Eigentum an Corinna Schwarz.
Kurze Zeit später möchte Corinna Schwarz den Pullover umtauschen, weil ihrem Sohn der Pullover nicht gefällt. Außerdem ist ihr Sohn schon wieder gewachsen. Das Einzelhandelsunternehmen könnte den gewünschten Umtausch mit dem Hinweis auf den ordnungsgemäß abgeschlossenen Kaufvertrag ablehnen.

Ohne Einverständnis des Kaufmanns ist ein Umtausch zunächst einmal nicht möglich. Doch dies geschieht nur in den seltensten Fällen: Umtausch wird als Kundendienstleistung betrachtet. Außerdem ist Großzügigkeit beim Umtauschen eine sehr kostengünstige Werbung für das Unternehmen.

Wenn das Einzelhandelsunternehmen nicht besonders auf das Umtauschrecht des Kunden oder der Kundin hinweist, müssen alle Kundinnen und Kunden, die etwas kaufen und sich die Rückgabe vorbehalten wollen, also fragen, ob die Ware zurückgegeben werden kann. Deshalb weisen viele Unternehmen extra darauf hin, dass Waren bei Nichtgefallen umgetauscht werden.

Will man Missverständnisse vermeiden, sollten Einzelhandelsbetriebe und Kundinnen und Kunden ausdrücklich vereinbaren, dass die Ware aus Kulanzgründen zurückgenommen wird, falls der Umtausch gewünscht wird.

Wenn das Unternehmen den Kundinnen und Kunden die Umtauschrechte schriftlich einräumt, muss es klar und deutlich darauf hinweisen, welche Artikel vom Umtausch ausgeschlossen sein sollen.

BEISPIELE

Bestimmte Artikel sind aus hygienischen Gründen vom Umtausch ausgeschlossen, z. B. Kosmetikartikel, Perücken oder Unterwäsche.
Auch in den Saison-Schlussverkäufen wird das generelle Umtauschrecht meistens ausdrücklich von den Einzelhandelsunternehmen ausgeschlossen. Da in diesem Zeitraum die Lager geräumt werden sollen, ist dieses Verhalten des Einzelhandels verständlich.

In weiten Kreisen des Einzelhandels hat sich jedoch eingebürgert, Umtauschrechte ohne vorherige besondere Vereinbarung einzuräumen.

Die Unternehmen können die Umtauschregeln beim Umtausch aus Kulanzgründen selbst gestalten.

Bei einem Umtausch muss das Verkaufspersonal die folgenden Punkte prüfen:
- Ist der Artikel unbeschädigt (kann er damit wiederverkauft werden)?
- Liegt der Kassenbon vor?
- Ist die betriebliche Umtauschfrist eingehalten worden?

Wie großzügig dabei verfahren wird, ist von Unternehmen zu Unternehmen unterschiedlich.

BEISPIEL

Die Ambiente Warenhaus AG hat eine Umtauschfrist bestimmt, auf die sie schriftlich hinweist. In der Regel wird lediglich eine Gutschrift über die Kaufsumme ausgestellt und nicht der Kaufpreis zurückerstattet. Eine anderslautende Vereinbarung kann jedoch jederzeit von der Abteilungsleitung getroffen werden.

All dies gilt selbstverständlich nur, wenn die Ware nicht mangelhaft ist. Liegt eine berechtigte Reklamation vor, stehen den Kundinnen und Kunden die Rechte im Rahmen der gesetzlichen Gewährleistung zu.

Viele Unternehmen haben für den problemlosen Umtausch eigene Bereiche eingerichtet

Garantie

Im Gegensatz zum Umtausch geht es sowohl bei der Garantie als auch bei der gesetzlichen Gewährleistung um die rechtliche Behandlung mangelhafter Ware.

Die Übernahme einer Garantie muss klar von der gesetzlichen Gewährleistung unterschieden werden. Dies wird in der geschäftlichen Praxis oft versäumt. Auch Kundinnen und Kunden verwechseln Garantie und Gewährleistung häufig bzw. kennen den Unterschied nicht.

> Der entscheidende Unterschied zwischen **Garantie** und **gesetzlicher Gewährleistung** besteht darin, dass
> - die Garantie auf einem freiwilligen Vertrag, die Gewährleistung aber auf einem Gesetz beruht,
> - bei der Gewährleistung der Mangel bereits bei der Übergabe vorhanden sein musste.

Die Garantierechte der Käuferinnen und Käufer stehen also selbstständig neben den gesetzlichen Gewährleistungsrechten.

> **DEFINITION**
> Unter **Garantie** versteht man das freiwillige Versprechen eines Unternehmens, dass während einer bestimmten Zeitdauer ab Übergabe der Ware keine Mängel auftreten und das Unternehmen für die Mängelfreiheit einsteht. Zumeist übernimmt diese Haftung der Hersteller.

Unternehmen sind nicht gesetzlich verpflichtet, eine Garantie zu übernehmen. Sie bedarf daher der ausdrücklichen vertraglichen Vereinbarung, die den Inhalt und Umfang sowie die Garantiefrist bestimmt.

Die Garantieübernahme von Herstellern erfolgt oft über Garantiekarten, die der Hersteller seinen Erzeugnissen beilegt. Darin werden den Endverbraucherinnen und Endverbrauchern Rechte zumeist auf Nachbesserung oder Ersatzlieferung eingeräumt. Da diese Rechte eine freiwillige und zusätzliche Leistung des Herstellers sind, kann dieser sie nach seinen Vorstellungen inhaltlich ausgestalten. Es kommt ein Garantievertrag direkt zwischen dem Endkunden oder der Endkundin und dem Hersteller zustande.

> **BEISPIEL**
> Susanne Eilers kauft bei der Larstadt Warenhaus AG einen Geschirrspüler des Herstellers Dosch, dem eine Garantiekarte des Herstellerwerks beigefügt ist. Die Garantiekarte weist eine Garantiefrist von 48 Monaten nach Kauf aus.
> Wenn beispielsweise nach drei Jahren der Geschirrspüler defekt würde, müsste der Hersteller Dosch je nach eingegangener Verpflichtung auf der Garantiekarte entweder eine Reparatur vornehmen oder Susanne Eilers ein neues Gerät zur Verfügung stellen.

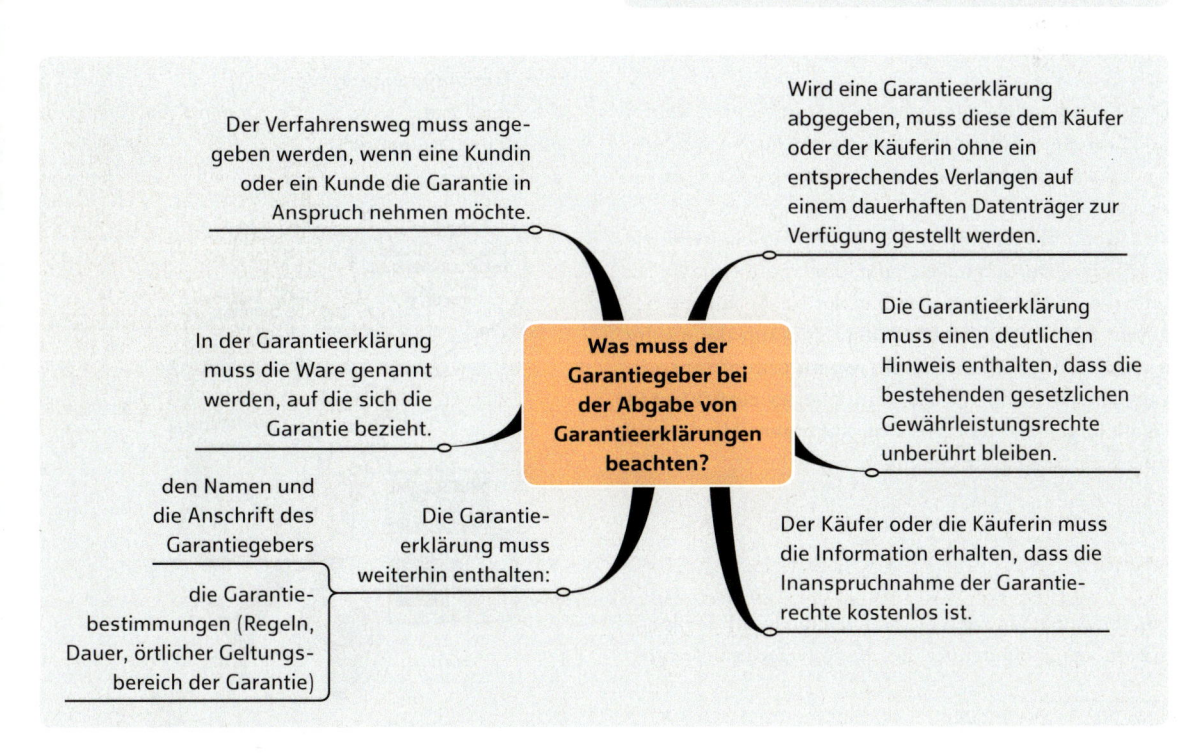

Was muss der Garantiegeber bei der Abgabe von Garantieerklärungen beachten?

- Der Verfahrensweg muss angegeben werden, wenn eine Kundin oder ein Kunde die Garantie in Anspruch nehmen möchte.
- Wird eine Garantieerklärung abgegeben, muss diese dem Käufer oder der Käuferin ohne ein entsprechendes Verlangen auf einem dauerhaften Datenträger zur Verfügung gestellt werden.
- In der Garantieerklärung muss die Ware genannt werden, auf die sich die Garantie bezieht.
- Die Garantieerklärung muss einen deutlichen Hinweis enthalten, dass die bestehenden gesetzlichen Gewährleistungsrechte unberührt bleiben.
- Die Garantieerklärung muss weiterhin enthalten:
  - den Namen und die Anschrift des Garantiegebers
  - die Garantiebestimmungen (Regeln, Dauer, örtlicher Geltungsbereich der Garantie)
- Der Käufer oder die Käuferin muss die Information erhalten, dass die Inanspruchnahme der Garantierechte kostenlos ist.

LERNFELD 10

Der Garantiegeber (also entweder der Hersteller oder auch der Händler) muss seine Garantieerklärungen den Käuferinnen und Käufern immer in Textform übergeben, auch wenn diese das nicht verlangt haben. Dies kann auf einem (analogen) Datenträger in Papierform (z. B. Garantiekarte, Garantieurkunde) oder auf einem digitalen Datenträger erfolgen. Dies muss spätestens zum Zeitpunkt der Lieferung der Kaufsache geschehen.

Gesetzliche Gewährleistung[1]

Aufgrund gesetzlicher Vorschriften stehen allen Käuferinnen und Käufern bestimmte Rechte zu, wenn die Ware Mängel hat. Diese Rechte existieren unabhängig von ggf. zugesagten Umtauschmöglichkeiten oder Garantieerklärungen.

Ein Kunde oder eine Kundin hat bei Mängeln an der Ware zunächst einmal das grundsätzliche Recht auf **Nacherfüllung**. Dies ist ein Wahlrecht. Vorrangig darf der Käufer oder die Käuferin der mangelhaften Ware wählen, ob er oder sie eine Nachbesserung oder eine Ersatzlieferung wünscht:

- Bei der Nachbesserung wird der Mangel beseitigt.
    BEISPIEL
    Eine Armbanduhr wird repariert.

- Bei der Ersatzlieferung wird eine mangelfreie Ware neu geliefert.

Das Einzelhandelsunternehmen kann das vom Käufer oder von der Käuferin gewählte Recht nur verweigern, wenn es unzumutbar oder unmöglich ist.

Erst wenn die **Nacherfüllung** gescheitert ist, weil sie beispielsweise unmöglich oder unverhältnismäßig ist oder weil die dem Unternehmen zur Nacherfüllung gesetzte Frist erfolglos abgelaufen ist, kann der Käufer oder die Käuferin die anderen Gewährleistungsansprüche geltend machen, also vom Vertrag **zurücktreten** (Wandlung), den **Kaufpreis herabsetzen** (Minderung) oder Schadensersatz verlangen.

Kulanz

Für Unternehmen kann die Kulanz eine wichtige Eigenschaft sein, mit der sie bei Kundinnen und Kunden einen positiven Eindruck erzielen können. Unter Kulanz wird das Entgegenkommen des Verkäufers oder der Verkäuferin nach dem Verkauf einer Ware bei einer Kundenreklamation verstanden; hierzu gibt es jedoch keine rechtliche Verpflichtung des Herstellers oder Unternehmens.

BEISPIEL

Heike Fleck hat sich ein Auto gekauft und ist damit zwei Jahre lang ohne Probleme gefahren. Nach 25 Monaten hat ihr Auto einen Motorschaden. Die Reklamationsfrist von zwei Jahren (24 Monaten) ist gerade abgelaufen. Sie kann daher keine Rechte mehr im Rahmen der gesetzlichen Gewährleistung in Anspruch nehmen.
Heike Fleck ist verärgert, weil sie den Zeitraum für Reklamationen im Rahmen einer mangelhaften Lieferung um einen Monat verpasst hat.
Das Autohaus möchte Heike Fleck weiter als Stammkundin behalten und bietet ihr deshalb an, die Reparaturkosten zu übernehmen, obwohl es rechtlich nicht mehr dazu verpflichtet gewesen wäre: Das Autohaus gewährt also Kulanz. Heike Fleck ist sehr zufrieden. In ihrem Bekanntenkreis spricht sie oft von ihren positiven Erfahrungen mit dem Autohaus.

Kulanz ist letztlich ein Serviceangebot eines Unternehmens. Es kommen zwar Kosten auf ein Unternehmen zu. Oft sind die Vorteile jedoch größer als dieser Nachteil, weil

- die Kundenbindung (zufriedene Kundinnen und Kunden) erheblich gestärkt wird,
- die Gewährung von Kulanz sich oft bei weiteren Personen herumspricht.

---

[1] vgl. dazu auch Kapitel 7.2

LERNFELD 10

Widerrufsrecht der Verbraucherinnen und Verbraucher bei Onlinekäufen

Unabhängig davon, ob der Grund der Rücksendung aufgrund der gesetzlichen Gewährleistung, aufgrund eines Garantieversprechens oder wegen eines bewusst eingeräumten Umtauschrechts erfolgt, können Kundinnen und Kunden bei **Onlinekäufen** die Ware auch ohne Angabe von Gründen zurückgeben. Sie haben hier immer ein Widerrufsrecht.

Verbraucherinnen und Verbraucher können innerhalb von 14 Tagen einen **Fernabsatzvertrag** ohne Angabe von Gründen widerrufen. Sie sind dann nicht mehr an den Vertrag gebunden.

Diese Regelung gilt u. a. **nicht** bei Fernabsatzverträgen zur Lieferung von:
- Frischeartikeln, z. B. Lebensmittel, Blumen
- Presseartikeln
- Waren, die ersteigert wurden
- Produkten, die entweder nach Kundenspezifikation angefertigt wurden oder sich nicht für die Rücksendung eignen
- Software, wenn sie vom Käufer oder der Käuferin entsiegelt wurde
- Video- und Audioaufzeichnungen

Generell gilt zunächst einmal, dass die Widerrufsfrist beginnt, wenn der Verbraucher oder die Verbraucherin eine ordnungsgemäße Widerrufsbelehrung erhalten hat. Verpflichtend vorgeschrieben ist, dass das verkaufende Unternehmen die Käuferinnen und Käufer auf ein Musterformular für einen Widerruf hinweist, das diese im Bedarfsfall nutzen können. Sie können aber auch auf andere Weise widerrufen:
- per Brief
- per Fax
- per E-Mail
- per Telefon (Hier ist auf die Beweisbarkeit zu achten.)

Das Fernabsatzrecht legt zusätzlich fest, dass bei Warenlieferungen die Frist bei Erhalt der Ware beginnt, bei Dienstleistungen beim Vertragsabschluss.

Das Widerrufsrecht wird nicht dadurch ausgeschlossen, dass der Verbraucher oder die Verbraucherin die Ware ausprobiert oder benutzt hat. Innerhalb der 14-tägigen Widerrufsfrist dürfen Kundinnen und Kunden die bestellte Ware nicht nur anschauen, sondern auch ausprobieren.

BEISPIEL

Anja Maibaum hat bei einem Onlinehändler ein Kleid bestellt. Nach der Lieferung probiert sie es zu Hause vor dem Spiegel aus. Dies ist zulässig. Nicht erlaubt dagegen ist es, dass sie mit dem Kleid ausgeht. Der Onlinehändler kann in diesem Fall das zurückgeschickte Kleid nicht mehr weiterverkaufen. Um einen Wertersatz einfordern zu können, muss er allerdings beweisen, dass Anja die Ware über die Überprüfung und Anprobe hinaus für andere Zwecke benutzt hat.

Zur fristgerechten Rückgabe innerhalb der 14-Tages-Frist ist die Originalverpackung nicht gesetzlich vorgeschrieben. Nur wenn der Onlinehändler darüber hinaus freiwillig eine längere Widerrufsfrist anbietet, darf er die Rücknahme von der Originalverpackung abhängig machen. In diesem speziellen Fall darf der Onlinehändler sogar einen angemessenen Wertersatz für eine fehlende bzw. beschädigte Originalverpackung verlangen.

Rückerstattung der ursprünglichen Versandkosten

Grundsätzlich tragen Käuferinnen und Käufer bei B2C-Geschäften die Kosten der Rücksendung, wenn sie ihr *14-tägiges Widerrufsrecht* wahrnehmen und die Ware ohne Angabe von Gründen zurückschicken. Ausnahmen davon gibt es nur, wenn sie nicht über die Pflicht, die Rücksendekosten zu übernehmen, informiert wurden.

Den Käuferinnen und Käufern müssen jedoch im Falle des Widerrufs die eventuell in Rechnung gestellten Hinsendekosten des Onlinehändlers zurückerstattet werden.

Räumt ein Onlinehändler einem Käufer oder einer Käuferin freiwillig neben dem 14-tägigen Widerrufsrecht auch ein *Umtauschrecht für mangelfreie Waren* ein, kann das Unternehmen selbst festlegen, wer die Kosten der Rücksendung zu tragen hat. Weil es sich bei dem eingeräumten Umtauschrecht für das Unternehmen um keine gesetzlich festgelegte Pflicht handelt, sondern um eine freiwillige Leistung, kann der Onlineshop selbst festlegen, unter welchen Voraussetzungen und Bedingungen er dem Käufer oder der Käuferin dieses Zusatzrecht gewähren möchte.

Im Fall einer *mangelhaften Lieferung* muss ein Onlineshop im Rahmen eines B2C-Geschäftes die dem Kunden oder der Kundin entstandenen ursprünglichen Versandkosten prinzipiell zurückerstatten. Er braucht jedoch nur das Porto für Standardlieferungen, nicht für Premium- oder Expressversand zu zahlen.

LERNFELD 10

Reklamationen

Die Mehrzahl aller Kaufverträge wird zur Zufriedenheit sowohl des Einzelhandelsunternehmens als auch der Kundinnen und Kunden abgewickelt. Probleme treten auf, wenn die Kundinnen und Kunden mit der ihnen übergebenen oder gelieferten Ware nicht einverstanden sind.

Im Falle einer Reklamation sollte ein möglichst freundliches und ruhiges Verkäuferverhalten an den Tag gelegt werden. Haben Kundinnen und Kunden das Gefühl, dass ihre Beschwerden nicht zufriedenstellend behandelt werden, kann die Unzufriedenheit darüber eventuell auf das ganze Unternehmen übertragen werden. Das kann dazu führen, dass das Unternehmen in Zukunft gemieden wird und dass die enttäuschten Kundinnen und Kunden ihre Frustration anderen mitteilen.

Um Reklamationen kunden- und situationsgerecht zu erledigen, sollten folgende Punkte beachtet werden:

- Eine Reklamation muss sofort bearbeitet werden. Die Reklamation sollte nach Möglichkeit nicht im belebten Verkaufsraum entgegengenommen werden, weil das andere Kundinnen und Kunden vom Kauf abhalten oder zumindest ablenken kann. Besser ist es, in abgelegene Teile des Verkaufsraumes zu gehen oder ins Büro.
- Den reklamierenden Kundinnen und Kunden sollte – wenn dies möglich ist – ein Platz angeboten werden.
- Gegebenenfalls sollte eine vorgesetzte Person hinzugezogen werden.
- Jede Reklamation sollte ernst genommen werden. Wichtig ist, dass man den Kundinnen und Kunden zuhört, sie ausreden lässt und ihnen Verständnis für ihren Ärger zeigt. Dadurch kann man zumindest zum Teil auch wütende Kundinnen und Kunden beschwichtigen, die schimpfen oder laut sind. Der Reklamationsfall kann durch gezielte Fragen häufig ziemlich schnell geklärt werden.
- In jedem Fall sollte sich das Verkaufspersonal für Unannehmlichkeiten, die mit der Reklamation verbunden sind, entschuldigen.

BEISPIELE

- „Es tut mir leid, dass die Ware mangelhaft war …"
- „Entschuldigen Sie bitte die Unannehmlichkeiten, die Sie hatten …"

Schritte einer erfolgreichen Reklamationsbehandlung

Durch aktives Zuhören den Kundinnen und Kunden ermöglichen, „Dampf" abzulassen.

↓

Klärung des Sachverhalts: = Recherchieren (Wie ist es zur Unzufriedenheit gekommen?)

↓

Wenn es die eigene Schuld ist: Entschuldigen!

↓

Wenn ein Fremdverschulden vorliegt: Hilfe anbieten!

↓

Für Abhilfe sorgen.

↓

Alles tun, um die Beziehung aufrechtzuerhalten.

- Bei unberechtigten Beschwerden sollte versucht werden, den Vorfall sachlich zu klären und bei Kundinnen und Kunden dafür Verständnis zu erreichen. In einem solchen Fall geht es nicht darum, zu beweisen, dass die Kundinnen und Kunden im Unrecht sind, sondern darum, ihnen zu helfen.

  BEISPIELE
  - „Wir können den Artikel leider nicht zurücknehmen, weil ..."
  - „Bitte bringen Sie Verständnis dafür auf, dass ..."

- Am Schluss des Reklamationsgesprächs sollte den Kundinnen und Kunden gedankt werden. Durch die Reklamation haben sie eventuell geholfen, zukünftige Beschwerden zu vermeiden.

> Nur 2%–4% aller Kundinnen und Kunden beschweren sich.
>
> Bis zu 82% der Kundinnen und Kunden machen weiterhin mit Unternehmen Geschäfte, deren Beschwerden schnell und freundlich gelöst wurden.
>
> 90% der Kundinnen und Kunden, die sich nicht beschweren, obwohl sie einen Grund dazu gehabt hätten, kaufen nie wieder bei dem Unternehmen ein.

Beschwerdemanagement

Die meisten Einzelhandelsunternehmen sprechen von Kundenorientierung und wissen, dass ein langfristiger Unternehmenserfolg dann gegeben ist, wenn sie es schaffen, Kundinnen und Kunden dauerhaft an ihr Unternehmen zu binden. Dennoch verschenken sie jedes Jahr enorme Beträge, weil Reklamationen und Beschwerden mangelhaft oder einfach gar nicht bearbeitet werden.

Dabei sollte gerade die Reklamation bzw. Beschwerde für jedes Unternehmen eine willkommene Chance darstellen. Zum einen ist es die günstigste Form von **Werbung**, denn alle Kundinnen und Kunden, deren Reklamation zu ihrer Zufriedenheit bearbeitet wurde, erzählen dies weiter. Zum Zweiten bietet eine Reklamation bzw. Beschwerde dem Unternehmen die Möglichkeit, die Kundinnen und Kunden als **Stammkunden** zu binden (Stammkunden zu halten ist preiswerter als Neukunden zu gewinnen) und sich somit auf dem Markt zu profilieren. Darüber hinaus stellt jede Reklamation bzw. Beschwerde eine Gelegenheit dar, die eigenen **Angebote und Prozesse** weiter zu optimieren.

Deshalb richten viele Unternehmen ein Beschwerdemanagement ein. Das Beschwerdemanagement wird mit dem Ziel betrieben, Kundenklagen nicht als leidiges Übel, sondern als Chance zu begreifen, offenkundig vorhandene oder sich abzeichnende Missstände eines

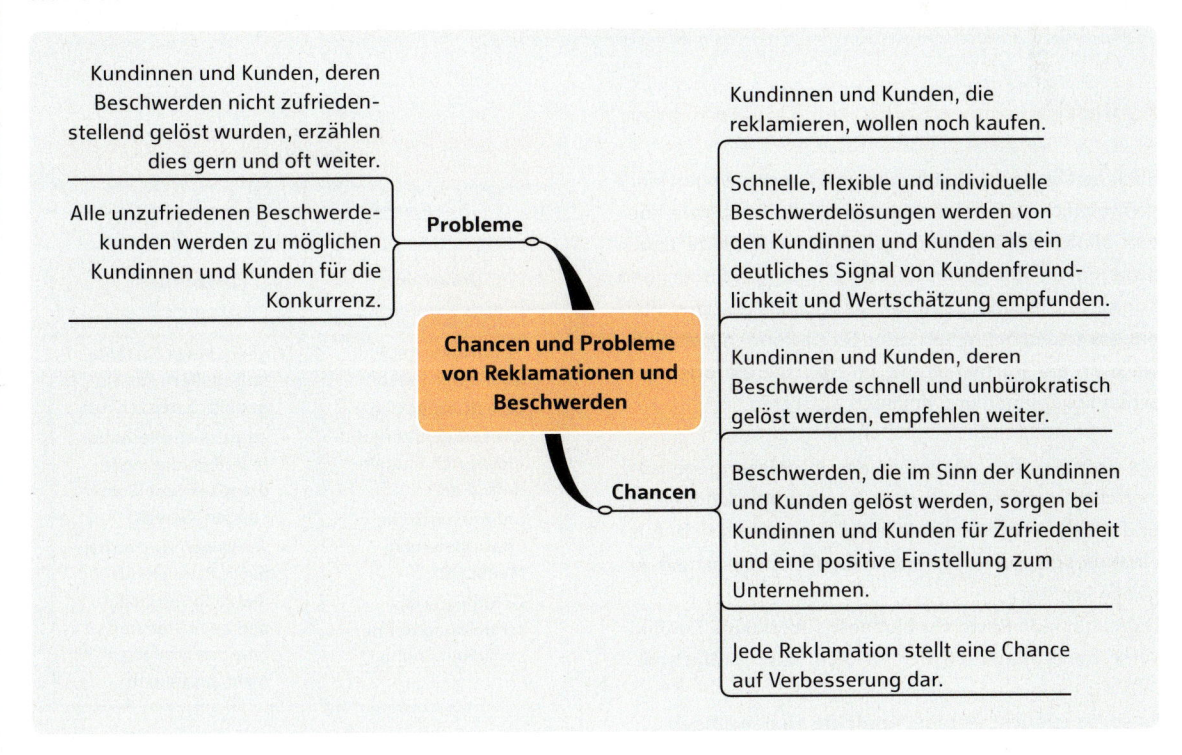

Chancen und Probleme von Reklamationen und Beschwerden

Probleme
- Kundinnen und Kunden, deren Beschwerden nicht zufriedenstellend gelöst wurden, erzählen dies gern und oft weiter.
- Alle unzufriedenen Beschwerdekunden werden zu möglichen Kundinnen und Kunden für die Konkurrenz.

Chancen
- Kundinnen und Kunden, die reklamieren, wollen noch kaufen.
- Schnelle, flexible und individuelle Beschwerdelösungen werden von den Kundinnen und Kunden als ein deutliches Signal von Kundenfreundlichkeit und Wertschätzung empfunden.
- Kundinnen und Kunden, deren Beschwerde schnell und unbürokratisch gelöst werden, empfehlen weiter.
- Beschwerden, die im Sinn der Kundinnen und Kunden gelöst werden, sorgen bei Kundinnen und Kunden für Zufriedenheit und eine positive Einstellung zum Unternehmen.
- Jede Reklamation stellt eine Chance auf Verbesserung dar.

LERNFELD 10

Einzelhandelsunternehmens abzustellen, indem die Beschwerden der Kundinnen und Kunden systematisch gesammelt und bearbeitet werden.

Wurden Reklamationen oder Beschwerden nicht oder mangelhaft behoben, bedeutet dies einen kaum einzuschätzenden Verlust. Nicht nur sind diese – vielleicht sehr wichtigen – Kundinnen und Kunden weg, dieses Erlebnis erzählen sie anderen, potenziellen Kundinnen und Kunden weiter.

Die Vermutung, dass eine geringe Anzahl an Kundenbeschwerden mit Kundenzufriedenheit oder nur wenigen Beschwerde- oder Reklamationsgründen gleichzusetzen ist, erweist sich bei genauerem Hinsehen als unwahr. Die meisten Kundinnen und Kunden beschweren sich nicht, sie wandern stillschweigend zur Konkurrenz. Das Einzelhandelsunternehmen erfährt weder den Grund, noch bekommt es die Möglichkeit, Verbesserungen vorzunehmen. Nur ein geringer Kundenanteil bringt die Reklamation bzw. Beschwerde vor und bietet somit eine Chance, die unbedingt genutzt werden sollte. Je rascher und zufriedenstellender Kundinnen und Kunden die Bearbeitung der Reklamation empfinden, umso treuer werden sie in der Regel dem Unternehmen später gegenüberstehen.

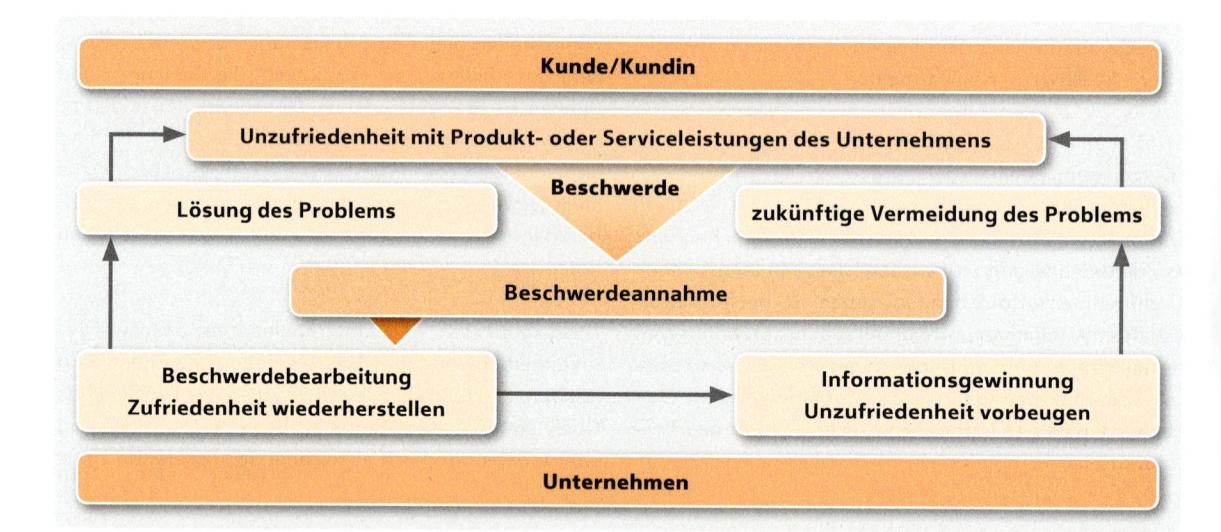

```
                    Kunde/Kundin
                          │
      ┌───────────────────┼───────────────────┐
      │    Unzufriedenheit mit Produkt-         │
      │   oder Serviceleistungen des            │
      │            Unternehmens                 │
      │                                         │
Lösung des Problems    Beschwerde    zukünftige Vermeidung des Problems
                    Beschwerdeannahme
                          │
Beschwerdebearbeitung         Informationsgewinnung
Zufriedenheit wiederherstellen    Unzufriedenheit vorbeugen
                    Unternehmen
```

Konfliktlösungsverhalten bei Reklamationen

Reklamationen der Kundinnen und Kunden wegen einer vermeintlich oder tatsächlich mangelhaften Ware können als **Konflikt** angesehen werden. Konflikte treten nicht nur in der Kommunikation mit Kundinnen und Kunden auf, sondern sind ein alltägliches Ereignis. Meinungsverschiedenheiten oder Streit können beispielsweise in der Partnerschaft, im Sportverein oder zwischen Kolleginnen und Kollegen auftreten.

Als Konflikt wird allgemein ein Interessengegensatz zwischen zwei Parteien (hier Käuferinnen und Käufer und Unternehmen) verstanden, aus dem sich Auseinandersetzungen in unterschiedlichem Ausmaß ergeben können.
Dabei hat jede Partei ihr eigenes, subjektives Konfliktverständnis: Man fühlt sich im Recht bzw. im Nachteil.

Es sollte versucht werden, Konflikte zu bewältigen.

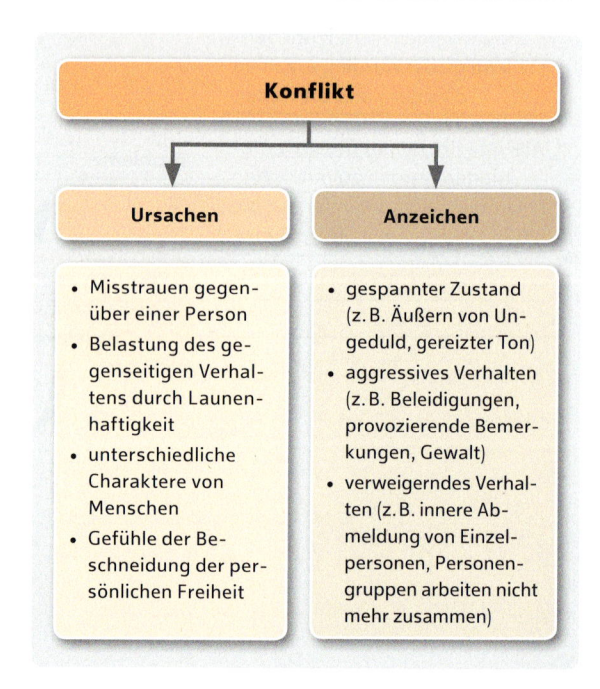

Konflikt

Ursachen	Anzeichen
• Misstrauen gegenüber einer Person • Belastung des gegenseitigen Verhaltens durch Launenhaftigkeit • unterschiedliche Charaktere von Menschen • Gefühle der Beschneidung der persönlichen Freiheit	• gespannter Zustand (z. B. Äußern von Ungeduld, gereizter Ton) • aggressives Verhalten (z. B. Beleidigungen, provozierende Bemerkungen, Gewalt) • verweigerndes Verhalten (z. B. innere Abmeldung von Einzelpersonen, Personengruppen arbeiten nicht mehr zusammen)

LERNFELD 10

Grundsätzlich kann man sich in Konflikten wie folgt verhalten:

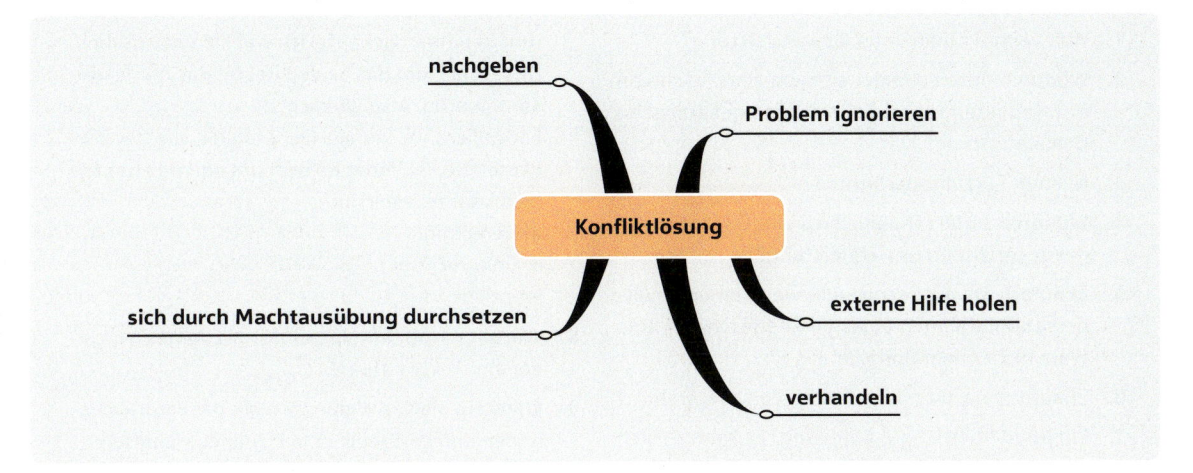

- nachgeben
- Problem ignorieren
- sich durch Machtausübung durchsetzen
- externe Hilfe holen
- verhandeln

Konfliktlösung

In den meisten Konfliktfällen hat sich eine Strategie als erfolgreich gezeigt, die versucht, alle Beteiligten zu Gewinnerinnen und Gewinnern zu machen.
Beachtet werden sollte in Konflikten:
- Sprechen Sie den Konflikt an!
- Bleiben Sie ruhig und kontrollieren Sie Ihre Erregung.
- Hören Sie aufmerksam und geduldig zu.
- Wenden Sie eine zugewandte Gesprächshaltung an. Damit zeigen Sie, dass Sie sich mit der anderen Partei beschäftigen.
- Auch wenn es nach Ihrem Wertesystem noch so abwegig erscheint: Nehmen Sie die andere Konfliktpartei mit all ihren Gedanken ernst.
- Versuchen Sie das von der anderen Partei Gesagte nicht zu bewerten oder zu verurteilen.
- Versuchen Sie Vertrauen herzustellen.
- Streben Sie eine gemeinsame Problemlösung mit der anderen Konfliktpartei an.
- Treffen Sie Vereinbarungen.

Falls die andere Konfliktpartei aggressiv wird, empfiehlt sich folgendes Vorgehen:
- Zeigen Sie eigene echte Betroffenheit.
- Fragen Sie nach den Gründen für die Aggressivität.
- Spiegeln Sie die Gefühle der anderen Konfliktpartei. („Herr Schatz, Sie sind verärgert, weil ...")
- Beschreiben Sie Ihre eigenen Gefühle.
- Schlagen Sie einen anderen – besser geeigneten – Zeitpunkt für das Gespräch vor.

LERNFELD 10

AUFGABEN

1. Was versteht man unter Gewährleistung?
2. Wodurch unterscheidet sich ein Umtausch von der Neulieferung im Rahmen der gesetzlichen Gewährleistung?
3. Nennen Sie Umtauschgründe.
4. Wodurch unterscheidet sich die Garantie von der gesetzlichen Gewährleistung?
5. Erläutern Sie die Rechtslage, wenn einer Privatperson im Rahmen eines Onlinegeschäfts eine Ware nicht (mehr) gefällt.
6. Erläutern Sie, was man unter Kulanz versteht.
7. Ein Kunde betritt die Abteilung. Er wendet sich an einen Verkäufer: „Diese Ware habe ich gestern bei Ihnen gekauft. Ich will sie umtauschen. Das ist ja wohl das schlechteste, das mir je verkauft wurde. Also wirklich ..."
Formulieren Sie in wörtlicher Rede, wie der Verkäufer die Reklamation ordnungsgemäß behandeln könnte, wenn sie
   a) berechtigt,
   b) unberechtigt
   ist.
8. Warum empfiehlt sich ein großzügiges Vorgehen bei Reklamationen?
9. Erläutern Sie das Widerrufsrecht der Verbraucherinnen und Verbraucher bei Onlinegeschäften.

AKTIONEN

1. Bereiten Sie Rollenspiele mit einem Partner vor:
   a) Ein Kunde reklamiert, dass ein Artikel Ihres Ausbildungssortiments einen Fehler aufweist.
   b) Eine Kundin möchte die Ware umtauschen, weil sie ihr nicht gefällt.
   Beachten Sie in beiden Fällen das korrekte Verkäuferverhalten.

2. Erarbeiten Sie mit der Kopfstandmethode das richtige Verhalten bei Reklamationen:
   a) Finden Sie zunächst Antworten auf die Frage: „Welche Verhaltensweisen von Verkäufern führt garantiert dazu, dass der Kunde zur Konkurrenz wechselt?"
   b) Stellen Sie dann – indem Sie die gefundenen Antworten ins Positive wenden – eine Checkliste „Wichtige Punkte bei Reklamationen" auf.

3. Bilden Sie in Ihrer Klasse drei Arbeitsgruppen. Jede Arbeitsgruppe ist für einen der Bereiche
   - Umtausch
   - Mangelhafte Lieferung
   - Garantie
   zuständig.
   a) Wiederholen Sie mithilfe des Buches Ihr Thema.
   b) Bereiten Sie sich darauf vor, Ihr Thema der Klasse zu präsentieren.
   c) Erstellen Sie eine Wandzeitung/eine Folie unter Beachtung der Regeln der Visualisierung zur Unterstützung Ihrer Präsentation.

4. Kürzlich ging folgende Meldung über eine unsachgemäße Behandlung von Reklamationen durch die Presse:

   > Der Kunde eines Paketdienstes beschwerte sich in einem sozialen Medium über eine verspätete Lieferung mit den Worten: „Was soll so eine Sch..." Ein Mitarbeiter des Paketdienstes ärgerte sich darüber und verbreitete die folgende Nachricht: „Die einzige Sch... hier ist Ihr Rumgeheule. Und jetzt zurück zu Mutti an die Brust!"
   >
   > Es folgte eine heftige Reaktion in den sozialen Medien. Tausende stellen sich auf die Seite des Kunden.

   a) Welche Folgen könnte die Reaktion des Mitarbeiters auf die Kundenreklamation noch gehabt haben?
   b) Wie sollten sich Mitarbeitende, die mit Kundenreklamationen zu tun haben, verhalten?

5. Konflikte können überall dort auftreten, wo Menschen zusammen leben bzw. zusammen arbeiten.

LERNFELD 10

Dies sind Situationen, in denen verschiedene Menschen mit unterschiedlichen Erwartungen, Wertvorstellungen und Zielen aufeinandertreffen.

Wenn man die Ursachen von Konflikten kennt, können Konflikte oft schon in einer frühen Phase gelöst werden.

a) Bestimmt haben Sie in Ihrer bisherigen beruflichen Tätigkeit selbst schon einen Konflikt erlebt oder zumindest beobachten können. Schauen Sie sich in Partnerarbeit das Schema einer Konfliktanalyse an:
b) Schildern Sie Ihrem Partner einen von Ihnen erlebten bzw. beobachteten Konflikt.
c) Versuchen Sie den Konflikt anhand des Schemas zusammen mit Ihrem Partner zu analysieren.

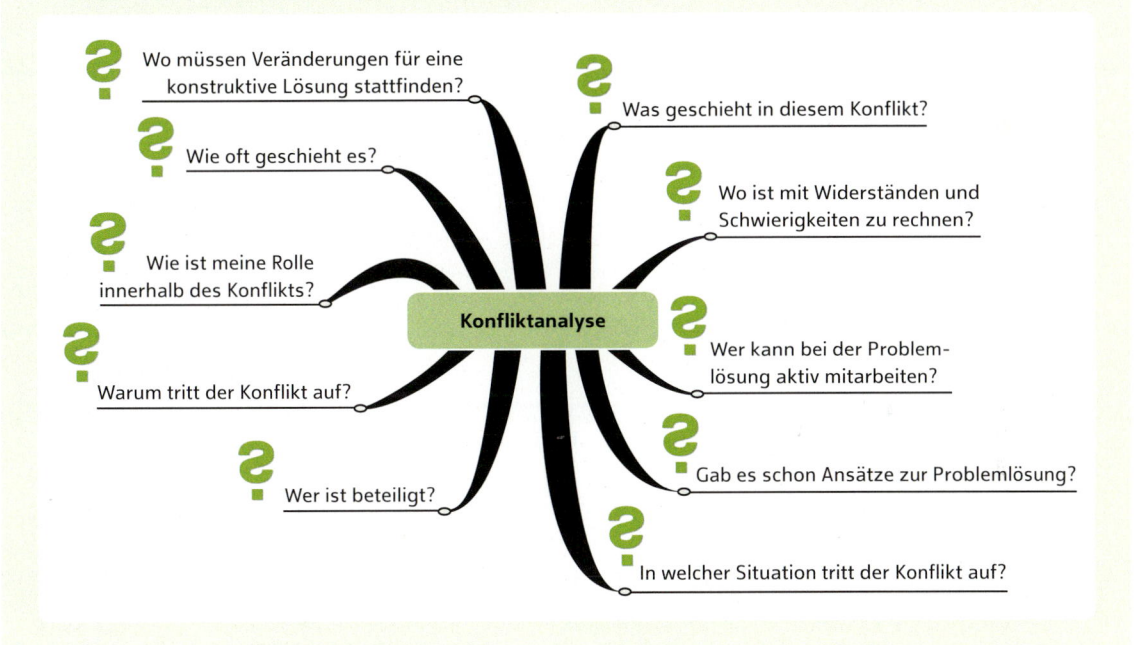

Konfliktanalyse

- Wo müssen Veränderungen für eine konstruktive Lösung stattfinden?
- Wie oft geschieht es?
- Wie ist meine Rolle innerhalb des Konflikts?
- Warum tritt der Konflikt auf?
- Wer ist beteiligt?
- Was geschieht in diesem Konflikt?
- Wo ist mit Widerständen und Schwierigkeiten zu rechnen?
- Wer kann bei der Problemlösung aktiv mitarbeiten?
- Gab es schon Ansätze zur Problemlösung?
- In welcher Situation tritt der Konflikt auf?

LERNFELD 10

ZUSAMMENFASSUNG

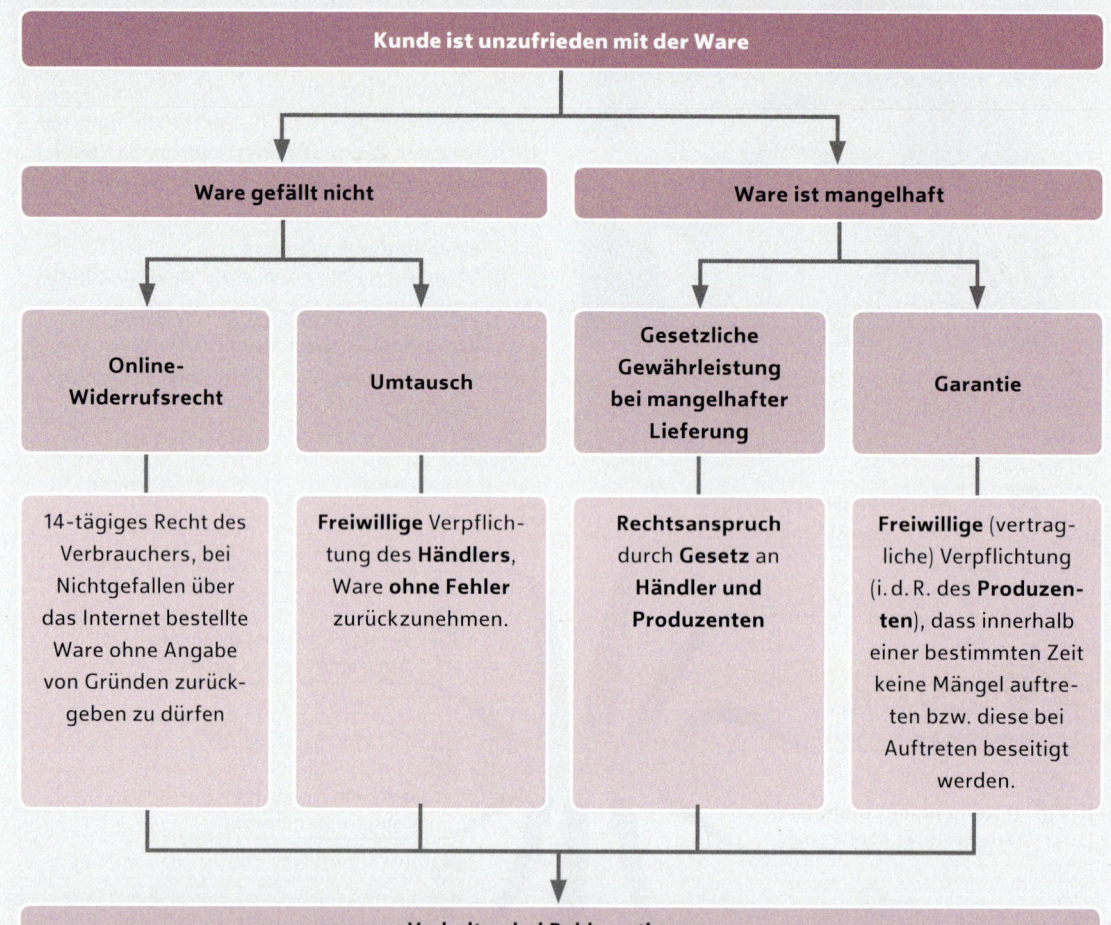

Kunde ist unzufrieden mit der Ware

- **Ware gefällt nicht**
  - **Online-Widerrufsrecht**: 14-tägiges Recht des Verbrauchers, bei Nichtgefallen über das Internet bestellte Ware ohne Angabe von Gründen zurückgeben zu dürfen
  - **Umtausch**: **Freiwillige** Verpflichtung des **Händlers**, Ware **ohne Fehler** zurückzunehmen.

- **Ware ist mangelhaft**
  - **Gesetzliche Gewährleistung bei mangelhafter Lieferung**: **Rechtsanspruch** durch **Gesetz** an **Händler und Produzenten**
  - **Garantie**: **Freiwillige** (vertragliche) Verpflichtung (i. d. R. des **Produzenten**), dass innerhalb einer bestimmten Zeit keine Mängel auftreten bzw. diese bei Auftreten beseitigt werden.

Verhalten bei Reklamationen:
- sich ruhig und freundlich verhalten
- Reklamation sofort bearbeiten
- Reklamation ernst nehmen und dies dem Kunden (z. B. durch Zuhören, Ausredenlassen) zeigen
- sich entschuldigen

KAPITEL 9
Wir informieren uns über die Produkthaftung

LERNFELD 10

Anja Maibaum möchte zu Robin Labitzke, um mit ihm etwas abzusprechen.

Anja Maibaum: „Guten Morgen Frau Greger! Ist Robin nicht da?"

Frau Greger: „Hallo Anja! Hast du noch nicht gehört? ... Er hat doch einen Unfall gehabt."

Anja Maibaum: „Ach du liebe Zeit, was ist denn passiert?"

Frau Greger: „Robin sollte aus dem Lager Kästen mit Limonade in Mehrwegflaschen aus Glas holen. Als er eine Flasche aus einem Kasten herausziehen wollte, ist diese explodiert. Die Glassplitter haben ihn ziemlich schwer verletzt ... Robin ist noch im Krankenhaus. Ich habe aber schon mit ihm telefoniert – er kann morgen nach Hause gehen. Robin überlegt nun, wer für den Unfall haftet."

Anja Maibaum: „Oje ... Ich besuche ihn nach der Arbeit. Gibt es da nicht so etwas wie ein Produkthaftungsgesetz?"

1. Stellen Sie fest, wen Robin Labitzke haftbar machen kann.
2. Ermitteln Sie, welche Rechte Robin als Geschädigter hat.

INFORMATION

Produkthaftung

Stellt ein Unternehmen mangelhafte Produkte her, dann haftet das Unternehmen zunächst einmal im Rahmen der Mängelgewährleistung. Hierbei geht es um die Mängel am Produkt selbst.

BEISPIEL
Bereits eine Woche nach dem Kauf bricht bei dem Mountainbike von Lars Panning der Rahmen. Er reklamiert dies in seinem Fahrradgeschäft, das sich an die Herstellerfirma wendet. Lars bekommt ein neues Mountainbike.

Das Produkthaftungsgesetz dagegen regelt die Haftung des Herstellers für Schäden, die sich aus der Benutzung seiner fehlerhaften Produkte ergeben.

BEISPIEL
Durch den Rahmenbruch ist Lars Panning gestürzt. Dabei hat er sich einen Finger gebrochen. Zudem ist sein Fahrradhelm, der Schlimmeres verhinderte, nicht mehr brauchbar.

DEFINITION
Produkthaftung bedeutet, dass der Hersteller oder Händler eines Produkts für Schäden haftet, die durch das Produkt (z. B. Lebensmittel, technische Geräte, Medikamente, Kosmetika) beim Verbraucher oder bei der Verbraucherin entstanden sind.

Das Produkthaftungsgesetz legt also fest, wann wer für Folgeschäden, die durch ein fehlerhaftes Produkt entstanden sind, einstehen muss. Ziel des Produkthaftungsgesetzes ist es, das persönliche Eigentum und die persönliche Unversehrtheit des Verbrauchers zu schützen.

Mangelhafte Lieferung	Produkthaftung
Die Ware hat einen Mangel.	Die Ware verursacht einen Schaden.

LERNFELD 10

Die rechtlichen Regelungen sind in den einzelnen Ländern jedoch unterschiedlich.

BEISPIEL

Die 81-jährige Kathleen Gilliam, die sich während der Autofahrt den zuvor gekauften Kaffee über die Beine schüttete und daraufhin zu Beginn der 1990er-Jahre die Fastfood-Kette McDonalds verklagte, bekam in einem legendären Urteil mehrere Millionen US-Dollar Schadensersatz zugesprochen. Nach deutschem Recht wäre sie leer ausgegangen.

Fehlerhafte Produkte können viele Folgen haben. Vor diesem Hintergrund werden heute Qualitätssicherungsmaßnahmen immer wichtiger.

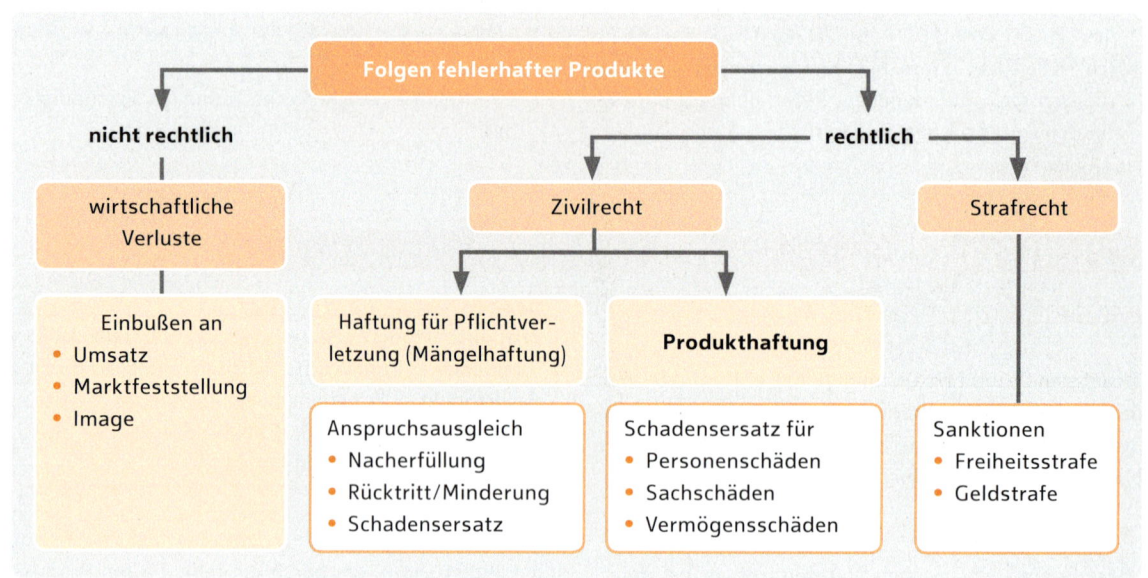

Folgen fehlerhafter Produkte

- **nicht rechtlich**
  - **wirtschaftliche Verluste**
    - Einbußen an
      - Umsatz
      - Marktfeststellung
      - Image
- **rechtlich**
  - **Zivilrecht**
    - Haftung für Pflichtverletzung (Mängelhaftung)
      - Anspruchsausgleich
        - Nacherfüllung
        - Rücktritt/Minderung
        - Schadensersatz
    - **Produkthaftung**
      - Schadensersatz für
        - Personenschäden
        - Sachschäden
        - Vermögensschäden
  - **Strafrecht**
    - Sanktionen
      - Freiheitsstrafe
      - Geldstrafe

Voraussetzungen

Um Rechte aus dem Produkthaftungsgesetz in Anspruch nehmen zu können, müssen bestimmte Voraussetzungen erfüllt sein:
- Das Produkt muss von Anfang an mangelhaft gewesen sein.
- Die Art und Weise der Herstellung ist nicht von Bedeutung.
- Der Schaden muss auf einen Produktfehler zurückzuführen sein:

Unter das Produkthaftungsgesetz fallen unter anderem:
- Konsumgüter
- Maschinen
- Geräte
- chemische Erzeugnisse
- Nahrungsmittel
- Wasser, Strom, Gas

Nicht vom Produkthaftungsgesetz berührt werden:
- unbewegliche Gegenstände (Grundstücke, Gebäude)
- Dienstleistungen
- Naturprodukte
- Arzneimittel (Hier gilt das Arzneimittelgesetz.)

LERNFELD 10

Fehlerarten

Instruktionsfehler
Der Hersteller unterlässt es, die Verbraucherinnen und Verbraucher mit dem Umgang des Produkts vertraut zu machen und sie auf den Gefahrenbereich aufmerksam zu machen, der bei ihnen verbleibt.
- z. B. mangelhafte Gebrauchsanweisungen
- z. B. unterlassene Warnung vor gefährlichen Eigenschaften des Produkts

keine Warnung vor Gefahren
- bei bestimmungsgemäßem Gebrauch
- bei unsachgemäßer Handhabung

Produktionsfehler
Der Hersteller hat nicht alle nach dem jeweiligen Stand der Wissenschaft und Technik möglichen und zumutbaren Sicherheitsvorkehrungen getroffen, damit kein fehlerhaftes Produkt in den Verkehr gelangen kann.

Produktbeobachtungsfehler
Der Hersteller unterlässt es, die Produkte auf bei der Herstellung noch nicht bekannte schädliche Eigenschaften hin zu überwachen und bei Gefahren Abhilfe zu schaffen.
- kein Rückruf
- keine Warnaktion über die Medien

Fabrikationsfehler
- Einzelne Exemplare sind aufgrund eines planwidrigen Fehlverhalten eines Arbeitnehmers oder einer Arbeitnehmerin beim Herstellungsverfahren mangelhaft.
- Einzelne Exemplare sind aufgrund einer Fehlfunktion einer Maschine beim Herstellungsverfahren mangelhaft.
- Der Fehler tritt nicht bei einer ganzen Serie, sondern nur bei einzelnen Stücken auf.
- Pflicht des Herstellers zu Zwischen- und Endkontrollen

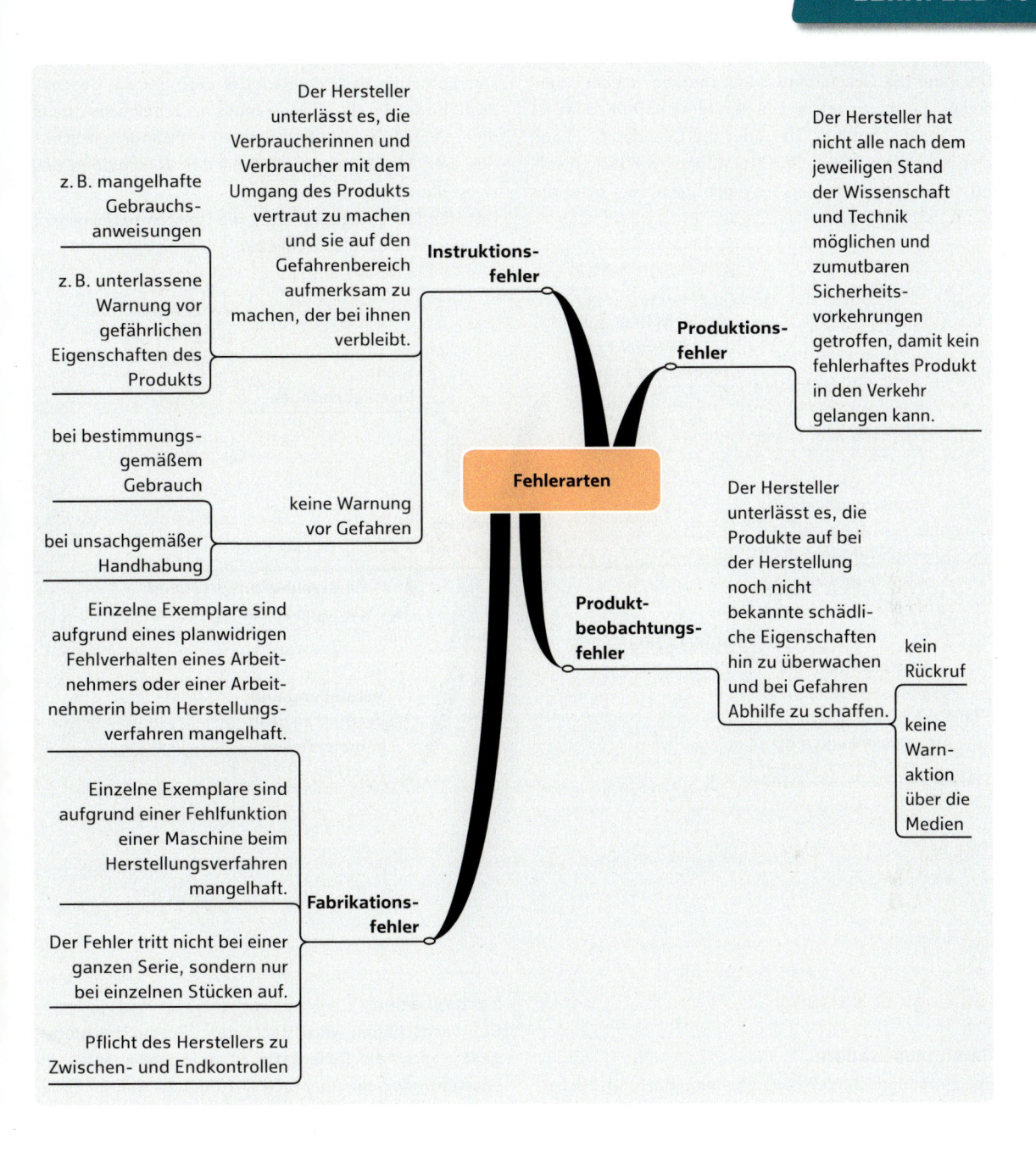

Haftung durch den Hersteller

Nach dem Produkthaftungsgesetz kann der Hersteller für die Folgeschäden eines fehlerhaften Produkts haftbar gemacht werden. Als „Hersteller" gilt:
- der gewerbsmäßige **Hersteller des Endprodukts**.
- der **Hersteller eines Teilprodukts**, wenn dieses fehlerhaft war und der Fehler nicht aufgrund einer fehlerhaften Konstruktion des Endprodukts entstanden ist.
- der **Importeur**, der das Produkt in die Europäische Union einführt.
- ein **Händler**, wenn er seinen Namen, seine Marke oder sein Warenzeichen auf der Ware anbringt. Er kann sich allerdings von der Haftung befreien, wenn er den Namen des tatsächlichen Herstellers auf dem Artikel anbringt oder es klar ist, dass er diesen Artikel lediglich verkauft.
- der **Händler**, wenn er den Namen des Vorlieferers oder Herstellers nicht innerhalb eines Monats nennen kann. Für Händler und Lieferer ist es also empfehlenswert, die Vertriebskette lückenlos zu dokumentieren.

LERNFELD 10

Der oder die Geschädigte kann mehrere dieser „Hersteller" haftbar machen. Die Hersteller haften zunächst als Gesamtschuldner. Der oder die Geschädigte kann also in einem ersten Schritt frei wählen, wer haften soll. Anschließend findet ein Ausgleich nach dem Grad der Verantwortlichkeit statt.

Das Vorliegen des Fehlers muss der oder die Geschädigte beweisen. Er oder sie muss auch beweisen, dass dieser Fehler die Ursache für den entstandenen Schaden war. Er oder sie muss nicht das Verschulden des Herstellers beweisen.

Der Hersteller dagegen muss die Umstände beweisen, die seine Haftung ausschließen.

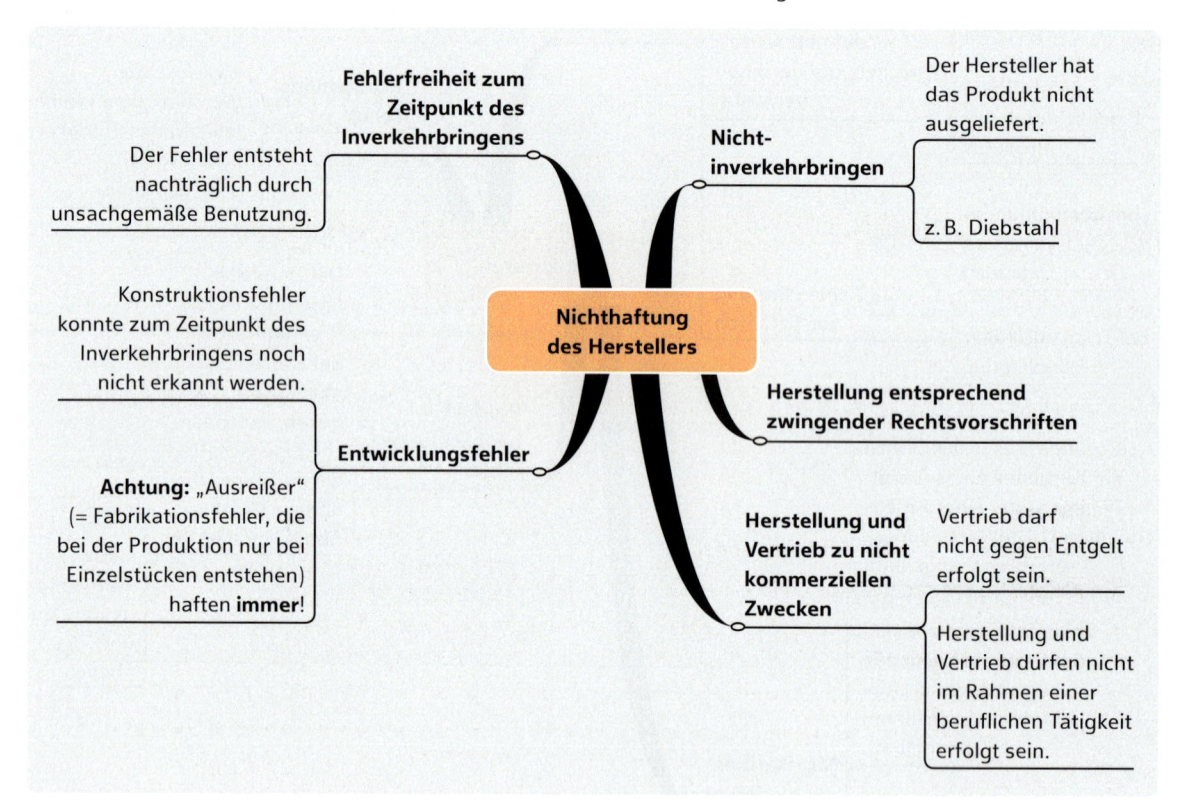

Nichthaftung des Herstellers

- **Fehlerfreiheit zum Zeitpunkt des Inverkehrbringens**
  - Der Fehler entsteht nachträglich durch unsachgemäße Benutzung.
- **Nichtinverkehrbringen**
  - Der Hersteller hat das Produkt nicht ausgeliefert.
  - z. B. Diebstahl
- **Entwicklungsfehler**
  - Konstruktionsfehler konnte zum Zeitpunkt des Inverkehrbringens noch nicht erkannt werden.
  - Achtung: „Ausreißer" (= Fabrikationsfehler, die bei der Produktion nur bei Einzelstücken entstehen) haften **immer**!
- **Herstellung entsprechend zwingender Rechtsvorschriften**
- **Herstellung und Vertrieb zu nicht kommerziellen Zwecken**
  - Vertrieb darf nicht gegen Entgelt erfolgt sein.
  - Herstellung und Vertrieb dürfen nicht im Rahmen einer beruflichen Tätigkeit erfolgt sein.

Umfang der Haftung

Personenschäden

Bei Personenschäden besteht ein Haftungshöchstbetrag von 85 Millionen Euro. Bei Körperschäden, die durch einen Produktfehler verursacht wurden, besteht eine Ersatzpflicht für:
- alle Heilungskosten
- die durch Erwerbseinbußen entstehenden Kosten

Zusätzlich kann Schmerzensgeld (allerdings nur bei Verschulden des Herstellers) verlangt werden. Im Todesfall muss für die Begleichung der Beerdigungskosten und die Versorgung der Unterhaltsberechtigten gesorgt werden.

Sachschäden

Bei Sachschäden wird nach dem Produkthaftungsgesetz nicht die fehlerhafte Sache selbst ersetzt. Es entsteht aber ein Anspruch auf Ersatz anderer durch das Produkt entstandener Sachschäden. Es gibt keine Haftungshöchstgrenze, allerdings eine Selbstbeteiligung des oder der Geschädigten in Höhe von 500,00 €. Die Schäden müssen nur für Sachen ersetzt werden, die für den Privatgebrauch bestimmt sind oder privat genutzt werden.

Diese Haftungsregelungen für Personen- und Sachschäden dürfen nicht durch vertragliche Vereinbarungen oder durch Allgemeine Geschäftsbedingungen ausgeschlossen oder beschränkt werden.

LERNFELD 10

Verjährung

Die Haftung des Herstellers endet grundsätzlich zehn Jahre, nachdem das Produkt in den Verkehr gebracht wurde. Für den Hersteller empfiehlt sich daher eine lückenlose Dokumentation seiner Produktion, z. B. durch Vergabe von Seriennummern. Damit kann er den genauen Termin der Herstellung beweisen. Da oft zunächst auch mehrere Haftende (Hersteller, Importeur, Lieferer) in Haftung genommen werden können, sind unterschiedliche Fristabläufe denkbar, denn der Zeitpunkt der Inverkehrbringung war bei jedem Haftenden unterschiedlich.

Der Haftungsanspruch eines oder einer Geschädigten verjährt nach drei Jahren. Diese Verjährungsfrist beginnt zu laufen, wenn der oder die Geschädigte
- von dem Fehler,
- von dem Schaden,
- von dem Ersatzpflichtigen

Kenntnis erlangt hat oder hätte erlangen können.

AUFGABEN

1. Wodurch unterscheidet sich die Mängelgewährleistung von der Produkthaftung?
2. Welche Voraussetzungen müssen gegeben sein, um Rechte nach dem Produkthaftungsgesetz in Anspruch nehmen zu können?
3. Welche Produkte fallen nicht unter das Produkthaftungsgesetz?
4. Wer haftet nach dem Produkthaftungsgesetz?
5. Welche Rechte hat ein Geschädigter?
6. Wann verjährt die Haftung nach dem Produkthaftungsgesetz?
7. Ein deutscher Kaminofenhersteller unterlässt es, nach dem Inverkehrbringen seiner Ware darauf zu achten, ob irgendwelche bis dahin unbekannten Risiken bei der Ware auftreten. Welcher Fehler liegt vor?
8. Aufgrund eines technischen Fehlers am Kaminofen erleidet Sabine Sginini schwere Hautverbrennungen. In ihrer Wohnung entsteht ein Schaden in Höhe von 35.000,00 €.
    a) Wer hat die Beweislast?
    b) In welcher Höhe wird der Sachschaden ersetzt?
    c) In welcher Höhe wird für den Personenschaden gehaftet?
9. Eine Möglichkeit für Hersteller, die Haftung nach dem Produkthaftungsgesetz zu vermeiden, ist der rechtzeitige Produktrückruf.
    a) Schauen Sie sich eine Liste der Produktrückrufe unter folgender Internetadresse an: www.baua.de/de/Geraete-und-Produktsicherheit/Produktmaengel/Produktrueckrufe/Produktrueckrufe.html
    b) Kennen Sie eines der dort veröffentlichten Produkte?
    c) Haben Sie schon von einem anderen Produktrückruf Kenntnis erlangt?

AKTION

In dieser Aktion soll dieses Kapitel mithilfe der Fragenkettenmethode bearbeitet werden.
- Lesen Sie das komplette Kapitel.
- Formulieren Sie eine Frage zu einem bestimmten Inhalt des Textes und halten Sie diese und die Antwort dazu schriftlich fest.
- Ihre Lehrkraft wählt einen Schüler oder eine Schülerin aus, der oder die eine Frage an die Klasse stellt.
- Wer sich als Erstes meldet, beantwortet die Frage. War die Antwort richtig, darf er oder sie eine Frage der Klasse vorstellen.
- Alle, die einmal richtig geantwortet haben, brauchen nicht mehr zu antworten.
- Wenn alle geantwortet haben, ist diese Unterrichtsphase beendet.

LERNFELD 10

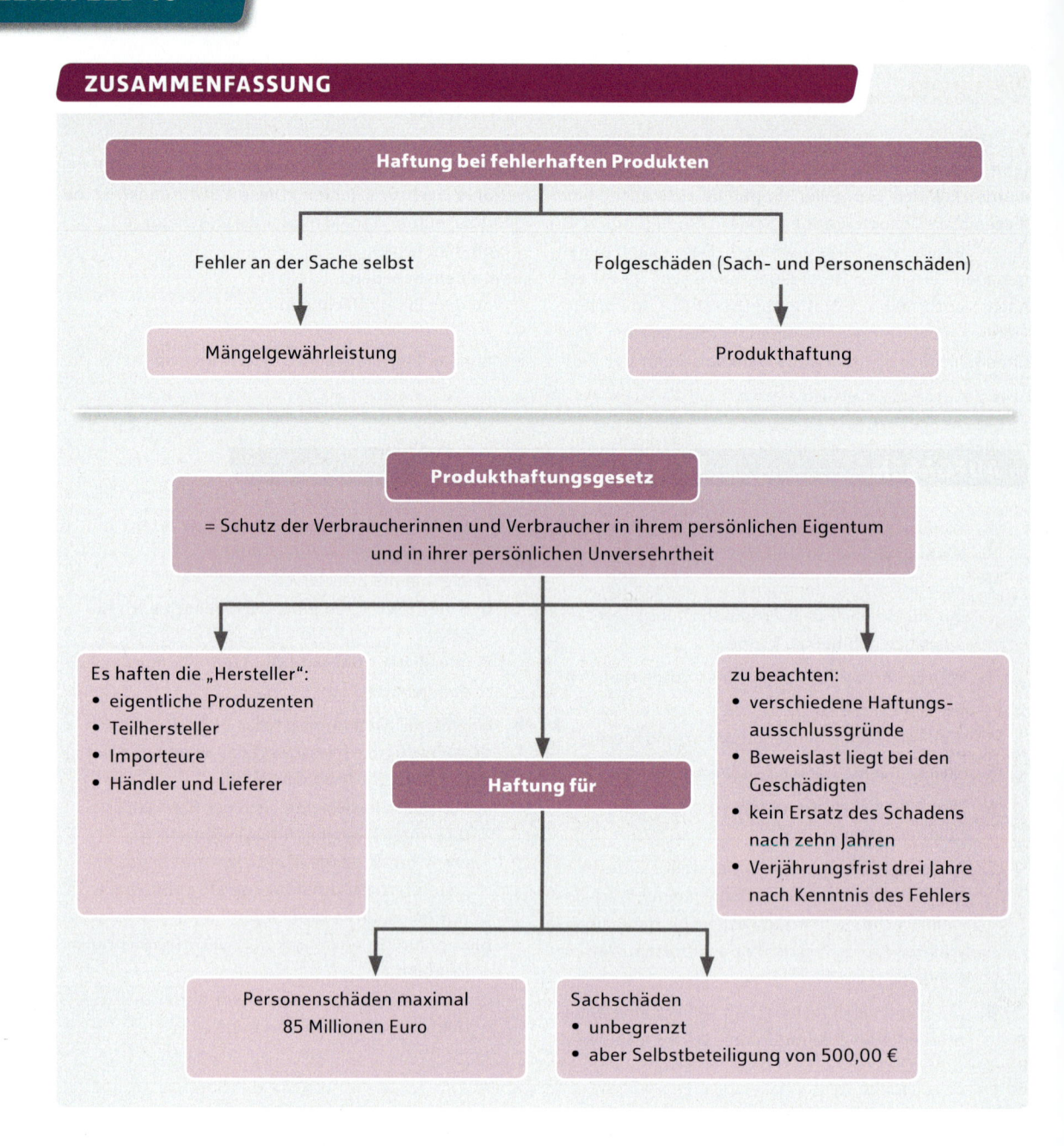

ZUSAMMENFASSUNG

Haftung bei fehlerhaften Produkten

- Fehler an der Sache selbst → **Mängelgewährleistung**
- Folgeschäden (Sach- und Personenschäden) → **Produkthaftung**

Produkthaftungsgesetz

= Schutz der Verbraucherinnen und Verbraucher in ihrem persönlichen Eigentum und in ihrer persönlichen Unversehrtheit

Es haften die „Hersteller":
- eigentliche Produzenten
- Teilhersteller
- Importeure
- Händler und Lieferer

zu beachten:
- verschiedene Haftungsausschlussgründe
- Beweislast liegt bei den Geschädigten
- kein Ersatz des Schadens nach zehn Jahren
- Verjährungsfrist drei Jahre nach Kenntnis des Fehlers

Haftung für

- Personenschäden maximal 85 Millionen Euro
- Sachschäden
  - unbegrenzt
  - aber Selbstbeteiligung von 500,00 €

SACHWORTVERZEICHNIS

A
Abfragen 15
ab hier 27
Ablage 207
Abschreckung gegen Diebstahl 298
Abschwung 218
ab Versandstation 27
ab Werk 27
Adressenverzeichnisse 14
Aktiva 147
Aktivseite 147
Aktivtausch 153
Allgemein gehaltene Anfrage 21
Altwarenkontrolle 241
Anfrage 21
Angebot 24, 220
Angebotsbindung 24
Angebotsform 24
Angebotsinhalte 25
Angebotsüberhang 219
Angebotsvergleich 23, 28
Angebot und Nachfrage 217
Anpreisungen 24
Anspruchsgruppen 124
AO (Abgabenordnung) 125
Arbeitsblatt 30
Arbeitsoberfläche 29
Artgemäße Lagerung 93
Artikelauskunftssystem 42
Assisted selling 284
Aufschwung 218
Auktionen 250
Ausgangsrechnung 206
Ausgleichsnehmer 229
Ausgleichsträger 229
Ausländer als Kunden 257
Ausnutzung von Preisvorteilen 88
Ausstellungen 14
Austrocknung 93
Automatische Bestellsysteme 43, 44

B
Bearbeitungsleiste 29, 30
Bedarf 9
Bedarfsanalyse 43
Bedarfsermittlung 9
Bedürfnisbefriedigung 219
Beförderungsbedingungen 27
Begrüßung 271
Belegarten 131
Belegbearbeitung 204
Belegprüfung 204
Beschaffungskosten 10
Beschaffungsplanung 9
Beschwerdemanagement 311
besondere Verkaufssituationen 275
Bestandsauffüllung 93
Bestandskontrolle 103
Bestellkosten 10
Bestellpunktverfahren 12
Bestellrhythmusverfahren 12
Bestellung 37
Bestellungsannahme 38
Bestellvorschlagssysteme 43
Bestellzeitpunkt 103
Bestimmt gehaltene Anfrage 21
Betrug 301
Beziehungsorientierung 265
Bezugskosten 28
Bezugspreise 28
Bezugsquellen 14
Bezugsquellenermittlung 12
Bezugsquellenkartei 15
Bilanz 138
Bindungsfristen 24
Bonus 26, 231
Boom 218
Brand 94
brutto für netto 27
Bruttoverkaufspreis 225
Buchführungspflicht 131
Buchinventur 137
Bunkerlager 88
bürgerlicher Kauf 70

C
Chaotische Lagerplatzzuordnung 92
Collage 251
Coshopping 250

D
Datenbankrecherchen 14
Daten visualisieren 210
Dezentrales Lager 88
Diagrammarten 210
Diebstahl 94, 296, 300
Differenzkalkulation 228
Dokumentationsaufgabe 124, 125, 126, 127, 128, 131
Dokumentationsfunktion 131
Draufgabe 26, 231
Dreingabe 26, 231
Durchschnittliche Lagerdauer 107

E
EDV-gestützte Lagerwirtschafts-
 systeme 117
Eigenbeleg 131
Eigenkapital 138, 149, 187, 191
Eigenlager 88
Einbruch 94
Einfacher Buchungssatz 169
Eingangskontrolle 91
Einheitsbilanz 147
Einkaufsgenossenschaften 48
Einkaufsverbände 49
einseitiger Handelskauf 70
Eiserner Bestand 101
Elektronische Adressverzeichnisse 16
Endpreis 236
Eröffnungsbilanz 147, 153, 158
Ersatzbeleg 132
Erstlieferer 14
Ertragskonto 190

F
Factory-Outlet-Center 250
Fälligkeit 80
Femininität 269
Fenstersteuerung 29
Feste Lagerplatzzuordnung 92
Feuchtigkeit 93
Fifo 92
Fixkauf 28, 81
Flächenproduktivität 200
Flachlager 88
Forderungen 188
frachtfrei 27
Frachtführer 55
frei Bahnhof dort 27
frei dort 27
frei Haus 27
Freiheitsberaubung 301
frei Lager 27
Freilager 88
Freiwillige Ketten 49
Freizeichnungsklauseln 25
Fremdbeleg 131
Fremdlager 88
Fullservice-Kooperation 48

G
Gattungswaren 81
Gebotszeichen 94
Geldstrom 133
Geräumigkeit 91
Geschäftsfall 131
Geschenke 271
Geschenkverkäufe 276
Geschmacksverlust 93
Gesetzliche Abgabeverbote 256
Gesichtsverlust 272
Gewinn 191
Gewinnmaximierung 219
Gewinn- und Verlustkonto 190, 191
Grundbuch 188
Grundpreis 236
Grundsätze ordnungsgemäßer
 Buchführung (GoB) 127, 131
Guided selling 284
Güterstrom 133

H
Haben-Seite 190
Haftungsverschärfung 83
Handelsbilanz 147
Handelsspanne 199, 228
Handelswaren 198
Handlungskosten 199
Handlungskostenzuschlagssatz 199
Hauptbuch 164
HGB (Handelsgesetzbuch) 125

Hochbetrieb 278
Hochflachlager 88
Hochkonjunktur 218
Hochregallager 88
Höchstbestand 102
Höchstbestellmenge 25
Horizontale Kooperation 48

I
Individualismus 266
Integrierte Warenwirtschafts-
   systeme 44
Inventur 118, 136
Inventurdifferenzliste 118
Inventurlisten 118

J
Jahresabschluss 146, 177
Jahresüberschuss 199
Jugendliche als Kunden 253

K
Kalkulationsabschlag 227
Kalkulationsfaktor 226
Kalkulationsmodule 239
Kalkulationszuschlag 225
Kalkulieren mit Excel 29
Kasse 285
Kataloge 251
Kauf auf Abruf 109
Kaufvertrag 38
Kinder als Begleiter 280
Kinder als Kunden 253
Kollektivismus 266
Kommissionierung 91
Kompensationskalkulation 240
Konfliktlösung 312, 313
Konjunktur 218
Konjunkturzyklus 218
Konkurrenzsituation 217
Kontieren 206
Kontroll- und Planungsaufgabe 124
Konzernbilanz 147
Kooperation 48
Kooperationen im Einzelhandel 47
Körpersprache 270
Kosten der Versandverpackung 27
Kreisdiagramme 211
Kühllager 88
Kulturdimensionen 263
Kultur, monochrone 268
Kundentypen 245, 247
Kundentypologien 248
Kundenverhalten 216
Kundinnen und Kunden in Beglei-
   tung 279

L
Ladendiebstahl 294, 295, 299
Lager 87
Lagerabfragen 119
Lagerarten 87
Lagerbestandsführung 117
Lagergrundsätze 91

Lagerhaltung 87
Lagerkennziffern 106
Lagerkosten 10, 98
Lagerplatzzuordnung 92
Lagerstatistiken 119
Lagerumschlagshäufigkeit 107
Lagerzinssatz 108
Lebensstil 247
Lernprobleme 57
Lernstrategien 97
Licht 93
Liefererauskunftssystem 43
Liefererauswahl 15
Lieferkartei 16
Lieferungsbedingungen 25
Lieferzeit 28
Lifo 92
Limit 11
Limitrechnung 11
Liniendiagramme 210

M
Machtdistanz 267
Mahnung 80
Mahnwesen 44
Mangelhafte Lieferung 58, 78
Mängelrüge 56
Marken 255
Markt 217
Marktformen 217
Maskulinität 269
Mehrfachbedienung 278
Mengenkennziffer 106
Mengenmäßige Preisdifferen-
   zierung 230
Mengenplanung 10
Mengenprüfung 55
Mengenrabatt 26, 231
Menüband 29
Messen 14
Metasuchmaschinen 251
Mindestbestand 101
Mindestbestellmenge 25
Mischkalkulation 229
Mobile Datenerfassungsgeräte
   (MDE) 118
Monopol 217
Multichannel-Strategie 285
Mundraub 300

N
Nachbesserung 71
Nachfrage 221
Nachfrageüberhang 220
Naturalrabatte 26, 231
netto ausschließlich
   Verpackung 27
netto einschließlich Verpackung 27
Nettoverkaufspreis 225
Neulieferung 71
Nicht-rechtzeitig-Lieferung 80
Nutzenmaximierung 219

O
Oligopol 217
Optimale Bestellmenge 10
Optimaler Lagerbestand 98
Ordnungsgemäße Buchführung 125

P
Passiva 148
Passivseite 148
Passivtausch 153
Permanente Inventur 118, 143
Personalrabatt 26, 231
Personelle Preisdifferenzierung 230
Physische Lagerführung 91
Platzkauf 26
Polypol 218
Preisabzüge 26
Preisänderungen 217
Preisangabenverordnung 235
Preisdifferenzierung 230, 235
Preisempfehlungen 216
Preisfindung 239
Preisnachlässe 241
Preispolitik 224
Primärquellen 18
Produkthaftung 317
Psychologische Preisgestaltungs-
   prinzipien 241
Pünktlichkeit 271

Q
Quantitätsprüfung 55

R
Rabatt 26, 230
Rabattgewährung 230
Rackjobber 49
Ratenkauf 28
Räumliche Preisdifferenzierung 230
Rechenschaftslegungs- und
   Informationsaufgabe 125, 126, 127,
   128, 131
Rechnungsprüfung 44
Rechnungswesen 124
Registerkarte 30
Reingewinn 199
Reinvermögen 138
Reklamation 304, 310
Reservelager 87, 88
Rettungszeichen 94
Rezession 218
Risiken der Lagerhaltung 99
Rohgewinn 198
Rückstandsüberwachung 44
Rückwärtskalkulation 226, 227

S
Sachgerechte Lagereinrichtung
   93
Sachorientierung 265
Saldo 190
Säulendiagramme 211
SBK 177
Schadensersatz 72

Schädlinge 93
Schlussbilanz 147, 177
Schlussbilanzkonto (SBK) 177, 179
Sekundärquellen 18
Selbstkostenpreis 225
Senioren als Kunden 256
Sicherheitskennzeichnung 94
Silolager 88
Sinus-Milieus 248
Skonto 26, 231
Smartshopper 250
Soll-Seite 190
Sonderangebote 230, 240, 241
Sonderbilanz 147
Sonderlager 88
Sonderrabatt 26
Sortieren 206
Sortiment 9
Sortimentsplanung 9
Spätkunden 277
spezielle Kundengruppen 253
Steuerbilanz 147
Stichtagsinventur 143
Strafgesetzbuch 126
Suchmaschinen 251
System für Angebotsaufforderungen 43

T
Tabellenkalkulation 29
Tabellenkalkulationsprogramm Excel 29
Tanklager 88
Taschengeldparagraf 256
Tatbestandsaufnahme 55
Teilbereiche des Rechnungswesens 125
Termintreue 56

Tiefstand (Depression) 218
Titelleiste 29
T-Konto 164
Tortendiagramme 211
Touristen als Kunden 257
Treuerabatt 231

U
Übersichtlichkeit 92
Überwachung 298
Überwachungsmaßnahmen 94
Umsatzkennziffern 200
Umsatzsteuer 205
Umsatzsteuergesetz 126
Umschlagslager 88
Umweltschutz im Lager 94
Unfallverhütungsvorschriften 94
unfrei 27
Unsicherheitsvermeidung 269
Unterschlagung 301
Unterstützung des Bestellwesens 43

V
Verbindlichkeiten 188
Verbotszeichen 94
Verbrauchsfolgeverfahren 92
Veredelung 88
Verkaufsbereitschaft 88
Verkaufsdatenanalyse 9
Verkaufskalkulation 224
Verkaufslager 87
Verpackung 55
Versandkosten 26
Verschluss von Waren 298
Versendungskauf 26
Vertikale Kooperation 48
Vertragsschluss per Internet 25

Visitenkarten 271
Vitrinen 298
Vollkommener Markt 218
vollständige Konkurrenz 217
Vorratslager 88
Vorwärtskalkulation 224

W
Wandlung 72
Warenannahme 57, 91
Wareneingang 44, 54, 56
Wareneingangslager 88
Warenkartei 16
Warenmanipulation 91
Warenpflege 93
Warenpräsentation 284
Warensicherungssysteme 298
Warenwirtschaftssystem 239
Warenwirtschaftssysteme 56, 116
Wärme 93
Warnzeichen 94
Wertestrom 132
Wertkennziffer 106
Wiederverkäuferrabatt 26, 231

Z
Zahlungsbedingungen 28
Zeitliche Preisdifferenzierung 230
Zeitlich verlegte Inventur 143
Zeitplanung 12
Zeitüberbrückung 88
Zelle 29
Zentrales Lager 88
Zielkauf 28
Zusammengesetzter Buchungssatz 171
Zweckkauf 81
Zwischenablage 32

BILDQUELLENVERZEICHNIS

BC GmbH Verlags- und Medien-, Forschungs- und Beratungsgesellschaft, Ingelheim: 95.1.

EHI Retail Institute GmbH, Köln: 296.4, 297.1.

fotolia.com, New York: Ament, Manfred 122.1; Arcurs, Yuri 243.1; Berg, Martina 214.1; Bernd_Leitner 317.3; bluedesign 72.3; Engel, Jan 288.4; goodluz 283.1; Hanik 6.1; Jrgen Effner 87.1.

Fullmann, Helge, Kall: 8.1, 240.1.

Getty Images (RF), München: mikimad 1.1.

Görmann, Felix, Berlin: 20.1, 27.1, 27.2, 27.3, 31.1, 37.1, 42.1, 56.1, 69.1, 88.1, 101.1, 224.2, 226.1, 229.1, 230.1, 241.2, 241.3, 245.1, 245.2, 245.3, 245.4, 246.1, 246.2, 246.3, 246.4, 246.5, 246.6, 246.7, 246.8, 246.9, 246.10, 246.11, 247.1, 247.2, 247.3, 247.4, 256.1, 275.1, 280.1, 299.1, 304.1, 304.2, 308.1, 310.1, 313.1, 318.1.

Görmann, Felix (RV), Berlin: 9.1, 12.1, 15.4, 24.1, 65.1, 80.1, 81.1, 82.1, 82.2, 90.1, 92.2, 92.3, 92.4, 98.1, 102.2, 102.3, 105.1, 107.1, 117.2, 124.1, 136.1, 142.1, 187.1, 199.1, 200.1, 224.1, 234.1, 317.1.

Hild, Claudia, Angelburg: 11.1, 14.2, 15.1, 15.2, 15.3, 40.1, 43.1, 43.2, 44.1, 46.1, 46.2, 47.1, 54.2, 94.1, 94.2, 94.3, 94.4, 95.2, 99.1, 102.1, 103.1, 117.1, 120.1, 130.1, 203.1, 239.1, 241.1.

idealo internet GmbH, Berlin: 18.6.

IFH KÖLN, Köln: 39.1.

iStockphoto.com, Calgary: Cole, Steve 52.1; courtneyk 209.1; izusek Titel, 262.1; MaximFesenko 287.1; TAGSTOCK1 271.1.

Jecht, Hans, Hildesheim: 16.1, 17.1.

Microsoft Deutschland GmbH, München: 29.1, 30.1, 32.1, 32.2, 33.1.

Picture-Alliance GmbH, Frankfurt a.M.: Becker, Marius 284.1; dpa-infografik 254.3, 256.3, 258.1, 258.2, 258.3, 260.1, 279.1, 302.1.

Shutterstock.com, New York: Alexander_P 269.2; Atchori, Yana 269.1; industryviews 298.1.

SINUS Markt- und Sozialforschung GmbH, Heidelberg: 248.1.

stock.adobe.com, Dublin: aurema 306.1; BERLINSTOCK 125.1; bodnarphoto 288.3; Coloures-Pic 217.1, 307.1; cunaplus 296.1; DavidPrado 288.2; della Russo, Sascha 277.1; Dietl, Jeanette 154.1; digimaker 317.2; Do Ra 18.1, 18.2, 18.3, 18.4, 18.5; Dron 253.1; ekkaluck 54.1; goodluz 286.1; guukaa 85.1; iconshow 96.1; Ideenkoch 218.1; industrieblick 288.1; Joshhh 256.2; Kneschke, Robert 24.2, 59.1; Krakenimages.com 109.1; Kurhan 83.1; Lucky Dragon 87.2; Marco2811 83.3; Mediteraneo 254.1; mikumistock 296.2; milanmarkovic78 315.1; momius 72.1, 83.2; nsdpower 1.2; Pavel Losevsky 254.2; pb press 14.1; Race, Dan 71.2; Robert Kneschke 119.1; Sanders, Gina 257.1, 301.1; Seika 296.3; tarapatta 92.1; vegefox.com 72.2; WoGi 71.1.

YPS – York Publishing Solutions Pvt. Ltd.: 134.1, 183.1.